刘丹青语言学文选

方言语法语音探知录

刘丹青 著

Grammatical and Phonological Studies
in Chinese Dialects

图书在版编目(CIP)数据

方言语法语音探知录/刘丹青著.—北京:商务印书馆,2020
(刘丹青语言学文选)
ISBN 978-7-100-18928-6

Ⅰ.①方… Ⅱ.①刘… Ⅲ.①汉语方言—语法—方言研究—文集 ②汉语方言—语音—方言研究—文集 Ⅳ.①H17-53

中国版本图书馆 CIP 数据核字(2020)第 157677 号

权利保留,侵权必究。

刘丹青语言学文选
方言语法语音探知录
刘丹青 著

商 务 印 书 馆 出 版
(北京王府井大街36号 邮政编码100710)
商 务 印 书 馆 发 行
北京通州皇家印刷厂印刷
ISBN 978-7-100-18928-6

2020年8月第1版　　开本 710×1000　1/16
2020年8月北京第1次印刷　印张 39¼
定价:178.00元

总　序

感谢商务印书馆慷慨提供这么一个出版计划，让我有机会回顾梳理一下从大学本科以来写作并发表的论文形式的语言研究成果。

我第一篇非正式发表的论文是《试论吴语语法的研究及其意义》。这是本科毕业论文的改写版，刊登在江苏省社科联印行的省语言学会1981年年会论文选里。当时，方言语法还是一个少有人碰触的领域，所以还需要用实例来申说方言语法研究的意义。这篇没有书号刊号的文章，预示了我这几十年语言研究中的两个最核心的要素：方言与语法；两者之合，正是我后来拓展研究领域的内在动能。我最早正式发表的两篇论文，正好也是一篇方言，一篇语法。前者为张拱贵教授和我合作的《吴江方言声调初步调查》；后者为《对称格式的语法功能及表达作用》，此文也是后来关注韵律对句法影响的起点。这三篇文章都是在本科阶段写就，在硕士研究生入学初期发表的。

以浓郁的语法学兴趣来关注方言，自然会发现，汉语方言不像之前很多学者认为的，差别只在语音，或至多加上词汇，语法则可以一招鲜吃遍天，一书覆盖南北话。事实上方言间的语法差异相当常见，有的还很显著。以跨方言的眼光看语法，则会发现孤立地研究普通话，随处会遇到认识的盲区甚至雷区，讲得头头是道的语法学道理，一放到方言语法中就可能理屈词穷。要想避免普通话偏见、方言偏见、印欧语偏见等种种偏见，以跨语言研究为己任的类型学研究，便成为我语言学探索之路上自然的优选项，这也是通向真正了解汉语特点和人类语言共性的康庄大道。跨语言的类型学视角，不但适用于语法，也适用于其他种种课题：研究亲属称谓、社交称呼语、颜色词这类特殊的小词库；研究语法与语义的互动,如类指成分在不同语言方言中迥异的表达方法;研究语法与语音的互动,如汉语中形态和词类对词长的敏感性就超过很多其他语言;研究形式和意义不同的对应方式,这正是库藏类型学的缘起。这次按照商务印书馆提议,把近40年来所发论文的大部分,分为五个专题出版,分别涉及汉语共同语句法语义研究、语序类型和话题结构、从语言类型学到库藏类型学、方言的语法语音研究、语言研究的文化和应用视角。这样出版,便于读者根据专业需求和兴趣选书。从各书所收论文目录可见,这五卷文集,其实有一个共同的主调:跨语言眼光与具体语言方言个案的结合。

我从本科二年级开始将兴趣聚焦于语言学,一路走来,得到了无数老师和同行的切实帮助,尤其是语音方言的启蒙老师翁寿元教授,语法学的启蒙老师王锡良教授,古汉语的启蒙老师王迈教授(均为苏州大学教授),硕士生导师张拱贵教授(南京师大)和博士生导师徐烈炯教授(香港城市大学)。希望他们为指导我所付出的心血,能在这五卷文集中得到些许慰藉。文集中也收录了多篇我跟我的老师、同行学者或我的学生合作的论文,他们慷慨允诺文集收录这些文章(有些已故合作者由家人表态支持)。谨向他们深切致谢!

我指导过和在读在研的博士生、博士后对本套书的策划编排提供了非常有益的意见、建议,而且他们全都参加了文章的校对工作。恕不一一列名,在此一并致谢。我的博士生、商务印书馆戴燃编辑为这套书的策划、组稿、编辑付出最多。我要衷心感谢商务印书馆特别是周洪波总编辑对本套书的大力支持,也要对戴燃博士表示特别的感谢。

目　录

试论吴语语法的研究及其意义 …………………………………… 1

吴江方言声调初步调查 …………………………………………… 18

苏州方言量词的定指用法及其变调 ……………………………… 26

运用方言研究语言学的其他学科 ………………………………… 37

苏州方言重叠式研究 ……………………………………………… 47

苏州方言定中关系的表示方式 …………………………………… 81

苏州方言的发问词与"可 VP"句式 ……………………………… 88

吴江方言 [g] 声母字研究 ………………………………………… 100

《南京方言词典》引论 …………………………………………… 111

无锡方言的体助词"则"（仔）和"着"
　　——兼评吴语"仔"源于"着"的观点 ……………………… 144

苏州方言的体范畴系统与半虚化体标记 ………………………… 157

苏州方言的动词谓语句 …………………………………………… 179

东南方言的体貌标记 ……………………………………………… 198

吴江方言的代词系统及内部差异 ………………………………… 219

上海方言否定词与否定式的文本统计分析 ……………………… 240

苏州话"勒 X"复合词 …………………………………………… 265

试谈汉语方言语法调查框架的现代化 …………………………… 277

A Review of *Sinitic Grammar: Synchronic and Diachronic Perspective* …… 295

崇明方言的指示词
　　——繁复的系统及其背后的语言共性 ………………… 307
汉语方言领属结构的语法库藏类型 ……………………… 330
汉语方言语法调查研究的三种模式 ……………………… 353
方言语法调查研究的两大任务：语法库藏与显赫范畴 …… 378
Syntax of Space across Chinese Dialects: Conspiring and Competing
　　Principles and Factors …………………………………… 400
汉语指示词语音象似性的跨方言考察 …………………… 444
语法化理论与汉语方言语法研究 ………………………… 471
汉语史语法类型特点在现代方言中的存废 ……………… 490
河南光山方言来自"里"的多功能虚词"的"
　　——共时描写与语义演变分析 ………………………… 508
粤语句法的类型学特点 …………………………………… 527
粤语"先""添"虚实两用的跨域投射解释 ……………… 555
《当代吴语研究》述评 …………………………………… 576
苏州方言里的语缀 ………………………………………… 585
关于编写《苏州方言语法》的几个问题 ………………… 612

试论吴语语法的研究及其意义

本文主要以北部（江苏、上海）吴语为讨论对象，因为语法一致性比较大，所以标题上只说"吴语语法"。用例大都采自苏州话（不标地名），大体上能代表北部吴语语法。在需要用到其他方言例句时，文中都注明地名，如上海。吴语句子的解释对译因例而异，有的全译，有的注词，有的干脆不注，以便精简行文。

文末附有"引例总目"，文中例句只注明简称（书名上加波浪线的字）及回数或页数。苏州、上海以外的例句无文可引，只好用作者掌握的第一手材料。

本文分以下几节讨论：

一、吴语语法概观

二、吴语区内部的语法比较

三、吴语语法研究的意义（上）

四、吴语语法研究的意义（下）

一、吴语语法概观

1.0 吴语，是一种历史悠久的地域方言，几千年来，随着社会的发展变化，和共同语之间长期处于分分合合的状态，结果在语音、词汇上都形成了许多特点。语法上，跟共同语固然"同"远过于"异"，但毕竟也造成了不少独特之处。以前的吴语研究，主要集中在语音、词汇方面，语法上的特点注意较少；其他方言的研究也是这种情况。近年来，方言语法的研究有了明显的进展，在方言学中所占的比重愈来愈大。但这些研究，往往偏重于方言语法的个别特征，偏重于构词法和某些虚词。关于吴语语法，常常提到的就是一些"语助词"和"到快哉""拨一本书我"等少数句式。事实上，吴语语法的特点，带有一种体系性；这不是说吴语语法体系与共同语根本上不同，而是说其独特之处体现在构词法、词法（包括构形法和词类）、句法结构、复句乃至语气表达所有的语法层级上，这就自然有了体系性。因此，我们就想从这些层级上用一些例子来反映这种体系性特点，从而说明方言语法学有可能，也需要描写和研究整个语法体系。真正全面的描写，当然不是这篇文章所能完成的任务。

1.1 构词法。突出表现在以下两个方面。

1.1.1 首先，吴语中有好些独特的后缀，尤其值得注意的是，吴语中有一些谓词（动词、形容词）性后缀，如"强盗式气"（像强盗似的）、"老好人的搭"（有点老好人那样）等，还有一些后缀构成的词则兼着名词性和谓词性，如"难看相"一类词，既是名词，用在"看俚哀副难看相"（瞧他这副难看样儿）中，又是谓词，用在"哀只帽子忒难看相哉"（这只帽子样儿太难看啦）中。而且，吴语中带谓词性的后缀还都是比较能产的，这同普通话基本上只有名词性后缀的情况比起来，是一个明显的特点。

1.1.2 其次，是同叠字联绵成分有关的构词格式，吴语中除了和普通话同式的"红通通、硬绷绷、抖瑟瑟"一类性状谓词外，还另有许多普通话所没有的"暄暄红、绷绷硬、瑟瑟抖"这一类词。前者是一般貌，后者是强烈貌。此外，联绵成分（双声叠韵）也能起上述两式尤后一式中叠音成分的构词作用，这似乎是吴语更显著的特点，如"秋懒懒、笔力直、骨碌圆、赤括新、血力尖"等。不但如此，叠音联绵成分还能构成许多格式的四字以上的词，如（用空点标出的是一些嵌音成分）："眼窠瑩瑩、红出漓漓、贼忒嘻嘻、昏头颿颿、淡子夹剌、硬及搁落、括剌松脆、猢狲骨碌碌、油利利滑塌塌、落雨湿的搭"。

1.2 词法。关于构形法§4.2有所提及，这里先谈词类。

1.2.1 吴语词类的划分同普通话是基本一致的。但是，各种词类的具体特点及实际内涵，吴语跟普通话并非完全一致。比如吴语的量词，除了具有普通话量词的各种功能外，还具有另外一些特殊功能，这表现在三个方面。

（一）冠词化。王力先生曾把现代汉语中的"一个、一种"算作"无定冠词"（王力1980），实际上，这两个词在意义和用法上未脱数量词范围。而吴语的量词，却有很强的冠词色彩。当表达"定"而无须"指"的意义时，往往就不用数词或指示代词，而直接将量词（复数即用"两"[①]加量词）加在名词前面，如：

只面孔倒来得格讨人喜欢。（那脸蛋倒挺可爱。）（《四》[②]十回）

个漏洞拔我捉着哉。（这漏洞给我抓住啦。）（《蝴》十一回）

两根头发可以去剃剃哉。

这种用法不是省略了指代词，因为加上指示代词就有指示作用。而这种量词总是表达听说双方都明知的不用指示的对象，因而确是某种冠词化了。

（二）结构助词化。吴语表达领属关系，如果中心语是听说双方共知的有定对象，最常用的是把量词插在定语和中心语之间，而不用结构助词"格"，复数则加上一个"两"或不加，可见量词在吴语中有结构助词化倾向，如：

耐只嘴阿曾说嘎？（耐，你；阿……嘎，吗）（《海》三十七回）

耐看看俚只眼睛呐。（俚，他；"只"指两只）（《蝴》十一回）

我两扇窗也要修修哉。（哉，了，啦）

（三）量词用在同位语中间，也带定冠词性，吴语中不常说"你这个人"一类，因为这时用不到"指"，"定"就够了：

耐个老好人忒好哉。

诸三姐个无用人……（《海》三十七回）

1.2.2 假如要考察虚词的特殊性，同样有许多复杂的情况。有好

[①] 吴语的"两"常有两种读法，本调阳去，表示确数，变调阴平，表示不定多数。和量词结合起冠词作用的常是阴平调的"两"。

[②] "引例总目"见文末，以篇目的第一个字为简称。

些特殊的虚词，在普通话中找不到对应词，划入哪个词类尚须研究。如"来<u>得</u>三个人"（只来了三个人），"拿<u>得</u>去哉"（拿去了），"转去烧<u>来</u>吃"（回家去烧饭吃）。因为材料琐碎，这里不多说了。

1.3 句法。这里主要指单句的句法，它涉及许多方面。

1.3.1 首先是词序。这一点，人们常举"到快哉"（快到了），"拨一本书我"（给我一本书）这两句。其实，前一句只涉及个别词的用法，至于后一句，则情况并不这样简单。

1.3.1.1 吴语双宾语的词序，不是处处异于普通话，也不是两个宾语可以自由互换位置。它的词序，主要决定于动词的类别。表示给予义的一类动词，有两种情况。若能分别带近、远两类宾语，则两个宾语合用时可以互换位置，如"拨老王""拨一张纸头"→"拨老王一张纸头""拨一张纸头老王"。这种动词还有"送、还、奖、赏、奖赏"等。若单用不能带表示接受者的宾语，这个宾语只能放在后面，如"舀一勺汤""舀我"↛"舀一勺汤我""舀我一勺汤"。不过这一类加上一个"拨"就能采用普通话式了："舀拨我一勺汤""舀一勺汤拨我"。"舀"类动词还有"传、交、做、买、卖、写、输、借（借出）"等，至于表示得到的一类动词和表示"准给予义"的"告诉、教"等，则采用和普通话同样的词序，如"赢俚一块洋钿""教倷_{我们}数学"。"赢"类动词还有"骗、罚、借（借入）"等。

1.3.1.2 真正特殊的词序，是"对耐勿起"（对不起你）和"我送上耐火车"这些。前一类，§4.1.3要谈到，这儿先谈一下后一类，这种句式，是把兼语放到第二个动词后，使第二个动词后就出现了两个没有结构关系的成分，其中前一成分与这个动词也没有关系。吴语中也有"我送耐上火车"的句式，但此式只说明"耐上火车"而"我送"，"我"不一定上火车。而前一式则强调"我"要一直"送上火车"。用于此式的动词还有"陪、寻、押、绑、赶、等"等，而代替"上"的则有"进、下、到"等。

1.3.2 吴语中有些句法结构的特殊性不仅仅表现在词序上。如吴江等地方言用人称代词做宾语，后面往往不用介词，而径接方位结构做补语，如"匼伊大橱里"（匼，藏；伊，他），"关伊门外头"，"放倷笼子里"（倷，你）等。这类意思普通话一般需用"把……放在……"式，不但词序不同，还多了两个介词。

1.3.3 特殊的表达法，即吴语中有特别发达的助词，我们称之为提顿法。在主语或时地状语后，常用一个提顿助词及一个停顿，表达各种不同的意义。除了一般的"呢"外，更常用的是"末、勒、是（由系词虚化而成）"，如：

我末就依仔耐，叨光耐勥哭。（《海》十一回）

人是倒也无啥，就是心浪向勿舒齐。（要说人吧，倒也没有什么，就是心上不舒服。）（《九》四十六回）

俚勒，买得起格种物事。（只有他呀，才买得起这种东西。）

明朝是，我吰拨没空豌。（明天我可没时间呐。）

这三个助词又都能用来表达复句关系，如：

耐勿情愿搭我还末，我也勥耐还哉。（要是你不愿替我还的话，我也不要你还了。）（《海》十一回）

养仔小因是，更加讨厌。（要是生了小孩啊，那更难办了。）（《四》一回）

同情俚勒，搭俚结拜兄妹。（就因为同情他，才跟他结拜兄妹。）（《四》八回）

提顿法表达的意义极其丰富，远非上面几例所能尽述。从中，已经可以看出这种表达法在吴语中的特殊作用了。

1.3.4 总之，以上几个方面清楚地告诉我们，即使是方言的句法，也不是和普通话高度一致的。

1.4 复句。这是最不为人注意的问题，似乎方言间的复句表达法该是非常一致了。其实不然，差别仍有不少，具体表现在以下几方面。

1.4.1 复句的类别就有不同，比如普通话有"他今天不来，因为他生病了"这一类探因句，而吴语口语中却没有相应的类别。再比如吴语中用提顿助词"末、是"能表达假设条件关系，但两字各有不同类的关系意义，如：

明朝落雨末，我勿去嘈。

明朝落雨是，我勿去嘈。

第一句，说话者对明天是否下雨并无估计，只是提出一种假设，而第二句则是在下雨可能性较大的情况下说的，语气也稍强些。这两句，在普通话中都只能对译成"要是明天下雨的话，我就不去了"，很难区别出两者的不同。这也是复句类别上的参差。

1.4.2 表达手段也不同。吴语复句用关联词的不多，但也不都用意合法，而是有一些其他的手段。前述提顿法，即是一种重要的复句表达手段。此外，用某些补语，也可以表达复句关系。"勿过"，就是专用来表达原因关系的一个常用的程度补语，意义颇似英语的"too...to..."式，如：

哀个人坏勿过，大家全勿理伲。（这人太坏了，所以大家都不理他。）

上蔡县实在糊涂勿过勒，勿敢告状。（《四》十回）

1.4.3 关联词语使用上的不同。

以下普通话关联词，就是吴语口语中所没有的："虽然、不但、要是、因为、即使"，而吴语中也有不少特殊的关联词语，如"曼得（只要）、倘忙（假如）、弄得（以致）、外加（而且）、好得（幸亏）、〈沙洲南部〉是故（所以）、〈吴江〉介拉（所以）"等，有些关联词语还保留着虚化前的某些意义，但用法上已肯定是一个虚词了。如"算算"，表让步，可用在主语后，但也可用在主语前，确实已虚化了。如：

我算算已经吃好嘈，肚皮还有点饿勒。（虽然我已经吃过了，可肚子还有点饿。）

或：算算我已经……

即使用了相同的关联词，在普通话和吴语中也可能有不同的作用。如"要末"，吴语中常见的用法是表达"（要不然）那就""除非"等关系，如：

俐勿肯去末，要末我来去一趟。

我看伲人肯去嘈，要末耐阿会去。〔……除非你，（不知）会不会去。〕

1.5 语气。在各种语气上，吴语中也有许多特殊表达法和特殊的语气词语。如§2.1将谈到的疑问语气的表达法。感叹句也有一些特殊句式和助词。如形容词后接补语助词"得来"(〈无锡〉"得""到";〈上海〉"来";〈常州〉"到则")而不接程度补语本身,也可以表示对程度大的感叹,如"好得来","吃得饱得来",〈无锡〉"好看到",〈上海〉"齷龊来"。

1.6 以上谈了吴语语法在各个层级上的一些特点。虽然只是举例性的,但足以看出吴语语法的特点确实是体系性的,而不是个别的、零碎的。吴语尚且如此,比吴语距普通话还远的闽语、粤语,恐怕更是这样吧。因此,我们确实不能只停留在方言语法的枝枝叶叶上,而应该注意到它们整棵大树的特点。

二、吴语区内部的语法比较

2.0 吴语,作为一种很大的地域方言,其内部各次方言、地点方言之间还存在一些语法上的差异。因此,在吴语区内部,还可以进行语法的比较研究,下面就举些这种例子。

2.1 吴语区的好多地方,在表达一般疑问语气和选择问语气上,有鲜明的特点,即运用句首句中语气词"阿 [aʔ]"及"阿"类词——阿曾,阿是,等等。既不用"吗"类助词表是非句,也不用谓语的肯定否定重叠表选择句。据赵元任(1956:127)统计,这些地方有无锡、苏州、常熟、昆山、吴江等。但是,在这点上,吴语区并不完全一致。

2.1.1 先就是非问句来说,吴语区也有不少地方是用近似于"吗"的助词来表达的。这些地方有宜兴、溧阳、金坛、丹阳、常州、上海等(赵元任 1956:127)。这里就以上海话为例来谈谈这种情况,并同没有这种助词的苏州话比较。

跟普通话"你去吗"这一句相对应,苏州话是"耐阿去",而上海话是"侬去哦",这个"哦",正相当于"吗",两个词在语源上也都来自古代微母否定词,而且很可能是同源词。但这个"哦"与"吗"并不完全对应。

第一，"吗"后是封闭性的，而"哦"后还可以加句末助词，如"侬去哦啦"。这同苏州话在加"啦"上倒是一致的——"耐阿去啦"一般不加"啦"，意义略偏重于"去"，而"侬去哦啦""耐阿去啦"则带更多的中立性，已相当于普通话的"你去不去"。

第二，上海话中，除了"侬去哦"一类，也常在一个肯定式后面再用上一个辅助性动词加"哦"的句式，如：

〈上海〉大约喜欢看戏，要想学唱戏<u>是哦</u>？（《独》P146）

〈上海〉刚刚出来格是伲子，迭歇出来是爷<u>可以哦</u>？（伲子，儿子；迭歇，这会儿）(《独》P67)

〈上海〉出侬一万块，我是十三点<u>是哦</u>？（十三点，白痴）(《独》P162）

这种语式更倾向于肯定或反话，近似英语的反意疑问句。苏州话于这类意义则常常说成"耐<u>阿是</u>去嘎"。

第三，值得注意的是，上海话毕竟处在吴语区，偶尔也用体现吴语特点的"阿"类是非疑问句，如：

〈上海〉勿要去买锡箔……侬<u>阿</u>听见？（《独》P139）

〈上海〉四加七末<u>阿是</u>十一啦？（《独》P225）

更有趣的是，有时把"阿"类句和"哦"类句搭配着用，造成既不同于普通话也不同于苏州话的特殊句式，如：

〈上海〉<u>阿是</u>迭爿店侬一个人包下来<u>是哦</u>？（《独》P193）

同一段话里，也可以几种句式杂用，如：

〈上海〉屋里人<u>阿要</u>去送<u>哦</u>啦？……要送格末，屋里还有人<u>哦</u>？……侬全家要去送<u>哦</u>？（《独》）

2.1.2 以上谈了是非问句的情况，关于选择问句，苏州话一般没有普通话式的肯定否定重叠式疑问句式——这种句式多少带点形态性。苏州话只有用连词"还是"或连词性提顿助词"勒"连接的选择问句——这种句式纯粹是句法性的。因此我们说苏州话没有严格意义上的选择问句。苏州话表选择的句子如：

耐到底去还是勿去？

耐到底去勒勿去？

只有当选择的部分处在主语或宾语的位置上，才可以不用连词，如：

我想晓得价钱便宜勿便宜。

今朝家主婆着港勿着港，全靠格首诗。（着港，到手）（《沉》四回）

即使在这种位置上也常常用"阿"再加否定：

耐两家头自家算计，阿嫁人勿嫁人（你俩自个儿打主意……）（《九》五十二回）

勿得知耐阿肯答应勿肯答应。（《九》九十六回）

吴语中真正有普通话那样的肯定否定重叠式问句的地方是很少的，据赵元任（1956：127）调查只有官话气很重的杭州话是这样的。苏州话式的选择表达法倒比较普遍，上海话式的也都有。但上海话偶尔也用近似于形态性的选择问句，如：

〈上海〉另外是勿是还有啥格闲话关照过侬。（《独》P140）

这也许因为大城市较易受普通话影响。

2.2　内部比较，还可以举常熟话（包括沙州南部）的双宾语的例子。§1.3.1.1提过，有一类不能带表示接受者的宾语的动词，只能用"舀一勺汤我"这种句式，两个宾语不能易位。这一类词在常熟话中也只能有"发一本书渠[gE]"（渠，他），不能有"发渠一本书"。可是，"舀、发、传、交、卖、输、寄、借（借出）"单用时却能带表示接受者的宾语，尤其是交接物处在主语位置时，如"俚本书发渠"（这本书发给他）、"交我"、"篮球传我"等。这是常熟话不同于他处的一个特点。

2.3　最后，举一个时态助词的例子。苏州等方言中，都用"仔"来表示动词的完成体，相当于普通话的"了"。而在常州、无锡、江阴等方言中，与这个"仔"相对应的有两个词，一个是"仔"[tsəʔ]，这几处"仔"也念[tsəʔ]，一个是"着"[zɑʔ]。一般表示完成，用"仔"，如"吃仔饭再去"。若宾语或补语有数量成分，就用"着"，如：

〈无锡〉厂里谢头开着一个会，你勿秦参加晼。（厂里昨天开了一个会，你没有参加。）

〈无锡〉我中酿来床酿睏着一歇，也勿秦睏着。（我中午在床上睡了一会儿也没睡着。)(第一个"着"轻声,第二个不轻,而"睏"发生连读变调。)

不过,要是动词后的时量补语是表示完成以后延续的时间,则必须用"仔",如:

〈无锡〉你走仔十分钟佗就来咧。(佗,他;咧,了)

助词"着"以前未被人注意,而混同于吴语各方言,包括苏州话、无锡话都有的补语"着"(相当于普通话的"到")。其实两者是很不同的,其不同可列为下表:

测验项目类别	必须用在数量+结构前	后面数词"一"经常省略	数量结构上有逻辑重音	可以表示将要发生之事	加"得"或"不"变成可能补语
助词	+	+	−	−	−
补语	−	−	+	+	+

苏州话等只有补语,没有助词,上引几个例句中都不可用"着",而无锡话等则两者均有,所以,像"谢头买着两张票"这种句子,在书面上是歧义的(讲同一件事而语气不同),但在口语中可以凭重音等来区别。

2.4 在有些人看来,汉语各大方言间在语法上是相当一致的。而我们的上述描写则说明,甚至一大方言的内部也存在差异,对吴语区各次方言、地点方言做全面细致的了解,一定会使我们发现更多的可供比较的材料。

三、吴语语法研究的意义(上)

3.0 吴语语法的研究,其意义当然是多方面的,但就当前需要来说,这样一种研究的直接意义,应该是为汉民族共同语——普通话的语法研究服务,赵元任(1926)用苏州、常州的语助词来比较北京话的语助词,结果找出了北京话同一个词在语法作用上的一些细微差别。俞敏(1957)用闽南话的材料阐述他的汉语句子四部分析法,也颇有说服力。

朱德熙（1980）用广州文水、福州话里"的"的比较，为他关于汉语"的"的理论提供了更充足的根据。这些都取得了很大的收获，这里，我们想以吴语为例，探讨一下方言语法的研究应该怎样服务于普通话的语法研究。如果这一点明确了，则方言语法研究的意义也更加清楚了。

3.1 实现这种服务，当然得通过比较。我们认为，这种比较的关键在于认识到下面这个基本事实：方言，只是共同语的地方变体，就汉语来说，两者之间在语法体系上毕竟还是同大于异；基于这种情况，如果我们在两个体系中都发现有某种语法现象，而且在基本作用上是一致的，只在个别非基本、非本质方面各有特点，那我们就得承认，这种语法现象在两个体系中的地位是一致的，对于这种现象的阐述，应该能同时适合于这两个体系。当然，这样讲太笼统了，还是让我们来举例说明吧。

3.1.1 在讲层次分析时，常有人把下面这句分析成这样：

认为"给他"是一个动宾结构，由"给他"再带一个宾语"一本书"。动宾结构带宾语，这本身就有点儿费解，上面那种直接成分划分法也是值得怀疑的，一个简单的事实是，动词和远宾语之间必须有动宾关系，才能组成这种双宾语句式。"给我们一个音讯"可以说，因为我们可以说"给一个音讯"，"给我们一个故事"就不行，因为我们不说"给一个故事"。这说明动词和远宾语之间是动宾关系，也是直接成分。"给他"和"一本书"却不是直接成分。这里，我们拿吴语来比较，问题就更清楚了。普通话的"给"类动词和§1.3.1.1提到过的"拨"类动词在语法功能上是一致的。除了"给他一本书""拨俚一本书"这种句式的一致外，还有一个很重要的共性：它们与两个宾语之间的不同关系，主要不是靠词序来体现的。体现这些关系主要靠两点：1.宾语是指人还是指物。单说"给小张"和"给一块手帕"，"拨小张"和"拨一块绢头"，它们不同的动宾关系也不会被混淆误解。2.宾语是有定还是无定。一般，表示接受者的宾语是有定的，而表示被交接物的宾语是无定的。所以，单说"给这个助手"和"给一个助手"，一般也能体会到两句动宾关系的不同。吴语的情况也是这样。总之，由给予类动词带双宾语的句式，在普通话和吴语中是基本一致的。唯一的不同是吴语两个宾语的位置还可以对换，说成"拨一本书俚"。正是因为上述因素，词序的作用已不重要了，不会引起歧解。而上文所示的那种层次分析，唯一的长处是重视词序（它在这里恰恰不重要），而忽视了其他许多因素。这种分析法在分析普通话时还勉强能对付，但就是不能用来分析基本情况高度一致的吴语双宾语——大概没有谁会做如下分析：

拨 一 本 书 俚

因而，前述分析法是值得重新考虑的。

3.1.2　这是从反面起"监督"作用。此外，从正面出发，又可以用一些小的方面的特点来为普通话研究中某些看法提供有说服力的论据。

赵元任先生的《汉语口语语法》在主语问题上有一些很新颖大胆的看法，包括：1. 把国内通常看作状语的句首时间地点词语看作主语；2. 把偏正复句的前一部分看作主语（赵元任1968/1979：51，52，60，66）。这些看法在国内接受的人还不多，但赵先生在书中提出的理由是值得重视的。对此，我们还可以为赵先生补充两个论据：一是现代汉语中，主谓间、句首时地"状语"和后面的成分间、偏正复句的前后分句间，常用相同的关联词语来连接，这不是偶然的；二是现代汉语用偏正关系的复句来表达的许多意思，古代汉语常常要化为一个主谓式单句，可见二者是相通的。吴语的情况大致同普通话一样，而吴语提顿助词的运用却为赵先生的理论提供了更充足的理由。

吴语提顿助词的用途，拿传统的观点来看，是三项：1. 主语后；2. 时地状语后；3. 偏正复句的前一个分句后。这三种位置，恰好等于赵先生主语的范围。这恐怕不能用偶合来解释。第1、3类例，§1.3.3已举过一些，这里补些第2类的例子：

今朝是，我来勿及去嘳。（今儿我可来不及去了。）

上海末，我有不少亲眷笃。（在上海我可有不少亲戚啊。）

夜里向勒，我还有点怕。（晚上，我还有点儿怕啊。）

更重要的是，某个助词用于这三种位置，表达的语法意义都是相同的。如"末"的基本作用是表达充足条件意义，如：

耐末做勿象哀桩事体格。（要是你来做这事儿，就肯定做不成。隐含别人也许能做得成。）

明朝末，耐勿能离开格。（只要是明天，你就不能离开。隐含别的日子也许能离开。）

耐想乘轮船去追末，追勿牢格。（要是你想乘轮船去追，那就肯定追不上的。隐含乘别的交通工具也许能追上。）

而"勒"的基本作用则是表达唯一条件的因果关系，如：

耐勒，做勿象哀桩事体。（只因为你才做不成这事儿。隐含换了别人肯定能做成。）

明朝勒，耐勿能离开。（只因为是明天，你才不能离开。隐含别的日子你就能离开了。）

耐要想乘轮船去追勒，追勿牢呀。（只因为你想乘轮船去追，才追不上。隐含换了其他交通工具，早就追上了。）

可见，在说汉语的人心目中，句首的行为性质的主体、时地词语和从属分句，都是一句话的陈述对象（话题），所以能在相同的位置用上相同的提顿助词（包括系词虚化来的"是"），表达相同的语法意义。假如我们能据此（并加上其他一些理由）把上述句子都看成主谓句，那和吴语语法基本情况一样的普通话也能把后两类看作主谓句了。

3.1.3 总之，面对一种在两个体系中大同小异的语法现象，我们该做的就是用小异监督大同，支持大同，小异中求大同。

3.2 当然，我们也不能忽视比较中会出现的另一种情况。某些表面上在两个体系中相同的语法现象，由于体系中其他要素的影响，因而具有实质上并不相同的作用和地位（索绪尔所谓"价值"）。正因为我们必须"借助于在它之外的东西才能真正确定它的内容"（索绪尔 1980：161），所以就应该注意比较表面上类似的语法要素在不同体系中的不同地位（价值），从中才可以加深对两个体系中的实质性内容的认识。

比如吴语有一个"脱"字，在"吃脱一碗饭""烧脱一间草棚"等句子中，和普通话的"掉"完全同义，作用也似乎完全一样。可是吴语的"脱"前还可以有一个单音补语，如"打杀脱一个人""绞断脱一根弦线""烧烊脱一块铁"，这个补语使"脱"不能再是"掉"一类补语了。但这个"脱"也并不等于"了"，因为还可以说"打杀脱仔一个人"。总之，这是个表示消失性结果的特有成分。这时我们就不能以异求同了，因为已不是小异了。

3.3 本节中，我们仅就吴语语法的某些问题谈了这种研究对普通话研究的意义，汉语除了共同语的基础方言北方话以外，还有七大方言。假如我们能全面深入地揭示出各方言语法的实际情况，再来一个全面的比较研究，那必将有助于对汉语语法本质特点认识的新突破。我们期待着这种突破的早日到来。

四、吴语语法研究的意义（下）

4.0 除了服务于普通话研究这一最现实的意义外，吴语语法研究在其他方面的意义也应予以一定的重视。

4.1 我们知道，汉语史的研究一步也离不开比较，历史比较语言学这个名称本身就说明了语言史与比较的不解之缘。现在，语音史、词汇史的研究已经在很好地运用方言比较的方法了。语言史的研究也应建立在比较这个更扎实的土地上。

4.1.1 方言语法与汉语史的关系表现在多种方面。有些是表达方法上的继承关系，但并不一定是语法材料上的直接流源关系，如古代汉语常用提顿助词"也"等来引出主语、时地"状语"及从属分句，这在现代普通话中已不很常用，而在现代吴语中，这种提顿法仍很发达（§1.3.3，§3.1.2）。研究吴语的提顿法，不但有助于我们更确切地领会古汉语句子的特点，而且帮助我们认识从古代到现代的这种富于汉语特点的表达法。

4.1.2 另一种情况，是古代汉语语法材料在方言中的保存及发展。

如元曲中常用"得来"做结果程度补语助词,如:

　　学得来一天星斗焕文章。(王实甫《西厢记》二本一折)

　　醉的来似踹不杀的老鼠一般。(康进之《李逵负荆》二折)

这个"得来"在普通话中似已不见了,在吴语中却依然保存着,在吴语的另一些地方,还可以单用"来"做补语助词。而且这个"得来"及"来"在吴语中又发展出一种新用法——后面不接补语也能表程度,这都是"得来"的发展。

　　4.1.3 在句子结构上,吴语也可以为汉语史提供一些材料。

　　在吴语中,可能补语与宾语同时出现时,如果宾语是人称代词,常常是"动宾得(不)补"的次序,如"看耐得起""寻我勿着""吃俚勿消"等,与普通话不同,而宾语是名词,则又与普通话一样,宾语一律放在最后。只有联系吴语,我们才能够认识汉语发展史中的这一复杂现象:从唐宋时最通行的"动得宾补"和"动宾不补"两式出发,一方面动词后"此三者与动词之吸力,以得为最强,次则结动词(补语——作者注)而宾语最弱"(吕叔湘 1955:67),另一方面,代词宾语又有靠近动词的强烈趋向,因而造成了宾语后移靠前并进的趋势。也只有联系吴语,我们才能更明确地理解从唐宋到现代一些复杂的过渡状况,比如由明代吴人冯梦龙用官话编的"三言"。

　　4.2 吴语语法的研究,还有其普通语言学意义。普通语言学是从印欧语研究中孕育诞生的,因此,带有很深的印欧语痕迹。随着研究面的扩大,普通语言学的视野也大大扩展,到1921年萨丕尔写《语言论》时,已列出"语法程序"的"六种主要类型:(一)词序,(二)复合,(三)附加,包括前附加、后附加和中附加,(四)涉及元音或辅音的根本成分或语法成分的内部变化,(五)重叠,(六)重音分别,动力(音势)上的或是声调(音高)上的"(萨丕尔 1921/1964:57),这同以前仅注意内部屈折、后附加、重音变换等形态手段的情况相比,显然是吸收了其他语系的研究成果。但是,普通语言学的印欧气息至今还很浓重,汉藏语系的巨大宝库至今尚未深入开掘。要开掘这些宝藏,汉语方言的研究也是一个重要方面,下面,我们就举一个吴语的例子来说明这种情况。

吴语的单音动词,有一种特殊的形态变化,即"动A动A"式,最普通的是"动法动法"还有"动搭动搭"等。这种形态表达的意义是一种反复并持续着的动作状态,如:

耐勿朝俚看法看法嘖,快点走吧。

俚走进车间就勒车床浪摸搭摸搭。(勒……浪,在……上)

小张走法走法走到河里也朆晓得(朆 [ˌfən],没有,未曾)

吴语中还有与此相类似的"A动A动"式,如吴江话有"密动密动"式,表示一种高频反复的动作状态,如:

〈吴江〉伊勒人堆里密轧密轧。(他在人群中一个劲儿挤着。)

〈吴江〉一拿起酒杯就密呷密呷。

以上两种构形法,既不能算是附加法(不能单说"走法""密轧")也不能算重叠法,因为不是有了"走法""密轧"以后再加以重叠的。至于"法""密"一类成分,不能把一个"法"、一个"密"看作词嵌,而把另一个看作词尾(法)词头(密),因为两个"法"两个"密"前后作用是相同的,又是不可分割的。这种构形法,实际上是附加重叠双重构形法,而且这双重是不可分割、不分先后,同时起作用的,与单纯的附加后再重叠的性质很不相同。我们的普通语言学应该注意到这种构形法,也应该给"法""密"一类成分起个合适的名字。

这个例子说明方言语法的研究可以丰富普通语言学的内容。顺便说一下,假如注意到这些动词形式确难用句法结构关系来解释,我们认为有理由怀疑现代汉语基本上没有形态变化的说法。总之,从以上讨论的这些情况中我们的确体会到,布龙菲尔德的下面这句话是很有道理的,他指出:"地区方言对于语言学家是有头等重要性的"(布龙菲尔德 1955/1980:55)。

参考文献

布龙菲尔德 1955/1980 《语言论》,袁家骅、赵世开、甘世福译,钱晋华校,北京:商务印书馆。

吕叔湘 1955 《汉语语法论文集》,北京:科学出版社。

萨丕尔 1921/1964 《语言论》,陆卓元译,陆志韦校订,北京:商务印书馆。

索绪尔　1949/1980　《普通语言学教程》，高名凯译，岑麒祥、叶蜚声校注，北京：商务印书馆。
王　力　1980　《汉语史稿》，北京：中华书局。
俞　敏　1957　汉语的句子，《中国语文》第 7 期。
赵元任　1926　北京、苏州、常州语助词的研究，《清华学报》第 2 期。
赵元任　1956　《现代吴语的研究》，北京：科学出版社。
赵元任　1968/1979　《汉语口语语法》，吕叔湘译，北京：商务印书馆。
朱德熙　1980　北京话、广东话、文水话和福州话里的"的"字，《方言》第 3 期。

引例来源

《海上花列传》〔清〕花也怜侬（韩子云）著，新文化书局 64 回本。
《九尾龟》〔清〕漱六山房（张春帆）著，上海点石斋 192 回本。
《独脚戏选》一集，上海文艺出版社，1963 年。
《蝴蝶杯》，苏州评弹，1981 年 2 月 17 日起苏州电台每天播送一回。（17 日一回，18 日二回……）
《四进士》，苏州评弹，1981 年 3 月 9 日起无锡台每天播送一回。
《沉香扇》，苏州评弹，1981 年 10 月 15 日起无锡电台每天播送一回。以上三本均据电台笔录。

（原载《江苏省哲学社会科学联合会 1982 年
年会论文选》（语言学分册））

吴江方言声调初步调查*

吴江是一个多调类的方言区，多的有十一类，少的有九类，调类分合的条件也很奇特，造成了吴江方言乃至汉语各方言区都极为少见的复杂现象。为了摸清吴江方言声调的实际情况，我们做了一次初步的调查，以城区松陵镇为重点，同时也调查了吴江其他六个县辖镇的声调情况。现将调查结果分三部分介绍。

一、吴江方言声调概况

先列出各大镇的声调概况，包括调类名称，该调类字的组成条件、调值以及例字。对于那些组成条件较奇特的调类，我们特地排出一些声母发音部位和韵母都相同（只是声母发音方法不同，如送气和不送气、清音和浊音的不同）的成对（或成组）的例字，以显示其调值（亦即调类）是相同的。松陵镇以外各镇，凡是组成条件跟松陵镇一样的调类，就不再说明条件，也不再举例字，请参看松陵镇的字表。

［松陵］ 九类

（一）阴平（中古平声的清声母字及少数次浊声母字） ４４（调值，下同）

高猪专尊低边，安，开抽天，婚，拉

---

① 本文备有三个附表：一、吴江话音节总表；二、吴江话同音字表；三、吴江话二字组连读变调简表。三表均以城区松陵话为准。附表一、二从略，文末附上吴江话二字组连读变调简表备查。

（二）阳平（中古平声的浊声母字） 23
　　　穷陈床才唐平，神徐扶寒云，鹅娘人龙麻

（三）全阴上（中古上声的全清声母字） 51
　　　古纸走短比，碗呕哑，好手死粉火许酒少

（四）混上（中古上声的次清声母字和浊声母字） 31
　　　口丑楚草此品惨；五女老暖，近柱是厨社
　　　妥—惰—裸　普—部　体—弟—礼　浅—践　企—技—拟
　　　讨—稻—脑　毯—淡—览

（五）全阴去（中古去声的全清声母字） 423
　　　盖帐醉对变布照，爱要暗，汉世送放显

（六）混去（中古去声的次清声母字和浊声母字） 212
　　　唱菜怕破课气；共阵助树谢饭，岸漏怒帽
　　　派—稗—卖　剃—第—丽　套—盗　跳—调—料　炭—蛋—烂
　　　判—叛　配—佩　唱—状　欠—健

（七）全阴入（中古入声的全清声母字） 5
　　　百急竹积得笔，一鸭约，黑湿锡歇发

（八）次阴入（中古入声的次清声母字） 3
　　　曲出七秃匹缺尺切铁拍掐拆哭

（九）阳入（中古入声的浊声母字） 2
　　　月六纳麦捏肉，局杂读白轧合入服俗药

[同里] 九类，调类调值同松陵，不另列。
[盛泽] 九类，调类同松陵，调值分别为：
（一）阴平 44 （二）阳平 13 （三）全阴上 51 （四）混上 31 （五）全阴去 423 （六）混去 312 （七）全阴入 5 （八）次阴入 4或45 （九）阳入 2

[平望] 十一类
（一）阴平 44 （二）阳平 23 （三）全阴上 52
（四）次阴上（中古上声的次清声母字） 41
　　　口丑体普楚草何肯

（五）阳上（中古上声的浊声母字） 31

　　近柱是淡厚社，王女老

（六）全阴去 423

（七）次阴去（中古去声的次清声母字） 312

　　唱怕课气探臭炮

（八）阳去（中古去声的浊声母字） 212

　　共阵助大病害树谢，岸帽怒漏

（九）全阴入 5 （十）次阴入 3 （十一）阳入 2

［黎里］十一类，调值分别为：

（一）阴平 44 （二）阳平 24 （三）全阴上 51 （四）次阴上 42 （五）阳上 31 （六）全阴去 513 （七）次阴去 313 （八）阳去 212 （九）全阴入 5 （十）次阴入 45 （十一）阳入 23

［芦墟］九类

（一）阴平 44（二）阳平 31（三）全阴上 51（四）全阴去 423

（五）次阴去（中古上声去声的次清声母字） 312

　　口丑草巧，抗唱胖烫

　　彩—菜　体—涕　口—扣　腿—退　讨—套

（六）阳去（中古上声去声的浊声母字） 212

　　近柱抱王，大漏树害

　　忿—份　盾—钝　懒—烂　项—巷　断—缎

（七）全阴入 4 （八）次阴入 3 （九）阳入 2

［震泽］九类

（一）阴平 44 （二）阳平 24

（三）阴上（中古上声的清声母字） 51

　　纸短比碗，草口此躺

　　古—苦　纸—耻　走—丑　补—普　底—体　岛—讨

（四）阳上（中古上声的浊声母字） 42

　　在坐淡抱旱父似，五女老

（五）全阴去　4 2 3

（六）次阴去（中古去声的次清声母字）　3 1 2

　　　唱怕课气跳判探套

（七）阳去（中古去声的浊声母字）　2 1 2

　　　共阵助大病害树饭，岸怒帽

（八）阴入（中古入声的清声母字）　5

　　　黑割责遏，尺铁客拍

　　　急—吃　七—接　菊—曲　百—拍　各—哭

（九）阳入　3

以上是吴江县七个大镇的声调概况。在这里，我们顺便介绍一下部分发音合作人的情况。

　　松陵：倪恩泽（男，70多岁，中学退休教师），张元祺（男，63岁，退休店员），庞珍（女，34岁，店员），刘××（男，26岁，现中学教师），任榴红（女 17 岁，中学生）；

　　同里：朱水根（男，58岁，工人），周海坤（男，56岁，街长），周泉根（男，34岁，建筑工人），徐月新（男，21岁，大学生），王海林（男，65岁，退休工人）；

　　盛泽：沈景芳（男，32岁，机关工作人员），张小华（男，24岁，中学教师），徐寅林（男，20岁，大学生）；

　　平望：王同志（男，32岁，大学生），王玮（女，20岁，大学生），张金荣（男，35岁，机关干部）；

　　震泽：施家园（女，35岁，中学教师）；

　　芦墟：王晓宏（男，36岁，中学教师），陈镠焰（女，36岁，中学教师）；

　　黎里：张殿春（女，61岁，退休职员）。

由于发音合作人较多（如松陵、同里两地即有近二十名发音合作人），难以在此一一列举。有一些发音合作人的姓名或年龄当时漏记，他们都是调查者（刘丹青）的亲友的同事或邻居，待写成调查报告时再补入。

二、吴江方言声调的两大特点

吴江方言声调系统的特殊性突出地表现在两个方面。

第一，上去入三类里，全清声母字和次清声母字（即不送气声母字和送气声母字）的调值不同，因而调类数目就多起来了。七镇中，只有震泽上入两类中的全清次清尚未分化。平声里，松陵、同里、黎里、芦墟、震泽：全清字和次清字调值毫无分别。盛泽：我们调查的几个人中，只发现一个人全清字略高于次清字，其他人无此分别。平望：次清平声字念得不很稳，一般跟全清平声字相同，有人偶尔念得低于全清字，不过在语句中就显示不出次清低于全清了。总之，根据目前了解的情况，不能认为盛泽和平望这两地有全阴平和次阴平之分。其他五镇，前面说过根本不存在这种区分。

第二，上去两类里，松陵、同里、盛泽三镇，次清声母字和浊声母字的调值变得相同，于是就出现了"混上"和"混去"两个特殊的调类，这也是吴江声调的显著的特点。据我们所知，到目前为止，还没有人提到过吴江方言的这个特点，也没有听说汉语其他方言有类似的情况。这是非常值得注意的。

吴江方言声调的这个特点引起了我们的重视，我们在调查中不是轻易把上、去两类的次清字和浊声母字归成"混上"或"混去"的。我们列举了许多成对（或成组）的次清字和浊声母字（如松陵声调下例字所示），每次调查时都让发音人反复读这些字，结果证明松陵等地这两组字（即在别处分为次阴上和阳上、次阴去和阳去）的两类，确实没有区别。其次，吴江城区的连续变调情况也说明了"混上"和"混去"的存在。从附录的"吴江话二字组连读变调简表"中，我们可以看到，九个调类中，每一个都有区别于其他调类的地方：或者本身变调不同，或者是给另一个字造成不同的连读变调的条件。而"混上"和"混去"中（这两类我们总是既列次清声母字，也列浊声母字）的次清声母字和浊声母字在连读变调中总是呈现相同的调值。

由于上去入三类全清次清调值有别，因此吴江的声调有的多到十一类，这就是平望和黎里。由于上去两类中次清字并入浊声母字，组成了"混上"和"混去"，因此松陵、同里、盛泽又都只有九个调类。至于芦墟、震泽的九类，又各有不同的分合条件。在芦墟，次清上声并入次清去声，浊上并入浊去；在震泽，上声入声两类没有全清次清的区别，因此各只有九个调类。

三、松陵话声调的一些复杂情况

上文所记的松陵话声调，是以五十岁以上的老年人为标准的。实际上，各年龄层之间还有一些差异。这突出表现在混上、混去两类上面。我们调查的发音人当中，五十岁以上的人能区分混上（31）和混去（212）。四十岁左右的人，一般也能区分混上和混去，但混去念成211，已只降不升。三十岁左右的人，混上仍是31，混去则不稳定，有时念211，有时念311甚至31，造成"菜=彩、唱=闯"的情况。二十岁以下的，混去只念31，完全等于混上。这样，从老年到少年，有规律地形成了合并的趋势。除此以外，还有少数人把次阴入念成4，青年中有个别人对全阴上和全阴去也分得不清楚。

我们把"混上"和"混去"明确分开，是因为：一、把老年人的发音作为传统标准；二、县内各镇，上声和去声一般都不相混；三、最主要的是，在连续变调中，年龄差别消失了，混上、混去有明显区别（参看附录）。比如，"土、产、丑、态"这四个字，小青年念的都是31调，但连字成词，"土产"是22、44，而"丑态"是31、22，这就没有年龄的差别，"产"（上声）和"态"（去声）在连读变调中还是有明显的不同。表中"混去"字在平声上声前面有两种变法，一种正好和"混上"字一样，这虽因人而异，但与年龄无关，可是这不是由混上混去后合并造成的。

松陵话单字调类调值虽与同里话一样，但具体念法略有差别。阴平，松陵人念的时值稍短于同里人，两个去声的降升调，松陵话升得没有同里话明显，但这些都无法也不必在五度标调中反映。另外，同里青年人混上混去也区别得很清楚。最后，松陵、同里连读变调大不一样，构成两地音系的一大差别，这里就不详述了。

（原载《南京师院学报》，1983年第3期，
与张拱贵合作）

附：吴江话二字组连读变调简表

	阴平	阳平	全阴上	混上	全阴去	混去	全阴人	次阴人	阳人
阴平 44	44、21 苏州	44、21 芝麻	44、21 糕饼	44、21 身体	44、21 灯罩	44、21 分配	44、4 资格	44、4 真漆	44、4 青药
阳平 23	22、44 吴江	22、44 池塘	22、44 呆板	22、44 兄弟	22、44 年货	22、44 鸡蛋	22、4 皮夹	22、4 陪客	22、4 肥肉
全阴上 51	42、44 火烧	42、44 嘴唇	42、44 鬼火	42、44 展览	53、32 比赛	53、32 蛇蛋	51、5 果汁	51、5 倒贴	51、5 把握
混上 31	22、44 草包 奶糕	22、44 考查 稻田	22、44 浅水 奶粉	22、44 土产 裸体	31、22 彩带 眼镜	31、22 五态 罢课	22、4 彩色 冷粥	22、4 请帖 脑壳	22、4 考核 满月
全阴去 423	42、44 酱瓜	42、44 化肥	42、44 报纸	42、44 四套 制造	53、32 对过	53、32 诈骗 炸弹	51、5 冻豚	51、5 信壳	51、5 秘密
混去 212	22、44或22、41 衬衫 耐心	22、44或22、41 菜油 电炉	22、44或22、41 跳板 字典	22、44或22、41 痛苦 事体	31、22 困觉 便当	31、22 刺探 泡饭 电器 部队	22、4 课业 料作	22、4 毽壳 字帖	22、4 派别 蛋白
全阴人 5	4、44 豁边	4、44 脚炉	5、32 百果	5、32 喝彩 挖耳	5、32 答应	5、32 搭配 百病	5、3 血迹	5、3 八折	5、3 节日
次阴人 3	3、44 拆迁	3、44 客人	2、22 缺点	2、22 缺口 客满	2、22 触气	2、22 尺寸 揿扭	3、2 赤膊	3、2 出客	3、2 泼辣
阳人 2	3、44 木花	3、44 辣椒	2、22 墨水	2、22 药品 力道	2、22 辣酱	2、22 热菜 席位	2、3 蜡烛	2、3 服帖	2、3 毒药

吴江方言声调初步调查

苏州方言量词的定指用法及其变调

苏州方言里头的量词，除了可以跟数词、指别词一起构成数量词组或指量词组来修饰名词外，还能单独地直接修饰名词或名词性词组。如：根稻柴稻草kən˦·dæ↙za˩˥|条被头被子diæ˩˥·bi↙dY˩˥|本借得来葛书[1] pən˥˦·tsia↙ktə ʔ˥˦lE˩˥kəʔ˥˦|串钥匙 tsʻøʏ˦·jia ʔ˥˦|段小花头葛布døʏ˩˥·siæ↙ho˩˥dY˩˥kəʔ˥˦puʏ|个糊涂朋友 kəʔ˥˦·fiəu˩˥dəu˩˥bã˩˥jiY↙|粒饭米糁饭粒liəʔ˥˦·vE↙mi↙søY˩˥。

这种量名词组，意义跟"指别词'搿'[gəʔ˦]（+数词'一'）+量词+名词"的格式大致相同，都有确定的指示意义。但两者还是有一定的区别。试比较：

（1a）张纸头啥场化什么地方来葛？

    tsã˦·tsɿ↙dY˩˥ sɑ↙zã˩˥hoʏ lE˩˥kəʔ˥˦？

（1b）搿张纸头啥场化来葛？

    gəʔ˩˥tsã˦·tsɿ↙dY˩˥ sɑ↙zã˩˥hoʏ lE˩˥kəʔ˥˦？

在（1a）中，听说双方都知道指的是哪一张纸，或者环境已指明是哪一张（比方桌子上只有这么一张纸），所以这里的所指对象是已知的；在（1b）中，说话人用了指别词"搿"，指示意义更明显，所指对象往往是不见于上文的新信息，这样的用法还隐含着说话人要避免使对方产生误会的用意，同时也包含着对比在内。如：

（2a）张纸头是我拨给倷你葛。

    tsã˦·tsɿ↙dY˩˥ zɿ↙ ŋəu˥˦·pəʔʔ˦nE↙kəʔ˥˦.

---

[1] 苏州话里跟普通话"的"相当的结构助词是[kəʔ˦]，它和做量词用的"个"[kəʔ˥˦]同音，为了区别起见，我们把结构助词写成"葛"（同音字）。

（2b）辯张纸头是我拨俚葛（，归张_那张_勿晓得是啥人拿得来葛）。
　　　gəʔ‖tsã┤·tsʏ‖dʏ‖　zʏ　 ŋəɥ‖ue┤·pəʔ‖nE‖kəʔ‖(，kuE┤tsã‖
　　　fəʔ‖ɕiæʏ‖təʔ‖　zʏ　 saɥ‖n̩in‖ no‖təʔ‖lE‖kəʔ‖)．

（2b）含有较明显的对比意义，而一般说来，（2a）就没有对比的潜台词在内，所以较少直接用于对比句。

总之，这种量词直接修饰名词或名词性词组的用法，不强调数量，也没有对比的含义，指示意义也很弱。只是在这么用时，听说双方都明确所指的对象是什么，至少在说话人主观上认为对方是应该知道的。也可以说，量词在这么用时，其所指对象是有定的，它本身就包含着一点儿指示意义。所以我们把量词的这种用法叫作"量词的定指用法"。

所有的物量词都有定指用法。例如（举例按量词的本调排列）：

阴平　桩事体 tsã┤·zʏ‖t'i‖｜家人家 ka┤·n̩in‖ka‖｜封信 foŋ┤·sin‖｜根棒 kən┤·bā‖｜批生活_活儿_ p'i┤·sā‖fiuəʔ‖｜堆硬柴_劈柴_ tE┤·ŋã‖za‖｜包西瓜子 pæt·si‖ko┤tsʏ‖｜间房间 kE┤·vã‖kE‖｜□牙西瓜 a┤·si┤ko‖

阳平　条黄鳝 diæ‖·fiuã‖zø‖｜门功课 mən‖·koŋ┤k'əu‖｜蓬_团_火 boŋ‖·həu‖｜层烂泥_泥_zən‖·lE‖n̩i‖｜片嘴唇皮 bE‖·tsʏ‖zən‖bi‖｜□_级_阶沿_台阶_ dzin‖·ka┤jiɪ‖

上声　朵花 təu┤·ho┤｜盏电灯火 tsE‖·diɪ‖tən┤həɥ‖｜本小书_连环画_ pən‖·siæ‖sʏ‖｜板豆腐 pE‖·dʏ‖vu‖｜管_杆_秤 kuø‖·ts'ən‖｜版_页_书 pE‖·sʏ┤

阴去　副眼镜 fu‖·ŋE‖tɕin‖｜扇窗 søʏ‖·ts'ã┤｜句闲话_话_tɕʏ‖·fiE‖fio‖｜注_笔_铜钿_钱_ tsʏ‖·doŋ‖diɪ‖｜串珠珠_珠子_ ts'ø‖·tsʏ┤tsʏ‖｜块黄松糕 k'uE‖·fiuã‖soŋ┤kæ‖

阳去　件马夹_背心_ dziɪ‖·mo‖kaʔ‖｜部小汽车_轿车_ bu‖·siæ‖tɕ'i‖ts'o┤｜面镜子 mi‖·tɕin‖tsʏ‖｜瓣叶子 bE‖·jiaʔ‖tsʏ‖｜样小菜_菜肴_ jiã‖·siæ‖ts'E‖｜上_摞_碗盏 zã‖·uø‖tsE‖

阴入　个小鬼 kəʔ‖·siæ‖tɕʏ‖｜只脚 tsaʔ‖·tɕiaʔ‖｜搭_处_场化_地方_ taʔ‖·zã‖ho┤｜帖药 t'iəʔ‖·jiaʔ‖｜滴菜油 tiəʔ‖·ts'E‖yi‖｜泊_滴_水 toʔ‖·sʏ┤

阳入　粒雨麦籽玉米籽 liəʔ⌇·ɦyʋ⌇maʔ⌉tsʅʋ⌇| 局出戏 dzioʔ⌇·ɕiʋ| 伐茬韭菜 vaʔ⌇·tɕiʏʋtsʻɛʋ⌇| 别把猪油 biəʔ⌇·tsʅ⌉jiʏ⌇

临时量词一般也都有定指用法，只是单音节的量词比双音节的更常见些。如：

桌酒水 tsoʔ⌇·tsʏ⌇⌇ksʏʋ| 箩西瓜 ləu⌇·si⌉ ko⌇| 车青菜 tsʻo⌉·tsʻin⌇tsʻɛʋ⌇| 罐头漆 kuø⌇⌇ʏ⌇dʏ⌇·tsʻiə⌉

一些表示度量衡单位的量词也可以用作定指，但公制的一般不用，例如：

斤黄豆 tɕin⌉·ɦuã⌇dʏʋ⌇| 升新糯米 sən⌉·sin⌉nəu⌇miʋ⌇| 亩麦田m̩⌇·maʔ⌇daɪ⌇aɪ⌇| 尺头绳毛线 tsʻaʏ⌇·dʏ⌇zən⌇

许多动量词也可用于定指。这可以分两种情况：一种用法跟物量词相仿，直接用在名词前起修饰作用。如：

（3）顿生活结棍该。这一顿揍可厉害了。(该，语气词) tən⌇·sã⌉ ɦuəʔ⌇ tɕiəʔ⌉kuən⌃ kɛʏ.

（4）转东山倷阿去嘎？这次东山你去不去？(东山：苏州郊县风景区) tsø⌇·toŋ⌉ sɛ⌇ nɛ⌇·aʔ⌉tɕʻi⌃⌇tɕiaʏ?

（5）趟电影朆看着。这（那）次电影没看到。tʻã⌃⌇·diɪ⌃⌇in⌇ fən⌉ kʻø⌃ ⌇zaʔ⌇.

另一种用法是动量词单用，一般放在句首做状语。如：

（6）记闯仔祸葛哉。这下闯下祸了。tɕiʋ⌇·tsʻã⌃ tsʅ⌉ ɦəu⌇kəʔ⌉⌇tsɛ⌇.

（7）趟我勿高兴去呀！这回我不愿意去嘛！tʻã⌃⌇·ŋəu⌃ fəʔ⌉kæ⌇ɕin⌃⌇tɕʻi⌃⌇jiaʏ!

有时候这种状语也可以放在主语后头，这时主语跟这个量词一般不连读：

（8）倷趟啥体要搭小明吵相骂呢？你这次干吗要跟小明吵架呢？nɛ⌇·tʻã⌃⌇·sa⌃⌇tʻiʏ iæ⌇ taʔ⌇·siæʏ⌇min⌇ tsʻæʏ⌇siã⌇moʋ n̩ɪ⌇?

（9）小王脚踢得准葛。小王这一脚踢得真准（谈踢足球）。siæʏ⌇ɦuã⌇ tɕiaʔ⌉ tʻiəʔ⌉tsən⌃kəʏ⌇.

这儿的"倷趟""小王脚"看起来跟受名词修饰的量词［如下文（24a）等例］结构相仿。其实有本质的不同：首先，前者两个部分可以颠倒位置而意思不变，而后者却不允许这样改变词序；其次，前者两个部分不能连读，而后者，量词则必须跟前面的修饰成分连读。

包含定指意义的量名词组，一般用作主语或定语。例如：

（10）只脚痛得来。(我的)脚痛极了。（主语）tsaʔ˩˦·tɕiaʔ˩ t'oŋ˩˦təʔ˩˦ lE˩˦.

（11）杯茶泡得发苦葛哉。(这)杯茶沏得发苦啦。（主语）pE˧·zo˩ p'æ˩˦təʔ˩˦ faʔ˩˦k'əu˩˦kəʔ˩˦tsE˩˦.

（12）趟上海去得蛮有劲葛。这次上海去得挺来劲儿的。（主语）t'ã˩˦·zã˩˦ hE˩˦ tɕ'i˩˦təʔ˩˦ mE˧·jiy˩˦·tɕin˩˦kəʔ˩˦.

（13）手生活做出来哩不闲话讲。这一手活儿做出来真没说的。（主语）sy˩˦·sã˧ɦuəʔ˩˦ tsəu˩˦ts'əʔ˩˦lE˩˦ m̩˩˦pəʔ˩ ɦiE˩˦ɦio˩˦ kã˥.

（14）条鱼葛鳞片刮刮脱。把(这)鱼的鳞刮了。（定语）diæ˩˦·ŋ˩˦kəʔ˩˦ lən˩˦bE˩˦kuaʔ˩kuaʔ˩t'əʔ˩˦.

（15）只台子葛卖相蛮灵葛。这桌子模样儿挺好。（定语）tsaʔ˩˦·dE˩˦tsɿ˥ kəʔ˩˦ ma˩˦siã˩˦ mE˧·lin˩˦kəʔ˩˦.

在语言环境允许的情况下，量词也可以单独使用，替代上述有定指意义的量名词组做主语或定语。如：

（16）甲：倷哪只脚疼？你哪只脚疼？——乙：只痛。这只疼。nE˩˦·no˩˦ tsaʔ˩˦·tɕiaʔ˩ t'oŋ˥？——tsaʔ˩˦·t'oŋ˩.

（17）甲：点鱼杀好哉。鱼都杀好了。——乙（翻检后）：条葛鳞片蹭刮清爽碗。这条的鳞片没有刮干净。tiɪ˩˦·ŋ˩saʔ˩hæʔ˥tsE˩˦.——diæ˩˦ kəʔ˩˦lən˩˦bE˩˦ fən˧ kuaʔ˩ts'in˩˦sã˩˦uəʔ˩˦.

（18）只葛卖相蛮好葛。这一只的外表挺好的。tsaʔ˩˦kəʔ˩˦ ma˩˦siã˩˦ mE˧ ·hæʔ˥kəʔ˩˦.

这种带定指意义的量名词组在句中如果是动作的对象，在结构上一般还是放在句首做主语的，如上述例句中的（4）、（5）、（14）、（17）。否则就得用介词"拿"[no˧]（相当于普通话的"把"）把宾语提到谓语动词的前头。跟普通话一样，介词"拿"后头的名词总是有定的。如：

（19）搭我拿把扇子拿过来。替我把扇子拿过来。taʔ˩ŋəu˥ no˧po˥ søu˥ tsɿ˥ no˧kəu˩˦lE˩˦.

（20）<u>拿</u>张报纸翻来翻去看。把（那）报纸翻来翻去地看。no˦tsã˦　pæ˥tsʅ˥˩　fɛ˥lɛ˥fɛ˦tɕ'i˥　k'ø˥˩

这儿加下划线的"拿"都是介词，它后面的量名词组"把扇子""张报纸"都是有定的。而直接跟在谓语动词后头做宾语的量名词组则是省去了数词"一"的数量名词组。试比较：

（19b）搭我拿把扇子过来。替我拿把扇子过来。taˀŋəu˦ no˦po˦　sø˥tsʅ˥　kəu˥lɛ˦.

（20b）拿张报纸，翻来翻去看。no˦tsã˦　pæ˥tsʅ˥˩, fɛ˥lɛ˥fɛ˦tɕ'i˥　k'ø˥˩.

这两句中的"拿"是实义动词，（19b）中的"拿……过来"是动趋式，（20b）中"拿"跟"看"是两个并列的谓语动词。所以这儿的"把扇子"和"张报纸"只是"一把扇子"跟"一张报纸"的省略形式而已，是无定的。

但是，定指的量名词组可以用在动词的VV式或"V一V"式后头。如：

（21）㑚看看种场面看。你瞧瞧这种场面。nɛ˦·k'ø˥k'ø˥　tsoŋ˥·zã˦ mi˥k'ø˥˩.

（22）我去叫阿三来修一修扇窗。我去叫阿三来修修这窗子。ŋəu˥tɕ'i˥ tɕiæ˥·aʔsɛ˦lɛ˦sʅ˥iəʔsʅ˦sø˥·ts'ã˩.

（23）我等等个客人，唔笃先走起来。我等一下那客人，你们先走着。ŋəu˥· tən˥tən˥kəʔ·kaʔnin˦, ŋ˦toʔsiɪ tsʅ˥tɕ'i˥lɛ˦.

因为VV式和"V一V"式后头一般不带数量名词组充当的宾语，所以（21）、（22）、（23）里的"种场面""扇窗""个客人"是不会被理解为省去"一"的数量名词组的。

有定指意义的量名词组，可以在前面加修饰成分，这时它的功能跟一般的数量名（或指量名）词组相仿，也就可以放在动词后头了。如：

（24a）我欢喜㑚上趟件衣裳。我喜欢你上次那件衣服。ŋəu˦·huø˥ɕi˥ nɛ˦·zã˦t'ã˦dzi˥iʔzã˦.

（25a）阿黄就是刚刚走开只小狗。阿黄就是刚刚走开的那只小狗。aʔɦuã˦ zʅ˥zʅ˦ kã˥kã˦　tsʅ˥k'ɛ˦tsaʔsiæ˥kʅ˥.

加上修饰语后，量词往往可以单用以替代被省略的名词。所以在一定的语言环境中，上面这两句又可以说成：

（24b）我欢喜俫上趟件。ŋəuᴠ˦·huɔʃʃ˦ɕiᴠ˦ nEᴠ˦·zã˦ᴠt'ã˦ʃdziɪᴠ˦.

（25b）哪只是阿黄？——就是刚刚走开只。noᴠ˦tsaʔ˦ʃ zɿᴠaʔ˦ fiuã˦？——zγᴠ˦zɿᴠ˦kã˦ʃkã˦ tsγᴠ˦k'E˦tsaʔ˦.

量词前头加上修饰语，结构助词"葛"可用可不用。如：

长出来（葛）棵（草）tsã˦ᴠts'ə˦ʃ˦lE˦（kəʔ˦）k'əu˦（ts'æᴠ）| 俚剪（葛）段（布）liʃ˦tsiɪᴠ（kəʔ˦）døᴠ（puᴠ）| 三尺长（葛）块（手巾_{毛巾}）sE˦ts'aʔ˦zã˦（kəʔ˦）k'uEᴠ（sγᴠtɕyn˦）| 楼浪向_{楼上}（葛）家（人家）lγ˦lã˦ ɕiã˦（kəʔ˦）ka˦（nin˦ka˦）| 红颜色（葛）件（衣裳）fioŋ˦ ŋE˦səʔ˦（kəʔ˦）dziɪᴠ˦（iʃ˦zã˦）

如果修饰语是单音节的动词或形容词，一般要加"葛"，人称代词两可，但以不加为常。如：

逃葛只（狗）_{正在逃跑的那只（狗）}dæ˦kəʔ˦ʃtsaʔ˦（kγᴠ）| 红葛件_{红的那一件}fioŋ˦kəʔ˦dziɪᴠ˦ | 我（葛）只帽子 ŋəuᴠ˦（kəʔ˦）tsaʔ˦ mæᴠ˦tsɿᴠ˦

其中有一些组合，如果不加"葛"，有时会造成歧义结构，其具体意义要由它在句中的位置来决定。如：

（26a）小王勿见脱本书。_{小王丢了本书。}siæᴠ˦fiuã˦ fəʔ˦tɕiɪᴠ˦t'əʔ˦pənᴠ sɿ˦.

（26b）小王勿见脱本书寻着哉。_{小王丢的那本书找到了。}siæᴠ˦fiuã˦ fəʔ˦ tɕiɪᴠ˦t'əʔ˦pənᴠ sɿ˦ zin˦zaʔ˦tsE˦.

（27a）俚剪块布。_{他扯了块布。}liʃ tsiɪᴠk'uEᴠ puᴠ.

（27b）俚剪块布忒贵。_{他扯的（那）块布太贵。}liʃ tsiɪᴠk'uEᴠ（或 liʃtsiɪʃ k'uEᴠ）puᴠt'əʔ˦·tɕyᴠ.

上面四句里，（26a）、（27a）是一般的述宾结构；在（26b）、（27b）中则是带定指意义的量词修饰名词的偏正结构。此外，（b）句中"小王"和"俚"后的停顿要比（a）句的短些。

量词也可以放在修饰语的前头。如：

棵长出来葛草 k'əu˦·tsã˦ᴠts'əʔ˦lE˦kəʔ˦ ts'æᴠ | 本勿见脱葛书

pən˦˧·fəʔ˥tɕiɪ˦˧t'ə˦˧kə ʔ˩ sʅ˦ | 块俚剪葛布 k'uE˦˧·li˩ tsiɪ˥kəʔ˩ pu˩

这时也可以省去中心词，但后面必须有助词"葛"，实际上就是定指的量词修饰名词的"葛"字结构。如：

块三尺长葛 k'uE˦˧·sE˥ts'ɑʔ˩ zã˨kəʔ˩[①] | 家楼浪向葛 kɑ˧·ly˨lã˩ ɕiã˨kəʔ˩ | 块俚剪葛 k'uE˦˧·li˩·tsiɪ˥kəʔ˩ | 本外国葛（*本外国）pən˦˧·ŋɑ˨·kuəʔ˩kəʔ˩

相比之下，带有较长的修饰语的时候，定指的量词更常放在其他修饰语之前。如：

个半夜三更吵勿清爽葛小鬼 kəʔ˩·pø˧iɑ˨sE˥kã˨ ts'æ˨fəʔ˩ ts'in˦sã˨kəʔ˩ siæ˨tɕy˨

块颜色好、花头雅、料作_{材料}也崭_好葛单被_{床单} k'uE˦˧·ŋE˨səʔ˩ hæ˩, ho˦ dy˨·iɑ˩, liæ˨tso˥ fiɑʔ˩ tsE˥kəʔ˩ tE˥ bi˩

有定指意义的量名词组还可以放在代词或名词后头做同位语。如：

俫只小赤佬_{你这小鬼} nE˨tsɑʔ˩ siæ˨ts'əʔ˩læ˩| 小王个人_{小王这人} siæ˨ɦuã˨kəʔ˩ȵin˩ | 熊猫种动物_{熊猫这种动物} jioŋ˨mæ˨tsoŋ˨ doŋ˨·vəʔ˨|铜钱样物事_{钱这东西} doŋ˨ diɪ˥ jiã˨ məʔ zʅ˨

这种用法大多用于指人的场合，如果要指物，往往只限于大类跟小类的关系，量词也只能用"种""样""□tsʅ˧_种"等少数几个。

这儿有必要提一下量词"个"。"个"的定指用法是跟其他物量词相同的。但是因为它同结构助词"葛"同音，所以单独拿出下面这么一例来，是会使人疑惑的：

刚刚考取大学 kəʔ˩ 儿子 kã˥kã˨ k'æ˨ts'i˩ dɑ˨fio˥kəʔ˩ ȵi˨ tsʅ˨

这个 [kəʔ˩] 是"葛"还是"个"，得由语言环境来决定。如果是一般的偏正词组，当是"葛"。如果是定指用法，那么应该是"个"。但也可能是"葛"跟"个"的合体，因为一般不说：

---

① "三尺长葛"可以构成一个连读字组，也可以分成"三尺"和"长葛"两个连读字组。苏州话里还有一些类似的两可情况，这里不赘述。

*刚刚考取大学葛 [kəʔ˧] 个 [kəʔ˧] 儿子

两个 [kəʔ˧] 连着用有点儿拗口，于是合二为一，就跟前头那一例的形式重合了。当然这个意思通常还可以说成：

个刚刚考取大学葛儿子 kəʔ↓·kã↑↑kã↓↓ k'æ˥˥ts'i˥˥ da˩˩ɦoʔ˧↑kəʔ↑↑ n̩i˩˩tsʔ˥˥

刚刚考取大学辫个儿子 kã↑↑kã˩˩ k'æ˥˥ts'i˥˥ da˩˩ɦoʔ˧ gəʔ˧˩kəʔ˧↑ n̩i˩˩tsʔ˥˥

当然，这几种说法在结构上是有差异的。

现将量词的定指用法的各项功能总结如下表：

位置与功能	例　　句
单独做主语（有限制）	块让俚吃脱仔吧这块让他吃了吧。
单独做定语（有限制）	枝葛笔尖坏脱哉。
做句首状语（限于动量词）	记这下弄出事体来哉。
修饰句首主语	把剪刀寻勿着哉。
修饰做定语的名词	只鸡葛肉
修饰介词"拿"后的名词	拿条毯子卖脱
修饰 VV 或 V—V 式动词的宾语	听听只歌看
用在定语和名词中间	开脱（葛）部公共汽车
用在定语后代替省去的名词	开脱（葛）部
修饰带定语的名词	只生生青葛番茄
修饰"葛"字结构	只生生青葛
修饰做同位语的名词	小王个人

上文已经说过，量词的定指用法隐含着指别词"辫"和数词"一"，当然也就是指单数的事物了。以上举的例子也大都是这样的。实际上还有表示复数的定指用法。方式有两种。一种是用不定量词"点""星 [sin˧]"来表示：

点国光苹果 ti˩˩·kuəʔ˥˥kuã˩˩bin˩˩kəu˥˥ | 点盐 ti˩˩·ji˩˩ | 星垃圾 sin˧·la˩˩si˩˩ | 星拎勿清葛人这（那）些不明事理的人 sin˧·lin˩˩ fəʔ˧˩ts'in˩˩kəʔ˧↑ n̩in˩

另一种方式是用"两+量词"（有时也可用"几+量词"）来修饰所指的事物。如：

（28）两盏灯叫俚笃来修，一直勿来修。这几盏灯让他们来修，老不来修。liã˦˦ tsE˨˦·tən˦tɕiæ˦˦ʔ˦to˨ʔ˦˦lE˦˦ sʏ˦, iə˨ʔ˦zə˨ʔ˦˦ fə˨ʔlE˦˦ sʏ˦.

（29）两个小人吵得来，头也昏葛哉。这些孩子闹得很，让人头都晕了。liã˦˦ kə˨ʔ˦·siæ˦˦n̠in˦˦ ts'æ˦ʔ˦˦lE˦˦, dʏ˦˦fia˦˦ huən˦˦ kə˨ʔ˦tsE˦˦.

（30）倷烧葛几只菜倒勿推板。你做的这几个菜倒不错。nE˦˦·sæ˦˦ kə˨ʔ˦tɕi˦˦ tsɑ˨ʔ˦˦·ts'E˨˦˦tæ˦˦ fə˨ʔ˦t'E˦˦pE˦˦.

应当指出的是，量词的定指用法有其独特的语音形式。具体说来，就是：

（a）单音节量词用作定指时，不管其本调是什么，一律变读为次高平调˦˦₄₄（ʔ˦˦₄₄）如：

斤鸡毛菜—种白菜 tɕin˦˦·tɕi˦˦ mæ˦˦ ts'E˨˦˦ | 瓶酱油 bin˦˦·tsiã˦˦ jiʏ˦˦ | 点豆腐 tiɪ˦˦·dʏ˦˦vu˦˦ | 块饼 k'uE˦˦·pin˦ | 面旗 miɪ˦˦·dʑi˦ | 荚毛豆 tɕiɑ˨ʔ˦˦·mæ˦˦dʏ˦˦ | 粒油氽果肉 花生仁儿 liə˨ʔ˦˦·jiʏ˦˦t'ɤn˦˦kəʏ˦˦n̠iə˨ʔ˦˦

上述各例中量词的本调依次为阴平、阳平、上声、阴去、阳去、阴入和阳入。

（b）双音节以上的量词或"两、几"跟量词的组合用作定指时，不管其第一字的本调是什么，其变调格式都一样，即跟头字为阴平的多字组变调格式（即Ⅸ式）[①]大致相仿。如：

面盆水 miɪ˦˦ bən˦˦·sʏ˦ | 两朵花 liã˦˦ təʏ˦˦·ho˦ | 两桩事体 liã˦˦ tsã˦˦·z̩˦˦t'i˦ | 两家头 liã˦˦ kɑ˦˦ dʏ˦˦[②] | 几日天 这些天 tɕi˦˦ n̠iə˨ʔ˦˦ t'iɪ˦˦

单独做句子成分的定指的量词，其变调也同上述的规律（a）。如：

（31）趟吃着葛搁头。这（那）次吃了苦头。t'ã˦˦·tɕ'iə˨ʔ˦zɑ˨ʔ˦˦ kə˨ʔ˦ go˨ʔ˦dʏ˦˦.

（32）爿已经打烊哉，倪换一爿店去看看。这家已经关门了，我们另找一家店看看。bE˦˦·i˦˦ tɕin˦˦ tã˦˦jiã˦˦tsE˦˦, ni˦˦·fiuø˦˦iə˨ʔ˦bE˦˦·tiɪ˦˦tɕ'i˦˦ k'ø˦˦ k'ø˦˦.

然而，不管是单音节量词还是多音节量词，在用作定指的时候，除了声调的高低发生变化外，还伴有明显的肌肉紧张，发音时间也相对短

[①] 关于我们对苏州方言的变调和变调格式的意见，请参看《方言》1983年第4期275页以次。
[②] "家头"和"日天"是苏州方言里功能较特殊的量词，它们跟数词结合后一般可以不再后加名词，单独用来表示人数和天数。

促。这是不同于一般的连读字组的变调的。这种特点倒跟一般连读组的第二字或第二字以后的部分在发音上相似。

由此，我们不能不联想到这种定指用法跟指别词"㕇"的关系。在文章的开头，我们就指出了两者在意义上的密切联系。而在语音上，定指用法的量词的变调，跟指别词"㕇"跟量词组合而成的连读字组[①]的变调也有共同之处，即定指的量词的特殊变调，酷似以"㕇"为头字的连读字组被斩去了"㕇"的后半部分。试比较：

㕇部汽车 gəʔ⊩buǀ⊩·tɕ'iˇ⊩tsʻoǀ⊩ / 部汽车 buǀ⊩·tɕ'iˇ⊩tsʻoǀ⊩

㕇种样子 gəʔ⊩tsoŋǀ⊩·jiãˇ⊩tsɿˇ⊩ / 种样子 tsoŋǀ⊩·jiãˇ⊩tsɿˇ⊩

㕇面盆水 gəʔ⊩miɪˇ⊩bənǀ⊩·sʮˇ / 面盆水 miɪˇ⊩bənǀ⊩·sʮˇ

这一现象说明，量词的定指用法跟指别词"㕇"确实有着密切的联系。

定指的量词修饰名词，构成的量名词组有时会跟其他结构的词或词组在书面形式上混同，但语音形式则是有严格的区别的。例如：

盆菜（1）定指 bənǀ⊩·tsʻEˇ⊩ 这（那）盆菜 （2）偏正结构 bənǀ⊩tsʻEˇ⊩ 菜场装盆出售的菜

点蜡烛（1）定指 tiɪˇ⊩laʔ⊩tsoʔˇ⊩ 这（那）些蜡烛 （2）述宾式 tiɪˇ⊩·laʔ⊩tsoʔˇ⊩

两只蛋（1）定指 liãˇ⊩tsaʔ⊩·dEˇ 这（那）些蛋 （2）数量式 liãˇ⊩tsaʔ⊩·dEˇ 两个蛋（确数）

两日天（1）定指 liãˇ⊩niəʔ⊩tʻiɪˇ⊩ 这（那）几天 （2）数量式 liãˇ⊩niəʔ⊩tʻiɪˇ⊩ 两天（确数）

几家头（1）定指 tɕiˇ⊩kaˇ⊩dʏǀ⊩ 这（那）几个人 （2）数量式 tɕiˇ⊩kaˇ⊩dʏǀ⊩ 几个人（约数或疑问）

苏州方言量词的定指用法在口语中运用十分广泛，出现频率也很高。可是这种形式在用吴语（一般也就是苏州话）写作的文学作品（如《海上花列传》等小说以及弹词、评话的脚本等）中却是罕见的。在实地调查时，发音合作人也往往不承认有这种用法，而只承认指别词跟量词结合修饰名词的用法，如"㕇件衣裳，㕇只脚"。非得举出实例来，

---

① 苏州话中指别词"㕇"等不能直接修饰名词，一定要跟量词结合才能修饰名词。

他才会点头称是，说确实能这么用。这说明，在苏州人的心理上是把它跟"㑚+量词"这一格式等同起来的，所以在写成书面形式时总要加上某个指别词。上面我们也已经谈到，无论从意义上和语音形式上看，还是从语法功能上看，量词的定指用法跟指别词"㑚"有着十分密切的联系。所以我们认为，苏州话的量词的定指用法应当是起源于某种指量结构（这个指别词多半是"㑚"）的，是这一结构的省略形式的发展结果，正如用在宾语位置上的"量词+名词"结构是由省略数词"一"而来的一样。再跟英语相比较，量词的定指用法很接近定冠词 the 的用法，而指别词"㑚"等跟量词结合后修饰名词的用法，则接近于 this、that 的用法。叶斯柏森认为定冠词是指示代词的变相，the 可认为是 that 的弱化形式（a weakened "that"），它的指示意义也比 that 弱[①]。有鉴于此，我们也不妨说，苏州话量词的定指用法是"㑚+量词"这一格式的弱化形式。[②]当然，苏州话量词的定指用法的范围没有英语 the 那么广，使用方式也有不同，这儿就不一一细述了。

（原载《语言研究》，1985 年第 1 期，与石汝杰合作）

[①] 参看 O. Jespersen 1933: *Essentials of English Grammar*, Henry Holt & Co. p161。又见王力《中国语法理论》下册第 46—47 页。只是王力先生把苏州话的指别词"㑚"（书中写作"格"）跟英语冠词 the 相比，也许不怎么妥当。

[②] 这一观点是谢自立老师提出的，在此顺致谢忱。

运用方言研究语言学的其他学科

汉语研究的历史源远流长，方言研究也起步甚早。先秦时人们已注意到方言与雅言之别及方言间的差异。汉代扬雄则写出了我国第一部方言专著《方言》。在历代古书训释和各种辞书中，也一向用到方言材料。进入 20 世纪后，方言学获得了飞跃的发展，开始了科学化的时代。目前，全国正在进行方言区的划分和方言地图的绘制。不过，汉语的方言资源还没有得到充分开发，已有的方言研究成果也没有充分地运用到汉语研究的其他领域。这里就用一些实例来说明方言学可以对汉语语言学的各个分支起怎样的作用。

一、方言研究与语音学、音位学、音韵学

汉语方言的调查研究为语音学提供了许多实际的语音样品，包括了国际音标中几乎所有的音素。还能找到一些特殊的音素或语音现象，如闽语海口话的吸气音（搭舌音）、吴语上海金山老派方言里的缩气音、吴语中与众不同而至今性质不明的全浊辅音、粤语中的长音和短音、江苏吕四吴语中自成音节的复辅音（安 [ʔm]、干 [km]）等。这可以使语音研究和教学摆脱纸上谈兵的情况。细心的方言工作者一定能在今后的调查中发现更多的这类语音学珍品。

20 世纪 50 年代和最近几年，先后出现过两次关于汉语音位的讨论。其中游汝杰等（1980）的《论普通话的音位系统》参考前人意见，提出把汉语的韵腹和韵尾合成一个音位处理的新颖见解。如果联系汉语方言

来看，这种处理的可取之处就更加明显。江淮官话、西南官话大都是声母 [n] 和 [l] 不分，但在韵尾只能用 [n] 不用 [l]，如果韵尾不做独立的音位，那么就能说这些方言 [n] ~ [l] 属于同一音位，否则处理起来不方便。吴语中声母 [n] ~ [ŋ] 是两个独立的音位，但在韵尾又没有区别，假若把韵尾当作独立的音位，处理起来也有困难。古汉语和普通话中的鼻韵母在许多方言中都表现为鼻化音甚至纯元音，如果把韵腹和韵尾合成一个音位，就易于建立彼此间音位系统的对应关系，否则这一工作简直无法进行。音位理论应该具有一定的普遍性，如果普通话的音位处理法同汉语方言、特别是方言中很普通的现象都格格不入，这种音位处理法的科学性不能不受到很大限制。

汉语音韵学到清代一批大师们手中已发展到相当的高度，特别是在中古音系的音类方面。但是囿于研究对象和方法，他们不得不在古代的音值面前却步了。以后，瑞典汉学家高本汉引进了欧洲的语音学理论和方法，实现了从古音类分合到古音值构拟的突破，而他构拟音值最重要的根据，便是他对几十种方言的调查或间接引用的材料。另外，由于方言也是从古代汉语发展来的，因此也能为古音类的确定提供许多证据，补文献材料之不足。如中古咸摄、山摄的三等字和四等字有何区别，光从文献中不易看出，但在浙江义乌等二十几个县的吴语中，以不同的形式保留了三、四等的区别，为探索这一问题提供了有用的材料。现在，方言研究在这方面的作用已受到许多音韵学家的重视。今后，方言研究与语音史研究的联系还可以加强，特别是在上古音方面，因为它可资利用的文献材料比中古音少得多，而有些方言已经显出上古音直接继承的一些语音现象，如舌上音、轻唇音在闽语中多念舌头音、重唇音的情况。

近年来，日本学者桥本万太郎在这方面又做了十分引人注目的新探索。他创立的语言地理类型学认为，语言的历时（纵）变化往往会投影在区域（横）的平面上，因此，方言在类型上的分区正可以用来说明语言在时间上的演变过程。他尝试用汉语南北方言（粤语～吴语～北方话）在声调类型上的差别来研究汉语声调的演变；他甚至用这种理论来探求前人从未碰过的古汉语声调的调值。① 我们可以借鉴桥本万太郎理论和方法中的长处，使方言为汉语语音史的研究做出更大贡献，这样或许能结出超过人们预期的硕果。

需要指出的是，高本汉的研究（尤其对上古音）有许多不可信之处，桥本万太郎的研究还带有太重的假设性。我们既无须因为他们是洋学者而盲目崇拜，也不必因为他们是外国人而一概排斥。他们在理论和方法上给我们的启发是值得重视的。

二、方言研究与词汇学

方言词汇的调查研究对汉语词汇学也不是可有可无的。

从章太炎先生的《新方言》以来，不少人出于可能并不相同的目的或兴趣给方言词找"本字"。这一工作并不始于《新方言》，清人胡文英就有《吴下方言考》十二卷。考本字最直接的作用是为词源学和词汇史提供材料，由此，我们可以看到许多古词语在普通话里已经消亡，而在某些方言中仍然保存着。如今天粤语表示"给"用 [pei^{35}]，即"投畀豺虎"的"畀"，而吴语于此义用 [pəʔ^{55}]，一般写作"拨"，本字看来也是"畀"。考本字还可以为古代词语的释义提供旁证。如古汉语"左"有不顺义，苏州方言"左手""左面"的"左"，口语读 [tsi]（读书音为 [tsəu]），不顺也说 [tsi]，本字也应是"左"，正好为古代"左"的不顺义提供了旁证。此外，考本字能显示某些词语的意义引申情况，还能为语音演变提供材料。如果考本字时能有意识地从上述目的出发，起的作用肯定会更大。

方言词汇的研究当然不限于考本字。即使词源明显，也能为词汇史

---

① 见桥本万太郎的下列著述：《语言地理类型学》（余志鸿译，北京大学出版社，1985年）；《现代吴语的类型学》（载《方言》1979年第3期）；《声调的发生和类型》（载藤堂明保编集《中国语》，1979年，余志鸿节译于上海油印本《现代语言学》第14期）；《汉语调值的纵横两个角度的研究》（吴新华译，载《青海师范大学学报》1985年第1期）。

的研究带来益处。如汉语一度曾经常用"细"表示小,如"细民""巨细",这一义项在湘语、吴语中还有所保留,如湘语"细人基"(小孩儿),吴语"细娘"(小姑娘)、"细毛丫头"(小丫头)。唐宋时"却"常用作补语表示"掉""着"等,这些意义和用法在湖北随县等方言中都还能找到佐证。还有些现象似乎并不相干,却也耐人寻味。如"居"的本义是坐(当与"踞"同源),由此引申出居住、在等义。吴语表示居住和在常用"蹲",两者的引申过程很相似。吴语吴江话还用"坐"表示居住和在(如"伊现在坐上海"),这与"居"的引申过程是完全相同的。

对现代汉语词汇学,方言词汇的研究同样有用。例如对多义词义项的分合、词语的释义(特别是来自方言的熟语,如"煞有介事")、词语的规范化,都有很多帮助。这里只以基本词汇问题为例来说明这一点。

早在19世纪初,丹麦著名语言学家拉斯克就提出"基本词汇"概念。自从斯大林对其进一步阐述后,我国语言学界也经常用到这一术语,并且还就基本词汇的性质、范围等展开过热烈的讨论,但意见尚未达成一致。事实上,离开了方言词汇的研究,这一问题是难以圆满解决的。现在普遍认为基本词汇三大特点之一是全面常用性,"它流行地域广,使用频率高,为全民族所共同理解,不受阶级、行业、地域、文化程度等等方面的限制"(黄伯荣、廖序东主编1983)。实际上,至少在汉语中,这一观点是禁不起推敲的。由于汉语的方言极其复杂,即使普通话中有些最常用的、被公认属于基本词汇的词,仍然无法做到"为全民族所共同理解",使用时更不能不受"地域、文化程度等等方面的限制"。如吴语区许多地方都说"着[tsaʔ]衣裳"而不说"穿衣服",说"台子"而不说"桌子"。"把他打死了"这句话由五个基本词组成,在苏州话里说成"拿俚敲杀哉",竟没有一个词相同。闽语、粤语更是如此。"走、看、吃、的"这几个极常用的基本词,粤语分别说成"行、睇、食、嘅"。这些方言区在早些年代,甚至在现在的某些偏僻地区,肯定有不少文化程度低的人不理解、更不会用普通话里的这些基本词,而这些人无疑是在"全民"的范围内的。当然,不能因此而把这些词也排除在基本词汇之外,否则,就没有什么词可以归入基本词汇了。也不必因为这种情况而否定基本词汇的全民常用性。对全民常用性,可以从这三方面去理解:(1)存在于许多方言中;(2)在某些不用这些词的方言中,也有包含相同语素并且同样常用的对应词,如普通话中的"身体、头发、知道、事情",在闽南话中分别是"身躯、头毛、知影、事志";(3)在这些方言中肯定有同样常用的对应词,其中多数也是从古汉语发展而来的,如上述粤语的"食、行、睇",又如客家话的"面(脸)、知(知道)、乌(黑)"。符合这三种情况之一的普通话词项,就具备了基本词汇所要求的全民常用性,与之相同或相对应的方言词则属于方言中的基本词汇。其实,上述这三方面在很大程度上也能用来说明基本词汇的另外两大特点:稳固性和能产性。所以,方言词不仅不给基本词汇的确定带来麻烦,反而能为它很好地服务,并且能促使同时解决普通话和方言的基本词汇及其相互关系等问题。

另外,词汇同语音一样,也有历时(纵)变化投影于地域(横)的平面上的情况,桥本万太郎(Hashimoto 1983)注意到,上古的"鼎"、中古的"镬"和近代的"锅",正好分别分布在今天的闽语、粤语、客家话和北方话中,其他许多词语也有类似情况。因此,在词汇学中,我们也能借鉴语言地理类型学沟通纵横两方面,使方言词汇的研究发挥大得多的作用。

三、方言研究与语法学

跟语音、词汇比起来,普通话和方言在语法方面差异最小,正像古今汉语也是在语法方面差异最小一样。但是,唯其同大于异,方言在语法上的某些特点能为普通话语法研究和整个汉语史的研究提供许多有益的启示。而事实上只要细加观察,方言语法的这种特点还是不难发现的。

方言语法研究本身是从与普通话比较开始的,其代表是赵元任《北京、苏州、常州语助词的研究》(1926),论文不但用北京话(基本上代表普通话）比出了苏州、常州方言语助词的特点，也通过苏、常两地方言的语助词发现了北京话语助词的一些现象，而这些现象孤立地在北京话内部研究是不易发现的。可惜这类研究1949年前不多见。王力的《中国现代语法》等也常举到方言语法，但主要用来说明方言的特点，没有注意用方言来为普通话研究服务。1949年以后，方言语法研究逐渐多起来，但多数还只是注意方言语法不同于普通话之处，较少把这些研究同普通话语法研究直接联系起来，而一般的汉语语法研究者对方言语法在自己的研究中能起的作用也注意不够。在使方言语法为一般汉语语法研究服务方面取得有益成果的，有俞敏《汉语的句子》（1957年）和近年来朱德熙、美籍学者梅祖麟、日本的桥本万太郎等的一些研究。下面我们就具体地讨论把方言与普通话语法和语法史联系起来研究的好处。

研究虚词或用法特殊的实词，用方言比较极为方便。方言中的"异"最能显示普通话形同而实异的情况。赵元任早就通过这种比较区分出了普通话的两个"了"，如：

伤了风了。～〈粤语〉伤咗风喇。～〈吴语〉伤仔风哉。

朱德熙《说"的"》（1961）一文分析出了几个不同的"的"，然后他又在另一篇文章中用广州话、文水话和福州话的材料来说明几个"的"的不同（朱德熙1980）。又比如"来""去"在山西许多方言中因用法不同而分化成好几个读音；"上""下"在某些吴语和西南官话里也依据用法的不同而有不同的读音，这些情况为研究普通话中这些词的不同用法提供了许多便利。

方言比较对句法结构的分析也有启示。例如，有人试图对难以进行二分的双宾语采用如下的二分法：

```
给    我    书
└述宾─┘    │
     └─述宾─┘
```

"书"被说成述宾短语"给我"所带的宾语，这已经有点费解。而在粤语中，同样的结构关系却表达为"畀书我"。如果类比上述分析法，那就得做出与普通话完全不同的切分和分析：

```
  畀    书    我
  └述宾─┘
        └─述宾─┘
```

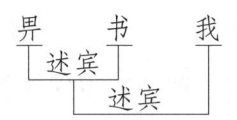

这样，又得说"我"做述宾短语"畀书"的宾语了。值得注意的是，上述两幅图解中的四个"述宾"关系彼此都不等同；在这简单的双宾语结构中竟可能存在那么多种述宾关系，这是难以置信的。更难办的是，在吴语中，普通话和粤语的两种语序都能用，二者是同一种句法结构的两个自由变体，可是，按照上述分析类推，二者在结构关系上会显得毫不相干，即：

```
  拨    我    书        拨    书    我
  └述宾─┘                └述宾─┘
        └─述宾─┘              └─述宾─┘
```

这些比较至少能说明，对双宾语这种汉语里普遍存在的句法结构，硬要做出二分确是困难的，原因可能在于，带双宾语的动词是同时与两个宾语发生结构关系，并起着在两个没有结构关系的宾语间建立语义关系（接受者～交接物）的作用。

甚至在整个析句法方面，方言也可以有它的一席之位。经过讨论，多数人已看到，成分分析法和层次分析法在分析句子时都有一些明显的缺点。于是，人们着手探索兼有二者长处的新方法。其中陆丙甫在《主干成分分析法》(1981)、《对成分分析法和层次分析法相结合的一些看法》(1983)、《流程切分和板块组合》(1985)等文中做了系列性探讨，提出不少有价值的见解。他的一个重要观点是，分析句子时，只需注意同句型有关的有限几个主干成分（"板块"），它们在句子中是无须分析的一个个整体。这些主干成分虽然在层次分析中并不处于同一层次，但实际上都同句子的核心（通常即谓语动词）发生关系。我们注意到，俞敏《汉语的句子》(1957)中曾有过近似的观点。他认为汉语句子一般由四个部分组成，分别表示时间坐标、空间坐标、线索和核心部分。其中时、空两部分常靠上下文和环境来表明，因而用得较少，线索用得较多，但也不像核心那样必不可少。俞先生用的一个重要论据，正是闽南方言。闽南话每个重音节都有个进行调或休止调，而休止调正是出现在上述这四个部分末尾。这表明，在说闽南话的人心中，句子自然是分成这四个部分的。俞陆二位的共同之处是都把句子分成几大块（而不是主谓两段），并且都以动词为核心（俞文的核心还包括动词所带的宾语、补语），因而闽南话休止调的情况其实在一定程度上为陆丙甫的分析法提供了颇为有用的证据。当然，陆丙甫的主干成分不限于四部分，但闽南话休止调的运用是否也只出现在俞文所述的那四部分末尾，这还需要进一步调查。另外，吴语句子中提顿助词的运用也能为主干成分分析法增加论据。吴语在好多句子成分后，不管停顿与否，都能加进一个提顿助词，而能加的地方，一般都符合主干成分的条件，如苏州话：

学堂里向末，上半日勒𧛚去；下半日是，我也，老里老早就去哉。（至于学校里么，只有上午我才没去，下午我可是很早很早就去了。）

对小张是，伲大家末一直到旧年勒再开始有点意见。（要说对小张，我们大家可是一直到去年才开始有点意见。）

在两种成分后是绝对不能加提顿助词的，一是谓语动词后，二是定语后。而在陆丙甫的分析法里，正好前者是句子核心，不同于其他主干成分；后者是被排除在主干成分之外的，是成分内部的成分。吴语提顿助词的运用，可以为主干成分或板块的观点增加说服力，也许还可以为完善这种分析法发挥作用。

联系方言研究来考察汉语语法史，好处更是显而易见，就像语音史研究离不开方音研究一样。例如，同窗刘宁生在《论"着"及其相关的两个动态范畴》（1985）中，不仅用方言材料来说明"着"（zhe）表示进行和持续的区别，而且在探求"着"历史演变过程时也比较成功地运用了不少方言研究的成果。再比如，上古汉语中人称代词比较繁复，对其原因的解释，据周生亚总结共有十一说，其中包括形态说和方言说。现代汉语方言的情况对此二说都有参考价值。用语音屈折表示人称代词单复数区别的方言并不少见，表示"格"的区别的也有发现，如浙江海盐吴语，上古汉语有些代词间有词形变化的关系并不奇怪。再举江苏吴江吴语，全县有七个县辖镇，除了南北两区语音上略有区别，其他方面是很一致的，唯独代词，各镇差异甚大，特别是人称代词，几乎没有哪两个镇间完全相同。一个县内尚且如此，古汉语中人称代词在方言间有些差别是极易理解的。上古汉语指示代词也颇繁复，也可以从方言研究中得到一些解释。另外，即使没有其他原因，代词也似乎特别允许存在自由交替形式，如苏州话：

我：我、奴 [nəu↓]；

你：耐；

他：俚 [li↑]、唔₁倷 [ŋ↑↑nɛ↗]、俚倷 [li↑↑nɛ↗]；

我们：伲 [ni↓]；

你们：唔₂笃 [ŋ↓↑toʔ↗]；

他们：俚笃 [li↑↑toʔ↗]、唔₁笃 [ŋ↑↑toʔ↗]；

这：哀 [ɛ↑]、该 [kɛ↑]；

那：弯 [uɛ↑]、归 [kuɛ↑]；

哪：哪 [no↓]。

九个词有十五种语音形式，难怪代词特别繁复了。

方言语法同样可以用来进行语言地理类型学的研究。比如，从横的方面看，越往南越能找到前正后偏性的名词。表示动物性别，北方话用"公猪、公鸡～母猪、母鸡"等，前偏后正，而粤、闽、客、赣、湘等方言则用"猪公、鸡公～猪驰，鸡驰"等，前正后偏，而处于中间的吴语，既有"雄鸡、鹉鸡"，也有"猪郎、猪婆"。再比较：北方话"客人"～粤、闽语"人客"～吴语"客人"（苏州、常州）、"人客"（宁波、上海）。从纵的方面看，越往古，前正后偏的名词结构越多，如《诗经》的"树桑"、《礼记》的"鱼鲔"、《左传》的"城濮"、《孟子》的"草芥"等，这种形式后代都被"桑树"等代替了。有人据此推测，汉语是从史前的定语在后逐渐发展到定语在前的，而定语在后正是汉藏语系多数语言的共同特点。

参考文献

黄伯荣、廖序东（主编） 1983 《现代汉语》(修订本)，兰州：甘肃人民出版社。
刘宁生 1985 论"着"及其相关的两个动态范畴，《语言研究》第 2 期。
陆丙甫 1981 主干成分分析法，《语文研究》第 1 期。

陆丙甫　1983　对成分分析法和层次分析法相结合的一些看法，《中国语文》第 4 期。
陆丙甫　1985　流程切分和板块组合，《语文研究》第 1 期。
游汝杰等　1980　论普通话的音位系统，《中国语文》第 5 期。
俞　敏　1957　汉语的句子，《中国语文》第 7 期。
赵元任　1926　北京、苏州、常州语助词的研究，《清华学报》第 3 期。
朱德熙　1961　说"的"，《中国语文》第 12 期。
朱德熙　1980　北京话、广州话、文水话和福州话里的"的"字，《方言》第 2 期。
Hashimoto, M. J.（桥本万太郎）1983. 'Pan', 'dish' and 'drink' in Chinese: A case study of longitudinal and latitudinal developments of languages. *Journal of Chinese Linguistics*, 11(1), 1-35.

（原载《语文导报》，1986 年第 12 期）

苏州方言重叠式研究[*]

零、引言

0.1 苏州方言的重叠现象相当丰富,大部分形态现象都跟重叠有关。本文试从语法学(包括形态学)的角度对苏州市区方言中的重叠式做一比较全面的考察。通过考察,可以帮助我们认识,在汉语的一种方言里,形态究竟能有多大程度的发展,能在语法系统中起怎样的作用。

0.2 对重叠式的范围,有不同的理解。本文采用较为宽泛的理解,这表现在三个方面:(1)既包括完全重叠,如"看看",也包括变形重叠(不完全重叠);(2)既包括单纯重叠,也包括重叠手段与其他手段的结合,如"看"构成"看看"是单纯重叠,构成"看法看法_{看呀看的,东看西看}"是重叠与后加的结合;(3)既包括由重叠式本身构成的词和构形形式,也包括重叠式作为一个部分而构成的词和构形形式。如"厚得很_{厚厚的}"由重叠式充当词缀。

0.3 对重叠式的性质,语言学界有不同的认识,大致可以归结为四种:(1)把重叠等同于附加,即加上一个等同于基础形式的词缀(布龙菲尔德1955/1980:271);(2)把重叠等同于并列(管燮初1981:195—196);(3)把重叠看作一种变化(赵元任1968/1979:105);(4)把重叠看作一种抽象的语言手段,这种手段和具体语言单位的结合便产生一个新的形式——重叠式(Svantesson 1983:80—81)。

---

[*] 本文材料除取自评弹资料和作者本人(苏州吴江县人,小学起学苏州话)所收集外,部分材料曾向苏州评弹研究室汤乃安、倪萍倩两先生和新苏师范张家茂老师(均苏州人)调查核对过,在此谨向他们深表谢意。

（3）（4）两种看法比较接近，但"大同"中仍有"小异"。本文持第4种看法，它既可以解释语法平面上的重叠，也可以解释纯语音平面上的重叠，比如§0.2提到的"看法看法"；再如北京话"饽饽"，"饽"本身不是一个语素，只是一个音节，重叠手段用在这个音节上便产生一个能构成词的重叠式，附加、并列、变化都不能解释汉语的这些复杂现象。

0.4 本文从内部构成、表义作用和句法功能这几方面对苏州话重叠式进行共时描写和分析；在此基础上，顺便谈一下个人对汉语形态学和类型学的一些想法。语法方面是考察的重点，所以例句不再一一注音，只给例词及例句中的某些词语注音。

0.5 本文所用的字母符号如下：一个大写字母代表一个音节，A、B表示实语素，X、Y表示词缀，字母重叠即音节重叠，如"袋袋"是AA，"清清爽爽"是AABB，"乌洞洞"是AXX，"暖热烔烔 [doŋ]"是ABXX，X、Y后加s表示变声重叠（即叠韵），加y表示变韵重叠（即双声），如"白兹夹辣" [bɑʔ^{23} tsŋ$^{55}_{22}$ kaʔ$^{55}_{22}$ laʔ$^{23}_{21}$] 白得不好看是AXYYs[①]，"昏头切促" [huən$^{44}_{55}$dʏ$^{23}_{55}$ ts'iə$^{55}_{33}$tsʻoʔ$^{55}_{21}$] 昏头昏脑是ABXXy。

一、构成形式、表义作用和语法功能

在苏州话中，大部分实词词类（名、动、形、量、拟声）和一部分虚词都运用重叠手段。重叠在不同的词类上有不同的构成形式，所表达的意义也各不相同。本章以词类为纲，逐类讨论重叠式的构成、表义作用和语法功能。

1.1 名词重叠式

1.1.1 构成形式

名词中的重叠现象比普通话丰富一些，主要有AA和"AA头"两

---

① 本文标调参考钱乃荣、石汝杰《苏州方言连读变调讨论之二：关于苏州方言连读变调的意见》，《方言》1983年，第275页。本调变调相同的只标本调，本调不明的只标变调。

式，如：

爹爹 tia$_{55}^{44}$ tia$_{21}^{44}$ | 嫲嫲 mo$_{22}^{31}$ mo$_{44}^{31}$ 父之姐 | 囡囡 nø$_{55}^{44}$ nø$_{21}^{44}$ 小孩的爱称 | 洞洞 doŋ$_{22}^{31}$ doŋ$_{44}^{31}$ 小洞 | 脚脚 tɕiaʔ^{55} tɕiaʔ^{55} 下脚料、沉渣 | 梗梗 kã$_{41}^{52}$ kã$_{34}^{52}$ 小硬枝 | 根根 kan$_{44}^{44}$ kan$_{21}^{44}$ 细小的根 | 墩墩 tən$_{55}^{44}$ tən$_{55}^{44}$ 土堆，小土丘 |（"脚脚"以下各例也有 "AA 头"式）牌牌头 ba$_{22}^{23}$ ba$_{55}^{23}$ dY$_{21}^{23}$ 小牌子 | 渣渣头 tso$_{55}^{44}$ tso$_{44}^{44}$ dY$_{21}^{23}$ 渣子 | 人人头 ȵin$_{23}^{23}$ ȵin$_{55}^{23}$ dY$_{21}^{23}$ 成人形的物体 | 角角头 koʔ^{55} koʔ^{55} dY$_{21}^{23}$ 角落

此外，还有些 AA 可以用在复合词中，如：

洞洞眼 doŋ$_{22}^{31}$ doŋ$_{55}^{31}$ ŋE$_{21}^{31}$ 小孔 | 画画张 ɦo$_{22}^{31}$ ɦo$_{55}^{31}$ tsã$_{21}^{44}$ 年画 | 响铃铃 ɕiã$_{41}^{52}$ lin$_{34}^{23}$ lin$_{21}^{23}$ 小铃铛 | 髈弯弯 pʻã$_{41}^{52}$ uE$_{34}^{44}$ uE$_{21}^{44}$ 大小腿相接处内侧 | 竹爿爿 tsoʔ^{55} bE$_{34}^{23}$ bE$_{21}^{23}$ 竹片 | 钢笔套套 kã$_{44}^{44}$ piəʔ^{55} tʻæ$_{33}^{412}$ tʻæ$_{21}^{412}$ | 猪猡猡 tʂʻu$_{55}^{44}$ lo$_{55}^{44}$ lo$_{21}$

AABB 式例子不多，除了与普通话相同的"男男女女、上上下下"等，还有：

汤汤水水 tʻã$_{55}^{44}$ tʻã$_{44}^{44}$ sʮ$_{33}^{52}$ sʮ$_{21}^{52}$ 各种菜汤，多指残汤剩水 | 节节骱骱 tsiəʔ^{55} tsiəʔ^{55} ga$_{44}^{31}$ ga$_{21}^{31}$ 人体的各个关节

1.1.2 表义特点

名词重叠式的表义特点是指小。"洞洞、包包、梗梗、牌牌头"等相对于非重叠式的"洞、包、梗子、牌子"而言，都有同类而较小的含义，如老鼠洞可以说"洞洞"，而很大的山洞却只能说"洞"。"尖尖头、角角头、钢笔套套"等都有部分义，"角角头、边边头"指整块材料上用剩下的边角料；有部分义的词又常兼表方位，如此二词分别可指角落和边上。"渣渣头、竹爿爿"都有细小、零碎、众多之义，有的还带杂乱无用义，如"根根头"一般指须根，特别是食用时须去掉的菜根。亲属称谓的重叠跟爱称有关，"画画张、鸭连连"等也有某种喜爱、爱怜之义。上述部分、零碎、爱称等，都跟指小作用有明显的联系。

AABB 式名词（节节骱骱）都有某种周遍性，这与量词重叠式有关。

1.1.3 语法功能

多数重叠式名词在功能上没有特殊之处，只有兼表方位的"AA 头"

功能稍有特殊，可以不和方位词或方位后缀组合，直接用在"勒在、到、从"等介词后，如"坐勒角角头、从口口头出来"，但"头"并不等于方位后缀，因为后面还能加方位后缀或方位词，如"坐勒角角头里，到口口头浪向去"。

1.2 形容词重叠式

1.2.1 构成特点

重叠对苏州话形容词的构成有异常重要的作用。其中包括实语素的重叠和词缀的重叠。具体形式则有好多种。

1.2.1.1 实语素的重叠，其中又可分成以下八式：

（1）AABB（甲）式

双音形容词 AB 的重叠方式与普通话一样，是 AABB，基本意义跟 AB 一样。口语中常用的双音形容词大都可以这样重叠，其中有些在普通话中一般不重叠。下面按 AB 的关系分类举例：

并列：清清爽爽 ts'in$_{55}^{44}$ ts'in$_{55}^{44}$ sã$_{33}^{52}$ sã$_{21}^{52}$

偏正：难难得得 nE$_{22}^{23}$ nE$_{55}^{23}$ təʔ$_{44}^{55}$ təʔ$_{21}^{55}$ | 勿勿少少 fəʔ^{55} fəʔ^{55} sæ$_{33}^{52}$ sæ$_{21}^{52}$ 许许多多

述宾：定定心心 din$_{22}^{31}$ din$_{55}^{31}$ sin$_{21}^{44}$sin^{44} 定心、安心

述补：脱脱空空 t'əʔ^{55} t'əʔ^{55} k'oŋ^{44} k'oŋ$_{21}^{44}$ 无根无据

主谓：眼眼热热 ŋE$_{22}^{31}$ ŋE$_{55}^{31}$ niəʔ$_{44}^{23}$ niəʔ$_{21}^{23}$ 眼红

后加：贼贼腔腔 zəʔ^{23} zəʔ$_{55}^{23}$ tɕ'iã^{44} tɕ'iã$_{21}^{44}$ 难看

单纯词：龌龌龊龊 oʔ^{55} oʔ^{55} ts'oʔ$_{44}^{55}$ ts'oʔ$_{21}^{55}$

（2）AABB（乙）式

本式中，A 和 B 大都分别成词，AB 不成词，或虽成词但基本意义与 AABB 不同，如"大大小小"与"大小"完全不同。A、B 本属形容词的如：

大大小小 dəu$_{22}^{31}$ dəu$_{55}^{31}$ siæ$_{44}^{52}$ siæ$_{21}^{52}$ | 密密猛猛 miəʔ$_{22}^{23}$ miəʔ$_{55}^{23}$ mã$_{44}^{31}$ mã$_{21}^{31}$ 挨得很密很密

A、B 本属动词的如：

跌跌冲冲 tiə$?^{55}_{}$ tiə$?^{55}_{}$ ts'oŋ$^{412}_{44}$ ts'oŋ$^{412}_{21}$ 步急而不稳。冲，阴去，向前一倾｜偷偷畔畔 t'ɣ$^{44}_{55}$ t'ɣ$^{44}_{55}$ bø$^{31}_{33}$ bø$^{31}_{21}$ 偷偷摸摸、躲躲闪闪。畔，躲藏

（3）ZZA 式

ZA 是个状心组合，多数能单用，如"雪白、绝薄"，有的不能单用，如"索破"。A 是形容词，Z 可以是形容词、动词、名词、副词、象声词等，还有少数没有实际意义（如"索破"的"索"）。为便于突出特点，用 Z 表示。

ZZA 的例子如下：

雪雪白 siə$?^{55}$ siə$?^{55}_{33}$ bɑ$?^{23}$ ｜ 绝绝薄 ziə$?^{23}$ ziə$?^{23}_{33}$ bo$?^{23}$ ｜ 瑟瑟抖 sə$?^{55}$ sə$?^{55}_{33}$ tɣ^{52} ｜ 出出变 ts'ə$?^{55}$ ts'ə$?^{55}_{33}$ piɪ^{412} 变化无常｜索索破 so$?^{55}$ so$?^{55}_{33}$ p'u^{412} 很破

ZZA 式跟其他重叠式不同的是，按窄用式变调，即分为前后两段，前两字先按广用式变。第二字再变成中平调，第三字不变，这种变调方式跟松散的主谓、述宾等组合相同。下面两个词变调模式相同：

绷绷硬 pã^{44} pã$^{44}_{33}$ ŋã^{31} ~ 钢板硬 kã$^{44}_{55}$ pE$^{52}_{33}$ ŋã^{31}

ZZ 与 A 往往有固定搭配关系，如"生生青 [sã$^{44}_{55}$ sã$^{44}_{33}$ ts'in^{44}]"，"生生"只能用在"青"前，"青"前也只能用"生生"。

（4）ZAZA 式

一般双音形容词 AB 不能重叠为 ABAB，这是 ZA 与 AB 的又一不同之处。例如：

雪白雪白 siə$?^{55}$ bɑ$?^{23}_{44}$ siə$?^{55}_{44}$ bɑ$?^{23}_{21}$ ｜ 绝薄绝薄 ziə$?^{23}$ bo$?^{23}_{55}$ ziə$?^{23}_{44}$ bo$?^{23}_{21}$

ZAZA 式也按广用式变调，跟 AABB 式相同。

（5）A 里 AB 式

这一类与普通话的情况基本相同，只适合于消极意义的少数形容词，如：糊涂——糊里糊涂 [ɦəu$^{23}_{22}$ li$_{55}$ ɦəu$^{23}_{44}$ dəu$^{23}_{21}$]；适用的词还有：流气、马虎、冒失、促掐 [ts'o$?^{55}$ k'a$?^{55}$]坏点子多、难对付。

（6）A 里 A 式

原则上适用于所有单音形容词，表示程度达到极点，如"好里好 [hæ$^{52}_{41}$ li$_{34}$ hæ$^{52}_{21}$]、短里短 [tø$^{52}_{41}$ li$_{34}$ tø$^{52}_{21}$]、黑里黑 [hə$?^{55}$ li$_{34}$ hə$?^{55}_{21}$]"。由

于"A 里"和"AA"都不能单说,因此本式只能是重叠与中加"里"结合的产物。"里"大概来自方位后缀,"好里好"有"在好的里边算好"的意思。

(7) A 完 A 完、A 透 A 透式

这两种形式原则上也适合于所有单音形容词,也表示程度达到极点。"完"跟"透"的作用基本相同,可以互换。如"好完好完 [hæ$_{41}^{52}$ ɦuø$_{34}^{23}$ hæ$_{44}^{52}$ ɦuø$_{21}^{23}$]~ 好透好透 [hæ^{52} t'ɤ$_{22}^{412}$ hæ$_{22}^{52}$ t'ɤ$_{41}^{412}$]" "牢完牢完 [læ$_{22}^{23}$ ɦuø$_{55}^{23}$ læ$_{44}^{23}$ ɦuø$_{21}^{23}$]~ 牢透牢透 [læ$_{22}^{23}$ t'ɤ$_{55}^{412}$ læ$_{44}^{23}$ t'ɤ$_{21}^{412}$]"。

"完、透"本是程度补语,但"A 完、A 透"都不能单用,而必须与重叠同时出现,这样,"完、透"就失去了补语的独立地位,成为一种后加成分了。

有一部分苏州人还有"A 完 A"式,表义作用与"A 里 A"相近,是由"A 完 A 完"在"A 里 A"的类化下形成的。

(8) AA 叫式

A 大都是形容词,例如:

慢慢叫 mE$_{22}^{31}$ mE$_{55}^{31}$ tɕiæ$_{21}$ | 好好叫 hæ$_{41}^{52}$ hæ$_{34}^{52}$ tɕiæ$_{21}$ | 远远叫 jø$_{22}^{31}$ jø$_{55}^{31}$ tɕiæ$_{21}$ | 少少叫 sæ$_{41}^{52}$ sæ$_{34}^{52}$ tɕiæ$_{21}$ | 毛毛叫 mæ$_{22}^{23}$ mæ$_{55}^{23}$ tɕ'iæ$_{21}$ 大约、接近

但也有其他词性的,如:

动词性 A:喷喷叫 p'ən$_{55}^{44}$ p'ən$_{55}^{44}$ tɕiæ$_{21}$ 很生气的样子 | 偷偷叫 t'ɤ$_{55}^{44}$ t'ɤ$_{55}^{44}$ tɕiæ$_{21}$

象声词性 A:卜卜叫 boʔ$_{22}^{23}$ boʔ$_{55}^{23}$ tɕiæ$_{21}$ | 蓬蓬叫 boŋ$_{22}^{23}$ boŋ$_{55}^{23}$ tɕiæ$_{21}$

其他:顿顿叫 tən$_{55}$ tən$_{55}$ tɕiæ$_{21}$ 重貌 | 血血叫 ɕyəʔ^{55} ɕyəʔ^{55} tɕiæ$_{21}$ 恶臭貌。比较"臭血血、血血臭"

"AA 叫"并不非常能产,比如有"慢慢叫",却没有"快快叫";已收集到的词项不到 40 个。A 大都能单用,但 AA 不能单用,因此不是由 AA 加"叫"构成的,而是由重叠与后加两种手段同时作用于 A 而形成的。

"叫"是个比较特殊的字,以前有人把它看作状语的标志,相当于普通话的"地":"慢慢叫走"即"慢慢地走"。这是不对的。"AA 叫"

后多数情况要加"葛"（即普通话"的/地"），如"慢慢叫葛走"（慢慢儿地走）、"种人少少叫葛"（这种人真少有）。"慢慢叫葛走"是描写性的，描写走得不快，"慢慢叫走"是祈使句，应相当于"慢点儿走"。可见，"叫"是"AA叫"式中不可分割的一个语素，具有"……貌""……的样子"的作用，使整个形容词更生动、更委婉。更值得注意的是，苏州话形容词没有"AA"式，"AA叫"正相当于普通话的"AA"。

还有一种"AA里"式，跟"AA叫"式完全相同，但A只限于个别词，如"好好里走"="好好叫走"，"去也是白白里葛"="去也是白白叫葛"（去也是白去）。

1.2.1.2　词缀的重复

在苏州话状态形容词中，带重叠式词缀的（以下称附缀形容词）占的数量最大。共可分成以下16式：

（1）AXX式

AXX式在附缀形容词中数量最多，在我们搜集到的380多个附缀形容词中，有近210个，占近五分之三。

A多数属形容词，如：热炯炯 [nieʔ^{23} doŋ$_{52}$ doŋ$_{21}$]热乎乎、方笃笃 [fã$^{44}_{55}$ toʔ^{55} toʔ$^{55}_{21}$]方方的、厚得得 [ɦɤ$^{31}_{22}$ təʔ^{55} təʔ$^{55}_{21}$]厚厚的；少数属动词或名词，如：笑嘻嘻 [siæ$^{412}_{55}$ ɕi$_{55}$ ɕi$_{21}$]、水罗罗 [sʮ$^{52}_{41}$ ləu$_{34}$ləu$_{21}$]水果等水分足、汁多、肉得得 [nioʔ^{23} təʔ^{55} təʔ^{55}]肥胖而可爱。绝大部分A都能单用。个别不能单用的，如：笃悠悠 [toʔ^{55}iɤ$_{55}$iɤ$_{21}$]不慌不忙的样子。单说是"笃定"或"笃坦"。

X只有少数可以单用，或多少可以看出点实义，如"油光光、光秃秃"中的"光、秃"。有的X可以找到较古的语源，如"白皪皪 [baʔ^{23} liæ$_{52}$ liæ$_{21}$]脸上白得没有血色"，《集韵》上声筱韵，朗鸟切，"皪皪，面白也"，音义均合。但多数X本身看不出意义，也不能单用。如"方笃笃、水罗罗、苦因因 [k'əu$^{52}_{41}$ in$_{34}$ in$_{21}$]、轻同同 [tɕ'in$^{44}_{55}$ doŋ$_{55}$ doŋ$_{21}$]"。

实语素和词缀的结合也有几种情况：1. 二者有固定的搭配关系，即A只配XX，XX也只配A，如"瘦怪怪 [sʮ$^{412}_{55}$ kuɑ$_{55}$ kuɑ$_{21}$]"；2. 一个实语素可以配几种词缀，可以有AXX、AYY等，如"白皪皪、白洋洋

[baʔ^{23} jã$_{52}$ jã$_{21}$]眼睛发白、白添添[baʔ^{23} t'ıɪ$_{52}$ t'ıɪ$_{21}$]义近"白洋洋"；3.一种词缀可以用于好多实语素后，即可以有AXX、BXX等，如"冷势势[lã$^{31}_{22}$ sʮ$_{55}$ sʮ$_{21}$]感到冷意、寒势势[ɦø$^{23}_{22}$ sʮ$_{55}$ sʮ$_{21}$]同上。又指心寒、吓势势[haʔ^{55} sʮ$_{34}$ sʮ$_{21}$]有点害怕"。

跟ZZA相比，1. X虚多实少，Z实多虚少，其中有少数是相同的，如"硬绷绷～绷绷硬""冷冰冰～冰冰瀴瀴也是冷"；2. AXX采用广用式变调；3. ZZ与A有固定搭配关系的占多数，A与XX则可以有多种搭配关系。

以上对A和XX的分析大体上适合于其他各类附缀形容词。

（2）ABXX式

按AB的性质又可分为：

a. 谓词性AB：暖热焢焢[nø$^{31}_{22}$ ȵiəʔ$^{23}_{55}$ doŋ$_{44}$ doŋ$_{21}$]暖乎乎的。比较"热焢焢、风凉笃笃凉快而舒适"。比较"瀴[in^{412}]凉、冷笃笃"。

b. 名词性AB：寒毛凛凛[ɦø$^{23}_{22}$ mæ$^{23}_{55}$ lin$_{44}$ lin$_{21}$]毛骨悚然。比较"寒凛凛"、贼骨牵牵[zəʔ$^{23}_{22}$ kuəʔ^{55} tɕ'ıɪ$_{44}$tɕ'ıɪ$_{21}$]好动而样子滑稽。

c. 主谓式AB：口轻飘飘[k'ʮ$^{52}_{41}$ tɕin$^{44}_{34}$ p'iæ^{44} p'iæ$^{44}_{21}$]说得轻巧、雨湿满满[jy$^{31}_{22}$ səʔ^{55} mø$_{44}$ mø$_{21}$]阴雨天的样子。比较"白满满"。

（3）AAXX式

从来源看，多数是在前述AABB的类化下产生的。其中包括：

a. 来源于AXX式，如：辣豁豁→辣辣豁豁[laʔ$^{23}_{22}$ laʔ$^{23}_{55}$ huaʔ$^{55}_{44}$ huaʔ$^{55}_{21}$]火辣辣的、墨出出→墨墨出出[məʔ$^{23}_{22}$ məʔ$^{23}_{55}$ ts'ə$^{55}_{44}$ ts'ə$^{55}_{21}$]暗暗地、悄悄地。

b. 来源于ZZA式，如：塌塌潽→塌塌潽潽[t'aʔ^{55} t'aʔ^{55} p'u$^{44}_{33}$ p'u$^{44}_{21}$]满极而溢、噢噢应→噢噢应应[æ$^{44}_{55}$ æ$^{44}_{55}$ in$^{412}_{33}$ in$^{412}_{21}$]一口答应的样子。

（4）AXYY式

此式有的可以认为是在A和YY之间加进一个X。如：寒势势→寒脱势势[ɦø$^{23}_{22}$ t'ə^{55}sʮ$_{44}$sʮ$_{22}$]感到凉意。但多数没有相应的AYY，如：书乎腾腾[sʮ$^{44}_{55}$ ɦəu$^{23}_{33}$ dən$_{33}$dən$_{21}$]显出书生气不能说"书腾腾"。

（5）XXsA式（s代表变声重叠，即叠韵）

这是变声重叠式Xs与X同韵不同声，具体到本式Xs的声母都是[l]。本式多数可以换用相应的不变声重叠式，意义不变。共找到了七例，如：血力尖 [ɕyəʔ⁵⁵ liə ʔ²³₃₃ tsiɪ⁴⁴]（～血血尖）、笔力直 [piəʔ⁵⁵ liəʔ²³₃₃ zəʔ²³]（～笔笔直）、托录熟 [t'oʔ⁵⁵ loʔ²³₃₃ zoʔ²³] 稀熟。

（6）ABXXy 式（y 代表变韵重叠，即双声）

本式以下各式都是四音节的，构成的形式达几十种［不变形重叠式词缀构成的四音词却只有本节上举（2）（3）（4）三种］。被认为难以分析的四音状态形容词其实大都包含了重叠成分。这些格式也都按广用式变调（少数例外有专门说明）。举例如下：昏头切促 [huən⁴⁴₅₅ dy²³₃₃ ts'iə⁵⁵₃₃ ts'oʔ⁵⁵₂₁] 昏头昏脑、晕头转向、灰尘白蓬 [huE⁴⁴₅₅ zən²³₅₅ baʔ²³₃₃ boŋ²¹] 沾满灰尘的样子、火冒利拉 [həu⁵² mæ³¹₂₂ li₂₂ lɑ₂₁] 火气上升的样子。

（7）ABXXs 式

红白团串 ɦoŋ²³₂₄ baʔ²³₄₄ dø₃₃ ts'ø₂₁ 白里透红｜稀零光朗 ɕi⁴⁴₅₅ lin²³₅₅ kuã₃₃ lã₂₁ 稀零零的｜灰毛录托 [huE⁴⁴₅₅ mæ²³₅₅ loʔ²³₃₃ t'oʔ⁵⁵₂₁] 灰得不好看。

（8）AXYYy 式

瘪的申司 piəʔ⁵⁵ tiəʔ⁵⁵ sən₃₃ sʅʔ₂₁ 口袋空空的样子｜哭出比巴 k'oʔ⁵⁵ ts'əʔ⁵⁵ pi₃₃ po₂₁ 带着哭腔、哭相。

（9）AXYYs 式

淡兹刮搭 dE³¹₂₂ tsʅ₅₅ kua⁵⁵₄₄ taʔ⁵⁵₂₁ 淡得没味儿｜破注录索 p'u⁴¹²₅₅ tsʅ₅₅ loʔ²³₃₃ soʔ⁵⁵₂₁ 破破烂烂｜松孛流吼 soŋ⁴⁴₅₅ bəʔ²³₅₅ lʅ³³ hɣ₂₁ 松松的｜厚兹纳得 ɦɣ³¹₂₂ tsʅ₅₅ nəʔ²³₄₄ təʔ⁵⁵₂₁～厚注赫纳得 ɦɣ³¹₂₂ tsʅ₅₅ həʔ⁵⁵₄₄ nəʔ²³₃₃ təʔ⁵⁵₂₁ 厚厚的｜杂个龙冬 zəʔ²³₂₂ kəʔ⁵⁵ loŋ₄₄ toŋ₂₁～杂兹个龙冬 zəʔ²³₂₂ tsʅ₅₅ kəʔ⁵⁵₄₄ loŋ₃₃ toŋ₂₁ 各种各样、杂七杂八的

（10）AXXy₁Xy₂ 式

三个 X 是三个同声不同韵的重叠：

毛梯他通 mæ²³₂₂ t'i₅₅ t'ɑ₄₄ t'oŋ₂₁ 布料等多毛的样子。

（11）AXXs₁Xs₂ 式

三个 X 是同韵不同声的重叠：

乔搁录笃 dziæ²³₂₂ goʔ²³₄₅ loʔ²³₄₄ toʔ⁵⁵₂₁ 因弯曲而摆不稳｜黑薄录托 həʔ⁵⁵ boʔ²³₅₅ loʔ²³₄₄ t'oʔ⁵⁵₂₁ 黑不溜秋

（12）AXXyXs 式

即 XXy 双声，XyXs 叠韵：

毛希哈啦 mæ$^{23}_{22}$ ɕi^{55} hɑ^{44} lɑ^{21} 摸着发毛的｜白及轧辣 bɑʔ$^{23}_{22}$ dziəʔ$^{23}_{55}$ gaʔ$^{23}_{44}$ laʔ$^{23}_{21}$ 带点白而不好看

（13）XXyYA 式

吉刮良响 tɕiəʔ^{55} kuaʔ$^{55}_{33}$ liã^{24} ɕiã$^{52}_{21}$ 清脆响亮｜平彭山响 bin$_{24}$ bã$_{33}$ SE$_{55}$ ɕiã$^{52}_{21}$ 声音震天

本式除按标出的前二后二窄用式变调外，也可以按前三后一窄用式或四字广用式变调，如："吉刮良响"还可以读成 [55 55 33 52] 或 [55 55 33 21]。（14）式同。

（14）XXsAB 式

刮辣松脆 kuaʔ^{55} laʔ$^{23}_{33}$ soŋ$^{44}_{55}$ ts'E$^{412}_{21}$ 食品等非常脆｜蜡擦焦黄 laʔ^{23} ts'aʔ$^{55}_{33}$ tsiæ$^{44}_{55}$ ɦuã$^{23}_{21}$ 黄得很浓｜的力滚圆 tiəʔ^{55} liəʔ$^{23}_{33}$ kuən$^{52}_{41}$ jø$^{23}_{34}$ 滚瓜溜圆

（15）XXsYA 式

杀辣司光 saʔ^{55} laʔ$^{23}_{55}$ sʅ$_{33}$ kuã^{44} 非常光滑｜笔力司直 piəʔ^{55} liəʔ$^{23}_{33}$ sʅ$_{33}$ zəʔ$_{21}$ 笔直｜塌辣司扁 t'aʔ^{55} laʔ$^{23}_{55}$ sʅ$_{33}$ pir^{52} 极扁平

本式一般按前三后一窄用式变调，（16）式同。

（16）XXs$_1$Xs$_2$A 式

擦刮辣新 ts'aʔ^{55} kuaʔ^{55} laʔ$^{23}_{33}$ sin^{44} 簇新、崭新

1.2.2　表义特点

1.2.2.1　状态形容词和性质形容词

根据朱德熙先生（1956）的理论，苏州话中一般的单双音节形容词，如"大、红、清爽、适意"都属于性质形容词，而其余种种与重叠有关的形容词，都属于状态形容词。作为状态形容词的各种重叠式主要用来再现事物的状态，给事物以主观的描写。具体表现在三个方面：

（一）可变性。重叠式一般是再现某一时刻所处的某种状态，如"白皚皚葛面孔"，而性质形容词是给事物分类，一般是较恒久的情况，如"白面孔"。

（二）形象性。重叠式都带有明显的形象色彩，能直接诉诸听话人的形象思维，唤起视、听、味、触等方面的印象（所以是"再现"）。

比如,"白醭醭"叫人想起缺少血色的病容,"雪雪白"叫人想起毫无杂色的一片白色,"白兹夹辣"则叫人想起在该有颜色的地方却淡到近乎白色。而"白"则提供了一种抽象的信息,更多诉诸人的抽象思维。

（三）主观性。重叠式带有明显的说话人主观色彩,包括对程度的估价肯定和感情色彩。这常和词的理性意义没有必然关系,主要反映说话人的主观感受和态度。如"淡和和"是褒义词,"淡兹刮搭"是贬义词,但"淡"本身说不上好坏,所以甲乙两人可以对同一个菜分别使用这两个词。再如:"辣蓬蓬"（褒）与"辣豁豁"（贬）,"瀴（凉冷）飕飕"（贬）、"瀴笃笃"（褒）和"瀴当当"（中性）。

1.2.2.2 程度的对立

有些重叠式还表现出主观估价的程度的对立。大致地说,按实语素的位置不同,可以分为"弱化"和"强化"两种。凡是实语素在开头的都是弱化式,凡是实语素在后的都是强化式。其中最重要的是 AXX 和 ZZA。AXX 比不带 XX 时程度更弱。如"红称称、白醭醭",只表示"略为有点红,略为有点白"。ZZA 式则比不带 ZZ 强得多,有的几乎表示最强烈的程度。如"煊 [ɕiø^{44}] 煊红"是极红,"雪雪白"是白得毫无杂色。再如硬绷绷～绷绷硬、瀴笃笃～冰冰瀴。

在同一程度的各种形式中,音节越多,对程度的主观强调越明显。例如,同是强化式,"笔笔直"比"笔直"语气要强一些,"笔力司直"又比"笔笔直"强一些。弱化式也是如此,如"厚兹纳得"比"厚得得"语气稍强,"厚注赫纳得"又比"厚兹纳得"强一些。主观强调不是客观程度的高低,所以四音节的"白兹夹辣"在程度上不如"雪雪白",也不如"雪白"。在客观程度上,"雪白、雪雪白"都已达到最高级。

AABB 和 A 里 AB 式与相应的性质形容词比,在程度上没有明显变化,主要增加主观的强调,如"清清爽爽葛衣裳"和"清爽衣裳","讲得活络"和"讲得活里活络",因而处于程度的强弱的对立系统之外。

"A 完 A 完"和"A 透 A 透"（硬完硬完、硬透硬透）表示的程度跟 XXA（绷绷硬）相似,但后者的形象色彩较强。前者还可表示说话人的感叹，所以可以拖长了念"硬完——硬完"。

"A 里 A"式（硬里硬）也表示程度强，不同的是它主要带有同类事物里最强的含义，接近印欧语的最高级。如"冰结得硬里硬"暗示硬到不能再硬了。

1.2.3 语法功能

重叠式形容词具有状态形容词的种种语法功能，但不同的重叠式在语法功能上也有差异，造成相当复杂的情况。

1.2.3.1 述谓性强弱的区别[①]

状态形容词和性质形容词的语法对立根本上是述谓性的强弱（刘月华 1983），重叠式的述谓性是强的，具体表现在：

（一）不受程度副词修饰。

（二）不受否定副词"勿 [fəʔ^{55}]"的修饰。

（三）经常直接做谓语。做定语主要只出现在数量词语之前，如"瘪搭搭两只袋袋"。

（四）经常做状语和结果-状态补语（带"得"）。如"轻同同放下去，擦得锃锃亮"。

1.2.3.2 弱化式与强化式

前述弱化式和强化式两类，同属状态形容词，但在语法功能上仍有明显差异。

（一）弱化式排斥一般的程度修饰，但经常带程度状语"有点"和程度补语"点"，如"有点硬绷绷、有点淡兹刮搭"，"轻同同点走过去，焐得热炯炯点"。强化式则排斥一切程度修饰，不能说"有点绷绷硬、晒得煊煊红点"。

（二）两式充当各种句法成分的功能强弱不同，弱化式除了做谓语以外，大部分词还经常做定语、状语、补语。如：

[①] 关于述谓性，参看卞觉非《论句子的本质与系词"是"》，《南京大学学报》，1980 年第 3 期。

定语：红称称葛面孔 | 灰卜录托葛颜色

状语：贼脱希希跑进来 | 酸溜溜葛痛《西》p149

补语：气得呆木木《西》p598 | 冷得寒毛凛凛《西》p527

强化式最常见的用法是做谓语和补语，如：

谓语：面孔雪雪白 | 哀_这条路笔力司直

补语：冻得绷绷硬 | 路修得笔力司直

做定语是多数强化式可能有的功能，如"生生青葛番茄、刮辣松脆葛几块饼"，但实际上有不少强化词很少甚至从不用作定语。强化式做状语更少见，只是偶然出现，如"拿（把）茶沸沸烫葛呷下去、手笔力司直葛伸过去"。

（三）在助词"葛"的使用上，两式有明显区别。这特别表现在谓、状两种位置上。

弱化式做单句谓语经常带上"葛"，而强化式一般不加。弱化式如：

小王只面孔白矑矑葛 | 木鱼声音木涩涩葛《西》p72 | 辫种毯子毛希哈拉葛

强化式"小王只面孔雪雪白"，一般不再加"葛"。

弱化式做状语时，"葛"可加可不加，如上举做状语数例；不加更为常见一些。强化式做状语，通常要加"葛"，如前举两例，再如"探照灯锃锃亮葛照过来"。

上述用"葛"情况可以大致罗列如下：

	谓语	状语
弱化式	加	不加
强化式	不加	加

做补语和定语的情况分别跟做谓语和状语的情况相近，不细谈。

强化式的上述情况，也适合于表示程度强的其他各式，如 XA、A完A完、A里A等。

弱化式和强化式的语法对立反映了二者述谓性的强弱。强化式的述谓性强，所以常做谓语、补语，而且不需要语气助词"葛"和程度修饰，而在做定语、状语时，则需要用结构助词"葛"来取消其谓语性，

1.3 副词

本式用得不多，例如：

最最 tsE$_{41}^{412}$ tsE$_{34}^{412}$ | 着着 zɑʔ$_{34}^{23}$ zɑʔ$_{55}^{23}$ 用在方位词前表示"最"，如"着着东面" | 明明 min$_{24}^{23}$ min$_{21}^{23}$ | 摊摊 t'E$_{55}^{44}$ t'E$_{21}^{44}$ 同"单单" | 纯纯 zən$_{22}^{23}$ zən$_{44}^{23}$ 仅仅 | 蛮蛮 mE$_{55}^{23}$ mE$_{12}^{23}$ 非常 | 呆呆调 ŋE$_{22}^{23}$ ŋE$_{55}^{23}$ diæ$_{21}$ 恰巧。呆，阴平

1.4 象声词

在苏州话中，几乎所有双音以上的象声词都与重叠有关。

象声词大都没有本字，文中一律只写音标，声调大都依其声母清浊分别读阴平阴入和阳平阳入，常按广用式变调。但在实际运用中，单字调和连调方式有种种变化，所以不标调号。

1.4.1 构成形式

象声词的重叠形式最为丰富。除完全重叠和变声、变韵重叠外，还常采用另两种变形重叠：一是声母及韵尾都重叠，仅改变音节的中间部分；二是声母韵尾都不同，仅仅重叠中间部分。重叠后的形式有二音节、三音节、四音节甚至更多。这里只略举几例：

bã bã | tiəʔ taʔ | ts'aʔ t'aʔ | koʔ loʔ | goʔ doŋ | p'aʔ t'iəʔ t'aʔ | p'aʔ laʔ t'aʔ | p'oʔ loŋ t'oŋ | taʔ laʔ laʔ laʔ | tiəʔ tiəʔ taʔ taʔ | k'oŋ t'oŋ k'oŋ t'oŋ | mi li ma la | ts'in lin ts'ã lã。

1.4.2 语义特点

以什么方式重叠，对象声词的语义特点也有很大影响。比如变形重叠二字式表示短促的声音，XX'X'X'（X' 表示 X 的变形重叠）表示听见其开始并持续一阵的声音，XXX'X' 表示较复杂的声音的持续，

XX'XX' 则强调声音的节奏感，最后二例的形式表示复杂音色的有变化的持续。

1.4.3 语法功能

象声词重叠式的语法功能，几乎等于全部象声词的语法功能，因为单字式以外的象声词绝大多数是重叠式。最普通的用途是做状语、同位语（跟数量词语结合）、独立语和定语（修饰"声音"一类词），如：

状语：tʻiəʔ tʻaʔ tʻiəʔ tʻaʔ 走过来 | tsaʔ taʔ 抢过去

同位语：dã dã 两记锣声 | lin lin lin lin 一阵铃声

独立语：tin tã tin tã 钟亦（又）响啧

定语：pʻiəʔ liəʔ pʻaʔ laʔ 葛声音 | tin toŋ tin toŋ 葛琵琶声音

有些重叠式，特别是包含变形重叠的四字式，还能做谓语或补语，如：

两只眼睛 pəʔ tən pəʔ tən _{忽闪忽闪} | 屋里漏得 diəʔ liəʔ daʔ laʔ

1.5 量词

量词的重叠形式、表义作用和语法功能跟普通话一样，不细说。不同的只是使用得更多些。在普通话中不大用重叠式的集体量词、部分量词、动量词等，在苏州话中经常重叠，如"队队、堆堆、片片、节节、段段、桌桌（酒水_{酒菜}）、趟趟（到上海）"。另外，苏州话中"一只只"用得比"一只一只"更为常见。

1.6 动词

苏州方言的动词重叠式跟普通话相比，有共同点，但更为丰富发达。

1.6.1 构成形式

1.6.1.1 AA 式、AABB 式和 AAB 式、ABB 式

大部分动词在一定条件下都可以有单纯重叠式。单音动词 A 重叠

为 AA 式，如：看看 [kʻø$_{41}^{412}$ kʻø$_{34}^{412}$]、坐坐 [zəu$_{24}^{31}$ zəu$_{21}^{31}$]。双音动词 AB 重叠为 ABAB 式，如：照应照应 [tsæ$_{55}^{412}$ in$_{55}^{412}$ tsæ$_{33}^{412}$ in$_{21}^{412}$]、开心开心 [kʻE$_{55}^{44}$ sin$_{55}^{44}$ kʻE$_{33}^{44}$ sin$_{21}^{44}$]。有的述宾组合只重叠前字变为 AAB，并且按前二后一窄用式变调：散散心 [sE$_{41}^{412}$ sE$_{33}^{412}$ sin^{44}]、泡泡浴 [hoʔ$_{55}^{55}$ hoʔ$_{33}^{55}$ joʔ^{23}]洗洗澡。

1.6.1.2 AABB 式

动词重叠式有时候可以两个连用，中间没有停顿，形成 AABB，按前二后二窄用式变调，如：吃吃讲讲 [tɕʻiəʔ^{55} tɕʻiəʔ$_{33}^{55}$ kã^{52} kã$_{21}^{52}$]边吃边谈、脱脱着着 [tʻəʔ^{55} tʻəʔ$_{33}^{55}$ tsaʔ^{55} tsa^{55}]一会儿脱下、一会儿穿上。这种 AABB 可以看作一种独立的形态模式，而不是两个 AA 式的简单连用。AA 式和 BB 式连用不一定能去掉停顿变成 AABB 式，如："耐转去想想、寻寻你回去想想、找找"。不能说"想想寻寻"。能用于此式的动词并不很多，常用的更少，只有在"AA 停停"式中能用的动词较多，如吃吃停停 [tɕʻiəʔ^{55} tɕʻiəʔ$_{33}^{55}$ din$_{22}^{23}$ din$_{44}^{23}$]、哭哭停停 [kʻoʔ^{55} kʻoʔ$_{33}^{55}$ din$_{22}^{23}$ din$_{55}^{23}$]、写写停停 [sia^{52} sia$_{33}^{52}$ din$_{22}^{23}$ din$_{44}^{23}$]。AA 和 BB 的语序也比较稳定，如唱唱跳跳 [tsʻã$_{41}^{412}$ tsʻã$_{33}^{412}$ tʻiæ$_{41}^{412}$ tʻiæ$_{34}^{412}$]，一般不说"跳跳唱唱"。

1.6.1.3 A 勒 A 式

本式适用于大部分单音动词，但不用于双音、多音动词，意思相当于普通话"A 啊 A 的"，如"飘勒飘 [pʻiæ$_{44}^{44}$ ləʔ$_{55}^{23}$ pʻiæ^{44}]飘啊飘的、甩勒甩 [huE$_{41}^{412}$ ləʔ$_{41}^{23}$ huE$_{21}^{412}$]甩啊甩的"。因处于三字广用式的第二字，勒 [ləʔ] 常常丢失 [ʔ]。

1.6.1.4 "A 法 A 法"式

本式也只适合于大部分单音动词。偶尔，"法"可以用"搭"[taʔ]代替，如"甩搭甩搭"。意思相当于"A 啊 A 的、A 着 A 着"。

1.6.1.5 AAsAAs 式

本式能产性极小，只有四五个词：弓松弓松 [koŋ$_{55}^{44}$ soŋ$_{55}$ koŋ$_{33}^{44}$ soŋ$_{21}$]反复挤动或扭动、摸索摸索 [moʔ^{23} soʔ^{55} moʔ$_{44}^{23}$ soʔ$_{21}^{55}$]摸这摸那、角索角索 [koʔ$_{55}^{55}$ soʔ^{55} koʔ$_{44}^{55}$ soʔ$_{21}^{55}$]不停地动着或忙着。本式的基础形式是单音词"弓向某一方面用力顶或用力在拥挤中向前""摸""角"不成词，是例外，"弓松、摸索、角索"

都不成词,只有叠韵关系。AAs(弓松……)从不单说,因此本式是变声重叠和完全重叠的产物。

1.6.1.6　ZAZA 式

ZA 是状心组合,可以单用。A 包括各种单音动词;Z 包括"穷、瞎、闷、连、直、乱、一、死、大"。它们本身能修饰超过单音节的动词性单位,但在重叠式中只跟单音动词组合,整个四字式按广用式变调,中间不能有停顿。这些特点表明,ZA 虽然是一种句法组合,但整个重叠式却更接近于形态模式,其中的 Z 在作用上跟"A 法 A 法"中的"法"相近。如"瞎讲瞎讲 [haʔ$_{55}$ kã^{52} haʔ$_{21}^{55}$ kã$_{21}^{52}$]到处乱讲;乱讲一气、闷吃闷吃 [mən$_{55}^{44}$ tɕ'iə^{55} mən$_{22}^{44}$ tɕ'iə$_{21}^{55}$]一个劲儿只顾吃"。

1.6.2　表义特点

动词重叠式共有上述六种模式,从意义和功能上看,明显分归两大类:

甲类,主要是单纯重叠式(包括 AA、ABAB、AAB、ABB,以下以 AA 式为代表)。并列式"AABB"基本上也属于甲类,但兼有乙类的某些特点。

乙类,包括余下的四种:A 勒 A、A 法 A 法、"弓松弓松"式、ZAZA。

下面分别讨论。

1.6.2.1　甲类重叠式

先说单纯重叠式,这种形式的词在苏州话中用途相当广泛,可以统称为"轻指式"。所谓"轻指",有互相联系的两个方面。主观方面,指说话人对动词所表达的行为不看重的态度。客观方面,指行为的短暂持续或少量反复。人们通常只注意动词重叠在客观方面的意义,我们则认为主观方面是更基本的(苏州话、普通话都是如此)。人们为普通话的动词重叠式提出过许多种意义解释:多次、尝试、轻微、不定量、短时、少量,等等(刘月华 1983:9),但似乎仍然难以有效地说明,为什么用了重叠式的好多地方未必有这些意义,而可以有这些意义的地方却不能用重叠式，原因或许在于只从客观理性意义方面去解释。

苏州话"轻指式"的意义作用，具体体现在以下几个方面：

（一）祈使意愿的委婉表达。如：

祈使：耐_你去看看_{比较"耐去看"}。｜大家来欣赏欣赏音乐。｜请耐讲讲道理。

意愿：我来想想。｜我欢喜一干子草地浪坐坐_{我爱一个人在草地上坐坐}。

祈使兼意愿：拨_给我听听。｜让我乘乘电梯_{可能是乘着玩儿，而"让我乘电梯"就没有这种含义}。

一般说来，上述例子中的"看看、想想"等也兼有短暂持续或少量反复的意义，但这只是次要的，有时，显然不能持续或反复的行为，在普通话中不大能用重叠式的，但在苏州话中却常用重叠式，以表示委婉，如：

耐去杀杀鸡。｜让我去寄寄辫_这封信。｜请耐关关门。

只有运动动词"去、来、走、跑"等，不表示祈使意愿时用不用重叠式意义差别较大，如：

伲去吧_{咱们去吧}。｜唔笃慢慢叫走_{你们慢慢走}。

耐要走走_{相对于不动或坐车船等，常指散步}。｜从今以后少去去。

重叠式所表示的，常是没有一定方向目标或包括多次往返的运动。这种区别，很像俄语运动动词"定向"形式和"不定向"形式的区别。

（二）强调行为的轻松或非正式性。在谈论习惯性行为时，轻指式表示行为轻松、悠闲而不费事，比较：

我礼拜日总归_{总是}烧烧饭，领领小干_{带带小孩}，夜里向_{晚上}看看电视，蛮快活。

我礼拜日总归亦 [jəʔ²³]_又要烧饭，亦要领小干，还要汰衣裳，比上班还吃力。

后句不用重叠式，强调累、费事，二者不能互换。有时候，轻指式用来说明行为的非正式性，这也是一种不看重的表现。如：

京剧我是看看罢哉_{京剧我不过是看看而已。意谓并不当一回事}。｜胡琴俚会拉拉葛_{胡琴他能凑合着拉}。

（三）表示行为的短时性和象征性，能这么用的动词大都表示人体动作或面部表情，如：

摇摇头｜弹瞪弹眼睛｜小张朝俚他望望。

这些行为的短时性体现了"轻指"的客观方面，象征性则体现了"轻指"的主观方面，即行为本身不重要，重要的是行为所传达、暗示的意义。

（四）表示行为的伴随性或从属性。这是动词轻指式最富有苏州话特点的用法，如：

俚吃吃饭睏着喷他吃饭时（慢慢）睡觉了。｜臭豆腐干闻闻臭，吃吃蛮香臭豆腐干闻起来臭，吃着挺香的。｜我打打球，小王来喊喷我正打着球，小王来叫了。

单纯重叠式的并列式 AABB 大体上属于甲类重叠式，也有轻指意义。AA 和 BB 是同时或交替的关系，不是单纯的前后相连，如"吃吃讲讲边吃边说、脱脱着着一会儿脱下，一会儿穿上、写写停停写一阵、停一阵"。这种关系跟轻指义的"短时"意义有关，即每个动作稍进行一下便换成另一动作，这是轻指的客观方面。

整个 AABB 所表示的行为常带有轻松、随便、非正式的含义，如"吃吃讲讲"指边吃边聊天，一般不用来指吃饭时商量要紧事的情形。这体现了轻指的主观方面。

1.6.2.2 乙类重叠式

乙类重叠式的四种构成模式，有非常一致的基本表义作用，表现为以下两点。

（一）连续反复。就动作本身而言，是连接着反复进行，而对整个行为来说则是一种持续，如：

拿只手招勒招把手招呀招的｜嘴里向骂法骂法骂骂咧咧地。

（二）状态性。乙类重叠式明显地比动词原形更富有形象性，它们不强调动词的行为性，而主要是表现一种持续着的状态，除上述各例外，再如：

耐挖法挖法寻点啥你掏呀掏的找些什么？｜一朵云勒天浪飘勒飘，飘勒飘一朵云彩在天上飘啊，飘啊。

四种模式也还有各自的特点。

"A 勒 A"式表示的反复频率最低，常用来表示一种缓缓的动作状态，如上述最后一例。

"A 法 A 法"式表示的反复频率适中，它在表示动作次数多的同时，还可以兼有涉及事物多的含义，如"到仔办公室㬹看法看法"，可以理解为"进了办公室别东看西看"。

"ZAZA"式表示的反复频率最高，它还常表示埋头于该行为，不顾其他方面，如"死做死做"（不管其他事情，只是干活）。

"弓松弓松"一类形式的反复频率也适中，但动作性最弱而状态性最强。

1.6.3 语法功能

1.6.3.1 甲类重叠式

甲类重叠式功能很复杂，可以大致分别为两种用法。一种是"基本用法"，能在单句或非从属性分句中充当谓语中心语；一种是"派生用法"，只能在单句中充任从属性动词或只能用在从属性分句中。

1.6.3.1.1 基本用法

基本用法的组合能力及适用句类主要包括：

（一）带单、双音节的结果补语——"AA 补"，如：

讲讲明白 | 看看清 | 汰_洗汰干净 | 拉拉上

（二）用介词短语做补语——"AA 介宾"，如：

送送到我屋里 | 蹲蹲勒房间里向_{蹲勒，呆在}

（三）带某些单音形容词做方式状语——"状 AA"，如：

红烧烧 | 粗框框 | 毛估估_{大略估计一下}

（四）带语助词"看"表示尝试——"AA 看"，如：

买买看 | 看看看 | 翻翻词典看 | 商量商量事体看

此外，基本用法的特点，还表现它对句类（按实际作用分出的类）有很强的选择性。这种选择性还在一定程度上决定了对所用动词的选择性[①]。基本用法中的动词一般要求是意志动词（由人或动物控制的行为），"俚日逐_{他每天}烧烧饭"可以说，而"黄梅天日逐落_下落雨"就不行，因为"落雨"不

---

① 以下关于句类及动词的选择性的描写，部分参考了卞觉非（1980）。

是意志动词。但是在祈使意愿句中，由于整个句子跟意志有关，又可以用"落落雨"了，如"最好天落落雨"。另一方面，"烧烧饭"能用，还因为这是谈论性句子，换了叙事句，也不能用，如"*俚昨日烧烧饭"。

基本用法可以出现的句类有以下四种：

（一）与祈使意愿有关的句子。如：耐去看看。| 我想听听音乐。

（二）谈论或说明性句子。如：俚一年到头着_下着棋。| 京戏我会唱唱葛。

（三）结构对称的叙事句。如：小明勒路浪_{在路上}东看看，西张_望张。

（四）一般的叙事句。如：小张挥挥手。| 俚朝小张看看。

甲类重叠式的一个很大特点就是大部分动词不能在叙事性单句中做主要谓语。上述（三）（四）类句子仅适用于少量动词。

1.6.3.1.2 AABB 式的语法功能

本式的功能在甲类重叠式中稍显特殊。它可以用于祈使句和谈论性句子，如：

故歇就是豁勿开，耐也该应讲讲笑笑_{这会儿就是心里放不下，你也应该说说笑笑}。（《海》四十七回）| 小华功课勿做，一日到夜唱唱跳跳。

但是，本式不能带任何宾语、补语，也经常用在叙事句中，这些倒都跟乙类重叠式相同。这可能是因为本式跟乙类重叠式的音节数都比较多，加上并列本身是对称结构，所以用在叙事句中的功能较强。如：

两家头一路浪谈谈讲讲。| 大家吃吃谈谈，等阿哥转来_{回来}。（《岳》二回）| 琴僮睏_睡睏醒醒，真葛伤风咳嗽起来哉。（《西》p463）

1.6.3.1.3 派生用法

AA 式可以用作单句里的从属性动词或用在复句的从句中，表示一定类型的从属关系。这时，如果去掉重叠式后的谓语主要动词或偏句后的主句，句子往往就站不住或者改变重叠式的意义。这种用法跟它用作单句谓语的情况有一定联系，所以称之为"派生用法"。具体特点如下：

（一）不能带任何补语。比如，"吃吃清爽、吃吃清爽点"不能代替"吃吃睏着喷"中的"吃吃"。

（二）不能有"AA 看"式。如"拎拎拎勿动"（试提了一下，提不动）尽管表示尝试，也不能说"拎拎看拎勿动"。

（三）可以自由地用于非意志动词和非意志句。如"天落落雨勿落喷""天落落雨，稻就好喷"，可一般不说"天落落雨"。

（四）基本用法中的 AA 有时可以换用"A 一 A"，如"耐来听一听"等于"耐来听听"。派生用法大多不能换用，如"闻闻蛮香"改成"闻一闻蛮香"后，意义不同。

从适用句类看，派生用法不用在祈使意愿句中，经常用于叙事句。

AA 式派生用法有好些小类，表达的关系意义不同，适用的动词范围也不同。

（一）做时间短语或时间分句。如：

俚追追跌仔一跤_{他正追着，（忽然）跌了一跤。}

AA 式和主要谓语经常用同一动词，形成 AA……A 或 AAA，AA 又可以重叠成 AAAA，强调过程的延续，如果这时后面再用 A，就形成 AAAAA，如：

打打勿高兴打哉。（《岳》二十三回）| 俚听听听听，瞓着哉。| 小新算算算算出来喷。

说的时候，词的界限仍是分明的：AA—A、AA—AA、AA—AA—A。

（二）做条件假设短语成分句。如：

哀种病，饿饿肚皮痛，吃吃肚皮胀_{这种病，饿的话肚子疼，吃了肚子又胀。}

条件假设和时间背景是密切相关的（吕叔湘 1982：409），同一句也常常兼有时间和条件假设两重关系，如"鞋子着着会得松葛_{鞋穿（一阵）会松}"，既可以理解为"松"的变化发生在"着_穿"的进行过程中，也可以理解为"着"是"松"的条件，只要穿了，就会慢慢变松。

（三）做让步分句。只适合于"说、讲"等个别词。后多带谓词性宾语，然后接正句，如：

俚说说要去，其实骨子勿想去_{他虽然说要去，其实不想去。}| 我算算蹭走，捺亨蹭看见俚_{按说我没走，可怎么没看见他}？

"算算"在这里失去本义，纯粹成为一个让步连词了。

（四）做表示判断的来源依据的分句。如：

小王拎拎只包，觉着重注注葛_{小王提了一下那只包，觉得沉甸甸的。}

（五）做表示某一方面的从属性短语。如：

颜色看看来得葛中意_{颜色看着挺合意}。

（六）做方式短语或分句。如：

说勿定老老面皮，吃吃伲和尚葛白茶_{说不定厚着脸皮，白喝我们和尚的茶}。（《西》p23）

1.6.3.2　乙类重叠式

（一）不能带任何宾语、补语。如：只能说"拿本书翻法翻法_{把书随意地翻着}"，不能说"翻法翻法书"。但可以在重叠式后再重复一个动词：翻法翻法翻一本书。

（二）可以不受限制地用在叙事句及其他句类中，但除了否定式很少用在祈使意愿句中。如：

小王昨日夜里穷唱穷唱_{小王昨天晚上一个劲儿唱着}。｜后宰门耐好乱闯乱闯_{后宰门你可以乱闯一气}？｜耐勿要对我扇子招法招法_{你别对我用扇子做连续召唤状}。

（三）前面经常带表示进行持续的状语，如：

两只手一直勒袋袋里摸法摸法_{在衣袋里摸呀摸的}。

（四）乙类重叠式适用的动词不限于意志动词，动作性强的、能体现反复持续状态的动词最常用，如"颠、摇、晃、摸"等。

1.6.3.3　动词重叠式的共同语法特点

这些共同特点形成它们跟动词原形的对立。表现为：

（一）不能带任何时态助词，不管是重叠式的中间还是末尾。如不能说"吃吃仔"（仔即了）、"动法动法过"。

（二）经常用作从属性动词，后接主要谓语动词，如：

那末老老轧法轧法轧进去_{于是老人挤着挤着挤进去}。（《岳》四十一回）｜孟士元一跷[tɕ'iæ⁵⁵]_瘸一跷走出来。（《孟》）

重叠式和主要动词之间可以加进停顿，成为一种复句，如：

吉青晃勒晃，晃到马葛的旁边。（《岳》二十六回）

二、苏州方言重叠式的特点和性质

上文已经为苏州方言重叠式的运用情况提供了一幅大致的图景。下面，拟从形态学的角度对这一图景做些理论的分析和总结，探讨一下苏州话的重叠式作为形态现象，与跟"一般的"形态现象相比时所呈现出的特殊之处——"特点"，进而确定这些现象在形态学中应占的地位——"性质"。

2.1 特点

表现在构成形式、表义作用和语法功能三个方面。

2.1.1 构成形式的特点

（一）以音节为基础单位

一切重叠包括重叠的基础形式和重叠部分以及其他附加成分都不能少于一个音节，如"看——看看——看勒看"。

小于音节的形态现象在许多语言中是很普通的，一个 [s] 可以是英语、法语的名词复数词尾和俄语动词完成体前缀。即使是重叠，也有以小于音节的单位构成的，如摩洛哥希尔语 gen 睡——ggen 正在睡，只重叠一个辅音（萨丕尔 1921/1964：47）。这些情况在苏州话中是找不到的。

（二）对音节数目的选择

重叠经常对基础形成的音节数目有很强的选择性。多数重叠式的基础形式都是甚至只能是单音节的。如名词"AA 头"式、量词重叠式（桶桶水、*面桶面桶水），形容词的"A 完 A 完""AA 叫""A 透 A 透"等式，各种动词乙类重叠式。这跟上一特点也有关系。因为，重叠必须以音节为基本单位，基础形式音节数过多会造成重叠或词形过长，不便于使用。但也有相反的选择性，形容词的单纯重叠式只适用于二字式（清清爽爽），不适用于单字式（*红红）。

除了汉语和部分汉藏语系的语言，很少看到音节数对形态能有如此大的制约作用。

（三）以重叠为基本手段，以此造成许多变化形式

重叠是苏州方言中最基本的形态手段，然而，仅有重叠是不够的，

丰富的重叠方式和其他手段（附加、并列等）配合起来使用，造成数十种重叠模式，这就可以用来表达其丰富的构词构形意义。

（四）以某些短语为基础形成、构成近于词级单位的重叠式

如形容词和动词的 ZAZA 式（穷远穷远、瞎讲瞎讲），其中的 ZA 本是自由组合的状心短语，但重叠后，ZA 就失去了短语的某些特点，如 A 不能再换成双音词，另一方面，整个四字式按广用式变调，获得跟词的重叠式（雪白雪白、讲法讲法）同类的语法意义，因此完全像一种常词的形态模式。这种情况也是极有特点的。

构成形式上的特点给苏州方言的重叠式形态造成了一些影响。由于至少以一个音节为单位，因此形态变化造成了词形长度的增加率较大。一个音节的基础形式（如"看"）变化后的词形长度可以是它的两倍（看看）、三倍（看勒看）、四倍（看法看法）。相比之下，许多语言的词形变化对词形长度的影响是很小的。词形增加率大，有悖于语言使用的经济原则，因此，在一定程度上限制了它广泛采用的可能，影响了它的能产性，这些都使重叠运用受到很大的限制。

2.1.2 表义特点

苏州方言重叠式在语义上的特点造成的影响，比起构成形式的特点来深刻得多。

重叠形式的基本作用是表达跟主观感受有关的种种附加意义，以增强语言的表现力。名词重叠式的"小称"和动词 AA 式的"轻指"都含有"量"的含义，但主观感受仍是更主要的。

重叠的表义作用往往还在同一类上有零碎而不成系统的情况，如动词"轻指"作用体现在很不相同的方面。因此，很难把重叠所表达的意义全都概括为清晰明了的若干个语法范畴。

在形态发达的语言中，也有表达主观感受的形态手段，如德语、俄语。然而，对于这些语言来说，形态体系的最根本部分还是名词（及形容词、代词）的性、数、格诸范畴，动词的时、体、态、式、人称等范畴，以及形容词的"级"范畴，还有从一类词派生出他类词的能产的构

词手段。这些形态内容不仅同客观理性意义更密切相关，而且同整个语法系统有极紧密的关系。这是跟汉语苏州方言的重叠式显然不同的。

苏州方言重叠式还有风格色彩。有明显的口语性，主要适合非正式的、随意的谈话，如动词的乙类重叠式，形容词的"A完A完""A里A"，名词"鸭连连、猪猡猡"等，都几乎不会在讲课、报告、大会发言这类场合使用。另外，重叠式又是个人语言风格的一部分。不同人的词库中所储存的重叠词的数目是大不相同的。比如附缀形容词，年轻人往往掌握的很少，而老年人，特别是评弹演员，掌握的就多得多。但在形态发达的语言中，绝大部分形态手段都是表达意义所必须的，是全体说话人都要采用的；虽然也有风格色彩，但远不如苏州话那么重要。

重叠式形态手段在语言交际中是可选的（optional，即可用可不用的），而不是必要的（necessary，即必须用的）。这就使它在语言系统中的重要性被削弱了。

2.1.3　语法特点

苏州方言重叠式在语法上的特点，最突出地造成了它跟"典型"形态现象的根本性区别。最值得重视的是两大特点。

（一）不表明句法结构关系

在有些语言中，真正用来表达句法关系的形态现象中，最重要的是格、一致关系、互证关系[①]，动词的态（主动、被动、使动等）等范畴对表明句法关系也有较大作用。

在苏州话里，有的重叠形式也表示较抽象的"语法意义"，但对表示上述关系完全无能为力。格、态、级、一致关系等都不存在。表明句法成分间的关系的仍然是词序、虚词这些分析性手段。

（二）经常导致句法功能的改变

重叠式可以获得基础形式所没有的重要功能（§1.6.3.1.3，§1.6.3.3）。如"俚钻法钻法溜脱哉～*俚钻溜脱哉"。也可以失去基础形式所具有的

[①] 关于一致关系和互证关系，参看布龙菲尔德（1955/1980：235—239）。

重要功能（§1.6.3.2）。重叠还可以改变某些搭配关系（§1.6.3.1）。改变虚词的运用情况（§1.6.3.3）并经常大大改变对句类的适应能力，这是重叠形态在语法及语用上的特点。比如，动词 AA 式主要用在祈使意愿句中，乙类重叠式则适用于叙事句，副词"AA 叫"式也大都用在祈使句中。各个词类的重叠式都很少用在疑问句和否定句中，可能因为重叠式都表现与主观感受有关的内容，这里本身就包含了对这种内容的主观肯定。

在"典型"的形态语言中，用形态手段改变词的句法功能，多半表现为词性的改变，如英语的动名词，俄语的副动词之类。像苏州话那样，改变结构功能的情况，在这些语言中反而不多见。

重叠改变语法功能，从而增加了词的功能类别，丰富了语法系统中的结构类型，造成句型的增多，便于句式的选择、调整、变换，而在汉语（及方言）中，组合关系、句型是特别重要的。这些又使得重叠形态在语法系统中占有一定的重要地位，这种重要性至今还没有受到充分的重视。

2.2 性质

本文一直把苏州方言的重叠式当作形态现象来看待。本节将讨论这种看法的理由，进而确定一下它们的形态性质。

2.2.1 重叠和形态

重叠是一种抽象的语言手段，它跟具体语言单位结合后便产生一个新的形式。在苏州方言中，重叠跟基础形式结合，产生一个与重叠有关的新词或成为基础形式的一种语法变体，因此，重叠是一种形态手段，是一种词内变化的手段，当属于较严格意义的形态。可是，有些学者不这么看。已故高名凯先生（1960：94）曾提出"词根的重叠是词的内部形态，词的重叠则是词的外部形态"，他的"外部形态"包括虚词、语助词等，都是分析性手段，已不是较严格意义的形态，这就取消了很大一部分重叠式的形态地位。他的这种说法在汉语方言中很难行得通。按他的区分，那得把苏州方言中的"圈圈、棚棚"看作外部形态（"圈、棚"成词），而"管管、梗梗"则是内部形态（"管、梗"不成词），这显然是把同一种构词手段硬割裂开来。

2.2.2 构词形态和构形形态的区别

作为形态现象，苏州方言各种重叠式的性质并不相同，最大的区分在于有的属于构形形态（最狭义形态），有的属于构词形态。这两种形态的区分是一个复杂而有争议的问题。就在形态现象比较典型的俄语中，苏联著名语言学家对俄语名词的复数形式和动词的体形式是构词还是构形式有截然对立的看法[①]。我国语言学界的认识也很不一致，许多人甚至对两种现象不加区分。

下面，根据前人的论述和自己的体会，就这两种形态的区别，提出以下六种标准：

（一）意义的单一性和多样性。构形形态表示一种单一的附加意义。构词形态用于具体词项往往有意义的专门化，如英语的后缀 -or、-er 是动作者的意思，可 actor、composer、conductor 还有演员、作曲家和导演的意思。这就造成了意义的多样性。

（二）形式的单一性和多样性。构形形态一般在同一范畴上使用一种统一的形式手段，如俄语用词缀 a(я)、o、ы(и) 分别表示名词的阴性、中性和复数。即使有几种手段，也有规律可循，如俄语名词有三种变格法，依其原形词尾类型及性而定。构词形态表示同一意义可以有许多种手段，而且没有明确的规律，如英语中表示人的构词形态有：Chinese（中国人）、New Yorker（纽约人）、revolutionary（革命者）等。

（三）基础形式的词和非词。构形形态的基础形式一般应是词；而构词形态的基础形式可以是成词语素，也可以是不成词的语素，如"木

[①] 库兹涅夫认为俄语名词单复数形式和动词体形式都是构词形式，见《语法结构问题》，商务印书馆，1960年，第54—55页。斯米尼茨基则认为它们都是构形形式，见吕香云《现代汉语法学方法》（国际关系学院印，1982）一书所附译文《词中的词汇成分与语法成分》。

头"的"木",苏州话"乌洞洞_黑漆漆_"的"乌"。

（四）词性的固定和变化。构形形态不改变词性；构词形态可以不改变词性，但大量的构词形态是用来改变词性的。

（五）能产性的强和弱。构形形态在理论上是无限能产的，实际上可能稍受限制，但有规律可循。构词形态则能产性强弱很不一致，有的几乎没有能产性。

（六）词外关系和词内意义。构形形态除了给本身附加上语法意义外，往往还跟词外的其他成分发生关系。如在法语、俄语中，名词的数的形式对修饰它的形容词、代词和陈述它的动词都有制约。构词形态只有词内意义的改变，不涉及跟其他成分的关系。根据以上标准，我们对苏州方言重叠式做如下划分。

2.2.3 构词形态

（一）名词：能产性不很大；类义在具体词项上有专门化倾向；基础形式可能不成词；也可能来自别的词类（尖尖头）。

（二）形容词中的附缀重叠：各词所带的词缀往往不同，形式不单一；能产性有限；有不同的附加意义和色彩，意义不单一；基础形式可能不成词（乌洞洞）；也可能来自别的词类（水罗罗）。

（三）副词：基础形式不成词；几乎没有能产性。

（四）象声词：能产性较强；但仍有很强的约定性，意义上也有专门化；有的基础形式不成词。

2.2.4 构形形态

（一）量词（包括数量短语）：几乎适合于一切单音量词；只有单一的附加意义；只有单一的形式。"数量短语"因为基础形式是短语，可叫"准构形形态"。

（二）形容词中的各种实语素的重叠式：适合于一次基础形式的形容词（A 或 AB、BA），只有单一的附加意义、单一的形式，其中有的如 A 里 AB 式、AA 叫式，能产性有限。

（三）动词：几乎适合于一切行为动词（A 或 AB，但"弓松弓松"式例外），有统一的轻指附加意义；形式单一（单音词 AA、双音词 ABAB、离合词 AAB，"牢相相"例外）；BABA 式也可看作"准构形形态"。

2.2.5 语法范畴

语法范畴是词的变化所表达的语法意义的系统化概括。苏州话自然也可以概括出一定的语法范畴。然而，由于其在语义表达上的特点，很难都归纳为简单明了的若干个范畴。下面，根据重叠式中跟形式对立相应的比较明显的对立意义，归纳出几点接近语法范畴的情况。

（一）量词的"范围"。量词依据其是否重叠及重叠式，分别表达不同的范围。量词原形是单个个体，AA 式是"统指"（全部）、"一 A 一 A"式是分指（全部中的个体）、"一 AA 式"则兼有统指和分指两重意义。

（二）形容词的"性质"和"状态"。详§1.2.2.1。

（三）状态形容词的程度：弱化和强化。详§1.2.3.2。

（四）动词的"轻指"和"非轻指"。"轻指"由动词甲重叠类构成，表示说话人对该行为不看重，并兼有短暂持续和少量反复的含义；"非轻指"即动词原形，没有上述意义。

（五）动词乙类重叠式的"频率"。"A 勒 A"是低频反复，"A 法 A 法""A 搭 A 搭"和"AAsAAs"（弓松弓松）是中频反复，"ZAZA"（闷吃闷吃、连拉连拉）是高频反复。参看§1.6.2.2。

三、余论：关于汉语形态学和类型学的一点看法

长期以来，国内外语言学界都倾向于认为汉语没有严格意义的形态。这可以拿莱昂斯（J. Lyons）在《英国大百科全书》（1974）卷 10《语言》中的话为代表："粗略地说，孤立语就是所有的词都在形态学上无法分析的语言［即其中每个词都只有一个语子（morph）组成］；汉语，以及更明显的越南语，是高度孤立的。"（第 1009 页）

从语言的实际材料来看，上述结论似乎还不尽妥当。原因有两个：（一）结论没有建立在对汉语实际材料充分掌握的基础上；（二）得出结论的依据（包括内部屈折和附加，性数格语法范畴）未必全面。

3.1 汉语苏州方言中有丰富的重叠形态

本文的描写已经充分显示，汉语的苏州方言中存在着颇为丰富的重叠现象。这里有以下几个方面特别需要重视：

（一）重叠的适合面极广，运用于代词以外的所有实词词类（名、动、形、副、象声、量、数量组合）。

（二）重叠的形式多种多样。

（三）表达的意义类型相当丰富。

（四）经常造成语法功能的改变。

（五）不仅有构词性重叠，还有不少构形性重叠，其中有些非常能产。

仅就重叠来说，我们不能不说，苏州话也的确存在着比一般设想要多的形态现象。

由于这些重叠现象既不属于附加或内部屈折，也不表达典型的性数时体等语法范畴，所以，在考虑汉语的形态问题时常常被忽视。然而，重叠手段实际上不但是形态手段，而且属于词内变化一类比较严格意义上的形态手段；特别需要强调的是，这些现象不能用形态以外的现象（如句法）来解释，而且在语法系统中也不是毫无意义的。

当然，苏州话重叠形态由于在构成形式（与音节的关系等），表义作用（与主观感受的关系，风格色彩）和语法功能（不表示句法关系）上的特点，使用的普遍性受到多方面的限制，往往是任意性大于必要性，也给调查这些现象造成相当大的困难。

有一个对比是耐人寻味的。从构形形态看，英语各类词中动词的变化算是最丰富的，一般有四到五种形式，如 see、sees、saw、seen、seeing。苏州方言中，动词一般也有四五种形式，如"看、看看、看勒看、看法看法、瞎看瞎看（穷看穷看……）"。但是，我们一般可以在不很长的一段话语（如几百个单词）中找到英语动词的全部四五种形式，却往往很难在同样或更长的话语中找全苏州话动词的这四五种形式。所以，似乎可以这样说，苏州话的形态更多地表现在聚合关系上（一个"看"有这么些语法聚合形式），而不是组合关系上（在语流中不一定都出现）。

在类型分类法中，孤立语和分析语是两个不同的概念。苏州话这样的汉语方言显然不是孤立语，因为它有这么多可做形态分析的重叠现象。但汉语及其各方言都是最典型的分析语，因为表达语法关系靠的是词序和虚词这种分析手段，重叠等形态手段不表达这些关系。

3.2　苏州话重叠形态体现的是汉语的共同特点

本文所描写的苏州话的重叠形态在汉语中是具有相当的代表性的。

先从共时角度看，在现代汉语各方言中，重叠手段都得到了极其广泛的运用。不但北方话、吴、粤、闽、湘、赣、客七大方言都运用重叠手段，而且每种方言都是在名、动、形、量、副、象声这些词类上同时运用，空缺的情况非常少。§3.1 所总结的苏州话重叠式在形式、语义、语法三方面的特点，在其他各方言中都有反映。苏州话的重叠式及其种种变化和复杂形式，在吴语以外的方言中都能找到相近的类型，虽然具体的细节有所不同。其他方言还有苏州话所没有的特殊变化形式。各方言重叠式的表义作用也往往与主观感受有关。粤语横县话的 AXA 式形容词（闭克朝 1979），湘语益阳话的"AAX"式形容词（崔振华 1983），都有特定的褒义形式和贬义形式。有些重叠式从客观理性意义看完全是多余的，如洛阳话"他坐坐儿生着"（袁家骅等 1983：49）。各方言重叠式常有风格色彩，如昆明话谓词"A 了 A"式，明显是文化程度低的人用得更多，并且只在非正式场合用（李兆同 1984）。北京话的动词"A 巴 A 巴"（试巴试巴）、"A 搭 A 搭"（甩搭甩搭）式也是这样。在语法上，还没有发现用重叠式来表示句法结构关系的，而重叠以后带来语法功能改变的现象则极其普遍，例子不胜枚举。

从历时看，苏州话及其他现代方言中丰富的重叠形态在汉语发展史上也有着广阔的背景。有些重叠式早在甲骨文中就已存在，如叠音、双声、叠韵词"穆穆、趄趄、虢许、贲屯、乌虖"（管燮初 1981：195—196）。在先秦时代，形态形容词的类型已达到十几种类型，如"委委佗佗、委佗委佗、循循然、悠哉悠哉、式微式微、斑驳陆离、突梯滑稽"等（周法高 1990）。表示周遍性的名词、量词重叠在汉代已开始出现（郑奠、麦梅翘编 1964：245），动词的 AA 式，据我们的观察，也在唐代就已存在[①]。苏州话和其他方言的许多重叠式是从汉语史上的重叠式直接继承或曲折发展而来的。可以说，丰富的重叠形式，早就是汉语中重要的构词和构形手段了。

所以，本文从苏州方言重叠式所得出的有关形态学和类型学的一些看法，基本适合于整个现代汉语，甚至在考察古代汉语的形态问题时，也应对重叠现象予以充分的重视。

3.3 重叠应成为形态学和类型学的重要考察对象

形态学和类型学的研究一向对重叠注意不够。本文对苏州话的描写和分析说明，对汉语这样的语言来说，重叠更应是形态学研究的重点。还要看到，整个汉藏语系中，"典型的"（印欧式的）形态现象都相对不发达，但各语言都有一定的、甚至非常发达的重叠形态。我们所接触的十几种语言的材料中（包括藏缅、苗瑶、壮侗三个语支），都存在着相当丰富的与重叠有关的形态现象。更值得注意的是，这些形态在构成形式、表义作用和语法功能三方面所体现的特点，跟苏州话非常相似。实际上，亚太地区别的一些语系，如南亚语系、南岛语系，都存在着跟汉藏语系特点相近的丰富的重叠现象，可以说，重叠是把这些尚未发现亲属关系的语系连成一个语言联盟（language union）的重要纽带之一。对这些东方语言进行形态学和类型学的考察，不能不给重叠现象以充分

[①] 如《八相变》"我辈凡夫、高下共同一体空。不是吾之衰老，转转便到后生。"（《敦煌变文集》，人民文学出版社，1957年，第336页）

的重视，同时还要考虑到重叠形态在各方面不同于"典型"形态的特点，否则，就可能受印欧语言学的传统的束缚，得不出客观科学的结论。

引例来源

《海上花列传》，苏白小说，韩邦庆著，人民文学出版社，1982 年新版。
《西厢记》，长篇苏州弹词，杨振雄演出本，上海文艺出版社，1983。
《岳传》，长篇苏州评话，曹汉昌演出本，苏州市评弹研究室油印本。
《孟丽君》，苏州弹词，江苏人民广播电台录音。

  注：～为文中简称。书中用字歧异的，一律用本文统一写法，故例句与原文稍有出入。

参考文献

闭克朝　1979　横县方言单音形容词的 AXA 重叠式，《中国语文》第 5 期。
卞觉非　1980　论句子的本质与系词"是"，《南京大学学报》第 3 期。
布龙菲尔德　1955/1980　《语言论》，袁家骅、赵世开、甘世福译，钱晋华校，北京：商务印书馆。
崔振华　1983　益阳方言的几个词缀，《湘潭大学学报》增刊。
高名凯　1960　《语法理论》，北京：商务印书馆。
管燮初　1981　《西周金文语法研究》，北京：商务印书馆。
李兆同　1984　昆明话的谓词重叠 P 了 P，《思想战线》第 1 期。
刘月华　1983　动词重叠式的表达功能及可重叠动词的范围，《中国语文》第 1 期。
吕叔湘　1982　《中国文法要略》，北京：商务印书馆。
钱乃荣、石汝杰　1983　苏州方言连读变调讨论之二：关于苏州方言连读变调的意见，《方言》第 4 期。
萨丕尔　1921/1964　《语言论》，陆卓元译，陆志韦校订，北京：商务印书馆。
袁家骅等　1983　《汉语方言概要》（第二版），北京：文字改革出版社。
赵元任　1968/1979　《汉语口语语法》，吕叔湘译，北京：商务印书馆。
郑奠、麦梅翘（编）　1964　《古汉语语法学资料汇编》，北京：中华书局。
周法高　1990　《中国古代语法：构词编》，北京：中华书局。
朱德熙　1956　现代汉语形容词研究，《语言研究》第 1 期。
Svantesson, J. O. 1983. *Linguistic: Kammu Phonology and Morphology*. Malmo: CWK Gleerup.

（原载《语言研究》，1986 年第 1 期）

苏州方言定中关系的表示方式

一、引言

汉语普通话表示定中关系（定语+中心语）的方式仅两种：一、直接组合；二、用结构助词"的"。而且它们不能经过配合而产生其他方式。苏州方言表示定中关系的方式要丰富得多。基本方式有四种（其中两种与普通话相同），经过配合又能产生两种新方式，使总数达到六种。本文拟分别介绍这些结构方式。（限于印刷条件，本文不用国际音标，没有本字的用同音字代替。）

二、基本方式（四种）

2.1 直接组合。从下面的例子，可以看到能够直接组合的比普通话多，不少例子用普通话说都得加上"的"：

木头房子｜陌生客人｜红墙头｜标致面孔（漂亮的脸蛋）｜白皪皪面色（苍白的脸色）｜清清爽爽事体（清清楚楚的事儿）｜欢喜轧闹猛朋友（爱凑热闹的伙计）｜勿读书勿看报户头（不读书不看报的人）｜陌陌生生场化（陌生的地方）｜住勒阊门外头辰光（住在阊门外头的时候）｜一本万利生意

直接组合的能力跟定、中双方都有关。从定语看，由名词和性质形容词（朱德熙1982：§5.16）充当时比较容易直接组合。从中心语看，"事体、场化、辰光"这些概括程度较高的名词和"朋友、户头（家伙）"

这些人的谑称往往能跟定语直接组合，哪怕定语是状态形容词（朱德熙1982：§5.16）、四字格成语甚至动词短语。有时，直接组合还同整个句子的情况有关。状态形容词通常只跟少数中心语直接组合，但在否定句、特别是带有数量词语的强调性否定句里，只要语义相配，状态形容词和中心语可以自由地直接组合，如：

老孙头<u>新簇簇衣裳</u>吭拨一件。（老孙头连新一点的衣服都没有一件。）| 看勿着几幢<u>像像样样房子</u>。（看不到几座像样一些的房子。）| <u>活里活络闲话</u>从来勿曾讲歇。（模棱两可的话从来没有说过。）

2.2 用"葛"。相当于普通话用"的"。但好多组合在普通话中必须用"的"，而苏州话则既可用"葛"，也可以直接组合，如§2.1所举，都可以加"葛"。但也有一些"葛"通常是不可省的，如：

我<u>葛</u>衣裳 | 李师<u>葛</u>学生子 | 辫面<u>葛</u>人（这边/那边的人）| 船浪（上）<u>葛</u>西瓜 | 辣蓬蓬<u>葛</u>榨菜蛋汤 | 打羽毛球<u>葛</u>小干（小孩）

2.3 用量词。就是在定语和中心语之间加进一个量词。如果中心语指复数，可以加不定量词"点"或"星"（些）。代词、名词（及其扩展形式）、动词（特别是动词短语）、主谓短语做定语，都可以用量词组合；只有形容词定语不常这么用，但某些形容词短语仍是可以的：

我<u>件</u>衣裳（我的这/那件衣服）| 李老师<u>星</u>学生子（李老师的那些学生）| 归面<u>点</u>人（那边的这些人）| 乡下<u>间</u>房子（乡下的那间屋子）| 剩下来<u>碗</u>菜（剩下的那碗菜）| 三尺长<u>段</u>料作（三尺长的那段料子）| 我本书<u>张</u>封面（我那本书的那张封面）| 俚戴<u>顶</u>帽子（他戴的那顶帽子）

苏州话的量词经常可以离开数词单用，其中除了在宾语位置是省"一"而表示无定外，别的地方都表示定指（石汝杰、刘丹青1985）；用在定中关系上也表示定指，即听说双方共知的有定对象，因而与用"葛"的还略有差别。如"我件衣裳"和"我星衣裳"分别是确定的一件和若干件，而"我葛衣裳"则可以是属于我的任何一件或多件。

另外，苏州话的指量名短语，如"哀件衣裳"（这件衣服），也可以认为是用量词来组合的，因为苏州话的指别词——只指不代，不属于代词——不但不能单独做主语、宾语，而且不能直接跟名词组合，而必须用量词。普通话的"这人、那房间",在苏州话中必须说"哀个人、弯只房间",而不能是"哀人、弯房间"。更明显的是,在数词前,也不能直接加指别词,而得用上仅仅起结构作用的量词"个",如"弯个三只房间、哀个十个人",不能说"哀三个人"等。表示不定量的"两个"起一个量词的结构作用,指明中心语是复数,相当于"点",如:

我<u>两</u>本书(我的这几本书)|写勒海<u>两</u>个字(写在这儿的这几个字)|哀<u>两</u>个人(这几个人)

如果"两"表确数,还得另加量词,如:哀个两个人(这两个人)。

2.4 用后缀"笃"。"笃"并不像一般所认为的相当于"们"。它可以自由地加在指人的专有名词后,表示那人所在的集体:一群人、一家子或作为处所的家,如:

徐师傅<u>笃</u>(徐师傅他们;徐师傅一家;徐师傅家里)|朱副科长<u>笃</u>

"笃"也能加在一些普通指人名词后,相当于集合名词,强调人的类别,而不太像复数(所以一般不能加限制性定语),如:

朋友<u>笃</u>|老师<u>笃</u>|青工<u>笃</u>~三车间葛青工<u>笃</u>

当定语是指人的名词、代词,中心语是关系名词、特别是亲属关系名词(刘丹青 1983:§1.1,§1.3.3)时,一般就用"定+'笃'+中"的表示方式。这时,"笃"的主要作用是组合这类定中关系,因为定语虽然有一部分可作集体理解,但有些却只可能是个体的。如:

徐师傅<u>笃</u>家小(徐师傅的妻子)|小强<u>笃</u>娘(小强的母亲)|李育珍<u>笃</u>同班同学|沈会计<u>笃</u>乡邻|朋友<u>笃</u>爷娘(朋友的父母)|唔<u>笃</u>女朋友(你的女朋友)|小春<u>笃</u>同学<u>笃</u>阿哥

有些中心语虽不属典型的关系名词,但当它们主要用来强调关系而不是类别时,也常用"笃"来组合,这主要是一些表示上下级职务、单位团体等的名词,如:

小刚<u>笃</u>连长(小刚的连长)|钱玉梅<u>笃</u>学堂(钱玉梅的学校)|徐师傅<u>笃</u>车间

关系名词本身是很特殊的一类名词(刘丹青 1983:§1.1,§1.2),在苏州方言中其特殊性尤为明显,就是带领属性定语时一般用"笃"而不常用"葛"。用"葛"也并不违背语法，如"小强葛娘"，但远不如"笃"常见，而且语气生硬或显得有些漠不关心；平时提到听话人的母亲，几乎只能说"唔笃娘"而不会说"耐葛娘"。反之，非关系名词前就不能用"笃"，试比较：

小强<u>葛</u>钢笔～小强<u>支</u>钢笔～小强<u>笃</u>钢笔 | 小强<u>葛</u>肺～小强<u>只</u>肺～小强<u>笃</u>肺

三、基本方式的配合（两种）

前述四种基本方式，后三种都有形式标记，其中有的可以两种方式配合用（未见三种同时用的）。从理论上说，可能有 6（3×2）种配合，但实际只有两种方式。形式标记固有的性质排除了一些可能的配合。"笃"本是后缀，前面不能插入"葛"或量词，因此不能有"葛+笃""量+笃"（*小强<u>葛笃</u>娘|*徐师傅<u>只笃</u>车间）。量词本是用来定指后面的名词的（石汝杰、刘丹青1985），后面也不能插进"葛"或"笃"，"量+葛"又被排除了（*徐师傅<u>只葛</u>车间）。剩下三种，其中"笃+葛""笃+量"可用，"葛+量"不能用，这还看不出明显的原因。

3.1 "笃+葛"。能用"笃"组合的也都能用"笃葛"来组合，如"小强笃葛娘"，只是不如单用"笃"常见。需要注意的是，有些不能单用"笃"的定中关系似乎可用"笃葛"来组合。实际上，这时的"笃"纯粹表示集体、集合，并不起组合定中关系的作用；用来组合的只是"葛"，应属§2.2一类，如：

小强笃葛钢笔（小强他们的钢笔）| 王教授笃葛论文（王教授等的论文）| 俚笃葛意见（他们的意见）

3.2 "笃+量"。用"笃"的也都能用"笃+量"，如"小强笃个娘""阿明笃点朋友"。由于能用"笃"组合的中心语大都是指人关系名词，因此适用的个体量词主要是"个"；而"个、葛"是同音词，所以很难判定口语中"小强笃葛（个）娘"用的究竟是"笃+个"还是

§3.1 的"笃+葛"。此外，有些不能单用"笃"的定中关系似乎能用"笃+量"来组合；实际上这跟有些"笃+葛"一样，这里的"笃"只表示集体等，没有结构作用，所以还是属于§2.3 单用量词那一类。如：

小强笃点作业（小强他们的那些作业）| 梁波罗笃只两重唱（梁波罗他们的那只二重唱）

四、几个有关的问题

4.1 定中关系表达的多样性

在苏州方言中，同样的定语和中心语一般都可以有多种表示方式。其中用"葛"和用量词的适合面最广。用"笃"的范围较小，但用"笃"的都能换用"葛"或量词，也可以与"葛"或量词配合用。这样，表达"徐师傅的车间"可有五种方式：

徐师傅葛车间～徐师傅只车间～徐师傅笃车间～徐师傅笃葛车间～徐师傅笃只车间

实际上有时还可以直接组合，如"到徐师傅车间看看"。这样就有六种方式，语意侧重点不同，所指却是相同的。

4.2 定中短语的歧义性

在定中短语的各种结构方式中，有两种经常会造成歧义结构。

一是"名+量+名"式。苏州方言的量词不仅能用在定语和中心语之间，也能用在有同位关系的两个名词之间（石汝杰、刘丹青 1985）。如果量词不仅能适用于后面的名词，也适用于前面的名词，这种短语便具有歧义性，如：

陈平个老师（陈平的这个老师 / 陈平这个老师）| 关汉卿出戏（关汉卿的那出戏 /《关汉卿》那出戏）| 孟子本书（孟子的那本书 /《孟子》

那本书）| 阿根只猪猡（阿根的这头猪/阿根这头猪）
这种歧义性常被人用来开双关性玩笑，如"耐只狗真凶"。

为了消除这种歧义，可以改用其他表示方式。同位关系可在量词前加进指别词，如"陈平辩个老师"。定中关系可用的方式当然更多，但贴切的改法是用"定+葛+指别词+量+中"，以保持有定性，如"陈平葛哀个老师"。然而实际运用中最常见的还是"陈平个老师"这种歧义结构，可能因其简短，符合经济性原则，而它的歧义则由说话环境来消除。

二是"动+量+名"式。动词性成分和主谓短语做定语也能用量词来组合（§2.3）；如果其中的动词能以后面的名词为宾语，这种"动+量+名"也是歧义结构，如：

剩下来碗菜（剩下来的那碗菜/剩下来一碗菜）| 吃点物事，着点衣裳（吃的那些东西，穿的那些衣服/吃些东西，穿些衣服）| 洪先生写好副对联（洪先生写好的那副对联/洪先生写好了一副对联）

这种短语分属体词性和谓词性，其歧义一般在入句后即能消除，就像"咬死了猎人的狗"一样。

4.3 "笃"的性质及语义

"笃"本是表示集体集合的后缀，"笃"组合定中关系与此有关。当中心语是关系名词、特别是亲属关系名词时，人们倾向于认为这些关系是属于集体而不是属于个人的，因此用个"笃"。北方话的"们"在历史上有过类似作用，可为佐证（吕叔湘 1955：158）。因为用了"笃"常常不再用"葛"，"笃"也就带上一些结构助词的作用。但"笃"的基本性质仍是后缀，它组合定中关系的作用是受很大限制的，并且不能跟前面的名词、代词分开（§3）。

"笃"用在定中之间时，有的完全没有集体、集合意义，有的却可以理解为仍保留着这些意义。试比较：

1. 老徐笃家小、老徐笃葛家小

2. 老徐<u>笃</u>上级、老徐<u>笃葛</u>上级
   3. *老徐<u>笃</u>钢笔、老徐<u>笃葛</u>钢笔

第 1 组，"家小"（妻子）不能是几个人的，"笃"没有集体义。第 2 组，既可指老徐一人的上级，也可指老徐他们的上级；特别是后一例，已由"葛"组合，"笃"表示集体的可能性更大一些。至于第 3 组，不具备用"笃"组合的条件，所以前一例不合语法，后一例则用"葛"组合，"笃"纯粹因为要表示集体才用，与组合定中关系的作用无关。"笃"在第 2 组中可能指集体，也可能不指；可能兼有集体后缀和结构助词的作用，也可能仅起结构作用。产生这种情况的原因是苏州人在使用这类组合时并不关心定语究竟是个体还是集体。

4.4 "葛"的性质

不管在什么成分后，"葛"似乎都只是个独立结构助词。即使在状态形容词做定语时，"葛"也能在一定条件下不用（§2.1），不能认为它是状态形容词的固有部分。在普通话中，许多人都认为状态形容词后的"的"是词的一部分。这种观点至少不适用于苏州话的"葛"。

参考文献

刘丹青　1983　亲属关系名词的综合研究，《语文研究》第 4 期。
吕叔湘　1955　说们，《汉语语法论文集》，北京：科学出版社。
石汝杰、刘丹青　1985　苏州方言量词的定指用法，《语言研究》第 1 期。
朱德熙　1982　《语法讲义》，北京：商务印书馆。

（原载《苏州大学学报》（哲学社会科学版），
1986 年第 2 期）

苏州方言的发问词与"可 VP"句式[*]

零、引言

以苏州方言为代表的一部分吴方言跟江淮官话、西南官话的许多方言一样，用"可 VP"式（朱德熙 1985）来表达普通话中是非问和正反问的内容。苏州话里起"可"作用的词是"阿"[aʔ˧]，如"阿去 去吗、去不去"。汪平（1984）曾对苏州话的"阿"及"阿曾"的合音"𠳝"[aŋ˧]做过较细的描写。近来，笔者在与谢自立等先生合作编著《苏州方言语法》的过程中，对"阿""𠳝"及同类词的用法进行了一次全面的调查和整理分析，发现这类词在苏州话中共有八个，并且发现在它们的使用中有好些以前未被注意的现象，涉及好多方面。这些现象不但有趣，还具有一定的理论意义。本文不拟重复对这类词和"可 VP"式的描写，而是从多种角度来分析它们的一些特殊现象。

一、词与非词

"阿"通常跟后面的词语组成一个表示发问的短语，如"阿去"。但是，有些紧接在"阿"后的成分已不成词，而与"阿"凝合成一个词。这样，跟"阿"一样具有发问作用的词就形成了一批，连同"阿"共八个，

---

[*] 本文曾以《苏州方言发问词面面观》为题在全国中青年语言学工作者首届学术讨论会（1987，西安）上报告过，这次发表做了修改，文中有些问题曾与谢自立、石汝杰、汪平、张家茂等先生讨论过，获益良多，谨致谢忱。

苏州方言的发问词与"可 VP"句式　89

它们都含有"阿"这个发问语素。我们总名之为"发问词"，列举如下：

　　阿　齁　阿要　阿是　阿有啥　阿有介事　阿作兴　阿犯着

"阿"后成分不成词的情况有所不同。"齁"是因为合音，且"曾"从不见单用。其他词情况要复杂一些。

"阿要""阿是"和"阿有啥"有时分别是两个词和三个词，而在另一些情况下，"要、是、有啥"都失去原义，跟"阿"凝固成一个词。下列对比反映了这一区别：

　　（1）a. 倷阿要铅笔_{你要不要铅笔}？　　b. 倷阿要快活_{你多快活呀}！
　　（2）a. 倷阿是医生_{你是医生吗}？　　b. 倷阿是勿去_{你不去吗}？
　　　　c. 倷阿是眼睛近视_{你眼睛近视吗}？
　　（3）a. 倷阿有啥想法_{你有没有什么想法}？　b. 倷阿有啥勿去_{你怎么竟然不去}？

以上 a 句都可以去掉"阿"而变成句意相同的陈述句，"要、是、有啥"都是独立的词。b 句、c 句则不行。（1）b 句"阿要"专表实为感叹的反问；（2）b、c 两句因为在否定词或名词前一般不用"阿"，所以改用"阿是"；（3）b 句"阿有啥"也专表实为感叹的反问，后面总是接动词性成分。这些"阿要、阿是、阿有啥"不能拆开，合起来才成词。（1）中的两个"阿要"声调也不同：a 句"阿要"不发生连读变调 [aʔ˥ iæ˨]，b 句"阿要"则按紧密的广用式变调 [aʔ˥ iæ˨˩]。

"阿有介事"用于下列三种位置：

　　（4）a. 倷赖学，阿有介事_{你逃学，有没有这事}？　b. 倷阿有介事赖学_{你是不是逃学}？
　　　　c. 阿有介事倷赖学_{是不是你逃学}？

"有介事"独立成词，意为"有这事"，并可用作对（4）a 句的回答，因此 a 中的"阿有介事"似可分析为两个词（"介事"不成词）。但一般的"阿有"间可插入别的成分，如"阿一直有病"，而"阿有介事"中插不进任何成分，凝固性强，仍宜看作一个词。b、c 两句中的"阿有介事"已不能译为"有没有这事"，是副词性的，也不能用"有介事"来作答，只能答为"是葛_{是的}"等。因此所有"阿有介事"本文都看作一个词。

"阿作兴"有副词性和助动词性两种用法，副词性表示"可能不可能"，助动词性表示"情理上应该不应该"。两种用法在陈述句中的情况不同，如：

（5）a. 小张阿作兴已经来哉？　　b. 小干阿作兴骗人_{小孩该不该骗人}？

　　——*勿作兴。　　　　　　——勿作兴。

　　——作兴葛_{可能的}。　　　　——*作兴葛。

a 句"阿作兴"是副词性的，"作兴"可单独用在陈述句中，"阿作兴"是两个词。b 句"阿作兴"是助动词性的，不存在肯定形式"作兴"，"阿作兴"是一个词（"勿作兴"也是一个词）。

"阿犯着"在陈述句中也像助动词性的"阿作兴"一样，只有否定式"勿犯着"，没有"犯着"，因而"阿犯着"也只是一个词。

以上分析实际上也已大致反映了八个发问词的基本意义和作用。

二、分类与合类

向来把"阿"这种发问词归入副词，就句法功能而言这是合理的。可是，苏州话中的这类词已达八个，而句法功能各异。若"阿"归副词，那么"阿有介事"就得据出现位置分归动词和副词，"阿作兴、阿犯着"则归助动词。汉语的代词从前也曾被分别归入代名词、（指示）形容词、（疑问）副词等，但这种分类的做法终究被合类的做法所取代。这是因为代词在语用上的共同性（指示、代替）比句法上的差异性更为重要（虽然当时还未有"语用"一词）。据此，"发问词"也宜合为一个独立的词类，而不是分归数类。因为它们在语用上的共同性（发问）也比句法上的差异性更为重要，况且，它们还有共同的语素"阿"。

三、是非问与正反问的合璧

苏州话用发问词构成的句子属于是非问句。苏州话中没有"去不去"这样的正反问句，但可以在肯定和否定形式之间加进连接助词

"勒"[lə] 构成"去勒勿去"这种正反选择问句，比普通话的"去不去"更接近于选择问句，相当于"去还是不去"。如：

（1）a. 倷到底去勒勿去？

（2）a. 山东地方冷勒勿冷？

（3）a. 倷碰着俚勒朆碰着俚_{你碰到他了还是没碰到他}？

（4）a. 俚买得起勒买勿起？

但在实际语言中，比这种正反选择问句更常见的是在谓词前再加上发问词。如：

（1）b. 倷到底阿去勒勿去？　　（3）b. 倷朆碰着俚勒朆碰着俚？

（2）b. 山东地方阿冷勒勿冷？　（4）b. 俚阿买得起勒买勿起？

这是一种是非问句与正反问的合璧。可见"阿"不但能用于是非问句，还能用于正反选择问句，不过"阿"在其中是个羡余成分，只起强化疑问语气的作用。

在苏州话中，主宾语的位置上不能出现是非问的形式，而只能出现正反选择问或上述合璧形式。如：

（5）去勒勿去我作勿落主_{去还是不去我做不了主}。

（6）我勿管俚阿去勒勿去。

（7）小菜阿多勒勿多勿搭界_{菜多不多没关系}。

（8）问问清爽俚阿吃荤勒勿吃荤。

四、是非问与特指问的合璧

丁声树等（1961：210—211）指出，普通话中特指问如不用"呢"而用"吗"，就由特指问变成是非问。如"他上哪儿去了（呢）"是特指问，"他上哪儿去了吗"是是非问。与之对应的苏州话，应是"俚到哪搭去哉"和"俚朆到哪搭去哉"。但事实上，苏州话中的后一句并不是单纯的是非问，而是是非问和特指问的合璧，它包括了两方面的疑问内容：一、他出门了吗？二、他上哪儿去了呢？回答的时候，肯定的只针对二（特指问）作答，因为这已经以出门为预设；如果是否定的，则只对一（是非问）作答，因为这已经否定了对二作答的可能性——没有出门，自然谈不上某个地方了。如：

（1）俚𠲿到哪搭去？——（肯定）办公室。——（否定）朆。

（2）倷阿买点啥物事？——（肯定）两包"牡丹"。——（否定）勿买。

（3）我阿要喊几个人帮忙？——（肯定）两三个。——（否定）覅喊哉。

肯定的回答也可以先后就两个方面作答，如对（2）答为"买葛_{买的}，买两包'牡丹'"，但这种表达因啰唆而不常见。

是非问和特指问合璧的问句是一种很经济的表达形式，在口语中极为常见，以至有时候根本不存在是非问，只有特指问的场合，也习惯加个"阿"，如：

（4）倷篇报道阿写几千字？——两千字。（无否定）

报道自然要写字，不存在"写字吗"的问题，全句纯粹是特指问，"阿"纯属多余。这种类化作用下产生的"阿"在苏州话中也很常见，再如：

（5）第三小组阿有几个人？

（6）今朝演出阿有哪两个演员出场？

（7）宴会浪_上𠲿碰着点啥人？

五、疑问与反问、感叹、祈使

据黄国营（1986）观察，现代普通话中的"吗"字是非问句已更多地用于无疑而问的反问。这里的反问指形式上的疑问，实际上的否定，如：

（1）a. 你能去吗？　　≈　b. 你不能去！

（2）a. 你不能去吗？　≈　b. 你能去！

苏州话"阿"字句用于无疑而问则有两种情况。如果句末带语气词"啊

[a]",跟"吗"字反问句一样实为否定。如：

(3) a. 倷阿好去啊？ ≈ b. 倷勿好去！

(4) a. 倷阿勿好去啊？ ≈ b. 倷好去！

如果句末不带"啊"，则不是否定，而是正面肯定，译成普通话"吗"字反问句时要把肯定与否定对换。这种"阿"多用在形容词性成分前，译成"多么"更自然一些：

(5) a. 俚考试第一名，阿开心杀？！ ≈ b. 俚考第一名，开心杀！ ≈ c.（普通话）他考试第一名，不高兴死了吗？！ ≈ d.（普通话）他考试第一名，多么高兴啊！

这样，无疑而问的"阿"字句分成了两类：否定类［(3a)、(4a)］，肯定类［(5a)］。进一步可以发现，能用于无疑而问的发问词有的也具备"阿"的两种作用，有的只具备其中一种，因而可以分成相应于上述两种用法的两类：否定类：阿（带"啊"）、阿是（带"啊"）、齆、阿作兴、阿犯着；肯定类：阿（不带"啊"）、阿是（不带"啊"）、阿要。下面分别举例。

否定类：

(6) 便宜葛勿买买贵葛，阿是铜钿用勿脱啊_{便宜的不买买贵的，难道钱用不掉吗}？！

(7) 养倷几年，齆亏待过倷？！

(8) 学生子阿作兴骗老师_{学生可以骗老师吗}？！

(9) 倷阿犯着白跑一趟_{你犯得着白跑一趟吗}？！

肯定类：

(10) 我老早讲老张会来葛，阿是勿错_{我早说老张会来的，没错吧}！

(11) 小玲三门侪是一百分，阿要聪明_{小玲三门都是一百分，多聪明啊}！

(12) 新婚夫妻要分开几年，阿要勿舍得_{多舍不得呀}？！

"阿有啥"作为无疑而问的发问词，同时具有双重性质。句子所述客观内容是事实（近于肯定类），说话人主观上对此又是出乎意料甚至颇为不满的（近于否定类），相当于"怎么居然"，如：

(13) 爷娘省吃俭用供俚读书，俚阿有啥一点点也勿用功_{他怎么居然一点儿都不用功}？！

（14）我帮仔俚忙，<u>阿有啥</u>俚反倒讲我坏话？！

发问词不管用于否定类还是肯定类，都是用疑问形式表达感叹的内容。此外，"阿有啥"还用于表示祈使或意愿，不过语气较弱，表示说话人对祈使能否被接受或意愿能否实现并无把握，只是一厢情愿。如：

（15）俚<u>阿有啥</u>就代我去一趟吧！

（16）倷<u>阿有啥</u>早点转来，屋里今朝事体多_{你能不能早点回来，家里今天事情多。}

（17）<u>阿有啥</u>俚看我年纪大，相帮我背脱点物事_{但愿他看我年纪大，帮我背些东西。}

事实上，苏州话发问词中的"阿要、阿有啥"从不用于有疑而问。但由于它们构成的句子在语气上跟"阿"字用于无疑而问的句子同属一类，不同于纯粹的感叹句、祈使句，所以它们仍属发问词。

六、疑问程度与预设

在发问时，发问人从一无所知到几乎全知，疑问程度各不相同。对于是非问句来说，疑问程度是对命题真假所做判断的认定程度。假如把这种真假值分为五等，那么分别是 0、$\frac{1}{4}$、$\frac{1}{2}$、$\frac{3}{4}$、1（黄国营 1986）。真值为 0 时，是无疑而问的否定；真值为 1 时，则是无疑而问的肯定；真值为 $\frac{1}{4}$ 和 $\frac{3}{4}$ 时，分别倾向于否定和肯定。借用这个真值系统，可以把苏州话的发问词按其一般用例列成如下系列：

阿作兴　阿犯着	0
阿　勒	$\frac{1}{2}$
阿是　阿有介事	$\frac{3}{4}$
阿要	1

以上各词，"阿、勒"用于完全的有疑而问，"阿是、阿有介事"用于已有所知再求证实，"阿作兴、阿犯着"用于实际上的否定，"阿要"用

于实际上的肯定。表中未列的"阿有啥"情况复杂。表感叹时［第五节（13）（14）］，客观方面为实际上的肯定（已成事实），主观方面是否定（不合情理，出乎意料）。表祈使意愿时［第五节（15）—（17）］，客观为疑问（不知能否实现），主观为肯定（希望实现）。

实为否定的"阿作兴、阿犯着"有时似乎也用于真正的有疑而问，因为要求对方作答。但这种问句含有否定的预设，问话人只期待一个否定的回答。它们常用于训诫、规劝式场合。词汇中也只为否定回答做了准备，因为只有"勿作兴、勿犯着"，没有"作兴、犯着"（参看第一节），如：

（1）考试<u>阿作兴</u>偷看？——勿作兴。（*作兴）

（2）倷<u>阿犯着</u>去搭小干争_{你犯得着去跟孩子争辩吗}？——是勿犯着。（*是犯着）

当然，观念有不同，听话人可以不同意发问人的预设，但也只能选用其他方式来作答，如：

（3）高中生<u>阿作兴</u>跳交谊舞？——有啥勿作兴！

（4）俚勿肯听，倷<u>阿犯着</u>再去劝俚？——要劝葛，我是俚阿哥呀！

对于人们所普遍肯定的内容，是绝不能用这两个有否定预设的发问词的，如：

（5）*肚皮饿<u>阿作兴</u>吃饭？ （6）*生病人<u>阿犯着</u>休息？

$\frac{1}{2}$和$\frac{3}{4}$两组真值较接近，但仍有区别，比较：

（7） a. 倷明朝<u>阿</u>到上海去？（无所知）

　　　b. 倷明朝<u>阿是</u>到上海去？（已有所知）

（8） a. 倷<u>覅</u>看见小王？（无所知）

　　　b. 倷<u>阿有介事</u>看见小王葛？（已有所知）

七、疑问范围与焦点

发问词一般用在谓词性成分前，疑问范围一般是发问词后的谓词及其所带的宾语、补语、状语。上文谈的疑问程度，也是就疑问范围内而言的。发问词前的部分一般并无疑问，如"俚阿去"问的是"去"，"俚"则是已知的。

疑问焦点是问话人最不清楚也最想知道的部分。当疑问范围是一个谓词时，谓词本身即是疑问焦点。当谓词带有宾语、补语或状语时，疑问焦点往往落在这些连带成分上。具体是哪一个（哪几个），则因说话环境不同而不同，常用逻辑重音来表示。下列三例中下加线的成分常常是疑问焦点：

（1）俺阿买香烟？（2）俚阿住勒学堂里他住在学校里吗？（3）老张阿从上海走？

谓词前的名词性成分（包括主语）也可以进入疑问范围甚至成为疑问焦点。有这种需要时，发问词就要用在名词性成分前。能这样用的发问词主要是"阿是、阿有介事、阿有啥"。所以，对于陈述句"俚去"，如果疑问范围是"去"，可以用"阿"（俚阿去？），如果疑问范围是"俚去"，就要用"阿是"（阿是俚去？）等。再如：

（4）俚阿是明朝去？（5）阿有介事小张昨日生病哉？（6）阿有啥家属可以去，职工倒勿可以去？！

当发问词用在名词性成分前时，疑问焦点往往就是紧贴在发问词后的名词性成分。如"小张明朝阿去"问"去"，"小张阿是明朝去"问"明朝"，"阿是小张明朝去"问"小张"。

新派苏州话也可以将"阿"用在名词性成分前，如"小张阿明朝去""阿小张明朝去"。

八、余论

朱德熙先生（1985）把汉语方言中"可VP"式问句，包括苏州话的"阿"字疑问句看作反复问句（即其他书及本文所说的正反问句），而本文则视之为是非问句。"可VP"式问句确实跟普通话中"你去吗"这类是非问句有所不同，但根据对苏州话发问词的考察，似乎"可VP"

式宜于看作是非问句，因为看作正反问句会遇到困难。下面就苏州方言来讨论这个问题。

第一，朱先生认为苏州话的是非问句可以用"是葛{是的}"回答，而"阿"字句不可以这样答。"阿"字句的答法和选择问句的答法相同（朱先生把正反问归为选择问）。我们认为这条理由不足以把"阿"字句定为正反问。是非问和"阿"字句都可以用点头或摇头作答，而选择问不可以。况且，选择问（即使包括正反问）的答法是必须在问句提出的几项里选择一项作为回答的，而"阿"字句根本不存在供选择的"几项"。在"倷阿去？——勿去"这一问答中，答句也不是从问句里选来的。另外，"阿"字句不能用"是葛"作答，而有的发问词构成的问句可用"是葛"作答，如"阿有介事"（参看第一节）。

第二，朱先生提出苏州话选择问句和"阿"字句都可以带语气词"嘎"[tɕiaʔ]（按：似应为[tɕia]），而是非问句不可以，可见前两者是一类。这条理由的说服力似也不强。苏州话的是非问除了"阿"字句外，基本形式是"VP啊[a]"（汪平 1984），如"小张去啊？"这时"啊"是疑问标记，不能去掉（苏州话没有光靠语调的是非问句）。而"阿VP"也可以带这个语气词，如"小张阿去啊？"。可见，"阿"字句也可以和是非问带同样的疑问语气词。

第三，朱先生把苏州话没有正反问"VP不VP"的形式作为视"阿"字句为正反问的理由，因为正反问的意思在苏州话中用"阿VP"表示。这条理由好像也难以成立。表达同样意义的形式在语法上不一定是同类形式。普通话中动词重叠式"VV"所表达的意义在西南官话许多方言中只能用"V下子"来表示，但我们不能据此称"V下子"为重叠式。而且"可VP"与"VP不VP"并存的方言也存在，如扬州话、南京话，可见"VP不VP"是否存在难以作为确定"可VP"式性质的依据，何况苏州方言也存在"VP勒勿VP"这种正反选择问的形式（参看第三节）。

我们认为，"正反问"或"反复问"都是根据这类问句在语法形式上的特点定名的，指同一谓词以正（肯定）反（否定）形式反复出现的形式。"可VP"式不存在这种形式，就不能用这个名称来指称。

苏州话有"阿"字句与正反问合璧的形式（阿去勒勿去？），在这种合璧形式中，正反的反复是"阿"后的"VP 勒 VP"，而不是"阿"。

从更大的范围来看，许多语言中问句的基本类型是特指问和是非问（又称一般问）两种，而正反问则只存在于少数语言中，它来源于选择问的形式而表达的内容则仍属是非问这个大类。用语气词"吗"、用发问词"可/阿"、用升调、英语中用句首助动词、俄语中用小品词"ли"（很像苏州话的发问词），都是较纯粹的是非问发问手段。朱先生认为"可 VP"式表达的是正反问"VP 不 VP"的内容而不是"VP 吗"的内容，实际上，这是因为"VP 不 VP"从选择问形式发展为是非问的小类后，占去了纯粹是非问的功能地位，而纯粹是非问"VP 吗"则更多地转而表示无疑而问的反问了。并不能据此把其他方言、语言中是非问的形式也纳入反复问或选择问的范畴。上海话、常州话与苏州话"倷阿去"同义的问句既不是"可 VP"，也不是"VP 不 VP"，而是"VP 哦"（侬去哦／你去哦？），我们也不能因为它与"你去不去"同义而将其划归反复问句。

我们注意到，普通话"VP 不 VP"式虽然起了是非问的意义作用，但在主语、宾语等位置上，它仍更多地保留了选择短语的作用。如"去不去还没定""我没决定去不去"。而苏州话的"阿 VP"式，正因为它是是非问而非选择问，所以不能用在这种位置上。与上述两句相当的苏州话是"去勒勿去还嘸定"和"我嘸决定去勒勿去"。因为"VP 勒勿 VP"还保留了连接成分"勒"，不同于紧密的"VP 不 VP"，所以第三节中称之为正反选择问，区别于紧密的正反问。而以"阿 VP"为是非问基本形式的南京话，以"VP 哦"为是非问基本形式的上海话、常州话，在主宾语位置上都用正反问或正反选择问形式，而不能用"阿 VP"或"VP 哦"。可见普通话的"VP 不 VP"本身具有是非问和正反选择两种性质。

参考文献
丁声树等　1961　《现代汉语语法讲话》，北京：商务印书馆。

黄国营　1986　"吗"字句用法初探,《语言研究》第 2 期。
汪　平　1984　苏州话里表疑问的"阿、𠲎、啊",《中国语文》第 5 期。
朱德熙　1985　汉语方言里的两种反复问句,《中国语文》第 1 期。

（原载《中国语文》,1991 年第 1 期）

吴江方言 [g] 声母字研究

一、引言

"《切韵》系统群母限于三等，一、二、四等无群母"（李荣 1965/1982，下引李文同）。在江苏吴语中，三等韵大都念齐齿、撮口两呼，而群母在这两呼前因 [i]、[y] 的影响都念成舌面音 [dʑ]，只有个别三等韵念合口呼，群母仍保留 [g]。但除此而外，江苏吴语中还有不少来自一、二等韵母的字前面也是 [g] 声母，这些 [g] 又是从何而来的？李荣先生指出："我们根据现代方言的对应关系，可以假定《切韵》时代有的方言群母出现的范围较广，一、二、四等也有群母。"李先生的研究，对正确认识方言中的特殊语音现象，具有很大的启发和指导作用。

另一方面，我们发现，某些吴方言中 [g] 母字的数量超出李先生所举的范围，它们也不一定都与《切韵》音系直接相关。因此，我们想在李先生的跨方言研究的基础上，专门就一个方言点——吴江方言的 [g] 母字做一个穷尽式研究，并提出解释 [g] 母字存在的另一些理由，包括语音的、语义的、形态的。希望这一研究有助于进一步认识现代方言与《切韵》音系的复杂关系。

吴江市位于苏州市区以南，市区距苏州 16 公里，但吴江话在韵母、声调、词汇方面都有一些区别于苏州话的特点。[g] 母字跟苏州话大致相同，但上、去调类不混，便于探讨源流。本文以市区话为准。

我们拟首先逐个列举吴江方言的 [g] 母字，做一些必要的语音、语义分析；然后按源流对 [g] 母字进行分类及分析并提出我们的一些看法。为省篇幅，本文不全面介绍吴江话音系。本文基本上不涉及 [g] 以外的声母。吴江话韵母在音类上跟苏州话大体一致，多数类韵母音值也相同，少数音类同音值不同的韵母，将顺便指出其相当于苏州话某韵母。吴江话声调系统比较复杂而特殊，这里先做一个简单介绍（详见张拱贵、刘丹青 1983）。声调共有九个：

1. 阴平　44；
2. 阳平　23；
3. 阴上（古上声全清声母字）　51，如"胆"；
4. 混上（古上声次清和浊声母字）　31，如"毯、淡"；
5. 阴去（古去声全清声母字）　423，如"半"；
6. 混去（古去声次清和浊声母字）　212，如"判、叛"；
7. 全阴入（古入声全清声母字）　5，如"吉"；
8. 次阴入（古入声次清声母字）　3，如"乞"；
9. 阳入　2，如"极"。

[g]母字都属阳调，但阳上、阳去实指混上、混去。

二、吴江方言 [g] 母字汇释

吴江方言中有一部分 [g] 母字来自《切韵》群母三等字，由于韵母不属于齐、撮二呼而保留了 [g] 母，符合对应规律，无须专门讨论，这里先总的列举一下：

茄_白_[gɔ²³]、笳_白_[gɔ²³]、逵、馗、葵（均为 [guE²³]）、溃 [guE²¹²]（《切韵》匣母字，但北京音 kuì，也属古群母）、柜_文_[guE²¹²]、跪_文_[guE²¹²]、共 [goŋ²¹²]、狂 [guɑ̃²³]。

还有一些字因为在吴江话中很少用，不一一列举。古三等字在吴江话中不念齐、撮二呼的主要是古合口韵，"茄、笳"作为古开口三等字而今读开口呼，在整个音系中都属例外。它们的文读是 [dʑiɔ²³]，符合对应规律。

下面按韵母逐个列举吴江话或吴语特有的 [g] 母字。有音无字的用

"□"代替，同音而意义无关的分开列举。为了后文讨论的需要，有些字的释义比较详细。

[ɔ] 韵。来自蟹摄及部分假摄，相当于苏州 [ɑ] 韵。

① □ [gɔ²³] 抱（使对方离地），如"□小人"（抱小孩）。比较 ㉗ "夯"。

② □ [gɔ²³] 挤入、加入，含贬义，如"伊□勒里向看闹猛"（他挤在里头看热闹）、"人家相骂倷覅□进去"（人家吵架，你别参加进去）。此词一般看作有音无字，实际上跟"加"（白读 [kɔ⁴⁴]、文读 [tɕiɔ⁴⁴]）有音义联系。

③ 解_又读_[gɔ³¹] 打开系着的东西，如"解鞋带、解开包裹"。"解"的另一念法 [kɔ⁵¹] 指锯开、解押。"解"文读 [tɕiɔ⁵¹]，用于"解放、分解"等新词。"解"在《广韵》中有"古隘、古买、古卖、胡买"四切，分属见、匣二母。

④ □ [gɔ³¹] 形容词。冷淡、不热心、不重视，如"伊对评职称蛮□夯"（他对评职称挺不在乎的）。复合词有"□门、□门相"，义同。生动式为"□搭搭"。□ [gɔ³¹] 与 □ [kɔ⁵¹] 有音义联系，后者指对人不热心、不爱搭理，正好一对物、一对人。[gɔ³¹] 有人写作"懈"，《广韵》"懈"古隘切，见母去声，与上声的 [gɔ³¹] 声、调均不合，北京音"懈"念舌面声母 [ɕ]，也不合 [g]。

⑤ 澥 [gɔ³¹] 羹、汤等由稠变稀，如"粥澥脱特"（脱，掉；特，了）。此词北京音 xiè，与《广韵》"胡买切"合。

⑥ 骱 [gɔ²¹²] 关节，如"脱骱"。《玉篇》"骱。古八切，髂骱"，"髂，亡八切，髂骱，小骨"。"骱"为见母入声，与表示关节的"骱"音义均不合，吴江话"骱"实为不同音假借字。

⑦ □ [gɔ²¹²] 用于代词 [zəʔ²gɔ²¹²]，这样，苏州话说 [zəʔ²gã]，写作"实梗"。

[ɒ] 韵。来自效摄，相当于苏州 [æ] 韵。

⑧ □ [gɒ²³] 放置。如"小包□吃食，衣裳□勒大包里"（勒，在）。

⑨ 搅_又读_[gɒ³¹] 搅和、搅错，用于抽象义，如"覅搅"（别搅和、

别弄错）、"搅错脱"。另一读 [kɒ⁵¹] 指具体动作，如"搅水泥"。文读为 [tɕiɒ⁵¹]，[kɒ⁵¹]、[tɕiɒ⁵¹] 均符合《广韵》"古巧切"。

⑩ 搞 [gɒ³¹]　从普通话中借入，实即源于西南官话的"搅"。如"搞农业、搞运输、搞清爽"。吴江话"搅"[gɒ³¹] 只用于消极义，借入同音同源的"搞"，积极消极两用，于是在写法上浊声母的"搅"渐被"搞"取代。

⑪ 交_{又读}[gɒ³¹]　只用于"交叉"，凸显状态，含非自主性，如"两只手交叉勒胸口头"、"打只交叉"（指打一个 × 号）。另一读 [kɒ⁴⁴]，用于其他搭配和义项，多为自主行为，如"交车、交作业、交错"。文读 [tɕiɒ⁴⁴]，"交通、交心"等新词念文读。

⑫ 绞_{又读}[gɒ³¹]　几条东西扭在一起，如"绞线"，又用于"绞丝旁"。另一读 [kɒ⁵¹]，指握住两头拧，如"绞干毛巾、绞出水来"。文读 [tɕiɒ⁵¹] 用于"绞刑、绞尽脑汁"等。

[ɛ] 韵。来自蟹、止、咸、山等摄。

⑬ □ [gɛ³¹]　打饱嗝，如"吃过饭就□"。

⑭ 隑 [gɛ²¹²]　斜靠、倚。如"隑勒墙头浪"（斜靠在墙上）、"隑排头"（依仗、靠山；有把握）。复合词有"隑榻"（供斜躺的家具）。《玉篇》"隑，巨慨切，又五哀切，梯也，企立也，不能行也。"《集韵》去声代韵"隑，《博雅》：徛也"，巨代切。巨慨切、巨代切均为群母一等字，超出切韵音系范围，可见古代就是方言字。

[o] 韵。来自假摄。

⑮ □ [go²³]　（1）嗓音粗哑，如"□胡胧"（粗哑嗓子）。（2）个性粗笨，如"脾气穷□"。生动形式"□搭搭"适用于上述二义。

[əɯ] 韵，来自果摄、遇摄，相当于苏州 [əu] 韵。

⑯ □ [gəɯ²¹²]　嘀咕，小声发牢骚，如"一路走，一路□"。有人写作"咕"，韵母对应，声母声调不符。北京话"咕"来自象声词，"嘀咕"也不能单说"咕"，与吴江话 [gəɯ²¹²] 不同源。

[uɛ] 韵。来自蟹、止、咸、山诸摄的合口字。

⑰ 环 [guɛ²³]　义同普通话"环"。《广韵》户关切，属匣母，北京音（huán）与此对应。

⑱ 掼 [guE²¹²]　摔、踸,如"掼家生"(发火摔东西)、"掼碎"(摔破)、"掼跤"(跌倒)。《广韵》古患切。李荣先生指出吴语中"这'掼'字和《说文》'习也'的'掼'、《广韵》'掼带'的'掼'都没有关系"。因此,吴语"掼"是个不同音假借字。但吴语"掼"与"甩"[huE⁴²³](训读字)有音义联系,两者都有扔义,"掼"强调向地下,"甩"强调向远处。

[ã] 韵,来自江摄、开口一等和合口的宕摄。

⑲ 㢧 [gã²³]　用于叠韵词"㮾㢧"。指大而笨重。此词北京话也用,见陈刚《北京方言词典》。《现代汉语词典》作"榔槺"。《广韵》"㮾,㮾㢧,身长貌",鲁当切,"㢧"苦冈切,溪母字,与北京音(lángkang)相符。

⑳ 戆 [gã³¹]　傻、憨,如"脾气戆"。复合词有"戆大、戆兄",均指傻而憨的人。

㉑ □ [gã³¹]　用于"□皮",指厚着脸皮到人家混饭吃或占便宜,带贬义,如"人家请别人吃酒,伊也去□皮"。

[ã] 韵,来自宕摄开口三等。吴江市区中年以下 [ã][ã] 两韵已合并为 [ã],吴江其他镇、乡仍分为两韵。

㉒ □ [gã²³]　用力挤;重重地碰上。如"□进入堆里向""肩胛勒树浪□着一记"(肩膀在树上不小心重重地碰了一下)。与清声母字 □ [k'ã⁴⁴] 有联系,后者表示擦,没有挤义,用力程度较低,如"用手□[k'ã⁴⁴]眼睛"。有时两个词几乎同义,如"当心衣裳□着白灰",用 [g]、[k'] 都表示因摩擦而沾上。[gã²³] 又跟 [kã⁴⁴] 有联系,[kã⁴⁴] 表示用力挤,没有擦义。

[ən] 韵,来自深、臻、曾摄。

㉓ 啃_(又读) [gən³¹]　用于跟"骨头"搭配,如"啃肉骨头"。其他搭配用 [k'ən⁵¹],如"啃冷山芋、啃书本"。[k'ən⁵¹] 与《广韵》康很切"龈"对应。

㉔ 艮 [gən³¹]　倔、固执,如"艮脾气""人忒艮"。《广韵》古恨切,"卦名也,止也,说文'限也'"。段注《说文》不作"限也",而

作"很也",注云"很者,不听从也",符合吴语"艮"义,但不知是否为许氏原意。古恨切属见母去声,与吴江话"艮"的[g]母上声也不完全对应。所以,"艮"不一定是吴江[gən³¹]的本字,段氏金坛人,注文可能受吴语影响。

[oŋ]韵,来自通摄。

㉕ □[goŋ³¹] 用于"大□□[dʑin²³goŋ³¹]"一词,指声势很大地说话或办事,如"一点点事体,大□□作啥?""儿子结婚,亦(又)要大□□。"[dʑin²³goŋ³¹]本为象声词。吴江话中用于象声词的[g]母音节还有不少,如[gaʔ daʔ]、[guaʔ laʔ]、[dʑin guã]、[goʔ loʔ]。本文只收已可用作其他词类的象声词。

[aʔ]韵,来自咸、山摄开口入声。

㉖ 轧[gaʔ²](1)动词,被夹住、卡住而不能动,如"皮包轧勒车门里""轮盘轧牢转勿动"。与"夹"[kaʔ⁵]相比,"轧"是非自主、被动的,"夹"是自主、主动的。(2)动词,挤,如"轧进去""轧勒人堆里走勿出来"。后一例中的"轧"也有被夹住的意思。(3)形容词,拥挤。(4)同北京话"轧"(yà),如"轧棉花、轧米"。(5)同北京话"轧"(zhá),如"轧钢厂"。(6)核查,如"轧账"。《广韵》"轧"乌黠切,"车辗",与北京话yà音义相符。吴江话"轧"不但声母与来自影母的yà相异,而且多数义项也不同于yà,只有义项(4)与yà相同。因此,吴语"轧"可能是训读字,义项(5)也是因用了"轧"字而从普通话"轧"(zhá)借入的。

[əʔ]韵,来自深、臻、曾摄及咸、山摄入声。

㉗ 㧟[gəʔ²] 双手抱、搂(不使对方离地),如"两只手㧟好一包衣裳""伊㧟牢(他搂住)女朋友"。"㧟"是后起会意字,是从"合"的一个义项分化而来,即双手合住。"合"另有两个读音,来自侯阁切的[ɦəʔ²],表示自然地、非自主地合,及用于带"合"的新兴复合词,如"一只盆子合勒碗浪""合作、联合"等;另一音[kəʔ⁵]表示人有意识地合作、会合、共用、分享,如"两家子(两个人)合做生意""合一个同学到学堂""三家子只好合一把抄(汤匙)"。这个"合"也可作

"佮",《广韵》古沓切："佮佮也。"

㉘□ [gəʔ²]　指示词，这，如"□个人、□浪（这儿）"。常写作"羍"。

㉙□ [gəʔ²]　结构助词及语气助词，"的"。相当于苏州话 [kəʔ⁵]（写作"格"或"葛"）。

[oʔ] 韵，来自通、江、宕、遇摄入声。

㉚搁 又读 [goʔ²]　可动的物体被底下的东西卡住而不能动，特指船搁浅，如"登脚搁牢拖勿过来""船搁勒小河里"。惯用语"吃搁头"表示挨剋。"搁"的另一音 [koʔ⁵] 表示把物体安放在垫在底下的东西上，如"搁竹头眼（晾）衣裳""拿床搁勒长凳浪"。[koʔ⁵] 与 [goʔ²] 又是主动、自主与被动、非自主的对立。

[uaʔ] 韵，来自咸、山摄合口入声。

㉛□ [guaʔ²]　（1）被卡住或夹住而不能动。基本同"轧"义项（1），如"皮包□牢勒车门里拿勿出来"。（2）塞进东西使物体不能动，如"塞块砖头□牢门"。

㉜□ [guaʔ²]　不经意中听到，如"吾□着一句伊要出差""分房子事体吾□着点风声"。"□着点风声"显示，□ [guaʔ²] 与"刮 [kuaʔ⁵]"有关，"刮"可以是主动的、自主的行为，而□是被动的、非自主的，"□着风声"即被风声传到耳中。

三、吴江方言 [g] 母字分类研究

从上节可见，吴江方言 [g] 声母的来源是多种多样的。大体上，它们可以分为三类：第一，来自《切韵》群母三等字，是中古 [g] 母的直接继承，即第二节开头所举的 10 个；第二，象声词，如 ㉕ 所举的一些例子；第三，只在吴方言中念 [g] 的词或音切，即第二节详释的大部分字。

第三类的 30 多个 [g] 母字，情况又很复杂，还需要做进一步的分类分析。下面，我们借助于上一节提供的音义分析，将这些字再按来源分为三类，并进行逐类分析。

1.《切韵》音系的匣母字,在吴江话中当念 [ɦ] 母,却念成了 [g] 母,包括"⑤澥、⑰环"。

在《切韵》音系中,全浊声母都有一、二等字,唯独群母没有一、二等字,在声韵配合表或等韵图中留下大片不协调的空格,这是挺蹊跷的。但在上古音系中,情况似乎并不如此。高本汉认为,全浊声母在上古有不送气与送气两套。不送气 [g] 只出现在三等韵前,后"喻化"为《切韵》的"喻₃"。送气 [gʻ] 出现在各等韵母前,后三等前的 [gʻ] 保留为《切韵》的群母,其他各等前的 [gʻ] 则变为《切韵》的匣母(见陆志韦 1947/1985:241)。也就是说,《切韵》中的匣母、喻₃有许多字是上古的 [g] 或 [gʻ][《切韵》喻₃当归匣母,见王力(1980:70)]。陆志韦先生不同意全浊分不送气、送气两套的说法,但同意匣母的一部分是来自古代的 [g](不分不送气、送气)。他指出:"《切韵》的'胡'类译成上古音,有时作 g,有时作 γ"(陆志韦 1947/1985:282)。这样看来,吴江话将《切韵》的部分匣母字念成 [g] 母,并不一定是语音演变,而更可能是保留上古 [g] 母读法。也就是说,《切韵》群母一、二、四等无字,并不反映当时全部方言的情况(《玉篇》中就有群母一等字"陪"),《切韵》部分匣母字念群母,见于现代许多南方方言,如李荣先生所举,只是在无全浊声母的方言中要念成与古群母相对应的其他声母。

不过,读 [g] 母的匣母字,在吴江话 [g] 母中比例不大,在《切韵》匣母字中也只占很小的比例。上古 [g] 母一、二、四等字中的多数,在吴江话中还是跟《切韵》一样并入了匣母。保存上古音不是吴江话 [g] 母字大量存在的主要原因。

2. 大量的 [g] 母字是由语音交替(特别是清浊声母交替)构词形态派生出来的。第二节的分析已经涉及这种现象,现把这些音随义分的情况会合成下面的简表(词义详析请参看第二节):

加 [kɔ⁴⁴](加减)→ ②[gɔ²³](加入,贬义)

解 [kɔ⁵¹](锯开)→ ③ 解 [gɔ³¹](解结)

[kɔ⁵¹](对人冷淡)→ ④[gɔ³¹](对事冷淡)

搅 [kɒ⁵¹]（搅拌，具体动作）→ ⑨ 搅 [gɒ³¹]（搅乱，抽象行为）

交 [kɒ⁴⁴]（搭配面广）→ ⑪ 交 [gɒ³¹]（只用于"交叉"）

绞 [kɒ⁵¹]（绞干、自主）→ ⑫ 绞 [gɒ³¹]（绞在一起，非自主）

甩 [huE⁴²³]（向远处）→ ⑱ 掼 [guE²¹²]（向地下）

[kʻã⁴⁴]（擦，用力小）
[kã⁴⁴]（挤，用力大）⟩→ ㉒ [gã²³]（挤擦，用力中等）

啃 [kʻən⁵¹]（山芋等）→ ㉓ 啃 [gən³¹]（骨头）

夹 [kaʔ⁵]（自主、主动）→ ㉖ 轧 [gaʔ²]（非自主、被动）→ ㉛ [guaʔ²]（义近）

合 [ɦəʔ²]（物体、非自主）→ 佮 [kəʔ⁵]（人、自主）→ ㉗ 搿 [gəʔ²]（双手、自主、不使对方离地）→ ①[gɔ²³]（双手、自主、使对方离地）

搁 [koʔ⁵]（自主、主动）→ ㉚ 搁 [goʔ²]（非自主、被动）
　　　　　　　　　　　　↘ ⑧[gɒ²³]（自主、主动、引申义）

刮 [kuaʔ⁵]（自主、主动）→ ㉜ [guaʔ²]（非自主、被动）

以上共有 13 组，涉及 [g] 母字 16 个，占全部编号 [g] 母字的一半。不管派生出的 [g] 母字在习惯上是用词源字（如"解"），还是另有写法（如"轧、搿"），或是被当作有音无字（如 [gɔ²³]），绝大部分派生关系是明显的，可以确定的。

从语音关系看，绝大部分语音交替只是声母改变，并且只改变一个区别性特征，调类的阴阳改变则是由声母改变决定的，真正的调类改变只有"交"（阴平→混上）。韵母改变的只有㉛（加韵头 [u]）、①、⑧（去掉入声韵尾）三个。

从语义关系看，绝大部分派生组的联系和区别是很明显的。⑧ 与"搁"的语音差异稍大，意义联系也不很紧密，但 ⑧ 表示放置，在北京话中正用"搁"表示，这启示我们放置义与"搁"确有联系。多数派生只带来一两个义素的改变，尤其值得重视的是，13 组中有 5 组体现了自主与非自主及主动与被动的对应，这正是汉藏语系较常见的一种词形态范畴。北京话中的"吐 tǔ → tù"也是用声调交替表示自主与非自主的对立。

吴江方言中，语音交替派生成为 [g] 母字的最大来源，这不是偶然的。语音交替曾经是汉语的一种重要构词手段。古代的声训、音转、因声求义理论，现代王力先生的同源词研究、严学宭先生的同族词研究，都包含了这种情况，其中也包括清浊声母的交替，如"增—層，捧—奉、京—鯨"。但语音交替派生法多见于上古乃至史前汉语中，汉以后渐见衰微。这是因为在汉语单音节特点的条件下，语音交替派生法会导致日益增多的同音现象。如 A 词的一个新义成了 B，A、B 有了区别，但 B 义又与本来念 B 的词同音了。因此，后代主要通过复合来构词，以加大词长来减少同音。在吴江话（及吴语）中，[g] 声母没有清化的 [k]、[kʻ]，一直独立存在，但上古汉语的 [g] 母字在一、二等韵前大都并入了匣母，于是在同音字表中留下大片空格，由其他声母派生出 [g] 母字，正好填补了这些空格，不会大量增加同音现象。这是清浊交替在吴江话中能一直有效使用的重要原因。而语音交替在 [g] 母以外的情况中并不很多。吴江话中"急" [tɕiəʔ⁵] →□ [dʑiəʔ²]（害怕，常写作"极"）也是清浊交替产生群母字，但由于三、四等韵合并，群母三等本来存在，不存在空格，因此这类交替也不多见。

3. 余下的十多个 [g] 母字，是纯粹的方言 [g] 母字。就具体字而言，字可能还有各不相同的来源。有的可能来自象声词，如表示嘀咕的 ⑯[gɤɯ²¹²]；有的可能是尚待确定的上古 [g] 母（《切韵》匣母）的遗留，如 ⑳"憨"，表示傻、憨，音 [gã³¹]，[ã] 韵来自宕摄、江摄，与匣母成摄的"憨"看不出联系，但"憨"在无锡话中说 [gɛ³³]，无锡话 [ɛ] 韵有许多来自咸摄，如"咸 [ɦɛ¹⁴]"，可见"憨"的 [g] 母还可能是"憨"上古声母的遗存；还有的是古已有之的方言字，如"隑"，见于南北朝时的《玉篇》，但巨慨切的读音已超出《切韵》音系范围，只可能是方言词。以后又有以假借字"掼"和新造俗字"㧓"等形式出现的方言 [g] 母字。还有更多的不知出现于何时的有音无字的方言 [g] 母字，包括实词和虚词。不管这些方言 [g] 母字从何种来源、在何时开始存在，音系中群母一、二等的空缺，确实为方言创造 [g] 母词创造了很有利的条件，正像为语音交替派生 [g] 母词创造有利条件一样。

四、余论

　　任何一种语言的语音系统都有很强的均衡性，其均衡性又不断被其他因素打破，但求均衡的力量又会促使音系朝新的均衡发展，如此循环往复。音系中某些类组合的空缺也是一种不均衡。对此，语言或发生连锁反应，导致相关组合一起消失，或者巧妙地利用空缺创造新词，填补空缺。在汉语多数方言中，由于全浊声母消失，群母一、二等的空缺已不成为打破平衡的因素。而吴语中全浊声母仍然保留着，因此，吴语方言普遍存在相当数量的 [ɡ] 母字，正是填补空缺的结果，而且在不增加词长和同音词的情况下增加了单音词的数量，符合语言经济性和区别性两方面的要求。这种情况其实不独吴语 [ɡ] 母如此，其他方言中也存在。北京话中较后起的"您 nín、甭 béng、扽 dèn、卡 kǎ"等都是填补声韵调配合表中空缺的词，不过它们填补的是零星的空格，而不像吴语 [ɡ] 母填补大片的空格。本文的研究，只是再一次证明了语言的这种特性。这里强调指出这一点，也是希望在调查研究方言语音的一些特殊现象时，能注意到这一思路。

参考文献

李　荣　1965/1982　从现代方言论古群母有一、二、四等，《音韵存稿》，北京：商务印书馆。
陆志韦　1947/1985　古音说略，《陆志韦语言学著作集（一）》，北京：中华书局。
王　力　1980　《汉语史稿》上册，北京：中华书局。
张拱贵、刘丹青　1983　吴江方言声调初步调查，《南京师范学院学报》第 3 期。

（原载《语言研究》，1992 年第 2 期）

《南京方言词典》引论

一、南京市

南京是江苏省省会，在长江南岸。南京为我国六大古都之一，历史悠久。战国楚威王置金陵邑。"金陵"之名始于此。秦汉为秣陵县地，秦属会稽郡，汉属丹阳郡。东汉建安十七年（公元二一二年），吴主孙权改秣陵为建业。"建业"之名始于此。吴黄龙元年（二二九年），孙权迁都建业。南京建都始于此。晋建兴元年（三一三年）改名建康。东晋与南朝宋齐梁陈皆都于此。五代杨吴天祐十四年（九一七年）上元江宁两县分立，从此至清末，两县皆同城而治。武义二年（九二〇年）为金陵府。南唐升元元年（九三七年）为江宁府，立为京都。南宋建炎三年（一一二九年）为建康府。元至元十四年（一二七七年）置建康路。天历二年（一三二九年）改集庆路。至正十六年（一三五六年）朱元璋攻克集庆，改为应天府。明洪武元年（一三六八年）建都应天府，曰南京。今南京之名始于此。十一年改称京师。永乐元年（一四〇三年）建北京于顺天府。十九年改京师为南京，北京为京师。清初改应天府为江宁府，定都北京。一八五三年至一八六四年，太平天国建都南京，改称天京。一九一二年，孙中山在南京就任中华民国临时大总统。以后沿革皆在人耳目，这里从略。

明代两京（京师，南京）附近地区不设布政使司，各府州直隶于两京。直隶于南京的地区也叫南京，又名南直隶，相当于今安徽江苏两省与上海市。清顺治时改南直隶为江南省，康熙时分为江苏安徽两省。因此明代南京有两个意思，地区广狭不同。

目前南京市区有六个城区和四个城乡结合的郊区。城区为秦淮区、白下区、建邺区、玄武区、鼓楼区、下关区，其中前五区在明都城范围内，下关区在城西北挹江门外长江边。郊区为南郊雨花台区、东及东北郊栖霞区、长江北岸浦口区、大厂区。

南京沿革复杂，辖地多变。"南京话"的概念一向比较模糊。最狭义的指六个城区（主要是前五区）及城郊结合处的方言，一般可指城区及郊区方言，广义的可包括江宁县、江浦县及六合县（本文有时称这三县为郊县）的方言，其中江宁、江浦的方言比栖霞区东端龙潭等地的方言更接近城区话。

据一九八六年版《南京简志》，南京六个城区人口131.83万人，面积76.34平方公里，四个郊区人口74.32万人，面积790.87平方公里。十区总人口206.15万人，面积867.21平方公里。加江宁、江浦、六合三个郊县，共约370万人，面积3192.88平方公里。这是广义南京话使用人数及覆盖面积的约数。

历史上有一些重大事件对南京的人口构成和方言状况有深远影响。

从《世说新语·排调》的有关记载可见，南京方言在东晋以前属吴语。晋室南渡，为建康带来大量北方士族和平民，建康城内外设侨郡侨县达二十多个，北人数量甚至超过土著。从此南京方言逐步由吴语演变为北方方言。南朝萧梁武帝时，建康发生"侯景之乱"，历时三年，城池遭毁，居民二十八万户十死八九。隋兵灭陈，隋文帝下令"荡平"建康都城，改作耕地。建炎三年（一一二九年）金兵侵犯建康，次年金兵北撤，火烧全城，居民十去八九。明初，明太祖从江南九省及附近府州迁来大量工匠富户，充实京师。一八五三年至一八六四年，太平天国建都南京，改称天京，南京沦为战场历时十一年，人口大减。一九三七年底，日本侵略军攻占南京，大屠杀长达六个星期，被害民众超过三十万，逃离者不可胜数。

十朝建都，屡经战乱，南京的居民构成多次发生大幅度变化，这必然导致南京方言复杂多变的发展历史。

南京六个城区中的五个区基本上在明都城范围内，但是只有城南的秦淮、白下、建邺三区是传统的居民聚居区和商业、文化区。城北东侧的玄武区主要为宫城区、官府区，屡遭毁坏，原来居民商业均少；西侧的鼓楼区原来地广人稀，有大片荒地坟地。这两个区直到抗战胜利后才获开发，新中国成立后有较快发展，引来大批以苏北人为主的移民。今天这两区集中着政府机关，十余所大学和科研单位。据一九九〇年第四次人口普查，鼓楼区大学文化程度人口占该区人口24%。干部、教师、科研人员大多为外地人，多说带苏北口音或吴语口音的普通话。城西北的下关区原为城外的江防区，近代因设有长江码头和火车站而获开发，从业人员中有大量苏北安徽移民。因此，人们普遍认为，只有城南三区，尤其是秦淮区的话才是南京方言的代表。另一方面，南京政府建都南京，仍以北京话为"国语"标准，普通话逐渐影响到城南的老南京话。今天，城北三区的面积人口均大大超过城南三区，鼓楼、玄武二区在文化上又占优势，他们所说的带混合性的普通话或新南京话势力日大；加上城南也有不少外地移民居住，城南的方言也迅速变化。从而形成目前南京方言的特殊局面，即内部差别巨大，原有方言特色减退，北方话成分日增。

二、南京方言的内部差别

南京方言的内部差别非常显著，不同年龄之间，城内各区之间，城乡之间，不同家庭背景之间，都有差别，下文分四节说明。

2.1 年龄——年龄之间的差别最为突出。语音方面，差别遍及多数韵母、部分声母、个别声调及半数连读变调和几乎全部儿化韵母；有音值的不同，又有音类分合的差别。差别之大，足以令不明背景的人听来像是不同的方言。有一件事颇能说明问题。南京有白局（方言说唱）和白话（方言相声）两种曲艺，即使内容平常，并无其他笑料，只要用老南京话的口音及词语表演，即能引来年轻观众的阵阵笑声，觉得听着好玩儿。这在其他地方包括大中城市似不多见。南京方言粗略地分，有老南京话和新南京话两种；为了说清差别，还要区分老南京话中的最老派和老派，新南京话中的新派和最新派，共分四派。由于年龄差别和地区差别等相互交叉，新老之间很难划出准确的年龄界限，大致可以二十五岁、五十五岁、八十岁为界。下面以城南为主、兼及城北，说说各派的差别。

最老派——城南八十岁以上老者的方言，现在使用人数很少，但被公认为老南京话的代表。内部差别不大，发音用词也较稳定，语音特点跟赵元任《南京音系》所说大体一致。城北除自城南迁来者外基本没有最老派。

老派——五十五岁到八十岁之间城南人的方言。这一派（包括七十岁以上的当地人）自认为是不标准或已走样的老南京话，这与其他城市该年龄段的人自我评价很不一样。内部差别较大，同一个人的发音和用词也不稳定，时新时旧。城北只有部分老年人（多为从城南迁来的）使用老派方言。

新派——二十五岁到五十五岁之间城南人的方言，跟上述两派差别较大，内部差别也很大，城北多数中老年人也接近这一派。

最新派——二十五岁以下城南人的方言，内部差别不大。城北中年以下及外来居民改说南京话的也接近这一派。中小学生基本通行这种口音。

下面分十四项说明各派的语音差别，举例时用"最老、老、新、最新"分别指这四派，有时用"老南京话"总括前两派，用"新南京话"总括后两派。

（1）尖团分合——最老派分尖团音。古精组声母在细音 [i y] 前读 [ts tsʻ s]，古见晓组声母在细音 [i y] 前读 [tɕ tɕʻ ɕ]。但有些最老派在尖团上已向老派靠拢。老派只留在 [ie ien ieʔ] 三韵前分尖团；在其他细音韵母前不分尖团，精组与见晓组都读 [tɕ tɕʻ ɕ]。现在请看 [ie ien ieʔ] 三韵的介音与声韵拼合关系表。表后是例字。[i̯] 是 [i] 的短介音，见下文（2）。

表 1 [ie ien ieʔ] 三韵的介音与声韵拼合关系表

	声母	拼不拼	韵母	介音	
老南京话	p pʻ m t tʻ l ts tsʻ s	拼	ie ien ieʔ	i̯	i̯ 表示短的 i 介音
	tɕ tɕʻ ɕ ∅	拼	ie ien ieʔ	i	
新南京话	p pʻ m t tʻ l tɕ tɕʻ ɕ ∅	拼	ie ien ieʔ	i	i 是普通的 i 介音
老南京话	f tṣ tṣʻ ṣ ʐ k kʻ x	不拼	ie ien ieʔ		
新南京话	f ts tsʻ tṣ tṣʻ ṣ ʐ k kʻ x	不拼	ie ien ieʔ		

	姐	谢	解		蟹	
最老	tsi̯ɛ⌋	si̯ɛ˧	tɕiɛ⌋		ɕiɛ˧	
老	tsi̯ɛ⌋	si̯ɛ˧	tɕiɛ⌋ ~ tɕiɛ⌋		ɕiɛ˧ ~ ɕiɛ˧	
新、最新	tɕiɛ⌋	ɕiɛ˧	tɕiɛ⌋		ɕiɛ˧	

	尖	坚	千	牵	线	献	泄	歇
最老	tsi̯en˩	tɕien˩	tsʻi̯en˩	tɕʻien˩	si̯en˧	ɕien˧	si̯eʔ˧	ɕieʔ˧
老	tsi̯en˩	tɕien˩	tsʻi̯en˩	tɕʻien˩	si̯en˧	ɕien˧	si̯eʔ˧	ɕieʔ˧
新、最新	tɕien˩	tɕien˩	tɕʻien˩	tɕʻien˩	ɕien˧	ɕien˧	ɕieʔ˧	ɕieʔ˧

	齐	旗	小	晓	旋	玄	绝	决
最老	tsʻi˩	tɕʻi˩	sio⌋	ɕio⌋	syen˧	ɕyen˧	tsyeʔ˧	tɕieʔ˧
老	tɕʻi˩	tɕʻi˩	ɕio⌋	ɕio⌋	ɕyen˧	ɕyen˧	tɕyeʔ˧	tɕieʔ˧
新、最新	tɕʻi˩	tɕʻi˩	ɕio⌋	ɕio⌋	ɕyen˧	ɕyen˧	tɕyeʔ˧	tɕieʔ˧

（2）[ie ien ieʔ] 三韵的介音——老南京话这三韵在 [tɕ] 组声母后和零声母音节中有明显的介音 [i]，在其他声母后只有极短的介音 [i̯]，这影响到老派的尖团分合，见（1），也影响到儿化韵的面貌（介音 [i] 多保留，短介音 [i̯] 都丢失）。新南京话一律有 [i] 介音，但儿化有的保留老南京话读法。这里举例用严式标音，其他地方包括韵母表和正文条目都用宽式标音，一律写介音 [i]。

	爹	姐	解	夜	边	天	连	件
最老、老	ti̯ɛ˩	tsi̯ɛ⌋	tɕiɛ⌋	iɛ˧	pi̯en˩	tʻi̯en˩	li̯en˧	tɕien˧
新、最新	tiɛ˩	tɕiɛ⌋	tɕiɛ⌋	iɛ˧	pien˩	tʻien˩	lien˧	tɕien˧

	鳖	铁	捏	切	歇	点儿	眼儿
最老、老	pieʔ˧	t'ieʔ˧	lieʔ˧	ts'ieʔ˧	çieʔ˧	tərˊ (<tienˋ)	iərˊ (<ienˋ)
新、最新	pieʔ˧	t'ieʔ˧	lieʔ˧	tç'ieʔ˧	çieʔ˧	tərˊ (<tienˋ)	iərˊ (<ienˋ)

（3）[tʂ]组和[ts]组——最老派有[tʂ]组声母和[ts]组声母的系统对立，中古知组、照三组字及部分照二组字念[tʂ tʂ' ʂ]声母，中古精组字及另一部分照二组字念[ts ts' s]声母，老派除[i y]前[ts]组并入[tç]组，其余基本保留这一差别，但有些人将[tʂ]组字部分念入[ts]组。新南京话[tʂ tʂ' ʂ]只出现在[ʅ ʅʔ]两韵前，其他最老派的[tʂ]组字一律念[ts]组；但[z]仍读[z]，不读[z]。以下举例，老派内的差异不计。

	招	糟	虫	从	绸	愁	深	生
最老、老	tʂɔˇ	tsɔˇ	tʂoŋˇ	tsʻoŋˇ	tʂʻɯˇ	tsʻɯˇ	ʂənˇ	sənˇ
新、最新	tsɔˇ	tsɔˇ	tsʻoŋˇ	tsʻoŋˇ	tsʻɯˇ	tsʻɯˇ	sənˇ	sənˇ

	纸	子	齿	此	是	事	直	尺	石
最老、老	tʂʅˇ	tsʅˇ	tʂʅˇ	tsʻʅˇ	ʂʅˇ	ʂʅˇ	tʂʅʔ˧	tʂʻʅʔ˧	ʂʅʔ˧
新、最新	tsʅˇ	tsʅˇ	tsʅˇ	tsʻʅˇ	sʅˇ	sʅˇ	tsʅʔ˧	tsʻʅʔ˧	sʅʔ˧

（4）[e ae ə o]诸韵的关系——最老派有[e]韵，其中有些字有[e ae]两读。最老派无[ə]韵，中古果摄字一律读[o]韵。老派也有[e]韵，但其中的[ae]韵读法只有少数人保留，个别[e]韵字有[ə]韵的又读。新派无[e]韵，原[e]韵字都念[ə]韵，果摄字仍一律念[o]韵。最新派[ə]韵除新派的[ə]韵字，还包括果摄字中北京话念[ɤ]韵的字，同时把前三派[oʔ]韵字中北京话念[ɤ]韵的字也念[əʔ]韵。这几韵的关系，四派各不同。如：

	没~得、~有	遮	车	扯	惹	蛇	者	舍社
最老	meˊ	tʂeˇ	tʂʻeˇ	tʂʻeˇ	zeˋ	ʂeˊ	tʂeˋ~tʂaeˋ	ʂeˊ~ʂaeˊ
老	meˊ	tʂeˇ	tʂʻeˇ	tʂʻeˋ~tʂʻəˋ	zeˋ~zəˋ	ʂeˊ	tʂeˋ~tʂaeˋ	ʂeˊ~ʂaeˊ
新	məˊ	tsəˇ	tsʻəˇ	tsʻəˋ	zəˋ	səˊ	tsəˋ	səˊ
最新	məˊ	tsəˇ	tsʻəˇ	tsʻəˋ	zəˋ	səˊ	tsəˋ	səˊ

	歌	课	鹅	割	革	盒	霍	黑
最老	koˇ	k'oˋ	oˊ	koʔˊ	kəʔˊ	xoʔˊ	xoʔˊ	xəʔˊ
老	koˇ	k'oˋ	oˊ	koʔˊ	kəʔˊ	xoʔˊ	xoʔˊ	xəʔˊ
新	koˇ	k'oˋ	oˊ	koʔˊ	kəʔˊ	xoʔˊ	xoʔˊ	xəʔˊ
最新	kɤˇ	k'ɤˋ	ɤˊ	kəʔˊ	kəʔˊ	xəʔˊ	xoʔˊ	xəʔˊ

（5）[iɛ] 韵——最老派有 [iɛ] 韵，有些 [iɛ] 韵字与 [ae] 韵构成文白两读。老派有人保留 [iɛ] 韵，有人全部或部分并入 [ie] 韵。新南京话没有 [iɛ] 韵，原 [iɛ] 韵字多数并入 [ie] 韵，文白异读只保留一读。如：

	街	解~开	解~手	楷	鞋	爷	夜
最老	tɕiɛˇ	tɕiɛˋ	kaeˋ	tɕ'iɛˇ~k'aeˇ	ɕiɛˊ	iɛˊ	iɛˋ
老	tɕiɛˇ~tɕieˇ	tɕiɛˋ~tɕieˋ	kaeˋ	k'aeˇ	ɕiɛˊ	iɛˊ	iɛˋ
新、最新	tɕieˇ	tɕieˋ	tɕieˋ	k'aeˇ	ɕieˊ	ieˊ	ieˋ

（6）复韵母与单韵母——最老派有动程较明显的二合复韵母 [ae ɔo]，老派动程变小，新南京话动程消失，成单韵母 [ɛ ɔ]。同样，最老派的 [uae iɔo] 新南京话念成 [uɛ iɔ]。下面举例省去处于中间状态的老派：

	摆	埋	太	菜	坏	刀	考	巧
最老	paeˋ	maeˊ	t'aeˋ	ts'aeˋ	xuaeˋ	tɔoˇ	k'ɔoˋ	tɕ'iɔoˋ
新、最新	pɛˋ	mɛˊ	t'ɛˋ	ts'ɛˋ	xuɛˋ	tɔˇ	k'ɔˋ	tɕ'iɔˋ

（7）[əʔ] 韵音值——入声 [əʔ] 韵，最老派逢唇音声母后念 [ɛʔ]，其他声母介于 [ɛʔ əʔ] 之间，逢零声母为 [əʔ]。词典条目中一律标 [əʔ]。新南京话一律念 [əʔ]。老派介于最老派和新南京话之间，读音不稳定。下面举例用 [ɜʔ] 代表介于 [ɛʔ əʔ] 之间的音，老派不举：

	百	墨	德	责	扼
最老	pɛʔˊ	mɛʔˊ	tɜʔˊ	tsɜʔˊ	əʔˊ
新、最新	pəʔˊ	məʔˊ	təʔˊ	tsəʔˊ	əʔˊ

（8）[aŋ an] 的分合——咸山摄一二等字和宕江摄一二等字，最老派、老派、新派都无别，读 [aŋ] 或 [uaŋ]，其中 [a] 的音值不稳定，在 [ᴀ] 和 [ɑ] 之间都可以。只有最新派有区别，咸山摄为 [an uan]，宕江摄为 [aŋ uaŋ]，[a] 的位置靠后。如：

	板	绑	摊	汤	官	光
最老、老	paŋ˩	paŋ˩	tʻaŋ˧	tʻaŋ˧	kuaŋ˧	kuaŋ˧
新	paŋ˩	paŋ˩	tʻaŋ˧	tʻaŋ˧	kuaŋ˧	kuaŋ˧
最新	pan˩	paŋ˩	tʻan˧	tʻaŋ˧	kuan˧	kuaŋ˧

（9）[ioŋ zuʔ] 和 [zoŋ yʔ]——通摄三等日母、喻母舒声字及梗摄合口三等的"荣"，最老派都念 [ioŋ]，入声字都念 [zuʔ]，基本上没有 [zoŋ yʔ]（说"基本上"是因为有人念"绒"为 zoŋ˧）；最新派舒声字按北京话念法分别念 [zoŋ ioŋ]，入声字日母念 [zuʔ]，喻母念 [yʔ]。老派、新派读音不稳定，常两读并存，舒声字念 [ioŋ] 较多（近最老派），入声念 [yʔ] 较多（近最新派），如：

	戎茸	冗	融荣	涌	用	辱	育
最老	ioŋ˧	ioŋ˩	ioŋ˧	ioŋ˩	ioŋ˥	zuʔ˩	zuʔ˥
老	ioŋ˧~zoŋ˧	ioŋ˩~zoŋ˩	ioŋ˧~zoŋ˧	ioŋ˩	ioŋ˥	zuʔ˩	zuʔ˥~yʔ˥
新	ioŋ˧~zoŋ˧	ioŋ˩~zoŋ˩	ioŋ˧~zoŋ˧	ioŋ˩	ioŋ˥	zuʔ˩	yʔ˥
最新	zoŋ˧	zoŋ˩	zoŋ˧	ioŋ˩	ioŋ˥	zuʔ˩	yʔ˥

老派中有个别人没有音节 [ioŋ]，一律念 [zoŋ]，包括"涌 zoŋ˩"、"用 zoŋ˥"等，仍属 [ioŋ zoŋ] 不分，与 [ioŋ zoŋ] 对立的新南京话倾向不同。

（10）[ɑ ɑʔ] 类韵的圆唇与否——把北京话的 [a] 类韵字念成圆唇偏高的 [ɒ iɒ uɒ] 及入声的 [ɒʔ iɒʔ uɒʔ]，曾被看作南京话的显著特色之一，现在这一特色只保留在最老派中的一部分人（尤其是妇女）中，其他人都念不圆唇的 [a ia ua aʔ iaʔ uaʔ]。下面是圆唇念法的例字：

麻 mɒ˧ 他 tʻɒ˧ 家 tɕiɒ˧ 瓜 kuɒ˧ 搨 tʻɒʔ˥ 杀 ʂɒʔ˥ 夹 tɕiɒʔ˥ 鸭 iɒʔ˥ 刮 kuɒʔ˥

（11）某些入声字的读音——一部分入声字各派读法不同，涉及多个韵母，但常用字数不多，这里一并举例，不再一一分条说明：

	续	雀	爵	郭	国	阔	削
最老	ʂuʔ˥	tʂʻoʔ˥	tʂoʔ˥	kueʔ˥	kʻueʔ˥		sioʔ˥~syeʔ˥
老	ʂuʔ˥	tɕʻioʔ˥	tɕioʔ˥	kueʔ˥	kʻueʔ˥		ɕioʔ˥~ɕyeʔ˥
新	ɕyʔ˥	tɕʻioʔ˥~tɕʻyeʔ˥	tɕioʔ˥~tɕyeʔ˥	koʔ˥	kʻoʔ˥		ɕyeʔ˥
最新	ɕyʔ˥	tɕʻyeʔ˥	tɕyeʔ˥	koʔ˥	kʻoʔ˥		ɕyeʔ˥

	确	学	约	掠	六	绿
最老	tɕʻioʔ˥	ɕioʔ˥	ioʔ˥	lioʔ˥	luʔ˥	luʔ˥
老	tɕʻioʔ˥	ɕioʔ˥	ioʔ˥	lioʔ˥	luʔ˥	luʔ˥
新	tɕʻyeʔ˥	ɕyeʔ˥	yeʔ˥	lyeʔ˥	luʔ˥~lɯəɯ	luʔ˥~lyʔ˥
最新	tɕʻyeʔ˥	ɕyeʔ˥	yeʔ˥	lyeʔ˥	lieɯ	lyʔ˥~lyʔ˥

（12）某些白读音——"去、给、疙"三字，老南京话白读是 [kʻi ki kiʔ]，新派只保留文读的读法，没有白读的读法。

	去_白	去_文	给_白	给_文	疙_白	疙_文
最老、老	kʻi˥	tɕʻy˥	ki˥	kəi˥	kiʔ˥	kəʔ˥
新、最新		tɕʻy˥		kəi˥		kəʔ˥

（13）阴平调——老南京话念 [ˎ] 31，新南京话念 [ˎ] 41。"阴平＋阴平"的二字组，老南京话前字变为 [ˉ] 33，不同于去声 [ˊ] 44，新南京话前字变为 [ˊ] 44，与去声同，如：

	东宫	动工	惊呼	近乎
最老、老	toŋ˧ koŋˎ ≠ toŋˊ koŋˎ		tɕin˧ xuˎ ≠ tɕinˊ xuˎ	
新、最新	toŋˊ koŋˎ = toŋˊ koŋˎ		tɕinˊ xuˎ = tɕinˊ xuˎ	

连读变调方面的其他差别见第三节声调部分。

（14）儿化韵——最老派有丰富的儿化韵，往下各派依次减少，最新派只剩个别儿化词，儿化韵已不成系统。

以上是语音差别。南京话的四派在词汇上的差别也很大。大概地说，最老派使用许多有方言特色的词，老派往往将原方言词与主要来自普通话的新词并用，新派中有方言特色的词明显减少，最新派有方言特色的词所剩无几，除个别虚词及一些俚语外，基本上是用最新派的南京音系念出来的普通话词语。对许多老方言词，年轻人甚至听到了也不理解，如"手勒儿_{手帕}、灯幞_{灯罩}、捋绳儿_{窗帘}、眖盹_{小睡}、孟浪_{冒失}"等，老年人也常在回忆时提到这些词而在交际中尽量换用新词。另外，最老派儿化词丰富，而"子"尾词比多数下江官话少；老派是儿化词与"子"尾词并用，常形成成对的同义词，如"壆儿、壆子"与"筷儿、筷子"，新派儿化词大大减少，最新派只剩下"小孩儿、一点儿、一刻儿"等极少几个。

2.2 城内各区——城南秦淮、白下、建邺三区方言变化稍慢,一向被视为老南京话的代表;城北鼓楼、玄武二区受普通话影响较大,兼受本省外地方言影响,较多体现新南京话的特点;下关区是唯一在城门外的城区,苏北安徽移民很多,方言明显区别于其他各区,不被认为是南京话的代表。下面略谈几点城南(三区)和城北(鼓楼、玄武二区)的差别。

(1) 城南较多保留尖团分别,[tʂ] 组声母和 [ts] 组声母分别。城北因普通话和苏北话的影响,很少有人分尖团。因苏北话的影响,很少有人能系统区分 [tʂ] 组和 [ts] 组(外地人说的普通话也往往以 [ts] 组代 [tʂ] 组)。

(2) 城南只有 [ɑŋ uɑŋ],没有 [an uan] 的人较多,城北区分 [ɑŋ uɑŋ] 与 [an uan] 的人较多。

(3) 城南 [ae ɔo] 韵的复元音性质较明显,城北多念单元音 [ɛ ɔ]。

(4) 城南许多人有 [iɛ ie] 二韵,城北多合并为 [ie] 韵。

(5) 城南儿化韵明显比城北丰富。

2.3 城乡——"南京话"习惯上包括其郊区方言,但南京有四个郊区,地广人多,分布在长江两岸及江中的洲,内部差别也很大。下面略举几点城区与郊区带有较大普遍性的差别,以雨花台区板桥乡为郊区代表。

(1) 中古见晓组开口二等字,城区除"敲、角、解、酵、校~秤"的白读音为 [k] 组声母外,其他字都读 [tɕ] 组声母,郊区许多地方有更多的字念 [k] 组声母:

	街	鞋
城区	tɕieˇ	ɕiɜˇ
板桥	kaeˇ	xaeˇ

(2) 圆唇韵母 [ɒ iɒ uɒ] 等,在城区主要限于最老派中的妇女,在多数场合已很难听到,在郊区的雨花台区部分地区、浦口区、大厂区等仍普遍保留。

（3）见晓组的桓韵字和山删韵合口字在城区无别，都念 [uaŋ] 韵，在郊区除近郊少数乡镇外普遍不同韵，如：

	官	关	换	幻
城区	kuaŋ˩	kuaŋ˩	xuaŋ˥	xuaŋ˥
板桥	kõ˩	kuaŋ˩	xõ˥	xuaŋ˥

（4）城区有 [luei lun lən] 无 [ləi]；部分郊区有 [ləi] 无 [luəi]，所有郊区有 [lən] 无 [lun]，如：

	雷	擂	内累	仑伦轮	能	冷	嫩论	愣
城区	luei˩	luei˥	luəi˥	lun˩	lən˩	lən˥	lun˥	lən˥
板桥	ləi˩	ləi˥	ləi˥	lən˩	lən˩	lən˥	lən˥	lən˥

2.4 家庭与职业——家庭背景和职业对新老各派方言都有明显影响。下面举四点差别。

（1）撮口韵。最老派中，书香门第和中上层家庭出身的人有范围与普通话大致相同的撮口韵（[y] 或带 [y] 介音的韵母），而体力劳动者家庭出身的人，念 [y] 韵的字很少或完全没有，带 [y] 介音的字则多少存在一些。下面 A 为前一类的一位发音人，B 为后一类的一位发音人，都属最老派（词典正文按 A 类注音）：

	女吕	蛆	虚	菊	群	军均	瘸茄	旋	鹃
A	ly˩	tsʻy˩	çy˩	tçyʔ˩	tçʻyn˩	tçyn˩	tçʻye˩	syen˥	tçyen˩
B	li˩	tsʻi˩	çi˩	tçyʔ˩	tçʻin˩	tçyn˩	tçʻye˩	sien˥	tçyen˩

老派、新派也存在这种差别，最新派则受普通话影响，撮口韵较丰富。

（2）"这"的读音。代词"这"，包括"这里、这块、这样子"等中的"这"，老南京话前一类出身的只念 [tsəʔ]，后一类出身的人有 [tsəʔ] [tçieʔ] 两读或只念 [tçieʔ]，新南京话一律念 [tsəʔ]。

（3）[o] 与 [ə]。城北新南京话中，知识分子出身者或脑力劳动者多把"歌、哥、课、科、河"等念 [ə] 韵，体力劳动家庭出身或体力劳动者多念 [o] 韵。

（4）处所代词。知识阶层多用"这里、那里、哪里"，一部分人也偶用"这儿、那儿、哪儿"，体力劳动者多用"这块、那块、哪块"。

按方言记录的常例，南京城区占老年本地居民多数的老派是理想的记录对象。但由于南京的特殊情况，老派内部差别很大，个人发音也很不稳定，是正处在快速变化中的一个方言群体，占中青年多数的新派也有这种情况，二者都难以建立有代表性的较确定的音系。最老派和最新派各自较为稳定，内部较统一，其中又只有最老派有较多的方言特色。因此，词典以城南最老派语音为标准。词汇上以最老派和老派为主，由于老派已是新老词语并用，对已广泛通用的新词也作为同义条目收录，以反映南京方言的实际情况。对新南京话中有方言特色的词语，也酌情收录，折合成最老派的读音。有关农事方面的词语，城区人不熟悉，主要根据南郊雨花台区近郊的说法，其语音与城南老南京话基本相同，一般不需折合。

本词典的主要发音合作人有：郑德碧（女，1908年生，家庭妇女）、沈超（男，1909年生，退休教授）、徐裕荣（男，1912年生，退休工人）、涂世泽（男，1916年生，退休教授）、哈久源（男，1936年生，职员，回族）。其他发音合作人有：刘秀英（女，71岁，退休工人）、陈庭栋（男，65岁，郊区上新河镇退休职工）、侯家鸿（男，63岁，郊区红花镇金家圩村农民）等。

三、南京方言的声韵调

3.1 声母 南京方言有二十一个声母，包括零声母在内。
p pʻ m f t tʻ l ts tsʻ s tʂ tʂʻ ʂ ʐ tɕ tɕʻ ɕ k kʻ x ø
（1）[l] 在 [i y] 前有鼻化色彩或发成 [n]。
（2）新南京话 [tʂ tʂʻ ʂ] 只出现在 [ɻ ɻʔ] 两韵前。

3.2 韵母 南京方言有四十九个韵母，包括自成音节的 [m̩ n̩ ŋ̍] 在内，不包括儿化韵。凡是 [m̩ n̩ ŋ̍] 加调号表示自成音节，因此有时从简印成 [m n ŋ]。韵母右上角的数字表示韵母的次序，词典正文用这个次序，本文单字音表的次序略有改动。

《南京方言词典》引论   123

ɿ¹	ʅ²	ər³	ɑ⁷	e¹⁰	o¹³	ae¹⁴	əi¹⁷	ɔo¹⁹	əɯ²¹
i⁴			iɑ⁸	ie¹¹		iɛ¹⁵		iɔo²⁰	iəɯ²²
u⁵			uɑ⁹			uae¹⁶	uəi¹⁸		
y⁶				ye¹²					

		ən²⁶	ɑŋ²⁹		oŋ³²	m̩³⁴	n̩³⁵	ŋ̍³⁶
in²³		ien²⁷	iɑŋ³⁰		ioŋ³³			
un²⁴			uɑŋ³¹					
yn²⁵		yen²⁸						

	ʅʔ³⁷		ɑʔ⁴¹	əʔ⁴⁴	oʔ⁴⁸
iʔ³⁸			iɑʔ⁴²	ieʔ⁴⁵	iɔʔ⁴⁹
uʔ³⁹			uɑʔ⁴³	ueʔ⁴⁶	
yʔ⁴⁰				yeʔ⁴⁷	

（1）[ɑŋ uɑŋ] 两个韵母最新派分化成 [ɑŋ uɑŋ] 和 [an uan] 四个韵母。

（2）[e] 韵新南京话读 [ə] 韵，[o] 韵中的一部分字在最新派中归到 [ə] 韵。

（3）[ie ien ieʔ] 中的介音 [i] 在 [tɕ tɕ' ɕ ∅] 后为 [i]，在其他声母后实读极短的 [ɿ]。新南京话一律为 [i]。

（4）[iɛ] 赵元任《南京音系》记为 [iaæ]，现在介音 [i] 后的元音没有动程，在 [æ ɛ] 之间，记成 [iɛ]，新南京话此韵并入 [ie] 韵。

（5）鼻韵尾 [n ŋ] 只表示趋向，不到阻塞位置，鼻韵尾前的非高元音有鼻化色彩。

（6）[un yn] 的中间有轻微的 [ə] 成分，上声字尤其明显。

（7）入声韵尾 [ʔ] 比扬州、镇江等江淮官话及苏南吴语的 [ʔ] 弱，在 [ɿ i u y] 后更弱。入声的轻声完全没有韵尾 [ʔ]，但仍比舒声的轻声短。入声的轻声所记的 [ʔ] 尾只表示短，用来与舒声区别，如 "高的 kɔo˩·tiʔ ≠ 高低_{无论如何} kɔo˩·ti"。

3.3 声调

（1）单字调 南京方言有 5 个单字调，不包括轻声。

阴平 [˧˩] 31 阳平 [˩˧] 23 上声 [˩˩] 11 去声 [˦˦] 44 入声 [˥] 5

新派阴平念 [˦˩] 41，这一差别影响到连读变调的分合（详下）。上声在单念时末尾稍上扬，实为 112，其他情况下念 11。

（2）连读变调　南京方言连读变调有两个特点：一、后字不变调，前字可能受后字影响而变调；二、变调与轻声有关，轻声字前的音节可能变调。连读变调还产生四个新调值：

　　[˧] 33　　[˩] 12　　[˥˩] 42　　[˧] 3

下面举例列出两字组连读变调，包括轻声做后字的变调情况。

阴平加阴平 ˧˧ ˥　　香烟 ɕiaŋ˧ ien˥　　斋公 tṣae˧ koŋ˥
阳平加入声 ˧˩ ˥˩　　毛竹 mɔo˧ tṣuʔ˥˩　　男客 laŋ˧ kʻəʔ˥˩
阳平加轻声 ˧˩ ·　　和尚 xo˧ ·ṣaŋ　　胡子 xu˧ ·tsɿ
上声加阴平 ˨˩ ˥　　武生 u˨ sən˥　　娶亲 tsʻy˨ tsʻin˥
上声加上声 ˨˩ ˩　　老卤 lɔo˨ lu˩　　好走 xɔo˨ tsəɯ˩
去声加入声 ˥˩ ˥˩　　对质 tuei˥˩ tṣʅʔ˥˩　　印色 in˥˩ səʔ˥˩
入声加入声 ˧ ˥˩　　八角 paʔ˧ koʔ˥˩ 香料　热霍 zəʔ˧ xoʔ˥˩ 无雷无雨的远处闪电

　　从上列例子可见，变调的结果主要是产生新调，只有阳平字在入声前和轻声前变同上声。以下例子是阳平上声在入声前合一和在轻声前合一的情况：

粮食 lian˧ ṣʅʔ˥˩ = 两室 lian˨ ṣʅʔ˥˩　　无力 u˧ liʔ˥˩ = 武力 u˨ liʔ˥˩
胰子 i˧ ·tsɿ = 椅子 i˨ ·tsɿ　　皮子 pʻi˧ ·tsɿ = 痞子 pʻi˨ ·tsɿ
完了 uaŋ˧ ·lɔo = 晚了 uaŋ˨ ·lɔo

　　（3）新南京话的连读变调　新南京话情况很不相同。连读变调后产生的新调只有一个 [˧]，其他变调都并入一定的单字调。具体情况如下，按新派标音：

　　a）阴平 41 在阴平前变 44，与去声同调，例见 2.1 之（13）
　　b）上声 11 在阴平前变 23，与阳平同调，如：

晚婚 uaŋ˧ xun˥ = 完婚 uaŋ˧ xun˥　　尾灯 uei˧ tən˥ = 桅灯 uei˧ tən˥
老公 lɔ˧ koŋ˥ = 劳工 lɔ˧ koŋ˥

　　c）上声 11 在上声前变 23，与阳平同调，如：

美酒 mei˧ tɕiəɯ˩ = 霉酒 mei˧ tɕiəɯ˩　　炒米 tsʻɔ˧ mi˩ = 潮米 tsʻɔ˧ mi˩

　　d）去声 44 在入声前变 41，与阴平同调，如：

下脚 ɕiaʌ tɕioʔ꜒ = 虾脚 ɕiaˇ tɕioʔ꜒　　喂药 uəiˇ ioʔ꜒ = 煨药 uəiˇ ioʔ꜒
半级 paŋꜛ tɕiʔ꜒ = 班级 paŋˇ tɕiʔ꜒

新南京话的以上四点，加上与老南京话相同的阳平在入声轻声前变同上声，使阴平和去声在阴平前和入声前都同调，阳平和上声在阴平前、上声前、入声前、轻声前都同调。二字组前字调类大量合并成为新南京话声调的显著特点，也使许多南京人在说普通话时不易区分阴平和去声、阳平和上声，尤其是阳平和上声。

词典正文标调仍按最老派发音。

此外，新老各派上声字儿化后都变同阳平，又增加了上声与阳平的合并，因不属于连读变调，不在此处讨论。

三字组以上的连读变调这里从略。

3.4　轻声

南京方言的轻声是一种失去单字调的音节，念得短而较轻，与北京话轻声性质相同。轻声主要出现在某些后附性位置，包括后缀、后附性虚词、一些常用双音词的后字、动词量词重叠式的后字、某些嵌入性成分（如处在数词和名词之间的常用个体量词、嵌音成分）等中。轻声没有固定调值，其实际调值受前字影响。

轻声有时对连读变调有影响，见上文 3.3 之（2）。

轻声除使入声字丢失韵尾 [ʔ] 以外，一般不引起声母韵母的明显变化。个别字念轻声会影响韵母。量词"个"不念轻声时为 [koꜛ]，多用在句子或短语的末尾，如"就我们两个 [koꜛ]"；念轻声时为 [·kə]，多嵌在数词等和名词当中，如"两个 [·kə] 人、等个 [·kə] 朋友"。

个别前附性成分也会失去本调，念前附性的轻声。发问词"阿 [aʔ꜒]、还 [xae꜒]"在不强调时常失去本调，念得很短而轻，紧靠于后面的词，如："你阿去？""你还吃过啦？"。

词典注音时一律在音节前加轻声圆点，不再区别调值，如"添了 t'ienˇ·lɔo"。

3.5　儿化

老南京话儿化现象较丰富。儿化使原音节韵母带上卷舌动作，音色近似北京话的儿化；但儿化造成的音节变化大于北京话儿化。儿化韵通常伴随韵尾和韵腹的改变，而且有时还影响到介音和声调，结果造成韵类的大量归并，大部分韵母儿化后变成 [ər iər uər yər]。

（1）儿化韵

儿化韵的构成方式按韵母变化的大小分为几类，决定儿化方式的既有原韵母的种类，也有约定的习惯，同一韵母的不同词语有可能采用不同的方式。上声字 [ɿ] 11 调儿化后变读为阳平 [ɤ] 23 调，23 调是"儿"单念时 [ərɤ] 的声调。这种变调是"儿"字融进前字的结果，不属于连读变调，标音时作 [ɤ] 不作 [ɿ]。下面举例时先标儿化音节，再用"<"说明来自哪个原音节，词典正文注音也用这种形式。

A. 原韵母加儿化的卷舌动作，韵母不改变。只适合于 [uɑ、ɔɔ、iɔɔ] 等少数韵母（[ɑ、iɑ] 也当属此类，但未见实例）。如："娃儿 uɑrɤ（<uɑɤ）| 毛娃儿 mɔɔɿ uɑrɤ（<uɑɤ）| 鱼泡儿 yɿ p'ɔɔɤ（<p'ɔɔɤ）| 饺儿 tɕiɔɔrɤ（<tɕiɔɔɿ）旧指馄饨 | 蛋饺儿 tɑŋɤ tɕiɔɔrɤ（<tɕiɔɔɿ）"。

这一类儿化韵中"儿"与韵母的融合程度不高，单音节词的"儿"可以慢读成一个轻声音节 [·ər]，夹在中间的这类"儿"一般总是念成轻声音节，如：娃儿 uɑɿɤ·ər | 饺儿 tɕiɔɔɿ·ər | 荄儿菜 tɕiɔɔɤ·ər ts'aeɤ | 瓢儿菜 p'iɔɔɿɿ·ər ts'aeɤ | 扒儿手 p'ɑɿɿ·ər ʂɯɤ | 散得花儿开 sɑŋɿ·tiʔ xuɑɿɿ·ər k'aeɤ。

B. 开口呼的原韵母完全被 [ər] 代替，其他三呼的原韵母保留韵头，后面部分被 [ɹe] 代替。适合于大多数舒声韵母。如：

a）开口呼：二籽儿 ərɤ tsərɤ（<tsɿɿ）碎米 | 蛇儿 ʂərɤ（<ʂeɤ）| 鞋带儿 ɕieɤ tərɿ（<taeɿ）| 酒杯儿 tsieiɿ pərɤ（<pieɤ）| 裤头儿 k'uɿ t'ərɤ（<t'əɯɤ）| 盘儿 p'ərɤ（<p'aŋɤ）| 拃绳儿 lɔɿ ʂərɤ（<ʂəŋɤ）。

b）齿呼：拈阄儿 lienɤ tɕiərɤ（<tɕiəɯɿ）| 豆稽儿 təɯɿ tɕiərɤ（<tɕieɤ）| 对眼儿 tuəɿtiərɤ（<ienɿ）。

c）合口呼：小石块儿 siɔɔɿ ʂɿʔ k'uərɤ（<k'uaeɤ）| 坟堆儿 fənɤ tuərɤ（<tueiɤ）| 碗儿 uərɤ（<uaŋɿ）| 罐儿 kuərɤ（<kuaŋɤ）。

d）撮口呼：圆圈儿 yenɤ tɕ'yərɤ（<tɕ'yenɤ）| 包圆儿 pɔɔɤ yərɤ（<yenɤ）。

C. 鼻韵尾被卷舌动作代替，同时元音带上鼻化，适用于鼻韵母中的少数词语，如：盆儿 p'ɤ̃rꜗ（＜p'ənꜗ）≠盘儿 p'erꜗ（＜p'aŋꜗ）｜板凳儿 paŋꜜ tɤ̃r꜓（＜tən꜓）｜堂儿屋 t'ãrꜗ（＜t'aŋꜗ）u ʔ꜓。

D. 整个韵母包括韵母 [i] 本身或介音 [-i -u] 被 [ər] 代替，适合于一部分齐齿呼／合口呼／撮口呼韵母，包括入声韵母，介音 [i] 实发短促的 [ɿ] 的都用这种方法，如：鹡鸰儿 piʔ꜓ lər꜓（＜li꜓）｜纽儿 lərꜗ（＜liəuꜜ）｜河边儿 xoꜗ pərꜗ（＜pienꜗ）｜脚面儿 tɕioʔ꜓ mər꜓（＜mien꜓）｜一点儿 iʔ꜓ tərꜗ（＜tienꜜ）｜一点儿点儿 iʔ꜓ tərꜗ tər꜓｜先儿 sərꜜ（＜sienꜜ）｜围嘴儿 ueiꜗ tsər꜓（＜tsuei꜓）｜炒米糙儿 tʂʼoꜜ Lim ꜜoꜗ m t'ər꜓（＜t'uaŋ꜓）｜碟儿 tər꜓（＜tieʔ꜓）｜蝴蝶儿 xuꜗ t'ər꜓（＜t'ieʔ꜓）｜炭屑儿 t'aŋ꜖ sər꜓（＜syeʔ꜓）。

E. 去掉入声韵尾 [ʔ]，加上卷舌动作，适合于部分入声韵母，如：川椒末儿 tʂ'uaŋꜜ·tsioo mor꜓（＜moʔ꜓）｜丝瓜络儿 sʅꜜ·kua lor꜓（＜loʔ꜓）｜一刻儿 iʔ꜓ k'ər꜓（＜k'əʔ꜓）。

（2）儿化的限制与特殊儿化形式

老南京话的儿化现象虽然比较丰富，但相对集中于一部分韵母、一部分字。有些韵母儿化词很少，如 [o]，而 [u oŋ] 这两个韵母完全没有发现儿化现象。但这些韵母中的一些上声字存在与连读变调无关的变读阳平的现象，这跟上声字儿化后变读阳平的现象一致，是儿化的一种特殊表现形式。[ɔo] 韵字也存在这种变读。如：小肚 sioeiꜜ tuꜗ（＜tuꜜ）_{香肚}｜老祖 loꜜ tsuꜗ（＜tsuꜜ）_{回民称祖父母}｜摇鼓 ioꜗ kuꜗ（＜kuꜜ）｜鸡头果 tɕiꜜ t'əuꜜ koꜗ（＜koꜜ）｜笔筒 piʔ꜓ t'oŋꜗ（＜t'oŋꜜ）｜菊花脑 tɕyʔ꜓ xuaꜜ loꜗ（＜loꜜ）｜豆腐脑 təuꜜ fuꜗ loꜗ（＜loꜜ）｜闲事佬 ɕienꜗ tʂʅꜜ loꜗ（＜loꜜ）。

因这种特殊儿化形式产生的单字音，性质与儿化韵相同，单字音表不予收录。正文条目中不加"儿"字，同时像上述举例一样列出原音节。

（3）词典正文中儿化词的记录方式

老南京话的儿化词在新南京话中大量消失，在最新派中已所剩无几。本书的收录方式是：凡是老南京话读儿化的，都按儿化形式收录；假如儿化词在南京方言中（不管哪一派）可换说"子"尾词，则"子"尾词作为同义条目收录，如：

盘儿 p'ər˧(＜p'aŋ˧)＝盘子 p'aŋ˧儿·tsʅ

假如儿化词在新南京话中直接被去掉儿化恢复原韵母，则非儿化形式不出条，读者可从括号中的原音节得知新南京话的非儿化形式，如：

土豆儿 t'u˩ tər˧(＜tə˧) | 碗儿 uər˧(＜uaŋ˧)

从括号中可知，这两条的较新说法分别是 [t'u˩ tə˧] 和 [uaŋ˧]（或最新派的 [uan˩]）。

四、南京方言单字音表

南京方言单字音表见附录，说明如下：

（1）本表收录南京方言最老派的单字音，但不包括轻声、儿化音、只变声调的特殊儿化音和只用于象声词叹词的音。其他各派别的音可根据第二节所述从本表推知。

（2）本表按韵母排，韵母次序与韵母表相同。同一韵母的字按声母排，声母次序与声母表相同。同一声母按声调排，声调次序是阴平、阳平、上声、去声，入声韵列在最后。

（3）自成音节的 [m̩ n̩ ŋ̍] 列为 [∅] 声母。

（4）表中有少数字重出，表示这个字有几个音。不同的音有的意义有别，有的意义相同，一般不加脚注，详见词典正文。

（5）表中圆圈表示有音无字或一时找不到合适的字，圆圈中的数码同时表示脚注的次序。

五、南京方言的特点

南京方言没有浊塞音与浊塞擦音声母，[n l] 不分，有一个收喉塞音 [ʔ] 的入声调，这些是江淮官话的共同特点。南京方言还有许多区别于其他江淮官话尤其是江苏省境内江淮官话的特点。江苏省境内的江淮官话下文作下江官话。现在分语音和词汇、语法三方面举例说明。

5.1 语音

（1）帮组通摄字，如"蓬、蒙、风"等字，在下江官话及多数南方方言中一般以圆唇元音为韵腹，区别于不圆唇的帮组臻摄字如"盆、门、分"等。在北京话及其他北方的官话中，这两组字韵腹都是不圆唇元音，但韵尾有别。南京话不论新老，这两组字同音。比较：

	南京	北京	扬州	苏州	南昌	成都
蓬：盆	pʻəŋ˩ pʻəŋ˧≠pʻənˊ	pʻoŋ˩≠pʻənˊ	boŋ˩≠bənˊ	pʻuŋ˩≠pʻənˊ	pʻoŋ˩≠pʻənˊ
蒙：门	mən˩ məŋ˧≠mənˊ	moŋ˩≠mənˊ	moŋ˩≠mənˊ	muŋ˩≠mənˊ	moŋ˩≠mənˊ
风：分	fən˩ fəŋ˥≠fən˥	foŋ˩≠fənˊ	foŋ˩≠fənˊ	fuŋ˩≠fənˊ	foŋ˥≠fənˊ

（2）下江官话和吴语都有带 [ʔ] 尾的入声韵，但入声韵尾一般不能出现在舌尖元音后。南京有舌尖元音的入声韵，如：

	南京	北京	扬州	合肥	苏州
质	tʂʅʔ˥	tʂʅ˥	tsəʔ˥	tʂəʔ˥	tsəʔ˥
尺	tʂʻʅʔ˥	tʂʻʅ˥	tsʻəʔ˥	tʂʻəʔ˥	tsʻɑʔ˥
识	ʂʅʔ˥	ʂʅ˥	səʔ˥	ʂəʔ˥	səʔ˥

（3）江淮官话的入声韵尾 [ʔ] 一般不在高元音 [i u y] 之后直接出现，南京方言有高元音入声韵 [iʔ uʔ yʔ]，如：

	南京	北京	扬州	合肥
笔	piʔ˥	pi˥	pieʔ˥	piəʔ˥
力	liʔ˥	li˥	lieʔ˥	liəʔ˥
福	fuʔ˥	fu˥	fɔʔ˥	fəʔ˥
促	tʂʻuʔ˥	tsʻu˥	tsʻɔʔ˥	tʂuəʔ˥
菊	tɕyʔ˥	tɕy˥	tɕiɔʔ˥	tɕyəʔ˥
屈	tɕʻyʔ˥	tɕʻy˥	tɕʻyeʔ˥	tɕʻyəʔ˥

南京话以上三个特点，在江淮官话中不多见。而南京城区新老各派和郊区以及江宁、江浦、六合三个郊县都是如此，可以说是广义南京话的标记。

下面（4）—（8）主要体现城区老南京话的情况，不一定存在于新南京话或广义南京话中。

（4）下江淮官话普遍不存在 [ts] 组声母拼 [i y] 的尖音，南京方言最老派完整保持着尖音系统，严格分团尖，老派则部分保留（详第二节），郊区及三郊县也不同程度地保留尖团分别。

（5）下江官话多数不分 [tʂ] 组和 [ts] 组，一般只有 [ts] 组。但江苏东北端的连云港只有 [tʂ] 组。老南京话能系统区分 [tʂ] 组和 [ts] 组，直到最新派还区分 [tʂɿ] 和 [tsɿ] 两类音节（详第二节）。这一特点也存在于郊区郊县，尤其是老年人的方言，与南京西北部相邻的安徽江淮官话也相同。

（6）下江官话及吴语和其他南方方言见晓组中的桓韵和山删合口韵多分为两韵，把帮组中的桓韵和山删韵分为两韵。南京城区不分，都念 [uaŋ]（见晓组）和 [aŋ]（帮组）。郊区多数地区和郊县的情况跟其他下江官话一样而跟城区不同。这是南京方言各特点中在下江官话中区地理分布最小的特点，而与北京话一致。如：

	南京	板桥	六合	北京	扬州	合肥	苏州
官	kuaŋ˩	kõ˩	kõ˩	kuan˥	kuõ˩	kũ˩	kuø˥
关	kuaŋ˩	kuaŋ˩	kuaŋ˩	kuan˥	kuæ̃˩	kuæ̃˩	kuɛ˥
碗	uaŋ˩	õ˩	õ˩	uan˩	uõ˩	ũ˩	uø˩
判	p'aŋ˥	p'õ˥	p'õ˥	p'an˥	p'uõ˥	p'ũ˥	p'ø˩
盼	p'aŋ˥	p'aŋ˥	p'aŋ˥	p'an˥	p'æ̃˥	p'æ̃˥	p'ɛ˩

（7）咸山摄一二等字和宕摄一等字江摄二等字不分，都念 [aŋ] 或 [uaŋ]。这一现象江淮官话中不多见，如：

	南京	北京	扬州	合肥
三	saŋ˩	san˥	sæ̃˩	sæ̃˩
桑	saŋ˩	san˥	saŋ˩	saŋ˩
窗	tʂ'uaŋ˩	tʂ'uaŋ˥	ts'uaŋ˩	tʂ'uaŋ˩

（8）有复韵母 [ae ɔo]，这两个韵母在江淮官话和吴语中多数是单韵母，郊区郊县也是单韵母，如：

	南京	板桥	六合	北京	扬州	合肥	苏州	上海
袋	tae˥	tæ˥	tɛ˥	tai˥	tɛ˥	tɛ˥	dᴇ˩	dɛ˩
包	pɔo˩	pɔ˩	pɔ˩	pau˥	pɔ˩	pɔ˩	pæ˩	pɔ˩

上述八点，除（4）、（7）外，都显示南京方言比其他江淮官话更接近北京话。南京地处江淮官话区南端，但南京音系却是江淮官话中最接近北京音系的。

从新南京话看，有些语音特点比老南京话更接近北京音，如尖团不分，[an ɑŋ] 两韵，"哥、棵、河"[o] 韵改读 [ə] 韵，这显然是受北京话的影响。新南京话另一些特点比老南京话离北京音更远，如 [tʂ] 组和 [ts] 组的合流趋势，[ae ɔɤ] 两韵的单元音化，儿化韵减少等，这些是受周围江淮官话和吴语影响的结果。

5.2　词汇

南京方言在词汇方面的特色是同义词丰富，南北色彩兼备。同一个意思常有好几个词可选用，其中有带方言色彩的词，又有来自普通话的词。新南京话倾向于使用后一类词。老南京话包括最老派则个人用词习惯差别很大，选用或改用后一类词的人也不少。下面各组同义词，短横前的是带方言色彩的词，短横后的是来自北京话的词：晓得—知道｜认得—认识｜衣裳—衣服｜芦柴—芦苇｜苞芦、苞谷、玉蜀珠—玉米｜金门花、指甲花、鸡毛花—凤仙花｜来家—回家｜来气—生气｜拙—笨｜呆—傻｜齐整—整齐｜吃酒—喝酒｜标致—漂亮｜小娃儿—小孩儿｜一阵——起｜代、替—给（介词）｜告—跟（连词、介词）｜这块—这里｜高头—上头（方位词）。

南京人使用后一类词并不给人以文雅、时髦或打官腔一类感受，而觉得是很自然的南京口语。日常生活常用的亲属称谓中，南京方言的词也兼有北方特色和南方特色。"爹、爷爷、奶奶、大妈、大爷、大哥、大姐"等带北方特色，"公公外祖父、婆婆外祖母、舅母、妹婿、娘娘阴平，父之妹、姨娘母之妹"等带江淮色彩。在构词方式方面，最老派儿化词丰富，像北方话；老派以下"子"尾词用得多，像江淮官话。此外也有不少"头"尾词和重叠名词，又接近吴语特点，如"纸头、块头肥胖度、浇头、肉头不敢决断的人、噱头、滑头、高头、一阵头、三件头"，"包包、糖人人、小块块、小丁丁"等。

5.3 语法

(1) 发问词，发问句及相关特点。表示发问的副词，下江官话多用"格kəʔ"，南京方言用"阿·aʔ↑"或"还·xae↓"，除强调外一般念前附性轻声。下列例句中用"~"代表"阿"或"还"，可以互换：你们~去？｜他~是医生？｜你身上~有零钱？｜那件衣裳~漂亮？｜我~好进去？

问已然的情况，下江官话多用"格曾"（可曾）或其合音形式，南京方言不用"曾"字，只由后面的助词、语气词表示已然。与此相关，江淮官话常用的"不曾"或其合音形式，南京方言用否定副词"没、没有、没得"表示。以下例句，"~"仍指"阿"或"还"：你~吃过啦？——我吃过了，小王没吃哩。｜我没有看过这本书，你~看过的？——我也没得看过。

这里第一例对话中"过"表示完成，否定句可以不用，"啦·la"是语气词"了·lɔo"和"啊·a"的合音；第二例对话中"过"表示经历，肯定否定句都要用。

还有两种表疑问的手段也很常用。一种是用动词或形容词的肯定否定叠加，肯定和否定必须相连，中间不能插入宾语等成分，如：你去不去？｜他吃不吃面条？｜你喜欢不喜欢这部电影？｜他会不会开汽车儿？｜我好不好当老师？｜你身上有没得零钱？｜他去没去？｜你看没看过这本书？｜店有没有开门？

这种手段也常和"阿""还"一起用。下列例句中"~"仍指"阿"或"还"：你~去不去？｜你~会不会开汽车儿？｜他~去没去？｜你~睡过没睡过中觉？

另一种疑问手段是句末用语气词"啊·a"，"啊"在"了·lɔo""的·tiʔ"后合音成"啦·la""嗒·ta"。这类问句表示有所了解或推测，要求对方证实。如：你明天到上海去啊？｜他是医生啊？｜你有事情啊？｜你还尚没吃饭啊？｜你去过啦？｜他已经毕业啦？｜你看过这本书啦？｜是他告诉你嗒？｜你带了钱嗒？这个"啊"也常和发问句"阿、嗒"一起出现，如：你阿去啊？｜他还吃过饭啦？｜他阿告诉过你嗒？

下面是三种疑问手段一起出现的例句：你阿去不去啊？｜他还吃没

吃过饭啦？|你阿帮不帮我的忙啦？

上述三种疑问手段中，第一、第三种在江淮官话及苏南吴语中常用，尤其是发问词"阿"与无锡、苏州等地吴语的"阿"同音。第二种手段（肯定否定连用）在江苏下江官话和苏南吴语中不常用或完全不用，在南京话中却很常用。

（2）动词重叠式。南京方言有一些自己的特点。

a）动词重叠表示动作的短时少量，南京方言也用，但不如动词加"一下子"常用，如：你去瞧瞧 | 你去瞧一下子 | 你大声喊一喊 | 你大声喊一下子。

b）动词重叠加"看"表示尝试，但在"看看"后不用"看"而用"瞧"，如：你吃吃看，味道好不好？| 你听听看，音色怎么样？| 你看看瞧，高头写的什么？

c）动补式中的动词可以自由地重叠，如：扫扫干净 | 听听清楚 | 摆摆正 | 放放直 | 煮煮烂 | 切切碎 | 商量商量好。

d）单音节动词可以四次重叠，表示动作在持续过程中，后面用表示出现新情况的短语或小句，如：他吃吃吃吃睡着了 | 我走走走走不认得路了 | 英语学学学学，他又学不下去了。

e）动词重叠加"的"，由表示动作转化为表示状态，含有悠闲、随意、轻松、漫不经心一类意味，动词前有受事成分，但不能移到后面做宾语，如：她在柜台里头生意不做，毛衣打打的，瓜子嗑嗑的 | 大家都急死得了，你还在这块二郎腿跷跷的 | 今天什么事情这样子高兴，一路走还小调哼哼的。

（3）"连 V 是 V"式。这是一种表示状态的动词格式，表示动作很快很急地持续或反复，如：他听到这个消息，朝家里连跑是跑 | 我连追是追总算追了上去 | 他饿死得了，一抓起碗就连吃是吃 | 大家连商量是商量，总算想出了一个办法。这一格式在扬州、淮阴等许多方言中都存在，可视为下江官话的共同特点。

（4）双宾语语序。表示给予义的双宾语句，如果两个宾语都比较简短，它们在动词后的位置可以互换，如：你给他一支笔～你给一支笔他 |

送他两张票～送两张票他｜退小张十块钱～退十块钱小张。假如宾语比较长，常在指物宾语后用"给"引出指人宾语，放在指物宾语之后，如：他给了一半家产给两个儿子｜我送了整整十盆兰花给那个亲戚｜学校里头奖一面锦旗给高二（3）班。

（5）了、过、着。南京方言这三个动词后附助词的意义用法基本上跟北京话一致，但也有一些自己的特点。

a）动词加"了"，主要表示"新闻性"行为的完成，即人们不一定预计到的情况或变化，而常规性行为的完成一般用"过"不用"了"。北京话这两种情况都可用"了"。下面各例，A类为新闻性行为，B类为常规性行为：

A类

他吃了三碗饭。

我今天洗了个澡，很舒服。

他家盖了新房子了。

他结了婚了。（有出乎意料之感，不常用）

B类

他吃过饭了。

我洗过澡了，要去睡觉了。

他家盖过新房子了。（隐含本来要盖的，现已完成）

他结过婚了。（已完成，常用）

b）"着"可以表示持续的动作状态或持续的心理行为，不能表示正在进行的动作，动作进行用动词前的"在"表示。可以说：他拎着一个包｜他在床上坐着｜窗口摆着一盆花｜门口站着一个人｜我记着这件事情｜驶着马找马｜拎着包上街。但不能说：他打着篮球｜他吃着饭｜他笑着说｜他说着拿出一本书来。

新南京话一般不用"着"而用"倒·tɔ˧"表示持续，此外，这个"倒"又常代替动词后的介词"在"，如：

助词　他拎倒一个包｜他在床上坐倒｜窗口摆倒一盆花｜驶倒马找马

介词　我家住倒城南｜书摆倒书架子上，你自己去找｜你坐倒门口干么事？

六、南京方言词典凡例（略）

七、词典中例句常用字注释

  词典例句中常用的南京方言字眼，在这里做个总的说明，词典例句中不再一一加注，详细释义请看正文有关条目。已见上文的这里不再重复。

高头 kɔo˨˩·tʻəɯ 上头，……上：~住了人家｜桌子~有本书

不得 puʔ˥ təʔ˥ 不能够、不可能：他太忙，~来｜这个天~下雨

姜 tɕiaŋ˨˩ 刚，用于"~才｜才~｜~~｜~好｜~~好"等

才得 tsʻae˩˩ təʔ˥ 才能：我下了班~去

只得 tɕi˩ təʔ˥ ①只有：一个人~两隻手 ②只能：他叫了，我~去

好 xɔo˩ 可以：你~走了｜下雪天不~干活

作兴 tsoʔ˥ ɕin˨˩ 可能、也许

不作兴 puʔ˥ tsoʔ˥ ɕin˨˩ 情理上不可以或不应该

歹 tae˩ 多，只做谓语：他钱~着哩

蛮 mɑŋ˨˩ 程度副词，挺、很：小娃儿~聪明的

没得 me˩˩·təʔ ①动词，没有（无）：~钱 ②新南京话用作副词，没有（未）：他~去

代 tae˥ 介词 ①给：我~你打件毛衣｜~他倒杯茶 ②跟：我不~你顽了

倒·tɔo˥ 新南京话用词 ①着：快拿~｜墙上挂~一幅画 ②介词，在，只用在动词后：坐~沙发高头｜拿~手上｜他住~城南

告 kɔ˥ ①并列连词，和：老大~老二都在我们厂 ②介词，跟：你不要~他讲

两个（人）liaŋ·kəʔ (ȵən˩) 助词，用在介词短语"告……"或

"跟……"后加强语气，不一定涉及两个人，也不限于涉及人：你不要跟我～啰啰｜他们三个人欺负我，我告他～拼了｜蜘蛛敢告蜈蚣～斗

得了·tə‽·lɔo　补语，相当于做补语的"掉了"（普通话常无须译出"掉"）：他走～｜东西摔～｜他死～｜电风扇坏～｜题目错～｜你瘦～

欸·ɛ　语气词，表示提醒或强调：快走～｜你是干部～，不要带头么？｜他坏得很～！

咪·lɛ　语气词"了·lɔo"和"欸·ɛ"的合音：不早～｜他已经走～｜他考取大学～

筛·ʂae↙　祈使语气词，有催促语气：你快走～｜你听我讲～

噢·əɯ　语气词，带有不得不如此或不得不信等语气：好～，就听你指挥～｜他女儿真聪明～

喽·ləɯ　语气词"了·lɔo"和"欧·əɯ"的合音：不早～，要走～｜东西都涨价～

啦·lɑ　语气词"了·lɔo"和"啊·ɑ"的合音：他去～？｜已经十二点钟～？

一刻儿 i‽ k'ɚ（k'ə‽）　一会儿，用在下列词语中常省略"一"：等～｜过～｜现在拿不到，等～再来拿

阿·ɑ‽　发问词，相当于某些方言的"可"：你～去？｜他～是医生？你～有零钱？

还·xae↙　发问词，同上条"阿"

哩·li　语气词，相当于普通话的"呢"。南京话 [n l] 不分，一般有 [l] 无 [n]，故作"哩"，但 [l] 在 [i y] 前常有鼻化，故也可作"呢"

一阵 i‽ tʂən↑　副词，一起、一道：我们～去

附录[1]

南京方言單字音表之一

聲\韵\調	ɿ 陰平˩ 陽平˧ 上聲˨˩ 去聲˦	ʅ 陰平˩ 陽平˧ 上聲˨˩ 去聲˦	ər 陰平˩ 陽平˧ 上聲˨˩ 去聲˦	i 陰平˩ 陽平˧ 上聲˨˩ 去聲˦	u 陰平˩ 陽平˧ 上聲˨˩ 去聲˦	y 陰平˩ 陽平˧ 上聲˨˩ 去聲˦
p p' m f				屄　比閉 披皮痞屁 眯迷米沫	補布 鋪葡浦舖　母 夫浮斧副	
t t' l				低　底弟 梯啼體替 　梨你利	嘟　賭渡 　徒土兔 　蘆櫓路	驢女濾
ts ts' s	貲　紫自 雌瓷此刺 司　死四			擠　擠祭 妻齊砌 西　洗細	租　祖 粗鋤楚醋 蘇　數素	疽　　聚 蛆徐取趣 須　　叙
tʂ tʂ' ʂ ʐ		知　紙治 跐遲齒翅 施時屎是 　　①仁			猪　煮柱 攄除暑處 書　　數 　　②如	
tɕ tɕ' ɕ				雞　幾記 欺旗起氣 稀奚喜戲		車　舉句 驅渠曲去 虛　許酗
k k' x ∅				給 　　　去 　　　　 醫姨椅義	姑③古雇 枯　苦褲 呼胡虎護 烏蜈五焐	舉句 　　　　 　　　　 淤魚雨玉
			兒耳二			

① zɿ˧　溜走
② zu˧　手向前伸出打人
③ ku˧　嘔氣、鬧彆扭
仁 zɿ˧　生果~：花生米；仁 zən˧，廣用
沫 mi˧　唾~；沫 mo˧，廣用
曲 tɕ'y˨˩　~蟮：蚯蚓；曲 tɕ'yʔ˩，廣用

---

① 《南京方言词典》包括其前言，按《现代汉语大词典》全书体例以繁体字出版。此处引论按单篇论文以简体字排印，字表仍沿用原书的繁体版。

南京方言單音字表之二

聲\韵調	a 陰平˩ 陽平˧ 上聲˨ 去聲˥	ia 陰平˩ 陽平˧ 上聲˨ 去聲˥	ua 陰平˩ 陽平˧ 上聲˨ 去聲˥	e 陰平˩ 陽平˧ 上聲˨ 去聲˥	ie 陰平˩ 陽平˧ 上聲˨ 去聲˥	ye 陰平˩ 陽平˧ 上聲˨ 去聲˥
p p' m f	巴　把　罷 趴爬　怕 媽麻馬罵			没		
t t' l	打大 他 拉拿哪	嗲		爹		
ts ts' s	揸　爪 　　　撒厦		抓		姐借 　且 邪寫謝	
tʂ tʂ' ʂ ʐ	楂①　炸 叉茶鑔汊 沙　傻			遮　者 車　扯 賒蛇捨舍 　　　惹		
tɕ tɕ' ɕ		家　假嫁 掐③　卡 蝦霞夏				瘸④ 靴
k k' x ø	嘎 咖②卡 哈　哈 阿　阿		瓜　寡掛 夸　侉跨 花　劃話 丫牙啞亞	蛙娃瓦		椰爺野夜

① tʂa˩　~巴~巴：形容囉唆、亂插嘴
② k'a˩　~過：勝過、壓住
③ tɕia˩　~鈎：撲克牌中的 J
④ tɕ'ye˨　~斷：用手折斷，掰斷
嘎 ka˩　用在 "老嘎嘎的" 中

《南京方言词典》引论   139

南京方言單音字表之三

韵 調 聲	o 陰陽上去 平平聲聲 √ ⌒ ⌐ ⌐	ae 陰陽上去 平平聲聲 √ ⌒ ⌐ ⌐	iɛ 陰陽上去 平平聲聲 √ ⌒ ⌐ ⌐	uae 陰陽上去 平平聲聲 √ ⌒ ⌐ ⌐	əi 陰陽上去 平平聲聲 √ ⌒ ⌐ ⌐	uəi 陰陽上去 平平聲聲 √ ⌒ ⌐ ⌐
p pʻ m f	菠　跛籤 坡婆頗破 摸磨抹幕	掰　擺拜 　排①派 　埋買賣			杯　彼被 胚陪⑤配 　梅美妹 飛肥匪痱	
t tʻ l	多　躲舵 拖駝妥唾 囉籮挦擦	呆　逮代 胎臺　太 　奶來奶賴				堆　　對 推頹腿退 　雷壘內
ts tsʻ s	左做 搓昨　錯 梭縮鎖漱	栽　宰在 猜才彩菜 腮　　賽				賊嘴罪 催隨脆 尿隨歲
tʂ tʂʻ ʂ ʐ		齋　者債 差柴踩 篩　捨曬		拽　跩拽 揣膗 摔　甩帥		追　　墜 　吹　錘 　　水睡 　　蕊瑞
tɕ tɕʻ ɕ			街解　戒 　　楷 鞋　蟹			
k kʻ x Ø	鍋果過 顆　可課 呵河火禍 窩鵝我餓	該　改蓋 開　楷② 孩　海害 挨挨矮愛	崖　　礙	乖　拐怪 　　④快 ③懷③壞 歪　崴外	給	歸　鬼跪 虧葵　愧 灰回毀會 煨圍尾胃

① pʻae⌐ 踩
② kʻae˥ ～時間：拖延時間
③ xuae√（或 xuæ⌐）手向外側甩或打
④ kʻuae⌐ ～癢：搔癢
⑤ pʻəi⌐ ～斷：用手折斷，掰斷
楷，文讀 tɕʻiɛ⌐，白讀 kʻae⌐，現多用白讀

南京方言單字音表之四

聲\韵調	ɔɔ 陰平 ✓ 陽平 ⌐ 上聲 ⌐ 去聲 ⌐	iɔɔ 陰平 ✓ 陽平 ⌐ 上聲 ⌐ 去聲 ⌐	əɯ 陰平 ✓ 陽平 ⌐ 上聲 ⌐ 去聲 ⌐	iəɯ 陰平 ✓ 陽平 ⌐ 上聲 ⌐ 去聲 ⌐	in 陰平 ✓ 陽平 ⌐ 上聲 ⌐ 去聲 ⌐	un 陰平 ✓ 陽平 ⌐ 上聲 ⌐ 去聲 ⌐
p p' m f	包　寶報 拋袍　炮 眊毛卯冒	標　　表 飄瓢漂票 瞄苗秒廟			冰　餅病 拼瓶品聘 　明抿命	
t t' l	刀　搗道 掏桃討套 　孬牢老鬧	刁　屌吊 挑條挑跳 　　撩鳥料	兜抖豆 偷頭透 搜樓搜漏	丟 　溜牛柳遛	丁　頂定 聽停挺聽 拎菱領另	蹲　　炖 吞屯　褪 　輪　嫩
ts ts' s	糟　早造 操曹草糙 騷　嫂懆	焦　剿醮 繰瞧俏 消　小笑	鄒　走皺 愁醜湊 搜　艘瘦	鬆　酒就 秋囚 修　　袖	精　井進 親晴請親 心　醒信	尊　　寸 村存 孫　笋
tʂ tʂ' ʂ ʐ	招　找照 抄韶少紹 　饒擾繞			洲　肘晝 抽綢臭 收　手壽 ①揉踩肉		準 春蠢 純吮順 　閏
tɕ tɕ' ɕ		交　絞叫 蹺橋巧翹 枵肴曉孝		鬮　九舅 丘求揪 休朽嗅	金　頸敬 輕琴頃撳 欣桁幸	
k k' x ∅	高　搞告 敲　考銬 薅毫好好 凹熬襖傲	腰搖咬要	溝②狗夠 摳摳口扣 齁猴吼後 歐藕　漚	休朽嗅 優油有右		滾棍 昆　捆困 昏渾　混 溫文穩問

① zəɯ✓　不~：不理睬
② kəɯ✓　向上伸頭

南京方言單字音表之五

聲\韵調	yn 陰平 陽平 上聲 去聲	aŋ 陰平 陽平 上聲 去聲	iaŋ 陰平 陽平 上聲 去聲	uaŋ 陰平 陽平 上聲 去聲	ən 陰平 陽平 上聲 去聲	ien 陰平 陽平 上聲 去聲
p p' m f		幫 板 辦 攀 盤 胖 蠻 蠻 滿 慢 方 房 反 放			奔 本 奔 噴 盆 捧 碰 悶 門 猛 燜 風 墳 粉 糞	邊 扁 變 偏 便 騙 棉 免 面
t t' l		單 揮 淡 湯 搪 毯 燙 男 懶 爛	娘 娘 兩 晾	端 短 斷 團 孌 暖 亂	燈 等 凳 熥 疼 能 冷 楞	顛 點 電 天 甜 舔 掭 拈 年 臉 練
ts ts' s	竣 絢 迅	髒 攢 塹 倉 藏 慘 燦 三 傘 散	漿 樂 匠 槍 牆 搶 嗆 箱 想 象	鑽 賺 氽 酸 算	爭 怎 甑 撐 層 逞 蹭 生 省 瘆	煎 剪 箭 千 錢 淺 倩 先 涎 癬 綫
tʂ tʂ' ʂ ʐ		張 漲 站 攙 常 敞 唱 山 賞 上 瓤 攘 讓		磚 轉 轉 窗 船 闖 竄 雙 爽 涮 軟	針 枕 震 抻 陳 懲 秤 深 繩 審 聖 扔 人 忍 認	
tɕ tɕ' ɕ	軍 郡 裙 熏 訓		江 講 犟 腔 強 強 香 降 響 巷			肩 撿 見 牽 鉗 遣 欠 掀 鹹 蜆 現
k k' x ∅	暈 云 隕 運	肝 趕 杠 糠 扛 砍 炕 夯 寒 喊 汗 安 昂 俺 岸		光 管 慣 寬 環 款 況 歡 黃 謊 換 彎 完 晚 望	根 梗 更 坑 肯 掯 哼 痕 很 恨 恩 哽	烟 鹽 眼 燕

南京方言單字音表之六

韵 調 聲	yen 陰陽上去 平平聲聲 ˧˩ ˧˥ ˨˩˨ ˥˩	oŋ 陰陽上去 平平聲聲 ˧˩ ˧˥ ˨˩˨ ˥˩	ioŋ 陰陽上去 平平聲聲 ˧˩ ˧˥ ˨˩˨ ˥˩	m̩ 陰陽上去 平平聲聲 ˧˩ ˧˥ ˨˩˨ ˥˩	n̩ 陰陽上去 平平聲聲 ˧˩ ˧˥ ˨˩˨ ˥˩	ŋ̍ 陰陽上去 平平聲聲 ˧˩ ˧˥ ˨˩˨ ˥˩
p pʻ m f						
t tʻ l		東　懂　動 通同桶痛 　龍攏弄				
ts tsʻ s	鐫　　雋 焌全 宣旋選旋	棕　總粽 聰從 松㩳㩳送				
tṣ tṣʻ ṣ ẓ		鐘　腫重 沖蟲寵衝 　　　絨				
tɕ tɕʻ ɕ	絹　捲卷 圈拳犬勸 軒玄楦		窘 　　窮 兄熊			
k kʻ x Ø	冤圓遠院	工　拱共 空　孔空 烘紅哄哄 嗡　　鼺	庸容永用	姆	①	吾

① n̩˧˥ ~奶："奶奶"的別稱

姆 m̩˧˩ ~媽：對母親的昵稱；姆 mu˥˩，廣用

吾 ŋ̍˧˥ 用於"~爹，~媽"，指"我爹，我媽"。"吾"的讀書音是 [u˥˩]

南京方言單字音表之七

聲\韵調	ʮʔ 入聲˧	iʔ 入聲˧	uʔ 入聲˧	yʔ 入聲˧	aʔ 入聲˧	iaʔ 入聲˧	uaʔ 入聲˧	əʔ 入聲˧	ieʔ 入聲˧	ueʔ 入聲˧	yeʔ 入聲˧	oʔ 入聲˧	ioʔ 入聲˧
p p' m f		筆劈密	不撲木服		八抹罰			北拍麥	憋撇篾			駁潑末	
t t' l		滴踢粒	獨禿六	律	答搨辣			得特肋	跌鐵捏			沰脱落	
ts ts' s		積七熄	足促塑		雜擦躠		刷	擇測澀	節切		絶雪	鑿撮嘁	削
tʂ tʂ' ʂ ʐ	直吃十日		竹出熟入		眨插殺		刷	摘拆舌熱		拙		桌雀説	
tɕ tɕ' ɕ		急乞吸	菊曲		夾掐瞎			結歇		撅缺血			脚確學
k k' x ∅		疙逸	骨哭棚屋		阿	刮滑挖		隔客黑額	喧		郭闊或月	各瞌活惡	藥

刷 suaʔ˧ ～刮：利索，做事快。"刷"老派音 ʂaʔ˧ 或 ʂuaʔ˧，新派音 suaʔ˧。"刷刮"的"刷"借用新派音

（原載《方言》，1994 年第 2 期）

无锡方言的体助词"则"(仔)和"着"*
——兼评吴语"仔"源于"着"的观点

一、引言

　　无锡方言指无锡市区使用的方言，实际上也代表了无锡县多数乡镇的方言情况，尤其在语法上。无锡方言属吴语，但是，北部吴语经常由一个体助词（如苏州话"仔"）实现的功能，在无锡话中却由"则"（仔）和"着"两个词分担，这一特点引起了我们的注意。①

　　"则"音 [tsəʔ]，因后附，没有单字调。"则"就是其他吴语中的"仔"[tsɿ]，无锡话名词后缀"子"和体助词"仔"都由 [tsɿ] 变读为 [tsəʔ]，这是舒声促化现象，后附、轻声本是舒声促化的常见原因（郑张尚芳1990）。"仔"记体助词也不是本字，所以本文用同音字"则"记入化的"仔"，但第四节仍作"仔"以便与其他吴语统一讨论。

　　"着"字在无锡话里代表几个词。一是动词，念 [tsaʔ]，表示穿（衣）、下（棋）；二是虚化中的动词，常做补语表结果，在起燃、入睡的意义上可做谓语，都念 [zaʔ]，如"睏着、拿着（拿到）、火着"；三是体助词，也念 [zaʔ]。本文只讨论体助词用法。

　　梅祖麟先生多次撰文认为吴语"仔"的语源是"着"，所据材料

---

　　* 本文的研究写作得到江苏省教委社科基金资助，谨此致谢。
　　① 笔者在《试论吴语语法的研究及其意义》[载《江苏省哲学社会科学联合会1982年年会论文选》（语言学分册）] 中首次注意到这一点。1988年笔者指导南京师大杨惠君同学就此写了一篇本科毕业论文。笔者写作本文时，采纳了杨文的一些材料，又请南京师大邵臻生、钱英洁二同学（均无锡市区人）核对了材料，谨向上述三位同学表示谢意。

主要是上海（实为老派）、苏州方言（梅祖麟 1980）。但是无锡话中"仔""着"却并存，而且读音迥异，这就使梅先生的观点必须面对更加复杂的情形。本文拟描写无锡话这两个体助词的用法和语法意义，着重分析两者的同异，顺便就无锡、苏州等北部吴语的情况讨论一下梅先生的有关论述。

二、"则""着"的分布和语法意义

"则"和"着"的分布比较复杂，有重合的，也有各不相同的；重合之处，"则"和"着"的语法意义有相同的，也有不同的。下面列出运用"则"和"着"的主要句式，分别举例并分析其语法意义。句式只列必不可少的部分，可有可无的成分（包括主语）一概不列，但例句中可以出现。句式中"则/着"表示两个词可以互换，"着/（则）"表示"则"可以有条件地替换"着"。词类和成分用习见的简称。

句式 I 动+"则"+宾+唎。"唎"音 [liəʔ]，相当于普通话的"了₂"（语气词）。

（1）小张买则摩托车唎（小张买了摩托车了）。

（2）厂里出则事情唎。

（3）卖票处换则地方唎。

此句式基本上相当于普通话"我吃了饭了"的句式，表示行为已经完成或发生，整个情况是变化后的新情况。但无锡话中此句式的适用面较窄，一般只用于生活中的新闻性事件，如例句中的"买摩托车"等，再如"造房子、做演员、杀人、犯错误"等。"吃饭、着衣裳、净浴（洗澡）、扫地"这类生活中的常规性行为，一般不用此句式，而用"过"或"过+则"，如"我吃过饭唎"或"我吃过则饭唎"。

句式 II 动+"则"（表先行行为或条件）……。句式中省略号指后面必须有另一个动词短语才能成句。

（4）你吃则饭勒去吧（你吃了饭再去吧）。

（5）卖落则旧葛，可以买新葛（卖了旧的，可以买新的）。

（6）伊张纸头可以裁则糊窗格葛（这张纸可以裁了糊窗户）。

（7）佗出去则一脚呒拨信来（他出去了一直没有信来）。

带"则"的动词都表示后面行为的先行行为或先行条件，全句可以是已然的，如（7），但经常是未然的，如（4）—（6）。"则"前有时是动结式，如（5）"卖落（卖掉）"。

句式Ⅲ 动+"则／着"+数量+宾语。数量指数量短语或省"一"的单个量词。

（8）厂里谢头开则／着个大会（厂里昨天开了一个会）。

（9）佗一个礼拜写则／着三篇文章。

（10）我上半日汏（洗）则／着五条单被（被单）。

（11）小王买则／着三张戏票。

在无锡话中，仅由动词或动词短语带"则／着"一般是不能成句的，必须另有一些成句的条件。这种条件，在句式Ⅰ中是"唡"，在句式Ⅱ中是后续成分，在此句式中是数量成分。数量不能省，而宾语倒可以省去，让数量升位为宾语，如"小王买则／着三张"。下面诸式也各有其成句条件。某些不同的条件可以同时出现在一个句子中，下文有些例句会是这种情况，这里先举一例："小张买则一部摩托车唡"，同时用数量成分和"唡"，是Ⅰ和Ⅲ的结合。

此句式用"则"和"着"意义基本相同，都表示行为完成并且在说话时是已然的。但是，在潜在的方面，用"则"和用"着"还是有区别的。在句法上，用"则"的句子有较多的扩展变化形式，而用"着"的句子变化很受限制。这种区别又跟它们在语法意义上的差异有关。"则"的含义较复杂，它在表示行为完成的同时，往往隐含对现在的影响，并且不排除可以继续或反复进行同类行为，而"着"的含义较单纯，它只是客观地陈述一件完成的事，该事业已结束，现在将来都不再继续或反复。下列句子都只能用"则"，不能用"着"：

（8a）厂里谢头开则个大会，工人侪（都）晓得唡。

（8b）厂里谢头开则个大会，明朝还要开一个。

（8c）厂里谢头开则个大会咧。

（8d）厂里谢头开过则一个大会。

（9a）佗一个礼拜写好则三篇文章。

（10a）我上半日汏落则五条单被。

这些句子不能用"着"各有原因。（8a）用"则"强调对现在的影响，并有说明影响的后续分句，"着"字句后一般没有这类后续分句。（8b）用后续成分表示同类行为的反复，所以不能用"着"。（8c）句末加"咧"，强调变化后的新情况，也就是对现在的影响。如（8c）也可以隐含（8a）的语义——因为开大会而工人都知道了。另外，用"咧"的句子又常隐含可能反复或继续，所以（8c）后也可以接上（8b）中的后续成分。"着"没有这些隐含语义，一般不能在句末加"咧"。（8d）、（9a）、（10a）三句，"则"前有已虚化为体助词的结果补语"过"和正在虚化中的结果补语"好、落（掉）"等，"着"从不用在动结式后。"着"的以上限制也适合于其他句式，下文不一一说明。

句式Ⅳ 动＋"着／（则）"＋数量补语。数量补语包括动量和时量两种。

（12）小张到无锡来着三架（次）。

（13）我只手表坏着两架（我的手表坏了两次）。

（14）伊朵花红着十几日天（这朵花红了十几天）。

（15）我来北京住着半年（我在北京住了半年）。

（12）—（15）都是不带"咧"的单句，表示已结束的已然行为，宜用"着"。若换用"则"，则强调对现在的影响或隐含将继续、反复，因此要添上后续分句或至少带"咧"（这时不宜用"着"），如：

（12a）小张到无锡来则三架，已经熟悉咧。

（12b）小张到无锡来则三架，下个月还要来。

（13a）我只手表坏则两架咧。（隐含还可能坏）

（15a）我来北京住则半年咧。［现在仍在北京。而说（15）时肯定已不在北京］

在有些动词后头，"着"和"则"的区别更加明显。如：

（16）佗走着半个钟头。

（16a）佗走则半个钟头咧。

（16）表示他走某一段路花了半个小时。（16a）有歧义，可以表示他已经走了半个小时，还在走下去，也可表示他已离开了半个小时。

句式 V 动+"着/（则）"+数量+存现宾语。

（17）大门口围着一群人。

（18）墙头酿（上）挂着几张山水画。

（19）老张额角头酿（额头上）长着一粒痣。

（20）佗戴着一顶新帽子。

此句式跟句式Ⅳ一样，在不带"咧"的单句中宜用"着"，"则"则用在有后续分句或带"咧"的情况下，如：

（17a）大门口围则一群人，走勿出去。

（20a）佗戴则一顶新帽子咧。

此句式例句中"着/则"在普通话中通常用持续体助词"着"，因而易被人认为是"着/则"也表持续的证明。其实，在无锡话中，"着/则"在这里仍表完成，而这种存在状态，被看作是行为完成后留下的状态，跟普通话"着"的持续义不能相提并论。此句式表示的存在状态，必须是确实经过行为的完成而留下的，如"围、挂、长、戴"。如果是天生的或说话人感觉本来就存在的状态，在普通话中当然用"着"，在无锡话中却不能用此句式。比如，"中国人都长着黑头发"，这句普通话，在无锡话中就不能用句式 V 表示。无锡话可以说："佗长着一头黑头发"，但意味着他从前头发不黑或缺少头发。例（19）也只用于说话人知道老张从前没痣，后来才"长"成的。这表明无锡话"着/则"在此句式中总是跟行为完成有关，不是纯粹的状态持续。再比如，下列句子在无锡话中属于此句式，也表示行为完成后留下的状态：

（21）墙头酿撞着一个洞。

（22）头发酿落着一层灰。

但在普通话中却不宜用"着"，只能用"了"，可见无锡话"着/则"着眼于完成，而普通话"着"着眼于持续。还有一点值得注意，此句式用

"则"时，前面也可以是结果补语，这更说明表完成而不表持续，如：

（17b）大门口围好则一群人，走勿出去。

句式Ⅵ 动+则+宾（表方式）……。省略号也指必须有的后续成分。

（23）我踏则脚踏车到处寻你（我骑着自行车到处找你）。

（24）小王只好厚则面皮搭师傅讲（小王只好厚着脸皮跟师傅说）。

（25）佗低则头一声勿响。

此句式中的"则"虽可用普通话"着"来对译，但在无锡话中，带"则"动词还是行为完成形成状态再作为方式，（23）"踏则脚踏车"不是说骑车行为已完成，而是骑上去的行为已完成，下面"厚则、低则"也有使厚、使低的动态完成过程。"则"译成"了"更合无锡话原意。

句式Ⅶ 动+则+祈使语气词。此句式"则"直接跟句末语气助词相接，这是"着"不具备的功能，"则"的这种用法也限于祈使句：

（26）你就吃则吧。

（27）拿佗里放落则吧（把他们放了吧）。

（28）你就去则好咧（你尽管去好了）。

（29）坐下来则□[bia]（你尽管坐下来好了）。

这些句子不用"则"也能说，但用了"则"强调一种变化，从不进行该行为到完成该行为，因此这种祈使句都用在听话人不愿或不敢做该事的时候，意在劝说鼓励，如（26）用在听者不愿吃的场合，（29）用在听者不敢贸然就坐的场合。

句式Ⅷ 动+好+则。此句式"则"用于句末，这也是"着"不具备的用法（"着"也不用在"好"等结果补语后，前已述）：

（30）小王来台酿立好则（小王在台上站着呢）。

（31）扇扇门侪开好则（每扇门都开着呢）。

（32）你到外头去等好则（你到外头去等着）。

（33）你只手搭我放好则（你的手给我放好了）。

"好"是正在虚化为完成体标志的结果补语，"则"在这里也表完成并帮助成句。此句式例句中的"好则"大都可译为普通话的"着""着呢"，但在无锡话中仍是行为完成后留下的状态。被看作本来如此、未经行为完成的持续状态，就不宜用此句式。比如"酒杯来台子酿摆好则"，表示酒杯经"摆"这一行为的完成而存在于桌子上，隐含已做好喝酒或待客的准备了。而"酒杯来橱里摆好则"就不自然，因为酒杯本该存在于橱里，但在普通话里，"酒杯在柜子里放着呢"却是自然的。

句式Ⅸ 形+着+数量。

（34）伊双鞋子大着一号（这双鞋大了一号）。

（35）我件衬衫稍为紧着点（我这件衬衣紧了点）。

（36）小王比小张长 [zã˧] 着两公分（小王比小张高了两厘米）。

此句式都有程度比较意义，（34）（35）是高于所需要的程度，（36）是高于比较对象。句中的"着"宜译为普通话的"了"，可以省去，用"着"有强调作用。

三、"则"与"着"的比较及二者与苏州话"仔"的比较

先从总体上比较一下"则"与"着"的异同。

在句法上，"则"比"着"分布广泛一些。在九种句式中，只能用"则"的是五种（Ⅰ、Ⅱ、Ⅵ、Ⅶ、Ⅷ），只能用"着"的是一种（Ⅸ），两可的是一种（Ⅲ），以"着"为主的是两种（Ⅳ、Ⅴ）。在各句式内部，用"则"的句子有较多的扩展变化形式，而用"着"的句子比较简单，扩展变化的限制较多。具体地说，"着"只用在含数量成分的宾语、补语之前，而"则"后不一定有数量成分，"则"本身还可以出现于句末。带"则"的句子可以有多种带"着"句所不能有的成分：句末的"咧"、"则"后的"吧"等语气词、"则"前的结果补语、"过"，等等。另一方面，带"则"句也常以出现其他这些成分为成句条件，这使带"则"句也受到一定限制。

"着"的分布假如加上做补语的"着"，还要广泛一些。但体助词"着"和补语"着"分明是两个语素，分布和语义都不同。在有些句式

中，只能用补语"着"，如"小王买着票唡"，"着"后没有数量成分，句末有"唡"，"买着票"是"（经过努力）买到票"的意思，其否定式有"勿秦（曾）买着票"和"买勿着票"。在另一些句式中，"着"有歧义。如"小王买着三张票"，如果票不难买，"着"是体助词，表示完成；如果票紧俏难买，"着"是补语，表示经过努力有了预期结果。两种意义其实在口语中可以分化：用体助词"着"，"着"不能重读，重音一般在"买"上；用补语"着"，重音可以在"着"上。因此，结果补语"着"的分布不能归到"着"的范围内。

在语法意义方面，"则"比"着"更加宽泛。两个词的共同点是表示行为完成或完成后留下的状态。此外，"着"的语义更加单一，更加具体，它主要用于平实地叙述说话已经结束，已成过去并体现为一定数量的行为，是过去时兼完成体，不强调对现在的影响。"则"的语义却更为多样、宽泛。它表示完成，但并不表明结束，可以是全部完成并结束，也可以是至今部分完成但尚未结束，有待重复或继续，可以体现为一定数量，也可以没有数量，可以是过去的，也可以是将来的，是体范畴而非时范畴。如果"则"用于过去，那常常强调对现在的影响，因此要求用一定的后续成分表示其影响。"则"可以用在动结式后，用突出结果来强调对现在的影响。

"着"的语义具体单一和句法分布受限制是一致的，"则"的语义宽泛多样和句法分布广泛是一致的。

为了下一节讨论梅祖麟先生的有关观点，这里有必要简单比较一下苏州方言的"仔"。汪平先生（1984）曾对苏州话的体助词"仔"做过较全面的描写和分析，我们基本上同意汪文的处理。比较本文的描写和汪文，可以看出，无锡话用"则"和用"着"的句子，在苏州话中都是用"仔"的。无锡话带"则"句有而带"着"句无的各种变化形式，苏州话带"仔"句也都有，只是其他有关成分存在一些词汇性差异，如：无锡的"唡" ＝苏州的"哉"[tsE]，无锡的"落" ＝苏州的"脱"。无锡话的"则"本是"仔"的舒声促化字，"则"与"仔"的全面对应是完全正常的。"着"在无锡话中是"则"的近义词，由于苏州话不存在"仔"以外的另一个近义体助词,因此"着"的分布在苏州话中也用"仔"覆盖。这在语义上也产生一定影响。首先,"则"和"着"的细微语义差别,在苏州话中无法得到体现。其次,无锡话体助词"着"和做结果补语的"着"同音同形,有时会造成歧义,而苏州话"着"不会产生这类歧义。如例"小王买着三张戏票",在苏州话中只用在票紧俏难买时,"着"是补语,可以重读,也不能换用"仔"。

四、吴语"仔"的语源问题

梅祖麟先生(1980)提出吴语"仔"来自古汉语的"着(著)",跟官话的持续体助词"着"同源。理由主要有两项。第一,吴语体助词"仔"兼表完成和持续,其中持续义跟官话"着"是一致的;第二,"仔"的读音可以追溯到"着"。以后,他又发展了这一观点,认为古汉语动词"着"在现代各方言中表现为介词、持续体助词(他称"持续貌语尾")、完成体助词三种虚词,不同方言分别取其一,或其中的两项,或全部的三项。吴语"仔"和安庆话"着"[tʂɔ]便是取其后两项的例子。梅先生(1980)认为,"有了安庆话的旁证,'仔'的本字是'著'这个假设,大致算是证实了。"

从我们对北部吴语"仔"(本节中"仔"统指苏州话"仔"、老上海话"仔"和无锡话"则"等同源对应词)的考察来看,"仔"来源于"着"的假设目前还难以被证明。梅先生对"着"的跨方言分析及其结论也存有诸多疑问,主要是因为梅先生提出的前述两项主要理由存在着较大的问题。下面围绕这两方面做点讨论。

1. 吴语"仔"是不是持续体助词

一般认为,普通话助词"着"既可表动作进行,也可表状态持续。对此,马希文先生(1987)用北京话材料证明,这两者可以统一为"状态范畴"。他指出:"(1)动词后边加上'着'就转而指明状态;(2)对Va类动词(唱、跳、吃、开(会)等——引者)来说,这个状态就是

'在动作过程中'（因此与英语进行时相当类似），对 Vb 类动词（穿、坐、挂、开（门）等——引者）来说，这个状态是'动作产生的结局'；（3）状态与动作的这种关系是动词语义的固有成分（而不是由副词或助词等附加上去的）。"

由于表示状态持续实际上是"动作产生的结局"，因此这种情况其实是持续体与完成体（结局）的交叉之处，甚至不妨看作持续与完成以外的又一种复合体——"成续体"。北京话用持续体兼表"成续体"，所以孤立的"挂着画"有歧义，或者正在挂（持续体），或者挂后存在（成续体）。吴语用完成体兼表"成续体"，所以孤立的"挂仔画"也有歧义，或者已经挂（完成体），或者挂后存在（成续体）。有时候，普通话也用完成体兼表"成续体"，如"墙上挂了一幅画""骑了马找马"。吴语由于用完成体兼表"成续体"，因此还能加进结果补语，如"墙头浪挂好仔一张画"（苏州）。北京话"着"本为持续体，不能加进结果补语。

汪平先生（1984）也曾针对梅先生的观点做过分析讨论，结论是，苏州话的"仔"只能对应于普通话的"了"（完成）而不能对应于"着"。他指出，被认为"仔"表持续的句子中的动词（即马文的 Vb 类）"都有一个共同的特点，就是人们既可把它们理解成一个持续的静态的过程，也可以理解成一个瞬时的变动。……如果是前者，就该用持续貌；如果是后者，就该用完成貌。而苏州话恰恰没有持续貌后缀，苏州人就把它看成后者，使用相当于'了'的表示完成的'仔'。"本文在描写无锡话时也一再强调，"仔""着"用于表示存在、方式时，必须是行为完成留下的状态；没有行为完成的固有状态，便不能用"仔""着"。翻遍梅先生所举的"仔"表持续的例子，无一不属于这种"成续体"，例例都可任选普通话的"着"和"了"来对译。纯粹的持续体，如下列各句普通话，在苏州、无锡话中都不用"仔"，在无锡话中也不用"着"表示：

门外下着大雨。

妈正看着信呢。

我一直记着你的这句话。

地下藏着一个大煤矿。

特别请注意,"藏"本属"成续体"动词,但这里不可能真有过"藏"这一行为,因此也不能用"仔";假如是"地下藏着一箱银元",吴语就可以用"仔",无锡话可以用"着"。本文的结论和汪文是一样的,"仔"是完成体助词而不是持续体助词,只相当于"了",而不相当于普通话的"着"。

由此可见,梅先生的一个主要论据——吴语"仔"也有官话"着"的持续体意义——是没有根据的。更进一步,其他方言中用同一个助词(梅先生认定的"着")兼表完成和持续的情况,也没有得到证实,因为梅先生所举的表持续的例子,也全都属于"成续体",我们找不到一例是纯粹持续体的。因此,梅先生勾勒的"着"在今天各方言中的功能分布,也有待做大的修正,假如它们确是"着"的话。

2."仔"与"着"的关系

梅先生认为,在语法上,持续体和完成体的"着"都来自方位介词"着"(梅祖麟 1988:§4.4.2);在语音上,"着"在汉代分化为四个读音(同上 §2):

drjak ⟶ drjak 澄母药韵   trjak ⟶ trjak 知母药韵
      ⟶ dria   澄母御韵   ⟶ trja   知母语韵

他又认为,普通话持续体"着"(zhe)和动结式中的"着"(zháo)都来自澄母药韵的 [drjak](同上 §4.3.2),而上海话"仔"[tsʅ] 则来自知母,"大概是语韵",即 [trja],其演变轨迹是 [trja>tja>tji>tʂʅ>tsʅ](同上 §4.1)。联系吴语材料,特别是无锡话来看,这些语法语音联系大可质疑。

梅先生提到官话持续体"着"和动结式中的"着"(下作"着结")在语音上同源(澄母药韵),但未说明二者在语法上是否同源,只认为持续体来自方位介词。在无锡话中,完成体"着"和"着结"完全同音([zaʔ]),也是澄母药韵字。二者在语法上也当同源,完成体"着"来自"着结",因为完成和结果关系紧密,官话"了"也从结果补语"了"

（liao）虚化而来。无锡话完成体"着"至今不能用在动结式后，这表明它至今还留有结果补语的遗传因子。无锡话的情形证明，"着"虚化为完成体助词是完全可能的，这对梅先生有利，但是，"着"虚化为体助词无须方位介词的中介，而是经由结果补语实现的。这与梅先生的勾勒不符。北部吴语有关的介词读音为上海 [laʔ]，苏州 [laʔ]、[ləʔ]，无锡 [lɛ]、[ləʔ]，跟"着、仔"都不相干。

完成体助词可能来源于"着"，并不足以证明吴语的"仔"来自"着"。在语音上，北部吴语"仔"的基本形式是 [tsɿ]，体现为老上海话和苏州话的 [tsɿ]，在昆山话、吴江话中因轻读而浊化为 [zɿ]，在常州、无锡、金坛等方言中跟名词后缀"子"一样因轻读而促化为 [tsəʔ]（则）。这几处"着结"都念澄母药韵的 [zɑʔ]，"仔"和"着结"[zɑʔ] 及另一个动词"着 [tsaʔ]"缺乏可证明的语音联系。梅先生认为上海、苏州的"仔"来自知母语韵的"着"，可是这一语音联系建立在误记方音的基础上。"着"的知母语韵现在规范写作"著"，用于"著作、显著"等词，梅先生记上海话、苏州话的此字为 [tsɿ]，并以此显示"仔""著"同音。实际上，在北部吴语中，"著"及其他知照系鱼韵（上声即语韵）字（猪、褚、除、储、处、书等）普遍念 [ʅ] 韵，如苏州、无锡、常熟、常州、吴江、金坛、宜兴等，只有 [ɿ]、[ʅ] 合为一韵的方言，如近几十年来的上海话，"著"等才念 [ɿ] 韵。因此，上海话"著、猪、仔"同音，是韵类合并的结果，不足以说明"仔"来源于"著"音，正如我们不能凭北京话"利"跟"力"同音就推断"利"为古入声字。

语音联系成问题，语义语法联系更成问题。我们先看一下"着"字的几个音在苏州话中的读法及用法：

澄母药韵：[zɑʔ₂] 着（火~、买~）

知母药韵：[tsaʔ₂] 着（~衣裳、~棋）

澄母御韵：无字，但同音的"箸"念 [zʅ²]（筷~笼）

知母语韵：[°tsʅ] 著（~作、显~）

由此可见，"着"字的读音分化是跟语义和用法的分化相连的。助词可从澄母药韵的"着"而来，无锡话、北京话均可为证。即使按梅先生所假定,"仔"来自知母语韵,也找不到"仔"跟这个音的语义语法联系。文献中可作为助词源头的用例,也无法证明其读音为知母语韵。因此,关于"仔"来源于"着"的假设,还有大量问题没有解决,还远不能说"大致算是证实了"。对无锡话来说,这一假设还面临着更加特殊的问题。因为无锡话已有完成体助词"着"了,如何解释它跟"同源"近义而读音不同的"仔(则)"的关系呢?

最后,需要补充说明一点。上面指出,梅先生论证吴语"仔"源于"着"的两条主要理由都颇成问题,因此这一假设无法被证实。但这并不意味着本文完全否定"仔"源于"着"的可能性。使这种可能性存在的理由,不是梅先生强调的上述两条,而是:第一,如梅先生所举,"着"在近代文献中确有完成体助词的用例;第二,如本文所示,"着"在无锡话中确兼结果补语和完成体助词。这两点表明,"着"有虚化为完成体助词的可能,但还不足以证明"着"就是今天吴语的"仔"。"着"和"仔"的语音语义联系问题,"着""仔"并存的问题等,仍都有待探讨。有一点是肯定的,探讨吴语"仔"的语源,必须紧扣完成体这一关键。把"仔"误解为完成兼持续,反会模糊讨论的线索,妨碍探讨的深入。

参考文献

马希文 1987 北京方言里的"着",《方言》第 1 期。
梅祖麟 1980 吴语情貌词"仔"的语源,陆俭明译,《国外语言学》第 3 期。
梅祖麟 1988 汉语方言里虚词"著"字三种用法的来源,《中国语言学报》第 3 期。
汪 平 1984 苏州方言的"仔、哉、勒",《语言研究》第 2 期。
郑张尚芳 1990 方言中的舒声促化现象说略,《语文研究》第 2 期。

(原载《中国语言学报》,1995 年第 6 期)

苏州方言的体范畴系统与半虚化体标记

引　言

　　关于苏州方言的体范畴，已有不少论著做过描写研究，只是尚未有过全面反映体范畴系统的描写。对苏州方言的体，以往注意得较多的是用纯粹虚化的手段（如体助词"仔"）表示的体。据我们的观察，苏州方言中也经常用正在虚化过程中的成分来表示体的意义，起体标记的作用，我们称之为半虚化体标记。如"好"就是一个十分活跃的半虚化体标记，它在表示完成和持续方面都很常用和重要，在北部吴语区也有较为广泛的分布。类似的还有"脱、着、牢"等。因此，本文准备分上下两篇。上篇在以往描写的基础上，参考余霭芹的分类法，简要介绍苏州方言体范畴系统的概貌；下篇重点描写以"好"为代表的一批半虚化体标记，并探究它们的虚化轨迹，确定它们跟同时存在的实词用法的界线。由于汉语各方言的体标记也多半是从实词虚化来的，因此，对这些半虚化成分的仔细分析，可以为研究汉语体标记的虚化演变历史提供参考。

上篇　体范畴系统

　　（一）完成体。完成体内部可以分出一些小类，本文只给表达形式上有区别的单列小类。另外，普通话用句末语气词"了"表示的意义，余霭芹也归入完成体，在苏州话中宜另立一类。

  1. 普通完成体——"仔"[tsɿ˩]。"仔"是完成体最基本的助词，表示的意义类别最多，与普通话助词"了"基本相当。关于"仔"的作用，汪平（1984）有过较详细的描写，可参看。例如：

  俚吃仔两碗饭。'他吃了两碗饭。'
  伲爷拨仔我两百块。'我爹给了我两百元。'
  小王做仔科长哉了，句末语气词。
  我到仔上海哉。
  我每日天吃仔夜饭要出去荡进一圈。
  倷你考取仔要请我吃糖个哴[ȵiɑ˩]！'你考取以后可得请我吃糖啊！'
  我共总去仔三埭趟。
  袖子管短仔一寸。
  俚勒床浪睏仔两日两夜。'他在床上睡了两天两夜。'
  毛病好仔点哉。
  俚黑仔良心哉。'他黑了心了。'
  俚一听，马上走仔出去。
  老张眼睛勿好，坐仔前头去哉。（"仔"兼"在"义，不多见）

完成体的"仔"用途虽然比较广泛，但使用时仍有一些限制。它不能用在句末，主要用在动宾或动补之间，并且必须具备三个条件中的至少一个才能成句：1）宾语或补语中有数量成分；2）句末有语气助词"哉"（念[tsE˩]或[tsəʔ˩]，所以也作"啧"）；3）有后续动词短语或分句。普通话只要动词前有状语即可成句，如"我只买了柚子""他刚吃了药"，这两句用苏州话带"仔"的句子说都站不住，必须加进数量成分或另有分句，例如：

  我只买仔点柚子。
  俚刚刚吃仔药，勿好吃茶。

  2. 常规性完成——"过"[kəu˩]。对于日常生活中的常规性行为，如吃饭、洗脸、刷牙、洗澡、穿衣、扫地、（每月的）领工资、（每年的）发奖金等，或计划中预料中该做的事情，苏州话并不常用"仔"来表示，而更常用"过"来表示。比如人们常用作调查例句的"吃了饭了"，其实在苏州话中并不常说"吃仔饭哉",而是说"吃过饭哉"。所以上文选的是非常规性行为的"小王做仔科长哉"。再如下面两句实际前提有别:

老王笃造仔新房子哉。

老王笃造过新房子哉。

上一句表明说话人是把此事当作新闻告诉听者的;下一句表明,听说者知道老王家要盖新房,或认为本来应该盖新房,现在只是完成了这一预料中的过程。① 下面是其他一些用例:

我氽过浴哉,勿高兴打球哉。'我洗过澡了,不想去打球了。'

倷_你吃过饭再去寻俚_他

我领过工资哉,倷快点去领吧。

伲_{我们}单位发过奖金哉。

花今朝浇过水哉。

我打过中觉起来板要吃杯茶。'我睡了午觉起来一定要喝杯茶。'

在用完成体表示先行条件或强调数量时,常规性行为也用"仔",如"吃仔饭再去""吃仔三碗饭"等。在表示先行条件时还可让两个助词连用成"过仔",如"吃过仔饭再去"。

表常规完成体的"过"跟表经历体的"过"不同,经历体"过"可重读,并能换说"歇、过歇、歇过"[见(五)经历体],完成体"过"不能重读,也不能换说其他各词。

3. 消失或偏离性完成——"脱"[tʻəʔ⁵]。当动作行为带有消失、损坏、减少、偏离常态等含义时,苏州话要在动词或动结式后加"脱"。"脱"后可以加"仔",但常常省略。"脱"来自补语,相当于普通话(但未必是北京话)做补语的"掉",但用途远比"掉"广泛。例如:

贼骨头逃脱哉。'小偷跑了。'

大水总算退脱哉。

辩个强盗一歇歇杀脱两个人。'这个强盗一会儿杀了两个人。'

五瓶啤酒俚一个人吃脱仔三瓶。

---

① 无锡方言完成体的"仔","着"(用途比苏州"着"广)和"过"之间,南京方言完成体的"了"和"过",也存在这种关系,参看刘丹青(1991、1994a)。

我一日天写脱五封信。'我一天写了五封信。'

结脱账再走。'结了账再走。'

橘子烂脱勿少。

倷眼睛瞎脱哉！'你眼睛瞎喽！'

线拨佢划歪[huɑ⁵⁵]脱哉。'线给他画歪了。'

我算错脱一笔账。

小干睏着脱哉。'小孩睡着了。'

关于"脱"，下篇还有详细分析。

4. 成功性完成——"好"[hæ⁵¹]。表示行为成功的完成，常用"好"，"好"后可以带"仔"，但常常省略，连用成"好仔"更常表示持续体（详下）。能带"好"的主要是自主行为动词，例如：

我吃好饭哉。

佢做好仔一套新西装。

阿爹刚刚开好刀，住勒医院里。'爷爷刚开了刀，住在医院里。'

倷写好文章拨给我看看。

佢开好仔会就来碰头倷。

"好"的语法作用下篇将详细分析。

5. 意外性完成——"着"[zɑʔ˦]。表示不如意的意外事件时，常用"着"，"着"后可带"仔"，但常常省略。能用于这一类的主要是部分被动性的或非自主的动词，与上一类正好相反。例如：

皮肤浪划着一刀。'皮肤上被划了一刀。'

佢拨被狗咬着一口。

我刚刚跌着一跤。'我刚才摔了一跤。'

额骨头浪额头上撞着仔一记。

鸡蛋勒车子浪颠着一颠，碎脱勿少。'鸡蛋在车上颠了一下，碎了不少。'

（二）已然体。指相当于普通话句末语气词"了"所表示的体意义，较准确的表述是肯定新情况或新变化的出现。

1. 一般已然——"哉"。"哉"[tsɛ˦ / tsə ʔ˦]和普通话语气助词"了"

相当，位于句末。它既可以表示已经完成的新情况，也可以表示将要出现的新情况。例如：

俚老早来哉。'他早就来了。'

倷等一等，俚马上来哉。'你等一下，他马上来了。'

伲兄弟我弟弟中学毕业哉。

天冷哉，要多着点衣裳。

已然体常和完成体配合使用，例已见上。"哉"的意义和用法也可参看汪平（1984）。

2. 肯定已然——"个哉"[kəʔ˩ tsE˩ / tsəʔ˩]。"个哉"表示已经发生并完成的新情况，带有较强的肯定语气。这个复合虚词以前的论著尚未注意。[①] 如"俚来哉"可能是他已来，也可能是马上来；而"俚来个哉"强调他早已来了。客人告辞只能说"伲走哉"，绝不能说"伲走个哉"。再例如：

我搭俚跟他讲个哉，俚勿肯听。

茶冷个哉，再泡一杯吧。

不强调新情况的，肯定用"个"[kəʔ˩]，否定用"𤆑"[fən⁵⁵]，不用"哉"或"个哉"，例如：

甲：唔笃𤆑养鸡？

乙：养个。/ 𤆑养。

（三）进行体。在动词前加"勒海、勒浪、勒里、勒笃"。这几个词都有"在这儿/在那儿"的意思，也是半虚化体标记。例如：

小张勒海看棋。'小张正在下棋。'

我勒里吃饭。

俚勒浪看书，倷嫑去吵。

俚笃勒海挑河泥。

进行体用在分句中时可以在"勒海"等前加"正"，例如：

[①] "个"相当于普通话"的"。"哉"和"个哉"可以用来分化普通话句末的所谓"了$_2$"和"了$_{1+2}$"。普通话"了$_1$"和"了$_2$"同形，不能连用，所以有时句末的"了"就等于"了$_1$+了$_2$"，参看吕叔湘主编（1980）"了"条。苏州话"仔"和"哉"虽不同形，但也不能连用，于是用"个+哉"来表示"仔+哉"。

俚进来，我正勒里吃饭。

我正勒浪寻俚，俚倒来哉。

（四）持续体。苏州方言的持续体有两类表示法。第一类是借用完成体标记"仔"或"好"来表示。在苏州人的语感中，这类跟完成体是相同的，它表示的是动作完成以后留下的状态，下篇将其分析为"完成持续体"。当苏州话两个完成体标记连用成"好仔"时，持续意味更强一些，但仍不是真正纯粹的完成体。第二类是在动词或动词短语后加上"勒海"一组词，与进行体用词相同而语序正好相反。这是较纯粹的持续体，与动作完成无关的持续（如普通话的"他醒着"）只能用第二类手段。两类手段可以同时配合使用，增加持续意义。例如：

俚手里拿仔一只铜盘。'他手里拿着一个铜盘。'（仔）

门浪贴仔一副对联。'门上贴着一副对联。'（仔）

门口立好几个人。'门口站着几个人。'（好）

窗外头种好一排树。'窗外种着一排树。'（好）

倷搭我拎好。'你给我提着。'（好）

俚醒勒海。'他醒着。'（勒海）

我有钞票勒海，倷用勿着拨我。'我有钱呢，你不用给我。'（勒海）

俚欢喜立勒浪吃。'他喜欢站着吃。'（勒浪）

灯开勒里，覅关。'灯开着，别关。'（勒里）

茶杯里倒好仔一杯茶。'茶杯里倒着一杯茶。'（好仔）

俚勒凳子浪坐好仔。'他在凳子上坐着。'（好仔）

倷拿好仔，覅夺脱。'你拿着，别掉了。'（好仔）

戴好仔帽子寻帽子。'戴着帽子找帽子。'（好仔）

俚开好仔门勒海。'他开着门呢。'（好仔……勒海）

台子浪摆仔一桌酒勒里。'桌子上摆着一桌酒。'（仔……勒里）

床浪向有一个人睏好勒浪。'床上有一个人睡着。'（好＋勒浪）

以上各种手段的大致分工是："仔"用在动宾之间，一般不用在句末；"好"和"好仔"可用在动宾之间或不带宾语时的句末；"勒海"等用在句末或不带宾语的动词后。此外，半虚化体标记"牢"也能用在持续体中，例如：

张家搭李家门对牢门。'张家和李家门对着门。'

俚盯牢我看。'他盯着我看。'

（五）经历体。任选体助词"歇、过、歇过、过歇"中的一个（参看叶祥苓1988）。体助词有时也可加在宾语后或分用在宾语前后。例如：

我到歇北京个。'我去过北京的。'（V 歇）

俚从前做过农民，种过田。（V 过）

我吃歇过外国个苹果，味道勿大一样。（V 歇过）

王老师教过歇英语个。（V 过歇）

我看见一个陌生人歇个。（VO 歇）

倷买歇一转上当货过个。'你买过一回上当货的。'（V 歇 O 过）

（六）开始体。用"起来"：

小毛头哭起来哉。

当时吭拨_没有_办法就做起生意来哉。

（七）瞬间完成体。这是有方言特色的一种体，用"一……头"加在动词的两边，表示动作一下就完成并且产生结果，特别是消失、毁坏等结果（参看谢自立等1989）。例如：

哀点酒我一呷头。'这点儿酒我一口就喝完了。'

俚抢过纸头一哼_撕_头。'他抢过纸来一下就撕了。'

俚倒一走头，只好我搭俚揩屁股。'他倒一下子走了，只好我来给他"擦屁股"。'

（八）补偿性（compensative）重复体。指前一行为无效、失效或不理想而重新进行一次。用动词后的"过"表示，但动词前面也要有"重新、再"一类副词。例如：

辨_这_篇稿子俚勿称心，我只好再写过一遍。

茶淡脱哉，重新泡过一杯吧。

在苏州以南的吴江方言中可以单用"过"表示，是更纯的形态现象，例如：

辨篇稿子伊勿称心，我只好写过一遍。

茶淡脱特，泡过一杯吧。

（九）持续反复体。可分几类。这几类在刘丹青（1986）中都有详细描写。

1. 短时反复。用动词的简单重叠"VV"表示。也可用"V一V"表示，这时重在指动作的轻微而不强调反复。两种形式都可以带结合紧密的状语或结果补语，这与普通话不同。例如：

俫到门口去看看。

出去走一走吧。

肉就红烧烧吧。

我来毛估估。

我要拿事体经过讲讲清爽。

台子浪_{桌子上}揩一揩干。

动词重叠在苏州话中的作用比普通话更加复杂多样，参看刘丹青（1986）。

2. 低频反复。用"V 勒 [ləʔ˦]V"表示，表示一种较缓慢或悠闲的反复，与下面的两类一样都是状态性强于动作性，动词后不能再带宾语，例如：

俚事体勿做，天天勒街浪荡勒荡。'他事情不干，天天在街上逛啊逛啊。'

俚一头讲，一头手甩 [huE^{513}] 勒甩。'他一边说，一边手甩啊甩的。'

几片云勒天浪飘勒飘。'几片云在天上飘呀飘。'

3. 中频反复。用"V 法 [faʔ˦]V 法"表示，意义与"V 勒 V"类似而频率或强度似乎要略高一些，例如：

俫手勒背心浪拍法拍法。'你用手在我背上拍啊拍的。'

搿条鱼杀脱仔一歇哉，还勒里犟法犟法。'这条鱼杀了好一会儿了，还在不停地挣扎。'

4. 高频反复。用部分单音节副词（F）构成"FVFV"式，表示频度强度都较高的反复，例如：

俚拿儿子穷骂穷骂。'他把儿子一个劲地骂。'

俫嫑瞎说瞎说。'你别乱说乱讲。'

俫死吃死吃，捺享嫑胖。'你拼命地吃，怎么会不胖。'

（十）背景过程体。表示动作行为处在进行或持续过程中，而这一过程成为另一个行为或状态发生的时间背景。这种体总是用在两个动词短语或两个分句的前一部分中，带有修饰性。可分两个小类。（参看刘丹青 1986）

1. 普通过程。用简单的动词重叠式表示，与短时反复体形式相同。可以适合于单音或双音动词，也能带宾语，不强调过程的长度，例如：

俚看看书瞓着脱哉。'他在看书过程中睡着了。'

我吃吃鱼，鲠着一根鱼骨头。'我正吃着鱼，被一根鱼刺卡了。'

我动动倒暖热点哉。'我在活动过程中倒暖和起来了。'

俚笃商量商量，想着一个好办法。'他们在商量过程中想到一个好办法。'

2. 长时过程。用动词的两次重叠即 VVVV 表示，只适用于单音节动词，后面不能再带宾语，表示背景过程时间较长。例如：

俚看看看看瞓着脱哉。'他看着看着睡着了。'

我写写写写，写勿下去哉。'我写着写着，写不下去了。'

俚笃走走走走，落起雨来哉。'他们走着走着，下起雨来了。'

（十一）继续体。用"下去"表示，例如：

倷唱得蛮好，再唱下去。

俚班长做得蛮像样，就让俚做下去吧。

鳗怕，倷讲下去。

下篇　半虚化体标记

一、完成体和持续体标记"好"

"好"在苏州方言中既是实词（意义与普通话"好"的各个义项基本相同），又是个常用的半虚化体标记，而且能用于完成和持续两种体。

"好"的实与虚两类用法之间存在着密切关系,划界不易。它的实词义项之一是完成、停当,如"饭好哉"。完成体作用正是由此而来,与实词的界线特别微妙。持续体作用则又由完成体作用而来,与实词已隔了一层,体标记的性质更加明显一些。

(一)"好"的虚实界线

"好"由"完成"的词汇意义虚化为完成体的语法范畴的轨迹,可在如下例句中得到体现:

(1)饭好哉。

(2)我烧好饭哉。

(3)我批好作业哉。

(4)我吃好饭哉(,吃勿落哉)。

下面我们就通过分析这些例句的语法特点来寻找实与虚的界线。分析的结果对其他类似的半虚化体标记基本上也能适用。至于持续体标记"好",则是从完成体再引申而来的,下文将做进一步分析。

句(1)的"好"做谓语,它是谓词无疑。但它的意义是完成、完毕、停当,不是好坏的好。这一义项为"好"的虚化提供了语义上的可能。

句(2)的"好"做补语,语义跟句(1)相同,而且可以变换为句(1),可见仍是谓词。但补语的句法位置带有后置性。这给"好"虚化为后置体标记提供了句法上的可能。

句(3)的表层句法构造与句(2)相同,语义也看不出明显不同,但是变换能力不一样。句(3)不能变换为句(1)的样子(*作业好哉),也就是说"好"已不是真正的谓词(能做谓语的词类),而是一种"唯补词"(只能做补语的词类,参看刘丹青1994b),这使"好"朝虚化方向又前进了一步。其实这里也有语义上的原因。上两句中的"饭"是因动作完成才存在的,是被创造物,所以可说"饭好哉";而句(3)中的"作业"并不是"批"这一动作创造的,所以不能说"作业好哉"。因此,句(3)的情况表明"好"在补语位置的搭配范围比做谓词的"好"要广,而搭配面的扩大也正是虚化的重要方面。

句（4）表面看起来跟（2）（3）一样，区别非常微妙，实际上存在两点重要差别，正是这两点差别决定了句（4）的"好"已成为体标记的一员。第一，在句法上，（2）（3）都可以变换为可能式，如"我半个钟头烧勿好饭个""我今朝批勿好作业哉"，而句（4）在这种用法中已不能有可能式。可见，这里的"好"已不是真正的补语，而成为附加的虚词——体标记，因为普通的动结式都能变换为可能式。第二，在表达上，汉语的动结式通常以结果补语为表达的焦点，也就可以重读；而前面的动词则往往是已知信息，是句子的预设。句（2）的"烧好饭"重在说饭已好，我在烧饭是已知的；"批好作业"重在说批作业的工作已做完，我在批作业本身是已知的。而句（4）的"吃饭"却是新信息，说话人强调的正是已经"吃饭"。"吃饭"不但不是预设，而且还可以是句子的焦点。而"好"则相应地变成句子的附属信息，不能重读，从而成为后附的体标记。本文正是根据"好"在句（4）中的这类用法而将其归入体标记的。以上分析对下面几个半虚化体标记也基本适用。

当然，动词后的"好"属于句（3）类还是句（4）类，常常不能光凭带"好"的单句或分句来确定，而需要参考上下文，所以句（4）补列了一个分句。但句（4）这样的句子在苏州方言及北部吴语中是大量存在的，有些是无须上下句也能确定其为句（4）类的；而在普通话中，"好"的虚化用法至多达到句（3）即"唯补词"的阶段，因此不能认为"好"作为完成体标记仅仅是语境造成的。当然，仅凭一个句例是不足以显示"好"的体标记性质的。要认识"好"的体标记性质，还需要通过具体描写。下文就分别具体说明一下"好"在完成和持续两种体意义中的作用。

（二）完成体的"好"

作为完成体标记的"好"，句法上跟"仔"大体相同，但也存在一些差别。用"好"表完成的句子，必须满足三个条件中的至少一个才能成句：1）宾语或补语中有数量成分；2）句末有语气助词"哉"；3）有后续动词短语或分句。这与"仔"完全相同［见上篇（一）1小节］。下面举例为了节省篇幅，不全做整句翻译，但请注意，例句中的"好"都

可以换用"仔",最恰当的普通话翻译都是"了",不要把这个完成体的"好"误解为补语好坏的"好"。例如:

老王笃造好新房子哉。'老王家盖了新房子了。'

我一日天写好五封信。

我已经做好三张台子哉。

俫刚刚吃好药,勿好吃茶。

等俚搬好场,伲一道去孛相。'等他搬了家,咱们一块儿去玩。'

俫印好照片寄两张拨我。'你印了照片寄两张给我。'

我想吃好夜饭、看好电影再转去。'我想吃了晚饭、看了电影再回去。'

我买好票哉,俫用勿着买哉。'我买了票了,你用不着买了。'

"好"跟"仔"的差别在句法上有以下这几点。1."好"总是用在动词后,但当动词后没有宾语时,"好"实际上就在句末或短语末(在单句末时后面还得有"哉");而完成体的"仔"从不用在句末或有停顿的短语末,因此下面两句中的"好"都不能换用"仔",例如:

我哀个号头工资领好哉。'我这个月工资领了。'

俫衣裳收好,大门关好,再睏觉。'你收了衣裳、关了大门,再睡觉。'

2."好"不能用在动结式后,这表明"好"本身还带有结果补语的一些特点,再加结果补语就成了叠床架屋;而"仔"可以用在动结式后。所以下面句中的"仔"不能用"好"代替:

俫讲清爽仔事体再走。'你讲清了事情再走。'

3."好"可以用在带"朆"_{没有(副词)}的否定句和带"曾"[曾……否]的疑问句中,而"仔"不能,这也与"好"来自补语有关。如下面句子中的"好"不能换用"仔",例如:

我朆买好预售票。

俫曾吃好夜饭勒。

在语义上,完成体的"好"与"仔"也是有同有异。在"仔""好"两可的完成体句子中,两者的意义关系有几种情况。有时,"好"作为结果补语兼表完成,句子以"好"为焦点而以动词为预设;"仔"则是纯粹的体助词,动词不属于预设,可以是句子的新信息甚至焦点,例如：

　　俚搬好场哉。（听话人知道他要搬家，只是不知道何时完成）

　　俚搬仔场哉。（听话人不知道他要搬家）

有时，用"好"与用"仔"不存在预设焦点的差别，但用"好"突出动作完成有一个过程，而用"仔"只表完成不带过程义，例如：

　　我一日天写好五封信。（写了，而且写的过程完成了）

　　我一日天写仔五封信。（写这个整体行为完成了）

还有的时候，两者完全无别，这种"好"的虚化程度最高，例如：

　　汏好手再吃饭。＝汏仔手再吃饭。

当然，"好"还不是纯粹虚化的完成体，而多少带有"完成该做的事"这一含义，因此，它总是用在人类能自主的行为上，而且多半是积极的或建设性的行为。这一点它受的限制比"仔"大，而跟总是用于非自主行为的完成体标记"着"相反，也跟用于消极性行为的完成标记"脱"相反。例如下面两句中的"着"和"脱"，都可以换用或加上"仔"，但不能换用或加上"好"：

　　我跌着一跤。＝我跌仔一跤。（*我跌好一跤。）

　　我错脱一道题目。＝我错脱仔一道题目。（*我错好一道题目。）

以上这些方面，说明完成体的"好"虽然带有体标记的作用，但仍保留了补语的一些句法特点和词汇意义，成为半虚化体标记。

（三）持续体的"好"

苏州方言持续体的"好"跟"仔"一样，都不是纯粹的持续体，而是完成体的一种引申用法，它们表示的是动作行为完成后留下的状态。跟完成体不同的是，在完成体中，"好"的作用还不如"仔"重要，而在持续体中，"好"的作用已超过了"仔"，其体标记的性质更加确定，这是以前注意得不够的。另外，"好"在持续体用法中不大可能再理解为补语，因此它的体标记性质比完成体的"好"更加确定。

为了说明"好""仔"的持续义和完成义的关系，不妨先分析一下普通话的持续体。普通话"着"的持续体意义具体可分四类。第一类是纯静态持续，如"他醒着""你还活着""他们还存在着缺点""灯还红着"，这一类适用的动词较少；第二类是一个短暂动作完成后该动作的姿态或状态的持续，如"他在沙发上坐着""他捧着一个茶杯""门开着"，这些状态的持续以"坐（下来）、捧（起来）、开（门）"这些动作的完成为前提；第三类是一个短暂动作完成后的结果作为一种状态的延续，如"他点着灯呢""我给你倒着茶"，"点灯""倒茶"等行为的完成使"灯亮着""茶在这儿"的状态延续下来；第四类是动作完成后状态或结果的延续表现为事物的存在，如"墙上挂着画""沙发上坐着一个人"，它们也以"挂画""坐下"这些动作的完成为前提。以上四类中，只有第一类是纯粹的持续体，后面三类实际上都包含了两个过程——动作的完成与所留状态的持续，可叫"完成持续体"。① 由于普通话表达持续的手段是同时用于进行体的"着"，因此着眼于"完成持续"中后一个过程，一般就不觉得它跟完成有关；但有的持续体"着"可换用"了"，如"墙上挂了一幅画"，这透露了一点持续跟完成的关系。

　　苏州方言的持续体标记有两类。一类是来自处所成分的"勒海"等词，它们可用于以上所有四类持续意义，有较纯的持续义（有时残留一些处所义，这与完成无关），着眼于持续的过程。另一类是"仔""好"等，它们不能用于第一类持续义，只能用于后面三类，即"完成持续体"，而"仔""好"本身又正是完成体标记，可见它们的持续体用法是完成体的一种引申用法，着眼的是"完成持续"中完成的过程，在苏州人的语感中更不觉得"仔""好"用于完成跟用于持续有什么不同。②

　　根据以上认识，我们来分析"好"的持续体作用。

　　最适合于"好"的持续体句子是宾语带数量成分的动宾句，包括普通的动宾和存现宾语句。假如用于连谓句，宾语可不带数量成分。普

---

① 马希文（1987）认为北京话动词加"着"表示状态，其中一类状态是"在动作过程中"（即一般所说的进行体）；另一类是"动作产生的结局"，与我们所说的"完成持续体"义近，但确有一部分持续体是纯粹的静态持续，跟完成无关，如本文所说的第一类，马文未提及。

② 汪平（1984）认为苏州话表持续的"仔"只对应于普通话的"了"，不对应于"着"，因为这些句子中的动词"既可把它们理解成一个持续的静态的过程，也可把它们理解成一个瞬时的变动……而苏州话恰恰没有持续貌后缀，苏州人就把它看成后者，使用相当于'了'的'仔'。"他的看法跟我们"完成持续体"的分析相近。不过苏州话虽没有完全与普通话"着"对应的助词，但有半虚化的"勒海"等持续体标记。

通话用"着"表示的属于"完成持续体"的这类动宾句，苏州话都能用"好"来对译"着"，例如：

俚拿好一只茶杯。'他拿着一只茶杯。'

我勒天井里晒好勿少衣裳。'我在院子里晒了不少衣服。'

俚戴好帽子寻帽子。'他戴着帽子找帽子。'

我欢喜开好窗盘眮觉。'我喜欢开着窗户睡觉。'

墙头浪挂好一张画。'墙上挂着一张画。'

里向坐好一个陌生人。'里边坐着一个陌生人。'

马路浪横好一部汽车。'马路上横着一辆汽车。'

以上这些句子，都可以换用"仔"，也可以在"好"后加"仔"，体意义不变，但连用"好仔"后持续义更强一些。如"俚拿好仔一只茶杯"。若单用"好"与单用"仔"比较，单用"好"的持续义要强一些。因为在有些处于完成义与持续义之间的句子中，用"好"倾向于作持续体解，用"仔"倾向于作完成体解，例如：

俚勒纸头浪画好一只老虎。（强调老虎的存在状态）

俚勒纸头浪画仔一只老虎。（强调画的动作完成）

在有些句法位置，单用"好"或"仔"表示持续都不大能成句，用"好仔"才能成句或更加顺口。可见"好仔"已在一定程度上成为一个复合的持续体标记。一种情况是宾语不带数量成分，例如：

两家头手拉好仔手。'两个人手拉着手。'

俚笃一日到夜开好仔大门。'他们家一天到晚开着大门。'

另一种情况是动词后没有宾语，例如：

俚勒沙发浪坐好仔。'他在沙发上坐着。'

俚手里向茶杯拿好仔。'他手里拿着茶杯。'

帽子戴好仔寻帽子。'戴着帽子找帽子。'

俚欢喜立好仔吃饭。'他喜欢站着吃饭。'

在祈使句中，"好"可以单用在句末，而"仔"仍不行，例如：

傐勒沙发浪坐好！（*傐勒沙发浪坐仔！）

"好"也常跟持续体标记"勒海"等配合使用，这时，"好"着眼于

"完成持续"中的完成义,"勒海"等着眼于其中的持续义,表达最为完整。以上用"好"或"好仔"的句子大多可以在句末加上"勒海"等以增强持续义,例如:

俚拿好仔一只茶杯勒海。

我勒天井里晒好勿少衣裳勒海。'我在院子里晒着不少衣服。'

里向坐好一个陌生人勒浪。'里边坐着一个陌生人。'

俚勒沙发浪坐好勒里。'他在沙发上坐着。'

但是,"仔"不能直接出现在"勒海"等的前面而"好"可以与"勒海"等相连,所以"俚勒沙发浪坐好仔"一句在加"勒里"时必须去掉"仔"保留"好",而上列第一句的"好仔"与"勒海"不相连。所以可以保留"仔"。

在有些情况下,跟"好"同时使用的"勒海"等是不能省去的,例如:

我带好雨衣勒里。'我带着雨衣。'

茶杯里倒好茶勒海。'茶杯里倒着茶。'

俚坐好勒海。'他坐着。'

上两句宾语没有数量成分,最后一句"好"后没有宾语,假如省去"勒海"等就不符合用"好"表示持续的条件。这些句子同样不能单用"仔"来表示持续,甚至单用"好仔"也不行,除非在动词前加一定的状语或变成连动句,如上面举的用"好仔"的句子。但是,这些句子省去"好"单用"勒海"等却能成句,如"我带雨衣勒里"。可见,在苏州话中,"勒海"等是表示持续体的更为基本的手段。

根据以上情况,可把苏州方言中的持续体标记按其重要性和持续义的强弱列成如下系列:

"勒海"等 > "好仔" > "好" > "仔"

值得注意的是,在完成体中,"好"的作用仍不如"仔"重要,而在持续体中,"好"的作用已超过了"仔",因为"好"的持续义比"仔"强,而且有些位置能用"好"不能用"仔"。这使"好"的体标记性质更加确定。当然,"勒海"等和"好"并用持续义最强,因为单用"勒海"等有时会带上这几个词原有的处所指示义。比较：

俚坐勒里。'他坐着/他坐在这儿。'
俚坐勒海。'他坐着/他坐在那儿。'
俚坐好勒海。'他坐着呢。'

有些著述在谈到苏州方言的持续体时，只注意"仔"的作用，有的还注意到了"勒海"等的作用，但似乎都忽略了半虚化的"好"在表达持续体方面的重要作用——比"仔"更重要的作用。这也是本文要重点描写"好"的原因之一。

二、完成体标记"脱"

（一）"脱"的句法特点

"脱"的句法作用主要是做结果补语，如"杀脱一只狗"。它大致相当于普通话的"掉"或北京话中的"喽"（字常作"了"，如"把狗杀了"，参看马希文1982）。"脱"的基本意义是表示消失性结果，这似乎与动词"脱"是同一个词；但在邻近的吴江、昆山等一些方言中，补语"脱"念 [tʻəʔ]，跟动词"脱"[tʻøʔ] 并不同音，苏州话此两韵无别，因此同音。所以可以把做补语的"脱"确定为"唯补词"。但与一般的"唯补词"不同的是，"脱"还可以用在动结式后，形成在苏州话中独一无二、在普通话中根本没有的"双重动结式"，用普通话无法按字面翻译，例如：

敲杀脱一只狗。'打死了一只狗。'
吃光脱一瓶酒。'喝完了一瓶酒。'
逃走脱仔一个犯人。'逃走了一个犯人。'

从意义上看，这里"脱"前的补语"杀、光、走"已经表达了消失的意义，而意义上有羡余性的"脱"在语法上又是需要的，并且在消失义外还兼表完成意义，成为消失兼完成的语法范畴义，这是我们把"脱"列入体标记的一个原因。但"脱"还不是真正的完成体助词，因为"脱"

后还可以再加"仔"。可见,"脱"是一个很特殊的半虚化成分。

(二)"脱"的语义虚化轨迹

"脱"除了表示消失外,还有一些更加虚化的范畴意义,这是我们把它列入体标记的进一步理由。下面我们按由实到虚的顺序探讨一下"脱"的语义虚化轨迹。

所谓消失,指动作行为导致行为主体或受事成分从说话人角度看已经消失。例如:

老张走脱哉。'老张走了。'

俚死脱哉。'他死了。'

我夺脱一只皮夹子哉。'我丢了一只皮夹。'

一把火烧脱仔两间房子。'一把火烧了两间房子。'

客人侪拨俚吓走脱。'客人都被他吓跑了。'

由消失义略加引申而来的是损坏、失效、偏离正常、减少等一类意义,例如:

苹果烂脱仔一半。

煤炉隐(熄)脱仔半日天哉。

倷当心眼睛哭瞎脱。

菜馊脱哉。

蛋糕压扁脱哉。

线划歪 [hua⁴⁴] 脱哉。

照片印糊涂脱哉。

倷昏脱头哉。'你昏了头了。'

人瘦脱仔一圈。

这些句子中"脱"前的主要动词或动结式也是本身已有损坏、减少等义,"脱"只是标明了它们的范畴义,同时兼表完成义。由"减少"一类意义再引申,又产生完成工作、打发时光等更加虚化的范畴义,它们与"消失"这一实义距离更远,而跟完成体的意义更加接近,适合的动词也更多,"脱"的完成体标记的性质更加明显。例如:

我电影看脱一半就出来哉。'我电影看了一半就出来了。'

小玲今朝汏脱勿少衣裳。'小玲今天洗了不少衣裳。'
我一日写脱五封信。'我一天写了五封信。'
洵脱仔浴再吃饭。'洗了澡再吃饭。'
考脱试好好叫松一松。'考完试好好轻松一下。'
倷等脱一歇，我马上好。'你等一会儿，我马上好。'
倷去烧饭，我来搭倷打脱一盘（牌）。'你去做饭，我来给你打一盘（牌）。'
我想到乡下去住脱一阵。

以上八例的"脱"都可以用普通话"了"来对译，但与完成体的纯语法意义相比，仍未彻底虚化。前五句有完成工作之义，其中略含消失或减少义——使任务不再存在。后三句都与打发时间有关，与消失有间接的联系。后面五例的用法都主要出现在将来行为中，与完成体主要用于过去时间的情况也有所不同。[①]

总之，"脱"虽然还不是完全虚词性的标记，但在意义类型适宜的动词或动补式后，经常具有兼表完成体的作用。而"脱"所适合的意义类型已经覆盖了完成体用法的很大一部分，因此它在苏州话及北部吴语的完成体表达中实际上起着相当活跃和重要的作用。

三、完成体标记"着"

"着"[zaʔ]作为谓语动词只能用在少量固定搭配中，表示火着或睡着，如"火已经着哉""瞓仔半日还孻着"。作为结果补语，搭配面要广得多，意义和用法基本上跟普通话"着"（zháo）或"到"相同，表示动作产生了结果，大多是得到性的或希望中的结果，如"买着票"（买到票）、"摸着一等奖"、"钓着一条大鱼"、"看着一本好戏"、"听着一个消息"、"碰着个熟人"等。这些"着"可以是句子的焦点，都可以重

[①] 钱乃荣（1992）注意到吴语"脱"及其他对应成分有比补语更虚的用法，他称之为"结果体"，并列为吴语语法特点之一。将其看作体是与本文观点一致的，但"结果体"的含义似不够明确。

读和变换为可能式，语法上当属于"唯补词"，意义上结果义大于体的意义，还称不上体标记。

但由这种用法引申而来，"着"有一种更加虚的意义和用法，其间的关系可从用"吃"的两个例句看出：

俚吃着勿少好小菜。'他吃到不少好菜。'

俚吃着个搁 [go?³] 头。'他挨了个批评。'

上一句，"着"有"得到"这一结果义，补语性质明显。下一句，"着"没有"得到"义或希望中的结果之义，只是表示"吃搁头挨批评"这一不如意的事情已经发生，更加接近完成体的范畴义。许多被动或非自主的意外事件，尤其是不如意的事件，都能用这个"着"来代替普通完成体的"仔"表示完成，上篇已有一些例句，再如：

新衣裳拨洋钉戳着一个洞。'新衣服被钉子戳了一个洞。'

小干拨蚊子叮着几个块。'小孩被蚊子叮了几个包。'

切切肉丝手浪切着一刀。'切肉丝时手上被切了一刀。'

俚从前吃着勿少苦头。

今朝我触着一个霉头。'今天我倒了霉。'

面孔浪生着一个疔。

以上例句中的"着"，比一般的结果补语更虚化，不是句子的焦点，也很少再有可能式的变换，体标记的性质较明显。另一方面，它毕竟仍带有意外、不如意这些含义，适用的动词和句式也受一定限制，限于宾语带数量成分的动宾句，还不是纯虚词性的完成体，因此上篇称之为"意外完成体"。

四、持续体标记"牢"

"牢"作为谓语动词表示牢固、结实、耐用之义。做结果补语时有广得多的搭配面和更虚的意义，基本上跟普通话的"住"意义相同，表示"合上、分不开""固定、不能动"一类结果范畴，跟普通话"住"

一样属于"唯补词"。例如：

　　拿绳扎牢箱子。
　　拿哀条缝踏牢。'把这条缝（用缝纫机）缝住。'
　　邮票得牢勒信壳浪。'?邮票粘住在信封上。'
　　揿牢牛头吃草。（谚语：按住牛头吃草。指强迫别人是无用的）
　　两只眼睛盯牢仔我。'两只眼睛盯住了我。'
　　我跑到第三圈追牢俚哉。'我跑到第三圈追上他了。'
　　捉牢一个贼骨头。'抓住一个小偷。'

以上句子中的"牢"除结果义，还大多略带持续义，有的略带完成义。一般结果补语较易带上完成义，而"牢"由于有"合上""固定"的意义，因此更容易产生持续义。上面有的句子已经可以用普通话"着"来翻译，如"按着牛头吃草""两只眼睛盯着我"。

在有些组合中，"牢"的意义更虚，已没有"合上"一类意思，而主要表示持续意义，持续体标记的性质更加明显，例如：

　　门关牢勒海。'门关着。'
　　俚盯牢我看。'他盯着我看。'
　　俚走来走去总归拿儿子带牢勒身边。'他走到哪儿都把儿子带（着）在身边。'
　　太阳正好照牢我辫眼睛。'太阳正好照着我的眼睛。'
　　张家搭李家门对牢门。'张家和李家门对着门。'

但是"牢"作为持续体标记，能搭配的动词不太多，句法上必须用在宾语或处所补语前，还不是纯粹虚词性的体标记。

五、下篇小结

本篇讨论了四个半虚化体标记"好、脱、着、牢"，它们都具有做结果补语或"唯补词"的用法，又经常用在完成或持续的体意义上，成为苏州方言体范畴表达系统中的重要组成部分。在表达意义时，它们在语法上和语义上都有一些区别于普通结果补语的特点——不能做句子焦点，同时也就不能重读，一般也不能变换为可能式，已成为动词的附加成分；词汇意义很弱，主要表示体的语法范畴意义。这使它们获得了体标记的身份。另一方面，跟"仔"这种纯粹虚词的体标记相比，它们又留有一些未彻底虚化的痕迹——在体意义以外，它们跟这些词的实词用法还有一些直接间接的意义联系，同时在搭配的动词上还各有一些比纯虚词严格的选择限制，而且它们后面还可以出现纯虚词体标记"仔"。因此，本文称它们为半虚化体标记。经过历史发展与竞争，它们中有的也许能进一步虚化变成纯粹的体助词，就像现在普通话和苏州话中的体助词一样，它们当初也是从补语一步步虚化来的。

参考文献

刘丹青　1986　苏州方言重叠式研究，《语言研究》第 1 期。

刘丹青　1991　无锡方言的体助词"则（仔）"和"着"——兼评吴语"仔"源于"着"的观点，《中国语言学报》第 6 期。

刘丹青　1994a　《南京方言词典》引论，《方言》第 2 期。

刘丹青　1994b　"唯补词"初探，《汉语学习》第 3 期。

吕叔湘（主编）　1980　《现代汉语八百词》，北京：商务印书馆。

马希文　1982　关于动词"了"的弱化形式 /lou/，《中国语言学报》第 1 期。

马希文　1987　北京方言里的"着"，《方言》第 1 期。

钱乃荣　1992　《当代吴语研究》，上海：上海教育出版社。

汪　平　1984　苏州方言的"仔、哉、勒"，《语言研究》第 2 期。

谢自立、刘丹青、石汝杰、汪　平、张家茂　1989　苏州方言里的语缀（一），《方言》第 2 期。

叶祥苓　1988　《苏州方言志》，南京：江苏教育出版社。

（原载《汉语方言体貌论文集》，江苏教育出版社，1996 年）

苏州方言的动词谓语句

本文主要描写苏州方言（下简作〈苏〉）中以动词为谓语中心的若干句式及句法现象，着重讨论有方言特点的情况。

一、处置句

1.1 处置句的标记词"拿"

处置句是指普通话（下简作〈普〉）"把"字句的方言对应句式，其特点是用处置/宾格介词把受事成分放在动词之前。〈苏〉处置句的标记是介词"拿"[no²³]，但它的语法性质和〈普〉"把"不尽相同。〈普〉"把"的介词用法是由"手持"义虚化来的，但今天"把"已没有"手持"义，而由动词"拿"表示"手持"义并兼做工具格介词。只在少数句子中，"把"可以跟"拿"互换，透露一点"把"和工具格的渊源联系。如：

他把我当外人。——他拿我当外人。

你能把他怎么样？——你能拿他怎么样？

〈苏〉处置句标记"拿"也由"手持"义虚化而来，但是它同时存在动词"手持"等实义和工具格介词的用法，一身而兼〈普〉"拿""把"两个词的作用。其对应关系如下：

（1）耐拿好伞。——〈普〉你拿着伞。

（2）俚拿大盆汏衣裳。——〈普〉他拿大盆洗衣服。

（3）俚拿房子卖脱哉。——〈普〉他把房子卖了。

（4）耐拿大盆汏一汏。——〈普〉a.你拿大盆洗一下。
　　　　　　　　　　　　　　 b.你把大盆洗一下。

本文的标准是，只要是能译成〈普〉"把"字句而意义不变的"拿"字状语句都归入处置句。

1.2　处置句的基本情况

〈苏〉处置句的基本情况跟〈普〉"把"字句相同。先看例句（括号中为〈普〉翻译）：

（5）耐拿介绍信带勒身边。（你把介绍信带在身边。）
（6）让俚拿闲话讲完仔。（让他把话说完了。）
（7）我拿玻璃窗擦清爽哉。（我把玻璃窗擦干净了。）
（8）俚穷得拿房子也卖脱哉。（他穷得把房子都卖了。）
（9）我拿辨本书看仔三遍嗻。（我把这本书看了三遍了。）
（10）拿酱油传拨我。（把酱油递给我。）
（11）我一直拿耐当好朋友。（我一直把你当好朋友。）
（12）先要拿萝卜削脱皮。（先得把萝卜削了皮。）
（13）耐拿上头葛意思讲一讲。（你把上头的意思说一说。）
（14）俚拿面孔一板。（他把脸一板。）
（15）大大小小事体拿老张忙得要臭死。（大大小小的事情把老张忙得要死。）
（16）俚拿俚笃爷气得来吐血。（他把他爹气得都吐血了。）

从以上例句可以看出：1.处置句基本上用于及物动词，也可以用于使动用法，如（15）（16）；2."拿"介引的受事一般是有定的对象（但不一定出现有定标记）；3.谓语动词前后一般要有补语、宾语或状语。但是〈苏〉的"拿"字句也有一些自己的特点。

1.3　〈苏〉处置句的特点

1.3.1　〈普〉许多适合用处置句的情况，〈苏〉既可用处置句，也可

以省去"拿"字,便成为〈苏〉中很常用的SOV句(参看§3.3),这样,〈苏〉处置句的使用机会似乎就不如〈普〉多。如:

(5)a. 耐介绍信带勒身边。(义同5)

(6)a. 让俚闲话讲完仔。(义同6)

(7)a. 我玻璃窗擦清爽哉。(义同7)

(8)a. 俚穷得房子也卖脱哉。(义同8)

(9)a. 我䎬本书看仔三遍喷。(义同9)

(10)a. 酱油传拨我。(义同10)

当然,这些句子中有的在〈普〉中也能省去"把",但总没有用"把"来得自然;而〈苏〉不用"拿"是很自然的。

1.3.2 祈使性的"拿"字句,假如动词后有结果补语而没有其他宾语,常用代词"俚"(他/它)复指受事成分,这个代词在译成〈普〉时不译出来更好,而在〈苏〉中则用了更顺口,而"拿"字倒用不用无所谓。如:

(17)耐拿衣裳侪汏清爽俚。=耐衣裳侪汏清爽俚。(你把衣服洗干净了。)

(18)拿哀两段课文背熟俚。(把这两段课文背熟了。)

(19)哀丈写勿大好,拿哀句闲话划脱俚。(这样写不太好,把这句话划了。)

(17)的后一种说法在〈普〉中是很难成立的。(18)(19)〈苏〉中也都可以有后一种说法。

1.3.3 "拿"字的介宾,常常用定指性的"量+名"结构,这符合"拿"的宾语一般要定指的倾向。如:

(20)俚拿封信哼脱哉。(他把那封信撕了。)

(21)钞票再勿够,只好拿条项链押上去。(钱再不够,只能把这条项链押上去。)

(22)一个号头辰光拿个北京侪兜转来哉。(一个月时间把北京都走个遍了。)

"量+名"结构在句首、定语后和处置介词后都是定指,"拿封信"是

"把这/那封信","拿条项链"是"把这/那条项链",在动词后才是省"一"的无定成分(参看石汝杰、刘丹青 1985)。

1.3.4　最重要的特点是,〈苏〉并不完全排斥在"拿……"后出现光杆动词。如:

（23）姆妈,阿哥勿讲道理,拿我敲。(妈,哥哥不讲道理,打我。)

（24）耐嫑拿小干骂,俚要吓葛。(你别骂小孩,他会吓着的。)

（25）看见贼骨头逃,大家就拿俚追。(看见小偷跑,大家都追他。)

（26）耐别样事体勿要弄,快点先拿信写。(你别的事儿别干了,先把信写了。)

不过,这种光杆动词的自足性只维持在分句层次而不是单句层次——光杆动词处置句的前后往往须有其他分句,很难单独成为一个单句,如"耐快点先拿信写"就很不自然,而应说成"耐快点先拿信写好"。

二、"拨"字被动句及相关句式

2.1　被动句的标记"拨"

〈普〉被动句的标记词有"被、给、让、叫"等,北京口语主要用后两个。〈苏〉的被动标记只有一个"拨"[pəʔ⁵],它来自给予义动词"拨"(参看 §4.2)。北京口语很少用"给"表被动,因此不排除"给"字被动句由南方作家根据类推带入〈普〉的可能。"拨"表被动时可加来自介词的"勒"[ləʔ](在),意义不变,这也与给予义的"拨"相同。下面举例只用"拨",都可换用"拨勒"。

2.2　"拨"字被动句的基本情况及特点

"拨"字被动句和〈普〉的有标记被动句有同有异。先看例句:

苏州方言的动词谓语句　　183

（27）小张拨大家批评脱一顿。（小张被大家批评了一顿。）

（28）鱼拨猫吃脱哉。（鱼被猫吃了。）

（29）杯子拨俚打碎脱哉。（杯子被他打破了。）

（30）我只手拨玻璃划开脱哉。（我的那只手被玻璃划破了。）

（31）我朆带钥匙，拨俚笃关勒门外势。（我没带钥匙，被他们关在门外头。）

（32）衣裳侪拨露水浸湿脱哉。（衣服都被露水浸湿了。）

（33）俚拨汽车轧断一只脚。（他被汽车压断了一条腿。）

（34）俚拨人家骗得去三千块洋钿。（他被人骗去三千块钱。）

（35）小鸡拨黄鼠狼衔得去一只。（小鸡被黄鼠狼抓走了一只。）

（36）墙头浪拨贼骨头挖仔一个洞。（墙上被小偷挖了一个洞。）

（37）我拨耐肚皮也气饱末好喷碗。（我真被你肚子都气破了。）

（38）搿部电影拨人家讲得三铜钿糖也勿值。（这部电影被人家说得一钱都不值。）

（39）爷娘相骂侪拨儿子听见。（父母吵架全被儿子听见了。）

以上例子，既有结构比较单纯的被动句，也有比较复杂的。但基本上与〈普〉"被"字句或"给"字被动句相对应。此外也有几个特点值得注意。1."拨"后一定要出现介词宾语，即使施动者不明，也要用个"人家"一类的代词虚指一下［如例（34）］，不能有"他被骗走了三千块钱"这类说法。2."拨"字句绝大部分都有明显的遭受、不如意之义。像"他被大家评为先进职工""小王被厂长表扬了"一类句子，在〈苏〉中绝不能用"拨"字句来表示。3.因为是不如意的事情，所以不管动词是否已带结果补语，后面还常带个表示消失、损失、不如意的半虚化补语"脱"。4.跟"拿"字处置句一样，"拨……"后也可以用光杆单音节动词。如：

（40）为仔搿桩事体，俚一直拨家主婆骂。（为了这件事，他一直被老婆骂。）

（41）我去唱，肯定要拨人家笑。（我去唱，肯定要被别人笑话。）

（42）鱼当心拨苍蝇叮。（鱼当心给苍蝇叮了。）

此外，像〈普〉一样，〈苏〉也有被动处置合为一句的情况。如：

（43）小鸟拨俚拿翼夹也剪断脱哉。（小鸟被他把翅膀都剪断了。）

（44）俚拨贼骨头拿电视机也偷得去。（他被小偷把电视机也给偷走了。）

2.3 特殊的"拨"字句

被动句的典型形式是"受动者＋被动介词＋施动者＋及物动词（＋结果成分）"。但有些"拨"字句不符合这一形式，也不具备典型的被动意义，而又跟被动句有关，我们称之为特殊的"拨"字句。

有些不及物动词，也能用"拨"字句，这主要是为了强调遭受、意外的不如意这类语气，但因为没有受动者，不能有受动主语，假如出现主语也只能由受损方来代替受动者。如：

（45）昨日子拨个犯人逃走脱喷。（昨天被那个犯人逃跑了。）

（46）我阿末一圈蹓跑好，拨3号冲勒前头去喷。（我最后一圈没跑好，让3号冲到前头去了。）

这类句子有一种变体，就是让施动者当主语，再在"拨"后用代词复指一下。如：

（45）a. 昨日子个犯人拨俚逃走脱喷。

（46）a. 我阿末一圈蹓跑好，3号拨俚冲勒前头去喷。

有些"拨"字句，受动者仍在动词后做宾语，并没有移作受动主语，只在施动者前加上"拨"字，但"拨"前往往有时间处所词语充当话题成分。这类句子多半用来表示意外的事故或意外的收获。如：

（47）门口头拨汽车撞杀一个人。（门口那儿被汽车撞死了一个人）

（48）一年里拨俚害杀脱三个小干儿。（一年里被他杀了三个小孩儿。）

（49）昨日子拨小张钓着一条大鱼。（昨天被小张钓到一条大鱼。）

三、受事前置句

3.1 受事前置句的范围

受事前置指不带处置/宾格标记的受事成分位于动词之前，包括动词前施事后（如"我饭吃哉"）和施事前（如"饭我吃哉"）两种情况，但不包括有标记的被动句（如"饭拨我吃脱哉"）。前置的受事属主语还是宾语，学术界尚有争议，自 20 世纪 50 年代主宾语讨论以来，更多的人倾向于把前置的受事看作主语或小主语。我们注意到两类情况：1. 无论〈普〉还是〈苏〉，受事前置都只出现在句子层面。在短语层面，受事总是出现在动词之后。〈普〉"吃饭的人"不能说"饭吃的人"，〈苏〉"吃饭葛人"也不能说"饭吃葛人"。这似乎显示受事前置不是句法变化而是语用变化，前置的受事仍应看作宾语，因为在纯句法的短语中受事不能前置。2.〈苏〉受事前置的情况比〈普〉更为常见而广泛，很难说一种语言（方言）经常让受事充当主语而不是宾语。当然把前置受事看作主语也有其句法上的理由。本文为了方便，暂把前置的受事都用宾语代号记作 O，形成 SOV 和 OVS 两类宾语前置句，而 OV 则可看作这两类句子的省略形式。在实际使用中，各类宾语前置句的共同性较大，而与宾语后置句的差别较大，因此可以把这些句式简化为 VO 和 OV 两大类。

3.2 VO 句和 OV 句的基本分工

从句法看，〈苏〉总体上 VO 类句子多于 OV 类句子，但有许多句子可以任意选择 VO 或 OV，影响选择的因素主要是语用功能。和〈普〉一样，当宾语是无定成分、交际中的新信息时，倾向于用 VO；当宾语是有定成分、旧信息时，倾向于用 OV。如：

（50）我看仔一部电影。（我看了一部电影。）

（51）俚顶欢喜小干。（他最喜欢小孩儿。）

（52）老张碰着两个朋友。（老张碰见两个朋友。）

（53）哀部电影我看歇过葛。（这部电影我看过的。）

（54）俚小干顶欢喜哉。（他最喜欢小孩儿了。）

（55）辂两个朋友老张碰着哉。（这两个朋友老张碰见了。）

无定-有定和新信息-旧信息是两对交叉而不等同的范畴。无定-有定主要是从名词性单位的构成分出来的，当然有些无标记单位须凭语境确定。已知-未知是根据话语的信息结构及知识背景分出来的。一般来说，有定单位多为旧信息，无定单位多为新信息，但也有相反的情况。对动宾语序来说，新旧范畴比无定有定范畴的作用更大。有定宾语假如是句子的新信息，仍然倾向后置，特别是当它为新信息的焦点时，如下面句中的"哀只式样"（这个式样）是有定的新信息，所以倾向后置：

（56）（说者拉听者到某商品前）我一直想买哀只式样。

无定宾语假如是句子的已知信息，则倾向前置，如下面对话中乙句的"一斤烧酒"是无定的旧信息，倾向前置：

（57）甲：伲两家头吃脱仔一瓶烧酒。（我们两个喝掉了一瓶白酒。）

（58）乙：一瓶烧酒我一个人就吃得脱葛。（我一个人就能喝掉一瓶白酒。）

此外，用"（连）……也"一类格式强调的 O、表示周遍意义的 O 也前置。如：

（59）俚连老同学也勿认得哉。（他连老同学都不认识了。）

（60）只只菜我侪尝到哉。（每个菜我都尝过了。）

以上情况都和〈普〉差不多。但是，还有许多在〈普〉中一般用 VO 型的句子，在〈苏〉中却常用 OV 型，需要进一步讨论。

3.3 OV 句的广泛性及限制

下面分类列举在〈普〉中一般用 VO 型而在〈苏〉中只能用、通常用或可以用 OV 型的句例。这些句子，尤其是 SOV 型的，译成〈普〉OV 句往往不太顺口，所以文中常用"把"字句来译（参看 §1.3.1）。最后说一下 OV 句的限制。

"量+名"做 O。"量+名"是表示定指的名词成分，做宾语时只能前置，若移到动词后便成为省"一"的不定指成分了：

（61）封信我寄脱哉。（这/那封信我寄走了。）

（62）把大蒲扇耐摆勒哪搭？（那把大芭蕉扇你放在哪儿了？）

（63）点酒耐呷光仔吧！（这点酒你把它喝完吧！）

若用 SVO 型，则意义不同。如：

（64）我寄脱仔封信。（我寄走了一封信。）

（61）—（63）都是 OSV 型，也可以改说 SOV 型，但由于定指量词也有定语标记的作用，因此 SOV 型易成歧义句，S 易理解为领属定语。如：

（61）a. 我封信寄脱哉。（我把那封信寄走了/我的那封信寄走了。）

所以尽量举了无歧义的 OSV 型，不过，假如 O 前有状语，仍只能理解为 SOV，如：

（61）b. 我快点封信要寄脱。（我得快点儿把这封信寄走。）

当动词是重叠式时，"量名"组合可前可后，因为重叠动词后不能有不定的数量成分，不可能理解为省"一"的形式。如：

（65）封信耐看看。（这封信你看看。）= 耐看看封信。（你看看这封信。）

不过，由于"量名"组合是定指性的，因此还是前置较常见。

重叠的动结式或动趋式的 O 一般前置。如：

（66）耐搭我衣裳汏汏清爽。（你给我把衣服洗干净了。）

（67）我门关关好困觉哉。（我把门关上睡觉了。）

（68）房间里向要收作收作干净。（房间里要收拾干净。）

（69）小干葛裤子耐搭俚拉拉上点。（小孩儿的裤子你给他拉上点儿。）

否定句和"阿 V"疑问句的 O 倾向于前置。先看否定句：

（70）屋里向茶叶呒拨哉。（家里没茶叶了。）

（71）我现在一万块洋钿拿勿出。（我现在拿不出一万块钱。）

（72）我老张长远囇碰着哉。（我好久没碰见老张了。）

（73）俚老酒勿吃葛，耐嫑客气。（他不喝酒，你别客气。）

再看疑问句：

（74）哀搭牙膏阿有？（这儿有牙膏吗？）

（75）唔笃厂里收录机阿生产？（你们厂里生产收录机吗？）

（76）俚笃今年房子阿造？（他家今年盖不盖房子？）

以上所举都是 SOV 型，也可以改用 OSV 型，如"茶叶屋里向哦拨哉"。这些否定句、疑问句在〈普〉和〈苏〉中都是 VO 和 OV 两可的，差别主要在频率上，OSV 型〈苏〉比〈普〉要常用一些，SOV 型〈苏〉比〈普〉要常用得多。在省略 S 的情况下，〈苏〉也比〈普〉更常用 OV 式。走到柜台边，北方人脱口而出的是"有牙膏吗？"，而苏州人更常问"牙膏阿有？"。

小句或谓词短语充当的 O 可以前置，包括 SOV 型，但以否定句居多，这类句子在〈普〉里似很少用 OV 语序，尤其不大用 SOV 型。如：

（77）俚老张进来囇看见。（老张进来了，但他没有看见。）

（78）搭俚一淘出去我勿欢喜。（我不喜欢跟他一块儿出去。）

尽管 OV 句在〈苏〉中用得颇为广泛，但仍然是有条件的，一般都可以和相对的 VO 句并存。而 VO 句相对来说是无条件的，并且经常不能变换为相对的 OV 句。比如生命度高的名词做宾语以后置为常，否则易被误解为主语。再如非行为动词"是、像、关（勿关耐事）"一般只能带后置宾语。

四、双宾句

4.1　影响双宾句语序的因素

双宾句的基本成分是一个动词和两个宾语。有时，其中的一个宾语和动词不构成直接成分，为了方便，也放在双宾语中讨论。我们把指物

的直接宾语标作 O_1，指人的间接宾语标作 O_2。以前有的著述笼统地给人一个印象，即吴语双宾句可以自由选择 VO_1O_2 和 VO_2O_1，其实这只是部分反映了给予类双宾句的情况，而全部情况远比这复杂。在〈苏〉中，影响双宾语语序的因素主要是两个：动词的类别及主要由此决定的语义关系类别，宾语的长度。下面分类说明。

4.2 双宾语的类别

4.2.1 表示给予的"拨$_1$、拨$_2$、拨勒"构成的双宾句。"拨$_1$"是最基本的给予义动词，相当于〈普〉的"给"。"拨$_1$"带双宾语，两个宾语有两种语序三种句式：1. VO_1O_2（拨书俚）；2. VO_2O_1（拨俚书）。句式1〈普〉不说，句式2和〈普〉相同。当 O_1 较简短且 O_2 是人称代词和简短人名时，这两种句式都常用，可能句式1略多见些，但句式1以 O_1 带数量成分为常，而句式2无此限制。以下举例用"="表示都常用，">"表示前面的比后面的常用。如：

（79）我要拨钞票耐勒。= 我要拨耐钞票勒。（我要给你钱呢。）

（80）拨支钢笔小王。= 拨小王支钢笔。（给小王支钢笔。）

（81）俚拨仔二三十块洋钿我。= 俚拨仔我二三十块洋钿。（他给了我二三十块钱。）

当 O_1 较长且复杂或 O_2 不是人称代词和简短人名时，较常用句式2。如：

（82）拨儿子一只嵌宝戒指。> 拨一只嵌宝戒指儿子。（给儿子一只镶珠宝的戒指。）

（83）拨耐一件刚刚买葛衬衫。> 拨一件刚刚买葛衬衫耐。（给你一件刚买的新衬衫。）

句式3是在句式1的 O_2 前加一个"拨"，即"拨$_2$"，形成"拨$_1O_1$拨$_2O_2$"（拨书拨耐），"拨$_2$"带有介词性质。这一句式最不受限制，可替换以上所有各例，当两个宾语都较长时，通常只用这种形式。如：

（84）拨一条活鱼拨郑国葛子产。（给一条活鱼给郑国的子产。）

（85）俚拨仔交交关关衣裳拨乡下葛亲眷。（他给了许许多多衣服给乡下的亲戚。)

"拨"在间接宾语 O_1 前，都可以加一个"勒"。如：

(84)a. 我要拨勒耐钞票勒。(义同 79)

(85)a. 拨一条活鱼拨勒郑国葛子产。(义同 84)

在郊区话或较老的城区话中，这个"勒"还能脱离"拨"单独用在 O_1 前。如：

(85)b. 拨一条活鱼勒郑国葛子产。(义同 84)

这个"勒"显然来自处所介词"勒"(在)，因为古汉语处所介词"於"就有引出间接宾语的用法，如"昔者有馈生鱼於郑子产"(《孟子·万章上》)。前文 2.1 节提到，用作被动句标记的"拨"也能加来自处所介词的"勒"，如"军队拨勒陈胜打败，地方拨勒刘家夺去"，这也与古汉语"於"用于被动句的情况对应，如"兵破於陈涉，地夺於刘氏"(《汉书·贾谊传》)。而直接宾语前的"拨"绝不能加"勒"，如(79)不能说成"*我要拨勒钞票耐勒"。

4.2.2 表示给予的其他动词如"还、输、欠、奖、赏、补、找(找零义)"等，构成双宾语的情况和"拨"相同。区别在于句式 2 还能在 O_2 前再带个"拨(勒)"，这可称为句式 2a，而"拨"不能再说成"拨拨"。句式 1 动词在 O_1 前，句式 3 的 O_2 前本有"拨"或"拨勒"，不能再加"拨"。以下例句用"(拨)"表示这个"拨"可用可不用：

(86) 我要还钞票耐勒。=我要还(拨)耐钞票勒。(我要还给你钱呢。)

(87) 奖一面锦旗唔笃。=奖(拨勒)唔笃一面锦旗。(奖给你们一面锦旗。)

(88) 营业员找仔一大把零头拨勒个小干。(营业员找了一大把零钱给这孩子。)

4.2.3 准给予义动词。"借(借出)、寄、结(绒线衫)、做、传、买、卖(与'买'同音)"等词，本身或借助于词语组合也能表示给予义，但它们不能单独带 O_1 做宾语，这与前面两类动词不同，所以称为准给予义动词。这类词带双宾语不能用句式 2 (*寄我钞票) 的语序，可以有句式 1（寄钞票我）、句式 2a（寄拨我钞票）、句式 3（寄钞票拨我）诸式。再如：

（89）小张借仔两百块洋钿拨我。（小张借了两百块钱给我。）

（90）女朋友结拨俚一件绒线大衣。（女朋友打了件毛线大衣给他。）

（91）耐考 100 分，我就买只电子琴耐。（你考 100 分，我就买架电子琴给你。）

（92）看俚作孽，我就便宜点卖仔两斤拨俚。（看他可怜，我就便宜一些卖了两斤给他。）

〈普〉"借他书"有借他的书和借给他书的歧义，〈苏〉"借俚书"只有借他的书一义，借给他书要说"借本书俚""借书拨俚"或"借拨俚书"。

4.2.4 非给予义动词如"问、教、叫、吹（吹我一头灰）、敲（敲俚耳光）"等，带双宾语只用句式 2，跟〈普〉一样。如：

（93）我求耐一桩事体。（我求你一件事儿。）

（94）张老师从前教伲数学。（张老师以前教过我们数学。）

（95）大家侪叫俚小李子。（大家都叫他小李子。）

（96）俚敲仔人家两记耳光。（他打了人家两记耳光。）

4.2.5 取得义动词构成的双宾句也只有句式 2，跟〈普〉相同，其中的 O_2 也可理解为定语。如：

（97）俚赠借耐一本词典？（他借了你一本词典没有？）

（98）哀桩事体用脱我勿少辰光。（这件事儿花了我不少时间。）

（99）俚赢仔我十块洋钿。（他赢了我十块钱。）

4.3 〈苏〉双宾句的特点

〈苏〉双宾句的结构形式总共有四种（不计主语）：句式 1. VO_1O_2（拨本书俚）；句式 2. VO_2O_1（拨俚书）；句式 2a. V 拨 O_2O_1（还拨俚书）；句式 3. VO_1 拨 O_2（还书拨俚）。后三式跟〈普〉一致，句式 1 则体现了〈苏〉的特点。另外，〈普〉的某些双宾类句子还有一种句式，即把引出间接宾语的"给……"放在动词前，如"给他寄一封信＝寄给他一封信"。〈苏〉引出间接宾语的"拨……"从不用在动词前,"拨俚寄一封信"是"容许他寄一封信"之义。顺便说一下,〈普〉"给他寄一封信"还有代他寄一封信之义,〈苏〉"拨俚寄一封信"也无此义。

在双宾类语义的表达中,两个宾语都简短的给予类句子是最常见的,而这类语义〈苏〉最常选用句式1,因此,它很容易被看作〈苏〉双宾句的基本类型和代表性结构。实际上,有好几类双宾句不能用这种结构,更重要的是,所有句式1的例子都能无条件地加"拨"变成句式3,而句式3却不能无条件地变成句式1,因为句式1有宾语长度、是否带数量成分等条件限制。因此,句式1完全可以解释为句式3在一定条件下的省略形式,其间接宾语是省略介词的补语,而不是严格的宾语,即"拨本书拨俚→拨本书俚""还钞票拨耐→还钞票耐"。

五、宾语和补语的位置

5.1 状态补语和宾语

〈苏〉状态补语用动词后的补语标记"得"或复合标记"得来"来连接。这两个结构助词的作用基本相同,大致的分工是简短的补语前只用"得",后面不能有很长的停顿;较长的补语前用"得"和"得来"都可以,"得来"更多一些,"得来"后面可以有完整的停顿。如:

(100)小张吃得穷多。(小张吃得很多。)

(101)小张吃得路也要走不动喷。(小张吃得连路都快走不动了。)

(102)小张吃得来(,)路也要走不动喷。(义同101)

这类补语句像〈普〉一样,一般与宾语是互相排斥的。假如动词需要有受事成分,通常用三种方式来解决。一种是受事前置(103)或用处置式(104),另一种是重复动词(105),还有一种是受事和补语合成主谓结构共同做补语(106):

(103)俚今朝台子揩得来一点灰尘也无拨。(他把桌子擦得一点儿灰尘都没有。)

（104）我拿电灯开得铿铿亮。(我把电灯开得非常亮。)

（105）俚做生活做得饭也来不及吃唶。(他干活儿干得吃饭都来不及了。)

（106）俚训得来小张头也勿敢抬。(他训得小张头也不敢抬。)

但是，当受事成分是人称代词或简短人名时，可以使用一种将结构助词"得来"拆开来的特殊结构，"得"后带受事成分，"来"后带补语，清末苏州方言白话小说《海上花列传》11回（90页）就有一个这样的例子：

（107）耐倒说得倪来难为情煞哉，粗点心阿算啥敬意嘎。(你倒说得我惭愧死了，粗点心也能成什么敬意吗。)

这里，"得"后的"倪"（本文作俚，义为我们，书中妓女多借指单数的我）是动词"说"的受事，也是"来"后的补语"难为情煞哉"的施事，这种结构现在不如"得来"合一的结构常见，但仍存在。如：

（108）俚敲得我来浑身侪是血。(他打得我浑身都是血。)

（109）俚训得小张来头也勿敢抬。(他训得小张头也不敢抬。)

（110）耐讲得我来三铜钿糖也勿值哉。(你说得我一钱不值。)

据刘坚等（1992）研究，补语标记"得""来"和"得来"先后产生于唐以前、唐代和金代。"得来"显然是前二者合用的产物。而在苏州附近的上海、昆山、吴江等地吴语，"来"仍能单独用作补语标记。如吴江话"跑来快""吃来多"。在"得来"拆用的句子中，"来"后的成分是补语无疑，"得"后的动词受事成分是宾语还是补语较难确定。不管算宾语还是补语，这种结构都是在汉语中很有特点的。

5.2 可能补语和宾语

可能补语指动词后加"得"或"勿"再加单双音节补语构成的"V得/勿C"。如：

（111）老虎屁股摸勿得。(谚语)

（112）半斤烧酒俚一顿吃得光，我是吃勿光。（半斤白酒他一顿喝得完，我可喝不完。）

（113）俚穷忙，平常是寻勿着葛，只有礼拜日碰得着。（他很忙，平时是找不到的，只有星期天才碰得到。）

可能式的动词后带宾语，有两种语序。一种是宾语紧接在动词之后，即"VO 得/勿 C"，跟〈普〉不同。如：

对耐得起（对得起你）/对俚勿起（对不起他）/看我勿起/抓伲勿牢（抓不住我们）/吃耐勿杀（吃不透你）/吃唔笃勿消（吃不消你们——拿你们没办法）/赶俚笃勿开（赶不走他们）/嫁人勿着苦一世（嫁给不好的人要苦一辈子）

这一种语序有较多限制，宾语限于人称代词，主要见于否定句，更多用于习语性的可能式（对勿起、看勿起、吃勿消之类），是一种正在衰落的较老的句式。另一种语序是宾在补后，即"V 得/不 CO"，这与〈普〉相同。这种语序不受什么限制，可用于各种宾语而不限于人称代词。如：

对得起耐/对勿起俚/看勿见耐/算勿清爽辣笔账（算不清楚这笔账）/猜得杀俚葛心思（猜得准他的心思）

不过，由于较长的宾语遇可能式时常常前置，而使用频率很高的习语可能式又以第一种语序为常，因此实际使用中第一种语序虽然受条件限制，却并不比第二种语序少见。

5.3　趋向补语和宾语

〈苏〉的趋向动词跟〈普〉基本相同，主要的差别是紧接动词之后的位置用"得来、得去"而不用单纯的"来、去"。如：

（114）汤先端得来。（汤先端来。）

（115）朋友搭借得来一笔钞票。（朋友那儿借来一笔钱。）

（116）我是自家走得去葛。（我是自己走去的。）

趋向补语和宾语的语序有三种，其分布条件也和〈普〉基本一致。一是

补语在动词和宾语之间,用"得来、得去"的补语只有这种位置,如(115),其他如:

（117）俚袋袋里挖出来一块绢头。(他从衣兜里掏出来一块手绢。)

（118）刚刚开过去一部汽车。(刚刚开过去一辆汽车。)

二是宾语在复合趋向补语的中间,遇处所宾语时只用这种语序。如:

（119）俚挖出两块洋钿来。(他掏出两块钱来。)

（120）俚刚刚跑进教室里向去。(他刚刚走进教室里去。)

三是趋向补语用在宾语之后,由于宾语前用"得来、得去",因此"来、去"单做补语只位于宾语后。如:

（121）哀搭要插一段闲话进去。(这里要插一段话进去。)

（122）我去喊两个朋友出来。(我去叫两个朋友出来。)

（123）耐去买点熟菜来。(你去买点儿熟菜来。)

（124）请耐带点物事去。(请你带点儿东西去。)

5.4　介宾补语和宾语

可以做补语的介宾短语主要是"勒（在）……"和"到……"。介宾补语一般跟动词后的宾语不同现,但有两种宾语可以插在动词和介宾补语之间。一种是人称代词宾语。如:

（125）a. 俚笃关我勒门外势。(他们把我关在门外头。)

（126）a. 耐再嘴硬,我甩（训读,[huɛ⁴¹²]去声）耐勒河浜里。(你再嘴硬,我把你扔到河里去。)

（127）a. 我明朝送俚笃到上海。(我明天送他们到上海。)

（128）a. 耐等我到8点钟,我勿来耐就走。(你等我到8点钟,我不来你就走。)

另一种是带数量词的宾语。如:

（129）小张塞一张条子勒信箱里。(小张塞一张条子到信箱里。)

（130）耐带点钞票勒身浪向。(你带点儿钱在身上。)

（131）我要送两个客人到火车站。

此外，有一种语序很特殊，就是把人称代词宾语放在介词后，造成非连续成分，即动词与其宾语不相连，介词与其宾语也不相连。如：

（125）b. 俚笃关勒我门外头。（义同 125a）

（126）b. 耐再嘴硬，我甩勒耐河浜里。（义同 126a）

（127）b. 我明朝送到俚笃上海。（明天我把他们一直送到上海。）

（128）b. 耐等到我 8 点钟，我勿来耐就走。（义同 128a）

这四个句子可看作（125a）—（128a）的变体，而更强调动作的终点（空间或时间），但有时会造成意义差别，这里表现在（127）的两句。（127a）指他们到上海而我不一定到上海，如只送到车站；（127b）则不但他们到上海，我也一直送到上海。

5.5　方位补语和宾语

人称代词宾语不但可以插在动词和介宾补语之间，而且可以插在动词和方位补语之间，方位补语前没有介词，这种句子多半是祈使句，语气较急促，可以看作由省略介词而来。这种结构也不见于〈普〉。如：

（132）耐再哭，我关耐门外势。（你再哭，我把你关在门外头。）

（133）衣裳园俚箱子里向。（衣服藏在箱子里。）

六、状语后置

〈苏〉未见典型的后置状语。表示即将的"快"比较接近。它用在谓词性成分后，似后置的状语；它总是在句末，"快"后大多加语气词"哉/啧"。如：

（134）汽车开快哉。（汽车快要开了。）

（135）开汽车快哉。（快要开汽车了。）

（136）辰光勿早哉，要吃夜饭快哉。（时间不早了，快要吃晚饭了。）

（137）俚听见仔气杀快。（他听了都气死了。）

这个"快"也能用在做谓语或独立成句的时间名词或数量词语后，作用相同。如：

（138）热天快哉，厚被头要园起来哉。（快夏天了，厚被子该收起来了。）

（139）端午节快哉！（快端午节了！）

（140）马上6月里快哉！（马上快到6月里了！）

（141）我已经50岁快哉！（我已经快50岁了！）

有些带后置"快"的单位已经凝固成复合时间名词，如"年夜快"（快过年的时间）、"夜快点"（傍晚）。

参考文献

刘　坚、江蓝生、白维国、曹广顺　1992　《近代汉语虚词研究》，北京：语文出版社。

石汝杰、刘丹青　1985　苏州方言量词的定指用法及其变调，《语言研究》第1期。

（原载《动词谓语句》，暨南大学出版社，1997年）

东南方言的体貌标记

一、引言

"体"和"貌"本质上属于形态现象。确定形态现象的标准必须兼顾形式和意义,而且形式问题应该是主导方面。从理论上说,某种体或貌的意义在任何语言、方言中都是可以表达的,区别只在于表达的形式手段是什么。确定某种语言、方言存在某种体貌范畴,依据不在于存在这种意义,而在于这种意义的表达用了形态的手段(相对广义的,包括屈折、附加、重叠、虚词等及多种手段的综合运用)。大家普遍承认普通话有体范畴而无时范畴,就是因为前者用形态性虚词"了、着、过"表示,而后者用"现在、过去、将来"等实词表示,当然,不是说意义问题并不重要。确定某种现象是不是形态,主要根据形式;而确定某种形态是什么范畴,形成什么样的范畴系统,是属体还是属貌,不同的体之间是什么关系等,就必须依靠意义的深入研究。

指出体貌问题要注重形式是容易的,而根据这一条去具体判定语言、方言中的体貌现象却要困难得多,即使在研究得很深入的普通话中,也仍有不少重要的疑案。"了、着、过"属于体现象,这已有较一致的认识,对于用"起来、下去"表示的起始、继续,则只有部分论著承认其体的资格。对于"喝上了自来水、买下一批货、算下来不亏本、盯住他看"等句中的"上、下、下来、住",还很少有人归入形态范畴。此外,用在句末的"来着",已有人归入近完成体。同在句末的"了"(了$_2$),却没有什么人算它是体标记。在这些取舍之间,已有的论著并没有提供足够的解释。原因就在于对如何确定体貌标记还缺乏统一的认识，而这一问题的复杂性又是认识不统一的主要原因，当目光转向情况各异的方言，问题变得更加复杂。因此，不管是研究普通话还是研究方言，体貌标记都是一个值得进一步深入研究的课题。本文拟就东南方言的有关情况做一点探索。

现代汉语及方言的体貌形态手段，大都是从词汇手段虚化来的，但具体来源相当复杂，大致有结果补语、趋向补语、处所补语及处所状语、动量补语等。

更复杂的是虚化的程度。在实和虚之间，不存在一道鸿沟，而是一个渐变的连续体。苏州话的"仔"[·tsʅ]是个虚化得很彻底的体助词，但苏州话的"好"，却还带有实词的性质，在许多情况下，又不能不承认它是一个体标记，还常能代替"仔"的作用。金华汤溪吴语中没有一个像"仔"或普通话"了"那样的完成体助词，表示完成体的标记多带有趋向补语的意味。虚到什么程度可以算体标记，这个问题远没有解决。

即使是来源类似甚至相同的体标记，在不同方言中的虚化程度也很不平衡，这种不平衡性增加了问题的复杂性。苏州话中来源于处所词语的"勒海"[ləʔ hɛ]有时已没有处所义，纯粹起持续的作用，但在赣语安义话中，与"勒海"同义的处所词语虽也能用在持续义的句子中，但总是带有处所义，显然比"勒海"实，甚至可以不算作体标记。再如同样是表示短时意义的"一下"，有的方言念完整的两个音节，更像是一个数量补语，有的方言却只用其合音形式并且黏附性很强，已带有明显的貌标记性质。

方言之间的不平衡性自然带来了另一个问题：确定体貌标记是否需要顾及方言之间的意义对应。就单一语言或方言的研究来说，的确不用考虑意义对应，只需判定形式手段是否属于形态。然而，同一语言的不同方言毕竟有着密切联系和共同的发展方向，适当考虑意义对应，在理论上有其必要性，使我们能将方言研究纳入汉语及汉语史研究的整体框架，而且在方法上有可操作性，还便于快速发现方言中真正的体貌标记。本项目的研究正以东南方言的比较为宗旨，因此意义对应自然成为考虑的因素。不过，这样做的同时一定要坚持尊重方言事实的原则，某方言的对应形式是什么虚化程度就定为什么性质，不能机械对应把实词性成分硬拉入体标记的行列。但意义范畴的建立则不妨稍稍放宽，只要有虚化倾向的都可以纳入同一意义范畴的比较框架中。下面举几个实例来说明意义对应的好处。

普通话用纯虚化的体助词"着"表示进行和持续。在东南方言中，进行和持续的表达手段不一定这么虚。吴语、闽语都用来自有处所义的词在动词前表进行、在动词后表持续，其中在动词前的成分显得更实一些，有状语性质，但我们还是根据对应把在前在后的这些成分都看作体标记。这样，既反映了吴闽方言中进行和持续的联系——都来自处所词，又帮助显示普通话的"着"有两种体意义——在吴闽方言中有语序的对立。

普通话的句末语气词（如"了$_2$"）一般都不看作体标记。从方言对应看，这样处理还值得推敲。温州方言用句末语气词"罢"[ba]兼表完成和已然，而没有"了$_1$"的对应助词；安义赣语用动词后的助词"嘚"[·tɛʔ]兼表完成和已然，没有"了$_2$"的对应语气词。假如坚守取助词舍语气词的原则，那么，"罢"和"嘚"这两个语序不同、体功能较对应且都属虚词的成分，就只有"嘚"才是体标记了，这显然不合理。况且东南方言中还有不少成分介于助词和语气词之间，如福州话的"咯"[·kɔ-·ŋo-·ʔ]（<去）一般用在动词或形容词后，但"咯"后不能有宾语、补语，事实上总位于句末。杭州话表示持续的"来东"用在动词后，后面也不能带宾语、补语，常在句末，或在连动句中位于短语末尾，如"立来东吃"。这类成分更不能排除在体标记之外。因此，本书[①]把语气词也列入体标记的范围（当然只有少数语气词有体的作用），同时把普通话语气词"了$_2$"的已然义也列入体的比较项目中。

面对体貌现象的复杂性，本书的作者们赞同用四条标准来确定体貌标记（见《动词的体》前言），这应当说是比较合适的。考虑到虚化存在渐变性和阶段性，考虑到方言间的不平衡，且还有大量成分处在虚化

[①] 指《动词的体》，张双庆主编，香港中文大学中国文化研究所吴多泰中国语文研究中心，1996年。下同。

过程的不同阶段或跨越好几个阶段，上述标准还需要进一步具体化。因此，本文拟做的工作是，按类分析体貌标记的语法性质，探讨其虚化的轨迹及程度，用一些便于把握的特征来划分虚化的等级，作为确定各方言体貌标记范围的参考。讨论的重点是虚化尚不彻底的成分，至于形态性质明显、虚化已经彻底的体貌标记，因不存在疑问，无须专门讨论。

二、从结果补语到体标记
——"好"的个案研究及跨方言比较

结果补语是汉语体标记的重要来源，普通话的"了、着"，温州话的"爻"[ɦiɔ]，粤语的"住"[tsy¹¹]、客家话的"撇、稳定"等都是来自结果补语而虚化程度不一的体标记。而苏州话的"好"，同一个词跨越好几个虚化等级，从中发现的一些规律性现象，在很大程度上体现了由结果补语到体标记的虚化轨迹，而且也部分地适用于来自其他补语的体标记，颇具有代表性。本节就从"好"的个案研究开始，然后再推及苏州话及其他方言中的类似成分。

"好"[hæ⁵²] 在苏州话及北部吴语的体系统中发挥着相当活跃的作用，但是，因为它的体标记作用跟它的实词作用有明显联系，其体功能又跟完全虚化的"仔"部分重合，因此研究者往往注意到"仔"而忽略"好"。

这里先举一些用"好"的句子，按由实到虚的次序排列，然后分析其虚化轨迹。

（1）饭好哉。（哉：语气词"了₂"）
（2）饭烧好哉。
（3）我勒里挑水，水挑好就去。（勒里：在）
（4）我吃好饭哉，吃勿落哉。
（5）台子浪倒好一杯酒。（浪：上）
（6）我拎好箱子勒海。（我提着箱子呢。）

（7）我进去看见俚勒地板浪坐好仔。（我进去看见他在地板上坐着呢。）

例（1）"好"做谓语，是谓词，但不是好坏之好，而是"好"的另一个义项："完成了、做成了"。从功能上看更接近动词。从词汇意义看，这一义项恰好是完成体意义的解释，因此它为"好"虚化成完成体标记提供了可能，同时也增加了划分虚实界限的难度。

例（2）是同一个"好"用在结果补语位置，这个"好"可以变换为谓语，即例（1），是实词无疑。不过补语功能为"好"的虚化提供了更大的可能，因为远不是所有谓词都能做结果补语的。

例（3）的"好"看起来跟句（2）一样，但实际上不同。例（3）的"好"只能做补语，不能变换为"水好了"（"水烧好哉"可以变换）。例（3）的"好"已是汉语中的一个特殊类别，可以叫"唯补词"（正像区别词是"唯定词"）。普通话中的"打着了头、买到了、叫住了他"等句中的"着、到、住"也属唯补词。唯补词是结果补语虚化为体标记的真正开端，而例（1）、（2）中的"好"只是提供了虚化的可能。但如果停留在唯补词的阶段，"好"的性质仍是补语而算不上体标记，尽管它兼表了完成体的意义。

例（4）和例（3）的区别最微妙，可能也最重要。例（3）的"水挑好"最贴近的普通话翻译是"水挑完"，"好"是补语无疑。而例（4）"吃好饭哉"的翻译则是"吃过饭了"或"吃了饭了"，若译成"我吃完饭了"就很不自然，"好"难以再看成结果补语。当然，这种翻译法不足以表明这两句的性质差异。由于"好"在（3）（4）两句中都有完成的意义，因此（3）（4）的区别最集中地反映了结果补语和体标记的区别，值得进一步的分析。在汉语的动结式中，动词通常属于预设，不是新信息，而结果补语才是句子的新信息甚至是焦点所在。说听双方并不关心是否有某行为，而是关心该行为产生了什么结果。"他答对了问题"，以答问题为前提，句子告诉人们的是他"对了"。"他扫干净了吗""他买到了吗"，问者必然明知他扫、他买，问的只是干净不干净、购物是否成功。例（3）正是在表明了挑水之后才用"挑好"来表示

"挑"的完成、结束。例（4）却不同，谓语动词"吃"不是预设或已知信息，而是新信息，甚至可以是焦点，而"好"则是一种附属信息，表示谓语动词的行为已完成。正因为表完成的结果补语和表完成的体标记在苏州话中都可以用"好"表示，所以在孤立的单句中难以区别。为此例（3）（4）提供上下文以显示其区别，然而不能因此把两者的区别仅仅归因于上下文，因为在补语和体标记有区别的方言中，这两个"好"必须用不同的形式，如普通话的"完"和"过"。即使在苏州话中，也可以用纯体助词"仔、过"的替换来显示这一点。例（4）换用"仔、过"意义不变，例（3）换成"仔、过"意义有变化。还有些句子"好"完全不能用"仔、过"，如"耐等我挑好水"，"好"只能是结果补语。

上述分析借助了语用学观念，但结果补语和体标记的差别不只表现在语用上。在语音上，由于结果补语通常是新信息所在而且可以做焦点，因此在句中可以念焦点重音。体标记一般不做焦点，不念重音，典型的体助词还常有轻声弱化现象，如普通话的"了（le）、着（zhe）"、苏州话的"仔"［·tsɿ］，在句法上，结果补语和体标记至少有一点重要区别：结果补语都有可能式，结果补语能转化为可能补语；后附体标记不是句法成分，不能有可能式。在上述例句中，例（2）可说成"饭烧得好哉/饭烧勿好哉"。例（3）可说成"我勒里挑水，水挑得好就走，挑勿好就勿去"。普通话的动结式也是如此，如"打得着/打不着、买得到/买不到"。而例（4）无法做同类变换。

这样，例（3）的"好"和例（4）的"好"就具有这三点区别：新信息、焦点和附属信息、非焦点；可重读和不可重读；有可能式和无可能式。这三点大致可以作为划分结果补语和后附体标记的更为具体的标准。

例（5）的"倒好"虽然可以译成"倒了"，但整句的实际意义却不是表示倒酒的动作及其完成，而是表示由于"倒了"桌子上存在一杯酒，这个"好"已由完成义引申出状态持续义。例（6）的"好"跟持续体标记同现，整句的着眼点也不是"提箱子"行为的完成，而是"提着箱子"这一状态的持续，虽然这一状态是因提起箱子的行为的完成而存在的。例（7）连用两个完成体标记"好仔"，但说话人并没有看到"坐"的动作的完成，而是看到那人在地板上"坐着"，没有完成义，只有持续义。这三句中"好"的完成义依次减弱，持续义依次明显。而且例（7）的"好仔"已成为表持续的复合体标记，因为这一句中既不能单用"好"，也不能单用"仔"。经过完成义向持续义的再引申，这三句中的"好"跟结果补语"好"在意义上又远了一点，虚化程度更深，体标记的性质也更加明显。再用上述标准看，这些"好"也无一不符合体标记的特征，因此可看作"好"向体标记虚化的又一个阶段。

苏州话的"好"虽然已可以确定为一个表完成兼表持续的体标记，但它并没有虚化到"仔"或普通话"了、着"这种纯体助词的程度。这表明即使在体标记内部，也存在虚化程度的差别。下面通过比较"好"和"仔"来说明这一点。

在表示完成体时，"仔"能用在动结式后，这跟普通话"了"一样，如"我吃光仔两瓶酒哉"。而"好"不能用在动结式后，不能说"我吃光好两瓶酒哉"。这显然因为"好"本身尚存有结果补语的遗传因子。与此类似，无锡话中有一个兼表完成体和过去时的"着"[zaʔ^{23}]，虚化程度超过"好"，但也不能用在动结式后（详见刘丹青1995）。动词和动量补语之间应该是完成体助词的常用位置，如"我挑仔三趟哉"，而"好"不能用在这个位置，另外，在词项搭配方面，"好"适用的动词远比"仔"少，它主要用在表示自主性人类行为的及物动词后。而表示趋向的"来、去、到、走"，表示交接的"拨"（给）及"送拨"之类复合词，带有消极义或损坏义的"错、坏、碎、烂"等形容词后都不能用"好"，只能用"仔"。这也跟"好"原有的实义有关。

在表示持续体时，"好"和"仔"的适用面没有明显差别，可见持续体的"好"比完成体的"好"更虚化，但句法上仍有差别。"好"可以用在介词短语之前，这跟结果补语的功能一致，如"青菜摆好勒篮里"，比较"青菜摆齐勒篮里"。而"仔"不能用在介词短语前。

最后，不管是表完成还是表持续，"好"后都可以加"仔"（实际使用中并不经常加），而其次序只能是"好仔"而不能是"仔好"，如

"我吃好仔一碗饭、俚勒地板浪坐好仔"。这正是结果补语和体助词连用的常规语序。

以上分析中有三点具有较普遍的意义，可以用作划分带有结果补语痕迹的体标记和纯体助词的具体标准：1. 能否用在动结式后；2. 适用面的广狭，即类推性的大小；3. 后面能否再带同类体意义的纯体助词。

下面我们试根据上述两组共六条标准来分析苏州话和其他东南方言中的一些成分。限于篇幅，不能六条逐一对照，只能择要讨论。

苏州话的"着"[zaʔ]可用于下列句子：

（8）煤炉着哉。

（9）煤炉生着哉。

（10）我买着三张票。

（11）我头浪向戳着一个洞。（我头上捅了一个窟窿。）

（12）俚上楼梯跌着一跤。

"着"在例（8）中是谓语动词，在例（9）中是可变换为谓语的结果补语，在例（10）中是唯补词，不能变换为谓语，但可以做焦点，有可能式（我买勿着票），在（11）中结果义很微弱，不能做焦点，有完成义，但偶尔还能有可能式（我避开点就戳勿着哉），"着"在（12）中比在（11）中更虚，毫无结果义，而且没有可能式。（11）（12）中的"着"都能换用"仔"，有明显的完成体作用但不能用在动结式后，适用的动词也限于带事故性质的不如意动词，而且"着"后也可以再加"仔"。

苏州话的"脱"[tʻəʔ⁵]可用于下列句子：

（13）俚甩脱一只破箱子。（俚，他；甩[huE⁵¹²]，扔）

（14）有一门题目错脱哉。

（15）俚打碎脱一只碗。

（16）俚做错脱一门题目。

（17）我每礼拜要写脱几封信。

（18）我电影看脱一半就出来哉。

（19）耐到乡下去蹲脱一阵。（耐，你；蹲，住）

例（13）中的"脱"是唯补词，不能做谓语，表示消失性结果，兼表完成,有可能式(想甩甩勿脱)。例(14)(16)中的"脱"意义更虚,主要表示偏离正常、不如意的意义并兼表完成,没有可能式。例(15)(16)在结构上最值得注意,"脱"用在动结式之后,照例已是体助词了,但这个"脱"后照样能带"仔"(俚做错脱仔一门题目),能用在动结式和"仔"之间的成分在苏州话仅"脱"一个,在性质上也确是介于结果补语和体助词之间。例(17)以下的"脱"都没有消失或偏离义,意义更虚,略带打发差事或时光这一更虚的意味,也没有可能式,更接近体标记。但(17)(19)的"脱"都在单一谓语的单句中表示将来行为,(18)的"脱"后也能加"仔",这些性质又使"脱"区别于纯完成体助词。总体来看,"脱"的消失、偏离、不如意等意味,都是"脱"作为实词时本身就有的,"脱"并不是实义的主要负载者,一般不作为焦点,具有体标记的性质,但"脱"的适用面却受较大限制,而且后面能用"仔",仍不是纯体助词,"脱"在许多东南方言中有作用类似的成分,也是南方式普通话中"碎掉了一只碗、做错掉了一道题"一类句子的来源,所以这里多分析了几句。

  赣语中有一个动词后加成分"呱",与苏州话"脱"作用相近,但在具体方言中,虚化程度也有差异。安义话中,"呱"念轻声[·kuaʔ],没有谓词用法,用在谓词后带有"脱"一样的消失、损坏、偏离、不如意的意思,如"跌呱唧一支笔""电视机坏呱唧""衣裳大呱唧(太大了)"。这个"呱"属于唯补词,主要用在完成体句子中,但总是带着完成体助词"唧","呱"本身并不一定表示完成。这个"呱"可以有可能式,如"个多饭,我吃不呱"。可见"呱"的补语性质很明显。但是考虑到"呱"念轻声,且在消极性的动词形容词后,不能直接带"唧",必须插进"呱","呱"也不妨收进体标记的范围。泰和话的"呱"[kua⁵⁵]有单字调,但泰和话的纯体助词也有单字调,并不显示虚实。意义上,"呱"与安义话"呱"类似,也有可能式,也属于唯补词。但泰和话的"呱"在不加纯完成体助词"矣"[i⁴²]时也兼表完成体,如"佢哇呱半工还呒能哇清楚"(他说了半天还没能说清楚),因而在有些句子中已能与"矣"互换。这个"呱"已带有较明显的体标记作用。不仅如此，泰和话中还有一个"呱"和"矣"的合音形式 [kue⁴²]，这个成分已没有可能式，成为一个融合性的体标记，其中的"呱"语素同样从形式到功能都不再有补语性质。但 [kue⁴²] 在意义和搭配上仍受到与"呱" [kua⁵⁵] 同样的限制，还不是彻底虚化的体标记。

与苏州话"脱"类似的还有客家话的"撇"。它在动词后也有"消失"一类的结果义，同时兼表完成，而不能变换为谓语，有可能式，是个唯补词。但在另一些句子中，"撇"已没有消失义，只表示完成，这时"撇"没有可能式，已成为完成体标记，不过"撇"对动词的适用面有一定的限制，也不是彻底虚化的体助词。

温州话的"爻" [ɦuɔ]，广州、香港粤语中的"晒" [sai³⁵] 跟苏州话的"脱"类似，不再细述。

根据本节的讨论，我们可以用一些具体的标准大致划出结果补语向体标记虚化的几个阶段，每一个阶段可以确定一个基本性质，结果如下（其中的举例表示有该阶段用法，但不一定仅限于该阶段）：

阶段 1　能补谓词。既能做谓语，也能做补语，意义较实在或专门，做结果补语时可附带完成、持续一类意义，这类词为虚化提供了可能。例如苏州"好、着"，温州"爻"。

阶段 2　唯补词。不能做谓语，紧接在动词后，有或专门或宽泛的结果义，可以作为句子焦点，多数可以重读，都有可能式，兼有某种体意义，但后面可以有（但不是必须有）纯体助词（没有纯体助词的方言除外）。这一类是虚化的开端，如苏州"好、着、脱"，安义赣语"呱"，泰和赣语"呱"，客家话"撇"，温州"爻"，广州、香港"晒"。这里举的例子大都还有下面阶段的用法，可划入半实体标记。有些唯补词意义较专门，也没有下面阶段的用法，不宜看作体标记，如普通话"买着（zháo）票、买到票、抓住他"中的"着、到、住"。

阶段 3　补语性体标记。不能做谓语，紧接在动词后，但没有明显的结果义，不能做焦点，没有可能式，主要表示体的意义，但不能用在动结式后，后面可以有纯体助词，搭配的动词有较大的选择限制，这一类是半虚体标记。如苏州"好、着、脱"，泰和赣语合音词"[kue⁴²]"

中的"呱"语素，客家话"撇"，温州话"爻"。其中苏州话"脱"可用在动结式后、纯体助词前，在苏州话中是独一无二的，其他方言也未见报道有这种功能的成分，在这一点上是例外。

阶段 4　纯体助词（因完全虚化，没有结果补语的痕迹，所以只能谈一下纯体助词的一般共性，以供比较，所举例子也不一定来自结果补语）：意义宽泛虚化，只表示前面动词的体，有广泛的搭配面，可用在半实或半虚的体标记后，在有轻声的方言中一般念轻声。如苏州"仔"，安义赣语"嘚"，泰和赣语"矣"，广州、香港"佐"，普通话"了（·le）、着（·zhe）"。

以上的阶段划分仍是粗线条的，同一阶段内的成分虚实也可能有差异，如阶段 3 中表持续的"好"就比表完成的"好"更虚；由于方言之间的不平衡性，有的成分可能根据不同标准可以归入不同阶段。如广州的"晒"，现根据其有可能式划入阶段 2，但根据其不能带"咗"也可归入阶段 3。这些细微处就无法一一顾及了。

三、从趋向补语到体貌标记

趋向补语和结果补语一样也位于谓词之后，是体标记虚化的又一重要来源。上一节的讨论对趋向补语来源的体标记也有部分参考作用，但趋向补语本身有自己的句法和意义特点，考察其虚化程度的标准也应有一些差异。先以普通话为例做一点讨论。

在意义上，趋向补语不如结果补语实在。其基本语义要素是运动的空间轨迹，其虚化尺度比较好把握，只要空间轨迹转化为时间轨迹，就可确定虚化为体标记，或认定其带有体标记的性质。普通话的"起来、下去"在不表空间轨迹而表时间轨迹时，就带有体的意义，成为起始体和继续体标记。在这一虚化过程中还存在一种中间状态，即兼表空间和时间，如"这本书我还想看下去"，空间上指书的其余部分，时间上指继续。不过需要指出，空间向时间的引申是人类语言的共性，很容易发生，因此多数趋向补语都可能在一定条件下附带体意义。只有像"起来、下去"那样经常只表示体意义而且用途广泛、搭配自由的趋向补语才可以当作专职的体标记，其他的只是临时兼表体意义。

从词形上看，趋向补语的独立性较弱，表空间趋向时也常念轻声，因此轻声难以作为判别虚化程度的项目。假如一种方言只有表时间的趋向补语才念轻声或有进一步的语音弱化表现，则轻声弱化也能作为虚化的体现。

由于趋向补语常念轻声，在句中一般不做焦点，因此焦点也难以用作标准。

从句法上看，趋向补语的独立性又强于结果补语。普通话趋向补语跟前面谓语的关系较松散，可以部分或全部地用在宾语之后，如"拔出一把剑来、拔一把剑出来、带点钱去"。动趋式的动和补语之间还能插入体助词，如"走了进来"。由于这些情况，趋向补语的虚化，不一定向动词后的体助词发展，也可能向句末语气词发展。本书的作者们在讨论中基本上形成了一个共识，即体的意义是附加于整个事件而不是限于动词本身，因此体标记也不应限于加在动词上的成分。附加于短语末尾乃至句末的体成分，只要虚化程度高、有黏附性，也是体标记。当然句法性质跟动词后体助词不完全同类，其中已彻底虚化为语气词的可叫体语气词或句末体助词。普通话的体标记"起来、下去"可以有"唱起歌来"的形式，没有"唱一支歌起来"的形式，既不是典型的体助词，也不是典型的体语气词，看作补语性体标记较合适。

实义的趋向补语有可能式，因此有没有可能式可以用作虚化程度的一个标尺。普通话体标记"起来、下去"都有可能式，如"你肯定干得起来""他唱不下去了"。这表示它们没有彻底虚化，补语性较强，属半实体标记。普通话的三个基本体助词之一"过"，也当来自趋向补语（参看张晓铃、孔令达1989），它不仅在意义上完全虚化，与空间趋向没有直接联系，而且完全没有可能式，是趋向补语来源中最纯粹的体助词。

最后，相关成分的连用仍是一个标准。普通话的"起来、下去"不能用在别的趋向补语前后，可以和体助词"了"连用，如"唱了起来""唱起了歌来",表明它仍带有趋向补语的性质。"过"可以用在趋向补语后,如"他去年还举起来过",可见其虚化程度较深。但"过"后可以再带"了",说明"过"的虚化程度还是比不上"了、着"。相应地,"过"在语音上也没有"了、着"那么弱化。

至此,我们得到七条具体标准:1. 关于空间与关于时间;2. 适用面的广狭;3. 语音弱化;4. 有无可能式;5. 能否与趋向补语连用;6. 能否与纯体助词连用;7. 能否与谓语动词分离。1、2 条用来确定是否看作体标记,2 至 6 条用来测定虚化程度,第 7 条用来反映虚化方向——体助词还是体语气词。

下面据此讨论东南方言的情况。

许多东南方言都用"起来""下去"分别表示起始体和经历体,如苏州方言的"起来、下去",客家话的"起来、落去",广州话的"起嚟、起上嚟、落去、落嚟"。这些成分的虚化程度大致与普通话"起来、下去"相当。不过在某些方言中,"起来"或其同义形式似比"下去"或其同义形式虚化程度深,如广州话;甚至只有前者可做体标记,如汤溪吴语、泰和赣语。王力(1980)认为表起始的"起来"始于元代,而表继续的"下去"迟至清代才出现,太田辰夫(1987)分别举出了宋代和明代的例子。方言的情况证实了起始体普遍发展早于继续体。

用"过"表经历体在东南方言中也较普遍,其虚化程度也跟普通话"过"相似。但在某些方言中,经历体的"过"可与动词分离,如苏州话"我碰着俚三趟过哉"、汤溪话"渠先头做生意过的"。根据前述理由,这并不影响其虚化性质。

与普通话不同的是,"过"在许多东南方言中还兼做"重行貌"标记,其意义不同于一般的反复或重复,而是指在上一次无效、失效或不理想的情况下再做一次,如安义赣语"个个苹果酸个,等我吃过一个",新泉客家话"我 [ə^{23}] 钻石表跌撇 [e^3],想买过一个新个转来",汤溪吴语"我个手表脱脱落去,忖再买新(的)过",苏州话"茶淡脱哉,重新泡过一杯吧"。这个"过"与经历体有联系而引申得更远,形式上除汤溪话外都紧靠动词,完全没有可能式,是个很虚化的体貌助词。

在一些东南方言中，来自趋向补语的成分是表示完成体的重要手段，但虚化程度很不一样。

汤溪话没有纯完成体助词，表完成的手段非常多样，还没有形成较成熟的体范畴。在动词加数量名这一基本句式中，主要用趋向动词"来"及"去、起来（也表开始）、落、落去、倒"等兼表完成，但它们都保留着空间趋向意义，至少是主观感觉上的趋向，如"寄来一封信、脱落去支钢笔、起起来退屋（一座房子）"。使用时必须根据动作的趋向或心理视点选用不同的趋向动词。只有用途稍广的"来"在少数句子中已没有趋向意味，如"我问来好些农（人）都晓弗得"。这些趋向补语从意义到适用面都很实，当然更不能用在别的趋向动词后，还没有到普通话"起来、下去"这种补语性体标记的阶段。从方言对应角度看，可以认为它们是趋向补语附带完成体意义。只有"来"的虚化程度稍深，接近补语性体标记，并且有可能发展为专用的完成体标记。

福州话表示完成的重要手段之一是趋向动词"去"。这个"去"已毫无空间意义，当地人甚至感觉不到它跟趋向动词"去"的关系，而用"咯"记录（这里仍作"去"，以区别于闽南话用"咯"记的 [lo]）。"去"兼表完成和变化（新情况），可自由地加在动词、形容词后，甚至加在动结式后，如"书翻破去"。这个"去"没有可能式，已完全没有补语性，处于跟普通话及东南方言中"过"相似的虚化程度。但动词加"去"的后面不能出现宾语补语，"去"可以用在数量补语后，"去"后还能再加已然体语气词"了"，如"这片电影我看三回去了"。因此，"去"的性质介于体助词与体语气词之间。

闽南泉州话用"来、去"表示完成，其虚化程度介于汤溪和福州"来"或"去"之间。泉州话的"来、去"除了表示完成兼变化（新情况）外，分别有积极和消极的主观附加意义，在搭配上也就各有选择。其主观附加意义虽不像汤溪话"来"等的空间趋向义实在，但比纯粹的体意义要实一些，而且词项选择的限制也减弱了它们的虚化程度。"来、去"的句法分布也有差异。"来"的分布较受限制，限于用在动词或动结式后且后面不能带宾语补语，"去"可以加在宾语补语之前（像体助词）或之后（像语气词）。因此"去"的虚化程度更高一些。

总结本节内容，可以把源自趋向补语的体貌标记按由实到虚的顺序做如下排列：1. 附带体意义的趋向补语，如汤溪话的"来"及"去、落、落去"等；2. 补语性体标记，如各地方言中表示起始体、继续体的"起来、下去"及其同义形式，但有些方言只有起始体标记；3. 带有附加意义的体标记，如泉州话的"来、去"；4. 虚化的体貌助词，有的性质介于体貌助词和体语气词之间，如各地表经历体的"过"、表重行貌的"过"、福州话"去"。

四、从处所词语到体标记

处所词语向体标记虚化，走的也是由空间到时间的路。普通话表示进行体的"在"也属此例。根据伊原大策（1986），普通话的"在V"式正是在南方方言影响下产生的。

用作体标记的处所词语，主要指的是吴语闽语中普遍存在的可以用在动词前后的一类词，其构词法比较特殊，不见于普通话，基本相当于近代汉语中的"在里"（吕叔湘 1941/1984）。我们用 AB 来表示其结构，A 是可以单用的处所动词兼介词，与"在"同义，B 是一般不能单用的方位后缀，相当于"这里、那里、房间里、心里、地上、本子上、历史上"中的"里、上"，其中有的有专用的方位义，有的只有泛指的处所义。下面先列举吴闽方言中的一些例词：

	A	B	A	B	A	B	A	B
苏州	勒	里	勒	笃	勒	浪	勒	海
杭州	来	东						
汤溪	得	哒	抓	哒	落	哒	是	哒
温州	着	搭	着	够	着	吼		
福州	著	吼	住	吼	敆	吼		
泉州	伫	咧						

以上用字据分地报告,其中有些写法不同的字可能是对应的同源词,这里不详论。

这类词不但结构上特殊,而且意义和用法在普通话中也找不到对应成分。苏州话的四个 AB 式词中的"勒"[ləʔ²³],老派也读"辣"[laʔ²³],晚清苏白小说中作"来",与今杭州、无锡同。在《海上花列传》中,"来里、来笃、来浪、来海"大致分别指"在这里(近),在那里(远)、在……上〔或'在(泛指)'〕、在里边(或'在其中')"。温州话的三个 AB 式也有泛指、近指、远指之别。在现代苏州话,方位义已弱化,而且主要使用没有明显区别的"勒海、勒浪"。下面是它们的一些实词用法例句:

(20)小王阿勒浪?——勒浪。(小王在吗?——在。)

(21)摆点醋勒海。(搁点醋在里面。)

(22)俚旧年住勒里,今年勿勒里哉。(他去年住在这儿,今年不在这儿了。)

(23)俚老家勒笃杭州,退休仔一直住勒笃杭州。(老派说法。他老家在杭州,退休后一直住在杭州。)

例(20)"勒浪"像存在动词;例(21)"勒海"像介词短语;例(22)"勒里"分别像介词短语和动宾短语;例(23)"勒笃"像存在动词和单个介词,"笃"可以去掉,但意义上有远指作用。在泉州话中,本是方位后缀的 B 成分"咧"可以单独用如介词,这又是今苏州话的 B 所不具备的功能。

吴闽方言表示进行体和持续体的基本形式便分别是 ABV 和 VAB。这种表示法的由来,显然是汉语表示处所的介词短语"在……"及其方言对应形式普遍具有的一种作用,即在动词前后分别附带进行义和持续义,而无须出现体标记,如:

(24)〈苏〉俚勒操场浪打球。=〈普〉他在操场上打球。

(25)〈苏〉俚坐勒草坪浪=〈普〉他坐在草坪上。

作为带有紧缩式介词短语性质的 AB 式在动词前后分别带上进行和持续义,应该是很自然的事。例(24)去掉"操场"便成了"俚勒浪打球";

例（25）去掉"草坪"便成了"俚坐勒浪"。本文关心的是，这些AB式仍是动词的状语补语还是已虚化为体标记。下面试从形式和意义两方面分别做点讨论。

吴闽方言表示进行体的ABV，常有BV的简略形式，许多方言BV式更常用。温州的"着搭V"常说成"搭V"及弱化式"da V、laV"；苏州"勒浪V"可说成"浪V"（俚浪打球），其他ABV今没有简略式（历史上有过）；汤溪话"是哒V，抓哒V，落哒V"更常说"哒V"；福州"著吼V，住吼V，敆吼V"更常说"吼V"；泉州"伫唎V"更常说"唎V"。形式的简略化也是一种弱化，是功能虚化的外部表现。在BV式中，B作为一般不能单用的方位后缀，已没有独立性，具有前附性质，可以看作前附体标记。但B还不能看作动词本身的词头，因为B和V之间有时还能插进状语，如苏州话"俚浪定定心心看书"，其性质类似于后附而也能与动词隔开的"过"（东南方言经历体标记）。ABV中的AB自足性比B略强，但其作用和简略式相同而且常被后者代替，可以看作状语性体标记。

表示持续的VAB，在苏州、杭州、温州方言中没有简略形式，AB带有一定的补语性，汤溪方言中，ABV和VAB用了不同的AB，VAB中的AB是"得哒"，不同于ABV中的"是哒、抓哒、落哒"。但"V得哒"不如其简略式"V哒"常用。福州话、泉州话只有VB式，没有VAB式。参照状语的分析。VB式中的B是后附持续体标记，VAB中的AB是补语性体标记，VB中的B有时也像在BV中一样可以和动词隔开，如泉州话"许里面关蜀个侬唎"（直译：这里面关一个人着）。

从意义看，ABV或VAB中的AB有时多少带有处所义。如苏州话"俚勒浪打球"，其意义似乎介于"他在打球"和"他在那儿打球"之间，"俚坐勒浪"似介于"他坐着"和"他坐那儿"之间。在晚清苏白小说中，AB还带有方位指示义。在温州话中，"着搭V"是"正在V"，而"着够V、着吼V"则分别略带"在这儿V"和"在那儿V"之意。我们认为不能据此降低AB的体标记性质。与介宾短语相比，趋向补语是表示空间动态的、在引申为体意义后完全可以抛开空间义，如"唱起来了"。而 AB 本是表示空间静态的，在表示进行、持续时，进行持续的动作总是发生在一定空间中，因此在语感上总不免带上其原有的处所方位义。但是，在表进行的 ABV 和表持续的 VAB 句中，即使已经有别的成分指明处所方位，AB 仍必须用，这有力地表明这些 AB 是为表示体意义而用的，如：

（26）〈杭〉外头来东落雨。（"外头"表方位）

（27）〈苏〉物事勒袋袋里装好勒海。（"勒袋袋里"表处所）

（28）〈泉〉壁咧挂蜀个钟咧。（"壁咧"表处所）

因此，从意义上看，把 AB 看作专用的体标记是完全合适的。至于其简略形式 B，更没有处所方位义，是已很虚化的体标记。

上面我们一再强调 AB 式词在形式、意义、功能上的特殊。但进一步的考察可以发现，AB 式体标记竟与普通话进行体和持续体有密切的渊源关系。这更证明把 AB 看作体标记的合理性。

据刘宁生（1984，1985），普通话体标记"着"有三个来源。进行体的"着"由"思念"义经佛教典籍用的"执着"义在动词后做结果补语再泛用虚化而成。持续体的"着"来源于"附着"和"放置"二义，"附着"义经结果补语虚化为持续体标记，"放置"义经介词用法省略介词宾语而虚化为持续体标记。这最后一个来源正相当于东南方言"VAB"中的 A，"V 着"正是"VA"，而福州话 AB 式中最常用的 A 正是"著（着）"。只是福州话持续体只用 VB 而没有出现"V 着"的情况。

普通话表示进行体的另一种标记是"VP 呢"，如"他们打球呢"。在北京口语中这种用法比"V 着"更常见。据吕叔湘（1941/1984），北京话语助词"呢"（包括我们认为表进行的"呢"）是"哩"的变体，"哩"是"里"（原作"裡"）的俗写，而"里"又是"在里"之省。吕先生发现，近代汉语中有一个"在里"，既可表处所，也虚化为语助词，而"在里"又常以"在"和"里"的简略式出现。吕先生并以苏州话的"勒里、勒浪"与"在里"相比，认为结构和意义均相近。与本文的分析相对照，则"在里"也是一种 AB 式词，普通话的"呢"正是其中的

B。区别就在于普通话用 VB 表进行，而吴闽方言用"VAB"或"VB"表持续，而且苏州话 AB 中的"里"与"呢"（<里）完全同源，福州话 AB 中的"吼"和泉州话 AB 中的"咧"也可能来自"里"。

普通话表示进行的第三种手段是"在 V"，据伊原大策（1986）"在 V"首先出现在"五四运动"前后的南方作家笔下，然后才被普通话逐步吸收。我们推想，南方作家正是用"在"来对应自己方言中的 AB 而造出"在 V"式的。

由此可见，由处所词语虚化为进行、持续体标记，并不是东南方言的独特道路，普通话表进行持续的三种手段也都有处所词语的来源。

五、其他来源的体貌标记

普通话用动词重叠表示短时貌，这是典型的形态性体标记。动词重叠式的一种近义形式是"V 一下"，如"看看、看一下"，"一下"因为其动量性质而无人归在形态中。但东南方言的情况似不这么简单。

东南方言表示短时貌，大致有两种手段。吴语中多用重叠，在苏州方言中，动词重叠式非常发达，表达的体貌意义也不限于短时（见刘丹青 1986）。在其他方言中，大都没有短时貌重叠（闽语重叠表反复貌）。短时貌一般用动词后的"一下"表示。考虑到第一节提出的意义对应因素，似不宜把这个"一下"排除在貌标记之外。更为重要的是，东南方言中表示短时貌的"一下"大都出现了形式上的虚化，已不同于一般的动量补语。安义赣语的"一下"念轻声 [it ha]，并且经常用其合音形式 [ia] 及脱落形式 [a]。泰和赣语不用完整的"一下"[i^{55} xa^{211}]，只用其合音形式 [ia^{42}]。福州话只用"蜀下"[soʔ^5 a^{244}] 的合音形式 [la^{242}] 或"蜀隻"[soʔ^{5}tsieʔ^{23}] 的合音形式 [lie^{242}]。泉州话只用"蜀下"的合音轻声形式 [tse]。这些合音脱落形式应看作一种虚化的貌标记。在此基础上，我们可以按意义对应把新泉客家话中的"一下"等看成尚未完全虚化的短时貌标记。而且，普通话中的动词重叠式 VV 本身也是从"-V"这种动量补语虚化而来的，并且现在也还有"V一V""V了一V"的形式（参看范方莲1964）。范文甚至认为普通话的VV至今仍属动词带动量补语，因此在文中用带引号的方式称呼——所谓"动词重叠"。我们并不同意范文的这种观点，但这至少表明东南方言中的"一下"并不比普通话的短时貌更少形态性质。

东南方言的尝试貌大都与短时貌有分别，尝试貌通常由重叠式（或动词带数量补语数量宾语）加"看"表示。在有些方言中不用"看"而用其同义词，如泉州话"迈"、温州"眙"（或作"覤"）。据陆俭明（1959），这个"看"在唐代就已开始虚化，但最初还有动词性质，后来才虚化为语助词。根据本书的原则，这个常位于句末的语气词完全可以看作貌助词。

六、附言

本文的主要任务是尝试用一些较具体的测试项目确定来源各异的体貌标记（主要是体标记）的范围，并判定其虚化程度。形态性质十分明显的体标记，如彻底虚化的体助词、体语气词、各种重叠形式、屈折形式，都不在讨论之列。但不等于说这些成分不存在来源及虚化过程问题。许多纯形态手段也是从词汇或句法手段虚化来的。探寻其来源及发展，对方言比较和汉语史的研究等都是十分有意义的。

本文引用的苏州话以外的东南方言材料，主要依据本书部分分地论文的初稿，即提交给上海会议的文稿。如语言事实与本书定稿有出入，请以定稿为准。由于材料的间接性，对某些体标记的功能特点无法核实或深究，如是否有可能式、能否重读等，因此某些分析有隔靴搔痒之憾。根据乔姆斯基的观点，语法是一种生成句子的能力，因此深藏在句子背后的东西比句子本身可能更丰富复杂，而非母语者不经仔细调查是很难把握得住的，或许可以说语法的跨方言比较充满陷阱，比语音和词汇的比较更为艰难，确需慎而又慎。

本文的一些观点，得益于上海会议上各位代表的热烈而精彩的讨论发言。但本文对一些语言事实的分析与定名，与分地论文的作者不尽相同，乖误之处，自当由本文作者负责。

参考文献

范方莲　1964　试论所谓"动词重叠"，《中国语文》第 4 期。
刘丹青　1986　苏州方言重叠式研究，《语言研究》第 1 期。
刘丹青　1995　无锡方言的体助词"则（仔）"和"着"——兼评吴语"仔"源于
　　"着"的观点，《中国语言学报》第 6 期，北京：商务印书馆。
刘宁生　1984　论"着"，南京师范大学硕士学位论文。
刘宁生　1985　论"着"与相关的两个动态范畴，《语言研究》第 2 期。
陆俭明　1959　现代汉语中的一个新的语助词"看"，《中国语文》10 月号。
吕叔湘　1941/1984　释景德传灯录中在、著二助词，《汉语语法论文集》（增订
　　本），吕叔湘著，北京：商务印书馆。
太田辰夫　1987　《中国语历史文法》，蒋绍愚、徐昌华译，北京：北京大学出版社。
王　力　1980　《汉语史稿》，北京：中华书局。
伊原大策　1986　表示进行时态的"在"，柴世森译，《河北大学学报》第 3 期。
张晓铃、孔令达　1989　现代汉语动态助词"过"的来源，《语法求索》，武汉：华
　　中师范大学出版社。

（原载《动词的体》，香港中文大学中国文化研究所吴多泰
　　　　　　　　　　中国语文研究中心，1996 年）

吴江方言的代词系统及内部差异

零、引言

吴江地处江苏省东南端、苏浙沪交界处，为苏州所辖的县级市，治于苏州以南十余公里的松陵镇。吴江方言（下文〈吴〉〈普〉〈苏〉〈沪〉分别指吴江方言、普通话、苏州方言、上海方言）跟〈苏〉有不少差别，尤其表现于声调（有9—11个，苏州有7个）、部分韵母的音值和代词系统。吴江习称有七大镇。境内方言分两小片。北片中有松陵、同里、黎里、芦墟四大镇，特点是"拉倒"的韵母前高后低，为[ʔlɔ tɒ]（ʔ表示 n m l 声母字念阴调类，对于上、去、入调来说就是全阴调类；零声母字念阴调时其实也有ʔ，本文不再加ʔ，因为阳调已有表示）。复数第一人称代词有包括式，处所代词为三分法。南片中有平望、盛泽、震泽三大镇，特点是"拉倒"的韵母前低后高，为[ʔlɑ tɔ]，没有包括式，处所代词为二分法。赵元任《现代吴语的研究》（1956）于吴江特取黎里、盛泽两点，就为照顾此两小片之分。从整个音系和词汇系统看，〈吴〉的内部差异不算太大，但代词系统却不但复杂而且差别颇大，可为汉语方言代词复杂之一例。

本文首先描写同里话的代词系统，然后以此为基础列举各大镇的代词系统，以反映其内部差异。同里话是笔者青少年时的第一语言，跟松陵话很接近（两地相距7公里），又是大镇中交通最不便的，其方言在七大镇中可算较为稳定。

先介绍一下同里话的单字调（与松陵相同，只是松陵有部分人上声和相应的去声不分）：

1. 阴平　　　　　　　　　高猪开抽婚拉安　　44
2. 阳平　　　　　　　　　唐平穷徐娘寒云　　23
3. 全阴上（全清声母字）　古比走好手火碗　　51
4. 混上　（次清和浊声母字）口品丑部近老舀　31
5. 全阴去（全清声母字）　盖对帐汉送放暗　　423
6. 混去　（次清和浊声母字）怕课菜共饭漏换　212
7. 全阴入（全清声母字）　百得急竹黑歇鸭　　5
8. 次阴入（次清声母字）　拍秃匹掐出七缺　　3
9. 阳入　　　　　　　　　白读局六麦合药　　2

关于吴江各镇声调及松陵二字组连读变调，参看刘丹青（1992），张拱贵、刘丹青（1983）。

一、人称代词

1.1 三身人称代词的用词及读音。情况如下：

人称	单数	复数
第一	吾 [ŋ^{31}]	吾堆 [ŋ$^{31\text{-}22}$tE^{44}]（排除式）
	吾奴 [ŋ$^{31\text{-}22}$nəɯ^{212}]	吾它 [ŋ$^{212\text{-}22}$thɔ^{44}]（包括式）
	奴 [nəɯ^{212}]（乡）	
第二	佲 [ʔnɔ^{44}]	嗯 [n̩^{22} nɔ^{212}]
		嗯那堆 [n̩^{23} nɔ^{33}tE^{41}]
第三	夷 [ji^{23}]	夷拉 [ji^{23}ʔlɔ^{44}]
	夷奴 [ji^{23}nəɯ$^{212\text{-}44}$]	夷拉堆 [ji^{23}ʔlɔ^{44}tE^{41}]

1.2 字音、字义与字源

1.2.1 第一人称的"吾"单念为混去调，既不是"我"应有的上声，也不是"吾"应有的阳平。吕叔湘（1985：50）据声调对吴语有"吾"持怀疑态度（下引吕书均指此书）。从〈吴〉看，"我"和"吾"同属疑母，但分属果摄和遇摄。疑母果摄今不分文白均念 [əɯ] 韵，〈吴〉遇书面上的"我"也一律读 [ʔŋəɯ⁴⁴]；而疑母遇摄白读多念 [ŋ]，文读多念 [ɦu]，如"吴五午"等字。"吾"是遇摄字，书面上念 [ɦu²³]（阳平），可见 [ŋ³¹] 字宜看作"吾"的白读，而盛泽、震泽的 [ɦu²³] 正好是"吾"的文读。

1.2.2 "奴"声韵符合规律，而念混去则不合规律（奴隶之"奴"念阳平），但"奴"做第二人称代词古已有之（见吕书 1.1.6 节），"奴"可能是本字，也可能由"侬"脱落韵尾而来。历史上吴语第一人称的"侬"也可放在各人称代词后，如吕书第 51 页注所引的"吾侬、你侬、渠侬、谁侬"，吕先生认为这个"侬"是吴语中表"人"义的名词，不是代词"侬"。但这些带"侬"的代词常见于指人名词不用"侬"的北部吴语中（见波多野太郎 1963—1972）。不管"侬"还是"奴"都有可能从第一人称代词泛化为人称代词后缀。

1.2.3 复数代词中的后附成分"堆、那、拉"本字本调不明，但除"那"外意义却是可考的。后缀"堆"和"拉"也做方位后缀。"堆"可用在代词"箇堆"（这里）等中，详 §2.2。"堆、拉、拉堆"等可用在名词后构成方位性成分或集体名词，详 §1.3.3。复数中的"那"是与单数"佴"同源还是复数后缀"拉"在鼻音后的同化形式尚不明，但与〈沪〉中表"你们"的"㑚"不同，后者当为"侬拉"的合音。

1.2.4 "它"是连词兼介词"脱 [thəʔ³]"（和，跟）和"佴 [nɔ⁴⁴]"（你）的合音，因没有别的同音字，不得已用了这个字。"吾它"字面上是"我和你"，所以可表示包括式代词"咱们"之义，如"吾它勿要脱夷一淘去"（咱们别跟他一块儿去）；另外也可以表示"我给你"这一类意义，这时"它"是介宾短语的合音，如"佴嫑去，吾它去望望"（你别去，我给你去看看）。有些用"吾它"的句子有歧义，如："吾它去卖"（咱们去卖 / 我给你去卖）。游汝杰（1995）提出吴语包括式的几种类型，不能概括吴江的情况，当增列吴江类型。黎里和芦墟用"吾咖

[khɔ⁴⁴]",因为连词是"克 [khəʔ³]",词异而类型同。

1.2.5 "夷"多作"伊"。但"夷"属匣母阳平字 [ji]（常标为 [ɦi]），而"伊"当为影母阴平字 [i]。本文循赵元任阳平作"夷"，阴平作"伊"。吴语"伊、夷"的来历，吕书第 18 页认为由古指示词"伊"发展成人称代词，而游汝杰（1995）认为由吴语代词"渠"脱落声母而来，与古汉语"伊"无关。吴江两读都有，有的一镇单复数分取两读。

关于代词的语源，请参看潘悟云、陶寰（1999）、钱乃荣（1999）。

1.3 吴江三身人称代词的意义和用法特点

1.3.1 "格"范畴问题。第一和第三人称单数、第二和第三人称复数，各有同义的两个词形。其中单数的成对词有格范畴对立的倾向。在主语位置，常用双音词"吾奴、夷奴"，在宾语及兼语位置常用单音词"吾、夷"。如：

（1）吾奴一直蛮照顾夷辫。（我一直挺照顾他的。）

（2）夷奴从小脱吾一淘长大辫。（他从小跟我一起长大的。）

（3）夷奴送拨吾一套衣裳。（他送给我一套衣服。）

（4）喊夷马上来一趟。（叫他马上来一趟。）

以上句子假如让"吾"和"吾奴"对换，"夷"和"夷奴"对换，会远不如现在这样顺口，如"吾一直蛮照顾夷奴辫"一句就很别扭。但并不能据此认为"奴"就是一个真正的主格后缀（各语言较常见的是主格无标记宾格有标记），而可能与节律有关。汉语中主语的位置通常是语气较舒缓的，所以主谓之间常可有较大的停顿或书面上的逗号，因此在〈吴〉中多选用双音代词，这个代词后也可有较大停顿；而宾语与动词是结合得较紧的，不能有较大的停顿或逗号，代词宾语还常念轻声，因此〈吴〉常选用单音代词。事实上，在语气急促时，主语也可用单音节词，而在语气舒缓时，宾语也不妨用双音节词，如：

（5）夷勿肯来。（他不肯来。）

（6）佴脱吾好好叫看牢夷奴。（你给我好好地看着他。）

当然，总体上，单音节和双音节分别用于主格和宾格的倾向是明显的，而一句之内违背常规让主语用单音代词、宾语用双音代词的情况更是极其少见。

从文献看，这种主宾格分工的倾向应该是很早就有的。小说《三刻拍案惊奇》27回有一段当时杭州话的对白，出现单数三身代词"我、你、渠、我浓、你浓、渠浓"共17例，另有"阿答"（我）4例。其格的分布是：单音词用于主格1次，宾格9次，双音词用于主格8次，宾格1次，领格2次。其分工倾向很明显，又不是绝对的格范畴分工，跟今天〈吴〉的情况极其相似。若用吴江的单音代词和双音代词分别按书中分工代入，也极合吴江人的语感。反之，若单双音节反向代入，就非常别扭。可见江浙一带早就存在因节律分工而造成的格范畴分工的倾向，但并未形成严格的格范畴。

复数的两对词除了语气缓急之分外，看不出格分工的倾向。

1.3.2 复数第一人称的排除式和包括式。两式在使用时严格分工，不能相混。如：

（7）吾堆走特，佴早点歇吧。（我们走了，你早点儿休息吧。）

（8）吾它走吧，勿要脱夷多拌特。（咱们走吧，别跟他多啰嗦了。）

此外，北方话的包括式可活用作第二人称以示亲切，如大人对小孩说"咱不哭"，记者问被采访的厂长"咱们厂效益怎么样？"，吴江的包括式没有这种用法。

1.3.3 复数、集体、处所。〈吴〉虽然有复数代词，其实不是真正的复数，而与集体义和处所义关系密切。

代词复数后缀也可以加在名词后，但不像〈普〉"们"那样表示复数。"拉"加在指人名词后表示某人所在的集体或一家，而不是复数，相当于〈普〉名词后的"他们"而不是"们"，如"小王拉"（小王他们，小王家）、"娘舅拉"（舅舅他们，舅舅家，不是舅舅们）、"老师拉"（老师他们，老师一家，不是老师们）。

后缀"拉、堆、拉堆"加在名词后表示某人所在的处所或家里，也没有复数义，如"小王拉 / 堆 / 拉堆"（小王那儿，小王家里）、"娘舅拉 / 堆 / 拉堆"（舅舅那儿，舅舅家里）。复数代词本身也能表示处所或家里之义，如"今朝住勒吾堆，明朝住勒夷拉"（今天住在我这儿，明天住在他家）。

从语法范畴看，名词的复数是真正的复数，"老师们"是多个老师。代词的复数却不一定是真正的复数。"你们、他们"有时表示复数（多个你和他），有时表示集体（你或他所在的集体）。"我们"除了齐声叫喊或合唱，一般都只是说话人所在的集体，而不可能是多个说话人。〈普〉代词是用复数形式兼表集体，而〈吴〉代词却是用集体形式兼表复数。所以严格地说〈吴〉只有集体代词而没有复数代词，本文称复数代词只是从众。集体形式又当来自处所义，所以至今同时也兼处所义。〈普〉没有同类的代词，处所代词只能用"我那儿"这类短语来表达。这一点吴江跟苏州也不同。〈苏〉名词代词的复数（实即集体）后缀用"笃"[toʔ]，处所后缀用"搭"[taʔ]。但〈吴〉跟〈沪〉一致，〈沪〉"拉"兼做复数（集体）后缀和处所后缀，如"阿拉（我们）""小王拉来勒（小王他们来了）""住勒小王拉（住在小王家）"。

1.3.4 领格表示法。用在指家人、亲戚、集体、单位等的名词前做领属性定语时，人称代词一般只用复数形式，即使定语明明只可能是一人，也用复数，如：

吾堆 / 嗯那堆 / 夷拉爷（我 / 你 / 他爹）

吾堆 / 嗯那 / 夷拉堆家婆（我 / 你 / 他老婆）

吾堆 / 嗯那堆 / 夷拉堆亲眷（我 / 你 / 他亲戚）

吾堆班级 / 嗯那公司 / 夷拉学堂 / 吾堆单位勿及嗯那单位好（我们单位不如你们单位好）

以上例子都没有用"舝"[gəʔ]（的），事实上也很少用，因此复数后缀实际上同时也兼了领格标记的作用（参看刘丹青1986）。偶尔，第二第三人称代词后也用"舝"，这时代词单数复数都可用，这种表达显得说话人和被指代者关系很疏远，第一人称代词后则极少用"舝"，如：

（9）夷奴舝爷是勿识字舝。（他的父亲是不识字的。领格用单数）

（10）嗯那瓣大佬真勿是個名堂。（你的哥哥真不是个东西。领格用复数）

代词而外，指人名词做这类领格通常也加集体后缀"拉"，与"夷拉"（他们）的后缀相同。如"小王拉阿爹"（小王的爷爷）、"阿珍拉男朋友"。领格词语用复数代单数，在近代汉语中是常例并有文化背景，参见吕书第 72 页。现〈普〉除用在指单位的名词前以外已不如此说，如"他老婆"绝不能说"他们老婆"，而在许多南方方言中却沿用至今。

1.4 其他人称代词

三身以外的人称代词，〈吴〉与〈普〉有同有异：人家 [ɲin²³kɔ⁴⁴]（因为不念轻声，所以跟家庭义的"人家"同音）、大家 [dɔ²¹²⁻²³kɔ⁴⁴⁻⁴¹]、自家 [zɿ³¹⁻²³kɔ⁴⁴⁻⁴¹]（自己）、"别人家"[bəʔ²ɲin²³⁻⁴⁴kɔ⁴⁴⁻⁴¹]（别人）。这些词的意义和用法（包括"人家"指说话人等活用法）跟〈普〉相应的词没有明显差别。值得一提的是，〈普〉中可单用"人"代替"人家"，如"人说什么，你也跟着说什么"，"他不爱跟人来往"，这些"人"〈吴〉都得换成"人家"。

二、指别词和指示代词

2.1 指别词的语法功能

〈普〉最基本的指示代词是"这、那"。与此对应的〈吴〉词是"瓣 [gəʔ²]、解/矮 [kɔ⁵¹/ɔ⁵¹]"，它们却不能叫代词，因为它们只指不代，基本上是黏着成分，所以我们称之为指别词。指别词不能单独充当一个句法成分，〈普〉"这是新的，那是旧的""看看这，看看那"，其中的"这、那"都不能换用吴江的指别词表示。指别词也不能直接用在名词或数词前做定语，"这房子""那三本书"中的"这、那"在〈吴〉中也不能用指别词表示。指别词的唯一句法作用是用在量词前构成指量短语再做句法成分，如以上〈普〉例子要说成"挩个是新挩，解个是旧挩""看看挩个，看看矮个""挩幢房子""矮个三本书"。最后一例中的量词"个"与数词后的量词"本"明显重复而又在句法上必需，并且数词前的量词只用"个"，因此指量组合"挩个、解个、矮个"已可看作固定的词项。

2.2 指示范畴的二分、三分

〈吴〉的指示范畴比系统三分的〈苏〉复杂［苏州话的指示代词系统，参看小川环树（1981）、谢自立（1988）］，既有二分法，又有三分法，在部分镇乡还存在一分法。二分是只分近指、远指，三分是近指、远指以外还有中指（实为中远指，详下），一分法的情况出现于盛泽和震泽，见§4.2。下面分类列举介绍指别词和指示代词，括号中是〈普〉释义。

1. 指别词：

    近指：挩 [gəʔ²]（这）；远指：解/矮 [kɔ⁵¹/ɔ⁵¹]（远，那）。

2. 单数指代词：

    近指：挩个（这个）；远指：解/矮个（那个）。

3. 不定复数指代词：

    近指：挩点、挩星 [sin⁴⁴]（这，这些）；

    远指：解/矮点、解/矮星（那些）。

4. 处所指代词：

    近指：该 [kɛ⁴⁴] 面（这边）、该海 [hɛ⁴¹]（这边）、挩浪 [lɑ̃⁴⁴]（这里）、挩堆（这里）、挩里（这里，这里边）；

    中指：挩面（那边）；挩头（那儿）；

    远指：解/矮面（那边）、解/矮浪（那里）。

5. 情状方式指代词：

    近指：实价 [zəʔ²gɔ²¹²]（这样）；解/矮价 [kɔ⁴²³]（那样）。

6. 程度指代词：

只有近指：实价（这样）。

7. 时间指代词：

第 1 组：近指：觕歇 / 觕歇点（这会儿，现在时）；远指：解 / 矮歇点（待会儿，将来时）。

第 2 组：近指：觕枪（这阵子，现在时）；远指：解 / 矮枪（那阵子，过去时）。

第 3 组：只有远指：觕辰光 = 解 / 矮辰光（那时，过去时）。

以上情况看起来十分复杂，其实主要是最常用的"觕"的作用复杂多样。假如搞清了"觕"的性质，问题也就能看得比较清楚了。

指别词和普通指示代词的情况比较简单，就是近指语素"觕"和远指语素"解 / 矮"的对立。"解、矮"作用完全等同，可视为同一语素的变体，差别仅在声母 [k] 的有无。其他各词中的"解 / 矮"都表示这两个音节可以互换。

但是根据处所代词、时间代词并联系〈苏〉来看，"觕"其实本是定指语素，真正的近指语素是"该面"中的"该"（正是苏州的近指词）。所谓定指，是指照应作用大于指示作用，主要用来表示上文已提过或双方都明白的有定对象，无须分远近指。〈苏〉的三分法就是近（该 / 哀 [$kε^{44}/ε^{44}$]）、远（归 / 畏 [$kuε^{44}/uε^{44}$]）、定（觕 [$gə?^{23}$]）之分。由于定指不分远近，所以常可代替近指远指代词。在〈吴〉中，"觕"是近指语素，跟远指词相对；但当"幸存"的近指语素"该"在处所代词中出现时，"觕"又可用成中指语素，介于近指远指之间。如：

（11）吾勒该面，俚勒觕面，伊勒解面。（我在这里，你在那里[稍远]，他在那边[更远]。）

"觕面、觕头"等中指词的确切含义应为"中远"，因为，当中指与近指的"该面、觕浪"等相对时，表示的是远指；单独使用时也表示远指；与远指的"矮面"相对时仍是远指而不是近指，只是比"矮面"稍近一些。可见它是远指或远中稍近者，不是一般的中间义，也不是能近能远的定指。如：

（12）吾坐该面，俚坐觕面。（我坐这边，你坐那边。）

（13）物事就摆勒䪨头吧。（东西就放在那边吧。）

（14）小张勒䪨面，小王勒矮面。（小张在那边，小王在［另一个更远的］那边。）

在时间指示代词第 3 组中，"䪨"也是远指。"䪨辰光"指遥远的过去，与形式上远指的"解/矮辰光"同义而更常用。我们把"䪨"看作由定指语素而来，不仅是因为它在〈苏〉中是定指语素，更因为只有定指代词才可能同时向近指和远指两个方向引申并取代原近指远指代词。在盛泽、震泽等南部方言中，近远都用"䪨"或其清声母形式"葛"表示，这也只有不分远近的定指语素才有可能。这种取代的另一个结果是〈吴〉已不存在〈苏〉的那种远近指和定指的对立。

在指示语素语义较不稳定的同时，〈吴〉处所指代词中的后缀却比较重要，成为区别指示意义的手段。如近指的"䪨浪、䪨堆"和中指的"䪨面、䪨头"就靠后缀区别。在指示语素不分近远的盛泽、震泽，处所词只有二分法，近远之别完全靠后缀，如盛泽"葛搭（这里）、葛面（那里）"。〈吴〉指示代词在词形上还有一个特点，就是指示语素和后缀的搭配不整齐，如处所代词中，近指词多于中指词和远指词。而普通话往往每个"这 X"就有一个"那 X"与之相配，搭配非常整齐。

时间指示代词还有自身的特殊之处。它们用的是近远指示语素，但时间指示的实质却是现在、过去、将来的三分，与空间三分或二分系统难以核准。因为过去和将来相对于现在都是远指，而过去和将来之间又没有远近，因此近-远二分或近-中-远三分都难以契合。第 1 组是远近之分，但只含现在和将来的对立，没有过去；第 2 组远近之分是现在与过去对立，没有将来；第 3 组只有指过去的远指，没有指现在和将来的词。

情状和方式指示词词形相同，也有近远对立，分别用近指语素"实"[zəʔ²]和远指语素"解/矮"[kɔ⁵¹/ɔ⁵¹]加后缀"骱/价"[gɔ²¹²/kɔ⁴²³]构成。"价"作为副词性后缀文献中早有，"骱"是后缀"价"在浊音"实"后的浊化形式，音同"脱骱"（脱臼）之"骱"，在清音的

"解/矮"后仍念清音 [kɔ]，但变调后跟远指语素"解"同音。①

程度指示代词与情状方式指示代词同形，但只有近指。〈普〉有远指的"这么好""那么好"的说法，〈吴〉中只有近指的"实骱好法"，没有远指的"解价好法"。

2.3 指示代词的语法功能

〈吴〉指示代词的语法功能跟〈普〉一样依所代的词类而定，具体情况从略。需要指出的特点有二：1. 由于指别词不能单独充当句法成分，因此〈普〉用"这""那"单独充当成分的情况〈吴〉都要用带量词语素的指示代词来表示，单数用"骱个""解/矮个"，复数用"骱点、骱星""解/矮点、解/矮星"。2. 方式和程度代词修饰谓词时，常在谓词后加后缀"法"或"法子"。如："账要实骱算法"（账要这么算）、"骱浪物事实骱贵法子"（这儿东西这么贵）。

三、疑问代词

3.1 疑问代词词项

这里先列出疑问代词的词项（有些属单词化的紧密短语），同时用〈普〉词语做简要释义。

---

① 后缀"价"在后字位置和远指"解"同音，但似非同源。前者因在后字位置，单字调不明，全阴上或全阴去都符合，但从相对的浊音"骱"（阳去）看，当为全阴去。"解"有零声母"矮"的变体，而"价"没有。"价"的语源较明，在近代汉语中常做情状或方式性后缀，张相（1953）释为"估量某种光景之辞，犹云这般或那般"，至今仍有"整日价"一类说法。〈吴〉"价"除在情状方式代词中做后缀外也能广泛用作情状或方式后缀，如"拿夷骂儿子价骂"（把他当儿子那样骂）、"夷吃酒脱吃茶价"（他喝酒跟喝茶似的），这些"价"显然是同一个，故按近代写法作"价"而与远指语素"解"相区别。此外，"实"也可作同音的"直"，因为近代白话中有"直恁"一词，也是"这样"之义，至今苏州以北的常熟仍然保留。写"实"是袭苏白小说旧例，《海上花列传》有"实梗""实概"等代词。

问事物、类属、原因： 啥 [sɔ⁴⁴]（什么、怎么）= 哈 [hɔ⁴⁴]（什么）
（以下"啥"均可换用"哈"，声调相同，不再一一列出）

问事物：啥物事 [sɔ⁵¹məʔ²⁻⁵zɿ²¹]（什么东西，什么）

问性质，事物：啥鞂 [sɔ⁴⁴gəʔ²]（什么）

问性状：啥等样 [sɔ⁵¹tən⁵¹⁻⁵⁵iã⁵¹]（什么样的）

问人：啥人 [sɔ⁵¹n̠in²³⁻⁵⁵]（谁）

问行为，目的，原因：择啥 [dzəʔ²sɔ⁵⁵]（干什么）

问原因：为点啥 [ɦuE²¹²⁻²²ti sɔ⁵⁵]（为什么）

问概念：啥叫 [sɔ⁴⁴⁻⁵⁵tɕiɔ⁴²³⁻²¹]（什么叫、什么是）

问处所：鞋堆 [ɦɔ²³tE⁵¹]（哪里）

问集体中的个体：鞋堆 [ɦɔ²³tE⁵¹]（哪，哪一）

问情状、方式：搦哈 [nɔʔ²hɔ²¹²]（怎么样，怎么）

问程度：搦哈 [nɔʔ²hɔ²¹²]（怎么样，怎么）

问时间：几时 [tɕi⁵¹zɿ²³⁻⁵⁵]（什么时候）
几辰光 [tɕi⁵¹zən²³⁻⁵⁵kuã⁴⁴⁻⁵¹]（什么时候）

问数量：几化 [tɕi⁵¹hɔ⁴²³]（多少）

问钱数：几钿 [tɕi⁵¹dir²³⁻⁵⁵]（多少钱）

3.2 "啥/哈"及由它构成的疑问代词

3.2.1 "啥"与"哈"。从 3.1 所列可见，"啥"及其自由交替形式"哈"是〈吴〉最基本的疑问代词语素。"啥"在单独成词时和部分复合词中念阴平 44 或按阴平变调，在另一部分复合词中念全阴上 423（不是连读变调所致）。"哈"意义、用法和声调读法跟它完全相同。"啥"和"哈"在"啥人、哈人"中还有 [sã⁵¹] 和 [hã⁵¹] 的变读，农村较多，这是受鼻音声母字"人"逆同化的结果。下文以"啥"赅"哈"。

"啥"的基本意义跟〈普〉"什么"大致对应，但作为单音节词，使用较受限制，不如"什么"自由。"啥"可以问事物，起名词的作用，但限于做宾语而不能做主语；做定语问事物的性质类别时，多见于常用的固定组合，有的已是复合疑问代词，如"啥人、啥物事"等。下面是"啥"单独成词的用例：

（15）吃点啥？／佣想买啥？／夷问佣点啥？（他问你些什么？）／夷见啥拿啥。（他见什么拿什么。）／脱瓣种人有啥好讲？（跟这种人有什么好说的？）

问性质类属：

夷欢喜啥颜色？／吃啥饭水讲啥闲话。（干什么行当说什么话。）／佣有啥闲话快点讲！（你有什么话快说！）／阿有啥消息？（有什么消息吗？）比较自由的用法是作为虚化成分用在反问句中：

（16）天落雨拍啥照？！（天下雨拍什么照？！）／夷就赅瓣点花头，有啥狠？！（他只有这点能耐，有什么了不起？！）

"啥"问原因的用法很有特点，不见于〈普〉"什么"和〈苏〉"啥"。这个"啥"意义上相当于〈普〉问原因时的"怎么"而不是"为什么"，它还比名词或定语用法自由，可用在句首或句中，如：

（17）佣啥来特？（你怎么来了？）

（18）夷昨日子啥勿开心？（他昨天怎么不高兴？）

（19）啥佣到现在刚刚来？（怎么你到现在才来？）

（20）啥电灯暗得来？（怎么电灯这么暗？）

3.2.2 "啥物事"。这是问事物的主要代词，字面上相当于"什么东西"，其实常无须译出"东西"，就相当于做名词用的"什么"。"物事"本身只能表示具体的物件，不能表示抽象的事情，而"啥物事"对这两者都能问，如"佣听着点啥物事？"（你听到些什么？）可见其中的"物事"已有所虚化。[①]

上举用"啥"做宾语问事物的例子都能换用"啥物事"，下面例句

[①] "啥物事"中"物事"因有所虚化，不必处处译成"什么东西"，多半相当于"什么"。普通话"什么"的语源是"是物"，参看吕叔湘（1985：128）。今徽州方言（黟县）"什么"正是"是物"音，可做旁证。"什么"之"么"（物），正相当于"啥物事"中的"物事"。吕书认为"啥"来自"什么"的合音，则"啥物事"中已有两个虚化的"物"。

有"啥物事"做主语、宾语和其他成分的各种情况，也包括疑问代词的虚指、任指和连锁用法：

（21）啥物事焦脱特。（什么东西糊了。）

（22）动物里向啥物事顶凶？（动物里头什么最凶？）

（23）啥物事噢㑚就拣啥物事买。（什么便宜你就挑什么买。）

（24）顶好吃点啥物事再走。（最好吃点什么东西再走。）

（25）啥物事辩皮顶厚？（什么东西的皮最厚？）

"啥物事"也可以作为虚化成分用在反问句中，如：

（26）夷勿讲道理，㑚脱夷烦啥物事？！（他不讲理，你跟他啰嗦什么？！）

3.2.3 "啥辩"。这是做定语问性质、类属的主要代词，相当于〈普〉做定语用的"什么"，其中"辩"是定语结构助词，相当于〈普〉"的"。上举用"啥"做定语的例子，包括反问句中虚化的"啥"，都能换用"啥辩"；假如语气舒缓、说得较慢，还必须用"啥辩"，如"夷欢喜啥辩颜色？""天落雨拍啥辩照？！"可见做定语用的"啥"不妨看作"啥辩"的快读省略形式。还有很多不适宜用"啥"的组合都用"啥辩"，如：

（27）上海香烟啥辩牌子最贵？

（28）夷是㑚啥辩亲眷？（他是你什么亲戚？）

（29）辩段闲话是啥辩书里抄来辩？（这段话是从什么书里抄来的？）

作为带"辩"的成分，"啥辩"也能用作名词，就像〈普〉"的"字短语一样。这时，"啥辩"的作用接近"啥物事"，但"啥辩"倾向于在已知范围内选择，这也跟"的"字短语相同（"啥辩"的这种作用也跟〈吴〉没有相当于"哪"的疑问代词有关，详下）。如：

（30）中浪有饭有面，㑚吃啥辩？（中午有饭有面条，你吃什么？）

（31）绒线衫勒球衫，啥辩暖热？（毛线衣和绒球衣，哪种暖和？）

3.2.4 "啥等样"。"等样"不能单说。"啥等样"主要做定语，后面还可加"辩"（的），偶尔做补语谓语，不做主宾语。主要用来问事物的外观形象或人的地位品性等，有较强的描写性，色彩不很庄重，如：

（32）夷着点啥等样辩衣裳？（他穿了些什么样的衣服？）

（33）辩个人生来啥等样辩？（这个人长得什么模样？）

（34）说书先生讲着啥等样人，就学啥等样闲话。（说书先生说到什么样的人，就学什么样的话。）

（35）倷看夷侪轧点啥等样辩朋友。（你看他都交些什么样的朋友。）

（36）夷只面孔啥等样辩？（他的脸什么样的？）

3.2.5 "啥人"。问人的主要代词，如：

（37）啥人来过？（谁来过？）

（38）辩个消息啥人堆听来辩？（这个消息从谁那儿听来的？）

（39）倷想骗啥人？（你想骗谁？）

（40）老王脱老张啥人大？（老王和老张哪个职务大？）

（41）班级里向啥人辩功课最好？（班级里边哪个的功课最好？）

在"谁"（英语 who）和"哪个"（which person）并存（如〈普〉）或"啥人"和"哪个"并存（如〈苏〉）的情况下，虽然两个词常可通用，但"哪个"更倾向于问已知范围中某人，〈吴〉没有"哪个"，只能用"啥人"兼表二者。而且由于没有相当于"哪"（which）的代词，连表示礼貌的"哪位"也无法表达，对任何人都用"啥人"来提问，尽管〈吴〉有表敬量词"位"。

"啥人"在字面上相当于"什么人"，但意义上只等于"谁"或"哪个"。需要问"什么人"时（即问某人的身份地位等时），要用"啥辩人"（短语性质，所以词表未列），比较：

（42）张明是啥人？（张明是谁？——说话人不认识张明）

（43）张明是啥辩人？（张明是什么人？——说话人不知道张明的身份，但或许认识他）

"啥人"像所有疑问代词一样也能用来构成反问句，但"啥人"在反问句中还有一种特殊用法，即用在单数人称代词主语后，这时主语已明确，"啥人"不能再译成"谁"了，只能勉强译成"怎么"。如下面两句，上句是普通的反问用法，下句是特殊用法：

（44）啥人相信辩种闲话？！（谁相信这种话？！）

（45）吾啥人高兴跟夷去？！（我怎么会愿意跟着他去？！）

3.2.6 "择啥"。问行为、目的、原因，跟〈普〉"干吗"完全相同。"择"的语源不明，吴江多数镇念"治 [dzɿ] 啥"。"择"不能单用，所以"择啥"是一个词。如：

（46）倷辣择啥？（你在干什么？）（问行为）

（47）倷到上海去择啥？（你到上海去干吗？）（问目的）

（48）倷择啥听夷闲话？（你干吗听他的话？）

（49）小王择啥勿开心？（小王干吗不高兴？）

3.2.7 "为点啥"。问目的、原因，跟〈普〉"为什么"相同。"点"念轻声，快读时可以省去。如：

（50）夷为（点）啥勿答应？（他为什么不答应？）

3.2.8 "啥叫"。问不懂的概念，也常用在设问句和反问句中，有时已没有"叫"的意思，所以看作一个词。如：

（51）啥叫节能灯？（什么叫节能灯？）

（52）啥叫做生意？做生意就是要赚铜钿。（什么叫做生意？做生意就是要赚钱。）

（53）啥叫客气，辨个是该应拨倷辨。（怎么是客气，这是应该给你的。）

3.3 其他疑问代词

3.3.1 "鞋堆"。这个代词构成了〈吴〉疑问代词系统不同于〈普〉和〈苏〉的一大特点。吴语中的代词语素"鞋"[ɦɔ²³] 即"何"（文读 [ɦiu²³]）的白读，许多方言念阳上或阳去，〈吴〉念阳平，与"何"更合。张惠英（1993）干脆记作"何"，本文按赵元任（1956）记作"鞋"。"堆"是〈吴〉的处所后缀兼复数（集体）后缀（见 §1.2 和 §1.3.3）。"鞋堆"的基本意义就是哪里、何处。它既可问处所，也可构成反问句（此时无处所义），这都和〈普〉"哪里"一样。如：

（54）鞋堆有开水？（哪里有开水？）

（55）吾鞋堆欺瞒夷？！（我哪里欺负他啦？！）

与此同时，〈吴〉没有"哪"义代词（which）或语素，这点上属〈沪〉型而非〈苏〉型。这一空缺给它的疑问代词系统带来一些特殊的影响。一方面，在必要时，〈吴〉就用处所疑问代词"鞋堆"发挥"哪""哪一"的作用，问某一范围、集体中的个体或部分，而没有处所义。如：

（56）鞋堆只帽子是小玲辫？（哪只帽子是小玲的？）

（57）一件大，一件小，俺要鞋堆一件？（一件大，一件小，你要哪一件？）

（58）鞋堆两包点心是夷送来辫？（哪几包点心是他送来的？）

（59）俺派鞋堆三个人去？（你派哪三个人去？）

另一方面，"鞋堆"借用为"哪"义后，必须用在数量成分之前，这使表达较为繁琐，特别是与〈普〉单用"哪个"问人相比：

（60）〈普〉你找哪个？〈吴〉俺寻鞋堆辫人？

所以，〈吴〉也常用别的疑问代词来填补这一空缺，用"啥人"（谁）兼表"哪个"（人），用"啥辫"（什么）兼表"哪个"东西，见上文。这使"哪"在〈吴〉中的对应形式显得特别复杂多样。

3.3.2 "捺哈"。问情状、方式、程度，义同〈苏〉"捺亨"[①]，其中的"哈"与"啥"无关。"捺"的韵母 [ɔʔ] 是一个不规则音节，实际上

[①] 吴江话和苏州话有两对都表示方式性状的"阴阳对转"的同源代词。"这样"义，吴江为"实骱 [gɔ]"（与苏州 [ɑ] 韵对应），苏州为"实梗 [gã]"（照苏白小说写，"梗"其实读清声母，并不同音）；"怎样"义，吴江为"捺哈 [cɔʔ]"，苏州为"捺亨 [hã]"。"骱"是近代后缀"价"的浊化，不可能是由阳转阴（鼻尾脱落），则苏州的"梗"应该是由阴转阳的。《海上花列传》中的苏州话对白既有"实梗"又有"实概"，后者也是阴声韵，疑即"实梗"的原形。苏州的"亨"可能也是由阴转阳的。转阳的原因，我推测是儿化。明末苏州话《山歌》儿化极发达，后突然式微，名词小称形式让位于重叠。但至今仍有儿化子遗存在，公认的如"筷儿"为 [khuɛ423-44ŋ21]（吴江也用，仅调值不同），儿缀为自成音节的鼻音 [ŋ]，再如本文所列吴江复数代词"辫星，解/矮星 [sin44]"也就是"辫些儿，解/矮些儿"，"些"吴江念 [si44]，口语不用（大概因为儿化已久忘其本字）。这个"星（些儿）"苏州也用。有些阳声韵在吴语中已属鼻化音，儿化前亦然。方式性状词语是儿化的常见对象，只是方式后缀儿化前就本字不详，不容易想到是儿化，只有在比较中才会发现。

无同音字（撇捺之"捺"念 [naʔ²]），〈吴〉除该词外没有 [ɔʔ] 韵，[nɔʔ] 是"哈"[hɔ²¹²] 的韵母同化的结果。在"哈"念 [ha] 韵的南片，"捺"的读音是正常音节 [naʔ]，与撇捺之"捺"同音。"捺哈"相当于〈普〉"怎么、怎么样"，兼谓词和副词用法，但问方式时常要在动词后加"法"或"法子"，问程度时有时也这样，与指示代词相同。如：

（61）辫只牌子质量捺哈？（这个牌子怎么样？）

（62）到常熟捺哈走法？（到常熟怎么个走法？）

（63）夷到底捺哈聪明法子？（他到底怎么个聪明法？）

四、七大镇代词系统概况

下面分类列表说明吴江七大镇方言重要指代词语的概况并做一些简要说明。声调一律省略。

4.1 人称代词

项目	同里	松陵	黎里	芦墟	平望	盛泽	震泽
I 单数 我	吾 [ŋ̩] 吾奴 [ŋ̩ nəɯ]	吾 [ŋ̩] 吾奴 [ŋ̩ nəɯ]	吾 [ŋ̩] 吾奴 [ŋ̩ nəɯ]	吾 [ŋ̩] 吾奴 [ŋ̩ nəɯ]	吾 [ŋ̩] 吾奴 [ŋ̩ nəɯ]	吾 [ɦu] 吾奴 [ɦu nəɯ]	吾 [ɦu] 吾奴 [ɦu nəɯ]
I 复数 排除式	吾堆 [ŋ̩ tE]	吾堆 [ŋ̩ tE]	吾堆 [ŋ̩ tE]	吾堆 [ŋ̩ tE]	伲堆 [ni tE]	吾里 [ɦu li]	那牙 [na ŋa]
I 复数 包括式	吾它 [ŋ̩ thɔ]	吾它 [ŋ̩ thɔ]	吾咖 [ŋ̩ khɔ]	吾咖 [ŋ̩ khɔ]			
II 单数 你	侬 [ʔnɔ]	侬 [ʔnɔ]	侬 [ʔnɔ]	侬 [ʔnɔ]	侬 [ʔna]	嗯呐 [n̩nəʔ]	囡 [ʔnø]
II 复数 你们	嗯那 [n̩ nɔ] 嗯那堆 [n̩ nɔ tE]	嗯那 [n̩ nɔ]	嗯那 [n̩ nɔ]	挪堆 [nɔ tE] 嗯那堆 [n̩ nɔ tE]	嗯那 [n̩ na]	嗯那 [n̩ na]	那那 [na na]

续表

项目	同里	松陵	黎里	芦墟	平望	盛泽	震泽
Ⅲ单数 （他）	夷 [ji] 夷奴 [ji nəɯ]	夷 [ji] 夷奴 [ji nəɯ]	夷 [i] 伊奴 [i nəɯ]	伊 [i] 伊奴 [i nəɯ]	伊 [i] 伊奴 [i nəɯ]	伊 [i] 伊奴 [i nəɯ]	夷 [ji] 夷奴 [ji nəɯ]
Ⅲ复数 （他们）	夷拉 [ji ʔlɔ] 夷拉堆 [ji ʔlɔtɛ]	夷拉 [ji ʔlɔ]	夷拉 [ji ʔlɔ]	伊拉 [i ʔlɔ]	伊拉 [i ʔla] 伊拉堆 [i ʔla tɛ]	伊拉 [i ʔla]	夷拉 [ji ʔla]

说明：1. 第一人称单数，同里乡下多说"奴"[nəɯ]。2. 第一人称复数排除式，松陵乡下多说"伲堆"[n̠i tɛ]，乡下老人有人说"伲"[n̠i]（同苏州），北乡有的说"吾伲"[ŋ n̠i]。这三个形式在吴江整个北片的乡下有较广泛的分布，体现了吴江方言的城乡差别。3. 包括式"吾它"和"吾咖"的语义来源都是我和你，黎里、芦墟并列连词是"克"，所以"克挪"的合音即"咖"。4. 同里第二第三人称复数的三音节形式"嗯那堆""夷拉堆"在松陵部乡下也说。5. 黎里第三人称单数用"伊，伊奴"（阴调类），复数用"夷拉"（阳调类）。

4.2 指示代词

项目	同里	松陵	黎里	芦墟	平望	盛泽	震泽
指别词 近指（这）	舸 [gəʔ]	舸 [gəʔ]	舸 [gəʔ]	葛 [kəʔ]	舸 [gəʔ]	葛 [kəʔ]	舸 [gəʔ]
远指（那）	解/矮 [kɔ/ɔ]	解/矮 [kɔ/ɔ]	解 [kɔ]	解 [kɔ]	□ [ki]	（同近指词，远近不分）	（同近指词，远近不分）
处所词 近（这儿）	舸浪 [gəʔ lã] 该面 [kɛ miɪ] 该海 [kɛ hɛ]	舸搭 [gəʔ taʔ] 舸浪 [gəʔ lã]	舸搭 [gəʔ taʔ]	葛浪 [kəʔ lã]	舸搭 [gəʔ taʔ] 该面 [kɛ miɪ] 该头 [kɛ diəɯ]	葛搭 [kəʔ taʔ] 葛浪 [kəʔ lã]	舸浪 [gəʔ lã]
中（那儿）	舸面 [gəʔ miɪ] 舸头 [gəʔ diəɯ]	舸面 [gəʔ miɪ]	葛面 [kəʔ miɪ]	（无中指词）	（无中指词）	（无中指词）	
远（那儿）	解/矮面 [kɔ/ɔ miɪ] 解/矮头 [kɔ/ɔ diəɯ]	解/矮面 [kɔ/ɔ miɪ]	解面 [kɔ miɪ] 解头 [kɔ diəɯ]	解面 [kɔ miɪ]	□面 [ki miɪ] □搭 [ki taʔ]	葛面 [kəʔ miɪ]	葛头 [kəʔ dø]

续表

项目	同里	松陵	黎里	芦墟	平望	盛泽	震泽
方式词 近（这样）	实俉 [zəʔ gə]	实俉 [zəʔ gə]	实俉 [zəʔ gə]	实俉 [zəʔ gə]	实俉 [zəʔ ga]	实俉 [zəʔ ga]	实俉 [zəʔ ga]
远（那样）	解/矮价 [kɔ/ɔ kɔ]	解/矮价 [kɔ/ɔ kɔ]	（同近指）	解价 [kɔ kɔ]	□价 [ki ka]	解价 [ka ka]	（同近指）

说明：1. 盛泽、震泽两地指别词不分近远，属一分法，仅靠手势表示，如盛泽"葛只是茶杯，葛只是酒杯"，实在需要区分时远指借用处所指代词，因为处所指代词是二分法，如盛泽"葛只是茶杯，葛面只酒杯"。2. 远近的区分常借助后缀，但用来区分远近的后缀本身的距离义并不固定。震泽"葛浪"是近指，"葛头"是远指，但"头"并非固定的远指义，同里"辩头"是中指，平望"该头"是近指。3. 总体上，北片 4 镇是指别词二分法，处所代词三分法；南片盛泽、震泽两镇是指别词一分法，处所代词二分法；南片平望（位于吴江中部）都是二分。4. 平望的远指语素 [ki] 属音系中的不规则音节，在附近某些乡镇念"己"[tɕi]，属规则音节。5. 方式指代词都兼情态指代和程度指代，但远指词都不用于程度指代。

4.3 疑问代词

项目	同里	松陵	黎里	芦墟	平望	盛泽	震泽
事物（什么）	啥/哈 [sɔ/hɔ]	啥 [sɔ]	哈 [hɔ]	哈 [hɔ]	啥 [sa]	啥 [sa]	啥 [sa]
处所（哪儿）	鞋堆 [ɦo tɛ]	华搭 [ɦo taʔ]	华堆 [ɦo tɛ]	鞋堆 [ɦo tɛ] 鞋里 [ɦo li]	华堆 [ɦo tɛ]	华搭 [ɦo taʔ]	华堆 [ɦo tɛ]
方式	捺哈 [nɔʔ hɔ]	捺哈 [nɔʔ hɔ]	捺哈 [nɔʔ hɔ]	捺价 [nɔʔ kɔ]	捺哈 [naʔ ha]	捺哈 [naʔ ha]	捺哈 [naʔ ha]

说明：1. "啥/哈"是问事物的简式，此外问事物充分式是"啥/哈物事"，问人是"啥/哈人"，问时间是"啥辰光"和"几时"并用，这些各镇都同，仅语音有小异，不一一入表。2. 表中"鞋、华"本字都应是"何"，但音韵地位不同，也都不符合"何"在吴江话中的规则读音 [ɦu]。这两个音节同音字少，借用的同音字只能是跟普通话读音相差很大的，需要注意。3. "哈"与"啥"韵母、声调和意义完全相同，与吴语（如崇明话）中做什么解的"何"也仅声母清浊不同，但吴江已有念浊声阳调的"何"（鞋、华），"哈"源于"啥"还是"何"待考。4. 各镇都没有相当于"哪"的语素，问"哪个（人）"都用"啥/哈人"，问"哪一个"（东西）都只能借用处所代词，如"鞋堆一只杯子"（哪一只杯子，字面上是哪里的一只杯子）。

参考文献

波多野太郎　1963—1972　《中國方誌所錄方言彙編》（一）～（九），日本横滨大学。

刘丹青 1986 苏州方言定中关系的表现方式,《苏州大学学报》第 2 期。
刘丹青 1992 吴江方言 g 声母字研究,《语言研究》第 2 期。
吕叔湘 1985 《近代汉语指代词》,江蓝生补,上海:学林出版社。
潘悟云、陶 寰 1999 吴语的指代词,《代词》,李如龙、张双庆主编,广州:暨南大学出版社。
钱乃荣 1992 《当代吴语研究》,上海:上海教育出版社。
钱乃荣 1999 北部吴语的代词系统,《代词》,李如龙、张双庆主编,广州:暨南大学出版社。
石汝杰、刘丹青 1985 苏州方言量词的定指用法及其变调,《语言研究》第 1 期。
小川环树 1981 苏州方言的指示代词,《方言》第 4 期。
谢自立 1988 苏州方言的代词,《吴语论丛》,上海:上海教育出版社。
许宝华、汤珍珠(主编) 1988 《上海市区方言志》,上海:上海教育出版社。
游汝杰 1995 吴语里的人称代词,《吴语和闽语的比较研究》,上海:上海教育出版社。
张拱贵、刘丹青 1983 吴江方言声调初步调查,《南京师院学报》第 3 期。
张惠英 1993 《崇明方言词典》,南京:江苏教育出版社。
张 相 1953 《诗词曲语辞汇释》,北京:中华书局。
赵元任 1956 《现代吴语的研究》,北京:科学出版社。

(原载《代词》,暨南大学出版社,1999 年)

上海方言否定词与否定式的
文本统计分析[*]

一、引言

关于上海话否定词及否定句式的大体情况，许宝华、汤珍珠主编（1988）第七章、钱乃荣（1997）等已有介绍。为了更加深入真切地了解上海话否定词和否定句的特点，本文对一定数量的上海话口语文本中的否定词和否定句式进行穷尽性统计分析，结果获得不少有意义的观察结果，对于理解否定操作对句法结构特别是语序表现的影响、否定句的语用功能，以及否定句中表现出来的吴语的句法类型特性等，都有一定的帮助。

本文借助香港城市大学徐烈炯教授主持建立的"上海话电子语料库"，随意抽取了其中由上海口语录音转写的若干篇章，包括5篇真实随意谈话的录音和一则独角戏的录音，总字数为68880字，涉及的发音人共11位，年龄从33岁到91岁不等。细目见本文附录。

下面分类介绍统计结果及必要的例句和分析，最后进行全文总结。

---

[*] 本文初稿作为"中国东南部方言比较研究计划"否定词与否定句专题研讨会论文在会上（上海师范大学，2001年3月）宣读。本论丛的匿名审稿人为本文修改提供多项有益意见。本文语料取自香港城市大学徐烈炯教授主持的"上海话电子语料库"。论文的修改得到教育部留学回国人员科研启动基金和中国社会科学院语言研究所重点项目"吴语的句法类型研究"课题资助。在此一并由衷感谢。尚存的任何错误均由笔者负责。

二、否定词项和含有否定语素的词项

2.1 否定词的范围

严格意义的否定词都属于否定算子，即能直接构成否定命题的词项。包括否定动词，如"没有/无"（意义上等于否定副词＋存在/领有动词）；否定副词，如"不、没有/未"；否定助动词，如"别"；否定叹词，如单独成句的"不"，英语 no。广义的否定词也可包括间接否定算子，其所在的命题能变换为同义的否定命题，包括否定代词，如古汉语"莫"（《论语》莫我知也夫！＝无人知我＝人皆不知我），英语 nothing（I ate nothing. ＝ I didn't eat anything.）；否定介词，如古汉语"微"（《论语》微管仲，吾其被发左衽矣！＝若无管仲……），英语 without（Can you manage without help?）。

本文讨论的否定词都是严格意义上的否定词。间接否定算子实际上在普通话及上海话中也不存在。古代的"莫"普通话说"没人"，"没"是直接否定算子。此外，否定词作为语素能构成许多复合词或固定短语，这些词语也列入调查范围，将做简要介绍。

2.2 上海话的基本否定词

基本否定词是两个：副词"勿 [vəʔ]"（不）、动词兼副词"呒没"（没有）。

许宝华、汤珍珠主编（1988：451）指出，"勿"在老派中多念 [fəʔ^5]，这就与苏州一致。不过当代上海话已很难听到清声母读法。本语料库转写时没有区分"勿"的清浊。

"呒"是"无"的某种白读，保留了微母字的鼻音。"没"实际上只是个记音字。"呒没"的邻近方言对应形式有"嗯得" [n^{23} təʔ^5]（昆山等）和"呒拨/呒不"[m²³⁻²² pəʔ⁵]（苏州等），都来自近代文献中和老上海话中出现过的"无得"，早期吴语可以构拟为 [m təʔ]。如《大唐三藏取经诗话》（中）"入九龙池处第七"中的"长者闻言，<u>无得</u>功果，岂可不从？"20 世纪初上海话文献例有"并且第这个差人头笑伊拉他们软疲疲<u>无得</u>气力。"（《方言圣人行实摘录》之"圣女笃罗德亚"，上海土山湾印书馆，1913 年）。其语音变化的轨迹是："无得"[m təʔ] 前字声母逆同化为舌头音，便成昆山的"嗯得"[n təʔ]。后字声母顺同化为双唇音，则成苏州"呒拨"[m pəʔ]。后字声母整个同化为双唇鼻音，便成上海"呒没"[m məʔ]。"呒"后的"没、不"看似为否定语素，其实都源自"得"，"呒"才是否定语素"无"。

许宝华、汤珍珠主编（1988：452）认为"呒没"也简说成"呒"，特别是在疑问语素"啥"前。从我们的语料看，只有在疑问代词"啥"之前"呒没"才能简成"呒"，如"呒没啥吃"，可以说"呒啥吃"。但"呒没房子"不说"呒房子"。在其他疑问代词前也不能简省，如"呒没几个"不说"呒几个"。四字格熟语例外，如"呒头呒脑、呒大呒小"。许宝华、汤珍珠主编（1988：452）指出新派常把"呒没"省作一个音节"没"[məʔ⁻¹²]。这当为一种合音。本语料库转写时一律作"没"，未分单音词与双音词。本文引用时仍采用较常见的"呒没"。

单音节的否定词还有"勿要"[vəʔ²³⁻²² iɔ⁴²³⁻⁵⁵] 的合音形式"覅"[viɔ²³]。苏州话的合音形式"覅"[fiæ⁴²³] 已不能恢复为分音形式"勿要"[fəʔ⁵ iæ⁴²³]，而上海话"勿要"和"覅"是自由变体，而且"勿要紧"也可以合音为"覅紧"，苏州话通常仍念"勿要紧"。由于上海话"勿要"合音分音很随便，因此语料转写时也未必很严格。语料中分音用例远多于合音用例，未必符合口语实情，可能是转写者将部分合音字记成分音形式。

2.3 带否定语素的复合词及习语

"勿"除了用作否定词，还能作为否定语素与一些单位构成复合词或词化的习语。带否定语素的复合词可分为两类。一类是复合否定词，整个词具有否定算子的作用，如"勿大、用勿着"等，"勿大开心""用勿着买票"都是否定句。另一类不是否定词，其中的否定语素只否定复合词内的语素，整个复合词没有否定算子的作用。如"勿断"，做状语时就没有否定词作用，材料中的"勿断个演变"就表示"一直在演变"，不是一个否定谓语。还有些复合词作为短语有否定算子作用，但作为复合词其意义已虚化、句法功能也有变，使得整个组合没有了否定作用。如"勿晓得"作为短语表示不知道，但在上海话中经常用作表示出乎意料的插入语，相当于普通话的"谁知"，这种"勿晓得"就不属于否定词。这种用法在材料中有 5 例。如：

（1）我话说，"就辣辣在撗这个灵岩山山脚下"，勿晓得灵岩山山脚下勿到啦谁知不到灵岩山山脚下。

另有 4 例"勿晓得"相当于普通话的插入语"不知"，虽然更接近否定意义，但由于其用途是表示说话人对命题的态度而不是命题本身，因此实际上仍不具备否定算子的作用，如：

（2）勿晓得哪能后首来也朆没去成功。'不知怎么后来也没去成。'

下面举例说明如何在句法上判定一个带否定语素的单位是复合词及习语还是自由短语。

"勿大"[vəʔ$^{12\text{-}11}$ da^{23}]，31 例。"大"念文读。普通话"不太 A"的结构基本上都能切分为"不 / 太 A"，如"不太满意"可以切分为"不 / 太满意"，其中"太满意"是一个短语。"不太"不一定分析为复合词。上海话的"勿大 A"意义上虽然等于普通话的"不太 A"，却无法切分为"勿 / 大 A"，因为"大 A"不成为一个语法单位，如"勿大满意"中的"大满意"不成立。"大"只能朝前靠，所以"勿大"已凝固为一个复合词。上海话另有"大 A 勿 A"式，如"大满意勿满意"，表示并不很满意，但这里的"大"只念白读 [du^{23}]。

"差勿多"，13 例，"差大勿多"，2 例。"大"念文读 [da^{23}]。意义上都等于"差不多"。普通话"差不多"基本上已词化，但也不妨勉强分析为短语"差 / 不多"。上海话的"差勿多"凝固得更紧密，甚至还

有个变体"差大勿多",其中的"差大""大勿多"都不成立,整个"差大勿多"是一个词,如:

(3)但是倷现在再看上海房子,看勒_得_已经差大勿多。

"勿碍",1例。表示"不碍事、没问题、不要紧"。上海话"碍"作为词是及物动词,做谓语时通常要带宾语,如"覅碍我个事体",不能单说"覅碍"。而"勿碍"却更常用如一个形容词,后面常不带宾语,意义上与肯定式"碍"有所分化,而且比肯定式"碍"更常用(本语料无肯定式例)。因此,"勿碍"整体上可看作一个复合词。

文本中其他带否定语素的复合词或带复合词性质的固定短语,简列如下。

"勿一定",1例。等于普通话"不一定"。

"勿得了",7例。表示事情的程度严重,可以做谓语或程度补语,与普通话"不得了"大致相当,但上海话"勿得了"的常见作用之一是特指数量多,这与普通话不太一样,如:

(4)设计到现在有多少、多少房子?勿得了勒(指很多了)!

"勿错",2例。等于普通话"不错"。另有2例转写为"勿差"。上海话与普通话 chā 相当的"差"念 [tsʰo⁵³],与"错"同音。

"勿好意思",3例。同普通话"不好意思"。

"勿但",1例。同普通话"不但"。

"勿光",1例。同普通话"不光"。除了"勿但、勿光"外,上海话还可以用同义的"勿单"或"勿单单",材料中未见。

"勿伦勿类",1例。同普通话"不伦不类"。

"吃勿消",5例。等于普通话"吃不消"。

"对勿起",12例。等于普通话"对不起"。

"舍勿得",1例。等于普通话"舍不得"。

"用勿着",4例。等于普通话"用不着"和"不用/甭"。

以上词语都可以归入否定词。下面的"勿要讲/覅讲"是一个习语。一种用法(3例)是用来引介递进句的前一部分,带有一点否定词的性质,相当于普通话的"别说",如:

（5）勿要讲一只煤球炉子，侬就是生十七、八只我也呒没意见。

另一种用法（4例）离字面义更远，用作插入语，提示对方注意所说的内容是一种易被忽略的现象或观点，常说成"侬甭讲"。这种用法在句中已没有否定词作用，大致相当于普通话口语中的"你别说"，但这种用法似乎在上海口语里更加活跃，如：

（6）a. 辣老年痴呆症<u>侬勿要讲</u>，苦是苦来邪气_{可真是非常苦}。

b. 革末_{那么}，就取一种…<u>勿要讲</u>，中国人个_的风格也是一种稳重，也有辣_这种风格。（半省略号"…"表示原对话人停顿无话之处。引用时的省略用全省略号"……"。下同）

c. 教迭_这个唱辣_这种山歌……依个记下来<u>侬甭讲</u>也蛮有意思个。

以上都是用"勿"构成的复合词或习语。"呒"的构词能力不如"勿"，主要是构成少量熟语，如"呒清头（没头脑）、呒头呒脑、呒大呒小"。

除了"勿""呒"两个方言否定语素，来自普通话的否定语素"不"[pəʔ⁵]和"无"[vu²³/ɦu²³]也出现在个别复合词中。"呒"是"无"的白读，两者是一对同源骈词。"不"出现在"不过"中，1例；"无"出现在"无所谓"中，2例。"不过"更老的说法是"必[pieʔ⁵]过"，"必"是"不"的异读，在这次的语料中未见。

从以上列举可以看出，除了"勿碍""勿晓得"等在构词或用法上有一些方言特点外，上海话含否定语素的复合词或习语大部分跟普通话的有关词语是对应的，区别只在否定词的读音。有个别词则连否定词的读音也采用普通话的形式。

顺便说一下，在语料中，也有一些否定词作为被引用的形式用于谈论话题，这类用例不列入本文的统计，这样的用法共有10例，如下例中的三个"勿要"：

（7）譬如讲"勿要"，"勿要"伊勿讲"勿要"。

下面我们就转入对基本否定词语法作用的考察。

三、基本否定词"勿"的作用考察

3.1 "勿"的非句性和带"勿"否定式的强谓性

吴语否定词"勿"区别于普通话"不"的一大特点是不能单独成句。而普通话"不"常常单独成句，如：

（8） a. ——你喜欢不喜欢他？——不！
　　　b. ——你就劳驾去一趟吧！——不！我就不去！
　　　c. 难道我们看着他自暴自弃吗？不，我们应当去帮助他振作起来！

这类句子换成上海话都不能单用"勿"，而要加上谓语说成"勿欢喜""勿去"等。假如没有合适的谓语可加，那么至少也要说"勿是"。所以，普通话的"不"有时如英语 not，有时如 no，而上海话"勿"只相当于 not。上海话原来没有如 no 的词，只有"勿"加谓词的短语才能起 no 的作用，但现在也有人用"呒没"起类似 no 的作用（参 §4.2）。不过语料中倒也出现由同一人所说的 4 个单独成句的"勿"，不过该说话人是已在北方生活 40 余年的上海人，这些"勿"也许是北方话影响的产物：

（9） A：革末_{那么}，本地人比较谈得来个_的啦！
　　　B：勿。
（10）A：乃侬现在阿是每年侪回去？
　　　B：勿，勿，勿，好几年。

上海话"勿"虽自身不能成句，但带"勿"的否定式却有很强的谓语性或曰成句性，一般都做句子的谓语而非定语。"不 V/A"结构做定语在语法上是完全合格的，如"勿游泳个_的人""勿贵个物事_{不贵的东西}"，但是从文本来看很少见。语料中"勿"修饰不及物动词或形容词的用例达 95 个，照理形容词做定语是很常见的，但这些否定式居然一律用在谓语位置，没有一个定语用例。上海话避免带"勿"的否定式做定语的倾向在下面这个独角戏用例中也得到反映：

（11）哎，要过年哉，让我来拣脱两粒黄豆挑一下黄豆。好个放辣辩里好的放在这儿，坏个放辣辩里，好个辩里，坏个辩里，辩粒勿好勿坏放辣哪里啊？

本句说话时带郊县崇明口音，指示远近都用读成 [gi] 的"辩"（城区读 [gəʔ]），靠指示时的动作指明远近。前面相当于普通话"好的放在这儿，坏的放在那儿"，即肯定式出现为"的"字短语，而"的"字短语来自定中结构中心语的省略，仍有定语性。按此类推，最后一句应是"辩粒勿好勿坏个放辣哪里啊？"，但说话人却改变句式，让"勿好勿坏"做了谓语，没再用"个"，相当于普通话"这颗不好不坏，放在哪儿呢？"所以从用例到统计都显示上海话带"勿"的谓词有明显的趋"谓"避"定"的倾向。这可称为"勿"的助句性，与"勿"的非句性并存于"勿"上。

3.2 "勿"与及物结构

下面讨论"勿"修饰及物性结构的情况。我们重点关注的是否定句中受事的位置：是在动词后做宾语还是在动词前做话题？

"勿"修饰及物结构的情况可分为几种句法类型，一是 VO 句，一是话题句，其中又包括 STV、TSV、TV，以及 V 前带"都/也"、有特殊语用含义的话题句等情况，最后是宾语省略句。这里的统计排除了"勿是"和"勿＋助动词"的情形。"是"与表语本非及物性关系，语法理论上不看作动宾关系。"勿＋助动词"的情况后文将单独考察，此处暂略。

"勿"否定及物结构的用例共 107 个。其中 VO 结构 32 例，宾语省略 41 例，受事前置的话题结构 TV 式 34 例，大体上 VO、V、TV 三分天下。下面再做一点进一步的观察。

"勿"否定 VO 结构在三类结构中最少，就这 32 例还大多不是原型的及物结构。在 32 例 VO 结构中，有 4 例是接近复合词的 VO 式习语，涉及 3 个习语"负责任、值铜钿值钱、吊胃口"，其中的 O 指称性很弱，难以话题化。VO 式自由短语只有 28 例。其中 10 例是由"晓得、欢喜、觉着"等认知心理类谓宾动词带动词性宾语和小句宾语，6 例是"读、讲、叫"等言语类动词，其宾语是带引语性质的内容宾语，都可以用引号括起来，如"勿读'杜'""勿讲'轰'"之类。这 16 例的宾语都是指称性很弱、难以话题化的成分。动词加普通名词性宾语的结构实际上只有 12 例，其中用到的动词多为关系动词，如"算（准系词，不是计算义）、配、到（表时间）、辣（在）、像、占"，或者是认知动词，如"看见、晓得、懂得"。这些动词所带的宾语都不属于真正的受事，而是当事或涉事。在"勿"所否定的 VO 式中，唯一发现的行为动词是"上交"，而例中所带的宾语也不是受事而是与事宾语。

从以上分析可以清楚地看出，"勿"字虽然能否定 VO 结构，但其中绝大部分例子不是动宾关系的原型即行为动词加受事宾语。反过来就是说，真正由行为动词带受事宾语的及物结构，在否定式中相对说来很少取动宾结构，其 VO 结构较受限制。当然，被"勿"否定的行为动词带宾语在句法上是完全允许的，在上海话实际口语中也不难找到，如"勿吃香烟""勿吃老酒""勿做生活""勿做小人""勿看电视""勿坐火车""勿乘飞机""勿听劝告""勿戴帽子"等（感谢审稿专家的提醒）。这次语料中没有真正出现，这可能与语料的总量比较少有关。不过，假如语料总量大增，这种 VO 结构固然会出现并达到一定的数量，但是及物结构的其他两种情况即宾语省略和受事话题化的数量也会相应大增，总体比例当不会明显改变。既然在本次统计中，行为动词否定式更多地表现为另外两种情况，那么语料总量使行为动词否定式的 VO 结构也达到相当数量时，另外两种情况会增加得更多。

"勿"字否定式省略宾语的情况出乎意料地多，频率上超过 VO 结构。否定式宾语的省略最常见于两种情形。一是在信息结构方面，否定性的及物结构通常在有语境或预设的情况下使用，宾语作为已知信息而省略。比如，"我不买河虾"这样的命题通常是在有人问你"买不买河虾"或有人认为你"买河虾"的情况下使用的。换言之,"河虾"通常是已被激活的信息,属新信息的机会很少。而其肯定形式"我买河虾"的出现,却完全不需要"河虾"在语境或预设中的预先激活,"河虾"更可能是新信息。所以,当一个人需要表达"我不买河虾"这类否定命题时,"河虾"这样的宾语常由于信息力量弱而被省略,例如语料中的下述例子:

(12)饭够哦,饭?好,够勒,革末_{那么}勿烧勒_了。

二是"勿"否定以小句或谓词为对象的动词,如"晓得、答应"等,其否定的对象不但是已激活的信息,而且就是上文的句子。由于汉语小句充当主宾语或话题等不需要关系代词一类形式标记,所以这类句子从另一个角度看也能算以小句为话题的句式,可以不分析为宾语省略的句子。如:

(13)小人是骱下扒迭个地方骨折_{小孩是这下巴那儿骨折},当时还勿晓得。

(14)孙子小个辰光_{小时候},要我养小狗,小猫,我是勿答应。

(15)我开(指开刀,做手术),我勿怕个。

(16)每日天末,十件,廿件拿回来,侬当我勿晓得个!

以上句子中前面的分句也可改为在动词后做宾语,如(13)可说成"当时还勿晓得小人是骱下扒迭个地方骨折",所以也不妨看作受事话题前置的TSV句式。

与上述情况相近的是下面这样的例子:

(17)就讲尖团啊,侬已经夷又勿分勒。

(18)读书咥啥末_{读书什么的},也勿要读勒。

(17)前面的小句用"就讲"一类词汇化的话题标记,(18)前面的小句就是包含宾语的同一个动词,其实都有话题的性质,并且都用了"啊、末"一类话题标记,其中(18)可归同一性(即拷贝式)话题。这些话题不能直接放在动词后做宾语。例如(17)可以说"勿分尖团",但不能说"勿分就讲尖团";(18)"读书咥啥"不能做"读"的宾语。实际上这些分句就是句法化程度较低的话题,而后面述题中的谓语动词当然可以省略已在话题中出现的受事。

余下的34例带"勿"的否定及物结构都是某种类型的受事话题结构。假如算上（13）—（16）这种可以分析为话题结构的例子，则话题结构的用例更是远多于VO结构。话题结构有多种类型。一类是普通的话题句，一类是带"都、也"之类算子、有特殊语用含义的话题句。

在普通的话题结构中，受事充当次话题即在主语后的STV式有9例，如（19），受事充当主话题即在主语前的TSV式有6例，如（20），主语省略的TV式有14例，如（21）：

（19）老太，侬哪能<u>撑行棒</u>勿用啊？'你怎么不用拐杖啊？'
（20）a. <u>搿种物事</u>阿拉侪勿懂个。

b.（对，我去拿保险丝。）<u>拿保险丝</u>我勿怕个（，保险丝保险个）。

（21）a.（迭个整个啥个自来水啊，水啊，搿种，）<u>搿</u>这种钞票末侪_都勿要个_的。

b. 侬再要分到上海，<u>搿个</u>已经勿谈勒！'你还要分到上海，这个已经不谈了！'

特殊的否定话题结构带"也、都、侪[zE]（=都）"等副词，其中有些与疑问代词、"一"等成分配合表示全量，有"都不""无一"之义，相当于普通话"他什么都不吃""他一口饭也不吃"等，这时这些副词是量化算子（quantificational operator）；有些属于跟普通话"连……也/都"式（他连鸵鸟肉都吃过）相当的句式。刘丹青、徐烈炯（1998）指出，"连"后的成分是兼有话题和焦点性质的"话题焦点"，整个句式带有特定的预设，即"连"后的对象是在某一范围内最不可能如此的，而事实是该对象确实如此，因而蕴涵该范围内其他对象更会如此。这时"连……也/都"是话题焦点敏感算子（topic-focus sensitive operator）。上海话中也可以用"连"字句，如"伊连饭都勿吃"，不过"连"字也常不说，语料中"勿"字否定式就没有用"连"字的实例。这类特殊否定及物句中3例是主语不出现的"T也/都/侪V"式，见（22），2例是"ST都侪V"式，见（23）。"都"和"侪"是同义词，老派用吴语特有的"侪"较多，此例将两者合为一个并列复合词，比较特殊：

（22）a. 乃末，我豪悾_{赶快}赶到电信大楼。电话也勿晓得，就去问。

b. 革咾是辣辣辩面叫<u>一点点物事</u>也勿曾买。'所以在那边是一点东西都没买。'

c.（我年纪轻个辰光_{年轻时}啊，一直有用人个_的，）<u>屋里向个事体</u>啊一眼也勿做个。

'家里的事情一点都不做。'

（23）a. 我是呢，一个人啥物事都俫勿怕。

b. 侬想侬排小囡伊是辩种<u>啥个叫蟛蜞</u>，晓都勿晓得啦！

'你想这些孩子那种什么叫蟛蜞，连知道都不知道！'

　　特殊话题结构没有 TSV 式，因为这种句式的话题必须在"也、都"等算子的辖域内，倾向于紧靠这类算子，在话题和算子之间不宜插入主语。假如由施事充当此类话题，也倾向紧靠算子，这时受事不宜话题化，如"（连）老王也勿服从命令"不能说成"（连）老王命令也勿服从"，而"命令"本身是可以话题化的，如"老王（连）命令也勿服从"。

　　对"勿"否定及物结构的总体情况，可以总结如下：那些不适宜话题化的受事，如 VO 式习语的宾语、小句宾语、关系性动词的宾语，才较多保留其否定及物句宾语的位置。其他情况下，否定及物句的受事，常常是要么在动词前充当受事性话题，要么索性省略。在充当话题的例子中，大部分是充当主语之后的次话题，其次才是充当主语前的主话题。

　　对照本次统计和徐烈炯、刘丹青（1998：252—253）的统计，基本结果是一致的。徐烈炯、刘丹青（1998）的统计规模较小，否定式的 TV 和 VO 之比是 17.5：2.5（1 例是 STVO，两边各算 0.5），TV 占绝对优势，并且 STV 对 TSV 的优势更显著，是 11：2。那次统计的话题结构更占优势，是因为那次的语料中，及物结构大都使用接近及物性原型的行为动词，如"买黄鱼""买带鱼""付钞票"等。而这次统计的及物结构比较多样，包括很多关系性结构，甚至包括很多 VO 复合词，使话题化的比例降低了很多，但这没有改变一个事实，即只要是适合话题化的受事，不管按信息结构要求是否适宜话题化，在上海话的否定句中都强烈倾向话题化。并且两次统计都显示在上海话中 STV 比 TSV 更占优势，跟北京话 TSV 显著压倒 STV 的情况形成强烈对照（参考刘丹青 2001a，2001b）。"勿"字否定句的情况在"呒没"否定句中也得到一定的印证。至于为什么否定句的宾语比肯定句的宾语更容易话题化（包括次话题化），主要是因为否定句的受事要么是有定的、要么是无指或类指的，这在汉语中，尤其是吴语中是强烈倾向话题化的属性，详见徐烈炯、刘丹青（1998），刘丹青（2001a，2001b）的分析。

3.3 "勿"与能愿助动词

"勿"与能愿助动词结合的用例遥居频率首位的是"勿要"及其合音形式"覅"，达 55 例（尚未包括另作习语看的"覅讲"用例）。这也说明了合音与高频的高度相关性。其次是"勿好"，共 15 例。普通话的"不可以""不能"，在吴语中常用"勿好"来表示，如：

(24) a. 侬<u>勿好</u>让人家弄勒老光火个。'你不可以让人家搞得很恼火的。'
　　b. 阿拉<u>勿好</u>拿个，对哦？'我们不能拿的，对吗？'
　　c. 侬<u>勿好</u>跑，侬<u>勿好</u>斜哉，奔过去作啥？'你不能走，你不能跑了，跑过去干吗？'

"勿好"之盛导致"勿可以"和"勿能够"之衰。"勿可以"也是能说的，但语料中未见实例。"勿能够"只有 2 例。"能"和"勿能"在上海话中一般不说。其他组合还有："勿肯" 6 例，"勿会"及同义的"勿会得" 6 例，"勿敢" 2 例，助动词性的"勿需要" 2 例，"勿高兴" 1 例。"高兴"虚化为助动词也是吴语特色，相当于"愿意"：

(25) 专门跑是我也勿高兴跑勒！

助动词后面假如是及物结构，则受事话题化的情况少于不带助动词的及物结构，不过比起普通话来话题化还是要多一些。比如，"勿肯"

的6例中，VO有3例，省略宾语有2例，TV也有1例：

（26）(辣辰光个_{那时候}思想啦，就是呒没像现在嚎，)上海勿肯离开嚎！

"勿会（得）"的6例中，没有VO例，倒有2例话题化，其中1例是TSV的，如：

（27）鸡我勿会杀个_的。

另1例是助动词所支配的动词短语整个话题化，如：

（28）赛过瞎七搭八讲啊，我也勿会个。'好比乱讲一气啊，我也不会的。'

顺便说明一下，"勿要/覅"还有11例是用作动词的，上面统计及物动词结构时没有统计进去。这11例中，VO有5例，其中3例是"勿要面孔"，表示"不要脸"。这是一个高度凝固的习语，3例中有2例是不带结构助词"个"直接做定语，这不是VO短语所能具有的功能，如"做出勿要面孔事体呕，喔唷"。剩下2例都是"勿要钞票"，"钞票"也是指称义很弱的成分，TV结构倒也有2例，与VO结构不相上下，如：

（29）(覅去管伊勒，)物事也覅勒。'（别去管他了，）东西也不要了。'

3.4 "勿"与可能补语

在可能式中，"勿"是否定词兼可能补语标记，与肯定式的"得"相对。可能式由动结式或动趋式插入"得/勿"而来。否定式可能补语的一大特点是及物动词带宾语的能力极低。在语料中，动结否定可能式共有30例，只有1例是动补结构后有宾语的，如：

（30）城里人现在比勿上乡下人哚！

多达18例及物动词带否定可能补语后宾语不出现，受事充当话题的有3例，如（31）。其余例子有的是不及物可能式，如"睏勿着"（睡不着）等，有的是用介词引出受事，如（32）。

（31）洋伞买勿起个啊，套鞋也买勿起个。

（32）真正侬自家_{你自己}对自家命运把握勿牢个_的。

动趋式的情况较不突出，18 例为动趋否定可能式，4 例带宾语，如（33），4 例为话题式，包括 1 例 STV，见（34），3 例 TSV，如（35），其余为省略宾语等其他形式，如（36）：

　　（33）侬讲伊，也讲勿出伊是贬义啊褒义。（宾语是小句）

　　（34）伊迭只抽水马桶现在还弄勿出来！'他还搞不出这抽水马桶！'

　　（35）侬㑚能这样一只眼睛，我看勿出。'我看不出你这样的（只有）一只眼睛。'

　　（36）㑚啥地方啊？哪能想勿出来勒？

　　上面的统计未计 §2.3 提过的高度习语化的动结式如"吃勿消、舍勿得"等。有一种否定可能式既没有归入习语，也没有归入上述可能式，就是"A 勿过"式。其中的 A 是形容词或可受程度修饰的动词，整个可能式不算习语，但格式的作用却固定化和语法化了，专用于原因分句，可以译成"因为太 V 了"，也能跟"因为"配合用。"A 勿过"绝不能用在单句中，所以已不是一般的可能式了。这是北部吴语普遍使用的一种原因句标记。语料中出现 5 例，如：

　　（37）看看我插得胃管插得来实在痛勿过哉末，去得从医生手里去夺一只胃管，叫俚他勿要插下去。

　　（38）㑚这只半导体老爷质量差勿过，贱骨头，勿敲勿响个，一敲就响。

　　（39）因为早勿过，因为火车啊，只有两个多钟头呀，九点多点就到。
　　　　　'因为（火车出发）太早了，（又）因为火车只有两个多小
　　　　　时路程，（所以）九点钟就到了。'

3.5 "勿是"的复合否定词用法

　　"勿是"字面上是对"是"的否定，因此，"勿是"具有的功能，也应该有相应的"是"的用例。语料中"勿是"句共有 59 例，半数以上确属这种性质。不过，至少有两种相当常见的用法并没有相应的肯定"是"字句，"勿是"可以看作复合否定词。

　　一种用法是"勿是"用在带程度修饰的形容词短语前，是一种委婉

否定式，有 16 例，如：

（40）我工龄<u>勿</u>是老_很长，房子末又赤刮里新个_{非常新的}。

（41）管理方面已经老…，也<u>勿</u>是老完善。

（42）伊拉辩面啊，是<u>勿</u>是顶卫生，辩个食堂里向啦，<u>勿</u>是顶卫生。

这些"勿是"不能删除"勿"变成肯定式。如（41）不能说"管理方面是老完善"。肯定式在两种条件下可以成立：一是"是"重读；二是后面必须有后续句，"是"表让步，如"工龄是老长，不过工资勿高"。而这些"勿是"不重读，不表让步，也能独立成句，与"是"字句无关。（42）最有意思。其前一个小句用"是"强调"勿是"句，"是"和"勿是"有不同的语用功能，所以可以连用。第一个"是"本身是重读的，是焦点的标记，而后面的"勿是"是委婉否定式。

另一种用法是表示反问的"勿是"，已成为反问句的专用标记，有 7 例，如：

（43）同济大学勿是整个有得_有交关_{很多}系末？'同济大学不是有很多系吗？'

3.6 "V 勿 V"疑问式

关于"勿"的作用，最后讨论一下表疑问的"V 勿 V"式。

上海话构成是非问的基本手段是"VP 哦"，如"侬去哦""伊是老师哦"。上海话也允许"V 勿 V"表疑问，但可能源于普通话和邻近方言（主要是浙江吴语）的影响，并未成为主导手段。在语料中，共有 9 例"是勿是"式，3 例普通动词的"V 勿 V"式。3 例"V 勿 V"式中 2 例出现在论元位置，属于语法学上所谓间接问句，不是真正的疑问谓语用法：

（44）无锡长远呒没去勒_{好久没去了}……<u>去勿去</u>呢，慢慢叫再讲勒_{慢慢再说吧}。（"V 勿 V"为主语或话题）

（45）我数一数，七十二只位子浪_上只有六个人，侬想辩_这只位子<u>空勿空</u>？（"V 勿 V"在"侬想"的宾语小句位置）

（46）侬地方<u>有勿有</u>一块辩能大个_{这么大的}地方摊开来？（"V 勿 V"

用作谓语）

注意（46）"有勿有"中"勿有"不成一个单位，上海表没有是"朆没"，但发问不说"有朆没"。可见"有勿有"更像是"有"的形态性变化，而不是"有"和"勿有"的句法组合。

9例"是勿是"中，间接问句（做论元）与直接问句（做谓语）之比为6:3，还是间接问句更多。间接问句如（47），直接问句如（48），（49）的情形最有意思，一个"是勿是"谓语管辖一个"是勿是"的宾语间接问句。

（47）a. 伊拉_{他们}乡下头迭_这个财会迭个账，是勿是，是勿是受国家个_的管，我勿晓得。

　　　b. 但是伊拉是勿是承认，革_那是伊拉个事体了。

（48）㑚外文介_{这么}好，革末_{那么}，是勿是可以考虑搞一种兼职。

（49）侬是勿是想辩种房子是勿是能够像雕塑一样个？

从以上情况看，"V勿V"作为一种疑问手段远未成为上海话的主导手段，不考虑"是勿是"的话，近7万字的语料中仅只有极个别用例用"V勿V"式提问。即使是较多使用的"是勿是"式，直接疑问用法也只有3例，仍不如间接疑问用法多。

四、基本否定词"朆没"的作用考察

4.1 "朆没"作为动词

作为否定词，"朆没"[m$^{12\text{-}11}$·mə$ʔ^{2\text{-}12}$]像普通话"没有"一样首先是否定动词，是"有"的否定形式，不过上海话这个词中未出现"有"这个语素。

"朆没"的基本意义是不拥有、不存在。其主体由拥有者题元充当，句法上是主语；在存在句中则由处所论元代替主体，句法上可以看作处所主语或题元性的状语。其客体由所拥有的对象充当，句法上常充当宾语。上海话及物行为动词的否定句受事常常在动词前充当话题特别是次话题，不过关系性动词的客体在否定句中还是以充当宾语为常。"呒没"也是关系性动词而非行为动词，因此其客体也以充当宾语为主。

语料中，"呒没"做存在动词用的共 106 例，其中 VO 式、TV 式和客体省略式之比为 85∶13∶8，VO 式占了明显优势。不过仔细分析用例，也可以看出，除了"呒没"作为关系性动词的性质外，还有很多因素使得"呒没"的客体较难话题化。

在 85 例 VO 式中，有 49 例的宾语是光杆名词短语，即不带任何指称性成分的单个名词或名词短语，其中多数为抽象名词或由谓词充当的宾语，有些"呒没 O"意义上还是习语性的。这些宾语是很难话题化的。如"（呒没）信息、空、关系、办法、用、辰光_{时间}、意思"这些宾语就占了用例中的大部分，其中"呒没关系、呒没用、呒没意思"都有习语义。

还有 19 例 VO 式的宾语带疑问代词（Wh 词）"啥、几、几化（多少）"等，如：

（50）今朝_{今天}呢，也呒没啥小菜，马马虎虎，吃顿便饭。

（51）里向有几根脱线脚哉_{里边有几根脱了线脚了}，一段，呒没几针线，这些成分作为"呒没"的客体只能搁在动词后，因为改在动词前的话会导致意义的变化。汉语否定动词后的 Wh 宾语通常被理解为介于全量（universal quantification）和存在量化（existential quantification）之间的模糊表达，"我没有看到什么东西"既不是明确完全没有，也不是明确肯定有一些，只是偏于没有的意思。英语没有很接近的表达，所以翻译时常照顾其偏于否定的意思而用全量词来翻译：I haven't seen anything 或 I have seen nothing。"没有几个"则是较明确的存在量化，虽然很少，但绝非全无。而 Wh 词在动词前，如"什么东西都没有看到"，则是明确的全量表达，即完全没有看到。因此，这 19 例"呒没 + Wh"结构都无法让 Wh 词放在动词前。

有 12 例"呒没 O"是连动式的前一段，其中 11 例是"呒没 O"，合起来有"无法、不能"的情态义，如"呒没办法解释"指无法解释，

"呒没物事_{东西}买"指无法买。这些"呒没 O"结构紧密，无法改用话题结构。还有 1 例"呒没 O"的 O 为兼语，也无法话题化，如"辤种小生意啊，呒没人要做"，"人"无法话题化。

再来看 13 例"呒没"的客体做话题的情况。有 2 例是"呒没"表示丢失或消失义，这有行为动词性质，于是就出现 STV 和 TV 结构：

（52）我一根项链呒没勒了，是辣氵兹浴间_{在洗澡间}里落脱个_{丢掉的}。

（53）原来一些闲话呒没勒，又出现勒交关新个闲话。'原来一些话消失了，又出现了许多新的话。'

其他 TV 式用例，"呒没"多强调存在义而非拥有义，所以拥有者往往不出现，如：

（54）明朝亲眷朋友来，小菜呒没，辤难为情个呀！'明天亲戚朋友来，没有菜，这可不好意思呀！'

（55）电灯我好修个，就是保险丝呒没呀！'电灯我可以修的，就是没有保险丝！'

（56）辤种物事呢现在也呒没勒！'这种东西呢现在也没有了！'

总体上，上海话"呒没"句还是比普通话"没有"句更多使用话题结构，这从（54）、（55）的翻译可以看出，这种时候普通话中还是 VO 式比 TV 式更自然。

4.2 "呒没"用作应答否定词

"呒没"单独成句而不表拥有或存在时，变成应答否定词，相当于英语的 no。

"呒没"单独成句在北部吴语区是较新的现象。许宝华、汤珍珠主编（1988：453）指出"在青少年中流行用'呒没'回答是非问句"。从我们的语料看，这种用法已不限于青少年了。语料中共有 9 例成句的"呒没"，其中 1 例实际上是表"未"副词"没呒"单用，不特殊，普通话的"没有"和其他吴语中的"勿曾"也可以。另有 1 例表示"不会"，似乎是从"没有这回事"的意义而来，跟存在动词还有关系，所以后面

还能加语助词"个_的":

（57）我说："放仔_了瞳人，讨厌咾，要，要木咪！""哎，呒没个"，俚话_{他说}。

其余 7 例都是在其他北部吴语中很难成立的说法，相当于英语的应答否定词 no。可能因为上海话"勿"不能像普通话"不"那样起 no 的作用，所以让本来能单独成句（但表示尚未）的"呒没"发展出这一便于交际的功能。不过在这 7 例中，3 例只能用英语 no 或普通话"不"来解释，如（58）、（59），这 3 例的说话人分别为 60 多岁、50 多岁和 30 多岁，另有 4 例有歧解。也许正是这类两可的用法导致了真正的应答否定词，如（60）、（61）：

（58）A：伊黑、黑龙江大学个末！'他是黑龙江大学的么！'

B：呒没，后首来…'不，后来……'

A：并到黑龙江大学勒，对哦？'后来并到黑龙江大学了，对吗？'

B：勿是，勿是并到黑龙江大学……'不，不是并到黑龙江大学……'

（59）（模仿郊区"逃"的阴调类念法）

A：逃过来！

B：唉，唉！

C：呒没，新派勿讲个。'不，新派不说的。'

（60）A：革_那倷个太太_{你太太}对倷老好个，还跟倷到哈尔滨去，噢，跟倷到北京去，阿是啊，后来？

B：呒没，革开始谈恋爱辰光_时，是预备到哈尔滨啊！

（61）A：还有廿分钟，对哦？

B：呒没，一刻钟多一眼眼！

（58）A 的问句是"是"字判断句，照例 B 的否定回答当用"勿是"，但 B 却用了"呒没"（B 即 §3.1 提到的长期在北方生活的上海人的用例，但北方话并不用"没有"表 no，所以这不像受北方话影响）。有趣的是，下一轮对话，A 的问句是普通动词句，B 却又用了"勿是"来回答。

看来上海的否定应答正处在几种形式的竞争中,尚未形成常规。(60)、(61)两句既可以理解为对上文命题的否定性应答,可译为"不",但也可以理解为表示尚未的"呒没"或表示不足的动词"呒没",即分别为"没有去哈尔滨"和"没有二十分钟了",仍译为"没有"。

4.3 "呒没"作为否定副词

"呒没"作为否定副词相当于普通话"没/没有"和文言"未",否定已然事件。根据许宝华、汤珍珠主编(1988:452),上海话已然否定词还有"勿曾":"'勿曾'新派已不用。新派用'呒没'替换'勿曾'。"即"呒没"是"勿曾"的替换形式。这种分析是合理的。北部吴语其他地方都是用"勿曾"或其变音、合音形式表示已然否定,如无锡话的"勿秦"、吴江话的"勿宁"、苏州话的"嚃"。"呒没"由存在否定动词发展出已然否定副词可能是普通话的影响。这种替换在无锡也已开始,如把"勿秦去"说成"呒拨去"。但离上海更近的苏州话尚未发生此替换。在我们的上海话语料中,只有一位91岁的女发音人用了3次"勿曾",不过她同时也用"呒没"。这位发音人将第三人称代词说成苏州话的"俚",像是有苏州背景,但她用的其他词语都是上海话的。而苏州话现在也只用合音"嚃",不用分音的"勿曾"。她在(62)例中交替使用"呒没"和"勿曾"否定已然:

(62)"侬倒一只眼睛呒没坏呀!"俚话:"蛮好,勿坏。"俚话:"勿曾伤个。"

"呒没"作为已然否定副词共56例。下面来讨论这类句子中受事的位置。"呒没"修饰不及物动词或形容词共21例,修饰及物结构共35例。其中VO式、TV式和受事省略式之比为7:14:14。这里,VO结构只占及物结构的五分之一,否定式话题优先的特点比"勿"字否定句还显著,比"呒没"动词句更是显著得多。这部分地是因为"呒没"是否定事件的否定词,更常修饰行为动词,而行为动词的宾语指称性强,更容易话题化。在14例话题结构中,主语不出现的TV式有7例,如

(63)；TSV 式 4 例，如（64）B 的答话；STV 式 1 例，如（65）；带有全量算子或话题焦点敏感算子"也/都"的 TV 式和 STV 式各 1 例，即（65）、（66）：

（63）A：外文大概蛮注重个，大概？

B：<u>外文</u>呒没考。

（64）A：<u>侬小个辰光个辫眼乡音</u>_{小时候这点乡音}总归勿改个，乡音。

B：<u>乡音</u>我现在还呒没改。

（65）伊拉因为<u>地</u>还呒没全部批出去勒，

（66）兜仔了交关_{很多}圈子末，兜得个空，<u>一眼眼物事</u>也呒没买。

（67）我根本连还手、哪能_{怎么}还手都勿晓得。

这里 STV 没有比 TSV 更占优势，因为这几个例子的受事话题都是在上文刚刚出现的，为了承接上文而置于句首。比如（64）中 B 回答的"乡音"是 A 刚刚说过的。A 的话里的"乡音"第一次出现，就占据次话题的位置。

4.4 "呒没"的其他功能

"呒没"像普通话"没有"一样，还可以表示否定性比较，即表示程度上不如。这样的有 6 例，如：

（68）有啥个辰光来服侍辫种众牲，呒没介空嚎。'有什么时间来伺候这种畜生，没有这么空。'

（69）而且力气末，也呒没伊大。

从句法上看，这里有两种情况。当比较基准是一个程度指示词时，如（68）中的"介_{这么}"，程度指示词可以分析为后面形容词的状语，"呒没"仍像一个副词，即 [$_{AP}$ [$_{AdvP}$ 呒没] [$_{AP}$ [$_{AdvP}$ 介] 大]]。当比较基准是一个 NP 时，如（69）中的"伊_他"，"呒没"的作用已像一个介词，即 [$_{AP}$ [$_{PP}$ 呒没 [$_{NP}$ 伊]][$_{AP}$ 大]]。

上海话"呒没"有苏州话"呒拨"所没有的已然体副词的功能，但没有苏州话"呒拨"的一种情态助动词的功能。"呒拨"在苏州话中可以用在动词前，表示"没有条件、未被权威方面同意或没有机会去进行某种行为"，如"我朆拨去"表示"不准我去"或"我没有条件去"，简单的翻译可以是"我不能去"或带有方言色彩的"我没得去"。"小张朆拨参加"表示"小张不被批准参加"或"小张没有条件参加"之类的意义。这种句子可以用作以言行事句，如老师可以在班会上宣布"因为考试作弊，张小明朆拨参加作文比赛"。可以设想这种功能和已然体功能在方言中是互补的，因为两者的句法结构都是"朆没 / 朆拨 + V"。假如两种功能在同一种方言中存在，极易造成歧义，如"我朆没去"到底是表示未来的"不准我去"，还是表示已然的"我没有去"，不好确定。所以苏州话只取前义，而上海话只取后义。我们设想只要前义在苏州话中继续存在，那么后义就不大容易进入苏州话。

五、小结

上海话基本否定词有"勿"和"朆没"（<无得）两个。此外，用"勿"和"朆"还能构成一批复合词或固定习语，其中有些仍有否定词的作用，有些已没有否定词作用，即不能做命题的否定算子。大部分含否定词的复合词和习语在普通话中有对应形式，其中只有少数在用法上与普通话有些差异。

用否定词表达否定性命题的句法结构是否定式。从本文的统计分析上看，上海话否定词和否定式用法中值得注意的现象主要有下面几点。这几个方面，有些可能是汉语否定式的共同特点，比较具有句法学和语用学价值；有些可能是上海话区别于普通话甚或其他相邻北部吴语的特点，比较具有方言学和类型学价值。

（一）否定词基本上只出现在主要谓语的位置，极少出现在定语位置，包括定语小句的谓语位置。英语的否定除了谓语位置外，也经常出现于定语位置。否定性关系从句是定语，大量带否定语缀 un-、in-、non- 等的形容词也常用作定语，上海话语料中很少有这种情况。

（二）上海话基本否定词"勿"不能作为否定上文整个命题的否定叹词单独成句。它只相当于英语否定副词 not，不相当于否定叹词 no。因此它不同于兼有副词和叹词双重性质的普通话"不"。上海话传统上像其他北部吴语一样需要用短语"勿是、勿对"等来表达对上文整个命题的否定。但目前上海话的"呒没"发展出否定叹词的用法，这跟普通话和其他北部吴语都不同，倒使"呒没"跟英语 no 更接近。比较 nobody= 呒没人，no= 呒没。

（三）上海话及物动词带否定词后真正带宾语组成 VO 结构的机会很少。行为动词的否定式要么组成受事前置的话题结构，包括 STV、TSV、TV 及带全量算子和话题焦点算子的各种话题结构，要么省略宾语。在否定式话题结构中，受事做次话题的 STV 较占优势，区别于普通话受事话题主要充当主话题的特点。只有关系动词、带动词或小句宾语的动词、结合紧密如复合词的 VO 短语等才较有机会构成宾语在动词后的 VO 式。这种情形比普通话更突出地反映了汉语话题优先的类型特点，而且反映了话题优先类型内部主话题优先与次话题优先的类型差别。"呒没"作为动词时，由于语义上是关系动词，因此受事话题化的情形远远少于及物性的"勿 V"结构；然而当"呒没"做否定副词修饰 V 时，由于其表已然体，比"勿"更常修饰行为动词，因此受事话题化的比例甚至超过"勿 V"结构。

（四）否定词"勿"兼做可能式补语标记时，对及物动词的带宾能力影响尤大，及物动词用于"V 勿 C"可能式后带宾语的用例变得罕见，绝大多数受事不是做话题就是干脆省略。这可能也是普通话的特点，但在上海话中看来更加突出。刘月华（1980）是研究普通话可能补语的专论，但她把很少带宾语看作"V 不得"这一特定可能式的特点，而没有看作可能补语的总体特点。其论文中也有其他"V 不 C"带宾语的许多实际用例。

（五）目前上海话的主流已是用存在否定词"呒没"兼做已然体否定副词，像普通话"没有"一样，基本取代了老上海话的"勿曾"。这一特点使上海话在否定词的功能分配上更接近普通话而不同于其他北部吴语。

参考文献

刘丹青　2001a　汉语方言语序类型的比较，日本《现代中国语研究》第2期。
刘丹青　2001b　吴语的句法类型特点，《方言》第4期。
刘丹青、徐烈炯　1998　焦点与背景、话题及汉语"连"字句，《中国语文》第4期。
刘月华　1980　可能补语用法的研究，《中国语文》第4期。
钱乃荣　1997　《上海话语法》，上海：上海教育出版社。
徐烈炯、刘丹青　1998　《话题的结构与功能》，上海：上海教育出版社。
许宝华、汤珍珠（主编）　1988　《上海市区方言志》，第八章"语法"（游汝杰执笔），上海：上海教育出版社。

否定句语料来源

　　语料总净字数68880字。下面说明这些语料在"上海话电子语料库"中的编号及发音人情况。年龄均按1997年计。为尊重个人隐私，姓名略去。
1. 语料 mo0001av，独白 8300 字。男，53，1997-3-19 录。
2. 语料 mo0002av，独白 4100 字。女，83，1996-10 及 1997-1 两次录。
3. 语料 mo0003av，独白 20200 字。女，91，1996-10 及 1997-3 两次录。
4. 语料 iw0007av，交谈 12880 字。被访者女，35，采访者男，34，1995-12-13 录。
5. 语料 iw0009av，交谈 17000 字。被访者男，63，采访者，男两人，51，34，1996-9 录。
6. 语料 cs0004av，上海独角戏《楼上楼下》录音 6400 字。演员：王汝刚、顾竹君、秦雷、王晴，收入磁带《滑稽明星王汝刚——小品集二》，中国唱片上海公司，1992。

（原载《语言学论丛》第二十六辑，商务印书馆，2002年）

苏州话"勒 X"复合词

零、小引

"勒 X"复合词是指苏州话中的一种虚实兼用的复合词，包括"勒里 [ləʔ$^{23\text{-}2}$ li$^{\text{-}55}$]、勒哚（= 勒笃）[ləʔ$^{23\text{-}2}$ toʔ^5]、勒浪 [ləʔ$^{23\text{-}2}$ lɑ̃$^{\text{-}55}$]、勒海 [ləʔ$^{23\text{-}2}$ hE$^{\text{-}55}$]、勒搭 [ləʔ$^{23\text{-}2}$ taʔ^5]"。类似结构的词散见于各地吴语，如常州的"勒头"、杭州和宁波的"来东"、绍兴的"来埭"、无锡和金华的"来里"、台州（椒江）的"在埭"、丽水的"隑埭"、温州的"是搭"等。这类复合词有时被看作吴语的特色成分，其实类似词语还见于许多南方方言，如广州话的"喺度"、福州话的"著礼"、泉州话的"哆例"等。因此，本文对苏州话"勒 X"复合词的分析，一定程度上也适合于其他方言中的同类词项。

对"勒 X"词语的最初注意可以追溯到吕叔湘（1941/1984）。吕先生在分析近代汉语"在里"时指出"在里"在结构上与苏州话"勒里"这类复合词有共同点。20 世纪 80 年代以来，专论苏州话、上海话"勒 X"词的文献不绝如缕，如于根元（1981），巢宗祺（1986），平悦铃（1997），徐烈炯、邵敬敏（1998）等。讨论体范畴的论著也非常关注这类复合词作为体标记的作用，如张双庆主编（1996）中石汝杰（苏州话）、游汝杰（杭州话）、曹志耘（金华汤溪方言）、潘悟云（温州话）、陶寰（绍兴话）、刘丹青（东南方言比较）等文。这些论著对有关词语的结构及句法表现已做了相当详尽的描写分析。

本文无须重复前人已做过的工作，而拟围绕苏州话"勒 X"复合词的有关事实分两部分讨论前人注意不多的两个相关的问题：

1."勒 X"的内部结构是什么？具体地说，是不是动宾结构或介宾结构？

2. 老苏州话"勒里"表近指、"勒咾"表远指，这种意义的分工从何而来？有无构词上的理据？

本文对上述问题的初步结论是：

1."勒 X"不宜看作动宾结构或介宾结构，而是动词和后置词（即后置介词）的直接组合或前置词和后置词的直接组合，这种组合来源于后置词之前的名词性成分的省略。

2."勒里"和"勒咾"的远近对立与"里""咾"本身的词义没有直接关系，而来自于苏州话人称代词复数后缀的不对称："里"用于第一人称，"咾"用于第二、第三人称，由第一人称和第二、第三人称的对立导致近指和远指之对立。

一、"勒 X"式词的结构关系

苏州话"勒"像普通话的同义词"在"一样兼做存在动词和处所前置词，如：

（1）小王勒图书馆里。（动词）

（2）小王勒黑板浪_{在黑板上}写字。（前置词）

从这个角度看，"勒里"似乎可以看作动宾结构或介宾结构。可是，仔细一观察，就会发现这样的分析会遇到困难。

"勒里"的"里"在普通话中已经相当虚化，可以看作后置词，不过在个别特殊条件下仍残留方位名词的用法，如"往里走"等。苏州话的"里"完全不能单用。普通话用"里""里面"的地方苏州话都要用"里向"，如"望里向走"。因此，作为动词兼介词的"勒"是没有机会直接带"里"构成一个动宾结构或介宾结构的。

人们也许会说，当初"勒"带"里"时，可能"里"还是能单用的。可是这种说法遇到"勒浪"还是不行。"勒浪"的"浪"[lã]虽然是"上"[zã³¹]的音变,有"上"的意义,但这种读音的"上"只在后置词位置出现,如"凳子浪、报纸浪、历史浪"。处于其他位置时"上"它都要念"上"[zã³¹],如"上头、上有老下有小、上车、走上去、上级"。也就是说,作为方位名词、动词、趋向动词乃至构词成分的"上"在苏州话中一直保持着[zã³¹]的规则读音,只有在名词性成分后的后置词位置才变读为不规则的"浪"。因此,"勒"完全没有机会像普通话的"在上"那样直接带"浪"做宾语。其他几个复合词"勒海、勒㐎、勒搭"中的"海、㐎、搭"也无一能单独充当一个处所方位名词,完全没有后置词和后缀以外的独立用法(详下)。作为存在动词和介词的"勒"无法跟它们中的任何一个构成一个句法单位。既然"勒"不能带这些 X 做宾语,那么"勒 X"也就无法分析为动宾结构或介宾结构了。

既然"勒"无法与"里"等 X 成分直接组合构成动宾或介宾关系,那么"勒 X"作为复合词又是如何形成的呢?巢宗祺(1986)提出这些复合词是由"缩合"的方法构成的,例如"勒学堂里→勒里""勒某人海头→勒海"等。因为所有的 X 都有用作后置词或处所后缀的功能,所以巢文的解释不但是最好的解释,而且也基本上是唯一可行的解释,否则难以理解为什么"勒"可以跟这些从不单用的 X 组合。刘丹青(1996)也用类似巢文的方法来解释这类复合词的来源,即:

(3)"勒浪"来源:坐勒凳子浪_{坐在凳子上}→坐勒浪_{坐在那儿,坐着}

"里、浪"作为后置词大致与普通话后置词"里、上"对应,无须细述。下面我们再介绍一下"勒 X"词中其他几个 X 在苏州话及其邻近方言中作为后置词/后缀的作用。

"㐎"的一个主要用法是作为第二、第三人称代词的复数后缀,即"唔㐎 [n²³¹⁻²¹ toʔ⁵⁻²]_{你们}、俚㐎 [li⁴⁴⁻⁵⁵ toʔ⁵⁻²]_{他们}"。重要的是,吴语代词复数后缀不是真表复数,而是表集体或集合[钱乃荣(1999)称为"群集",甚妥]。所以它不但能加在人称代词后,也可以加在人名后构成表示该人所在的群体、家庭乃至家里,如"小明㐎"。在"NP 㐎"表示某人家里时,"㐎"就具有了方所后置词的作用,具有介引方所题元的作用。实际上,带"㐎"的代词也可以用作方所题元。先看"小明㐎"。

这个单位表示小明所在的一群人（临时的或固定的），如"小明哚走哉"表示"小明他们走了"或"小明一家走了"。这与英语复数后缀用于专有人名意思不同。英语 several Johns 表示几个叫 John 的人。"NP 哚"表示一家人的意思又连带具有"家里"的意思，由实体 NP 兼指方所性题元，这时"哚"的作用更像一个方所后置词而不再是一个复数/群集后缀。苏州话的指人 NP 加"哚"都有这种用法，如（4）、（5）[①]。带复数后缀的代词在老苏州话中也可以用来表示某人家里，如（6），这时候，"哚"也有了方所后缀的作用：

（4）今朝头还要<u>到</u>七老官<u>朵</u>去个哉。（《三笑》p. 15）

（5）姆妈<u>勒</u>隔壁王好婆<u>笃</u>讲闲话。'妈妈在隔壁王奶奶家说话。'

（6）倪_{＝倪}明朝去吃酒，请耐_{＝侬}六点钟到俚<u>笃</u>。（《海天雪鸿记》6 回）

例（4）"到七老官朵去"就是"到老七家去"。例（5）"勒隔壁王好婆笃"就是"在隔壁王奶奶家"。请特别注意（6）中的"俚笃"。字面上它就是复数代词"他们"，但这里它跟"名词＋哚"一样也是表示处所的，即"他（们）那儿"或"他们家"。"哚"在（4）—（6）中的处所后置词/后缀用法，特别是（6）词中复数代词表处所的用法，在当代苏州话中不多见了，现在表处所的"哚"多换用另一个方所后置词"搭"，表示某人那儿（不限于家里），或用更加明确的"NP 哚屋里"来表示"某某家里"。（4）—（6）中的"哚（朵、笃）"都可以换用"搭"或在后面加"屋里"。但在邻近方言中，名词代词的复数/群集后缀兼处所后置词的用法仍很常见。如无锡话的"里"，可以说"住勒_在老王里"，也可以说"住勒我里_{我家}""住勒你里_{你（们）家}""住勒佗里_{他（们）家}"。可见，"NP＋复数后缀"兼表处所是吴语中的常例。显然，"勒哚"也是从"勒某人哚"这种结构省略其中的"NP"（包括代词）而来的，跟"勒里""勒浪"来自"勒 NP 里""勒 NP 浪"的过程一致。

下面再看"勒搭"的"搭"。"勒搭"不见于《海上花列传》等早期苏州话文献，看来是后起的。但"搭"作为方所后置词和后缀在苏州话

---

① 例（5）取自石汝杰（1999：90）。

中却一直十分活跃。"搭"可以加在一切指人名词、代词后表示"某人那儿",如"老王搭、老师搭、我搭、㑚搭、俚搭"等。"NP搭"不限于指家里,而可指某人当时所在的任何地方,如"老王现在勒火车站,㑚快点到老王搭去",就表示叫听话人赶快到老王现在所在的火车站去。其他方言或早期苏州话中由代词复数后缀兼做方所标记的情况,在当代苏州话中也多换用"搭",如(6)用今天的苏州话说就最好说成"……请㑚六点钟到俚搭"。此外,"搭"还作为构词成分用在处所指示词和疑问代词中,如"埃搭 [$\mathrm{E}^{44\text{-}55}$ ta$\mathrm{?}^{5\text{-}2}$]这儿、威搭 [u$\mathrm{E}^{44\text{-}55}$ ta$\mathrm{?}^{5\text{-}2}$]那儿、哪搭 [no^{23} ta$\mathrm{?}^{5\text{-}2}$]哪儿"。这时,"搭"的身份就不是独立的方所后置词,而是形态上的处所后缀,而句法上的前后置词兼形态中的前后缀也属于语言的常见现象。既然"勒"有大量机会用在"勒NP搭"中,如"勒老王搭、勒我搭、勒埃搭"等,由此形成"勒搭"是很自然的。

最后看"勒海"。老苏州话"勒海"用得很少(《海上花列传》全书仅3例),现在才成为最常用的"勒X"词之一。"勒海"在周围不少方言特别是上海话中很常用,在早期上海话文献中就很多(字有其他写法)。不排除苏州话"勒海"是外来形式。苏州话"海"〔本字当为有处所义的"许",见潘悟云、陶寰(1999:47—50)〕作为处所词语用的机会不多。苏州郊区郊县有将东头、南头等说成"东海、南海"等的,可证其为处所后缀,只是苏州城里不常用。上海话可用"海头"起苏州话"搭"的作用,如苏州话的"勒老王搭"在上海话中可以说"辣老王海头",可见"海头"整体是一个处所后置词。由于"海头"是两个音节,假如缩成"勒海头"就超过了各地"勒X"共有的双音节形式,因此它自然地被简化成了"勒海"。所以"勒海"也是"勒"和方所后置词的结合,由"勒NP海头"而来。

本文虽然赞同巢宗祺(1986)用"缩合"解释"勒X"的来源,但在句法观念上,我们和巢文还有一些差异。巢文采用汉语语法学通用的"方位词"观念来解释"里、浪"等X的作用,而这种观念说不清楚所谓方位词和前面的NP(名词性成分)到底是什么句法关系,况且"㗲、搭"等也不能归入方位词。本文采用方位名词和后置词区别对待的观念。假如"方位词"仍带有名词性,则与前面的 NP 是偏正关系,如"凳子上头"中的"上头"可以单说,还可以插进定语标记说成"凳子的上头"(普通话)或"凳子个上头"(苏州话)。而像"里、浪、哚、搭"等完全没有名词性的 X 成分则看作已经虚化的后置词或处所后缀,具有介词性,它与前面的 NP 构成后置词短语或处所代词,假如前面再用"勒"一类前置词,则可以形成前后置词并用的框式介词(如"勒凳子浪")。按这样的观念,"勒 X"复合词基本上来源于"勒"和后置词短语"NPX"的组合,通过其中 NP 或代词的省略而构成。所以"勒 X"产生的总体过程可以图示如下:

(7)"勒 X"的形成过程:

存在动词/前置词 + NP + 后置词/处所后缀 → 存在动词/前置词 + 后置词/处所后缀

巢文在解释其缩合过程的同时并没有对"勒 X"是否属于动宾或介宾关系提出看法,而本文则否定了其动宾或介宾关系的性质。

为什么汉语中虚化的方位词和其他一些虚化词语宜看作后置词?汉语为什么有框式介词的情况?这些问题详见刘丹青(2002)的讨论;关于后置词在吴语中的句法地位和发达程度,参阅刘丹青(2001)。本文不再赘述。

二、"勒里""勒哚"近指远指探源

在"勒 X"诸词项中,今天的苏州话最常用"勒浪"和"勒海"两词,可能分别带有轻微的近指和远指意味,但很不明显,两者实际上经常可以互换。不过十分明显的近指还是排斥"勒海",例如主人在家里邀请客人就在主人家住下,可以说"倷就住勒浪吧",却不宜说"倷就住勒海吧"。从晚清的苏白小说《海上花列传》看,当时"勒浪"和"勒海"用得还不多,而且没有远近之别,大体上是"勒浪"用于不分远近的距离,而"勒海"限于表示"在内"之义。今天表示"都在内、总共"的用如副词的固定短语"佮勒海"（如"差旅费佮勒海三百块"），就保留了当时的"在内"之义。这时"勒海"不宜换成其他"勒 X"。

《海上花列传》体现的老苏州话中，表示近远对立的存在动词和处所前置词主要是"勒里"（近）和"勒哚"（远）。两者的意义对立十分明显，多数情况下是不能像今天的"勒浪"和"勒海"那样互换的。如今苏州市区方言尤其是中年以下的人已不常用"勒里"，"勒哚"则用得更少，但它们曾经发达的近远对立仍然是值得探讨的有趣现象。

王福堂（1995：96）在比较绍兴话和苏州话的此类词语时也注意到苏州话"勒 X"词有远近对立。不过，王先生把苏州的"勒浪"当作远指，与绍兴的"来亨"配，把"勒哚"当作不分远近，与"来垌"配，却不太符合苏州话的情况。这里先通过苏州话早期文献的用例分析来看一下"勒 X"的距离对立。"勒里"和"勒哚"的远近对立在清代早中期出版的台词脚本《三笑》中就有明显体现了，如（该书"勒"又作"立"，疑 [ləʔ²³] 当时有 [liəʔ²³] 的异读）：

（8）相公，你立里叹气，只怕你朵个家小_{你老婆}，个歇辰光_{这会儿}立朵骂哉嘘。（《三笑》p. 72）

（9）[丑]主客，酒菜勒里。

[净]放勒朵末是哉。（《三笑》p. 18）

例（8）是为唐寅划船追秋香的艄公在船上对唐寅所言。他描写听话人（相公唐寅）是"立里叹气"，即"在这儿（指船上）叹气"，描写不在眼前的相公之妻则为"立朵骂"，即"在那儿（指家里）骂"。"勒里"和"勒朵"的近远对立在同一复句的对比分句中十分明显，两者绝不能互换。在（9）例中，"丑"（堂倌）端上酒菜到"净"（食客）面前，告诉他酒菜到了，"搁这儿"了，当然只能是近指，所以说"酒菜勒里"，绝不会说"酒菜勒朵_{在那儿}"。食客回答，则有两种选择，"放勒里_{放在这儿}"听起来较客气，取跟堂倌同样的视点；但傲慢的回答也可以用"放勒朵_{搁那儿}"，故意以远指词凸显心理距离：任堂倌放在桌子上，自己无须凑近去接菜，并隐含"不用多说"之意。

这种距离对立到晚清的《海上花列传》中仍然很分明（该书"勒"作"来"）：

（10）听见说杭州黎篆鸿<u>来里</u>。（《海上花列传》1回）

（11）说请洪老爷带局_{伴酒妓女}过去，等<u>来哚</u>。（《海上花列传》3回）

（12）我到_倒猜着耐个_你意思<u>来里</u>：耐也勿是要瞒我，耐是有心<u>来哚</u>要跳槽哉，阿是？（《海上花列传》4回）

例（10）谈论杭州人黎篆鸿目前正在谈话者所在的上海，相对于黎的出发地杭州来说已经是同在一地了，所以只能用近指的"来里"。（11）是嘱咐人前往一个目的地等着，属远指，所以用"来哚"。（12）里的"来X"用作体标记，但近指远指的心理距离之别仍很明显。"我"猜到"耐_你"的意思，即你的意思变成我掌握的对象，用近指的"来里"；而"跳槽_{嫖客更换相好的妓女}"是对方的意图，并且是离说话人而去，所以用"来哚"。这些"来里"和"来哚"都是不能互换的。

比较起来，当时的"勒浪"用于不需要强调远近对立的场合，如：

（13）醒转来听听，客堂里真个有轿子，……有好几个人<u>来浪</u>。（《海上花列传》18回）

说话人听到隔壁的声音，又无另一位置与之相对，无所谓远近，所以用"来浪"。

"勒海"是如今苏州话和上海话用得最多的PPC，但在《海上花列传》中出现得极少，一共3例"来海"，全都有"在内"的意思，表示范围甚于表示方所。如：

（14）先到东兴里李漱芳搭_{那儿}，催客搭_和叫局_{叫妓女陪酒席}一淘<u>来海</u>_{一起在内}。（《海上花列传》7回）

（15）勿多几个人，倪两家头也<u>来海</u>。'没几个人，我们俩也在里头。'（《海上花列传》18回）

下面我们探讨"勒里"和"勒哚"的距离指称义从何而来。其前字均为"勒"，与距离无关。其后字词义也无法直接解释PPC的距离指称义。从表面上看，以"里"指近似乎符合认知的视点，因为人们通常设想人观察的方向是由内往外，所以称别国为"外国"、关系远的人为

"外人"等。但这样的解释应付不了表远指的"笃",因为"笃"作为后置词和后缀表示家里、一家和群集、复数。这样的意义是派生不出远指的意义来的。为了搞清"勒笃"的远指义和"笃"的关系,不妨再仔细地考察一下后置词和后缀"笃"在苏州话中的作用。

苏州话人称代词的单复数变化是不规则的。"笃"是第二、第三人称代词的复数后缀,却不是第一人称代词复数的后缀。具体情况如表1:

表 1

人称	单数	复数
I	我 [ŋəu²³¹]	伲 [ɲi²³¹]（< 我里）
II	倷 [nE²³¹]	唔笃 [n²³¹⁻²¹ toʔ⁵⁻²]
III	俚 [li⁴⁴],嗯奈 [n⁴⁴⁻⁵⁵ nE⁻²¹]	俚笃 [li⁴⁴⁻⁵⁵ toʔ⁵⁻²] / 嗯笃新 [n⁴⁴⁻⁵⁵ toʔ⁵⁻²]

从表1的复数词形看,苏州话复数构成相当复杂,似乎只有第三人称复数"俚笃"是单纯通过加后缀"笃"构成的,其他形式都涉及不规则变化甚至是词根的不同,如"我"和"伲"。实际上,表面的杂乱背后有规则存在。苏州话复数就是使用两个后缀。一个是用于第一人称的"里",一个是用于第二、第三人称的"笃"。"伲"的早期形式就是"我里",如下引《三笑》中第一人称复数就不用"伲",而用"我里"（字作"吾里"）:

（16）个这个是吾里年年看惯子了了的,瞒吾里勿过个。（《三笑》p. 5）
"我里"的合音就成了"伲"（也许经过一个"我伲"的中间阶段,这是"里"被前面"我"的鼻音声母同化的结果。现在附近农村就有说"我伲"的）。至于"笃"在第二人称上的不规则,陈忠敏、潘悟云（1999:12）已经有相当合理的解释:直到赵元任《现代吴语的研究》（1928/1956）时的年代,苏州话第二人称单数代词还有"唔"[n]的形式（潘、陈文定其语源为"汝"）,复数的"唔笃"正是"唔"（←汝）加后缀"笃"的形式;而第二人称单数的"倷"是"汝"的变体"汝奈"（←汝俫）的合音或省略形式。今天单数"倷"存"唔"亡,造成"倷～唔笃"单复数不整齐的现象。

比较吴语区中使用"里"和"笃"作为代词复数后缀（兼处所后置词）的各方言（都在苏州附近）,可以发现一个有趣的现象:"里"可以用于一、二、三这三种人称（如无锡方言），而"哚"（或音近的"得、特"）从不用于第一人称，只能用于第二、第三人称。这些方言第一人称都像苏州话那样用"里"（有的因"我"的鼻音同化成"伲"）。下面是赵元任《现代吴语的研究》（1928/1956）中所有有关方言点的情况（用字及必要的标音均改为依本文惯例）：

无锡：Ⅰ我～我里；Ⅱ你～你里；Ⅲ佗 [˳dəɯ]～佗里

常熟：Ⅰ我～我里；Ⅱ恁 [˳nɔ̃]～恁哚；Ⅲ渠 [˳ge]～渠哚

昆山：Ⅰ我～我里；Ⅱ恁 [nɔ̃ˀ]～嗯得 [n tə?]；Ⅲ夷 [˳ji]～夷特 [ji də?]

宝山：Ⅰ我 [ŋu]/吾 [ŋ]～吾伲 [ŋ ni]；Ⅱ侬 [noŋ]～嗯得 [n tə?]；Ⅲ夷 [ji]～夷得 [ji tə?]

由上可见，"里"常常用作第一身复数后缀，不过无锡方言的情况显示其不一定与第一身搭配，而"哚"及其变体却确实只能与第二、三身搭配。这种不规则的分布造成苏州等一批北部吴语中"里"与第一身相关，而"哚"与第二、第三身相关的对立。而苏州话恰恰是"勒里"表近指，"勒哚"表远指。"勒X"词的近指远指是相对于说话人的距离而言的。对说话者来说，第一身（即自己）的位置当然是最近的，而第二、第三身的位置相对来说当然是远的。因此，很明显"勒里"和"勒哚"的近远对立，实际上是由第一身和第二、三身代词的对立造成的，具体体现为两者后缀的不同。有趣之处在于，这种对立的理据不在于"里"和"哚"的词汇意义之别，而在于苏州话等方言的复数构成的不规则：第一身和第二、三身的复数形式使用了"里"和"哚"两个不同的后缀。这也是所谓"语义感染"的绝好例子。后缀"里""哚"本身没有人称区别和距离区别，而是由前面所搭配的代词把人称义"感染"给后缀，使得这两个后缀在代词不出现时也因为其人称意义而带来距离意义的差别。

讨论至此，问题已基本解决。但是，必须强调，代词复数后缀的不规则造成"勒X"的远近对立，还需要一个很特别的外部条件：即代词复数后缀兼做处所后置词，使得代词复数形式兼有处所意义。假如代词复数后缀不兼方所后置词，那么存在动词兼处所前置词就没有机会和代词复数形式组合成表处所的介词短语，也就没有机会缩合成有远近对立意义的"勒X"。普通话存在动词兼处所前置词就不能直接带复数人称代词构成处所题元，如不说"小王在我们、小李在他们"，而要加上处所代词说成"小王在我们这儿，小李在他们那儿"。正是因为苏州话的"哚"不仅是复数后缀，而且还是方所后置词和方所后缀，会出现"勒+复数代词"的结构（勒我里、勒唔哚、勒俚哚），然后在简缩掉中间的代词后剩下"勒+复数后缀"的复合词"勒里（←勒我里）、勒哚（←勒唔哚／勒俚哚）"，并由第一身和第二、三身的词形和意义对立发展出"勒X"词的近远对立。

以上分析，既为苏州话"勒里～勒哚"的近远对立找到了确凿的理据，同时又进一步说明了第一节的看法，即"勒X"词不是直接来自"勒+X"，不是动宾或介宾的关系，而是来自"勒+NP+X"结构中NP的省略，其中的NP既可以是名词性成分（如"勒房间里"→"勒里"），也可以是代词（即"勒我里"→"勒里"，"勒唔哚／勒俚哚"→"勒哚"）。当然，也不能认为"勒X"只来自"勒+代词+X"，否则无从解释"勒浪、勒海、勒搭"的来源。

参考文献

巢宗祺　1986　苏州方言中"勒笃"等的构成，《方言》第4期。
陈忠敏、潘悟云　1999　论吴语的人称代词，《代词》，李如龙、张双庆主编，广州：暨南大学出版社。
刘丹青　1996　东南方言的体貌标记，《动词的体》，张双庆主编，香港：香港中文大学中国文化研究所吴多泰中国语文研究中心。
刘丹青　2001　汉语方言的语序类型比较，日本《现代中国语研究》第2期。
刘丹青　2002　汉语中的框式介词，《当代语言学》第4期。
吕叔湘　1941/1984　释景德传灯录中在、著二助词，《汉语语法论文集》（增订本），吕叔湘著，北京：商务印书馆。
潘悟云、陶　寰　1999　吴语的指代词，《代词》，李如龙、张双庆主编，广州：暨南大学出版社。
平悦铃　1997　上海话中"辣～"格式的语法功能，《语文研究》第3期。
钱乃荣　1999　北部吴语的代词系统，《代词》，李如龙、张双庆主编，广州：暨南大学出版社。

石汝杰　1999　苏州方言的代词系统,《代词》,李如龙、张双庆主编,广州:暨南大学出版社。
王福堂　1995　绍兴方言中的处所介词"东*""带*""亨*",《吴语研究》,徐云扬主编,香港:香港中文大学新亚书院。
徐烈炯、邵敬敏　1998　《上海方言语法研究》,上海:华东师范大学出版社。
于根元　1981　上海话的"勒勒"和普通话的"在、着",《语文研究》第1期。
张双庆(主编)　1996　《动词的体》,香港:香港中文大学中国文化研究所吴多泰中国语文研究中心。
赵元任　1928/1956　《现代吴语的研究》,北京:科学出版社。

(原载《吴语研究》,上海教育出版社,2003年)

试谈汉语方言语法调查框架的现代化*

一、方言语法调查研究的成就和制约因素

1979年《方言》杂志的创刊，是汉语方言学发展史的一件大事，它标志着方言学在"文革"后的正式复兴，并且走上了一个新台阶，杂志充当了汉语方言学发展的加速器。若以此为界，20世纪的汉语方言学事业正好分成前后两期。从语言要素看，方言研究主要包括语音、词汇、语法三个方面，比较一下三大要素从前一期到后一期的发展，语音词汇研究的发展成绩骄人，而语法研究的进展尤为显著，因为它不但成果丰富，而且几乎是一种从无到有的飞跃，起点近零而蔚为大观，尤其是在方言事实的调查描写和材料积累方面。此一发展盛况，已有回顾性文章论及，兹不赘述。这里只想侧重分析一下方言语法描写从无到有、由弱而强的一些关键因素，同时探讨在深化方言调查研究方面所受到一些制约，以利于方言语法的调查研究在21世纪取得更加无愧于时代的进步。

1.1 促成方言语法调查研究的成果的几个重要因素

毋庸置疑，方言语法描写的成绩得益于学者们对方言语法事实的辛勤调查和深入发掘。但这似乎并非问题的全部答案，甚至未必是主要答案。不妨思考下面的问题。几千年来，汉人一直在说汉语及各地方言，

---

* 本文为中国社会科学院语言研究所重点项目"吴语的句法类型研究"（ZD01-04）成果的一部分。

天天面对语言事实，中国学者对自己的语言文字包括方言也早已有了学术探究的兴趣。国人有意识的语音分析和方音特色观察，从最早的反切及韵书作者们对南北音差异之类的关注算起，已有近两千年的历史；对方言词汇的成规模调查记录，自扬雄《方言》算起，也有两千年的历史。但在20世纪之前的这两千年里，为什么看不到有关方言语法的描写记录？历史告诉我们，面对语言事实，具有学术兴趣，并不能自然产生语法描写，特别是对汉语这种外部形态不明显、语法规则多隐性存在的语法系统来说。与语音和词汇相比，语法的存在更加隐蔽，更难被直接观察到。汉语语法研究的开端大大晚于语音和词汇研究，现代汉语方言学兴起后，方言的语法研究之盛也晚于语音词汇研究，这都非常自然，是由语法规则尤其是分析性语言语法规则的隐秘性造成的。语法学之立，语法描写之行，语法研究之盛，关键就是透过语法的隐秘外表去发现其内在的规律。因此，要了解方言语法调查研究凭什么发展，首先需要关注是哪些条件帮助人们逐步揭去语法的隐秘外衣。

（一）语法学在中国的建立与发展。以1898年的《马氏文通》为标志，系统的汉语语法学正式建立，中国有了语法学概念系统的雏形。然后，在内涵方面，汉语语法学经历了"传统语法—结构主义语法—结构主义后的当代语法"这几大发展阶段，在外延方面，实现了"文言语法—现代语法—近代语法及历史语法—方言语法"的扩展。语法学在中国实现以零为起点的飞跃，并迅速成为汉语研究中的首要显学。汉语方言语法在20世纪80年代以来的繁荣，正是这一过程的翻版，只是在共同语和方言的研究之间有一个滞后效应而已。这充分显示了语法理论系统的建立和发展对方言语法事实描写有决定性作用。理论和方法是揭去语法的隐秘外表的最重要的工具，也是今后深化方言语法描写的至关重要的工具。

（二）方言语法调查项目的建立和逐步改进。方言不像共同语那样为人共知，也不像共同语那样受人关注，这是方言语法研究有滞后效应的原因之一。方言语法需要调查（包括研究者对自己母语的调查）。每个方言的调查研究者人数有限，假如按千军万马研究共同语那样的投入产出比来研究方言语法，是难以指望方言语法研究能很快见效的。方言语法需要更加高效的调查方式。要在有限时间内靠有限的人力取得有用的成果，必须依靠较好的方言语法调查方案。正是在这一方面，前辈学者为我们创造了一些重要条件。我们以被广泛采用的丁声树《方言调查词汇手册》（1989）所附调查例句为例来说明。虽然只有50多个例句，但它们已涵盖了一些重要的语法单位和语法组合的信息，是隐性地建立在语法理论系统的基础之上的，又突出了方言之间可能有差异的语法项目，是基于对汉语方言语法的相当了解而提出的。这样的问卷对后来的语法普查起到了重要作用。随着调查研究在面上的铺开和点上的深入，人们也发现了更多值得调查的语法点，语法调查的问卷内容也在不断改进和发展，这从后来的一些方言著作中越来越长篇幅的语法章节可见一斑。

（三）及时采纳普通话研究的成果，深化对方言事实的调查和分析。共同语由于为人共知、研究者众多，因此其语法研究深度整体上会领先于方言语法（方言学者往往要全面关注语音词汇语法问题，不像有些共同语语法学者那样专攻语法一端）。不满足于按既定问卷做有限调查记录的方言语法学者，多密切关注普通话语法研究的进展，了解其最新发现，吸收其最新的角度和思路（包括在普通话语法研究中反映出来的对世界上新的语法理论方法的借鉴），将其应用于方言语法研究，从而发掘出更多有价值的方言语法事实和重要规律，有些还能反过来促进汉语语法理论的改进和发展。正是在这样的基础上，出现了一批有深度的方言语法研究专著和大量高质量的方言语法论文。不难看出，质量较高的方言语法论著，其作者往往对汉语语法研究的前沿发展有密切关注和深入了解，而且常常就置身于语法研究整体力量较强的学术群体中，这并非偶然。

1.2 方言语法研究发展的制约因素

如上所述，20世纪的最后20年，汉语方言语法的调查研究成果丰硕可观。随着新世纪的到来，方言语法的调查研究又面临着新的任务和挑战。国内外语言学整体上在以较快速度发展，中国语言学随着改革开放的步伐也在逐步走向世界。这对汉语方言语法调查研究提出了更高的要求。与此同时，在新的社会条件下，许多方言出现了向普通话快速靠拢之势，方言特色消退的速度相当惊人，方言语法出现了抢救性调查的紧迫需求。在新形势面前，我们借以获得现有成绩的那些条件已不完全够用，目前的方言语法调查的框架，即调查项目构成的体系，已难以理想地胜任广泛深入调查方言语法事实的任务。尤可一提的是，对普通话语法体系的借鉴曾是促进方言语法研究快速起步的便捷路径，而现在，对普通话语法体系的过分依赖反而产生了制约方言语法调查研究深化的瓶颈效应，表现在以下方面。

（一）受制于普通话语法研究的水平和体系。普通话语法研究所通行的框架体系，特别是为方言工作者所熟悉的框架，有些已经落伍于语言学发展的大势。现代语言学中被证明有利于揭示和刻画语法规则的许多语法概念，还没有广泛引进汉语语法的描写。如补足语（complement，即必有论元，不等于汉语语法学中的"补语"）和附加语（adjunct）之别，以及相关的及物不及物之别（比带不带宾语之别更重要，因为及物动词的受事论元可能出现在宾语以外的位置或干脆在表层不出现，但整个结构仍为某种及物性结构），作为结构核心的虚词、词缀和作为核心附加语的成分之区别。很多对语法描写有用的概念还很少为人熟悉或没有在精确的意义上使用，如区别于受事的客体（theme）、区别于接受者的受益者（服务对象）、前置词、后置词、区别于单位量词的分类量词（classifier）、话题、焦点、有定、有指/专指、直指（deixis）、复数、集体、可数、不可数，等等。有时候使用的是一些无法刻画语法规则的概念，如"补语""并列结构"等。从语法理论和跨语言比较看，甚至"定语"这样的概念都不无问题。形容词定语、领属定语、关系从句等成分在其他语言中就常有很不相同的结构和语序，无法一概而论，不过它们基本上还能算定语这个大类。至于指示词、数量词及其他量化成分、冠词等，在一些主要的现代语言学理论中已不再看作定语（这些"定语"在汉语中通常不能带"的"，这也是一个显示），其句法表现与上述定语相比可能有天壤之别。"补语"是汉语语法学特有的或受汉语语法学影响而形成的一个概念，实际上包含了句法性质很不相同的成分，在现代语言学中很难看作具有同一性的一种句法成分。如"拍了三下"的"三下"，"吃不下"的"（不）下"，"窦娥哭得六月天下起大雪"中的"六月天下起大雪"等，这些成分无论是句法还是语义都很少有共同之处。说某个成分可以做补语几乎没有提供什么句法或语义信息。再如有些语法书说某个成分"可以由并列短语充当"等。"并列短语"只是个内部结构的概念，它具有什么功能，由该短语的组成成分的句法性质决定，并列短语本身不具备句法性质。上述表述实际也没提供任何语法信息。当然，假如某个位置允许单个名词充当，不允许并列名词短语充当，这时并列短语作为一种句法单位才有一定意义。我们现在所使用的就是这些词类和短语成分、句法成分的概念，这在很大程度上制约了我们对语法规律的描述。现有语法调查的另一大问题是受普通话语法项目的限制。例如，量词在北方方言中是一种句法功能相对较少的词类，而在粤语、吴语，以及徽语、湘语、闽语的部分方言中，量词的功能要发达且多样得多。目前的很多调查方案，很难反映量词在这些南方方言中的重要作用。很多南方方言语法著作的量词部分，受现有方案的制约，还是局限于像北方话那样描写量名之间的搭配特点，而忽略比量名搭配重要的量词的特殊句法及语义功能。再如闽语中的各种动词"貌"的形态，由于在普通话中缺乏相应的范畴，因此也很难在调查中被发掘。

（二）许多重要的项目因为汉语语法研究总体上缺乏此类概念或没有清楚地界定，因而在调查中被忽略。如名词化手段、关系从句（下文将重点讨论此两项）及比较句、标句词等。

（三）调查的角度和思路无法与其他语言的调查研究沟通，缺乏可比性，因而也难以与国际通行的理论体系沟通，难以用汉语方言的珍贵事实去丰富发展语言学理论，从而抑制了汉语方言语法学为建立更加完善的人类语言理论服务的巨大潜力。这在我们下面的分析中会看得更加清楚。

（四）不了解方言语法现象中哪些具有更高的理论价值，不知道"宝"在何处，为何是"宝"。例如，初步考察表明，汉语及其方言中的关系从句中有很多可以对语法理论做出重要贡献的现象，但是由于国内的普通话语法研究和方言语法调查都缺少这一角度，因此在现有的调查和描写中于此现象多半惜付阙如，查无可考。假如我们在调查框架中加入这一角度，将发掘出更多有用的事实，大大加深方言语法描写研究的深度，并贡献于语法理论的发展。

下面我们通过两个实例来说明语法调查框架的改进如何帮助我们发掘出更多的事实，并且深化方言语法研究。

二、方言语法调查薄弱环节举例分析

2.1 名词化标记

名词化是所有语言都存在的一种语法机制，它使一个动词性成分、形容词性成分或小句能够充当通常由名词充当的成分。因此，适用于小句名词化的手段往往也兼有标句词的作用——即介引一个由小句充当的句法成分。有些名词化同时还有改变词义或构成新词的重要作用，这主要是朱德熙所说的"转指"的功能。有些名词化没有明显的词义转变，主要是为了句法需要。不同的语言有不同的名词化手段，在汉语这种形态较少的语言中，"自指"型的名词化经常不带任何标记，如"学习是件愉快的事""小张不及格不影响班级整体的成绩"。"转指"型名词化则大多会有一定的形式标记，例如古汉语的"-者"、现代汉语的"-的"、常州话的"-佬"（剃头~、扫街~、大~、小~、红~、绿~、甜~、漂亮~、圆透~、铁~、塑料~），丹阳方言的"过"[kə^{24}]（红~、新~、生~、熟~、木头~）等（一般的领属定语用"格"[kæʔ^3]，如"我格书"）（丹阳话引自蔡国璐 1995）。

在基于普通话的现有语法学框架中，这些名词化标记被看成性质各异的不同成分，或助词，或词缀，甚或指示代词、量词，等等，即使词性相同也被认为功能各异，而其共同属性和相关性则往往被模糊甚至淹没。假如以名词化为一个重要的观测角度，则它们都有显著的共同点，可以进行比较，同时也能更清楚地显示彼此的差异。倘以普通话为基准，会觉得古汉语"者"与"之"不同（"红者"不能说"红之"），常州话"佬"与"葛"不同（说"红佬"不说"红葛"），似乎分类颇有特色。其实，与人类语言的常规相比，更有特色的可能不是古汉语和常州话，而是普通话（"红的"和"红的东西"都用"的"）。"者"和"佬"是名词化标记，而"之"及常州话"葛"是定语标记，两者不用同一成分是语言中的常见现象，而普通话是用定语标记兼做名词化标记，它不是专用的名词化标记，而给人以省略中心名词的感觉。更值得注意的是，普通话的名词化标记由于兼做定语标记，因此名词化成分做定语时就会出现两"的"连用必删其一的限制，造成歧义的可能。而古汉语及常州话类型能区别这两种功能，就不存在这种歧义。如：

〈普〉这两本书一本厚、一本薄，厚<u>的</u>（*的）封面比薄的漂亮。（歧义：书厚；封面厚）

〈古〉此二书一厚一薄，厚<u>者</u>之封面美于薄者。

〈常〉介两本书一本厚、一本薄，厚<u>佬葛</u>封面比薄<u>佬</u>漂亮。

当然，方言中的名词化标记也有其特点。如常州话形容词做定语可以名词化后再加定语标记"葛"，也可以不经过名词化直接加定语标记"葛"，如"圆（佬）葛月亮方（佬）葛凳"。换言之，在形容词做定语时，定语标记是必用的，名词化标记是可用可不用的。

朱德熙（1982）认为普通话"形＋的＋名词"中的"形＋的"是名词性的同位语，从常州话的情况看，这一说法值得怀疑。普通话定语标记和名词化标记同形，朱先生的同位语说，实际上认定形容词和中心语之间的"的"是名词化标记，而定语标记与名词化标记分用"葛"和"佬"的常州话只有定语标记才是必用的，因此普通话定中之间的"的"更应当相当于常州话的"葛"而非"佬"，"的"此时不是名词化标记，名词前的"形＋的"不是名词性单位，不能看作同位语。

方言中不但存在转指性的名词化标记，还存在自指性的名词化标记，如苏州方言及很多北部吴语的"头势"。"头势"主要用在感叹句中，其句法位置必须是名词性的：

〈苏〉小王葛笨头势／聪明头势勿得了。～〈京〉小王那个笨／这个聪明可别提了。

（比较古汉语"甚矣，汝之不惠"）

上句的北京口语翻译显示北京话的"这个／那个"除了指示作用外也有自指名词化的功能（若删除则句子难以成立）。北京话指示词"这"的其他一些有特定语用功能的用法从名词化的角度看也有名词化的功能。请看方梅（2002）所举的例子：

——我哭了，实在忍不住了。
——（你）这一哭，所有问题都解决了，我想。
（你这哭太管用了。）
——……
——至少过年这吃饺子这事儿得办到。
——您就拿我来说吧，过去净想发财……
——提起这发财来有个笑话。

这些"这"方梅称为"弱化谓词标记"。我们认为，谓词性的弱化，同时就伴随着体词性的增强，因此它们不同程度都有名词化的功能。吴语中则可以用泛用量词"个"来起类似的作用（参阅刘丹青2002），如：

讲起个发财，有只笑话。
——辣种题目我穷熟悉。——个熟悉也有害处，做起来忒粗心。
'——这种题目我很熟悉。——这熟悉也有害处，做起来太粗心。'

至今对北京话和方言中的名词化现象的观察都是在偏重理论的语法研究中取得的，而在方言语法调查中还缺少名词化这样的观念，所以还很少触及这一类有意思的现象，也许很多方言还有其他名词化手段不为我们所知，南北方言在这方面也有相当的差异，这些都是非常值得方言学关注的。

与名词化相对，语法学也要调查是否有名词的谓词化标记。如北部吴语的"腔"（俚亦喇叭腔了_他又不像话了）、"式气"（辫个人神经病式气个_这个人好像有神经病）等都是形容词化标记。这些后缀在苏州话中的详细用法参阅谢自立等（1989）。

总之，以名词化、动词化、形容词化等条目为纲，能把很多看似无关的现象放在一起，可以增加方言间语法材料的可比性，也能增强双语语法材料与其他语言相关现象的可比性。

2.2 关系从句

关系从句是关系化操作的结果，就是将一个小句中的某个名词提取出来做被修饰的中心语，而将句子的其余部分做定语。关系化是人类语言普遍具有的机制，也是集中体现人类语言创造性和高度智慧的结构，因为它将一个句子嵌入一个名词短语，即将一个结构上更复杂的单位嵌入一个结构上更简单的单位，而且这个名词短语的核心同时在嵌入从句和所在的主句中扮演语义角色，由此将两个句子联系起来（所以叫关系从句）。这是实现语言递归性和无限能产性的重要途径之一。如：

小张刚刚认识的朋友走了。

"小张刚刚认识"是关系从句，嵌入名词短语成为"朋友"的定语，而"朋友"在关系从句中充当宾语［朱德熙（1978）的"潜宾语"一说就由此功能而来］，在主句中充当主语（严格地说是"主语的核心"），一身而兼两任。还有一种无核关系从句，即由关系代词或从句标记代替被省去的核心名词：

小张刚买的是一本名著。~ *What* Xiao Zhang just bought is a masterpiece.

关系从句是国际上语言调查的基本项目，但在汉语语法学中至今仍是个未被重视的概念，也是方言语法调查中的缺项。我们注意到，当代语言学的不同学派各自关心的课题有所不同，但关系化似乎是各个学派都高度重视的课题，因为它在不同的理论框架中都与一些重要的核心理论有关。

先看形式语法。生成语法的研究发现，关系从句是一种特殊的从句，其内部成分是移位的孤岛，即其内部成分无法进行常规的句法移位，而其他类型的从句可以移出其论元成分。比较：

Do you think [*he* will win this game]? ~ *Who*$_i$ do you think [t$_i$ will win this game]?

Did you see the man [*she* likes]? ~ **Who*$_i$ did you see the man [t$_i$ likes]?

前一例，方括号中宾语从句中的主语 he 在特指问句中作为疑问代词 who 移位到句首；后一例用同样方法对方括号中宾语的关系从句中的主语 she 移位发问，结果句子不合语法。由此证明关系从句在英语中（实际上也在很多其他语言中）是移位的孤岛，从而强化了生成语法的孤岛理论，证明句法移位受到一些重要规则的限制。

在功能语法中，关系从句按功能、结构及所在位置分有不同的类型，特别是前置和后置。这种现象，与多种话语功能有关。如信息的新和旧、是用来增加信息还是用来帮助辨识名词等，都会影响关系从句位置的选择（参看方梅 2003）。

关系从句在认知语法中也很重要。汉语的"谓词＋的"结构实际上就是一种无核关系从句，而什么样的核心名词可以被省略、名词核心在关系从句中充当什么语义角色，显然与认知语言学规则有关。据沈家煊（1999），核心名词的省略和角色辨认与被省略的核心名词的显著度这类认知属性有密切的关系。

关系从句在类型学中更是有着特殊的重要性，突出表现在两个方面。

（一）根据 Keenan & Comrie（1977，简单介绍见科姆里 1981/1989）对 50 多种语言的考察，不同的语言能够被关系化的成分（即从小句中提取出来充当关系从句所修饰的核心名词）在不同语言中多寡各异，但不同语言共同遵循下列名词可及性等级序列：

主语 > 直接宾语 > 旁格成分 > 领属定语

这一序列是说，越靠左的成分越容易被关系化。一种语言只要在右的成分能被关系化，其左边的成分肯定能被关系化，反之则不然。比如，汉语直接宾语可以被关系化（老师教 t$_i$ 的学生$_i$），其左边的主语也就可以被关系化（t$_i$ 教学生的老师$_i$），其右边的旁格成分却不能关系化（*老师对 t$_i$ 很好的学生$_i$，来自"老师对学生很好"）。有些语言（如

Toba、Malagasy 等马来-波利尼西亚语言）只有主语能被关系化,有些语言如英语,上述四种成分都能关系化。但他们没有发现违背上述等级序列的语言,即右边的能关系化而左边的反而不能关系化。

（二）在语序类型学中,关系从句是一个特殊的重要参项,它属于有优势语序的结构。在 VO-前置词这类核心居前型语言中,关系从句几乎无例外地后置。在 OV-后置词这类核心居后型语言中,除了关系从句前置的语言外,也有大量关系从句后置的语言。可见关系从句以后置为优势语序（Dryer 1992,1998,2003）。在各种定语相对于核心语序有前有后的语言中,关系从句总是最倾向于后置的成分,Hawkins(1983)用重成分后置的原则来解释这一现象,因为与其他定语相比,关系从句是小句形式的定语,结构是最复杂的。

以语法理论和类型学成果为背景来研究汉语,可以发现关系从句在汉语语法学中有着特殊的研究价值。

（一）汉语似乎表现出违背上述可及性序列的现象,有时似乎领属定语比旁格成分更容易关系化。如:

老师对那个学生很好。~ *老师对 [t$_i$] 很好的那个学生$_i$

那个学生的性格很活泼。~ [t$_i$] 性格很活泼的那个学生$_i$

前一对例子,"那个学生"是前置词"对"介引的旁格成分,无法直接关系化（但可以用代词复指式关系化:老师对他$_i$很好的那个学生$_i$）。后一对例子,"那个学生"是领属定语,好像反而能关系化,违背了上述可及性等级序列。事实上,后一对例子并不真正匹配,右边的关系从句并不真来自左边的句子（所以"那个学生"和"性格"之间的"的"在关系从句中并没有出现）,而来自有汉语特色的下列话题结构:

那个学生（,）性格很活泼。

"那个学生"并不是领属定语,而是全句的话题。话题的关系化与汉语话题优先的类型特点有关。汉语话题不仅是一个话语/语用成分,而且是一个基本的句法成分。能够话题化的成分也能够关系化,即使它在语义上是领属成分。因此,Keenan & Comrie(1977) 的等级序列没有将话题作为考察对象,对话题优先语言来说是不够的,今后的研究有必要将话题也纳入该等级序列的一定位置，其位置当与主语相似。而在汉语内部，话题结构有许多类型（参看徐烈炯、刘丹青 1998），不同类型话题的关系化能力不尽相同，这是一个有待深入挖掘的大课题。

（二）如前所述，关系从句有强烈的后置倾向。据 Dryer（1992，2003）对 900 多种语言的考察，VO 型语言全都是关系从句在后的，汉语成为这一点上的 VO 语言中的唯一例外：关系从句一律前置于核心名词（国内的语法研究也都认可，主谓短语或动宾短语做定语只能前置于名词，亦即关系从句只能前置）。汉语为什么出现这种反常的格局？其原因和机制尚未得到深入研究。不过，对口语和方言的进一步的研究或许能显示情形并不这么单纯。方梅（2003）说明，北京口语中实际上存在大量可以分析为后置关系从句的现象。汉语似乎还不是只存在前置关系从句的语言，关系从句的普遍后置倾向在汉语中还是有所体现的。我们在方言描写中也发现了可以分析为关系从句后置的情况。据钱奠香（2002：84—89，92—94），海南屯昌闽语的形容词重叠式做定语和象声词短语做定语都有前置和后置两种语序。如：

砍［大大］许两丛树。'砍比较大的那两棵树。'

做宿欠砍两丛树［大大直直其］来做柱。'盖房子必须砍两棵又大又直的树来当大柱子。'

屯昌话能后置的形容词重叠式和象声词短语都是能做谓语的，因此它们做定语时都具有关系从句的性质，这些后置关系从句比起北京口语中的关系从句更具有静态句法结构的性质，前面无须停顿，是更加固定的句法现象。可见汉语并不完全是关系从句一律前置的语言。

古代汉语也被一些学者认为存在后置定语（即后置关系从句），它们指的是某些"NP+小句+者"结构。如："请益其车骑壮士<u>可为足下辅翼者</u>"（《史记》）、"<u>禘自既灌而往者</u>，吾不欲观之矣"（《论语·八佾》）、"士卒<u>堕指者</u>什二三"（《史记·高祖本纪》）。这类结构的画线部分，吕叔湘（1942/1982：78）认为是"加语"（定语）移在"端语"（中心语）之后，周法高（1961）归入"后加的形容语"。也有人认为这类结构前面的名词是定语，后面的"者"字结构为中心语，如杨伯峻、何乐士

(1993/2001：775)。假如取吕、周之说，则后置关系从句古已有之。

可见，以语言共性为背景，古今汉语及方言的关系从句语序问题还是个大可挖掘的领域。

(三)汉语动词、形容词都能做谓语，使关系从句和做定语的谓词性成分难有清晰界限，而且主语省略较自由，使论元不全的动词也能分析为关系从句。如"买的书、深奥的书"，因为"书深奥""买书了"等能成句，因此"深奥""买"做定语时都能分析为关系从句。另一方面，由于关系从句必须用定语标记"的"或其他标记，因此带"的"与不带"的"的定语(红的衣服~红衣服)在句法和语义上的差别，正好可以用关系从句和普通定语的对立来解释。这种角度的研究目前还完全是空白。

(四)一方面汉语中动词形容词都可以看作关系小句，使汉语关系从句的范围较广，另一方面汉语关系从句又有一些不同于主句或其他从句的特点，受到一些特殊的限制。比如，汉语关系从句标记"的"有排斥与体标记连用的倾向，但只要不与"的"连用，关系从句的谓语动词仍可带"了"，比较：

这个学生买了一本新书。~这个学生买(*了)的一本新书很好看。
~买(了)一本新书的这个学生很用功。

这种有汉语特点的限制原因何在？目前还缺少研究。还有其他尚未揭示的规律和限制，更是有待今后的研究。

最后让我们回到方言语法，看看关系从句在方言语法研究中的重要性。

上述汉语关系从句的重要课题，对方言来说也同样重要，而且各方言的表现未必跟北京话相同，值得深入研究，以获得对汉语关系从句的全面认识。如前所述，屯昌闽语有更为典型的后置关系从句，但进一步的情况还有待深入研究。再如，丹阳方言的关系从句标记不排斥完成体标记"则"与关系从句标记"格"的连用，相反对于过去的行为还要求体标记与关系从句标记连用(蔡国璐 1995：291)，如：

他炒则格菜好吃。(直译：他炒了的菜好吃。)
我说则格话你要记好则。(直译：我说了的话你要记住了。)

在关系从句的标注方面，方言与北京话的差距更加明显。结构助词、指示词、量词甚至体标记都可能有关系化标记的功能，对标记的选用因方言而异。这种差异具有类型学意义和方言地理学背景，是划分方言语法类型的重要参项。在北京话中，指示词"这/那"插在关系从句和核心名词之间兼有关系从句标记作用，如果删除，就要加进"的"，如：

指示词：小张刚买<u>那</u>书是一本名著。～小张刚买<u>的</u>书是一本名著。

不过，"的"可以在无核关系从句中代替被省略的名词，如"小张刚买的"，而指示词无此功能，除非加上量词，即不能说"小张刚买那"，而要说"小张刚买那本/那些"。

在吴语和粤语中，量词具有不依赖指示词的定指功能，而且这种定指量词也可以兼有关系从句标记的作用，还能像普通话"的"那样用在无核关系从句中，如：

〈苏州〉小张刚刚买<u>本</u>书是一本名著。～小张刚刚买<u>本</u>[ ]是一本名著。'小张刚刚买的那本（书）是一本名著。'

〈广州〉佢写<u>啲</u>嘢有冇用咖？'他写的那些东西有没有用？'

据众多的调查分析报告所揭示的吴粤方言与北京话的一系列差异（石汝杰、刘丹青 1985；施其生 1996；周小兵 1997；刘丹青 2000，2001），刘丹青（2002）建议把北京话划为"指示词优先"类型，粤语、吴语等方言为"量词优先"类型。这一区别在关系从句上也有清楚表现。北京话可以用指示词代替"的"做关系从句标记，吴语可以用量词做关系从句标记，粤语通常用指示词加量词做关系化标记，也可以用复数量词"啲"（些）做关系化标记，而用定语标记"嘅"（的）做关系化标记是听起来较新较文的表达（Matthews & Pacioni 1997）。

在苏州话中，除了量词、结构助词之外，由处所短语来的半虚化体标记"勒海"类词语也能用作关系从句标记，如：

我买仔饼干<u>勒海</u>。（直译：我买了饼干在那儿。）

～我买<u>勒海</u>饼干（到啥地方去哉）？［直译：我买了在那儿的饼干（到哪儿去了）？］

自家养<u>勒里</u>儿子勿会赚钞票。'自己生下的儿子不会挣钱。'

这时半虚化体标记"勒海"仍然保留了体的意义，但是它确实兼有关系化标记的作用，因为如果这时删去这种体标记，就必须补进相当于"的"的"葛"，如"我买葛饼干"（我买的饼干），否则关系从句就不能成立（"我买饼干"无法成为一个 NP）。此外，用"勒海"类标记的关系从句不能省略被饰核心名词构成无核关系从句，这是不同于用量词和定语助词的一个重要限制。

南方方言关系从句还有很多有别于北京话而富有理论价值的现象值得研究，有些问题我们将另文讨论。

三、对于逐步实现方言语法描写现代化的管见

上面的简要综论和少量具体例证都意在说明，语法调查框架的更新发展是当前深化汉语方言语法调查研究的关键因素。接下来应当研究的就是如何来实现语法调查框架的现代化。这需要学者们共同的智慧来讨论推进并付诸实践。下面只谈谈个人的几点浅见，并介绍一下我们正在为此目的所做的一些工作，期望得到方家的指正。

过去的几十年是世界上语言学尤其是语法学快速发展的年代。我们应当尽量熟悉国际语言学数十年来的重要进展和获得的共识。不过，对方言调查来说，最需要的可能不是直接搬用发展变化非常迅速的那些理论模型，例如生成语法的最新版本，或功能学派中怀疑静态基本句法结构的现实性、只强调话语分析的做法。这些理论的稳定和普遍适用尚待时日，调查的速度赶不上理论发展的速度，而且用作全面调查还缺乏操作性。当然这些理论模型可以用来做个别方言的深入研究，但不适宜用来做大面积跨方言调查和描写性报告的蓝本。较紧迫较现实的做法是采纳语言类型学普遍采纳的调查框架，再根据汉语情况做适当增删，删去那些在汉语中很不可能存在的范畴，增补和细化在汉语中较为发达的范畴。

类型学的框架作为田野调查蓝本和描写性研究的依据有几项难以比拟的长处：

（一）理论模型比较中性。它注重事实的发掘，而不是从某种理论出发去寻找对自己有利的材料，这后一种出发点容易造成材料的不均衡和对待材料态度的不客观。由类型学框架得到的调查结果可以为各种理论框架的研究者所采用。Comrie 在为"语言描写调查问卷"所写的导论（Comrie 1977）中，就强调了语法调查方案的这种追求。他和 N. Smith 合编的这份问卷就是这种调整框架的范例。欧洲类型学家团体 LinCom 多年来致力于调查描写出版世界各地的语法报告，虽然详略各异，但所依据的蓝本主要就是这份问卷，因此所获的描写材料能为各种学派和理论所用。

（二）较少语种偏见。它设计的蓝本，主旨就包括要尽力排除印欧语偏见或印欧语局限，当然也不会有国内调查蓝本很容易有的现代汉语偏见或普通话偏见。它是近一两百年来语言学家们在世界范围内数百上千种语言的田野调查和深入研究中总结归纳出来的，其调查项目突出人类语言最普遍最重要的那些语法范畴（表达手段则各语言可能不同，这正是调查的对象），同时也最大限度地照顾语言间可能有的差异，能容纳各种可能出现的现象。因此，这是适用面最广的调查方案。

（三）较具有可比性。它将各种可能的语法范畴经整理后归纳为若干共同的语法-语义范畴，再分出不同范畴的层次，同时也留出反映特色的余地。这样的安排使绝大部分语法现象都能在其中找到一定的位置，不容易漏掉。同时各种现象都有了可比的基础。这样获得的结果，无论是对建立普遍理论，还是进行语言、方言间的类型比较或亲疏比较，还是同一语言内的历时比较，都有了坚实的基础和可操作性，大大提高了调查材料的应用价值。

上面所举的名词化和关系从句的例子，就在一定程度上说明了这些好处。

目前国内主要基于普通话语法学体系的调查方案，与国际通行的语法调查方案还有较大的距离，因此我们正在展开一些工作试图逐步减少其间的隔阂，使方言语法调查框架更加现代化，更加符合语言学各个方面对方言语法材料的需求。兹略做介绍。一方面，我们在一些重点课题的赞助下和各地同行的支持下，尝试逐步建设、完善新的调查方案。首先从类型学的调查蓝本中抽取一些重要的语法点（包括一些以前被忽视的语法项目），吸收汉语已有调查问卷的长处，参考现有调查成果所反映的方言语法值得注意之处，制定一张新的调查表，在若干代表性方言点展开调查。然后总结经验，逐步增加调查项目和调查点，在此基础上建设更有价值和深度的方言语法语料库，为各方面的相关研究领域提供更有价值的材料。与此同时，我们也将全面介绍引进 Comrie 和 Smith 的调查问卷，并结合中国境内语言和方言材料进行分析解释，在此基础上经过取舍增删，在不同领域编制繁简程度不等的调查蓝本，其中包括汉语方言专用的、汉语跨时代研究专用的、少数民族语言调查专用的（还可有藏缅语专用、壮侗语专用、南亚语专用等更具体的版本）、汉语和亲邻语言通用的用于比较的各种调查方案，形成一个更加客观合理、更能相互沟通的语法调查范式，促进中国境内语言方言的语法调查研究在 21 世纪获得突破性的发展。

参考文献

蔡国璐　1995　《丹阳方言词典》（现代汉语方言大词典·分卷），南京：江苏教育出版社。
丁声树　1989　方言调查词汇手册，《方言》第 2 期。
方　梅　2002　指示词"这"和"那"在北京话中的语法化，《中国语文》第 4 期。
方　梅　2003　北京口语中的后置关系小句，《庆祝中国语文创刊 50 周年论文集》，北京：商务印书馆。
科姆里（Comrie, B.）　1981/1989　《语言共性和语言类型》，沈家煊译，北京：华夏出版社。
刘丹青　2000　粤语句法的类型学特点，香港《亚太语文教育学报》第 2 期。
刘丹青　2001　吴语的句法类型特点，《方言》第 4 期。
刘丹青　2002　汉语类指成分的语义属性与句法属性，《中国语文》第 5 期。
吕叔湘　1942/1982　《中国文法要略》，北京：商务印书馆。
钱奠香　2002　《海南屯昌闽语语法研究》，昆明：云南大学出版社。
沈家煊　1999　转指和转喻，《当代语言学》第 1 期。
施其生　1996　广州方言的"量＋名"组合，《方言》第 2 期。
石汝杰、刘丹青　1985　苏州方言量词的定指用法及其变调，《语言研究》第 1 期。
谢自立、刘丹青、石汝杰、汪　平、张家茂　1989　苏州方言里的语缀（一）（二），

《方言》第 2、3 期。

徐烈炯、刘丹青　1998　《话题的结构与功能》，上海：上海教育出版社。

杨伯峻、何乐士　1993/2001　《古代汉语语法及其发展》（修订本），北京：语文出版社。

周法高　1961　《中国古代语法：造句编（上）》，台北：台湾"中研院"历史语言研究所。

周小兵　1997　广州话量词的定指功能，《方言》第 1 期。

朱德熙　1978　"的"字结构和判断句，《中国语文》第 1、2 期。

朱德熙　1982　《语法讲义》，北京：商务印书馆。

Comrie, B. 1977. Introduction. In B. Comrie, & N. Smith (eds.), *Lingua Descriptive Studies: Questionnaire*. Amsterdam: North-Holland Publishing Company.

Dryer, M. S. 1992. The Greenbergian word order correlations. *Language*, 68(1), 81-138.

Dryer, M. S. 1998. Aspects of word order in the languages of Europe. In A. Siewieska (ed.), *Constituent Order in the Languages of Europe*. Berlin & New York: Mouton de Gruyter.

Dryer, M. S. 2003. Word order in Sino-Tibetan languages from a typological and geographical perspective. In G. Thurgood & R. Lapolla (eds.), *Sino-Tibetan Languages*. Richmond: Curzon Press.

Matthews, S., & Pacioni, P. 1997. Specificity and genericity in Cantonese and Mandarin. In L. J. Xu (徐烈炯) (ed.), *The Referential Properties of Chinese Noun Phrases*. Paris: Ecole des Hautes Etudes en Sciences Sociales.

Hawkins, J. A. 1983. *Word Order Universals*. New York: Academic Press.

Keenan, E. L., & Comrie, B. 1977. Noun phrase accessibility and universal grammar. *Linguistic Inquiry*, 8, 63-99.

（原载《汉语方言语法研究和探索——首届国际汉语方言语法学术研讨会论文集》，黑龙江人民出版社，2003 年）

A Review of *Sinitic Grammar: Synchronic and Diachronic Perspective*

When more and more scholars in the world are attracted to the study of the grammar of Mandarin Chinese, a language which is sharply different from Indo-European languages and many others, it should be kept in mind that this language has at least three thousand and five hundred years' continuous written history, and that there are nearly a half billion Chinese people whose mother tongues are other varieties of Chinese different from Mandarin. Grammatical research on the history and dialects of the Chinese language comprises a significant part of Chinese linguistics. A recent achievement in this field is a book entitled *Sinitic Grammar: Synchronic and Diachronic Perspectives* (edited. by Hilary Chappell, Oxford University Press, 2001, 1st version, hardback, 423 pages, ISBN: 019829977X). This book is the collection of the revised version of papers presented in English at the 1st International Symposium on Synchronic and Diachronic Perspectives on the Grammar of Sinitic Languages held in 1996 in Melbourne. (Papers presented in Chinese there have appeared as a separate book in Guangzhou.) Traditionally, historical and dialectal grammarians working on Chinese attend their own meetings respectively and contribute papers to different collections. Papers included in this volume, however, exhibit a different approach, which links the two fields closely. While studies of Classic or Medieval Chinese find their close connection with facts from living dialects (often called Sinitic languages there), dialectal phenomena are often accounted for from a diachronic viewpoint in this book.

The book contains 5 parts, each of which consists of 3 chapters (i. e., 3 papers) except for part I, an informative introduction. So there are 13 papers in total.

Chap. 1, as Part I, is the Introduction contributed by Hilary Chappell. It not only can help readers outside Chinese communities to read and understand the book, but also enables Chinese-speaking readers and scholars to easily get a clear, overall picture of Chinese and its grammar over time and across dialects. Based on latest results from diachronic and cross-dialectal works on Chinese and the author's own speculation, it provides: 1. a brief description of typological features of Chinese across dialects in terms of word order, classifiers, aspectual system, affixation process, grammaticalization pathways and so on, either as shared or diversified features among dialects; 2. history of emergence and development for Chinese dialects in general and for each major dialect individually; 3. a periodization of written Chinese (mainly in Peyraube's version) as a temporal framework for diachronic research, which divides the history of Chinese into three major periods (Archaic, Medieval and Modern) and three stages for each period; and certainly 4. a brief introduction of each paper in the book.

Part II is "Typological and Comparative Grammar". Chap. 2, Yunji Wu's paper on locative markers in the Changsha Xiang dialect, describes the use of four locative markers (five forms in sound, with *tau* in two tones) in the Changsha dialect based on oral narrative data, showing their different syntactic distribution (both pre-verbal and post-verbal, or only post-verbal), fine semantic and stylistic distinction, and textual frequency. Yet, like most dialectological papers in this volume, its main interest is in the diachronic aspect. The paper discusses in detail the development of these markers in terms of grammaticalization and sound change on the historical background of Chinese, and thus explains why the markers differ in syntactic behavior in today's Changsha dialect. Chap. 3, Hilary Chappell's paper, gives an interesting, novel account of *guo* 过 and its dialectal forms, traditionally viewed as experiential aspect markers. In challenging the traditional aspectual analysis, Chappell draws attention to a typological fact of the extreme scarcity of experiential aspect marking across human languages. In the language-internal respect, she points out that there is barely need to indicate an experience when *guo* occurs with an inanimate subject. As an alternative analysis, the author argues that markers like *guo* are evidential markers, expressing the speaker's certainty of the truth of the proposition due to personal observation or inference based on observable state. The evidence she provides to support the new analysis includes typologically common connection between perfect and evidential meanings, etymological link of some dialectal counterparts of *guo* with verbs denoting 'knowing', and the connection between evidential meaning and the meaning of surprise, which often accompanies the occurrence of *guo*. While bringing valuable new observations and perspectives (in particular a typological one) into the study of markers like *guo*, her analysis also faces some problems, the most crucial one of which might be sentences like the following:

Wo yiqian jian-guo ni-ma?

I before see-EXP you-Q

'Have I met you before?'

Zhangsan tingshuo/haoxiang yiqian qu-guo Ouzhou.

Zhangsan it is said/it seem before go-EXP Europe

'Zhangsan is said to/might have been to Europe before. '

The speakers here neither have witnessed the events indicated by the predicates, nor have 'observable state' to infer so. The use of the question particle *ma* and modal words like *haoxiang* 'might' is evidently in conflict with the alleged evidential meaning of *guo*. The only reason for the use of *guo* here seems to lie in the subjects' possible experience. Chap. 4, contributed by Christine Lamarre, focuses on the use of markers for three kinds of verb complement: manner complement, extent complement and potential complement, all being marked with *de* 得 in standard Mandarin. Based on rich data from dialects covering most major dialectal regions, Lamarre finds 4 major patterns for the use of markers: Type Ⅰ, the Standard Mandarin pattern, i. e., one marker for all, Type Ⅱ, i. e., one (or no) marker for potential complement and one for the rest, Type Ⅲ, i. e., one for extent complement and one for the rest, and finally Type Ⅳ, i. e., three markers for three kinds of complement respectively. An interesting observation obtained here is a common etymological connection between complement markers and aspect markers, though in nature they belong to relational and non-relational markers respectively. *Zhuo/zhe* 着 is such a marker for both usages.

Part Ⅲ is "Historical and Diachronical Grammar". Chap. 5, "Vestiges of archaic Chinese derivational affixes in Modern Chinese dialects", by Laurent Sagart, makes a rather striking claim. It attempts to link the derivational affixes k- (ka, kʌʔ, kəʔ...) and -l- (-la, -lan, -luŋ...) in dialects of Jin, Min, Cantonese, Hakka etc. to the Archaic Chinese prefixes k-, as revealed in words like *luo* 落 (<*lak<*klak) vs. *tuo* 萚 (<*thak<*hlak), and the Archaic infix -r-. As a historical background for these phenomena, the author proposes a three-pathway immigration model (coastal, central and western) which results in dialect regions, in place of other models like J. Norman's three-region model (northern, middle and southern). By this, he explains why Jin and coastal southern dialects share derivational processes that no longer worked in mainstream Post-Archaic Chinese. By analyzing many data from various dialects, the paper plausibly shows that the affixes in question have common or similar semantic effects and sometimes are attached to the same roots among dialects remote from one another, and have something in common with their claimed ancestors in Archaic Chinese. Some examples, however, are not so supportive. For instance, if the two affixes, which are unproductive in Min dialects, were inherited directly from Archaic Chinese, why do they mostly occur with characterless roots in these dialects? These roots can hardly be traced to mainstream Chinese and appear to be innovations or substrata rather than vestiges of Archaic Chinese. Sagart's account is partially reflected in Sagart (1999). Readers can refer to Ting (2002a, 2002b) and Sagart (2002) for discussion between them on Sagart's controversial reconstruction of root-affix system of Archaic Chinese. In Chap. 6, Redouane Djiamouri discusses five words (*wei* 唯, *hui* 惠, *qi* 其, *wu* 勿 and *bu* 不) in Shang bone inscriptions under a somewhat novel term, which is 'markers of predication'. He makes a clear description of their various usages, showing that all of them have the function of highlighting a predicate, in the meantime they may serve one of the modifying functions on the predicate, as a modal auxiliary, a copular, a negative, or a focus marker. It is pointed out that the functions of these words in Shang-Dynasty Chinese are not identical to those in later periods, so one should not figure out their nature on the basis of later data. His identification of *wei, hui, qi*, as verbal copulars in some cases is noteworthy because traditionally Classic Chinese is thought to be a language without genuine copular. The same identification for *bu*, however, sounds less convincing in that it always occurs before verbs and adjectives but never before nouns. As is well known, in Chinese, unlike English, an adjective can freely function as a predicate without the need of employing any copular. Though offered only as background for the main theme of the paper, the statistic figures in terms of word order and sentence patterns are very useful for typological and historical study of Chinese. For example, the ratio of VO：OV in Shang inscriptions is 93.8%：6.2%, and the distribution of recipient NP (O_2) relative to the verb is 78% as SV(*yu*) O_2：22% as (S) (*yu*) O_2V. The last Chapter of this part, Alain Peyraube's 'On the modal auxiliaries of volition in Classic Chinese' is a study continuing his 1998's paper on the auxiliaries of possibility. Peyraube agrees with the opinion that the relationship between an auxiliary and a full verb is one between a verb and its object, rather than one between an adverbial and its head verb. This analysis, plus a grammaticalization approach adopted in this paper, well accounts for the fact that every auxiliary of volition in Classical Chinese, like other auxiliaries then, can take a noun as well as a verb as its argument. Four auxiliaries are discussed individually in terms of semantic and syntactic properties. A major observation, which is interesting enough, is that *gan* 敢 'dare' and *ken* 肯 'being willing to' are essentially used in negative sentences and occasionally in interrogatives, while *yuan* 愿 'hope to' and *yu* 欲 'desire/want to' are basically used in affirmative declarative sentences and are almost never used in interrogatives sentences.

Part Ⅳ is "Yue Grammar". In Chap. 8, Hung Nin Samual Cheung offers a diachronic account of interrogative constructions in early Cantonese. He points out that all six patterns of Cantonese yes-no question types are derived from the basic pattern of juxtaposing the positive and negative verb phrases. Nevertheless, a type shift did take place from VP-Neg-V to V-Neg-VP. Totally thirteen records of Cantonese data made from 1828 to 1963 were statistically examined, showing that VP-Neg-V was a native pattern of Cantonese, while the V-Neg-VP pattern, the only pattern for today's Cantonese, had not emerged until in a record of 1932. Cheung's observation convincingly corrects some scholar's claim that V-Neg-VP is native to Cantonese and VP-Neg-V is a pattern borrowed from Southwest Mandarin through contact in 1900s. The sound facts provided in Chap. 8 also challenges Anne Yue's claim that VP-Neg was native to early Contonese. Next chapter is Anne Yue's study of the Verb-Complement construction (e.g., *da-po*, strike-break) in an approach combining the history of (mainstream) Chinese and modern Cantonese. In diachronic analysis, the paper discusses several syntactic criteria previously proposed in the literature for verifying the establishment of the genuine V-C construction in the history of Chinese. The author considers examples with an intransitive verb in between a transitive verb and the object as explicit evidence for the emergency of the construction in question, thus she spots Han as its beginning time. The main original contribution of Yue's paper is to prove that some Cantonese patterns of V-C construction or relevant expressions are archaic or medieval residues, which went out of use in mainstream Chinese in various periods. One such case is the preverbal optative verb (more exactly, 'potential auxiliary') *de* 得, which is semantically a precedent of V-*de*-C patterns and is active in Cantonese data of 19th century to early 20th century. Other examples include the patterns Neg-V-*de*-O, V-*de*-O-C, V-O-Neg-C and Neg-V-*de*-O-C. By these facts and analyses, the author calls for attention to the stratification of syntactic constructions in dialects. It's interesting to note that some strata are traced by Yue to Han or Tang times, while scholars tend to believe, as described in Chappell's Introduction of the book, that 'the final formation period of Yue (i.e., Cantonese) was shaped by northern Chinese refugees fleeing to this area in the Song Dynasty, a much later period than Han and Tang. Chap. 10 is Stephen Matthews and Virginia Yip's paper mainly dealing with the structure and stratification of relative clauses in Cantonese. This is a paper of the most relevance with syntactic typology in the book. To start with, the paper discusses some typological facts and the syntactic strata reflected in Cantonese grammar in general. Then the authors focus on the relative clause, a topic rarely tackled in Chinese historical/dialectal linguistics. It is shown that while Mandarin only makes use of the modifier marker *de* 的 as relativizer, Cantonese employs either the modifier marker *ge* 嘅 or a classifier following an optional demonstrative. Though there are subtle syntactic and semantic differences between the two types of relatives, the paper demonstrates that the two types basically exist as two strata in Cantonese syntax, the classifier relative being an earlier and contemporarily more colloquial stratum. Moreover, the authors link the use of classifiers in relatives with a more active role of classifiers in general in Cantonese and other southern languages like Miao-Yaos, though the paper pitifully pay no attention to classifier relatives existing in other southern dialects like Wu (c. f., Shi & Liu 1985).

Finally comes Part V, "Southern Min Grammar". Feng-fu Tsao's Chap. 11 deals with verbal and adjectival reduplication in Mandarin and Taiwanese Southern Min. Efforts are made not only to exhibit different morpho-syntactic behaviors and semantic interpretations between the two dialects, but also to reveal the unified semantic property connecting these seemingly diversified uses. By breaking down the meaning of verbal reduplicatives into four features, the author finds two features (delimitativeness, short duration) shared by both dialects, and one (trying action out) only owned by Mandarin, and another only by S. Min (metalinguistic use 'kind of V'). The feature of 'trying' however might be dubious in that the three examples he offers are either verbs with lexical meaning of 'trying', or in a form of 'VV-*kan* (VV + look)', which could be better viewed as a separate morphological category. The author furthermore uses Lakoff-style 'radial structure' to illustrate the common basis for the verbal reduplication in both dialects, with 'tentativeness' as a core for the radiation. He also conceives of this radiation as a model accounting for the historical semantic change of reduplication. It is noteworthy that the paper uses the feature 'tentative' to describe both verbal (in both dialects) and adjectival reduplication (in Min), and briefly mentions their semantic connection. Any attempt to link reduplications of these two parts of speeches, however, must be careful because, as far as we know, they have totally different origins. While adjectival reduplication is ontologically a means of reduplication, verbal reduplication is actually a result of grammaticalization (or morphologicalization) of the syntactic combination 'V-*yi*-V' (verb-one-verb), c.f. Fan (1964). It is unlikely that they could have common semantic basis. Chap. 12 is Chinfa Lien's "Competing morphological changes in Taiwanese Southern Min", a study in the framework of Lexical Diffusion. Through Lien's elaborate analysis of rich S. Min data, we see a complicated and interesting picture in terms of stratification. In phonological level, three strata in S. Min syllables can be specified, i.e., colloquial, literary and semi-literary, the last form mixed with colloquial and literary constituents (i.e., the initial, final and the tone). At the morphological level, a compound can be composed with morphemes from different strata, and in some cases, different strata are reflected in different lexical items. The main issue the paper is to discuss is how these phonological or lexical strata compete with each other in morphology and what is the result? The overall mechanism is said to be "bidirectional diffusion". In some cases, one sees the competition in favor of the colloquial stratum, having wider distribution in word-formation, or replacing the literary stratum gradually, while in others, the reverse way holds. The different strata often appear in a division of labor, e.g., the colloquial elements tend to occur in basic or popular domains and to denote concrete entities while the literary ones tend to occur in technical or cultural domains and to denote abstract entities. The author concludes that the mechanism of bidirectional diffusion works not only in phonology, but in morphology as well. Last Chapter is Ying-Che Li's historical-comparative study of prepositions in Taiwanese and Mandarin. The study focuses on comparing preposition systems as part of the lexicons in these diachronic and areal varieties of Chinese. An exhaustive examination provides us with much information about the commonality and distinction among these varieties. For instance: prepositions in Mandarin are more than those in Taiwanese Min (93∶49), distinct items are also much more in Mandarin than in Taiwanese Min (58∶14). In the two lexicons of Mandarin and Min prepositions, only 7 Mandarin words and 3 Min words are retained Archaic prepositions. Retained Medieval prepositions are slightly more than retained Archaic ones. Although the distinct prepositions does not compose a big portion in either dialect, particularly in Min, they are much more basic and frequent words than the shared ones. A comparison between the two dialects on basic prepositions such as those marking the passive agent, patient (in the 'disposal clause'), locative and temporal roles, and the standard of the comparative construction, clearly shows this situation. The shared items, used less frequently, are attributed to the result of continuous influence of official language on dialects through the educated elite.

The above discussion shows that, although the authors in this book come from many continents, and the subjects under study vary in a big range, there appear a lot of things in common among the chapters. First, most papers combine the diachronic and dialectal perspectives, basing their discussion on data from both sides. Second, many papers pay much attention to historical stratification in synchronic state of dialects. Third, statistics is widely employed to serve various purposes, especially to show the ratio or activeness of a grammatical construction, element or stratum in a certain period of Chinese language or a dialect. These characteristics in fact reflect a new trend in study of the Chinese grammar. These shared properties make this book appear not only like a collection, but a volume with a strong internal integration as well. Frequent cross-reference of related content and opinions among papers strengthens this feature of the book.

There are some points in the book that seem to be not ideal. The coverage of dialects is a little bit narrow. One can say so not just because only the dialects of Yue (Cantonese), Min and Xiang are under substantial study, with Lamarre's wide cross-dialectal comparison as an exception, but also because some authors seem to fail to pay sufficient attention to relevant achievements in studies of other (or even the same) Chinese dialects, especially those published in Mainland China. Maybe because most authors have more concerns about historical respect of Chinese grammar than about syntactic theory, expect for a few chapters; basically the frameworks adopted by authors for grammatical description and theoretical explanation are not updated ones. More absorption of the recent developments in the field of typological and historical syntax may deepen our grammatical analysis of Chinese historical or typological data.

Finally, we have some remarks on formatting in this book. Generally, formatting here is pretty good for the convenience of the readers. For example, the accompany of Chinese characters to sentences in examples and to important morphemes is really helpful for readers to understand old Chinese data or dialectal data. Yet, there are some treatments that can be improved. For instance, while Tsao's paper uses contour signs like ˉ ˇ ´ ` for tones both in Mandarin and Taiwanese Min, Lien's and Li's papers use Arabic numbers for tone categories in Taiwanese Min. More serious inconsistency appears among the papers on Cantonese grammar. Cheung, Yue and Mattews & Yip adopt three different spelling systems respectively for the same dialect. For instance, while the letter 'j' stands for [tʃ/ts] in Cheung's and Yue's papers, it denotes the semivowel [j] in Matthews & Yip's paper. The third person pronoun [kʰœi^{13}] 佢 is spelled as 'keuih' in Cheung's paper, 'kui^5' in

Yue's, and 'keoi[5]' in Matthews & Yip's respectively. This example also reflects the inconsistent treatments in tone: Cheung's paper does not mark tone in spelling ('h' in the syllable ending does not mark tone). Diversity like these might really confuse readers. As 'chapters' of the same book, an identical phonological element should better be treated uniformly.

References
Fan, Fanglian. 1964. Shilun suowei 'dongci chongdie' (On so-called verbal reduplication), *Zhongguo Yuwen*, 3, 264-278.
Sagart, L. 2002. Response to Professor Ting. *Journal of Chinese Linguistics*, 30(2), 392-403.
Shi, Rujie, & Liu Danqing. 1985. Suzhou Fangyan liangci de dingzhi yongfa jiqi biandiao (Classifiers used as definite determiners in the Suzhou Dialect). *Yuyan Yanjiu*, 1, 160-166.
Ting, Pang-Hsin. 2002a. Morphology in Archaic Chinese: A review of the *Roots of Old Chinese* by Laurent Sagart. *Journal of Chinese Linguistics*, 30(1), 194-209.
Ting, Pang-Hsin. 2002b. Monosyllabic characters in Chinese: A rejoinder to Sagart's reply. *Journal of Chinese Linguistics*, 30(2), 404-408.

（原载 *Journal of Chinese Linguistics*, 32(1), 2004）

崇明方言的指示词*

——繁复的系统及其背后的语言共性

上海市崇明区（即崇明岛）的方言属吴语太湖片苏沪嘉小片，与长江北岸的江苏启东、海门方言和长江南岸的江苏张家港市常阴沙话非常接近。区治所在的中西部方言与东部略有差别，本文所记以中西部方言为准。作者之一刘海燕以崇明中西部方言为母语，主要的材料来源还有崇明中西部20至60岁之间当地人的口语现场录音，包括独白和对话。张惠英（1993）是本文的重要参考资料。

崇明方言指示词[①]系统非常繁复，似乎是至今所见汉语方言中最复杂的指示词系统，它有7个单音指示词、7个复合指示词、19个表处所的指示词、10个表时间的指示词，专表程度和专表方式的指示词各有1个，彼此不同，且与表示"这/那"义的基本指示词没有词形上的联系（其中表程度的是单音词"恁"，也计在7个单音词中）。描写研究如此繁复的一个指示词系统，对于汉语方言学、语法学、汉语史和语言类型学都富有价值。本文除描写之外，还在余论部分讨论了崇明方言指示词系统对汉语指示词研究的理论价值和崇明话指示词特色背后的人类语言共性。

---

* 本文系国家社科基金重点项目"名词短语句法结构的类型比较"（03AYY002）和中国社会科学院重点项目"汉语方言语法比较和方言语法语料库"的阶段性成果之一。初稿曾由刘丹青在第二届国际汉语方言语法学术研讨会（武汉，2004年12月）上宣读，蒙张惠英教授多所指正，谨致谢意。尚存的问题概由作者负责。

① 指示词（demonstrative）在汉语学界习称"指示代词"。这对普通话来说还基本可行，因为"这、那"兼有指示和代替的作用。而吴语及不少南方方言中的基本指示词往往只指不代，因此本文只称指示词。

一、指示词的词形系统

分以下大类：基本指示词，基本词的复合式，程度、方式、处所、时间指示词。

1.1 单音基本指示词

只表示指示及距离，没有其他范畴义，共有 6 个，分为 4 组：
（1）吉 [tɕiəʔ⁵]——近指：这　　　葛 [kəʔ⁵]——兼指：这 / 那
（2）讲 [tɕiã⁴²⁴]①——近指：这　　港 [kã⁴²⁴]——远指：那
（3）□ [ki⁵³]——兼指：这（个）/ 那（个）
（4）埃 [ɛ⁵³]——远指：那

（1）和（2）两组构成一个大致对称的系统，两组都以介音 [i] 的有无表示远近对立——有 [i] 表近指，无 [i] 表远指或兼指。崇明音系原则上 [k] 组软腭声母不拼齐齿、撮口两呼，所以 [tɕ] 组舌面声母可以看作 [k] 组在齐撮两呼前的变体。这样，"吉～葛"之间、"讲～港"之间都是声母、韵基（=韵母减去介音）、声调全同，仅为介音交替。（1）组和（2）组之间语音上是韵基交替（[əʔ]~[ã]），声母相同，介音按远近对应，使用上大体是自由替换关系，但近远对立优先发生在同组内部，如近指选择了"吉"，则在同一话语片段中远指也要选择同组的"葛"。

□ [ki⁵³]（下文直接写作 ki）自成一组，这是崇明方言中最高频的指示词，用法多样，其意义上表有定（definite）多于表直指（deictic），在很多情况下已可看作定冠词（另文讨论）。ki 大体上是个音系外的音节，中古见组细音字在崇明话中一律念 [tɕ] 组声母，ki 和"去"[kʰi] 是仅有的软腭声母拼 [i] 的音节②。据张惠英（1993），ki 可

---

① 没有同音字，故借用"讲"的文读音来写。
② [ki] 这种音节在北部吴语中不常见，而指示词 ki 在崇明话中极常用，因而 ki 被周围地区视为崇明方言的标记性特征，曲艺中常用大量带 ki 的句子来突出角色的崇明口音。

能是"葛一"的合音。如确属合音，当发生较晚，应在见组舌根声母细音字颚化为 [tɕ] 组舌面音的音变完成之后，所以没有跟随见组细音字颚化。现在也有部分人将这个指示词读为颚化的 [tɕi⁵³]，这是新一轮的颚化，体现了例外音位的不稳定性。在意义上，ki 继承了"葛"的远近中和的特点。

"埃"也自成一组，它与上海话新派的远指指示词同形（上海老派是"伊"[i⁵³]），都读阴平，当出一源。①语篇中"埃"可以几个配合使用，并用拖长声音来表示更远指。

上面 6 个基本指示词所表的距离意义可以简单图示如下：

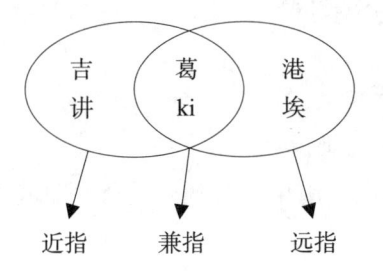

图 1　6 个基本指示词的距离意义

1.2　复合指示词

崇明话的一大特点是基本指示词可以两相组合成双音复合指示词，作用与单音指示词基本一致，从而使指示词系统的词形种类大增。复合形式有下面 7 个：

表 1

	吉	葛	ki
讲	讲吉	讲葛	讲 ki
港	—	港葛	港 ki
埃	—	埃葛	埃 ki

---

①　张惠英教授语感中没有"埃"这个指示词，所以"埃"似为来自上海市区方言的新词。但现在"埃"已是崇明话的有机组成部分，还能用来构成具有崇明特色的复合指示词，见 §1.2 表 1，而上海市区方言不存在这种复合指示词。

基本指示词在复合时遵循两条规则：

第一，（2）（4）两组（"讲、港"和"埃"）只能做前字，不能做后字；（1）（3）两组（"吉、葛"和 ki）只能做后字，不能做前字。

第二，组合的两个指示词不能有远近冲突，但兼指远近的词（表中的"葛"和 ki）与近指词和远指词都能组合。

按规则一，逻辑上应有 9 个词形，但规则二排除了 "*港吉、*埃吉"，实际上出现的复合指示词有 7 个。加上 6 个单音基本指示词，崇明话表示"这/那"义的指示词共计 13 个。

1.3 其他范畴的指示词

1.3.1 表程度的指示词

恁 [nən^{24}]——远近兼指：这么/那么

表程度的指示词也使用单音节词，使崇明话单音指示词达 7 个之多。

1.3.2 表方式的指示词

实 ki [zəʔ^2 ki^{53}]——远近兼指：这样/那样

程度指示词和方式指示词在汉语中经常合一，如普通话"这么/那么"就兼表程度和方式。崇明话两者词形判然有别，很有特点。这里用的"实"是同音字，可能是"是"[z] 的促化。指代词语前带上最初用来强调的"是"，近代汉语（如《祖堂集》）常见，上海城乡方言也颇常见，包括其促化形式"实"（参阅刘丹青 2001）。"实 ki"字面义可能就是"是这/那"。

1.3.3 表处所的指示词

表 2

普通话	崇明话			
这里	吉墩	吉担里	吉滩里	
	讲墩	讲担里	讲滩里	讲行（=讲化、讲外）
那里	葛墩	葛担里	葛滩里	
	港墩	港担里	港滩里	港行（=港化、港外）
	埃墩	埃担里	埃滩里	

表示处所的语素"墩 [tən]、担 [tɛ]、滩 [tʰɛ]、行 [ɦiã]、化 [xo]、外 [ŋa]"都是记音字①,"化、外"在崇明限于东部方言使用。这些语素多数在其他吴语中有对应或音近的处所语素。值得注意的是,最常用的指示词 ki 却不能构成处所指示词。前面说过,ki 的作用是表定指多于表直指,而处所指示词是最需要直指的指示词,由此可以解释 ki 为什么不用于构成处所指示词。

1.3.4 表时间的指示词

表 3

普通话	这 / 那阵子		这 / 那会儿
崇明话	吉枪	吉阵	吉歇
	葛枪	葛阵	葛歇
	讲枪	讲阵	
	港枪	港阵	

三个时间语素都是北部吴语通用的时间量词,如可以说"过一枪 / 阵 / 歇"。其中"阵、歇"是本字,"枪"[tɕʰiã] 是记音字。由于复合指示词也能用于这三个时间语素前,如"讲吉阵""港葛歇"等,因此实际的词形还要多得多。

二、指示词的句法作用

本节讨论单音基本指示词和方式程度指示词的句法作用。7 个复合指示词的用法由其后字决定,不专门讨论,可参阅 §3.1.2。处所时间指示词虽然数量众多,但句法上与汉语方言中的时空词语无异,本节也不专门讨论。

---

① 其中"化"当来自表处所的"许"。北部吴语多以"场化"表地方。又,由于北部吴语的连读变调是前字主导型,因此只用于后字的语素难定本调。

2.1 基本指示词的句法作用和限制

在 6 个单音节基本指示词中，有 5 个实际上是黏着成分，不但不能单用，而且不能直接限制名词和数量名短语。这也是吴语区指示词的普遍情况（参阅刘丹青 1999：§2.1），只有 ki 可以单用和直接限制名词，倒成了北部吴语中少见的例子，这与它的冠词化倾向有关。

2.1.1 指示词 + 名词

可以直接限制名词的只有 ki，其他 5 个词都不可以。如：

(5) ki 衣裳尔收进来咯 [kəʔ] 啊？~ *吉 / 葛衣裳尔收进来咯啊？
    '这衣服是你收进来的吗？'

(6) 我喜欢 ki 老师。~ *我喜欢讲 / 港老师。

2.1.2 指示词 + 量词（+ 名词）

基本指示词最重要的功能是与量词组合成指量短语，如"吉只、葛张、港块、埃条"等。基本指示词限制名词的主要途径也就是加上量词后由整个指量短语限制名词。如：

(7) 吉条裙子好看，葛条颜色忒老气特，埃条么样子弗好看。
    '这条裙子好看，那条颜色太老气了，那条么样子不好看。'

(8) 讲件衬衫配港条裤子应该蛮好咯。
    '这件衬衫配那条裤子应该挺好的。'

这点上 ki 又独一无二。它通常不能和量词组合，而是与名词直接组合。如不能说"*ki 只鸡、*ki 棵松树、*ki 支铅笔"等。只有在后面的名词或隐去的名词指人时，才可以在 ki 后用量词"个"，ki 指示人以外的事或物时不能加量词。如：

(9) ki 个学生子实在弗用功，考试只考 18 分。
    '那个学生实在不用功，考试只考了 18 分。'

(10) *ki 件衬衫配 ki 条裤子应该蛮好咯。

(11) 我勿欢喜 ki 个（人）~ *我勿欢喜 ki 只（小狗）。

如果说 ki 无须量词而直接限制名词只是同吴语及其他一些南方方言的指示词不同的用法，那么 ki 通常不能同量词组合的特点，就已经同整个汉语指示词的句法功能大相径庭了。这是另文将专论的 ki 的冠词化的又一突出表现。不能加量词显然同 ki 来自"葛 + 一"无关，因为数词"一"后是可以加量词的。如"一件衬衫、一条裤子"等。

2.1.3　指示词 + 数词 + 量词 + 名词

ki 以外的指示词都不可以与数词直接组合，所以不能有"*吉三只猫、*港五本书、*埃十几个人"一类组合。只有 ki 可以直接与数词组合。但 ki 后面排斥数词"一"，如"ki 三样～*ki 一样"。这也可作为 ki 来自"葛一"合音的一个旁证。再比较：

（12）ki 三匹马全部是战马，屁股上侪有号码咯。～*吉/葛三匹马全部是战马。

　　　'这三匹马全部是战马，屁股上都有号码的。'

（13）伊准备拿 ki 十套房子全部买下来。～*伊准备拿讲/港十套房子全部买下来。

　　　'他准备把那十套房子全部买下来。'

假如需要用 ki 以外的指示词限制"数量（名）"短语，崇明话可改用处所指示词代替单音指示词，作为上述句法限制的补偿手段，例如：

（14）葛墩/港墩/埃墩两本书是哈人啊？

　　　'那边两本书是谁的？'

2.1.4　指示词单用

崇明话中的指示词大都不能像普通话里的"这"和"那"那样单用作主语、宾语等句法成分，除 ki 以外的指示词都必须加上量词才可以充当句子的成分。只有 ki 可以单独充当主语、话题、宾语等句法成分。下面是 ki 单用的一些例子：

（15）ki 是隔壁班咯数学老师。

　　　'那是隔壁班的数学老师。'

(16) ki 我晓得咯。
'这我知道。'

(17) 尔买 ki 做哇呀？
'你买这个干吗呀？'

(18) 尔葛个宝贝孙子花仔恁多钞票学 ki，学着点哈也，只晓得字相。
'你那个宝贝孙子花了那么多钱学这个，学到些什么呀，只知道玩。'

(19) ki 上头有纹路咯。
'这上头有纹路的。'

(15) 中 ki 做 "是" 字判断句主语，这是 ki 做主语的主要用途。(16) 中 ki 做受事话题。(17)(18) 中 ki 做宾语，(19) 中 ki 带兼有后置词性的方位词 "上头" 做方所题元。这些 ki 不能换用其他基本指示词。

在基本指示词中，"港" 有一种类似单用的特殊功能。看例：

(20) a. ——尔到拉港去呀？——我到娘港去。
'——你到哪里去了啊？——我到娘家去了。'

b. ——讲两天尔特屋里一直无得人。——哦，我里侪勒勒张三港，伊特丫头结婚。
'——这两天你家一直没人。——哦，我们都在张三家里，他女儿结婚。'

"娘港" 是 "母亲家"，"张三港" 是 "张三家"。"港" 所占的这种位置不是指示词，而具有后置词性质，在普通话中要用一个 "家"，在其他北部吴语中可以用 "屋里"，还可以直接用处所后置词，如无锡话 "娘搭" "张三里"。可见这些 "港" 不是指示词单用。而 (20a) 中的 "拉港" 中的处所语素 "港" 还用来构成处所疑问代词，更显示其不是指示词。

2.1.5 指示词作为弱化谓词标记

北京话口语中 "这" 和 "那" 可以加在动词或形容词的前面，表示程度夸张的语气，同时弱化后面动词、形容词的谓语性和整个小句的独立性，造成名词化倾向。方梅（2002）将这么用的指示词称为 "弱化谓词标记"。崇明话指示词中只有语法化程度最高的 ki 有类似用法。主要有两种格式，一是"ki+谓词"，一是"ki+一+谓词"，如：

（21）伊跑勒 ki 快啊，像一阵风。~*伊跑勒吉/葛快啊。
'他跑得那个快啊，就像一阵风。'

（22）喉咙筋 ki 响啊，恨勿得喊来全世界侪晓得。
'喉咙那个响啊，恨不得喊得全世界都知道。'

（23）电影院门口头 ki 一乱末，伊特两家头就跑散脱咯特。
'电影院门口这么一乱，他们两个人就走散了。'

2.2 程度、方式指示词的句法作用

不少方言都由同一个指示词兼指程度和方式，而崇明方言两个范畴用不同的指示词。程度指示词为"恁"，用在形容词和能受程度副词修饰的动词小类之前，如：

（24）葛个小因人恁小，精明勒弗得了。
'那个小孩人那么小，精明得不得了。'

（25）尔恁喜欢吉条裤子，我就让拨尔。
'你这么喜欢这条裤子，我就让给你。'

（26）ki 小姑娘恁要面子，晓得拨人家骗咯特，问伊还死也弗承认。
'那个小姑娘那么要面子，知道被人家骗了，问她却死也不承认。'

此外，像"这么/那么"一样，"恁"可以用在"像/有……"之后，表示平比：

（27）小华咯男朋友像猪八戒恁会吃。
'小华的男朋友像猪八戒那么会吃。'

（28）公园里葛棵银杏树有碗口恁粗。
'公园里那棵银杏树有碗口那么粗。'

"实 ki"则用在动词前、"一 V"式前或"V 法子"式前表示方式，

例如：

(29) 我也想实 ki 做，不过我心里向总归有点吓咾咾。
'我也想这么做，不过我心里总有些怕怕的。'

(30) 葛只狐狸精朝伊实 ki 一笑么，伊咯骨头一老酥脱特。
'那个狐狸精朝他那么一笑，他的骨头就全都酥掉了。'

(31) 实 ki 会吵法子咯小囡是，卖勒别人家仔好特。
'这么会吵闹的孩子，卖给别人算了。'（大人吓唬小孩的话）

(32) 钞票像实 ki 用法子是，金山银山侪要坐吃山空咯。
'钱像这么个用法的话，金山银山也要坐吃山空的。'

"实 ki"除了表方式外也能表情状，相应地，在句法上"实 ki"也不是纯粹的副词，而具有谓词性，可以有条件地做谓语或情状补语标记"来"（相当于"得"）后的补语：

(33) ——尔话话看，吉只问题交拨哈人来处理好呢？
'——你说说看，这个问题交给谁来处理好呢？'
——要么实 ki，我里到外头招聘一个专业人才。
'——要么这样，我们到外面招聘一个专业人才。'

(34) 奥实 ki，尔特爷转来看见仔要打嘎。
'别这样，你爸爸回来看见要打的呀。'

(35) 伊 ki 人坏来实 ki，大家奥睬伊。
'他这人坏成这样，大家别理他。'

"（像）实 kiV"之后有时可以再加"恁"，是以情状突现程度的强化表达，如：

(36) 像伊实 ki 恁坏咯人，天底下少有咯。
'像他那么坏的人，天底下少有的。'

(37) 尔脱仔伊俩实 ki 恁好么，尔做哇弗问伊借钞票勒，还来问我借呢。
'你和他这么好，你干吗不向他借钱，还来向我借呢。'

三、指示词的语义系统

3.1 距离范畴

3.1.1 基本指示词的距离范畴及其用法

从语义上看，可以分为近指、兼指、远指三组（见上文图1）。

① 近指组的"吉""讲"两词关系最近，词形上都带 [i] 介音，语法功能也一致，使用中可自由替换，不分优劣，基本上是同一词的两个语音变体，在指示词系统中具有冗余性。

② 兼指组的"葛"和 ki 都是既可近指也可远指。但在语法和实际用法上这两词远非等同。"葛"在词形上是与"吉"相对的，靠介音 [i] 的有无表达是否近指。在与近指指示词对用时，"葛"总是表示远指，构成远近对立。由于"吉""讲"同义同用，所以"葛"与"讲"从语义上说也可形成远近对立。不过实际使用时，词形因素会起作用，词形上同组的词优先构成对立。所以"葛"主要跟"吉"对，而"港"才跟"讲"对，如：

（38）吉本书我咯，葛本书是我图书馆里借咯。
　　'这本书是我的，那本书是我从图书馆里借的。'

（39）奥踏讲部脚踏车，港部踏出来省力。
　　'别骑这辆自行车，那辆骑起来省力。'

但在单独使用时，"葛"可以指示远指对象、中指对象或无所谓远近的对象，甚至指示只能理解为近指的对象。如：

（40）哎，小张，坐勒主席台浪葛个哈人？
　　'哎，小张，坐在主席台上的那个是谁呀？'

（41）葛个我里爸爸，葛个我里姆妈，葛个我里妹妹。
　　'那是我爸爸，那是我妈妈，那是我妹妹。'

（42）葛瓶香水是我新买咯，送拨尔！

'这瓶香水是我新买的,送给你!'

(43)——我葛本字典呢?——弗勒我葛墩呀,我昨日还拨尔咯特。

'——我那本字典呢?——不在我这里呀,我昨天还给你了。'

例(38)—(40)当属远指。(41)可以是指着稍远处或近处(但不在谈话圈内)的三个人做介绍,是中指或无所谓远近的对象。(42)(43)"葛"都与说话人"我"相关,宜理解为近指。对这种明显的近指,为什么说话人选用兼指词而不直接用近指词"吉""讲"?实际上近指、兼指还是有所差别的。近指词"吉""讲"一般用于距听说双方都近的对象,而偏于说话人"我"一方的近对听话人来说却多少是一种远,因此用不分远近的"葛"来表示更能体现说话人照顾听话人视点的策略,这是体现友善的常见语用策略。

总之,"葛"实际上在距离范畴上是中性的、无标记的指示词,可以用于远近各种情况,而并不凸现距离义。其用例中的远近意义有的是现场实情本身具备的,不是靠"葛"来明示的,有的是靠组合关系的对立而实现的,如与近指词同现时的远指义。无论远指、近指,它的语义特点都与真正的远指词、近指词不同。

ki 作为可能来自"葛一"合音的指示词,在兼指或距离中性化方面与"葛"是相同的。上面用"葛"的例子也可以换用 ki,但同时要做句法上的调整,因为 ki 与其他指示词有句法功能上的一系列差别(参看§2.1),如在用于非指人对象时要去掉 ki 后的量词等。ki 和"葛"不能像"吉"和"讲"那样完全自由替换。

③ 远指组的"港"和"埃"也有分工,不是可以替换的等义词。

"港"是真正的远指词,不像"葛"远近兼指。"港"与"讲"是真正的远近配对,句法功能则完全相同,两者也常一起使用构成远近对比。如:

(44)讲本书我咯,港本书是我里弟弟咯。

'这本书是我的,那本书是我弟弟的。'

"埃"也是远指词,但其语义可根据用法分为三种情况。(一)与近指、远指词对着用,表示更远指,如下面(45)。(二)可以不与近指词对着用，单独表示远指，如（46）。这是单纯的远指用法。从语感上说，选择单用"埃"而不是"港"来表示远指，意味着说话人觉得这是个相对更远的对象。有时看起来是单用，实际上在语境中可能仍存在其他两个较近的对象，"埃"指的是更远的第三者，如（47）。（三）可以两个（偶或更多个）"埃"连用，第一个"埃"照常读，表远指，后面的则明显重读（本文记作"ˆ埃"），表示更远处，如（48）。用重读的"ˆ埃"表更远指是语音象似性的一种体现：以更大的音强、更长的音长临摹更远的距离。可见"埃"的用法与远指词"港"有诸多不同。

（45）吉/讲只位子我咯，葛/港只位子尔咯，埃只位子伊咯。
'这个座位是我的，那个座位是你的，那个座位是他的。'

（46）我要买埃张写字台，伊弗肯。
'我要买那张写字台，他不肯。'

（47）（屋子外面有三把椅子，姐弟俩一人一把搬进屋，母亲指着最远的那把椅子朝父亲喊）
"埃张矮凳搬仔进来！"
'那张椅子搬进来！'

（48）——尔话埃担里有的小菜场咯，我寻煞寻四寻勿着么？
'你说那里有个菜场的，我怎么找都没找着？'
——我望着尔瞪 [gɛ]（＝咯＋唉），跑到路口头寻仔一圈就转来特。埃墩路口头尔看有的小菜场啊，还要往前头走总归50米样子，ˆ埃担里一只小区门口进去就是特。
'我看见你的呀，走到路口找了一圈就回来了。那里是路口怎么会有菜场啊，还要往前走大概50米，那里一个小区门口进去就是了。'

此外，"埃"像 ki 一样不能与时间量词组成时间指示词，而其他基本指示词都可以。比较：

（49）吉阵～葛阵～讲阵～港阵～*ki 阵～*埃阵

ki 作为"葛一"的合音，距离方面遵从"葛"的兼指义，但 ki 的距离义更弱，像定冠词，一般单用表定指，不太进入远近对立的体系中。见图2：

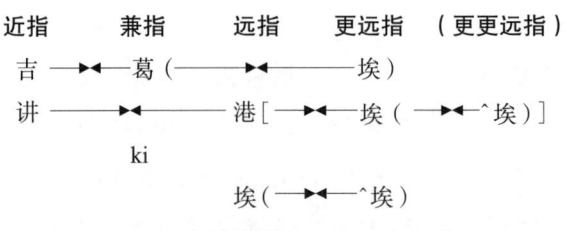

```
近指        兼指      远指      更远指    （更更远指）
 吉 ——▶◀—— 葛（——▶◀—————埃）
 讲 ——▶◀————— 港［——▶◀——埃（——▶◀—ˆ埃）］
 ki
                       埃（——▶◀—ˆ埃）
```

图 2　6 个基本指示词的距离义关系

图 2 包含了这几层意思：

（一）从具体词义看，崇明话有近指、兼指和远指三种指示词。也可以说崇明话的指示词系统总体上是三分的。从图中可见，在词义系统中并没有固定的更远指，因为更远指是远指词"埃"在与其他词相对时表示的，并非其固定词义，"埃"单独使用时可以只是单纯的远指。

（二）箭头体现了相对使用、语义对立的关系。从中可以看出，兼指不是一种独立的距离概念，只是距离上无标记，所以可近可远。在与左边的近指相对时，它起的是远指的作用，所以其右边相对的词项就不再是远指而是更远指。即使根据有些用法把兼指勉强理解为中指，它也无法插在近指组的"吉/讲"和远指的"港"相对的系列中，它所在的系列仍最多是三分。因此在词项系统上，崇明话也基本上是个三分的系统，无法成"近—中—远—更远"的四分格局。不过在应用中，由于可以用重读的"ˆ埃"指示比"埃"更远的对象，因此理论上可以出现四分甚至更多分的表达法，如"讲—港—埃—ˆ埃"，不过在实际语料中很难找到。

（三）崇明话以三分为主体的指示词系统是由若干个二分子系统分层扩展构成的，通常情况下距离的对立只靠一个子系统完成，而这些子系统都是二分对立的，即表中括号外的情况。括号是表示在特殊需要时子系统的扩展部分，括号内的括号是进一步扩展的部分。在实际语料中超过三分的用例很少。因此可以说，崇明话指示词的基本元素是二分，在扩展的情况下可以三分。

崇明话的例子说明，研究指示词系统的所谓几分，要注意其层次性和层面性。有些距离特征可能处在不同的层次，不能构成对立，有的距离特征处在不同的语言层面——词项层面、词义层面、语用层面。不是一个机械的数量问题。

由单音指示词与处所语素组合而成的处所、时间指示词在距离范畴方面也遵从指示语素的意义，我们上面举的例子中实际上也已经有处所指示词的例子，所以不必细说。需要强调的是，如前所述，ki 不能构成处所、时间指示词，但是 ki 的兼指义可由"葛"表示。而方式、程度指示词各只有一个词项，不分远近，因此也就不存在系统几分的问题了。

3.1.2 复合指示词的距离范畴

复合指示词遵循一条很特别的语义和句法分离的规则——语义从前字，句法从后字。在语义上，"讲""吉"都是近指，组合成"讲吉"仍表近指，"葛"和"ki"则都是兼指，但由它们做后字的复合指示词却不是兼指，而是遵从前一个指示词，如"讲 ki"是近指，义同"讲"，"港 ki"是远指，义同"港"。由于兼指词"葛"和"ki"在复合指示词中只做后字而没有机会做前字，所以复合指示词都有明确的远近义而不能兼指。句法上，"讲""吉"两字功能相同，整个复合词"讲吉"跟两个字都等同，看不出从前从后。而"埃 ki"使用时就只能遵从后字 ki 的用法，如可以直接带名词，一般不带量词，而不遵从"埃"的用法，"埃"不能直接带名词，而要求在名词前插入量词。下面是复合指示词的一些用例：

（50）讲吉阵生意弗拉好做，还是少进点货哇。
　　　'这阵子生意不太好做，还是少进点货吧。'
（51）讲 ki 里共总 50 本书，尔签收一下。
　　　'这里面总共 50 本书，你签收一下。'
（52）讲葛只班级老早是王老师带咯。
　　　'这个班级以前是王老师带的。'
（53）伊咯大儿子一眼弗识字咯，港 ki 个小儿子倒大学考上特。
　　　'他的大儿子学习一点也不好，那个小儿子倒是考上了大学了。'
（54）港葛只电视机清爽兴勒，尔做硬劲要买吉只勒。

'那台电视清楚多了，是你硬要买这台。'

（55）尔咯书我从来弗碰咯，<u>尔埃葛堆</u>书里寻寻看。

'你的书我从来不碰的，你在那堆书里找找。'

（56）校长室里一个校长，<u>埃 ki</u> 哈人？

'校长室里一个是校长，那个是谁呀？'

"讲 ki""讲葛"都是"近指 + 兼指"，整个词语语义上只能从前字"讲"表近指。句法上，"讲 ki"从 ki，可以离开量词单用，如（51）可以直接用在方位后置词"里"之前，在（53）中则因为后面是指人名词而可以用量词"个"（也可删去"个"。如非指人名词则必须删去量词）。"港葛""埃葛"虽然也以"葛"为后字，但因为前字是远指的"港""埃"，所以语义上必须从前字表远指。句法上，"港葛、埃葛"表现相同，在（52）（55）中都使用了量词"只"或"堆"，而这种位置换了同样表远指的"埃 ki"就不能加量词，因为句法上要从后字，而 ki 在非指人的名词前不能加量词，只能直接限制名词。而像（56）"埃 ki"那样单独充当主语，也是 ki 才具有的用法，不能换用后字为"葛"的复合指示词。复合指示词与相应的单音词相比看不出作用上的差别，都可以自由替换，单双音词的选用主要是语势、节律方面的差异。因此，在距离范畴方面，复合指示词没有超出上述单音指示词系统。

3.2 距离义的引申

指示词系统距离义不仅用于实际空间意义的远近，而且有种种引申的用法。从中也可加深对指示词的距离范畴的认识。

3.2.1 心理距离

普通话中一般用近指的"这"指示关心、关切、喜爱的对象，用远指的"那"指示不关心、冷淡、讨厌、鄙视、仇视的对象（丁启阵 2003）。崇明话这时是用近指"吉 / 讲"和兼指词"葛 /ki"的对立来表示的。这种从空间远近到心理远近的引申有时甚至可以突破实际的距离，如：

（57）（指着远处的老师对身边的同学说）讲个老师我蛮喜欢咯。
'这个老师我挺喜欢的。'

（58）早晨头有人爬窗进教室，无得人肯承认是哦，好，吉桩事体我一定会的弄清爽咯。
'早上有人爬窗进教室，没人肯承认是吧，好，这件事情我一定会搞清楚的。'

（59）葛种人弗讲道理，奥睬伊。
'这种人不讲道理，别理他。'

（60）小张 ki 人死脱弗关我事体。
'小张这人死了也与我无关。'

（57）是指稍远处的对象，却因为"蛮喜欢"而用了近指的"讲"。（58）说的是过去发生的事，通常要用"葛桩事体"，但这里用了"吉"，表达了说话者的关切重视。（59）（60）都用兼指词"葛"和 ki 表示自己的冷淡态度。

3.2.2 已然（实指）/未然（虚指）

普通话中"这"系列所限定的事件或对象倾向于是已然或已存在的（实指），"那"系列所指的成分则倾向于是未然的或虚指的（参看丁启阵 2003）。崇明方言的情况与之相近而稍复杂，因为存在近指、远指和兼指三套指示词。近指词"吉/讲"系列后边的成分通常是已然的，且具有较强的现实相关性，或发生时间不长，或发生已久但仍对现在造成了某种麻烦或影响，或者是早已存在的实体。如：

（61）前两天有人反映车间温度忒高，工人蹲勒里向吃勿消，吉只问题我会得尽快想办法解决咯。
'前两天有人反映车间温度太高，工人在里面吃不消，这个问题我会尽快想办法解决的。'

（62）上趟里是我偷偷叫拿零件卖脱咯，但是讲桩事体真咯脱我弗搭介咯，早晨头我脱仔小王一老搓好麻将来上班咯，我真咯勘偷零件。

'上次是我偷偷把零件卖掉的，但是这件事情真的跟我没关系，早上我和小王一起搓完麻将来上班的，我真的没偷零件。'

（63）"害人之心不可有，防人之心不可无"吉句说话一定要记牢。

'"害人之心不可有，防人之心不可无"这句话一定要记牢。'

远指词"港/埃"系列后边的成分则主要是未然的、尚不存在的或虚指的；假如是已然的，则是发生得较久远、现实相关性较弱的，而且通常是与近指词对着用的，如：

（64）港只项目马上要招标特，尔特两个人计划书要抓紧点。（未然，单用）

'那个项目马上要招标了，你们两个人计划书要抓紧点。'

（65）讲两篇论文写得弗错，勒 ki 基础浪，可以构思埃篇论文咯大致框架。（未然，对用）

'这两篇论文写得不错，在这基础上，可以构思那篇论文的大致框架。'

（66）一干子到仔大学里好好叫读书，埃哇种弗读书专门闯祸咯人么奥脱伊特搭淘。（虚指）

'一个人到了大学里要好好读书，那种不读书专门闯祸的人不要跟他们交朋友。'

（67）吉场演出总算比较顺利，勿像港场演出恁多地方出问题。（已然，对用）

'这场演出总算比较顺利，不像那场演出那么多地方出问题。'

（68）讲两只问题就实 ki 处理哇，埃只问题上只礼拜也解决特。（已然，对用）

'这两个问题就这样处理吧，那个问题上星期也解决了。'

兼指词"葛/ki"既可指示已然事件或其他实指对象，也可指示未然事件或虚指对象，而且常常单用而非对用：

（69）葛桩事体过去么好特，大家侪奥提特，晓得哇？（已然，单用）

'那件事情过去就算了，大家都别提了，知道吗？'

（70）真对勿起，ki 弄坏脱咯书我会得赔拨尔咯。（已然，单用）

'真对不起，这弄坏的书我会赔给你的。'

（71）世界各地咯游客侪跑到 ki 个只有 20 万人口咯小城市里参加伊特咯狂欢节。（实指，单用）

'世界各地的游客都到这个只有 20 万人口的小城市参加他们的狂欢节。'

（72）ki 房子哈辰光么造好特，一眼进展也没的咯。（未然，单用）

'这房子什么时候造好啊，一点进展都没有。'

我们看到上面两种引申情况的词项对立表现并不相同，这种不同还是可以追溯到它们各自与基本的距离义的关系。

指示词的远近指用于心理距离，是客观性的空间域向主观性的态度域的隐喻投射。可能因为心理好恶亲疏的物理基础不明显，只要有所区别而不在于距离长度，所以崇明话主要选择近指词和兼指词的对立来表达。在用于真正的空间远近时，兼指词与近指词的远近对立也重在区别而不重在距离长度。假如要突出距离之远，说话人会选择远指词而非兼指词。

指示词的远近指用于已然未然，主要是空间域向时间域的投射。这种投射有更加实在的认知基础——都有可以客观衡量的"距离长度"，这种物理量使得两者的关系要直接得多，因此人类语言时间观念和度量的表达常常是借助空间词语来实现的，如"前、后""长、短、远、近"。所以在用于已然、未然时，与近指对立的是更有空间义的远指词"港、埃"而不是兼指词"葛、ki"。崇明话的特点之一是，说话人可以淡化指示时的远近距离义，因为崇明话具有普通话所没有的不分远近的兼指指示词。

此外，空间以三维形式存在，时间以一维形式存在，两者的这点差异也造成了时空隐喻的一些复杂之处。时间的远近是围绕说话时刻朝两头伸展的。已然的而且有现实相关性的，是跟说话时关系最近的，所以用近指。但已然而久远，现实相关性弱，就要归入远指。而未然的或虚指的，由于尚无实体，是听说者尚不能把握的对象，容易产生远的感觉，所以也用远指，就与已然而久远的事件、对象同用一种指示词了。

四、余论

从汉语研究的角度看，崇明方言的指示词系统也许可以提供下面这些启示：

1. 在一个单一系统内部，指示词数量可以相当之大，由此推测，汉语史中某些指示词异常繁复的现象，既可能有方言混杂和历史层次叠加的因素，也不能完全排斥共时系统本身就复杂的背景。

2. 一个特别繁复的指示词系统，自然会存在一些人无我有的细密分工，但也可以有一定程度的聚合冗余现象，即完全同义的现象，如崇明话的"吉"和"讲"。

3. 特定方言的指示词系统假如存在超过二分的复杂现象，其各词间的语义语用分工和整个系统的格局存在着很多可能性，需要根据具体方言的实际情况进行分析，目前还很难简化为有限几种多分类型来覆盖所有方言的情况。如吕叔湘（1990）提出的三分法分析思路，陈敏燕等（2003）列出的江西赣语指示词多分的多种格局类型，都富于启发性，但看来这些类型还不能覆盖崇明话的格局。

4. 超过二分的指示词系统可能内部还存在着层级性，大系统内可能有子系统。远近之类意义对立首先也发生在构成紧密聚合关系的子系统内部。如"吉"和"葛"是一个近远对立的子系统（远义由兼指词表示），"讲"和"港"是一个近远对立的子系统，而"吉"和"港"虽然一近一远，却无法构成一个子系统。

5. 研究指示词要特别注重语音关系，语音关系可能是语义对立和聚合关系的关键因素。就崇明话来说，有无 [i] 介音是远近义的语音载体，有 [i] 是近指（"吉"和"讲"），无 [i] 是兼指或远指（"葛"和"港"）。叠韵关系是构成近远对立小系统的关键因素，如"吉~葛""讲~港"。"埃"与其他词没有明显的语音联系，意义用法上也游离在各个小系统之外。

从普通语言学的角度看，崇明方言的指示词系统虽然与很多方言、语言的指示词相比够得上特别，尤其是其繁复的程度，但对照指示词方面初步获得的语言共性或倾向，我们发现崇明方言指示词在一些重要方面仍表现出人类语言的共同倾向。

1. 语音象似性。Haase（2001）指出大量语言显示处所指示词有声音象似性，尤其表现为元音的象似性。大体上是"高/前"表近，"低/后"表远。在崇明话中，带前、高元音 [i] 做介音的"吉、讲"表近指，相应的不带介音的"葛、港"表兼指或远指。完全符合语音象似性的共同倾向。顺便说一下，从元音看，我们熟悉的普通话"这"[ə] 表近，"那"[ʌ] 表远，英语 here [iə] 表近，there[ɛə] 表远，日语近指 kore 之 [o] 和远指 are 之 [a]，全都符合这一点。此外，崇明方言远指词"埃"用重读来表示更远指，也是一种象似性，而且是一种更加直接的象似性（Haase 未提到重读问题）。

2. 处所指示取代普通指示。Haase（2001）指出，单纯的指示词在使用上往往会再带上处所指示词①，如法语：

（73）cetti maison-ci　　　　　　cetti maison-là
　　　这　房子 这儿（这所房子）　这　房子　那儿（那所房子）

本来 cetti 就是近指指示词，但现代法语常在名词后再加处所指示词 (i) ci 和 là，加 là 的组合表远指，前面的近指指示词 cetti 已不起近指作用，指示作用基本上被处所指示词取代。这类现象在很多语言中都存在。崇明方言像很多吴语一样，指示词不能直接修饰数量成分，这时的表达策略之一就是用处所指示词取代单纯指示词，如例（14）。这与上述处理是相通的，而这也是很多吴方言共有的手段，如上海话"㪍面两间房间"（这两间房间）、"埃面四本书"（那四本书）。

上面所举的法语例子，被作者当作处所指示词取代单纯指示词例子，其实其起点首先是一种强化冗余表达，即在已出现指示词的情况下再用其他指示词（特别是处所指示词）来强化指示表达，形成冗余表

---

① 等于我们的"处所指示词"，在西方语言学中因主要做状语而归入"处所副词"。

达。从这个角度看，崇明话复合指示词也是这样一种由强化造成的指示词冗余表达。

3. 不同范畴指示词语义细度的等级序列。跨语言和跨方言考察表明，假如不同范畴的指示词在语义细度方面存在差异，那么总是遵循"处所＞个体＞时间＞程度、方式"的等级序列，即越在左边的分得越细或至少不会比左边的更粗。① 在崇明方言中，虽然处所指示和个体指示词词项繁多，距离种类分得颇细，但时间指示就略为简单，因为 ki 和远指兼更远指的"埃"不能用于时间指示词，就少了更远指这一项。程度和方式更是极其简单，都没有近和远的词项区分，各只用一个指示词，不像普通话有"这么～那么"的近远对立。于是出现这样的等级序列"处所、个体＞时间＞程度、方式"，完全符合语言共性的等级序列。

4. 从指示词到定冠词的语法化。这是语法化中的一条常见路径。本文描写的 ki 的一些不同于其他指示词的用法特点已部分体现了这一路径，有关详情我们还将另文讨论。

由此可见，在发掘有方言特色的现象时，假如借助类型学研究成果、联系人类语言的共性看，往往会发现特色的背后是深层次的人类语言共性。这是我们研究方言语法时值得时时注意的。

参考文献

陈敏燕、孙宜志、陈昌仪　2003　江西境内赣方言指示代词的近指和远指，《中国语文》　第6期。
储泽祥、邓云华　2003　指示代词的类型和分类，《当代语言学》第4期。
丁启阵　2003　现代汉语"这"、"那"的语法分布，《世界汉语教学》第2期。
方　梅　2002　指示词"这"和"那"在北京话中的语法化，《中国语文》第4期。
刘丹青　1999　吴江方言的代词系统及内部差异，《代词》，李如龙、张双庆主编，广州：暨南大学出版社。

---

① 参阅储泽祥、邓云华（2003），此文的原表达式是"性状程度、动作方式＞时间＞人或物＞方所"，其中"＞"号指蕴涵关系，即左边的如分，右边的必分，右边的分则左边的未必分，右边的是优先分得更细的。我们根据优先序列将顺序倒排，因为大于号"＞"在语言学特别是类型学中一般表示优先性而不表示蕴涵性，如要沿用储、邓文的排列，则"＞"号宜改为蕴涵号"⊃"。此外我们简化了某些范畴的名称，如将"人或物"改称"个体"。

刘丹青　2001　语法化中的更新、强化与叠加,《语言研究》第 2 期。
吕叔湘　1990　指示代词的二分法和三分法,《中国语文》第 6 期。
张惠英　1993　《崇明方言词典》(现代汉语方言大词典·分卷),南京：江苏教育出版社。

Haase, M. 2001. Local deixis. In M. Haspelmath, E. König, W. Oesterreicher, & W. Raible (eds.), *Language Typology and Language Universals: An International Handbook*. Berlin: Walter de Gruyter.

（原载《方言》，2005 年第 2 期，与刘海燕合作）

汉语方言领属结构的语法库藏类型*

零、引言

领属关系反映人类社会及人所识解的自然界中广泛存在的一种基本关系，表示主体对客体的一种广义的拥有（possessive）关系。这种关系在语言中实现为两类基本的句法语义关系。

一种是领有关系，主要表现为领有动词所投射出来的一种领有性主谓关系，领有主体和领有客体通常分别占据主语和宾语的位置，如"我有一辆汽车""他们有三个帮手""他有精神病"。此外也可以表现为一种逆领有关系，由领有客体充当主语，通常由"属于"等归属动词义投射而成，如"这幢楼房属于安兴公司""这个孩子到底属于谁呢""功劳归自己，错误归别人"。

另一种是领属关系，表现为以领有客体为核心、领有主体为定语的领属性定语结构。如"我的汽车""他们的帮手""安兴公司的楼房"等。

在语义关系上，领属结构（genitive construction[①]）大体相当于以领有客体为核心名词，以领有主体为定语的，省略了领有动词或归属动词的关系从句结构。两类结构间大都可以相互转化，领属定语对应于顺向领有主谓句中的主语或逆向领有主谓句中的宾语：

---

* 本研究获中国社会科学院重点项目"语言库藏类型学"的资助，修改时参考了与会讨论者的有益意见，一并致谢。存在问题均归笔者。

① 领属结构在英语中也称possessive construction，但该术语也可指"我有书"这类领有性主谓结构，所以有时会加上修饰语说成nominal possessive construction、possessive noun phrase等以示区别。genitive本义是领属格，genitive construction只能指名词性的领属结构，所以本文推荐这个没有歧义的术语。

（1）我有汽车↔我（有）的汽车↔（属于）我的汽车

换言之，领属结构语义上隐含了一个领有动词或归属动词。在某些语言中，领属关系还有时体范畴（参看刘丹青编著 2008a：313），恒久拥有和临时拥有，现时拥有和过去拥有等领属关系都有不同的形态。这更加证明领属关系隐藏着述谓关系，因为时体本质上是谓语的范畴。

不过，也有些领属结构因为语义语用的原因无法还原到领有谓语句，如：

（2）a. 我的体质（*我有体质）｜小明的肤色（*小明有肤色）｜他的体重（*他有体重）

b. 我的大科长（*我有大科长）｜我的小祖宗（*我有小祖宗）

（2a）的核心词都是抽象名词。抽象名词大致可分为范畴（或参项）名词和属性名词，分别表示属性所在的方面和属性的赋值。（2a）的"体质、肤色、体重"之类都属于前者，本身没有属性赋值，不能为领有动词增加述谓性，所以不宜充当领有句宾语（"有个性、有素质"之类实际是偏指有赋值义的"个性强、素质高"，所以可以用于领有句）。"疾病、残疾、美貌、丑陋、美德"之类属于后者，是主体所拥有的属性特征，因此可以成为领有的对象。在领属结构中，范畴名词带领属语在语义上也不完整，但是作为论元，可以接受句中述谓成分的赋值，因此可以存在，如"我的体质比较弱、小明的肤色很白"。（2b）属于主观性表情性的领属结构，并不反映客观的领有关系，因此无法转换为领有谓语句。

以上情况说明，领属结构毕竟是语法库藏中一种独立的结构，并不都能还原为领有谓语句。两者的相互转换关系本质上还是一种语义联系而不是句法上的派生关系。

本文所说的领属结构是指这种由核心名词语带领属定语所构成的成分。不同的方言，会以自身语法库藏中的不同手段来表征这种句法结构。本文将以现有方言材料探讨汉语方言领属结构的语法库藏类型，尤其是具有类型学参项价值的库藏现象。

领属结构在语序类型上有"核心＋领属语"（NG）和"领属语＋核

心"（GN）两种基本类型，大体上分别与前置词-VO 语言和后置词-OV 语言相和谐（Greenberg 1963/1966）。然而，汉语虽然属于 SVO 语言，且大体上被看成前置词语言，但是，无论是普通话，还是方言，都只采用 GN 这种通常为后置词-OV 语言所具有的语序类型，NG 语序被排除在已知的所有汉语方言的语序库藏之外，甚至在拥有后置状态形容词定语的海南屯昌闽语中（钱奠香 2002：82—89），也未发现有后置的领属定语。于是，这一领属语的基本语序问题已经可以预先被排除在汉语跨方言比较的议题之外。

虽然少了这一重要的语序参项，但是汉语方言领属结构还有很多现象是具有类型学的库藏特色的，而且这些特色也常有跨方言的差异，本文便重点讨论这种情况。

一、词的领属和语素的领属——黏着性领属

领属定语由一般名词或人称代词充当。在有格形态的语言中，领属定语常由名词、代词的领格（＝领属格＝属格）充当。在跨语言分布中，代词比名词更容易有形态性的领格，如康斯坦茨（Konstanz）大学语言共性 19 条指出，如果一种语言名词领属语带有后缀，其代词领格也带后缀。共性 20 条指出，如果一种语言名词领属语有外部格，则代词领属语也有此格。这些没有例外的共性都显示代词比名词更容易有领格形态。汉语有领格形态的方言也大多是限于代词。下文还将分析。

领属结构的领属语部分，不管是名词、代词的原型还是领格，一般都具有词的身份。但是，在汉语方言中，也发现个别小于词的领属语，因为在汉语中罕见，值得一提。

南京话第一人称代词是"我"[o^{212}]，这个"我"在做亲属称谓一类名词的领属语时可以不带"的"，如"我爸、我爷爷、我妈、我姐姐"。但是，在老南京话中（刘丹青 1995：305），用于"我父亲、我母亲"这两个语义的背称（引称）时，还有下面这种形式：

（3）[ŋ²⁴]爹（我父亲）｜[ŋ²⁴]妈（我母亲）

这个阳平的 [ŋ²⁴]，是不是"我"的领格形式呢？很难这么定性，因为：（1）"我"作为领属语可以用于这两处，也能用于很多别的称谓前面，而这个 [ŋ²⁴] 只用于这两处，不能与其他名词组合，整个组合已成为词汇化的单位，不是能产的"领格＋名词"结构。（2）只有第一人称做领属语有这种特殊形式，第二、三人称并无此类特殊形式。（3）其读音 [ŋ²⁴] 跟"我 [o²¹²]"声韵调无一相同，完全没有联系。我们宁可相信这个 [ŋ²⁴] 是"吾"的一种化石形式，至少声调上符合"吾"的阳平调。"吾"的单字读音是 [u²⁴]。作为疑母字"吾"的早期形式应接近 [ŋu]，而"我"的早期形式应当是 [ŋo]。语音学上，[ŋ] 后的高元音 [u] 比 [o] 更容易脱落。所以刘丹青（1995：305）将这两个组合写成"吾爹、吾妈"。（4）这种读音的 [ŋ²⁴] 不能离开"-爹 /-妈"的位置独用，不是真正的词。

这个"吾"[ŋ²⁴] 既不是词，也不是领格形式，不能用于其他亲属词语，更不能用于非亲属词语，实际上已经是凝固进核心名词的一个黏着语素，整个"吾爹、吾妈"已经是词汇化的产物。换言之，在南京话的语素库藏中有一个专用于少数词语的表领属的语素。

领属语作为黏着成分附着在核心名词上是类型学上的一种重要现象。能产的黏着领属语素被称为核心标注（head-marking）的领属标记，它可以单独表达领属关系，也可以与独立的领属语同现，形成领属一致关系。例如，在匈牙利语（顾宗英、龚坤余 1989）、鄂伦春语等语言中，领属结构的核心名词都要按领属语的人称和数带上后缀，如鄂伦春语 arakɪ-w（我的酒）、arakɪ-j（你的酒）、arakɪ-n（他的酒）、arakɪ-ʃʊn（你们的酒），等等。这类词形可与独立领属语连用，例如：ʃinɲi utə-j（你＋儿子＋第二人称单数：你儿子）（胡增益 2001：77—79）。鄂伦春语的 arakɪ-w（我的酒）一例，就与南京话的"吾爹"有类同之处，只是南京话黏着的"吾"不具有能产性，而且第二、三人称也没有类似现象，因此远不足以构成核心标注的领属形态。南京方言的这种现象目前在汉语方言中还只是零星孤例，其分布面值得今后关注。

二、领属关系标注：直接组合、定语标记、内部交替、异干法和重叠

领属关系的标注方法是领属结构研究重点关注的课题之一。

2.1 直接邻接：实质的直接组合和表面的直接组合

汉语及其方言领属结构的特点之一是存在不需要标记的直接邻接式（juxtaposition）的领属结构。直接组合在世界语言中占少数。据 Nichols & Bickel（2005）统计，236 种语言的领属结构中，从属语标注 98 种，核心标注 78 种，双重标注 22 种，总共 198 种，而不加标注的为 32 种（另有 6 种属"其他"类）。汉语只有某些特定的领属结构可以不加标注，不属于不加标注类。同为分析性语言的壮侗语的领属语大致是直接与核心组合的，属于不加标注的类型，其领属语后置于名词，与汉语领属结构语序不同。

有直接组合领属结构的方言，直接邻接只适合于部分领属结构。充当核心的主要限于亲属关系名词以及表示社会关系、社会角色和群体、机构的名词，本文暂且统称为"亲属-集体名词"；充当领属语的主要是人称代词。例如北京话"我妈、咱爸、他姐夫、他们舅舅、你师傅、他秘书、我们厂长、我们单位、他们班级、你们公司"。名词单独作为直接领属不如代词常见和自然，一般倾向加"的"，但在进入句子后可能因为省"的"而成为直接组合结构，如"我看见王总（的）秘书了""小张（的）妈还没来"。

直接邻接毕竟是一种低语法化的结构，容易在语法库藏中形成同形歧义结构。汉语里直接邻接的"名+名"至少有三种可能的结构关系：联合（哥哥姐姐）、同位（张明同学、大强哥）、偏正（车间主任）。有些组合就有歧义的可能，如：张明同学（同位/偏正）、张明厂长（同位/联合）、张明助手（偏正/联合），因此受到很大制约。而"代+名"

不容易形成联合、同位关系，因此比较容易直接邻接成领属关系。

此外，看起来像直接组合的领属结构，不一定真是实质上的直接组合，因为这些表面的直接组合有一些特殊的条件，可能在一定意义上改变直接组合的性质。

吴语中直接组合的领属结构限于"名词/代词+亲属-集体类名词"这类组合，其中的领属语代词、名词要取复数-集体形式，从而实际上排斥了单数名代词直接做领属语的可能。

吴语的代词复数形态用于名词时，主要表示所在集体而不是复数，所以用于名词时也限于专有人名或有特指对象的普通名词之后。如上海话：

（4）a. 伊（他）> 伊拉（他们）（"他"泛指不限性别的第三人称单数代词。下同）

  b. 小明 > 小明拉（小明他们，小明一家）

  c. 老师 > 老师拉（某老师他们，某老师一家）

  d. 工人 > 工人拉（工人们）

上海话的三身单复数代词词形为：

（5）a. 我 [ŋu^{13}] > 阿拉 [aʔ$^{5-3}$ la$^{53-44}$]（我们。借自宁波话，"阿"是"我"的异读）

  b. 侬 [noŋ^{13}] > 㑚 [na^{13}]（你们。当为"侬拉"的合音）

  c. 伊 [ɦi^{23}] > 伊拉 [ɦi$^{13-22}$ la$^{53-44}$]（他们）

虽然三身复数代词的词形不太规则，但还是能分离出一个复数-集合后缀"拉"。

当代词直接修饰亲属-集体名词时，上海话只能用复数代词，不管领属语实际所指是单数还是复数。即使是唯一领有者，如指配偶的领有者和父母的独生领有者：

（6）阿拉姆妈～*我姆妈（即使说话人是独子）

（7）伊拉老婆～*伊老婆

（8）㑚师傅（你师傅）～*侬师傅

（9）伊拉上级～*伊上级

指人名词充当这类领属语，则必须使用带复数-集体后缀的"拉"，这个

"拉"不能省略，如：

（10）小张拉姆妈（小张的妈妈）>*小张姆妈（即使小张是独子）
（11）李先生拉太太 >*李先生太太
（12）学生子拉家长［学生（们）的家长］>*学生子家长
（13）工人拉亲眷［工人（们）的亲戚］>*工人亲眷
（14）推销员拉老板［推销员（们）的老板］>*推销员老板

这里有两点值得注意。第一，上文说过，非专有名词很难带复数-集体后缀"拉"，单独的"学生子拉、工人拉、推销员拉"都很难成立，但在构成领属结构时，这个"拉"就可以跟在普通名词之后了。这说明这个"拉"已开始获得某种领属语标记的性质了。第二，领属语和核心名词之间用"拉"时，领属语的单复数是中和的，需要根据语境提供的线索去理解。

不过，上海话作为超级大都市的方言，是吴语中受普通话影响极大的方言。因此，以上的带"拉"的要求，在某些情况下有所放松。当整个结构表示社会关系（而非亲属关系）时，有些代词可以用单数形式，没有"拉"，如"我同事、侬上级、伊帮手"。相应的表达，在吴语特征保持得更稳固的邻近的吴江话（苏州市吴江区）中是不允许的，复数-集体后缀"堆"或"拉"是不能省的。下面是吴江城区话的三身单复数代词及其相关的领属结构：

（15）吾 [ŋ^{31}]/ 吾奴 [ŋ^{31}nəɯ^{212}]（我）：*吾同事 /*吾奴同事
（16）吾堆 [ŋ^{31} tɛ^{44}]（我们）：吾堆同事
（17）俫 [nɔ^{44}]（你）：*俫上级
（18）嗯俫（堆）[ŋ^{31}nɔ^{212}（tɛ^{44}）]（你们）：嗯俫（堆）上级
（19）伊 [ɦi^{13}]/ 伊奴 [ɦi^{13}nəɯ$^{212-55}$]（他）：*伊帮手 /*伊奴帮手
（20）伊拉（堆）[ɦi^{13} lɔ^{44}（tɛ^{44}）]（他们）：伊拉（堆）帮手

由此可见，上海，尤其是吴江等吴语的代词并不能自由地跟核心名词直接组合构成领属结构，不管领属语是单数还是复数，都要用复数形式。而复数形式主要是带后缀形式，这时，这个后缀的复数-集体义已经淡化，尤其是在领属语实际指单数领有者时，这个后缀已完全没有了复数-集体义，因此其使用已经部分起到了领属语标记的作用。可见，这种结构不是实质性的直接组合式领属结构。这一点在名词后更加明显，因为这种复数-集体后缀在非领属的情况下很难在普通名词后出现，但在领属结构中却强制性地出现，显示其已处在形态库藏中，向领属语标记发展的萌芽状态。

以上描述的吴语领属语要用复数形式的规则，也是众多南方非官话方言的规则（但不包括粤语，见单韵鸣 2013）。官话中也有些方言至少在第一、第二人称代词做领属语时也有这种情况，要用复数的"俺、恁"而不能用单数的"我、你"。例如河北冀州方言（见白鸽 2013）。

有些官话方言的领属语复数规则由于正在进行中的复数代词单数化的演化而表现出另一些复杂性，同时复数代词也因此开始带上领格的性质。在很多中原官话中（如陈玉洁 2008 所描述的河南商水方言），第一、第二人称的领属定语分别要用"俺"和"恁"，区别于单数的"我"和"你"。从来源看，"俺"和"恁"当分别是复数代词"我们"和"你们"的合音形式，如商水方言：

（21）今儿个俺同学上俺家来了。

（22）小明，恁老师来了你咋不吭气儿哩？

这里的"俺"和"恁"不能分别换成"我"和"你"。另一方面，陈玉洁指出，这两个复数代词在商水方言的领属语以外的位置上也出现了单数化的倾向，可以在很多语境中指单数个人，而其表复数的功能则开始弱化，"如果'俺/恁'要表示复数，一般要后边带上'俩'、'仨'，三个以上的用'几个'。'俺/恁'单独做主宾语已不太自由"。这一来，使得领属语位置的"俺、恁"开始接近领属语专用形式，即领属格代词，伴随着复数形态属性的弱化和主宾语功能的弱化与受限。

陈玉洁文也初步展示，商水方言的情况，代表了很多中原官话乃至其他北方官话的情况。我们也注意到，苏晓青、万连增（2011：335）所描写的江苏赣榆方言，"'我'只表单数，'俺'既可表单数，也可表复数……亲属、人物、单位名词前多用'俺'，不用'我'"，如：

（23）俺答答_{父亲} 俺妈妈 俺同学 俺领导 俺邻居 俺单位 俺学校 俺对门儿

由此可见，吴语、中原官话等很多方言的直接组合的领属结构，实质上是一种发展中的领属格，由复数后缀或"俺、恁～我、你"的区别来体现。这已经不是领属语和核心名词间纯粹的直接组合。真正的成音段的领属格形态，当归属 2.3 节讨论的内容。

2.2 领属语助词

汉语及其方言的语法库藏中，至今报告的领属语助词都是从属语标记，未见有核心标记，因此本节所谈均为从属语标记。汉语只有 GN 语序，没有 NG 语序，汉语领属语助词都是加在 G 后面的，符合联系项居中原则。已可看作领属格形态的标记，则放在 2.3 节讨论。

领属语助词在汉语中都不是领属语专用标记，而是某个泛用定语助词，其所适用的对象远超领属语范围。如普通话的"的"，是一切内涵性定语的标记，可以用于指示词、数量词语等外延性定语以外的一切定语，包括名词（表领属、属性、处所、时间等）、形容词及其短语、动词及其短语、介词短语、关系从句等。

较有特点的是丹阳吴语的情况。虽然丹阳话库藏中也没有专用领属语标记，但是罕见地拥有两个定语助词——"过"[kə^{24}] 和"格"[kæʔ^3]（均为同音替代字），至少可以区分属性名词定语和领属定语。据蔡国璐（1995：136，295），"'过'用在形容词（多为单音形容词）及物质名词做的定语后"，其所举例子有"红过花、铁过锅、新鲜过空气、木头过家具、蓝蓝过天"。这个"过"也能构成"的"字结构那样的无核名词短语，上述例子核心名词均可省略。"格""用在定语的后面，相当于北京话的'的'，单音形容词和某些物质名词做定语时不用'格'"，其所举的例子包括领属定语"我格衣裳"，此外也有"通红格皮肤、好听格话"等。这些结构也都可以省略核心名词变成"的"字结构那样的无核名词短语。从其所举例子可以看出，领属定语和名词充当的属性定语使用了不同的标记。这种助词库藏特征是否还存在于其他方言，值得关注。

如前所述，像吴语复数-集体后缀那样常用于亲属-集体核心名词的领属语标记,已经处在领属标记的萌芽状态。这样的成分在方言中很多,如常州吴语的"家"、温州吴语的"伱"等。不过它们的进一步演变方向可能不是领属助词,而是领属格形态。

一般来说泛用定语助词可以用于包括领属语在内的各种内涵性定语,但是,带有领格性质的领属语,如 2.3 节所说的那些,一般不再使用"的"那样的泛用定语标记,或即使可用,实际上也不用。如上海话一般说"阿拉爷"(我父亲),而"阿拉个爷"虽然语法尚可接受,但极少出现在实际语言中,参看钱乃荣(1997:103)。"单数代词+助词+亲属-集体名词"(如上海话"我个爷")在吴语这类方言中几乎是不能接受的,除非有非常特殊的对比性语境。

2.3 领属格形态

部分汉语方言代词的领属标记手段已典型程度不等地进入领属格形态库藏,多源自单数代词与有领属标记作用的某个后缀-虚词的合音,合音后成为代词的词形变化。以客家话为典型例子,如严修鸿(1998)所引的众多客家方言三身代词的"领格"形式(此处只引梅县话,原见于袁家骅等著《汉语方言概要》):

(24) I 身:$_˰$ŋai(主格)~$_˰$ŋa(领格)(按:所谓主格也能做宾语等,应叫代词原型)
  II 身:$_˰$ni(主格)~$_˰$nia/$_˰$nie(领格)
  III 身:$_˰$ki(主格)~$_˰$kia/$_˰$kie(领格)

我们说客家方言的领格较为典型,有三条理由。首先,其韵母声调的交替规则很一致,都是将韵基(韵母减去介音)变成 a 或 e,声调由阳平变成阴平,符合内部交替式形态的特征。其次,领格的适用面广,远不限于亲属-集体名词,如"$_˰$ŋa 老弟(我弟弟:亲属)、$_˰$ŋa 下身(我的下身:身体部位)、$_˰$nia 书(你的书:物品)",语义上符合领格的特征。最后,虽然通过跨方言比较,我们可以推测这些韵母交替就像中原地区的变韵一样,来自某种合音形式,但是也像那些变韵一样,在当代人语感中已经无法回溯到合音前状态，只能被当地人当作一种韵母变化的形态来习得和感知。一个很好的证明就是，对于客家话领格的来历，同样认为是合音的两位母语为客家话的方言专家严修鸿（1998）和项梦冰（2001，2002）有很不相同的看法，严文认为是代词和后缀"家"的合音，而项文认为是代词和定语结构助词"个"的合音。这正好说明语感本身已经不能确定其来源，他们两位的看法都是专业研究的结论。

形式上像客家话那样的代词领格，在其他南方方言中还比较多，但是其典型性要差得多。因为，它们往往与复数形式相同，只用于亲属-集体名词，是复数形态的一种扩展用法。如绍兴吴语：

（25）我 ᶜŋo～ᶜŋa（"慢声"：ᶜŋa ᶜla）（我们）
　　　诺 noʔ²～ᶜna（"慢声"：ᶜna ᶜla）（你们）
　　　伊 ᶜɦi～ᶜɦia（"慢声"：ᶜɦi ᶜla）（他们）

可以看出，绍兴话复数形式是将韵基变为[a]，这种[a]当来自与上海、宁波等地复数后缀同源的"拉"。一些老派语感中保留着出现"拉"的慢声，即慢读时还可以恢复，但恢复时第一第二人称的代词词根已经用变成[a]的形式了，只有第三人称仍保留单数的"伊"的形式。当绍兴话需要用代词充当亲属-集体名词的领属语时就用这套复数代词而不用单数代词原形，如"ᶜŋa 阿哥"，不说"我阿哥"。这时，复数的韵母交替就成为领属语的韵母交替了，尚未融合时的复数后缀"拉"则成为领属后缀。但是这些形式尚未到专用于领属语的程度，本质上还是复数代词的扩展用法。

闽南话与绍兴话相似，代词复数由单数式变为鼻韵母形式，鼻韵母是"侬"（人）字音并入前字的结果，有些方言还保留着"侬"自成音节的形式，比较（另参看陈伟蓉 2013）：

（26）〈泉州〉单数：我 [gua³]、汝 [lɯ³]、伊 [i¹]
　　　　　　　复数：阮 [gun³]、恁 [lin³]、個 [in¹]（引自李如龙 1999，调号表调类。）

（27）〈海口〉复数：我侬 [ba³ naŋ²]、汝侬 [lu³ naŋ²]、伊侬 [i¹ naŋ²]

与此同时，闽南话"人称代词的单数式'我、汝、伊'不能直接修饰亲属称谓及所属集体、单位，如说'我老母、伊小弟、汝学堂'等。只有人称代词复数式可以直接附加在某些名词之前表示从属关系……如果所修饰的名词是亲属称谓，修饰语只用来表示单数"，如"阮大兄（我哥哥）、恁老母（你母亲）、伬母亲（他母亲）"（李如龙 1999）。因此，闽南话以韵母交替形式表达的代词复数也就兼有了领格的功能。

吴语代词复数-集体后缀"拉"之类除了用作代词后缀外，还能用在名词后做亲属-集体名词的领属语，如前举上海、吴江的例子。这时它也带上一点名词领属语后缀的性质了。在苏州话中，用的是第二第三人称代词复数"哚"[toʔ]，如"老王哚家主婆"（老王的老婆），无锡话则用三身代词复数后缀"里"[li]，如"老王里女人"（老王的老婆）。

值得注意的是，某些江淮官话的代词复数和领格形式出现了区别，使领格独立成为语法库藏中的形态手段，虽然领格仍然限于亲属-集体类核心名词。常州新北区小河镇分布于长江南岸的荫沙方言是与扬中、泰兴话接近的泰如片江淮方言岛。该方言复数形式是在代词后加后缀"叫"[.tɕiɔ]（同音字），弱读时为[.iɔ]（田野调查）：

（28）我叫 [ŋəɯ²¹³.tɕiɔ/ŋəɯ²¹³.iɔ]

你叫 [nei²¹³.tɕiɔ/nei²¹³.iɔ]

他叫 [ta³¹.tɕiɔ/ta³¹.iɔ]

而该方言亲属-集体名词前的领格则表现为单数代词韵基变为 [a]，如（29）。这个 [a] 来自"家"[tɕia³¹] 的韵基的并入，这类 [-a] 韵形式也可以单独表示"我家、你家"的非领格义，如（30）。"他"因为本身是 [a] 韵而不变，单独表示家庭、家里时则说"他家"。如：

（29）ŋa²¹³ 妈妈（我妈）、ŋa²¹³ 领导（我领导）、n̠ia²¹³ 舅舅（你舅舅）、他姐夫

（30）ŋa²¹³ 今朝客人多。'我家今天客人多。'

n̠ia²¹³ 比他家有钱 '你家比他家有钱。'

荫沙方言的 [ŋa²¹³]、[n̠ia²¹³] 虽然分布有限，但是不能不视为专用的以韵母交替为形态的领格，只是限于第一第二人称。我们发现汪如东（2006：365—366）所录的同属泰如片方言的海安话也以这种不同于复数形式的 [a/ia] 韵形态表领格，也限于第一第二人称。但汪书却误将领格形式视为

"我、你"的古音残留，说这些古音形式只用在定语位置，不妥。如：

（31）a. 单数：我 [ŋ²¹³]（北）/[ŋo²¹³]（南） 你 [li²¹³]   他 [tʰa²¹]
　　　b. 复数：我伲 [ŋ²¹³ le³]/[ŋo²¹³ le³] 你伲 [li²¹³ le³] 他伲 [tʰa²¹ le³]
　　　c. 领格：[ŋa²¹³/ua²¹³/ua³³]（我的） [lia²¹³]（你的）

同为江淮官话的涟水方言在这一点上与荫沙话、海安话正好相反。涟水方言做领属语的"我、你"与单数形式无别，反而是"他"做领属语要变韵。从胡士云（2011：230）所举实例看，单数"他"念 [tʰa³¹]，领格念 [tʰəʔ³⁴]，如"他爷"[tʰəʔ³⁴ i³⁵]（他爸爸）。

汉语方言库藏中的领格手段除了后缀和韵母交替之外，还有其他一些形态类型。

在部分陕北晋语中，领格可以用一种特殊的异干法来构成，即领属格和非领属格各有不同的词根词干形式。从邢向东（2006：30—31）看，陕北晋语多数方言的领属式都有长短两式，长式通常是代词加"每、弭"这些复数词缀"们"的变体，或加"家、则"等词缀，短式往往是"X家"一类的合音形式或单数代词原形，这些构造类型也见于其他方言。有趣的是，有些陕北方言第 I 身短式领格以长式中的复数后缀"每、弭"为整个代词，即把词缀用成了独立的领格代词，似乎是一种与语法化逆向的现象，而且与单数形式失去了词形联系，成了一种特殊的异干法——来自词缀的异干。如佳县"弭"[mi¹]（复数和长式领格是"我弭""咱弭"），吴堡"每"（复数和长式领格是"我每""咱每"），用例如：

（32）弭/每爹（我爹）、弭/每妈（我妈）、弭/每哥（我哥）、弭/每婆姨（我老婆）

"弭/每婆姨"一例显示这种来自复数后缀的第一人称领格可以用在单数领属语上。

根据范晓林（2012），大同、山阴、应县、左云、右玉等晋北方言中，人称代词"我""你""他（她）"用在亲属名词前表领属时，都可以重叠为"我我"[vo⁵⁴ vəʔ³²]、"你你"[ni⁵⁴ niəʔ³²]、"他他"[tʰa³¹ tʰəʔ³²]，其中后字变读为入声韵，本文定性为一种变形（变韵变调）重叠。如"我我老妈、你你大爷、他他爸爸、我我女儿"等。据范文介绍，晋北方言中，当领属对象是一般名词时，"我、你、他"都读舒声，即上引前字形式，后面一般要加结构助词"的"[tiəʔ³²]；当领属对象是亲属名词时，"我、你、他"一般都变读为入声，即上引后字形式，后面不加"的"。而其变形重叠则成为库藏中另一种专用领格形式，合取了上述舒入两种读音，重叠成为领格的主要形态手段，"的"字不再能显性出现。

总结本节，汉语方言中存在着典型程度不等的领格形态。最常见的领格是由后缀或来自后缀并入的韵母交替所构成的形态，其次是特殊的异干法（来自复数后缀）和变形重叠。较为典型的是专用于领格的形式，而且能广泛用于各种领属关系。典型领格在汉语方言中相对少见。很多方言的领格实际上是复数形态，这种领格通常只用于亲属-集体类名词的领属语，但是领属语的实际所指不必是复数，常常是单数。也有些领格形态虽然只用于修饰亲属-集体名词，但是不同于复数形态，也成为库藏中独立的领格形态。

2.4 由指代词语兼任的领属标记

汉语的领属关系还可以由指示词和人称代词来兼做标记，这是较有汉语特色的手段。对于不适合用直接组合或领属格形态的非亲属-集体名词，这类标记很重要、很常用。南北方言在这方面有明显类型差异。对此，刘丹青（1986，2000，2002，2005，2008b）已有不少论述。这里从方言描写的角度择要简述。由于兼用的标记不一定是从属语标记，而可能是加在核心名词上的核心标记，因此本节称之为"领属标记"而不是"领属语标记"。

当领属语和核心词之间有指量短语时，泛用定语标记"的"一类充当的领属标记照例可以隐去，这是南北方言共有的特征。这时，看起来像是靠语序的直接组合，实际上指量短语扩展其功能兼做了领属语标记。若将其省略，则泛用定语标记必须出现。如"张先生这个工具箱"，可以说"张先生的工具箱"，但不能说"张先生工具箱"。

如果要让指量短语进一步缩简，那么，北方话作为指示词显赫的方言，只能省去量词保留指示词，不能省去指示词保留量词，而吴语、粤语、闽语潮汕话、部分湘语、徽语等量词显赫方言则只能反其道而行之，省指示词留量词。如：

（33）〈北京〉张先生这工具箱。~*张先生个工具箱。

（34）〈广州〉张先生只工具箱。~*张先生呢工具箱。（呢：这）

（35）〈苏州〉张先生只工具箱。~*张先生埃工具箱。（埃：这）

由于量词显赫型方言中名词前的量词扩展出有定标记的类冠词作用，因此当它们兼做领属语标记时，仍可归入广义的指代词兼用标记的范畴。

普通话及北方官话中另一种主要适合于亲属–集体类核心名词的领属表达法是在领属名词和核心名词之间用第三人称代词"他"复指，如"小王他妈""李长树他大哥""小薇她男朋友"。虽然从语义上看这个"他／她"是复指前面的领属名词的，但是句法上不能省去，不能说"小王妈"和作为领属结构的"李长树大哥"等，因此这个"他／她"以显赫手段的扩展功能兼了领属语标记。在某些方言中，这个"他"已经朝专用领属语标记更进了一步。例如，据白鸽（2013）介绍，冀州方言领属结构中的"他"不但出现在单数领属语后，还可以出现在并列结构等复数义的领属语中，如"小刚跟小强他妈"，这个单数代词"他"已不能复指前面的复数义并列名词短语，其主要作用就是帮助表示领属关系了。白鸽（2013）还指出了这个"他"作为专用领属语标记的其他句法表现，此不赘。

从位置上看，这种"他"的位置和领属语结构中的指示词的位置相同，都在领属语和核心词的居中位置，符合联系项居中原则。也正是这种位置赋予了它们兼用领属语标记的功能。但是，细细分析起来，两类兼用标记还有诸多不同之处，因而在南北方的境遇也不相同。

指示词作为限定词，其限定的对象是后面的核心名词。而领属结构中的代词"他"本是复指词，其回指的方向是前面的领属语。

指示词兼表领属适用于任何领属关系，而且因为礼貌度较低而较少用于亲属词，比较：小明他哥~小明这个哥哥。"他"兼表领属则限于亲属–集体类核心名词，用于集体类核心词时要换用复数的"他们"，如

"小王他们公司/班级/车间"。

指示词语义上指向后面，因此可以根据后面核心名词的距离实情选用近指还是远指指示词，如"小明这支笔"（近处）和"小明那支笔"（远处）。而复指代词是指向前面的，只能用第三人称代词，因为前面领属语是属于第三人称的名词。假如领属语是第一第二人称，则领属语已经是代词，就不能再用代词复指。

北方话代词"他"本身是可以单独做领属语的，因此在语义明确的情况下，可以舍弃前面的名词。如"小明他妈 > 他妈"。而在南方方言中，亲属-集体类名词前的领属语通常只能用复数形式，复数代词不宜复指单数的先行词（上海：*小王伊拉老婆），单数代词又无法单独做领属语，这一两难的情况导致南方方言多无法采用第三人称代词兼做领属标记。北方使用复数形式指单数领属语的方言，如白鸽（2013）所介绍的冀州方言，复数形式限于第一、二身的"俺、恁"，第三身仍用单数的"他"，因此不妨碍其用"他"兼做或专做领属语标记。这里体现了多个语法库藏要素间的跨方言蕴含性共性关系，可以表述为（36）或（37）：

（36）领属语直接修饰核心名词时须用复数形式 ⊃ 不能用人称代词兼做领属标记

（37）第三身代词兼做领属标记 ⊃ 至少第三身单数代词可以直接做领属语

尽管兼做领属语标记的指示词和代词"他"原来的语义指向不同，分别为向后指示核心词和向前回指领属语，但进一步语法化后，它们都可能成为加在核心词上的核心标记。指示词型的"小王这书"，"这"本来就加在核心词上。而代词型的"小王他妈"，虽然"他"语义上回指"小王"，但句法上仍是修饰后面的核心词"妈"的，因为"他妈"本身就能构成一个领属结构。而在"他"已经进一步成为专用领属标记的冀州话中，当核心名词是并列结构时，"他"必须加到每个并列名词上，这更显示其为核心标注的手段了，如"张三他爸爸、他哥哥跟他妹子"（详白鸽 2013）。

三、领属语的完形、缺省与羡余

领属语对不同的名词次类有不同的语义作用。据此，可将名词分成三类。

1）实体名词，是根据其属性分出的实体类别的名称或作为独立个体存在的专有名称，如"鱼、松树、推销员、干部、念头、力量、张明、济南"等。

2）部位名词，是表示某种事物的一部分、通常不是被人独立认知的对象，而是作为事物的部分被人联系其所属整体一起认知的对象，如"面孔、长相、表面、内部、鼻子、腿、尾巴、枝条、叶子、顶部、内胆"等。

3）关系名词，表示与另一对象（彼端）之关系，而不表示归入一定类别的独立实体的名词。其本身不能作为给对象分类的依据或直接指称的对象，因为同一此端会因为彼端的改变而成为不同的关系名词的所指，如一个妇女可能同时是A的"母亲"，B的"女儿"，C的"妻子"，D的"嫂子"，E的"舅妈"，F的"上级"，G的"下属"，H的"师傅"，I的"朋友"，J的"同学"，K的"老乡"，等等。一个妇女可以脱离任何他人单独作为一个"女人、女生、律师、保洁员"等而出现，但是不能脱离特定对象而作为"母亲、嫂子、同学"等出现（参看刘丹青1983）。

对于语义自足的类别实体名词来说，领属定语是添加的信息（additional information）。如"树"本身语义自足，可以进入句子充当论元（有时需要带指称标记），如"我喜欢树""他在种树""这棵树很挺拔"。如果加上领属语说"老张的树""公司的树""植物园的树"，则是进一步提供其归属性质。假如实体名词是专有名词，则通常不需要指称标记，直接独立充当论元等句法成分。

部位名词本身是一种实体，如"鼻子、叶子"等，但是在人类的认知系统中，它们的独立性较弱，通常依附于其所在整体而被关注及谈论。如人们不会独立关心鼻子，而只会在关注鼻子所在的人或动物的时候才谈及其"鼻子",如谈论"张三的鼻子发炎了""欧洲人的鼻子很高""大象的鼻子很长"等。因此,部位名词通常在其所在整体作为领属语一起出现时才进入句法结构和交际环境,除非语义上的领属语作为话题等其他句法成分出现,隐含在上下文等语境因素中。如"他的面孔很英俊""暖水壶内胆坏了""那棵树,叶子大"。如果脱离其整体说"那面孔很英俊""内胆坏了""叶子很大",都很奇怪。

关系名词完全不是实体,不能作为对象分类的依据。对关系名词来说,对领属语的需求比部分名词更强烈,使领属语成为句法上几乎强制的成分,只有在可以被推导出的句法位置上〔如在宾语位置受主语约束:我见到了(我的)哥哥〕或语境条件下才可以省略(参看刘丹青1983)。

很多文献将部位名词和关系名词统称为"关系名词"(如 Fillmore 1968:§5),从本身的不自足和对领属语的需求上说,这种归并也有一定道理。

对于普通实体名词来说,领属语是添加成分。

对于专有名词来说,领属语是羡余成分(如:我亲爱的小明丨她的老张),主要用来表达主观感情等语用意义,包括陈振宇(2013)所说的主观立场。当然,普通实体名词的领属语有时也不提供客观关系的信息,而用来表达主观语用意义,如(2b)中的例子。

对于部位名词和关系名词来说,领属语基本上是完形成分,只有加了领属语,所在名词语才能自足。至于部位名词和关系名词不带领属语的情况,通常是因为句子中或语境中存在着可以推导出该领属语的成分或条件,这时的领属语实际上是一个缺省成分,句法上是隐性的,但是可以补出。如"小蝌蚪在找妈妈","妈妈"的缺省领属语就是与主语"小蝌蚪"同指的,也可以显性表现为代词领属语,如"小蝌蚪在找它们的妈妈"。

本节的框架可以引导我们在领属结构研究中关注以下问题:

1)在哪些句法和语用条件下,部位名词和关系名词的领属语可以表现为缺省形式?(普通话的情况参考刘丹青1983)

2）在方言中是否存在完形领属语强制性出现的情况？如老派南京话将某些亲属称谓的第一人称领属语凝固为词内的语素，具有一定的强制性，如"吾爹、吾妈"。

3）对专有名词来说，领属语属于羡余形式。在哪些情况下，这种羡余成分会显性出现？

基于语言的经济原则，语言中不会出现完全多余的成分，貌似羡余的成分也总能完成特定的交际功能。例如，在前引常州荫沙泰如片方言岛中，至少在同村人之间（不管同姓异姓），用人名引称自己的亲属时，会带上第一人称领格代词 [ŋa^{213}]，引称对方的亲属时也倾向带上第二人称领格代词 [nia^{213}]。假如对方就是自己的晚辈或平辈亲属，或没有亲属关系的亲密邻居等，也常带上 [ŋa^{213}]，如：

（38）ŋa^{213} 玲玲今天没得空来，要上班。'玲玲今天没空来，要上班。'

（39）nia^{213} 小刚格在家里？'你家小刚在不在家里？'

（40）ŋa^{213} 丽珍家来啦？'咱丽珍回家啦？'（丽珍为听话人，是说话人的亲属或邻居）

在同村人都彼此了解亲属关系和没有同名者的条件下，这个领属语不增加任何客观信息，但是能显著增强这个名词的感情色彩或人际功能，强化"说—听—被提及者"三方间的感情。尤其是带领属语的人名就是听者时，如例（40），领属语纯粹只有体现亲密关系的人际功能。

换言之，羡余的领属语通常不是语法库藏中的表义手段，而是表情手段。

四、领属结构的其他语义范畴问题及其表征问题

4.1 单数和复数在领属结构中的对立与中和

采用"的"类泛用定语标记的领属结构，可以通过领属代词的数形式体现领属语的单复数对立，但是核心名词除了少数带"们"的情况，

一般不明示数的对立。如"他的房子"和"他们的房子",领属语有单复数之别,核心名词则单复数不详。"他的弟弟们"肯定是复数核心,但是"他的弟弟"单复数不详。南方方言更少使用名词复数形式,核心单复数中和的情况更加明显。如上海话"伊个帮手"(他的帮手),核心的单复数不详,即使是复数义,也不能说"伊个帮手拉"。

吴语、粤语等量词发达型方言更常使用量词作为非亲属-集体名词类领属结构的联系项。这种表达的优势就是,不但代词领属语可以有单复数的对立,核心名词也可以通过个体量词和复数量词(吴语"点、滴",粤语"啲")的对立来表现单复数对立。如:

(41)〈苏州〉我只猫(单+单)、伲只猫(复+单)、我点猫(单+复)、伲点猫(复+复)

(42)〈广州〉佢只猫(单+单)、佢哋只猫(复+单)、佢啲猫(单+复)、佢哋啲猫(复+复)

官话方言如果用指量短语做联系项,也能有此分别,如"我这只猫、他们那些猫"。但这种指量式表达不如吴、粤语的量词式简洁,因而也不如吴、粤语的量词式那么常用。

对于亲属-集体名词来说,很多南方方言不用"的"类泛用定语标记,须以复数形式为领属语。而存在"我—俺"对立的官话方言也排斥单数代词加"的"的领属语,而要用本义为复数的不带"的"的"俺"类领属语。这两种情况,都出现了单数复数在领属语位置上中和的现象。如前文分析过的上海话的"阿拉爷"(我父亲)、"伊拉老婆"(他老婆),河南商水话的"俺妈"等。进一步发展,南方的复数代词形态逐渐带上领格形态的性质,而官话的"俺"类代词则出现陈玉洁(2008)所说的复数代词单数化的现象。

4.2 可让渡等级与汉语领属语分类

张敏(1998:230)指出,John Haiman 等不少学者提出了"不可让渡"的等级序列,表现为"身体部位 > 亲属称谓 > 一般物件"。而对照汉语领属语的表现,却是"身体部位词和一般物品词是一类,亲属词是一类",亲属词的领属结构最紧密,身体部位和一般物品都要用"的"一类泛用标记标注。对此,Haiman 将汉语这类语言中的情况调整为"亲属关系或身体部位 > 一般物件"。但这一序列仍无法解释亲属词领属结构比身体部位词领属结构更加紧密的现象。正如张敏(1998:360)注意到的,汉语的情况也并非完全特殊,美洲印第安语言中就有一类语言在领属结构表现上是表人际(亲属)关系的名词和其他名词对立。可能目前还难以建立完全通行的不可让渡等级序列,但这种序列在语言学中的价值是不容忽视的,只是不同语言可能在何为最不可让渡的问题上存在一定的差异。在汉语语法库藏中,亲属关系被视为最不可让渡的,这可能反映了亲属关系在宗法性强的汉文化中的特殊重要性。

五、余论:领属结构其他可以关注的参项

除了上文所述外,领属结构还有一些分类角度是值得作为调查研究的参项的。

领属结构的扩展用法。领属结构的典型结构是"名词/代词领属语+核心名词"(语序不限)。但是领属结构可能是一种语言里的显赫范畴,于是就会产生扩展用法。例如,用领属结构来包装表达事件的结构,将领属定语标记插在主谓结构之间使事件表达名词化,如"他的到来"、his coming here 等。是否存在这类扩展用法,扩展用法与原型用法的异同等问题,也可以纳入进一步考察的范围。

领属定语有时与其他定语共享句法结构和相关标记,例如汉语领属定语常常与关系从句共用标记(他的书~他买的书);有时又与其他定名结构有所不同,如汉语领属结构有直接组合的类型[他(的)干爹],而关系从句很难直接组合[他认*(的)干爹]。这些结构间的异同也值得关注。

领属结构在某些语言里会与其他结构产生同构歧义现象,如"你这

个秘书"可以表达"你的这个秘书"和"你作为一个秘书"两重含义。苏州话"佐只狗"也是这种歧义结构。领属结构的歧义条件和歧义分化条件也是值得研究的课题。

参考文献

白　鸽　2013　冀州方言的领属范畴,《语言研究集刊》(第十辑), 上海：上海辞书出版社。
蔡国璐　1995　《丹阳方言词典》, 南京：江苏教育出版社。
陈伟蓉　2013　惠安闽南方言的领属结构,《语言研究集刊》(第十辑), 上海：上海辞书出版社。
陈玉洁　2008　人称代词复数形式单数化的类型意义,《语言教学与研究》第 5 期。
陈振宇　2013　成都方言的领属结构,《语言研究集刊》(第十辑), 上海：上海辞书出版社。
范晓林　2012　晋北方言领属代词的重叠,《中国语文》第 1 期。
顾宗英、龚坤余　1989　《匈牙利语语法》, 北京：外语教学与研究出版社。
胡士云　2011　《涟水方言研究》, 北京：中华书局。
胡增益　2001　《鄂伦春语研究》, 北京：民族出版社。
李如龙　1999　闽南方言的代词,《代词》, 李如龙、张双庆主编, 广州：暨南大学出版社。
刘丹青　1983　亲属关系名词的综合研究,《语文研究》第 4 期。
刘丹青　1986　苏州方言定中关系的表示方式,《苏州大学学报》(哲学社会科学版) 第 2 期。
刘丹青　1995　《南京方言词典》, 南京：江苏教育出版社。
刘丹青　2000　粤语句法的类型学特点, 香港《亚太语言教育学报》第 2 期。
刘丹青　2002　汉语类指成分的语义属性与句法属性,《中国语文》第 5 期。
刘丹青　2005　汉语关系从句标记类型初探,《中国语文》第 1 期。
刘丹青(编著)　2008a　《语法调查研究手册》, 上海：上海教育出版社。
刘丹青　2008b　汉语名词性短语的句法类型特征,《中国语文》第 1 期。
钱奠香　2002　《海南屯昌闽语语法研究》, 昆明：云南大学出版社。
钱乃荣　1997　《上海话语法》, 上海：上海人民出版社。
单韵鸣　2013　广州话的领属结构,《语言研究集刊》(第十辑), 上海：上海辞书出版社。
苏晓青、万连增　2011　《赣榆方言研究》, 北京：中华书局。
汪如东　2006　《海安方言研究》, 北京：新华出版社。
项梦冰　2001　客家话人称代词单数领格的语源,《语言学论丛》(第二十四辑), 北京：商务印书馆。

项梦冰　2002　《客家话人称代词单数"领格"的语源》读后,《语文研究》第1期。
邢向东　2006　《陕北晋语语法比较研究》,北京:商务印书馆。
严修鸿　1998　客家话人称代词单数"领格"的语源,《语文研究》第1期。
张　敏　1998　《认知语言学和汉语名词短语》,北京:中国社会科学出版社。
Fillmore, C. 1968. The case for case. In E. Bach, & R. T. Harms (eds.), *Universals in Linguistic Theory*. New York: Holt, Rinehart and Winston, Inc.
Greenberg, J. H. 1963/1966. Some universals of grammar with particular reference to the order of meaningful elements. In J. H. Greenberg (ed.), *Universals of Language*. Cambridge: M. I. T Press.
Nichols, J., & Bickel, B. 2005. Feature 24A: Locus of marking in possessive noun phrases. In M. Haspelmath, M. S. Dryer, D. Gil, & B. Comrie (eds), *The World Atlas of Language Structures*. Oxford: Oxford University Press.

(原载《语言研究集刊》第十辑,上海辞书出版社,2013年)

汉语方言语法调查研究的三种模式[*]

零、引言

目前的汉语方言语法调查方法大致基于传统语法和结构主义描写语法（下文说的"传统的语法研究"或更简化的"传统语法"都作包括这两者的广义理解，而不仅指结构主义之前的"传统语法"），并且主要着眼于跟普通话的比较。在此基础上所做的方言语法调查研究在几十年里尤其是最近二十年里取得了大量有价值的描写性成果，但在方言语法学的进一步深化方面也遇到了一些挑战。目前方言语法的调查研究受到两个方面的制约。一是语法学框架及由此决定的调查项目相对陈旧，过分受制于普通话语法学尤其是教学语法体系，缺乏人类语言的类型多样性和深层共性的广阔视野。二是调查研究方法相对滞后，没有充分吸收现代语言学在语法调查研究方法方面的新进展。关于前一点，拙文（2003a）已做过初步探讨。本文着重探讨后一个问题，权做 2003a 文的姊妹篇。前文谈的是框架的现代化，此文谈的可算是方法的现代化。

以语法研究为中心的世界当代语言学，大致可分为形式、功能和类型三大流派，它们对语言本质的理解非常不同乃至存在对立，研究方法也大异其趣。如果暂时放下三大学派语言哲学观的差异，而只关注

---

[*] 本文写作获中国社会科学院重点项目"汉语方言语法比较与方言语法语料库"资助。论文的部分内容曾先后在中国台北的"中研院"语言学研究所筹备处、香港城市大学人文学院、纪念赵元任诞辰 110 周年学术研讨会暨江苏语言学会第十五届学术年会（常州）、首都师范大学文学院（北京）和河北师范大学文学院（石家庄）报告过。

它们的研究方法,我们会发现三个学派都以各自的方法和研究实践推进了语法研究的科学化、现代化,在不同的方面提升了语法研究的水准。本文所说的三种模式,就是指可以分别借鉴吸收这三派研究方法并应用于汉语方言语法调查研究的三种模式。不是说汉语方言语法研究已经形成了这三种模式,也不是说现有的汉语方言语法研究完全不存在采用这些方法的实践。实际情况是,现有的研究实践已在某些方面有意无意、不同程度地采用了其中的某种模式,也因此获得了较有价值的成果。只是这些实践还没有在方法论的高度上为学界普遍重视,更没有成为大家的有意识追求。本文就想通过对研究实例的方法论探讨来说明,假如我们能在实践中增强方式意识,有意识地根据研究对象和目的选择某种模式,而且撇开学派之争,让几种模式在汉语方言语法研究中优势互补,那么我们就能进一步提升汉语方言语法学的科学水准,让汉语方言语法研究成果更好地服务于整个中国语言学和人类语言普遍性理论的发展。

形式语言学、功能语言学和语言类型学从不同的语言观出发,发展出了不同的观察、分析、研究语言的方法。拙著(2003b:21)尝试将它们不同的研究方法用三个近似的英语单词来表达。形式语法讲究test(测试),即诉诸母语者(特别是作为母语者的研究者自己)的语感来测试语法上可说不可说的界限,以此建立语法规则;功能语法注重text(语篇),强调从真实话语的篇章功能分析中发现语法规则的由来;类型学擅长attest(验证),即对选定的参项(要素、结构或范畴)在跨语言分布中验证其存在与否及表现方式,由此总结语言的共性和个性(类型差异)。上引拙著已对三种方式的长处和局限做了比较,读者可以参阅。本文将着重分析一下三种方式比起传统的语法研究来各自有所进步之处,然后讨论这三种模式在汉语方言语法调查和研究中的作用和前景。

一、当代语法研究的三种模式与传统语法的比较

1.1　形式语法的测试法（test）

在生成语法等形式学派看来，语言能力是内在的，语法规则是有限的，而语法规则的外在产品——句子，则是无限的。任何单一语言所能造出的句子就已是无穷之数，更遑论人类语言的总和。于是，形式学派不像其他学派那样关注实际语料，因为再多的语料也只是潜在造句产品的沧海一粟，而更多的为人类语言能力所排斥的现象则根本不会出现在语料中。形式学派关注的是句子背后的规则。假如能总结出真正反映语言能力的准确规则，那再多的语料也都能得到解释。规则的价值在于探求语法合格性的极限或"底线"，据此划出合格句和不合格句的界限。理论上说，这种界限存在于该语言的每个说话人语感中，说话人说出合格句，排斥不合格句的内在能力就是语法规则之真正所在。因此，形式语法最看重的"语料"就是母语人内心对各种句子形式的正误反应和判断。语言学家的常做之事，就是设置合适的能反映语法规则的句子形式去对母语人（可以是作者自己）的语感进行测试，看什么能说，什么不能说。

比较形式语法与传统的语法研究，可以看到几大区别。（1）传统语法研究注重实际出现的语料，形式语法注重存在于语言心理中的潜在语法能力。（2）传统语法喜欢完整充实的语句，例句多保留实际语言（特别是书面语）中各种修饰限定成分，形式语法的例句只包含对说明当前讨论的规则有用的成分，删除一切无关成分，是一种可控制的"实验室句子"。假如采用"拖泥带水"的实际语句，虽然读起来更有真实气息，但难以分辨哪些是相关因素，哪些是无关因素，不利于揭示真正起作用的规则。（3）传统语法偏重于展示哪些形式能说，而形式语法特别关注哪些形式不能说。这也是形式语法不采用复杂句子的原因。试想举出的

不合格句若包含很多成分，那就很难确切判断导致不合格的因素。至于为什么要特别关注不合格句，可以拿法律来打比方。语法之所以也被称为"法"，就是因为它是每个人从小习得的必须遵守的母语说话规则，像法律一样是每个人在社会中必须遵守的行为规则。一部法律不能只告诉人们什么该做能做，更重要的是要告诉人们什么不该做不能做，因为只有知道了什么不能做，才算是真正知道了什么可以做。同样，要揭示语法规律，也不能只是描写什么可以说，还必须揭示什么不能说，通过能说和不能说的对比最能划出语法合格性的确切范围。在技术层面，不合格形式是通过星号句来表示的。形式语法的论著总是包含相当多的星号句，以及表示合格性低的问号句、双问号句。而这种星号句和问号句只有诉诸内省测试才能获得，在实际语料中是难以找到的。这也解释了形式语法为什么倚重内省语感测试。

1.2 功能语法的语篇法（text）

功能学派相信语言是服务于人类交际、思维、认知等功能的一种工具，功能语法学派中的一些主流学者如 T. Givón、S. Thompson 等（但不包括广义功能学派中的认知语法学派，他们在研究方式上多像生成学派那样采用内省测试。这一派的理论领军人物也有出自早期生成学派阵营的，如 G. Lakoff），他们则特别强调对活的实际语料进行定量分析，可以说"以语篇为基础，以统计为主导"。在这些学者看来，语法不过是语用现象因经常使用而固定下来的规则（"今天的句法是昨天的语用法"），从一种结构的成立到一个具体词语的用法特点，都要在语言使用中体现，甚至合语法性也是相对而非绝对的，跟它的出现频率有关。在无法定性的地方，篇章中的统计数字就有了发言权。

功能语法和传统语法虽然都注重真实语料，但做法大相径庭。（1）传统语法喜在规范、典雅的书面性语料中摘录中规中矩的"典型"例子，其中不乏反复"润色""锤炼"后写出的文学或政论语句；而功能语法更看重的是真实的、即兴的、无事先准备的口语语料，因为这种句子最能反应实际的交际过程和在交际中起作用的语用篇章规则,涉及语境、指称、信息结构、交际功能或目的(语体)、会话原则等因素,正是这些规则被认为是语法规则的由来。书面语句可以经过作者的反复推敲,可以添加很多实际口语中不大会出现的修饰附加成分,已经难以再现语言最本质的功能。甚至模拟口语的写作产品,如相声底本、话剧台词、小说影视对话等,在功能语法中的价值也逊色于无意识的即兴言谈。即兴语料固然不乏口误、不规则的停顿、啰唆重复、错位、遗漏脱落等现象,它们在写作中都会被避免,但这些"杂乱"现象的出现规律和出现原因本身就是隐藏着语言使用规则的值得探求的宝贵材料。(2)结构语法和在其之前的西方传统语法都注重定性分析,而功能语法特别注重定量分析。在功能语法看来,很多传统上的是非问题都是程度或频率问题:词与非词、这类词与那类词、这种结构与那种结构、甚至同一个词的及物与不及物,大都不是非此即彼的,而是在多大程度上如此,往往取决于频率。历时平面的语法化、词汇化也是在渐变中完成的,渐变的重要表现就是频率的变化。因此,功能语法强调的是语法的动态性(参阅陶红印 2003),注重用统计说话。统计总是追求随机性,对语言来说,真实的即兴言谈是最随机、最少人为性的,所以注重统计也是功能语法偏爱真实即兴语料的原因之一。而靠真实即兴语料的统计所获得的发现(如上引陶文对"知道"格式功能的统计分析),不但靠静态的定性研究难以获得,即使对书面语等非即兴语料做定量分析也难以获得。

1.3 类型学的跨语言(跨方言)验证法(attest)

语法理论的主要目标不是研究具体语言的语法,而是研究人类语言共同的语法原理与规则。但是,在类型学家看来,主要借助母语内省测试的形式语法和主要借助单一语言语篇分析的功能语法,作为发现语言普遍规律的途径都有不可靠之处,因为数千种人类语言之间有很多差异,从一种或少数几种语言中总结出来的规律未必真的反映人类语言的普遍状况。因此，类型学专门从事跨语言比较的研究，而寻找语言共性的最基本手段便是跨语言的验证法。简单地说，验证法就是先从逻辑上排出可能存在的现象，然后根据初步观察假设一些可能具有普遍性的语言现象或两种语言现象之间可能普遍存在的相关性，然后在尽可能充足而均衡的语种库（language sample）里进行逐一检查，看逻辑上的可能性在各种语言里是否存在，在什么样的语言中能存在，存在的就是得到验证的（be attested），反之就是得不到验证的（cannot be attested），从而看出假设的语言现象或相关性是否能在整个语种库得到验证。

　　类型学与传统的语法研究都注重材料事实甚于注重理论假设。但是，类型学与传统研究的差别比共同点更加显著。（1）传统的语法研究主要在一种语言的语法系统内部进行，不考虑其构建的框架和得出的规律是否禁得起人类语言大量事实的验证，更别说顾不上考虑是否适合亲属语言了，甚至语言自身的历史状况和方言状况也不加考虑。通行汉语语法学的某些理论和分析处理（如所谓"前状后补"的处理，这还是目前汉语语法学框架中的主要支撑之一）就很难和汉语史和汉语方言的事实适应，其理论价值就大打折扣［关于"补语"概念存在的问题，参阅刘丹青（2005）］。（2）传统的研究只就某现象研究某现象，属现象孤立型研究；而类型学特别注重研究语言系统中看似无关的多种现象之间的相关性，如动词的语序（宾前宾后）和介词的类型（前置词后置词）的相关性，动宾语序和名词格的关系，名词的性和名词的格之间的关系，等等，是一种现象相关型研究。探求表面看不到的相关性正是科学的一大特征。反映这种相关性的语言共性只有通过跨语言比较才能建立，而类型学建立的那些人类语言共性或倾向又反过来为单一语言的研究提供有力的参照和解释，为古代语言的构拟提供优先方案，这是传统的单一语言研究无法企及的。（3）注重量化统计是类型学和功能语法的一大共性，功能语法注重语篇分布统计，类型学则注重语种分布统计。传统的研究只关注某种现象在对象语言中是否存在，是1和0的关系，而类型学的验证法还要关注它能在多少语言中存在，是多和少的关系，从中看出语言现象的自由与受限之别、普遍与罕见之别。

1.4 汉语方言语法研究比标准语的研究更需要三种模式的引入

通过上面的简要介绍可以看出，形式学派长在深度，功能学派长在量化，类型学派长在语种覆盖面。从一种超越学派的立场看，形式学派的测试法可以帮助我们更加深入而精确地了解各种语法单位的性质和各种语法现象背后的规则，功能语法的语篇法可以帮助我们了解不同语法形式在语言（方言）中的重要程度、出现条件和对不同交际功能的适应性，类型学的验证法可以帮助我们了解语言方言间共同遵守的语法规则和不同语法现象在人类语言中的优劣程度。我们相信，为了全面了解人类语言的本质和特点，这三种模式都是需要的，在方法上它们应当是彼此互补而非对立的。正因为如此，我们在汉语方言语法的调查中可以分别借鉴这三种模式，以期获得对汉语方言语法的更全面的认识。

其实从某些角度讲，传统的语法研究与上面三种学派的方式相比仍有一些可取之处值得重视。（1）比起形式语法来，传统的语法研究更重视收集实际语料（主要是书面材料），语料中常常包含形式语法尚不能解释甚至根本没有注意到的事实，这是推动语法研究深化的重要动力。（2）书面语不是口语的简单记录，它在结构复杂度、句义精确度、明晰性和信息含量方面都有大大超过口语的地方，有很多需要关注的特点，传统研究在这些方面的探索有重要的价值。（3）传统研究更加面向语言/语文教学和语言规划等应用领域，偏重标准语、书面语的倾向就与这种价值取向有关，而为应用领域服务也应是语言研究的重要任务之一。上述三个学派的研究方向更看重对人类语言的理性认识，并不以应用为直接目的。从应用的需要出发，标准语、书面语的研究成果能够更加直接地投入应用领域，如计算机需要处理的主要是书面材料。这也是传统语法的研究方式值得继承的方面。

传统的语法研究的这些特点或长处，在方言语法研究领域就不太灵光了。（1）传统研究主要靠书面材料，而绝大部分方言缺少甚至完全没有书面材料，基本上要靠方言调查或研究者作为母语人的内省语感来研究，注重书面语材料的特长无用武之地。（2）方言主要存在于口语中，而书面语所特有的那些体现复杂性和严密性的语法特点在方言中很少存在，传统语法研究这类句子的"功夫"也难以在此施展。（3）方言语法研究可以有很多目的，但大多不是为了应用。除了粤语等个别方言点外，大多数方言不存在方言教学、方言规范化或方言机器翻译这一类需求，因此传统语法面向应用的特长难以在方言舞台上大显身手。

相比之下，上述三种模式对方言语法研究的促进更加直接，也更加根本，而目前的现实是方言语法研究更多地依赖传统的语法研究方法，对新方法的探索不如共同语语法研究领域。因此，方言语法研究迫切需要在方法上有更高更新的追求。下面我们就进入研究实例的讨论。

二、内省测试式的方言语法调查

测试法实际上是当代语言学不同学派共同的研究基础，各派区别只在对测试法的依赖程度。形式派大致只用测试法调查考察语言事实，并发展出了该学派特有的许多测试方法，如算子辖域测试法、反身代词回指测试法、移位测试法等。而其他学派则更注意采用其他方法。

在调查研究汉语方言语法时，假如对象语言是研究者的母语方言，那么测试法是一种很便利的调查途径。假如具有良好的语言理论素养、带着明确的调查目的，那就能更加自觉地利用母语优势，凭自己的语感进行深入测试。假如调查者不是母语人，对对象语言缺乏语感，那么测试法要依赖对发音人语感的调查，效果上会受到一些限制。语法的存在方式比语音词汇更加隐蔽，体现为语感的语言能力是一种生成无限多句子的机制，而不是一套有限的语料，从语感发掘语法规则必须依靠语法理论的指导和测试角度的不断改进。母语研究者可以随时调整改进测试角度，而方言调查却只能在很有限的时空中完成。可行的做法是，调查者在调查方案中就设计好一些测试项目，例如主动句怎样转换为被动句，什么样的主动句可以转换为被动句，哪些双宾语可以改换语序或变成其他结构，哪些不可以，哪些虚词可以省略，等等。假如调查过程中发现有价值的现象需要测试，调查者就可能没有足够时间来从容设计补充测试项。假如到离开现场做书斋分析时才发现有些项目需要测试，补救就比较困难了。每次遇到这种情况都重新调查是时间和经费所不容许的。因此，母语研究者对方言语法的某些研究深度可能是外来调查者极难达到的。由此可见，对学术价值高的方言，有条件从母语人中选拔培养研究人才确实有事半功倍之效，而且这对语法研究的作用大于对语音词汇研究的作用。当然，我们也不时看到非母语学者的语法研究比母语研究者更加深入的情况，这又涉及测试的语言学基础和素养问题。下面来看一些实例分析。

笔者（1996）在分析方言中补语向体助词虚化的过程时，曾提出鉴定虚化程度的几条句法标准，其中关键的一条是能否插入"得/不"一类成分构成可能式，另外一条是能否用在另一个结果补语之后。苏州话的结果补语"好"与普通话"好"相比有更接近完成体标记的用法，如：

（1）我勒里在挑水，挑好水就去。

（1）后分句颇接近"我挑了水就去"。但是测试表明，这种"好"仍然可以构成可能式，如：

（2）我勒里在挑水，挑得好就去，挑勿好就勿去。

可见开始表示完成体的这种"好"在句法上仍处在补语（有学者称"动相补语"）的阶段，还不是真正的体助词。不过，"好"还有更虚化的体标记用法，测试显示这时完全不能再变成可能式。如：

（3）我吃好饭哉，吃勿落哉。

这句并不是告诉对方自己是否已吃完，而是告诉对方自己吃了饭了。这种意义的"吃好"不能再说"吃得好/吃勿好"，显示其句法上向体标记又靠近了一步。但是，与彻底虚化的体标记"仔"相比，"好"又通不过另一项测试。"仔"可以用在动结式之后，显示其本身完全没有结果补语的作用，而"好"绝对不用在动结式之后，显然是因为"好"本身还有结果补语性质。比较：

（4）a. 我吃光仔两瓶酒哉。 b. *我吃光好两瓶酒哉。

关于可能式的测试，特别是同一个"好"何时有何时没有可能式的测试，非常依赖母语人的语感。正因为笔者对苏州话有类似母语的语感，所以这些测试做起来才比较容易。而关于能否用在动结式后的测试，对母语者来说是个极其简单的直觉反应，用"好"一试就知道绝对不行，但对于非母语人来说，却相当不易。即使测试了几例，证实"好"不能在动结式后，也还是没有把握确定是否一切动结式后都不能加完成义的"好"。假如描写苏州方言的学者恰好没有注意这些测试项目，那么其他人在引用苏州话的材料时就根本不能推断某个体标记能否有可能式、能否用在动结式后，也就难以精确衡量其虚化程度。上引拙文以这些标准来分析其他东南方言的体助词时，就因为有些报告没有可能补语测试一类说明而遇到一些麻烦。项梦冰（1997）在分析连城客家话的体标记"撇"时，凭借作者的母语语感进行了较好的测试。作者首先指出体标记"撇"来自补语，如其书（项梦冰1997：171—173）032例"皮削撇佢 把皮削掉"，034例"佢一晡昼时正犁撇一开田 他一个上午才犁完一丘田"，040例"爨都还唔曾洗撇 污垢都还没有洗掉"等。作者通过可能式测试和该方言特有的副词"一走"证明了其补语性："'V撇'可以插入'得'[te^{35}]或'唔'[ŋ^{35}]变成可能式，例如：洗撇 洗掉～洗得撇 洗得掉～洗唔撇 洗不掉。'V撇'也可以插入嵌入性副词'一走'[ə^{35} tsie^{51}]，例如'皮一削掉就给她'连城方言说成'皮削一走撇就拿佢'。"另一方面，作者注意到，"当'V撇'带动量宾语或时量宾语时，其中的'撇'的意义更加虚化"。例如045例"佢话撇半工人还唔曾话清楚 他说了半天还没有说清楚"，047例"我寻撇佢三车都唔曾寻倒 我找了他三趟都没有找着"，048例"我只睡撇一刻子紧醒[e^3] 我只睡了一会儿就醒了"。而且作者正是通过可能式测试显示"撇"的虚化的一面："这些例子中的'V撇'不能插入'得'或'唔'变成可能式，显然已不能看成普通的动补结构了。其中的'撇'已经相当虚化，作用很像北京话的'了$_1$'。"陈泽平（1998）在研究福州话的体的时候也较多使用测试的方式，通过测试显示完成体标记"咯"和动宾语序的排斥性（184页），又通过正误测试显示"V咯未"问句不能说成"V了未"（"咯""了"分别相当于北京话"了$_1$"和"了$_2$"）。

他在福州话的句法研究中也注意使用测试法。如 203 页通过"共"（有"把"的处置作用）的删除测试，显示"共"字句转化为不带"共"的受事主语句的条件限制。

　　句法测试在方言语法研究的不同层次都有作用，从实词的形态和词类、虚词的性质，到句法结构的性质和变换、移位的可能，再到回指、焦点这些语用功能。下面就举一个与焦点有关的例子。拙文（1991）在讨论苏州方言用来构成是非疑问句的发问词时指出，发问词在句子中的位置与疑问范围和焦点直接相关。"发问词一般用在谓词性成分前，疑问范围一般是发问词后的谓词及其所带的宾语、补语、状语。""发问词前的部分一般并无疑问"，该文还指出"当发问词用在名词性成分前时，疑问焦点往往就是紧贴在发问词后的名词性成分"。这实际上就是疑问算子的辖域问题。用来显示这一规律的，就是下面这个简单的测试：

　　（5）a. 小张明朝阿去？ b. 小张阿是明朝去？ c. 阿是小张明朝去？
该文指出，（5）a 句问"去"，b 句问"明朝"（明天），c 句问"小张"。焦点问题虽然事关话语功能，但是由于苏州话是非疑问句采用了发问词这种可以随焦点漂移（floating）的疑问算子，因此通过相对简单的句法测试就较清楚地揭示出疑问词辖域和疑问算子语序的密切关系。假如缺乏语感，无法有效地进行测试，这同一个问题解决起来就要困难得多。

　　了解了内省式句法测试法对方言语法调查研究的益处，下一步就要考虑怎样测试和测试什么项目的问题。测试项目的选定，与语法理论背景、研究目的、研究者的训练和素养都有关系。假如有深厚的理论素养、有丰富的调查陌生语言和方言的经验，事先又做了相当充分的准备，能设计有价值的测试项来进行调查，那么即使是非母语者，也能利用调查的宝贵时机对发音合作人进行适当的句法测试，在有限的项目中获得重要的语法信息，甚至做出超过母语研究者的成果。例如，假如理论素养和研究实践让调查者知道疑问范围常常与疑问算子的位置有关，那么当他遇到苏州话这样用疑问算子（发问词）构成疑问句的方言时，也许就会根据发音人已经提供的句子再设计一些新的句子来进行测试，从而发现上面所述的那种规律。另一方面，我们也注意到，有些汉语方言论著虽然由母语者撰写,并含有语法的内容,但是由于目前汉语学界特别是方言学界缺少诸如名词化、被动化、关系化、差比句、反身回指这类重要的句法程序或句法范畴的观念,因此往往不描写这些通过测试较容易揭示的现象。可见,母语语感对母语研究者的测试来说是老虎的双翼,但前提是研究者本身应尽力成为老虎,否则这双翼的作用也受到限制。而母语语感对于非母语研究者的测试来说确实是一道高门槛,不过门槛就意味着通过努力也是可以跨过的。

三、语篇式的方言语法调查

汉语方言学界虽然缺少自觉的功能主义语法观念,但一直有一个好传统,即调查方言时注意记录成段的话语材料。这正是语篇式研究的基础。此外,方言语法描写也常有某种格式经常使用、某种搭配不太常见之类涉及频度的描述,以及某些句法结构与使用场合、表达功能和色彩的关系,这些都可以看作朴素的功能主义观察。尽管这类印象式描写可能既缺少量化的材料支撑,也缺乏明确的理论追求,但假如观察大体准确,也多少弥补了静态描写的不足。

游汝杰为《上海市区方言志》(许宝华、汤珍珠主编1988)撰写语法章的过程,可能是汉语方言语法研究中采用语篇式调查方法的第一次自觉尝试。作者收集录制了30多个小时36万音节的未经筹划的上海话自然语言材料,在此基础上以十多万字的篇幅描写了上海话语法的特点。与真正的语篇研究相比,这一研究尚缺少量化统计,对句子的语用功能也没有做很清晰的界定,但是由于立足真实语料,并注意句子的出现环境和上下文,必要时交代虚词的读音和语言单位的韵律特征,因此确实获得了方言语法描写通常会忽略的一些有价值的成果,显示了使用真实语篇的好处。例如,对于最普通的感叹词"啊"[ɦA^{23}],作者观察到一些颇有特点的用法,作者将之概括为"代句词",如(译语为引者所加,下同):

（6）　A:《芙蓉镇》辩本小说有哦？'有《芙蓉镇》这本小说吗？'
　　　B:啊？
　　　A:《芙蓉镇》。
　　　B:架子浪有个。'架子上有的。'（A是读者，B是图书管理员）
（7）　做啥啦？㑚做啥啦？㑚！啊？'干吗啦？你们干吗啦？'（公园管理员斥责违章青年）

作者分析道，（6）中的"啊""所表达的是：听不清楚对方讲话内容，而要求重复"。（7）中的"啊""是代替前边说过的一句话'做啥啦？'"这些"啊"在上海话中是相当固定的用法，在这里确实完成了一个实意句子的功能，如（6）要是不用"啊"的话就得用"你说什么"这类句子。而且，这些已经有固定意义的"啊"并不宜用其他叹词来代替，在其他方言里也未必都用"啊"来表示，如（6）的"啊"在北京话里可能更适宜说"什么"，而"什么"正是个疑问代词。称这些"啊"为"代句词"确有一定道理。可以设想，假如脱离了一定的实际场景，研究者很难光凭语感测试而想到"啊"有这样的功能。再如，作者注意到上海话中的"叫"可以做近似"是"的"判断词"。这一发现看来也得益于对实际语料的观察，因为"叫"是一个带有特殊语用意味的系词，假如光凭语感测试或问卷式调查很难察觉"叫"的系词的作用，所以在此前的吴语研究中没有引起注意。作者所举的例子有：

（8）辩种家生<u>叫</u>好家生 这种家具（才）是好家具。
（9）　A:侬讲个辩句闲话<u>叫</u>啥 你说的那句话是什么来着？<u>叫</u>啥工夫啥 是什么工夫什么的？
　　　B:工夫值铜钿 工夫值钱。
（10）侬迭个勿<u>叫</u>毛病，自家会得好个 你这个不算病，自己会好的。

下面再举一项笔者所做的更接近语篇统计法的方言语法研究。拙文（2002）利用"上海话电子语料库"，随机抽取了其中由上海真实口语录音转写的若干篇章，包括5篇随意谈话的录音和一则独角戏的录音，总共68880字，包含说话人11位，年龄由33岁到91岁不等。然后对其中含有否定词语的句子进行了穷尽性考察，结果获得很多非语篇研究难以获得的结果。

统计发现，上海话带否定词"勿"（相当于"不"）的动词和形容词有很强的述谓性，一般都做句子的谓语而非定语。"不 V/A"结构做定语，如用测试法来鉴定，则在语法上是完全合格的，如"勿游泳个的人""勿重个箱子"，但是从文本来看这种定语堪称罕见。语料中"勿"修饰不及物动词或形容词的用例达95个，其做谓语与做定语之比竟然是95:0。照理说形容词做定语是很常见的，但近7万字语料中其否定式居然无定语用例，这背后有深刻的语法和语用原因。下面我们结合语用学原理和Thompson（1988）的研究，为这一有趣现象找出一些解释。

语用学告诉我们，否定词通常是针对一定的预设而使用的。假如一个人告诉别人"我今天想吃鳜鱼"，这个信息不需要任何预设，完全可以是新信息。假如一个人说"我今天不想吃鳜鱼"，一般不会毫无背景。这句话的典型出现环境是语境中有人提议吃鳜鱼，否定句就是针对这类预设而说。我们知道充当定语的典型成分是形容词。Thompson（1988）的研究显示，形容词做定语在自然话语中主要用来引进一个新的所指，而不是对已存在于话语中的所指加以修饰。既然是原来不存在于话语中的新所指，就不存在对该对象的预设，也就没有理由使用否定形式的定语。形容词定语和其他定语在这一点上都是如此。比如，一个人可以在没有任何预设的情况下告诉听话人"我今天上街买了一个红的背包"，但是很难设想一个人可以在没有预设的情况下说"我今天上街买了一个不红的背包"。由此看来，否定形式做定语在语篇中少见应当不是上海话特有的现象，而是具有一定普遍性的现象。另一方面，对形容词定语和否定式定语的话语功能制约主要反映在即兴自然的对话和语篇中。在书面语中，这种话语功能的制约并不强烈，因此即使进行语篇统计也未必会显示这一现象。假如不借助真实语料的语篇统计，这一理论价值很高的语言事实是很难被注意到的。

通过语篇统计得到的另一个有趣现象是上海话动结式的否定可能式带宾语的能力特别弱。语料中共有"V勿R"式30例，其中19例V是及物动词，后面带宾语与不带宾语之比是1∶18。唯一的带宾用例是一句显然受普通话影响的话：

（11）城里人现在比勿上乡下人㖿！（老派吴语多说"比勿过"而非"比勿上"）

不带宾的大多是借助语境省略受事，如（12）、（13），少数是受事在动词前充当话题，如（14），或用介词引出受事，如（15）。

（12）我觉着伊_{他/它}迷这个命运啊，常是转来转去个_的，自家_{自己}侬_你捏勿牢个。

（13）S：侬唱两句听听看呢！……W：我现在唱勿来勒_了！

（14）洋伞买勿起个啊，套鞋也买勿起个。

（15）真正依自家_{你自己}对自家命运把握勿牢个_的。

动趋式的否定可能式情况类似，只是不如动结式突出，18例动趋否定可能式中有4例带宾语，其余为受事话题式或省略宾语等。语篇统计让我们注意到及物动词在否定可能式中带宾语的能力竟如此之低。个中原因是很值得深入探讨的。假如不借助语篇分析，我们最多有一个模糊印象，很难想象否定可能式带宾语会如此罕见。也正因为传统的方言语法研究较少借助于语篇统计分析，才很难发现这类现象，更谈不上对它们的解释。

要进行有效的语篇统计，首要条件是有记录和转写得清楚的充足自然口语材料。这对于冷僻方言来说相当困难，不仅录音语料要达到有统计价值的量比较困难，而且将录音材料尤其是整理者不熟悉的材料转写成可用的语料需要极大的工作量，有些冷僻方言必须附上注解翻译才能使用。积累语篇材料可以从各地大方言做起，因为发音人多，转写也相对方便。此外，对语法研究来说，最好是同时有叙述体（如讲故事）和对话体，因为两者的语篇功能有重要的差别，也可能影响到句法表现〔如佤语叙述体多用SVO语序而"问答体"多用VSO语序，见颜其香、周植志（1995：466—467）〕。现在的方言著作常记的谚语、民谣、民歌之类话语材料，当然自有其重要的价值（如地方文化，存古成分等），但对于以语法为对象的研究来说价值不是特别高。

方言的语篇资料和问卷调查所得的材料各有特点，不能相互代替。问卷是带着目的性设计的，针对性强，还能在调查时进行必要的测试，这些调查结果能很快显示某方言在此方面的语法特点。而其缺点是作用单一，假如想了解该方言另一些方面的特点，问卷所得就不敷使用，调查者必须另设问卷再做调查。语篇材料无法预设调查项目，只能由说话人随意说出，很可能有些重要项目在很长的语篇材料中仍未出现。另一方面，数量充足的语篇材料具有用途的多样性。不同的研究者可以在这些语篇中做不同选题的统计，后来者可以一而再地使用这些语篇做出新的文章。如上引拙文对近 7 万字上海话语篇做了否定词句的语篇统计分析，而这份材料也同样可以用来进行语序表现、处置式被动式使用、虚词的使用和省略、回指形式的使用、话题与焦点等方面的结合语境的频率统计分析，甚至还有现在根本想不到的新课题的研究，这是问卷调查所得难以达到的效果。所以，真实口语材料的采集整理与积累是能使学界长期受益的珍贵材料，值得人们为之付出不懈努力。

四、验证式的方言语法调查

4.1 跨方言语法比较的传统

类型学式的验证以跨语言跨方言的比较为首要特征。在汉语方言语法研究中，跨方言调查是"与生俱来"的做法，因为最早以语言学观念对汉语方言语法进行研究的是赵元任的《北京、苏州、常州语助词的研究》(1926)和稍后的《现代吴语的研究》(1928)。前者就以三种方言的语助词（语法功能词）为比较对象，后者则是吴语 33 个点的方言调查材料汇总，其中以音系描写为主，也包含了一些词汇及虚词的项目。不过当时现代类型学尚未产生，跨方言的调查报告通常只是一种材料的记录描写，而对之进行比较的主要目的也是发现方言间的亲疏关系及方言的特点。后来一些方言学著作中的语法部分多属此类。

4.2 从类型比较到类型学比较

朱德熙（1980，1985）关于"的"字和两种"反复问句"的跨方言比较，是较早的从类型角度进行汉语跨方言比较的论文。前者对普通话"的"在广州、福州、文水等几个方言中的语法对应形式进行比较，证明普通话的"的"确实可以分化为几个虚词。后者认为汉语的反复问句在汉语方言中有"VP不VP"（去不去）和"可VP"（可去）两种类型［刘丹青（1991）不同意把没有反复形式的"可VP"也叫作反复问句，李小凡（1998）也认为苏州话"阿VP"句更接近北京话"VP吗"句］，两者在方言中和历史上都互相排斥。朱德熙（1991）更进一步将"VP不VP"型的方言细分为"VnegVO"型（看不看电影）和"VOnegV"（看电影不看）两种类型。拙文（1988）比较20多种方言和汉藏语言的重叠形式，提出重叠形式的10种分析角度及每种角度分出的类型。这也属于跨语言跨方言的类型比较。

类型的比较还不等同于类型学的比较。类型的比较以划出类型为目的，而类型学的研究有进一步的追求：要在类型比较中发现共性，可以是人类语言的共性，也可以是一个语系、一种语言或一个方言区内部的共性。从这个意义上看，上引朱德熙文和拙文（1988）主要还只是类型比较而不是真正的类型学比较。桥本万太郎的"语言地理类型学"（1985）是在当代类型学兴起后所建立的理论框架，其中吸收了语言共性的一些观念，如所谓顺行结构（核心居首）类型和逆行结构（核心居末）类型就是在语序共性的影响下讨论的。不过桥本万太郎的著作总体上对汉语及亚洲语言历史和地理的关注超过对类型和语言共性关系的关注。更自觉地用类型学观念进行方言语法比较的是张敏的一些研究。他的博士论文及后来发表的一些相关论文（张敏 1990；Zhang 2000）接续了朱德熙关于疑问句形式的讨论，不但揭示了疑问句类型更加多样化的局面，而且从中总结出一些有意义的共性概括。张敏对重叠形式和所表达的意义之关系也做了跨方言跨语言的研究，做出了一些有人类语言共性意义的概括，特别是强调重叠和量范畴（特别是增量）的关系，并认为这反映了人类语言形式对意义的象似性，因为词的重叠式与其原形相比正是一种形式的增量（张敏2001）。

4.3 类型学调查与类型学研究的结合

至今为止，汉语方言的类型学比较研究主要是建立在对间接方言材料的利用上。由于汉语方言语法的调查工作仍没有同语言类型学理论和方法结合起来，因此无论是调查方案、调查报告还是基于母语撰写的方言著作，其语法部分都不尽符合类型学比较的要求。少数从事类型比较研究的学者不可能事必躬亲地进行大量调查，往往面对的是角度不一、术语不一、详略程度不一、很多项目和句法表现不做交待的方言语法材料。这就给方言语法的跨方言比较带来了不小的困难。换句话说，跨方言的调查和类型学的研究在汉语方言语法的研究上尚处在基本分离的状态，因此我们需要通过努力使两者珠联璧合，以结出能贡献于人类语言共性研究的类型学硕果［Kortmann（1999），也在呼吁英语方言学与类型学的结合］。

前些年笔者就出于这种类型学的动机对吴语进行了语法调查。这次调查根据句法类型学关心的一些重要课题对吴语5大片12个方言点进行了调查，然后逐步展开对有关课题的类型学比较研究，结果发现这种调查和研究确实能揭示单一方言研究所无法发现的许多有意义的现象和规律，有的还具有很高的理论价值。下面举两个例子。

普通话用"给"介引与事的双及物结构有两种句式，一种可叫"与事在前式"，即"给＋与事"出现在动词和客体之间，如"送给他两朵花""打给他两件毛衣"，另一种可叫"与事在后式"，即"给＋与事"位于客体之后，如"送两朵花给他""打两件毛衣给他"。

首先，通过比较可以看出，普通话的与事在后式，实际上包含了两种结构。"给"的词性并不统一。当前面的动词是给予动词时，整个结构表示一个单一的给予行为，"给"是介引与事的介词，与事在后式只能分析为动宾加补语的结构，如"送书给他"；当前面的动词是非给予动词时，整个结构表示一个具体行为和一个给予行为的组合，"给"可以分析为给予动词，与事在后式可以分析为连动式，如"打毛衣给他"。在同一个词身兼动、介两种词性的方言里，两者的区别是隐性的，如普通话。假如给予动词和与事介词不同，两者的区别就有显性的表现，我们调查所得的东阳话和丽水话材料就体现了这一点。比较：

（16）a.〈普通话〉送两朵花给他。

b.〈东阳〉送两朵花唠渠。

c.〈丽水〉送两朵花忒[tʰəʔ]渠。

（17）a.〈普通话〉姐姐打了两件毛线衣给他。

b.〈东阳〉阿姐儿缉打勒两件毛线衣分渠。

c.〈丽水〉大大[do do]结两件毛线衣克渠。

"送"是给予义动词，所以东阳话和丽水话用介词"唠"或"忒"介引与事。"打/结（毛衣）"本身不是给予义动词，所以这两种方言用给予义动词"分"或"克"来表示给予。语料还进一步显示，在东阳话中，做谓语的"给"只能用"分"，而相当于普通话"V给"式中的"给"的位置也用"唠"，可见这种"给"在东阳话中也是被看作介词而非动词的，比较：

（18）a. 渠分我一支钢笔 他给我一支钢笔。

b. 我送唠老张两瓶酒 我送给老张两瓶酒。

此外，通过跨方言比较可以看出，由非给予义动词做谓语核心的句子最排斥与事在前式。比较下面（19）和（20）：

（19）〈普通话〉姐姐打给他两件毛衣。

〈上海〉A 阿姐帮伊结勒两条绒线衫。

〈上海〉B 阿姐打拨伊两件绒线衫。

〈苏州〉阿姐结拨俚两件绒线衫。

〈无锡〉阿姐结拨佗两件绒线衫。

〈常州〉阿姐搭他织着[zaʔ]两件头绳衫。

〈绍兴〉阿姊拨伊挑两件毛线衫。/姐姐挑拨伊两件毛线衫。

〈宁波〉阿姐搭其结两件毛线衫。/阿姐毛线衫搭其结两件。

〈台州椒江〉姐拨渠结勒两件毛线衫。
〈乐清大荆〉姐缉搭渠两件毛线衫。
〈金华〉姐姐打特渠两件毛线衫。
〈东阳〉阿姐儿缉咧吼 [həɯ] 两件毛线衣。（“吼”是“渠”在宾位的轻读弱化式）
〈丽水〉大大 [do do] 结忒渠两件毛线衣。
〈温州〉阿姐缉两件绒衫附渠。

（20）〈普通话〉姐姐打了两件毛衣给他。
〈上海〉A 阿姐打勒两条绒线衫拨（辣）伊。
〈上海〉B 阿姐打勒两件绒线衫拨伊。
〈苏州〉阿姐结仔两件绒线衫拨（勒）俚。
〈无锡〉阿姐结着 / 勒两件绒线衫拨勒佗。
〈常州〉阿姐织着两件头绳衫拨他。
〈绍兴〉阿姐挑特两件毛线衫拨伊。
〈宁波〉阿姐搭其结两件毛线衫。/ 阿姐毛线衫搭其结两件。
〈台州椒江〉姐结勒两件毛线衫拨渠。
〈乐清大荆〉姐缉勒两件毛线衫搭渠。
〈金华〉阿姐打勒两件毛线特渠。
〈东阳〉阿姐儿缉勒两件毛线衣分渠。
〈丽水〉大大 [do do] 结两件毛线衣克渠。
〈温州〉阿姐缉两件绒衫附渠。

（19）例我们用普通话的与事在前式做调查蓝本句，结果在 12 个点的 13 位发音人中，只有苏州、无锡、金华、东阳、丽水 5 地和上海 B 共 6 位发音人选用了与普通话同样的句式。温州改用了与事在后式，常州、绍兴、宁波、台州、大荆 5 地及上海 A 共 6 位则改用与事在动词前的句式。与事前置于动词在吴语中实际上已不再被看作与事，而是受益者，用的介词都是受益者介词（通常由相当于“和”的伴随介词兼任，如常州的“搭”），而不是给予动词或介词。其中宁波话还可以将客体受事的名词部分前置构成分裂式次话题，客体的数量部分留在动词后做宾语，受益者则用动词前的介词引出。这说明很多方言在这种情况下排斥与事在前式。反之，(20)例我们用普通话与事在后式做调查蓝本句，实际语义同(19)。结果11个点的12位发音人都采用与普通话相同的句式，宁波则仍采用受益者状语式，没有一地、一人改用与事在前式。这一跨方言验证充分显示与事在后式绝对比与事在前式具有优势。

给予动词所带的双及物式也有此倾向，只是对比不如上述例句鲜明。普通话的"我送给老张两瓶酒"，多数点都能使用普通话的原句式，但也有上海、温州和绍兴3个点的发音人同时提供与事在后式或"把"字句。至于普通话的"送两朵花给他"，所有的发音人都只提供与普通话相同的与事在后式。可见总体上仍是与事在后式更占优势。

为什么与事在前式的劣势在给予类动词做谓语核心时表现稍不突出？这是因为动词已表示给予义，本可以带与事做间接宾语，如"我送老张两瓶酒"，"送"后的给予义动词或介词基本上是个羡余成分，可以省去，其出现时实际上已与"送"一类动词合成一个复合词，没有严重增加结构的复杂度。而非给予义动词如"打毛线衣"的"打"做谓语核心时，本身并没有给予义，也不能带与事做宾语，"给他"这种结构插在"打"之后，既给谓语增加了原来没有的给予义，又带来了结构上的重要改变，使"打"与其真正的宾语被割裂开来，所以这是一种受到排斥的劣势句式［参阅刘丹青(2001)的分析，但上面的材料该文未全引］。

正因为与事在客体后与客体前的优劣差别是有深刻的结构原因和功能原因的，因此它不是某种方言的特点，而具有普遍性。假如不进行跨方言的比较，就无法看出这里存在的句式间的优劣关系。而这种比较在用同样的问卷进行跨方言调查时最容易看出，因为这样的材料具有共同的参照点和共同的词汇及表义要素，最具有语法上的可比性。从不同的方言调查报告中有时也能获得类似的材料，但其可比性和说服力就要逊色一些。

跨吴语句法调查和比较的另一个有意义的发现是方所类前置词的等级序列（刘丹青2003b：278—280）。跨吴语的调查材料显示，在场所、源点、终点/方向、经由这四大类处所题元中，很少有方言有专用的经由标记,往往由其他题元的方所前置词兼表,而且兼表经由的方所前置词多种多样,甚至与本来的语义相反:有些方言用表方向的"望",另一些方言用表起点的"从",还有些方言用表场所的"勒"(在)等,有些甚至不能用介词,只能直接用表经由的动词谓语来表示。再结合其他方所类前置词的用法,我们发现吴语中存在一个按题元种类的基本性排列的等级序列,它们由高到低排列如下:

(21) 场所 > 终点 / 方向 > 源点 > 经由

大体上,题元越靠左,越容易具备专用的前置词,也越容易引申指其右的题元,而题元越靠右,越缺少专用的前置词,要靠其左的某个前置词来兼表或干脆不用前置词。详细的语料和分析请看拙著(2003b),此处不赘。前置词的基本性等级可能不仅在汉语或吴语中有效,它也许在较大程度上反映了方所范畴的认知等级序列,因而可能具有语言共性的价值,这需要今后进一步的跨语言验证。而这一类现象不通过跨语言跨方言的调查研究是无法发现的。

跨方言类型比较最需要的是具有可比性的材料。为了获得理想的材料,最直接的做法是在同一个研究项目同一张问卷下调查众多的有代表性的方言。有价值的问卷还应该让包含的调查项尽可能具有跨语言的可比性和语法理论价值。这样的调查单靠个人力量显然所获有限,必须有各地方言的众多研究者的合作,有及时的信息交流和行动协调。与语法体系的复杂性和汉语方言的复杂性相比,任何研究项目所能包含的方言点和调查项总是有限的。因此类型学式的方言比较免不了还要使用众多零星的方言语法报告、论文、专著等。这就需要单点或区域方言的描写者在调查描写时尽量多包含具有可比性的调查项和描写角度,以增强所描写的方言语法现象的可比性。在间接引用方言材料进行类型比较时,特别需要慎重严肃的态度,最好对所引材料的方言背景及报告者的研究水准有更多的了解,条件具备时还应"货比三家"。不要为了印证自己的观点而引用不可靠的材料,尤其不能有意无意地曲解方言材料以支持自己的某种理论假设。在汉语学界这类负面现象虽然不常见,但也并非完全没有,需要我们引以为戒。类型学考察假如建立在不可靠的材料基础上，很有可能会成为沙滩上的高楼，是禁不起时间、空间和学术之浪的考验的。

五、余言

　　形式、功能、类型三大语言学学派都是以探求普通语言学原理或者说人类语言的共性为目标的。汉语方言语法学的调查既可以有与它们一致的长远理论目标，也可以只有一些较小范围的目标，如了解各方言的特点、方言的地理界线和历史源流关系等。不管方言语法研究抱着"最高纲领"还是"最低纲领"，三大学派的内省测试、语篇统计和跨语言验证都是值得借鉴的调查研究方法，比起传统的方言调查方法来各有其独特的长处。

　　对方言语法研究来说，三种方法的长处各有不同，其可以服务的研究目的有所不同。这里着重谈谈它们对汉语研究本身的作用。内省测试法较有利于深入揭示方言语法的规则，能够总结出更有概括力和生成力的规则，也有利于反映方言语法与普通话语法或其他方言语法的细微差别。语篇统计法较有利于揭示不同语法形式和手段在方言中的常用程度、重要程度，能帮助人们了解特定句法结构、虚词和形态手段的确切表达功能，也便于考察分辨这些形式的方言学属性，即它们是方言固有的、至今有生命力的，还是衰落中的旧形式，或是新兴的或是借入的，是迅速普及的还是深受限制的用法。跨方言验证法较有利于揭示语法特点在地域上的分布，能反映不同层次方言之间的共性和个性，便于根据语法特征来进行方言分区分层，或用语法项目检验主要根据语音及词汇所做的划分。跨方言验证法对两个研究领域特别有帮助。一是有利于建立对汉语语法系统和特点的更加全面完整的认识，可以克服单纯的普通话研究所容易造成的认识上的偏差。二是可以建立现代方言和各个汉语历史时期状况在语法上的联系，观察历史发展在地理上留下的投影，也就是继承和发展桥本万太郎（1985）所提倡的工作。

参考文献

陈泽平　1998　《福州方言研究》，福州：福建人民出版社。

李小凡　1998　《苏州方言语法研究》，北京：北京大学出版社。

刘丹青　1988　汉藏语系重叠形式的分析模式，《语言研究》第 1 期。

刘丹青　1991　苏州方言的发问词与"可 VP"句式，《中国语文》第 1 期。

刘丹青　1996　东南方言的体貌标记，《动词的体》，张双庆主编，香港：香港中文大学吴多泰中国语文研究中心。

刘丹青　2001　汉语给予类双及物结构的类型学考察，《中国语文》第 5 期。

刘丹青　2002　上海话否定词与否定式的文本统计分析，《语言学论丛》第二十六辑，北京：商务印书馆。

刘丹青　2003a　试谈汉语方言语法调查框架的现代化，《汉语方言语法研究和探索——首届国际汉语方言语法学术研讨会论文集》，戴昭铭主编，周磊副主编，哈尔滨：黑龙江人民出版社。

刘丹青　2003b　《语序类型学与介词理论》，北京：商务印书馆。

刘丹青　2005　从所谓"补语"谈古代汉语语法学体系的参照系，《汉语史学报》第五辑，上海：上海教育出版社。

桥本万太郎　1985　《语言地理类型学》，余志鸿译，北京：北京大学出版社。

陶红印　2003　从语音、语法和话语特征看"知道"格式在谈话中的演化，《中国语文》第 4 期。

项梦冰　1997　《连城客家话语法研究》，北京：语文出版社。

许宝华、汤珍珠（主编）　1988　《上海市区方言志》，第七章"语法"（游汝杰执笔），上海：上海教育出版社。

颜其香、周植志　1995　《中国孟高棉语族语言与南亚语系》，北京：中央民族大学出版社。

张　敏　1990　汉语方言反复问句的类型学研究：共时分布及历时蕴含，北京大学博士学位论文。

张　敏　2001　汉语方言重叠式语义模式的研究，香港《中国语文研究》第 1 期。

赵元任　1926　北京、苏州、常州语助词的研究，《清华学报》第 2 期。

赵元任　1928　《现代吴语的研究》，清华学校研究院丛书第四种。

朱德熙　1980　北京话、广州话、文水话和福州话里的"的"字，《方言》第 3 期。

朱德熙　1985　汉语方言里两种反复问句，《中国语文》第 1 期。

朱德熙　1991　"V-neg-VO"与"VO-neg-V"两种反复问句在汉语方言里的分布，《中国语文》第 5 期。

Kortmann, B. 1999. Typology and Dialectology. *Proceedings of the 16th International Congress of Linguists.* CD-Rom. Amsterdam: Elsevier Science.（《类型学与方言学》，刘海燕译，《方言》，2004 年第 2 期）

Thompson, S. A. 1988. A discourse approach to the cross-linguistic category 'adjective'. In J. A. Hawkins (ed.), *Explaining Language Universals*. Oxford: Blackwell.

Zhang, M. 2000. Syntactic change in Southeastern Mandarin: How does geographical distribution reveal a history of diffusion? In P. H. Ting, & A. O. Yue. (eds.), *In Memory of Professor Li Fang-Kuei: Essays of Linguistic Change and the Chinese Dialects*. Taipei: Academia Sinica.

（原载《中国方言学报》，2006年第1期）

方言语法调查研究的两大任务[*]：
语法库藏与显赫范畴

零、引言

方言语法调查研究越来越成为汉语学界的热点领域，这无疑是非常可喜的景象。

方言语法调查比起其他子系统（音系、词库）的调查来，有着更大的难度和复杂性，需要更多的学术基础、学术积累和专业设计，尤其对于非母语调查者来说更是如此。因为，语法是语言得以变有限（符号）为无限（实际语句）的根本机制所在，这种魔力给语法调查带来了语音、词汇调查所不能比拟的难度，其内在奥秘也正是不同学派学说的核心争议话题。

影响语法调查研究路向的另一大因素是研究目标。以往汉语方言语法研究的目标设得比较单一——找出一些不同于普通话语法的特点所在，于是以普通话为参照点，用若干普通话例句调查发现一些不同于普通话的语法现象。在方言语法调查研究的起步时期，这样的方法确实能便捷快速地发现方言中一些突出的语法特点。

然而，方言语法调查的学术价值远不限于所谓"普方比较"。徐烈炯（1998）提出"非对比性的方言语法研究"的观念，指出汉语方言语法研究不能局限于跟普通话对比的单一视角，而还有它独立存在的意义。其实，无论是对于汉语语法的共时、历时的全方位研究，还是对于

---

[*] 本文获中国社会科学院重点课题"语言库藏类型学"资助。初稿曾在第六届汉语方言语法国际学术研讨会（绵阳，2012年10月）和华中师范大学桂子山学术讲坛（2013年4月）宣讲，获多位同行讨论指正。一并致谢。

普通语言学理论建设，方言语法调查研究的成果都可以做出不可取代的贡献，受益领域包括汉语历时语法、语法化理论、语言接触、语言类型学、句法理论、社会语言学等。

面对上述更为广阔和多样化的目标，以往那种简单的普方对比调查模式就难堪重任了。其主要不足有三：1）非系统性。每种汉语方言语法都是自成系统的，而传统普方对比方法常常见树不见林，难以展示方言语法本身的系统性。2）非周延性。普通话语法库藏只包含了人类语言可能的语法范畴及其表达手段中的一小部分，方言中很多有特色的现象是用普通话的单一参照点难以发现的。3）非通用性。普方对比的框架和术语系统只对应于普通话，既难以切合方言特色的现象，又缺乏跨语言的通用性和可比性，难以在此基础上构建一般性的语法理论。此外，以普通话语法研究成果为参照，也会导致方言语法研究水准的学术滞后性，大致只能以普通话研究现状为上限，难登学术制高点。

方言语法研究可以有不同的理论和应用目标，在调查资源有限的前提下，不可能每一项调查都只能满足单一的目标。实际上所有目标都有一个共同的基本需求，就是揭示一种方言语法的系统性概貌和最重要的特点。用语言库藏类型学（刘丹青2011）的角度来看，可以将这一需求概括为方言语法调查研究的两大任务：

1）方言系统的基本语法库藏。即该方言有哪些语法手段，表达了哪些语法范畴和意义，从而形成什么样的语法类型。

2）方言语法系统中的显赫范畴。即哪些语义范畴在该方言中是用语法化程度高、功能强大的语法手段表达的，该范畴借助这些常用手段可以扩展到哪些语义语用范畴。

下面分别就这两点展开讨论。

一、语法库藏

人类语言需要表达的语义范畴非常丰富，其中只有一小部分凝固为语法规则，用各种语法手段来表达。语法手段的总和就是一种语言的语法库藏。不同语言将哪些范畴凝固为语法规则、用什么手段来表达这些语法意义，既有共性也有差异，因此语法库藏体现了语言之间的基本类型差异。

为了在有限的时间里高效地调查出一种语言方言的基本语法库藏，我们需要一个基本的调查框架，其粗细详略则可以根据调查的资源和规模来调整。单纯以普通话语法为参照框架虽然便捷，但基于前面讲到的理由，肯定是不够的。可取的做法是建立在语言类型学调查研究成果基础上的调查框架，代表性的如拙著（刘丹青编著 2008a）《语法调查研究手册》所翻译介绍的《语言描写性研究问卷》(Comrie & Smith 1977)。这类问卷的优点是：1）基于已经进行的千百种语言/方言调查的经验，覆盖了人类语言中可能进入语法库藏（简称"入库"）的各种范畴，照顾到可能存在的语法类型差异，并着力摆脱了西方传统语法中的印欧语偏见。2）吸收了现当代不同学派语法研究的成果和理论进展中的共识，拓展了语法调查和研究可能达到的深度，同时也避开了特定学派前沿研究中尚未成熟的观点。这两个优点，可以使汉语方言调查最大限度地兼顾调查研究的广度和深度。

当然，在引入或借鉴这类通用性调查框架时，仍然需要根据汉语的特点进行取舍。因为汉语方言已有近一个世纪的现代调查历史，积累了可观的成果，我们对汉语方言的基本语法类型有了相当的了解。作为一种非形态型的语言，可以预测，很多语法现象虽然见于不少语言，却很难在汉语方言中入库，例如主谓之间（及动宾之间）人称和数的一致关系，形容词等修饰语和核心名词的性数格的一致关系等，名词的系统性的格变化（少数接触引起的情况除外）。我们对方言中哪些范畴可能出现有特色的语法现象也有一定的预测，可以在设计的框架中重点关注，例如中原地区方言中有形态性质的动词变韵现象，南方方言中量词的特殊功能等。这样，就能设计出更合理的问卷。

语法库藏是用来表达各种语义范畴或发挥语用功能的，方言语法调查仍主要是从语义及语用范畴出发，并在调查中尽可能将语义语用范畴落实为形态句法手段。

这种框架是对以往汉语语法描写传统的发展与超越。以往的系统性描写主要基于词类和句法成分，它代表了语法学研究早期的"分类导向"阶段，而现代语法学需要进到"规则导向"阶段。词类等各级语法单位的分类导向的描写在一定程度上也基于语法规则，但对语法规则的反映比较粗糙，很多规则无法在传统分类中获得揭示。所以我们需要在继承的基础上升级我们的描写框架，以期更好地刻画规则、概括类型。

本节择要介绍现代语法学调查研究框架的一些基本要素。[①]

1.1 句类

即句子的交际类型，又称言语行为类型，因为不同的句类完成不同的言语行为（speech acts）。

1.1.1 陈述句、疑问句、祈使句、感叹句。这套传统的句类四分法基本有效，但体现言语行为的句类不限于此四类。言语活动中还存在一些次要句类，可能与四类中的一到两类有接近点，例如意愿句、招呼句、感谢句、道歉句，等等。这些次要句类常由该方言中某种显赫范畴的手段来表达，因而可能成为发现库藏中的显赫范畴的线索。例如汉语这种动词型语言一般只用动词性/谓词性成分表感谢、寒暄等，而英语这种名词型语言常可使用名词性成分来发挥这种作用，如 thanks、happy birthday、good night（刘丹青 2010）。

1.1.2 疑问句。汉语语法学传统的四大类疑问句（是非问、特指问、正反问、选择问）不是从同一角度分出来的，有的根据疑问功能，如是非问，有的根据结构类型，如正反问。这种角度不一的划分从跨语言比较的角度看不很科学。有些研究民族语言疑问句的论著已经不照搬这种划分，而做了更便于描写对象语言的调整（参看戴庆厦、傅爱兰 2000 之注①），其实也更符合跨语言比较通例。"是非问"作为一个交际功能的概念，不宜根据结构形式（如是否使用"吗"类语气词）来界定。所有语言/方言都有是非疑问句，但很多语言和方言并不用"吗"

[①] 本节关于语法框架的论述根据刘丹青编著（2008a），尤其是刘丹青（2007）的部分内容概括改写而成。

类语气词或正反问形式，因此无法在结构形式的基础上跟普通话进行有效的对比。上引戴、傅文就将正反问归入是非问，这是很合理的。

1.1.3 感叹句。感叹句是普遍存在的功能类别，但它能否成为句法上有意义的一个特定类别，要看特定语言中感叹句是否有特定的句法形式。

1.2 小句结构

这是单句句法的主要内容，也可以说是句法学的核心内容。

1.2.1 传统上对句内结构的描写框架是六大成分——主谓宾定状补。这些仍然是我们需要的术语。但为了有效揭示句子构造规则，更值得关注的是小句结构关系中的三种主要成分：谓语词团、论元和加接成分，这是更具有普适性的基本描述框架。下面分别讨论。

a. 谓语词团：以谓语论元结构中的实义核心动词为主体，还包括情态、时体成分等。从形态上看，有的情态成分（助动词）负载了谓语的限定成分，句法上更宜看作谓语的核心，例如正反问这一事关整个命题的操作就作用于情态成分（能不能去～*能去不去）。在这一意义上，朱德熙（1982：61）将"助动词+实义动词"看作动宾结构是有合理之处。不过，由于句子的论元结构及相应的句型选择是由实义动词决定的，而情态成分在不同语言间的形态-句法表征也不相同，因此从跨语言比较看，以实义动词为主体较具有操作性。情态、时体、示证等谓语词团内的成分即使不用形态而用独立的词表达，它们和实义动词的关系也是特殊关系，不必强行划入现成的动宾、状中等。也因此我们称之为"词团"而不是"短语/词组"。生成语法用 XP（ModP，AspP）等方式来表示，实际上也避开了它们的句法关系问题。

b. 论元：由谓语核心词所投射的与谓语核心强制性同现的成分，包括主语、宾语、间接宾语、表语和某些须强制性出现的旁格成分。论元有时又叫补足语，但补足语一般特指宾语等受动词支配的论元。

c. 加接成分：根据语义需要可加可删的状语性成分。

论元是比主语、宾语等更加基本的概念。它是对一组句法成分的进一步概括，而且兼顾了主动句、被动句、话题句、处置式等，便于进行超越具体句式的语言对比并用更加简洁的规则描述相关现象。例如，对于一个及物动词来说,说它"一般必须带受事类论元"比说它"一般必须带宾语"要准确得多,因为在被动句、受事话题句、处置式等句式中,该动词并不带宾语而句子完全合格。再如某类或某个词"可以充当论元",也比说它们"可以充当主语、宾语、介词宾语等"要简洁、完整和准确。黎锦熙的语法系统中在词类和句子成分之间设立"位"(主位、呼位、宾位、副位等七位)的层级,也起到了这类作用,不像有些学者所认为的无形态格的语言设立"位"完全多余(参看刘丹青 2010)。当然主语、宾语等是有用的概念,但它们是跟特定句式的特定位置相捆绑的概念,使用较受限制,而且不同语言方言中主语、宾语的形态-句法属性可以相差较大,语义范围也相差很大。例如,汉语普通话主宾语的范围很宽,在其他很多语言中,甚至在有的汉语方言中,难以都用主宾语来对应。"汉语的工具宾语、方式宾语、处所宾语等在藏缅语中几乎全是状语。"(戴庆厦、傅爱兰 2001)而普通话的一些"特异系词句"的主语,在粤语中就无法充当主语。如"狐狸是一个洞"(指狐狸的屋子是一个洞)、"这裤子是晴雯的针线"等(邓思颖、张和友 2011)。因此,在跨语言跨方言对比中要善于利用论元这种概念来简化描述,更有效地揭示规律。

　　论元和加接成分之别是分析状语、补语的重要概念。状语本身有论元和加接成分之分,甚至同一个介词所构成的介词短语也可能有这种区别。如"把"、"被"、"给"(表给予时)、"由"(表施事时)等所带的成分通常就是论元;而"在"等介词所支配的成分有时是论元,如"他在南城住"中的"南城","他住"不是完整的论元结构,有时则是加接性的状语,如"他在南城打工"中的"南城"。所谓补语,其在句法语义上很不同质,需要具体分析其属性,其中有论元,有状语性加接成分,有从句。

　　以上三种基本成分中不涉及定语,因为定语不在句子层级,而是论元内的成分,在小句层级的句法分析中没有其地位,只在名词短语内部结构分析时才用得上,参看§1.2.2。将定语和其他成分并称,也是六大成分说或主谓宾和定状补两分说的不完备之处。

1.2.2 小句内的句法单位有三个层级：小句层级、名词短语层级、形容词短语层级。

上面§1.2.1所讨论的谓语词团、论元和加接成分都存在于小句层级。名词短语则是充当论元的单位，关乎论元内部的结构，比小句低一个层级。形容词做谓语时，作用相当于动词，按谓语词团（有时也带论元）来分析。但形容词直接做谓语并非语言普遍现象，很多语言中形容词只能做定语或系词句的表语，因此形容词短语的层级主要关注做定语的形容词。作为定语，形容词短语是名词短语内的修饰成分，因此比名词短语又低了一个层级。

名词短语中也可以分出三种主要成分：名词核心、修饰成分（modifier，内涵定语）、限定成分（determiner，外延定语）。修饰成分（内涵定语）是指由开放性的词类充当的能为名词短语增加内涵性语义的定语，如由名词、区别词、形容词及形容词短语、动词及动词短语、小句等充当的定语，在生成语法中归为名词的修饰语。限定成分（外延定语）是指由封闭性的指称、量化成分充当的定语，如指示词、冠词、数量词语、"所有/一切/一些"等量化词语充当的定语，在生成语法中反而归为支配实义名词的核心。两类定语的句法属性非常不同，在不少语言中语序也不同。在汉语中虽然都前置于核心名词，但是从句法属性上看，还是适宜分开来调查和研究（详刘丹青2008b）。

做定语的形容词短语通常形式简短，常以单个形容词或带上程度副词出现。但形容词短语句法上仍可以扩展，包括扩展成比较结构，如"比诸葛亮还聪明（的军师）"。有些形容词要带旁格（由介词引出的）论元，如"对法律知识很陌生（的居民）"，所以其内部结构仍须设为一个句法层级。形容词短语也可以分出三类主要成分：形容词核心、修饰成分（程度状语等）、论元（比较句的基准也可视为论元）。

1.2.3 小结

对实词性句法成分而言，上面这种框架更便于摆脱汉语的主宾语争论、状语补语之分等语法描写和比较中常遇到的困扰，能更直接地进入问题的实质。主语、宾语、状语之类概念本身属于通用概念，问题是有些语言的语法学在界定这些成分时有一定的主观性，减弱了它们的通用性。至于汉语中的"补语"，本身就是缺乏通用性的概念（刘丹青编著2008a：71—78）。

1.3 主要的语义-形态范畴

汉语不是形态型语言。但是，如果一种语义范畴在众多语言中以形态手段表达，它往往是人类交际中较重要的范畴；即使在汉语及其方言中不用形态表示，也可能以其他语法手段来表示或隐性存在于语法规则中，例如自动使动、自主非自主、作格型宾格型的对立等。因此，系统调查描写一种方言的语法，最好对人类语言常见的形态范畴有所了解。况且有些不存在于汉语主体的形态现象在与其他语言有接触的方言中也可能存在。

1.3.1 谓语词团及动词的形态。这一部分主要包括下面这些语法要素和形态范畴。

情态（modality）成分。多用情态动词/助动词等分析性成分表示。在形态型语言里，情态动词多为谓语的限定范畴（时、式、一致关系等）的承荷者，句法上可视为谓语的核心。前述汉语正反问操作作用于情态成分，也反映了其核心地位。由于实义动词对论元结构及整个句型至关重要，因此不妨将情态成分和实义动词合起来看成谓语的核心——谓语词团。

式（mood）。又称语气，多用形态或虚词表示，式与情态如何交叉和分工，因语言而异（参看 Palmer 2001）。汉语的句末语气词主要表示语气，也有学者进一步区分基本语气（如陈述、疑问、祈使等）和语气下位的具体"口气"。有些语气词也兼有时体类语义，如普通话"了$_2$"及其方言对应词语。在语序方面，句末语气词一般呈现"时体-语气-口气"的序列，越在外侧的越表达主观化内容。

示证（evidentiality）范畴。又称传信范畴，表示小句所述命题的消息来源和言者的确认程度，在有些语言中用形态表示，分"亲见的""听来的""可推断的"等。藏语支羌语支语言多有示证形态，与这些语言有接触关系的汉语方言或混合语可能有类似现象。

一致关系。这里指加在谓语词团上的一致关系，主要有人称、数的一致，有些语言还有性/类的一致。一致关系的对象按优先度依次是主语/施事、直接宾语/受事、间接宾语/与事。一般可以预测汉语方言不存在主谓一致关系，这也意味着更不可能有动宾一致关系。

时、体、态。这几个范畴比较为人所熟知，汉语一般有"体"无"时"，假如被动标记可以直接加在动词上（被赶走），也可以算有"态"范畴。在态范畴中，除了主动态、被动态外，常见的还有反身态和相互态，它们在阿尔泰语言中常见，值得西北方言调查者关注。

1.3.2 名词的形态及虚化标记

性/类别范畴。性范畴和类别范畴本质上是相同的，都是以语法手段对名词进行语义分类。区别在于性的分类基础是自然性别，而类别范畴的分类维度更多。有学者将两者合称为"性/类范畴"（Grinevald 2000）。性/类别范畴的句法重要性在于某些句法结构有相应的一致关系形态，如俄语的性范畴。假如性/类别范畴只涉及名词词义和构词法的局部，无关乎句法，其语法重要性就不强。如英语的 actor ~ actress, lion ~ lioness 之类。汉语某些方言的部分动物名词似乎有性的标记，如"鸡公～鸡婆、牛牯～牛婆"之类。有些性别标记还扩展到泛指一类动物甚至非生命物，如南方湘粤客赣方言中的"虾蟆婆_{大蛤蟆}、虾公_虾、蚊公_{蚊子}、虱母、虱子、虱婆子_{虱子}、鼻公_{鼻子}、奶婆_{乳房}、脚臀公_{脚跟}、袄婆_{棉袄}、笠婆_{斗笠}、碗公_{大碗}、刀嫲_{砍刀}"等（详见伍巍、王媛媛 2006），但这些并不带来一致关系等句法要求，因此也仅是一种局部的构词现象。假如类别范畴是靠汉语量词那样的分析性单位体现的，由于涉及句法层面的量-名选择组合关系，这种范畴具有一定的句法重要性。假如量词如粤语、吴语那样还有分类以外多种句法语义作用，如个体化、实指、定指（类冠词）、兼用定语标记等，则这种分类范畴就变得更加重要，可以视为显赫范畴（参看刘丹青 2012）。

数范畴。数范畴也是在有数一致关系的情况下才更加重要。这里要注意的是，一致关系不仅存在于形容词、领属语与核心名词的关系中，而且存在于指示词、量化词等与名词的数的关系中，例如英语 this book

和 these books 就用不同数的指示词与核心名词的数保持一致，两个指示词在此不能互换。汉语总体上没有一致关系，即使将后缀"-们"分析为复数后缀，也不产生一致关系的后果。但是有些汉语方言指示词与名词间存在数一致关系，在单数和复数名词之前要用不同的指示词。例如山西晋城方言指示词"指单个儿事物"用 [ti˧]（这）、[ni˧]（那），"指两个以上事物、表处所"用 [tiəʔ˧]、[niəʔ˧]（乔全生 2000：18）。

格范畴。它直接体现句子中最重要的结构关系——名词与其他成分尤其是与核心谓词的关系。通常人称代词比名词更容易有相应的格。最容易存在的格是领属格，这也是英语名词最后剩下的格。汉语方言中有代词领格的现象，是从定语标记融入代词而来，比较典型的是客家方言的三身代词领格，如梅县话（袁家骅等 1983：171—172）：

Ⅰ身：ₑŋai（主格）～ ₑŋa（领格）（引者按：所谓主格也能做宾语等，应叫代词原型）

Ⅱ身：ₑni（主格）～ ₑnia/ₑnie（领格）

Ⅲ身：ₑki（主格）～ ₑkia/ₑkie（领格）

代词的主宾格对立虽然在汉语方言中稀见，但类似主宾格对立的现象也不是完全没有。祁门徽语第一人称主语位置用"我"[a˩]，宾语位置用"晓"[ʂɯːə˩]，这是大致的倾向，不是严格的规则（平田昌司主编 1998：269）。此外，胡明扬（1957，1987）报道海盐各乡镇吴语人称代词有格的形态，其中主格词形主要为双音节的，宾格词形多为单音节。张薇（2010）详细报道了海盐沈荡话的类似情况，包括宾格形式和属格相同，复数代词也有相应对立等情况。刘丹青（1999）也报道吴江吴语单数人称代词有单双音节两套，单音节多用于宾语，双音节多用于主语，并指出这一单双音节分工也见于晚明小说《三刻拍案惊奇》中的杭州方言。可见这是江浙毗邻地区吴语的普遍现象。陈昌仪（1995）报道铅山赣语人称代词主、宾格词形有异，主格用单音节，宾格用双音节，与江浙毗邻地区吴语的分工相反。西北地区方言由于受阿尔泰和藏缅等有格标记的 SOV 语言的影响，存在着用"哈"等格标记标示动词前的宾语等的情况。

指称范畴。指称范畴表示名词性单位的有定、无定、类指、无指等，这是一个传统语法不够关注的领域，需要特别加强。有些指称义常常入库，如用指示词、定冠词或类似定冠词的词等显性成分表示有定，用来自数字"一"的冠词或类冠词表无定。另有一些常常不入库，而以比较隐性或间接（借用其他指称成分）的方式存在，如类指、无指，也需要加以揭示。

信息地位。就是特定成分在信息结构中的地位，体现说话人如何赋予某成分的信息重要性。在汉语方言中，具有显著信息属性、对句法有较大影响的成分是话题和焦点，其他如激活的信息、共享的背景信息、偶现的信息等信息种类也可能在句法表征上各具特点。

指称范畴和信息地位有关而不等同，是方言语法调查研究中需要关注的新领域。

1.3.3 形容词和副词的形态。形容词较常见的形态是级，即比较级、最高级等。汉语中形容词的级通常凭借差比句句法来表现而没有级形态，但有些方言中差比句谓词前要加个程度语素，如闽南话的"恰"（或作"较"），如"小弟并阿姐恰仙_{弟弟比姐姐清闲}"，这个"恰"较接近比较级标记。此外，汉语方言普遍具有形容词的性质与状态之别，状态形容词又叫生动式，其形式往往带有重叠一类乐感强的要素，它们在句法上也通常有别于性质形容词。同一方言中的状态形容词可能有多个形态-句法小类，其中有些有程度的差别，如苏州话"通通红"程度高于"红通通"。但这种程度是非关系性的，不涉及与基准的比较。

副词的形态通常少于形容词，而且其拥有的形态也多半与形容词相同相近，如级范畴。

1.4 虚词和附缀

虚词和形态，常有相近的语义语用功能，只是手段本身的语法属性不同。形态和虚词通常都是语法化的产物，只是语法化的途径或程度不同。其差别通常表现在这些方面：独立性和黏附性程度；加在什么级别和范围的成分上（形态加在词上，虚词可加在更大的单位上）；读音强弱；有无词内和词间音变；使用的强制性如何，等等。

虚词最重要的分类角度是关系性虚词和非关系性虚词。关系性虚词承担将句法成分组合起来的功能，如被称为介词、连词、结构助词之类的成分。非关系性虚词只用来表示一定的范畴意义，与句法结构的组合并不直接相关，如时体助词、不影响一致关系的表数虚词等。但非关系性虚词也可能以其他方式影响句子中成分之间的同现关系和合格度，可以说对句法的作用更加间接或隐蔽一些。

附缀（clitic）是句法上有词（包括虚词）的身份，语音上已经失去独立性，需要依附在相邻的宿主上的成分。在历时平面，附缀可能是独立词向词缀等词内成分语法化的中间阶段；在共时平面，附缀常常造成句法结构的层次错配、依附方向错配、语序错配等特殊现象，值得在调查中关注（刘丹青编著 2008a：547—564；白鸽等 2012）

1.5 重要而常见的句法操作

传统语法主要关注成分和结构，当代语法理论还非常重视句法操作，如话题化、焦点化、关系化、名词化、被动化、及物化及其他增元操作（如以致使标记或结果补语增加论元）、去及物化及其他减元操作（如以反身或相互标记减少论元），等等。句法操作将表面上不同的结构联系了起来，可以认为甲结构是乙结构加上某个句法操作之后产生的。也可以说，句法操作是直接反映语法的规则性的重要方面。

二、显赫范畴

2.1 同样作为入库范畴，相关的语法现象在不同语言中的重要性或者说类型学地位可以很不相同，因为语法手段的语法化程度不同、功能强弱不同，会造成该范畴在特定语种中的使用频度、在语义分布中的扩张度和母语人语言心理中的激活度或可及性的差异。具有充分的语法手段表征其存在或扩展其语义语用用途的范畴就被称为显赫范畴（刘丹青 2011，2012）。塑造（to shape）一种语言整体类型面貌的不仅是入库范畴，还有显赫范畴。显赫范畴由于在特定语言中的强大作用而对该语言的类型特征产生重要影响。

关于汉语里的显赫范畴，刘丹青（2012）已结合汉语方言做了一些举例分析，可以参看。本文再举一个在汉语各方言中普遍显赫的范畴作为个案：小称（diminutive）范畴。

小称，是一个见于众多语言的形态范畴。我们熟悉的外语不难见到小称形态，或构词，或构形。英语的小称只有名词的若干种不能产的构词后缀（有的兼爱称昵称）。如（引自 Huddleston & Pullum 2002：1677）：

用于小动物等的 -ling：duckling（小鸭子）、gosling（小鹅）、codling（小鳕鱼）、spiderling（小蜘蛛）、seedling（幼苗）、sapling（小树）、nurseling（奶妈养育的婴幼儿）。

用于部分名词、动词和形容词表示小、可爱、亲昵的人或事物的 -ie/-y（多见于苏格兰、澳新英语等变体）：doggie（小狗）、piggy（小猪）、sweetie（糖果）、cookie（小甜点）、daddy（爹咃，父亲的爱称）、brownie（果仁巧克力饼干；幼女童军）。还有人名昵称 Johnny（< John）、Billy（< Bill < William）、Susie（< Susan）、Cathy（< Catherine）。

用于部分物品的小称的 -let：booklet（小册子）、flatlet（小公寓）、ringlet（小环）。

这些小称派生法在整个英语形态中是微不足道的一部分，只涉及数量很有限的一些词语，属于入库而不显赫的构词形态。

现代汉语是以形态少而著称的，但是，现代汉语及其各个方言却几乎无例外地具有能产的小称形态，而其形态手段并不相同。这些形态不仅能派生出众多的小称名词，而且其表义功能相当强大，扩展到了许多的语义域。下面我们就从语法手段和语法意义两大方面来分析一下小称范畴在汉语方言中的显赫性。

2.2 从形式上看，小称是汉语中最接近狭义形态的语法手段。汉语方言中表达小称的形式手段大致有如下几类：

2.2.1 儿化：实质是韵母交替形态，历时上来自儿缀（又称儿尾）的并入。见于北京话和大部分官话方言及部分非官话方言。

2.2.2 儿缀：即"儿"字作为后缀，历时上来自表示"儿子、后代"义的实语素，同时又是儿化及某些变韵变调的源头。具体读音又分好几种情况。

a. 自成音节的 [ɚ]（保定老派，吴继章等主编 2005：56）、[əl]（杭州，徐越 2007：155—161）、[ʐʌʔ]（平遥，侯精一 1999：360—363）等。这些都跟"儿"的现代官话或晋语读音关系密切。

b. 自成音节的 [ŋ̍]（金华吴语、绩溪徽语）、[ŋ]（温州吴语）、[n̠i]（衢州吴语）等（分别见钱乃荣 1992：719；平田昌司主编 1998：37）。都与"儿"作为日母字的上古鼻音声母读音和现代吴语徽语"儿"的白读音有关。

c. 作为韵尾的 [r]、[ɚ]、[ɯ] 等，是成音节"儿"尾到儿化的过渡阶段。如果韵尾不影响前面韵母的音值，那韵尾作为音段成分仍然是后缀的性质，没有造成前一音节的"化"。正如英语中加在音节末尾的后缀 s，ed，er 等（如 cars 中的 [s]，worked 中的 [t]，worker 中的 [ə]）。其实有儿化音的方言，往往有一些或很多音节的"儿化"并不发生"化"，而只是加上一个上面所举的那种音。如保定话儿缀音除了成音节的 [ɚ] 尾（原书作 [ər]）之外，大部分音节后只是加上不成音节的 [ɚ]，并不造成前一音节的"化"。

d. 作为韵尾的 [n]（屯溪、祁门徽语）、[ŋ]（温州、宁波吴语）等。这些鼻音韵尾不成音节，没有声调，充当前一音节之韵尾，只要不导致韵母前部的变化，性质上仍是词缀。

2.2.3 变韵。即通过韵母变化构成小称，性质上接近于儿化，甚至可能来自儿化，但在共时平面与"儿"的语音关系已不够清晰或确定。如山东西鲁片方言中的定陶、平邑及西齐片的淄博各区县、章丘等都有通过变韵构成小称的手段（钱曾怡主编 2001：74）。如平邑话 [ã]、[iã]、[uã]、[yã] 变为 [ɛ]、[iɛ]、[uɛ]、[yɛ] 构成小称。变韵也常与下面的"变调"同时发生。

2.2.4 变调。变调可能来自某种儿化形式的伴随现象，也可能伴随变韵等现象发生，但也有已经存在独立的小称变调。

有些方言的某些音节在儿化时会伴随变调现象，假如同样的变调也发生在不儿化的音节上并且表达与儿化同样的语义，那变调就成为小称变调。如南京话上声字儿化念阳平，如"眼"[ien↘]>"对眼儿"[tuəi↑ier↘]，但是[u]、[oŋ]等音节不允许儿化，其上声字有小称义的[˧]（24调），就是小称变调，如"摇鼓[iɔ↑ gu↘]拨浪鼓｜笔筒[pi ʔ7 tʰoŋ↘]笔帽[有别于不变调的放笔的"笔筒"。见刘丹青（1995）。标调据刘丹青（1998）]。信宜粤语的变调也与[n]儿缀有关（比较吴语儿缀[n]），其小称音变规则为：遇单韵母则加[n]韵尾，遇入声韵则塞韵尾变同部位鼻韵尾，其他情况不变音，这三种情况下，声调都变为"高扬"调（詹伯慧主编2002：204）。可见"高扬"调是小称变音中最基本的要素。

有些变调与儿化之类手段的关系暂未明了，音值上多是以高调表示小称（朱晓农2004）。例如浙北嘉善吴语二字词的小称表现为后字不管原调类如何一律变55高调的连读变调模式，前字则按一定调类而变调（徐越2007：179—186）。这基本上是纯用变调表现的小称，但其中入声字会脱落喉塞音韵尾，可视为变调的附带特征。

2.2.5 "子、仔、唧、嗰、崽、嘚"等"子"系后缀及其他来源的后缀。这些后缀可能有同源关系，有些是读音分化或只是俗写的差异，它们分别在部分方言中用作小称后缀。"子""儿"本义相近，均表后代，不过子缀在很多方言中与儿缀、儿化或重叠名词小称手段等共存并形成语义对立，小称作用减弱。在某些方言中子尾确有小称作用，例如福建连城客家话就以"子"[tsai↘]为小称后缀，如"鱼～鱼子小鱼、凳～凳子小凳、徒弟～徒弟子小徒弟"（项梦冰1997：33）。粤语小称常用"仔"[tsɐi↑]，其能产性甚至扩展到专有地名，如"香港仔、九龙仔"。湘语多用"唧"[tɕi]/"嗰"[jie]，都是"子"[tsɿ]的变体（有学者视为"子"的白读），与常用但小称义不明显的"子"有语义分工。此外湘语还同时使用"崽"，有时与"唧"组合成复合小称词缀，"崽唧"还能加在带"唧"的词后，形成小称后缀的多重叠加，如"碗崽唧、脚盆崽唧、芋头崽唧、伢唧崽唧"（罗昕如2006：189—199；徐慧2001：53—60）。赣语用"嘚"表小称，可能也是"子"的变体（塞擦音的塞音化），如吉安话"箱子～箱嘚小箱子、台桌子～台嘚小桌子、裤子～裤嘚童裤"

(昌梅香 2006)。此外，闽语以"囝"为小称后缀，与以上"子"系的后缀没有同源关系。

2.2.6 重叠。主要分布在西北、西南和吴语区北部，有时与儿化或子尾等手段结合出现。如山西太原"刀刀_{小刀}、虾虾_{小虾}"，运城"桌桌_{小桌}、眼眼_{小孔}"（乔全生 2000：32）；陕西西安"罐罐_{小罐子}、柜柜_{小柜子}"（孙立新 2004：209），神木"蛋蛋_{小的圆形物}、猴猴_{排行最小的孩子}"（邢向东 2002：283）；甘肃兰州"坑坑_{小坑}、碗碗子_{小碗}"（王森等 2005），山丹"瓶瓶子、叶叶儿"（何茂活 2007：316）；四川成都"眼眼_{小孔}、路路_{条状痕迹}"（张一舟等 2001：38）；苏州吴语"包包_{小包}、洞洞_{小洞，孔}"（刘丹青 1986）。

以上列举了汉语方言中表达名词小称的 6 大类语法手段，有些大类内部还包括一些小类。有时同一个小称名词采用多种语法手段，如"变韵＋变调"，"儿化＋变调"，"重叠＋儿化"等。一个方言同时存在分别使用的几种小称手段也不罕见。如西北、西南官话通常同时存在重叠和儿化。值得重视的是，以上所述的小称表达手段，都是语法化程度很高的形态现象，无论来源如何，今天作为后缀的"儿、子、仔"等，还有变韵、变调、重叠等，都是地道的形态手段，绝不是句法组合或复合词结构。而且，这些手段在上举方言中都是相当能产的。如北京话的儿化，粤语的"仔"尾词，浙江吴语的鼻音儿缀词，都是难以穷尽列举的构词形态。假如某种小称手段是不能产的，通常该手段不是所在方言的唯一的小称手段，而另有能产的手段。例如，苏州方言有少量带鼻音儿缀或儿韵尾的小称词，这种形式在明清苏州话文献中还比较多，但在现代苏州话中数量不到十个，如"筷儿 [ŋ]，小娘儿 [ŋ]"等，同时，苏州话存在比鼻音儿缀更能产的重叠小称词（此式不见于明清吴语文献，当是后起的），如上文所举，再如"袋袋、路路_{小缝}、梗梗、脚脚_{沉淀的渣滓}、屑屑"等（参看刘丹青 1986）。

2.3 以上引述的形态现象，在被引文献中都以不同的方式表明该手段的主要语义是表"小称"，小称无疑是这些形态现象的核心原型语义。因此，从构成手段的语法化程度和常用度来讲，小称完全称得上是汉语跨方言显赫的重要形态范畴。

显赫范畴的重要属性之一是其范畴扩张力,即相关手段常在表达其核心范畴之外还用来表达相邻的甚至遥远的语法意义。我们就以此来检测汉语方言的小称是否具备这一属性。

苏联汉学家龙果夫(中译本1958)对北京话儿化(他称为"语尾儿")的多义多功能做过细致分析。他提到的语义功能有:(1)表示"另一物体的一部分",即构成部分或部位名词,如"房门儿、河沿儿、山坡儿、桌子面儿……墙缝儿、鞋筒儿、鼻梁儿……"。而"门儿、扣儿、影儿"在他看来则是整体暗含着的部分名词。(2)跟"部分"义有关的空间关系的词,包括一部分副词性的词,如"旁边儿、外头儿、后沿儿、前儿"等,以及"地方儿、座儿、地面儿、路儿、道儿……时候儿、空儿……明儿、今儿、会儿"。(3)同样跟"部分"义有关,构成表示(数量方面的)份额和部分的词,如"份儿、段儿、半儿"等。(4)还跟"部分"义有关,出现于"表示跟人或物不可分的联系着的抽象概念的抽象名词",如"魂儿、气儿、性儿、劲儿"等。这些实际上是人的抽象层面的一部分。(5)"表示人类活动的种种现象",如"事儿、话儿、步儿、喊儿、歌儿、曲儿……活儿、工儿、理儿"。(6)用于名词的基本义以外的引申义,龙果夫认为这也与其"部分"义有关。如"起身儿、拉线儿、吊个纸儿_{吊丧}"等词组中的儿化名词。(7)名词用作计算词(即量词——引者),如"一身儿、一手儿、一所儿"等,他也认为与"部分"义有关。(8)人体部位有关的引申义,如"心儿_{心灵}、脸儿_{面子}、口儿_{年纪}、头儿_{领袖}、眼儿_孔"。(9)与"部分"义和引申作用两者都相关的词,如"画皮儿、窗户眼儿、话把儿"。(10)由不及物动词、形容词、数词等构成的抽象义名词,如"(道个)喜儿、(看了个)过儿、(吓了个多半)死儿、(没)错儿、(问)好儿、(太阳冒)红儿、(打)杂儿、三十儿_{三十岁}"等。(11)"语气性的系词后",如"(替他认个)不是儿"。(12)与抽象名词和派生义有关,常用在专有名词和外号中,如"金凉水儿、江三坏儿、宝儿、喜儿、四儿"。(13)由抽象义进一步派生出的副词,如"就里儿、可巧儿……故意儿的"。此外,龙果夫对"儿"的小称作用也做了新的阐述，认为只有在跟非小称对立时才有小称义。很多时候只是强调其小称义，但"儿"本身可以去掉而不影响语义。他指的是本身已有表小的成分的时候，如"小刀（儿）"。"在那些表示一样东西里最细小、最微细的部分的词里使用语尾'儿'，自然也应当归在这一类现象之中，如'点儿、些儿、丝儿、星儿'"，他的意思是，这些词本身就有小的意义，表小称的语尾"儿"强调了这小的一面。

龙果夫对"儿"的分析似还有不够全面之处。例如，儿化有名词化等词类转化功能和个体化功能（方梅2007），儿化也具有明显的喜爱、亲密、轻视等与小称有关的语义色彩，此外还有少数口语动词的儿化，如"颠儿、玩儿、火儿"，这几项都可视为小称原型义的直接或间接的扩展功能，而龙果夫均未提到。此外龙果夫也有一些分割过细之处，如有关"部分"义和抽象名词的小类过于繁琐。但是，他的分析总体上解释了"儿化"的强大表义功能，至今仍富有解释力。他虽然从"部分"义出发来分析，但仍然肯定了"儿"的小称作用。我们认为，部分义归根到底源自小称义，因为部分永远小于整体，是最恒定的表小功能；也只有小称义能给所有语义功能提供最终的源头，例如喜爱、亲密等就无法溯源到"部分"义。

北京话儿化的多功能模型，典型地展示了显赫范畴的强大扩展能力，能够跨越多个语义域（数量、空间、时间、抽象属性、具体动作、感情色彩等），能够延伸到离形态的原型语义（小称）相当遥远的语义，但仍然带着原型义的印记。这一模型，大体上反映了儿化发达的官话区儿化、儿缀形态的状况，只是在细节上可能互有参差。

徐越（2007：155—176）对杭州方言的儿缀（[əl]）小称的表义功能也做了细致分析。她把儿缀的很多表义用途放在"修辞功能"里面来说，认为"'儿'的本义是'儿子'，转为词缀后，其基本意义或初始意义是指小，在指小过程中又衍生出喜爱义、戏谑义、轻蔑义，以及轻松活泼、形象生动等意义。因此儿缀既是一种构词方式，又是一种修辞方式"。在表小义方面，作者还具体分析到可以表细小、微小，包括"形体上的小、数量上的少和程度上的轻"，其中程度轻还扩展到了动词形容词用法，如"争争儿、荡荡儿_闲逛_、跌跤儿、乖乖儿"。很多小称词与同类的名物比有大小之别、广狭之别，如"袋～袋儿，小车～小车儿_玩具_"。其他各义也都有大量举例分析。在"修辞功能"之前，徐书也分析了儿缀的语法作用特别是变换词性的作用，最常用的是动词变名词，此外还有形容词变名词，如"亮儿_灯_、尖儿_尖子_、老儿_老天_、荤腥儿_荤菜_"，形容词变动词，如"香香儿_大人亲吻小孩_、省省儿_省着点儿_、假假儿_假装_"。

以上北京话儿化、杭州话儿缀表义功能多样化的情况，都不是偶然的情况，都没有超出小称多功能模式的跨语言比较所发现的引申模式的范围，王芳（2012：§4）对小称的语义功能扩张模式有详细的介绍和分析，并对不同方言各种手段所表小称的语义多功能模式进行了全面整理概括和图表化展示，可以参看。从中可以看出，包括名词化、用于形容词表程度减轻等在内的句法语义功能，都是小称语义引申模式中的常规结果。

刘丹青（1986）对苏州话重叠式小称名词也做过语义分析，其中提到的几项语义功能，也都在北京话儿化、杭州话儿缀及跨语言的小称多功能语义模式的范围之内，如表细小（屑屑、末末头）、表量少（一点点）、表空间部位或位置［边边（头）、角角（头）、尖尖头］、表亲昵、词性转变，等等。

王芳（2012）所介绍和分析的小称语义多功能模式，是在许多语言方言的比较中汇总而来的，而北京话、杭州话等"儿"类小称形式能在一种方言中同时实现这么多表义功能，跨越这么多语义域，这是只有显赫范畴才具有的扩张力，并因此对一种语言方言的类型产生重要影响（北京话的儿化、杭州话的儿缀确实构成了方言的显著特征，常是外地人模仿其地方色彩的首选项）。这是我们在语法调查中要重点发掘的事实。

2.4 结合语法形式和语法意义两方面来看小称作为汉语里一种显赫范畴的类型特点：

1）小称在所调查的所有方言中都有语法化程度高且非常能产的形

态手段表达，这对于一个形态稀少的语言来说是相当突出的类型现象，这种形态在所在语言的相对重要性非常显著。

2）小称是个在众多语言中都入库（进入语法的构词法库藏）的范畴，但是并不都成为有强大扩展功能的显赫范畴。小称范畴的显赫成为汉语的显著特点，而且是一种跨方言显赫范畴。这一共同特点是在汉语史上逐渐形成的，因为古代汉语并没有显著的小称形态。

3）小称在不同方言中所用的形态手段不尽相同，可以说是一种"跨形态"的显赫范畴。其中有些在历时层面可能有渊源关系，如儿化、变韵和变调，有些则渊源关系不明。总之，在共时平面，汉语中小称范畴跨方言的显赫度是建立在语义范畴而不是语法手段的共性基础上的。可见，显赫范畴不等于显赫手段，它以语义范畴为视点。虽然显赫范畴常常借助于显赫手段来表达，但是同一个显赫范畴可以借助不同的手段来表达。

4）小称范畴的显赫，尤其是其功能的扩展，对句法有部分的影响，主要表现在小称形态的词类转换功能以及表示空间关系等功能上。但小称范畴毕竟是存在于构词法层面的形态现象，它对句法的作用力总是不如性、数、格这类直接作用于句法的形态范畴。这一以形态为表达手段的显赫范畴不足以根本改变汉语作为一种分析性的非形态语言的类型属性。

5）显赫范畴的确定，既要依靠扎实细致的调查和对材料的分析，也要以类型学为背景进行比较。假如不进行跨语言比较，我们就无法知道小称范畴在其他语言中虽然常常入库但不一定像汉语小称那么显赫。

参考文献

白　鸽、刘丹青、王　芳、严艳群　2012　北京话代词"人"的前附缀化——兼及"人"的附缀化在其他方言中的平行表现，《语言科学》第 3 期。

昌梅香　2006　江西吉安赣语"得"后缀研究，《陕西师范大学继续教育学报》第 3 期。

陈昌仪　1995　江西铅山方言人称代词单数的"格"，《中国语文》第 1 期。

戴庆厦、傅爱兰　2000　藏缅语的是非疑问句，《中国语文》第 5 期。

戴庆厦、傅爱兰　2001　藏缅语的述宾结构——兼与汉语比较，《方言》第 3 期。

邓思颖、张和友　2011　空语类的允准及普通话、粤语话题类系词句的句法差异，《语言科学》第 1 期。

方　梅　2007　北京话儿化的形态句法功能，《世界汉语教学》第 2 期。

何茂活　2007　《山丹方言志》，兰州：甘肃人民出版社。

侯精一　1999　《现代晋语的研究》，北京：商务印书馆。

胡明扬　1957　海盐通园方言的人称代词，《中国语文》第 6 期。

胡明扬　1987　海盐方言的人称代词，《语言研究》第 1 期。

刘丹青　1986　苏州方言重叠式研究，《语言研究》第 1 期。

刘丹青　1995　《南京方言词典》，李荣主编《现代汉语方言大词典》分卷本，南京：江苏教育出版社。

刘丹青　1998　《南京方言音档》，侯精一主编《现代汉语方言音库》分册，上海：上海教育出版社。

刘丹青　1999　吴江方言的代词系统及内部差异，《代词》，李如龙、张双庆主编，广州：暨南大学出版社。

刘丹青　2007　漫谈语法比较的研究框架，韩国《中国语教育研究》第 6 号。

刘丹青（编著）　2008a　《语法调查研究手册》，上海：上海教育出版社。

刘丹青　2008b　汉语名词性短语的句法类型特征，《中国语文》第 1 期。

刘丹青　2010　重温几个黎氏语法学术语，《北京师范大学学报》（社会科学版）第 5 期。

刘丹青　2011　语言库藏类型学构想，《当代语言学》第 4 期。

刘丹青　2012　汉语的若干显赫范畴：语言库藏类型学视角，《世界汉语教学》第 3 期。

龙果夫　1958　《现代汉语法研究》，郑祖庆译，北京：科学出版社。

罗昕如　2006　《湘方言词汇研究》，长沙：湖南大学出版社。

平田昌司（主编）　1998　《徽州方言研究》，东京：好文出版。

钱乃荣　1992　《当代吴语的研究》，上海：上海教育出版社。

钱曾怡（主编）　2001　《山东方言研究》，济南：齐鲁书社。

乔全生　2000　《晋方言语法研究》，北京：商务印书馆。

孙立新　2004　《陕西方言漫话》，北京：中国社会出版社。

王　芳　2012　重叠式多功能模式的类型学研究，南开大学文学院博士学位论文。

王　森、王　毅、姜　丽　2005　兰州方言语法（电子数据），收入刘丹青主编"现代汉语方言语法数据库"。

吴继章、唐健雄、陈淑静（主编）　2005　《河北省志·方言志》，北京：方志出版社。

伍　巍、王媛媛　2006　南方方言性别标记的虚化现象研究，《中国语文》第 4 期。

项梦冰　1997　《连城客家话语法研究》，北京：语文出版社。

邢向东　2002　《神木方言研究》，北京：中华书局。

徐　慧　2001　《益阳方言语法研究》，长沙：湖南教育出版社。

徐烈炯　1998　非对比性的方言语法研究，《方言》第 3 期。

徐　越　2007　《浙江杭嘉湖方言语音研究》，北京：中国社会科学出版社。
袁家骅等　1983　《汉语方言概要（第二版）》，北京：文字改革出版社。
詹伯慧（主编）　2002　《广东粤方言概要》，广州：暨南大学出版社。
张　薇　2010　海盐沈荡话人称代词的"格"，《浙江树人大学学报》第 2 期。
张一舟、张清源、邓英树　2001　《成都方言语法研究》，成都：巴蜀书社。
朱德熙　1982　《语法讲义》，北京：商务印书馆。
朱晓农　2004　亲密与高调：对小称调、女国音、美眉等语言现象的生物学解释，《当代语言学》第 3 期。

Comrie, B., & Smith, N. 1977. Lingua descriptive studies: Questionnaire, *Lingua*, 42, 1-72.

Grinevald, C. 2000. A morphosyntactic typology of classifiers. In G. Senft (ed.), *Systems of Nominal Classification*. Cambridge: Cambridge University Press.

Huddleston, R. & Pullum, G. K. 2002. *The Cambridge Grammar of the English Language*. Cambridge: Cambridge Universiey Press.

Palmer, F. R. 2001. *Mood and Modality* (2nd ed.). Cambridge: Cambirdge University Press.

（原载《方言》，2013 年第 3 期）

Syntax of Space across Chinese Dialects[*]: Conspiring and Competing Principles and Factors

1. Introduction: Universality and Diversity of Spatial Expressions across Languages

Spatial roles, including location, spatial source and goal (grammatically locative, ablative, elative or allative cases), are among the most basic roles that a language often appeals to in a sentence. It is well-known that a typical news report often contains information concerning the Six *Wh*s, namely *Who*, *When*, *Where*, *What* (to do), (to) *Whom/What*, and *Why*. In fact, these six *Wh*s represent the crucial information which a sentence should provide in human languages. It is thus not surprising that almost all of these *Wh*s have their corresponding syntactic functions in a clause or sentence: subject for *who*, predicative verb for *what* (to do), object for (to) *whom/what*, temporal adverbial for *when*, spatial adverbial for *where*, and causal phrase/clause for *why*. In this sense, to express spatial roles is a universal task of human grammars.

---

[*] The author thanks Prof. Dan XU (Paris), Prof. David Xing CHENG (New York), Prof. HU Jianhua (Beijing), Dr. SHEN Yuan (Shanghai), Dr. Peppina LEE (Hong Kong), Dr. TANG Zhengda (Beijing) and Dr. CHEN Yujie (Hangzhou) for their various kinds of constructive help with the preparation and revision of this chapter.

A spatial 'role' is not just a semantic category, it also performs a syntactic function with a thematic role in a clause as well. It is not the case that an expression of spatial denotation must correspond to a spatial role in a clause syntactically. For instance, while *Melbourne* is a place name, hence, a spatial expression semantically, in the sentence 'Melbourne plays a big role in the economy and education of Australia', *Melbourne* does not take up the spatial role but a sort of agentive role, and functions as the subject of the sentence syntactically. It is only in sentences like 'We met each other in Melbourne' that *Melbourne* takes up the spatial role.

Moreover, the syntactic counterparts of the Six *Wh*s are not of equal importance in argument structure and clausal syntax. For instance, the constituents answering *Who* and (to) *Whom/What* questions typically occur in the subject and the object positions of a clause respectively, with both being direct arguments projected by the verbal head, as has been assumed by the formal linguists. The temporal and spatial constituents, corresponding to *When* and *Where* respectively, usually occur as adverbials (adverbs, adpositional phrases, or adverbial clauses), hence indirect thematic roles. In current syntactic theories, spatial adverbials can take up either argument position in a sentence, such as in 'He put the book *in his study*', or adjunct position, such as in 'He is reading *in his study*'. Since they are adverbials, there are always morphological or syntactic means to mark their status as adverbials in human languages.

All languages are equipped with some devices to mark spatial denotations, but the nature of these devices may vary. In languages with morphological cases, spatial cases usually belong to one of the basic cases. In Latin, a typical inflectional language, ablative cases are assigned for most nouns and locative cases for some place-denoting nouns. In Uyghur, a typical agglutinative language spoken in Xinjiang, China, there are three spatial cases marked by suffixes to nouns. They are -*ta* for location, -*ya* for locative goal and -*din* for locative source. Relevant examples are given below (cited from Litip Tohti 2001: 226-227).

(1) a. Bala karwat-*ta* uxlawatidu

　　　child bed-Loc slept

　　　'The child slept on the bed.'

　b. Män bazar-*ya* bardim

　　　I market-Goal went

　　　'I went to the market.'

　c. Biz šinjaŋ-*din* källduq

　　　we Xinjiang-Source came

　　　'We came from Xinjiang.'

In some languages, spatial roles are linked by adpositions (prepositions/postpositions), which are syntactically more independent and analytical than morphological case-marking devices. For example, English as a language without spatial cases offers only prepositions as space markers, such as *in*, *at*, *on*, *under*, *beneath*, *above*, *to*, *from* and complex prepositions like *in front of*, *on top of*, etc.. In the Yi language spoken in Bijie, Guizhou, China, an analytical Tibeto-Burman language, spatial constituents are marked by postpositions, as in "$ʑi^{21}$ $xɯ^{21}$ ko^{33} $dʐo^{55}$" (lit. pool-in-at), "$ɣo^{13}$ ka^{33} k^hue^{33} $k^hɯ^{21}$" (lit. south from north to) (data from Ding 1993: 276, 280). In some languages, a preposition co-occurs with a postposition to signal a spatial expression, as in German, Ewe, Amharic and Pashto.

(2) German: *von* hier *ab* (Zhang 1994: 356)

　　　from here from

　　　'from here on'

(3) Ewe: *le* xɔ *megbé* (Heine *et al.* 1991: 140-141)

　　　at house behind

　　　'behind the house'

(4) Amharic: *bä*-bet *wast* (Greenberg 1995)

   in-house interior

   'in(side) the house'

(5) Pashto: *pa* kor *kše* (Greenberg 1995)

   in house interior

   'in(side) the house'

A combined use of a preposition and a postposition is referred to as circumposition. Moreover, a combination of a morphological case and an adposition can also be found in some other languages. For example, in Russian, although nouns can be marked with locative case, an NP in locative case alone is not enough for a spatial expression in a clause and a preposition is required.

The boundary between morphological case markers and adpositions is not always clear-cut. In Japanese, for example, spatial markers such as *-de* 'at, in, on', *-e* 'in, into, to' and *-ni* 'at, in, to' are called (locative) 'case markers' by some grammarians and 'postpositions' by others. Such a situation exists more readily in postpositional languages, since postpositions are often less free and more dependent than prepositions and thus behave more like case affixes.

Even in languages whose spatial expressions are usually marked by grammatical means, there are still cases in which an NP serves directly as a syntactic spatial expression based on its semantic meaning without grammatical marking. This is considered as a syntactic spatial expression because it occurs in an adverbial position without occupying any slot for direct arguments. Under such a case, word order might still work if it is not a case of free word order. This is often the case in Chinese. The *way*-phrase in English sometimes serves this function as well, as in 'Let's meet *the way out*'.

Contemporary typological studies make a crucial distinction between head-marking and dependent-marking (c.f. Nichols 1986). If a dependent-head relationship is marked on the head, it is an instance of head-marking; and if it is marked on the dependent, it is an instance of dependent-marking. For example, in English, one can say 'the man's house', with the genitive suffix on the dependent 'the man'. In Hungarian, by contrast, a different morphological strategy is adopted, as is shown in (6)

(6) az ember hàz-*a*

the man house-3Sg

'the man's house' (cited from Nichols 1986: 57)

While the possessive noun *ember* is left unmarked morphologically, the head noun *hàz* is suffixed with *a*, the marker for a noun modified by a third person singular genitive. In addition, since adpositions are also markers for dependent relations, in the English phrase 'the house of the man', the preposition *of* is also a dependent-marker, since it takes the possessive noun phrase 'the man' as its immediate constituent.

The parameter of dependent-marking vs. head-marking is also relevant to spatial expressions. It is observed that some categories like person, number and gender prefer head-marking, while adjuncts or peripheral/oblique NPs denoting location, direction, instrument, manner, etc. strongly favor dependent-marking in the form of case markers or adpositions. (c.f. Nichols 1986: 78-79; Song 2001: 200). Yet, as will be seen in this chapter, some types of head-marking do occur in spatial categories in Chinese.

The framework underlying the above analysis follows a typological tradition reflected in many language descriptions. From the point of view of Talmy's typology of spatial expressions (c.f. Lamarre 2008), this framework may fit the Satellite-framed languages more than Verb-framed languages. In Verb-framed languages, clauses expressing spatial relations take the form as the English clause 'John entered the room' instead of 'John came into the room'. In the former clause, with the 'path verb' *to enter* serving as the predicative verb, the spatial expression *the room* functions as the direct object of the verb instead of an adverbial. In this chapter, however, we will still follow the traditional typological framework, in view of the following three points. Firstly, Chinese, especially Modern Chinese, is basically a Satellite-framed language, and the traditional model can well serve to describe and analyze its syntax of space. Secondly, the focus of Talmy's insightful framework is how verbs conceptualize spatial meanings while the main objective of this chapter is to examine how the spatial NPs in a clause are expressed syntactically. The traditional framework seems to serve our objective better. Thirdly, Talmy's model focuses on sentences denoting spatial movement and existence, while the traditional model aims to cover more phenomena of typological significance, which allows us to integrate morphosyntactic facts regarding spatial expressions into a more global typological view of the languages and dialects in question. Readers who are interested in Chinese facts under Talmy's typological framework may refer to Lamarre (2008).

In the sections to follow, I will begin my analysis by examining the typological characteristics of spatial expressions in Chinese across dialects. Data are mainly taken from Standard Mandarin, Beijing Mandarin and a number of Wu dialects, particularly Shanghainese Wu.

2. Commonality in Spatial Expressions among Chinese Dialects

Chinese dialects have much in common in the way they express spatial relations. The following are some main universals among dialects in this respect.

2.1 Lacking Morphological Spatial Cases, Such as Locative, Ablative, Elative and Allative Cases

Chinese as a whole is a 'caseless' language. All the meanings and functions indicated by morphological cases in other languages are expressed in Chinese by analytical means or simply left unmarked[1]. This caseless state also holds true in spatial category. The existence of morphological spatial cases is not reported in any varieties of the Chinese language. Below are some examples. For the abbreviations used in this chapter, see the Abbreviations.

(7) <AC> 出于幽谷，迁于乔木。(《诗经》)
    chū yú yōu gǔ, qiān yú qiáo mù
    go-out at deep valley move at tall tree
    '(The birds) went out from a deep valley and moved to a tall tree.'

(8) <SM> 我在教室里看书。
    wǒ zài jiàoshì-lǐ kàn-shù
    I at classroom-inside read-book
    'I am/was reading books in the classroom.'

(9) <SM> 他跳进了池塘。
    tā tiào-jìn-le chítáng
    3Sg jump-enter-Asp pool
    'He jumped into the pool.'

(10) <SH> 侬住辣上海哦？
    nung zy leq Zanghe va
    2Sg live at Shanghai Ptc
    'Do you live in Shanghai?'

(11) <Can> 佢行去学校。
    kheoi hang heoi hok'hau

3Sg walk go school

'He walked to school.'

In (7), both clauses use the preposition 于 *yú* 'at, to, from' to introduce the source or goal in the postverbal position, while in (8), a preposition (grammaticalized from a verb having existential meaning) and a postposition (from a locative relational noun) are used to mark the spatial adverbial preceding the verb. In this volume, postpositions are also called 'localizers' by Chappell and Peyraube, and 'locatives' by Sun. (7) and (8) exemplify the typical patterns of spatial expressions in Archaic and Modern Chinese respectively. In (9), a directional verb, or 'path verb', 进 *jìn* 'enter/into' is inserted between the verb and the spatial expression (as goal). The word *jìn* is halfway in grammaticalization from a full verb to a spatial goal marker. The way Shanghainese uses to introduce spatial constituents, as in (10), is similar to that in Archaic Chinese which signals a locative role following the verb with a preposition. In (11), a semi-grammaticalized deictic motion verb ('path verb') *heoi* 'go/to' is used to signal the goal role in Cantonese. The Mandarin or Shanghainese counterpart of this verb, being a full verb instead, cannot function in this way. Although various means are adopted by different varieties of Chinese to link spatial constituents, no morphological cases are involved. Prepositions, postpositions, and directional verbs used as markers of spatial roles in the above examples are either function words or semi-grammaticalized words.

2.2 Spatial Components with Zero Marking in a Clause

NPs without spatial marking can also play a spatial role in a clause under certain conditions. Word order then becomes the only means of conveying spatial meaning in these cases. Yet there are differences among dialects as to where these unmarked spatial components are placed and what kind of NPs can function in this way. Consider the examples below.

(12) <SM>   Compare: <SH>

他住（在）干面胡同   伊住*（辣）干面胡同

tā zhù (zài) Gānmiàn Hútong   i zy* (laq) Koemie udung

3Sg lives (at) Ganmian Lane   he lives (at) Ganmian Lane

'He lives in Ganmian Hutong.'   'He lives in Ganmian Hutong.'

(13) <SH> 老王今朝（到）杭州去。

Lo-uong jingtso (to) Ongtseu qi

Lao Wang today (to) Hangzhou go

'Lao Wang will go to Hangzhou today.'

(14) <SH> 老王今朝杭州来。

Lo-uong jingtso (to/zung) Ongtseu le

Lao Wang today (to/from) Hangzhou come

'Lao Wang will come to/from Hangzhou today.'

(15) <Can> 佢今日嚟 / 去深圳。

Kheoi kanyat lai/heui Santsan

3Sg today come/go Shenzhen

'S/he will come/go to Shenzhen today.'

For some verbs taking an inherent spatial argument such as those denoting 'come, go, fly, live, sit, put', spatial expressions can follow the verb without a preposition in Mandarin as well as in many other varieties of Chinese, although prepositions like 在 *zài* can also be inserted between the verb and the spatial expression. In Shanghainese and most Wu dialects, however, the preposition in such cases can hardly be omitted (c.f. Shi 1999, section 2.2.3; Liu 2003: 232, 276).

Interestingly, Shanghainese and many Wu dialects can (sometimes must) have the spatial expression preceding the verb and the preposition can then be omitted, leading to ambiguity, as shown in (14). When the spatial preposition-free expression precedes the verb 去 *qi* 'go', it denotes the goal (destination), and the omitted preposition must be 到 *to* 'to', as in (13). If the spatial expression precedes the verb 来 *le* 'come', its interpretation will depend on the relation between the place denoted by the expression and the location of speech. If the speech location and the denoted place are identical, the spatial expression will indicate the goal, and the omitted preposition should be 到 *to* 'to'. If the utterance occurs in a place other than the place denoted by the spatial expression, the expression will indicate the source (the starting location), and the omitted preposition should then be 从 *zung* 'from', hence the ambiguity in (14). If the verb is a directional compound V+V$_d$ with *le/qi* 'come/go' as V$_d$ (directional verb), the preposition-free spatial expression will invariably be interpreted as source regardless of its speech location, e. g. 杭州带来 *Ongtseu ta-le* (Hangzhou carry-come: carry here from Hangzhou) and 杭州送去 *Ongtseu sung-qi* (Hangzhou send-go: send there from Hangzhou). The above features are summarized in the following table.

Table 1: Interpretation of Spatial NPs with Zero Marking in Shanghainese

PATTERN	ROLE	OMITTED PREPOSITION
NP + 去 *qi* 'go'	goal	到 *to* 'to, towards'
NP + 来 *le* 'come'	goal (speech place = NP)	从 *zung* 'from'
	source (speech place ≠ NP)	到 *to* 'to, towards'
NP + V + 来 *le*/ 去 *qi*	source	从 *zung* 'from'

Finally, in Cantonese, the verb 嚟 or 去 *lai/heui* 'come/go' usually selects a goal role which follows the verb directly without appealing to a preposition, as in (15). This pattern has gradually become an acceptable or even canonical pattern in Standard Mandarin since the 1950's, though colloquial Beijing Mandarin still prefers the pattern of 'preposition + NP + 来 / 去 *lái/qù* 'come/go'. In many Wu dialects such as the Suzhou and

Shaoxing dialects, this Cantonese pattern is ungrammatical, although in contemporary Shanghainese, this pattern has become marginally acceptable due to the influence of Standard Mandarin. We will come back to this issue in the later part of this chapter with a typological explanation.

2.3 Intrinsic Spatial Verbs

As related to the phenomena discussed in Section 2.2, certain intrinsic spatial verbs in every variety of Chinese can assign spatial roles to NPs with no spatial marking. I termed these verbs as 'spatial-role-assigning verbs' in Liu (2002a). These verbs usually denote static existence (being), movement (come, go, walk, run, fly, swim...), placement of things (put, hang, carry...) and so forth, with the exact semantic range of the lexicon in question varying among dialects. The most typical and prevalent example of such verbs might be 在 *zài* 'be at' in Mandarin and its equivalents in other dialects. Examples of such verbs in Standard Mandarin are given below.

(16) 他在上海。

*tā **zài** Shànghǎi*

3Sg be(-at) Shanghai

'He is in Shanghai.'

(17) 我明天到香港。

*wǒ míngtiān **dào** Xiānggǎng*

I tomorrow arrive(-in) Hong Kong

'I will arrive in Hong Kong tomorrow.'

(18) 请走人行道。

*qǐng **zǒu** rénxíngdào*

please walk(-on) sidewalk

'Please walk on the sidewalk.'

(19) 大门朝南。

    *dàmén **cháo** nán*

    main-gate face south

    'The main gate faces south.'

(20) 这封信寄广州。

    *zhè-fēng xìn **jì** Guǎngzhōu*

    This-Cls letter mail Guangzhou

    'This letter will be mailed to Guangzhou.'

(21) 郑明去年调省政府了。

    *Zhèng Míng qùnián **diào** shěngzhèngfǔ le*

    Zheng Ming last-year change-job(-to) provincial-government Ptc

    'Zheng Ming changed his job to the provincial government.'

Some of these verbs play not only a special role in the synchronic syntax of Chinese, but also an active role in the diachronic process in which they constitute an important grammaticalizational source for spatial prepositions (c.f. Liu 2002a). Some examples are 在 *zài* (to exist at, to be located at > at, in, on), 到 *dào* (arrive at/in > toward, to, till) and 朝 *cháo* (to be toward > toward).

Regarding role-assignment, we should mention another group of verbs which are directional verbs such as 进 *jìn* 'enter', 出 *chū* 'go out', 过 *guò* 'go over, pass by, go through' in Mandarin. Their functions will be discussed in the later part of this chapter.

2.4 Circumpositions for Spatial Meanings

A spatial circumposition typically consists of a preposition denoting spatial relations like 'at', 'to', 'from' and so on, and a postposition or locative relational noun denoting spatial locations like 'inside', 'above', 'below', 'on'. In Mandarin, for instance, we have *zài...lǐ* (在……里 at...

inside ≈ in), *cóng…wài* (从……外 from outside), *dào…shàng* (到……上 to…on ≈ onto) and so on².

2.5 The Spatial Component Preceding the Verb as the Usual Order

It is common in modern Chinese dialects to have the spatial component preceding the verb, especially in cases where a preposition or circumposition is employed (PP + V), despite the fact that Archaic Chinese (c.f. Peyraube 1994, Sun 1996, Zhang 2002, among many others) and most VO languages (c.f. Dryer 1992) have the reverse order as their basic order, i. e. 'V + PP'. The following examples with the same interpretation are from Archaic Chinese, Standard Mandarin, Shanghainese and Cantonese.

(22) a. <AC> 晋人及秦人战于令狐。(《春秋》文公七年)

*Jìnrén jí Qínrén zhàn **yú Lìnghú***

Jin-people and Qin-people fight at Linghu

'Jin People and Qin People fought in Linghu.'

b. <SM> 晋人和秦人在令狐打仗。

*Jìnrén hé Qínrén **zài Lìnghú** dǎzhàng*

Jin-people and Qin-people at Linghu fight

c. <SH> 晋人脱秦人辣令狐打仗。

Jingning teq Djingning **laq Ling'u** tangtsang

Jin-people and Qin-people at Linghu fight

d. <Can> 晋人同秦人喺令狐打仗。

Tseonyan tung Tsheonyan **hai Ling'wu** ta'tseong

Jin-people and Qin-people at Linghu fight

As shown in the above examples, the prepositional phrase for 'in Linghu' follows the verb for 'fight' in Archaic Chinese while it precedes the verb in all the three modern dialects.

2.6 Summary

Chinese as a whole is an analytic language without morphological case, and there are thus no spatial expressions marked with case morphology. The basic syntactic way of indicating a spatial role is to employ prepositions (usually derived from verbs), postpositions (usually derived from locative nouns) or a combination of these two categories, which can be termed as circumpositions. When the verb, the noun, or both of them are of inherent spatial meaning, static or dynamic, the grammatical marking might and sometimes must be omitted, though the range of such verbs and nouns varies among different dialects. Modern dialects of Chinese unanimously have the order of PP + VP as the basic word order for spatial expressions headed by a preposition. This order is almost the only counterexample to a widely-attested typological observation, which shows that all VO languages except Chinese have the order of VP + PP (c.f. Dryer 1992, 2003). In this respect, Archaic Chinese is comparable to most VO languages rather than to Modern Chinese.

3. Dialectal Diversity in Terms of Spatial Expression: Marking Types and the Rule Governing the Use of Space Markers

Although Chinese dialects share many obvious commonalities in terms of syntactic realization of spatial constituents as described above, they also behave differently from one another in many aspects.

3.1 Ellipsis of Locative Postpositions

In principle, a preposition in Modern Chinese cannot take an 'ordinary' NP as its argument, such as *zài zhuōzi (lit. at table). Its argument should be either an NP with locative meaning in itself (e.g., zài Běijīng, 'at/in Beijing') or a phrase headed by a noun-derived postposition (e.g., zài zhuōzi-shàng, lit. 'at table on'). However, the exact range of nouns with locative meaning differs remarkably from dialect to dialect. Place names are treated as inherent locative nouns in all dialects, and the postposition is not allowed to occur after a place name, e.g., zài Běijīng (*lǐ), 'at Beijing (inside)'. The diversity is found in common nouns.

In Standard Mandarin or Beijing Mandarin, a fairly large number of nouns are treated as both entity nouns and locative nouns. For these nouns, a postposition is optional in a prepositional phrase. If one puts a postposition after the noun, the noun is treated as an entity noun, e.g., 在学校里 zài xuéxiào-lǐ (lit. 'at school inside'). One can also omit this postposition, allowing the preposition to govern the noun directly, e.g., 在学校 zài xuéxiào. In the latter case, xuéxiào 'school' is treated in the same way in which a place name is treated. This group of nouns covers many items like those denoting 'ground, building, store, house, hall, office, room, government, company, post office, park, garden, city, lake, river, sea' (there are observations that forms with or without postpositions might have slight semantic or pragmatic differences, c.f. Chu 2004, etc.). In contrary, in Shanghainese and many Wu dialects, such nouns are all treated as entity nouns, and they must therefore be followed by a locative postposition after a spatial preposition. Only place names are treated as spatial nouns and can be governed by a spatial preposition. Compare the two sentences below.

(23) a. <SM> 在学校（里）　　/ 到操场（上）
　　　　　zài xuéxiào (-lǐ)　/ dào cāochǎng (-shàng)
　　　　　at school-inside　/ to playground-on

　　b. <SH> 辣学堂*（里）　　/ 到操场*（上）

laq uqdong*(-li) / to tshozang*(-long)

at school-inside / to playground-on

The difference is not only in semantic range, but would also have syntactic consequences. In the case of common nouns, the occurrence of a postposition is only optional syntactically in a spatial prepositional phrase in Standard Mandarin where it is obligatory in Wu dialects. Wu dialects allow the absence of spatial postpositions only in proper nouns which are place names. The more active role of postpositions in Wu dialects is typologically harmonic with the stronger verb-final tendency in Wu (c.f. Liu 2001, 2003)[3].

3.2 The 'Ellipsis' of Spatial Prepositions: Postposition Phrases/ Locative NP or Circumposition Phrases

A canonical and full-fledged spatial expression in Chinese contains three parts which can be represented in the following form.

preposition + NP + postposition

In certain conditions, the preposition, the postposition or both can be omitted, resulting in a half-fledged expression in various dialects. We have already come across cases involving the ellipsis of postpositions in Sections 2.3, 3.2 and those involving the absence of both in Section 2.2. In this section, we will look at cases which involve the ellipsis of prepositions in spatial expressions.

A sharp contrast lies between Wu dialects and Beijing Mandarin regarding their omission of the preposition. In Beijing Mandarin, the postverbal spatial expression often occurs without prepositions, while in Wu dialects it is the preverbal spatial expressions that can occur, in a relatively freer manner, without prepositions. Let us consider the postverbal position first.

(24) a. <BM> 你睡（在/de）小床上吧。

nǐ shuì (zài/de) xiǎochuáng-shàng ba

2Sg sleep at small-bed-on Ptc

'You sleep on the the small bed.'

b. <SH> 侬困*（辣）小床上吧。

nung khun *(laq) xiozong-long ba

2Sg sleep at small-bed-on Ptc

(25) a. <BM> 行李搁（在/de）房间里了。

xíngli gē (zài/de) fángjiān-lǐ le

luggage put at bedroom-inside Ptc

'The luggage has been put in the bedroom.'

b. <SH> 行李摆*（辣）房间里勒。

angli pa *(laq) vongke-li leq

luggage put at bedroom-inside Ptc

The pair of examples in (24) involves an intransitive verb while the pair in (25), a transitive verb. In both pairs, the behavior of the prepositions is consistent within each dialect. That is, the prepositions are optional and are often dropped in Beijing Mandarin while they are obligatory in Wu dialects. In fact, due to recent influence from Mandarin, the omission of prepositions in these cases may be marginally acceptable for young Shanghainese speakers, but it is unacceptable for speakers of other Wu dialects near Shanghai, such as the dialects of Suzhou and Wuxi, that are generally more conservative than Shanghainese.

The ellipsis of the postverbal preposition poses a challenge to syntactic analyses in Mandarin. Many Chinese scholars treat these preposition-free postverbal spatial expressions in Mandarin as objects (referred to as 'locative objects', c.f. Fan. 1998: 49, Shi 1999). What underlies this account is the traditional claim that locative postpositional phrases called 方位短语 (locative phrases) in Chinese should be nominal, and what we term as postpositions can be categorized as a subclass of nouns. According to our postposition analysis, the spatial NP and the spatial postposition are distinct in their syntactic status. Their syntactic variation is also demonstrated in the postverbal position. Compare the two sentences below.

(26) a. 他睡（*在）/（了）小床。

   *tā shuì (*zài)/(-le) xiǎochuáng*

   3Sg sleep (at)/(-Asp) small-bed

   'He slept on the small bed. / He used the small bed as his place for sleeping.'

b. 他睡（在）/（*了）小床上。

   tā shuì (zài)/(-le) xiǎochuáng-shàng*

   3Sg sleep(at)/(*-Asp) small-bed-on

   'He slept on the small bed.'

As shown in (26a), when an NP without postposition follows the verb, an aspect marker can be inserted between the verb and the NP, as in other VO constructions, but the insertion of a preposition is not allowed. In contrast, when a postpositional phrase (PostP) follows the verb, a preposition can be inserted but not an aspect marker, as in (26b). It is a general constraint in Mandarin that verbs followed by a preposition cannot take any aspect markers, unless the aspect marker follows the preposition (V + Pre + Asp + NP). Sentence (26) clearly illustrates that even if a preposition does not overtly occur before a postpositional phrase, the postverbal spatial expression still observes the rule of prepositional phrases in Mandarin. They do not allow any postverbal aspect markers to occur. In this sense, spatial expressions headed by a postposition should not be considered as real objects. They are adverbial in nature. On the other hand, an NP following the verb, even if it has some spatial meaning, is a real object (locative or instrumental), which explains why it rules out the insertion of a preposition[4].

Now let us turn to the preverbal position. Interestingly, it demonstrates a reverse rule: the omission of spatial prepositions is hardly grammatical in Beijing Mandarin but is much more easily accepted in Wu dialects. Consider the following sentences.

(27) a. <BM> 你$^{??}$（在）门口椅子上坐一会儿。

nǐ $^{??}$ (zài) ménkǒu yǐzi-shàng zuò yì-huìr

you $^{??}$ (at) gate chair on sit one-while

'You can sit in the chair at the gate.'

b. <SH> 侬（辣）门口头椅子高头坐脱歇。

nung (laq) mengkheudeu itsy-kodeu zu-theq xiq

you (at) gate chair-on sit-Asp while.

(28) a. <BM> 他*（到）教室里去了。

tā *(dào) jiàoshì-lǐ qù le

he *(to) classroom-inside go Ptc

'He went to the classroom.'

b. <SH> 伊（到）教室里去勒。

i (to) jioseq-li qi leq

he (to) classroom-inside go Ptc

The preverbal spatial preposition is almost obligatory in Beijing Mandarin but optional in Shanghainese and many other Wu dialects. Preverbal spatial expressions without prepositions have been a common or even unmarked phenomenon in Wu dialects. Liu (2003: 212-214) has cited many examples in this pattern from early Wu texts (published from 1802 to 1902, based on the Suzhou dialect). In fact, some Wu dialects are even farther from Beijing Mandarin in this aspect. For example, the optional prepositions in (27b) and (28b) are not allowed to occur at all in the Shaoxing dialect. The spatial expression solely relies on the postposition as a spatial marker (c.f. Liu 2003 Ch. 13, particularly examples (12-13), p. 260).

The omission of prepositions in different positions has different implications in syntactic typology.

Adpositions, including prepositions and postpositions, belong to a kind of 'relator', which links one syntactic constituent with another. According to Simon Dik's Relator Principles (c.f. Dik 1997: 406-408, Rijkhoff 2002: 295), relators have their preferred positions (a) at the periphery of the relatum with which they form one constituent (if they do so), and (b) in between the two relata. Since both prepositions and postpositions observe Relator Principle (a), no further discussion will be needed regarding this principle. We will thus focus on (b). When a spatial expression precedes the verb, only the postposition can occur in between the two relata (NP and V). When a spatial expression follows the verb, only the preposition can occur in between the two relata (V and NP). In Wu dialects, there is a unified rule governing the occurrence and absence of prepositions, which is put as follows:

Prepositions located between the verb and the spatial expression must occur overtly.

This rule, based on the Relator Principle (b), only allows the ellipsis of the preposition in preverbal position. In contrast, Beijing Mandarin allows the postverbal preposition to be absent, violating Relator Principle (b). The omission of a preposition here might be attributed to the principle of economy, because there is informational redundancy in using a circumposition to mark a spatial expression. This account will imply that the principle of economy is ranked higher than the Relator Principle in Mandarin. However, this explanation seems to be problematic when attention is drawn to the preverbal position. When a prepositional phrase precedes the verb, the preposition is not in between the two relata but is basically not omissible in Beijing Mandarin. Here the principle of economy does not work. At the preverbal position, it is Wu dialects that observe the principle of economy. Thus, by employing the principles of relators and of economy, we can adequately explain the facts in Wu dialects but would fail to explain the facts in Beijing Mandarin.

The problem lies in that there is a factor of prosodic syntax that determines the working domain of economy. In Mandarin, as well as in many Chinese dialects, a preposition remains a genuine preposition only in the preverbal position. In the position immediately following the verb, the preposition will undergo a reanalysis and be adjoined to the preceding verb instead of the following NP (c.f. Feng 1997/2005: 93-97, and his citation of Li 1990). Feng considers that this reanalysis is driven by a prosodic rule, namely the stress-assignment rule in Mandarin Chinese. This explains why when an aspect marker occurs, it must follow the preposition instead of the verb. This reanalysis might turn a preposition into an enclitic by depriving it of its prosodic and syntactic autonomy. A typical example of such weakening process is the post-verbal clitic *de*, which is believed to be a weak form of *zài* 'at', *dào* 'to' or both[5]. In fact there are similar forms with the same meaning and function in dialects of Nanjing ([.tɛ], Liu 1995) and Nanchang ([.tɛt], Xiong 1994), and hence, their exact etymological source is subject to further research. In fact, postverbal prepositions have the nature of head-marking means, unlike the dependent-marking of preverbal prepositions. It is now clear that in Beijing Mandarin a preposition is subject to ellipsis only when it is reanalyzed as an element or an enclitic adjoined to the verb. In other words, ellipsis caused by the principle of economy is ranked lower than reanalysis in Beijing Mandarin, which according to Feng (1997/2005) is driven by prosody. In contrary, the Relator Principle (b) is ranked higher than the principle of economy and prosodicallymotivated reanalysis thus plays no role in the ellipsis of prepositions in Wu dialects.

3.3 The 'Preposition-Like' Usage of Directional Verbs

As shown by sentences (9) and (11) in Section 2.1, directional verbs can function as some kind of markers for spatial expressions in various Chinese dialects. As markers for spatial expressions, these verbs are semi-grammaticalized elements. Some Mandarin directional verbs have already been discussed in Talmy's framework of V-language and S-language in Lamarre (2008). What concerns us here is the diversity among dialects in the use of directional verbs as spatial markers.

Directional verbs can be divided into two groups. One group consists of locative directional verbs denoting directions based on objective locations. They are 进 *jìn* 'enter, in', 出 *chū* 'out of', 上 *shàng* 'up', 下 *xià* 'down', 过 *guò* 'passing, past, over' and 开 *kāi* 'leaving, separate' in Standard/Beijing Mandarin. The other group consists of deictic directional verbs denoting directions based on the speaker's location and perspective. They are 来 *lái* 'come' and 去 *qù* 'go'. A locative directional verb and a deictic directional verb can be combined into a compound in the order of "locative + deictic", such as 进来 *jìn-lái* (come in, literally 'enter-come'), but these compounds are not our issue.

3.3.1 Locative Directional Verbs

A locative directional verb following another verb has one of the two functions, either as an adverb-like element, or as a preposition-like element (c.f. Fan 1963). As an adverb-like element, it will not change the argument structure, but as a preposition-like element it helps introduce a spatial expression to the verb as its spatial role, as shown by the following examples.

(29) 拿出钱包

ná chū qiánbāo (~*ná qiánbāo*)

take out wallet

'to take the wallet out of a pocket or a bag'

(30) 跑出大门

păo chū dàmén (~**păo dàmén*)

run out gate

'to run out of a gate'

In (29), *ná qiánbāo* 'take wallet' forms a VO construction, which is independent of the occurrence of the directional verb *chū* 'out'. Thus *chū* is adverbial in nature and has no linking function. In (30), *chū* introduces the spatial expression to the argument structure. Without *chū*, *păo dàmén* cannot be a grammatical unit. In this sense, *chū* in (30) plays a preposition-like function. Since the directional verb following a full verb is syntactically combined with the preceding verb rather than the following NP, it is not a genuine preposition. To put it in another way, a preposition that is added onto the spatial NP belongs to a dependent-marking device, while a directional verb added onto the full verb is a device for head-marking.

The usage as exemplified in (9) and (30) exists in many but not all dialects of Chinese. In Wu dialects, where the adverbial usage of postverbal directional verbs sounds very natural, their preposition-like usage will be syntactically marginal or unacceptable. When we tried to elicit the Wu counterparts of sentences in the form of '$V_{(full\ verb)} + V_d + NP$' from our informants, they gave sentences in the form of 'V_f + Prep + NP + Postp' instead. There is a distinction not only between a directional verb and a preposition, but also between an NP and a PostP, because a spatial preposition must govern a postpositional phrase instead of an NP in Chinese, especially in Wu dialects (c.f. Section 3.1). In some cases, the informants confirmed that the sentences in the form of '$V_f + V_d +$ NP' would be unacceptable in their mother tongue. Below are two Mandarin sentences used in our questionnaire, by which 12 dialects throughout the Wu region were investigated. No speaker used the Mandarin pattern to give relevant sentences in their own dialects. For the sake of convenience, only Shanghainese examples are provided as the contrast with the Mandarin examples.

(31) a. <SM> 小偷躲进了卫生间。

xiǎotōu duǒ jìn-le wèishēngjiān

thief hide enter/into-Asp bathroom

'The thief hid himself in the bathroom.'

b. <SH> 小偷呀辣卫生间里。

xiotheu ia laq uesengke-li

thief hide at bathroom-inside

(32) a. <SM> 有几个观众跳上了舞台。

yǒu jǐ-gè guānzhòng tiào shàng-le wǔtái

have several-Cl audience jump up/on-Asp stage

'A few from the audience jumped onto the stage.'

b. <SH> 有几个观众跳到舞台高头。

yeu ji-eq goetsung thio to ude-kodeu

have several-Cl audience jump to stage-on.

For some informants in Wu dialects, the corresponding pattern of these Mandarin examples is totally unacceptable. For others, sentences in this pattern are acceptable only for one or two directional verbs (mostly 进 *jìn* 'enter'). As to directional verbs like 上 *shàng* 'up' and 下 *xià* 'down', no informant gave sentences in the pattern of the Mandarin sentence in (32a). In short, the pattern in which the directional verb serves to introduce the spatial expression is very common in Standard

Mandarin and maybe in most varieties of Mandarin, but is marginal or even unacceptable in the syntax of Wu dialects.

Although directional verbs in Wu dialects can hardly introduce spatial NPs in the position following full verbs, as full verbs they can freely take spatial NPs as their arguments, such as 进卫生间 *jing uesengke* 'enter the bathroom' and 上舞台 *zong ude* 'get onto the stage' in Shanghainese. Therefore the problem is not whether the directional verb can take an NP as its spatial role or not, but whether it can help another full verb to take an NP as its spatial role or not, with the directional verbs being a sort of function word (preposition-like words, but head-markers). The latter function is a result of the grammaticalization of the former function. The process has not yet taken place in Wu dialects.

3.3.2 Deictic Directional Verbs (Come/Go)

Deictic directional verbs are those for 'come' and 'go'. We have seen in Section 2.3.1 that the locative directional verbs can serve to introduce a spatial NP for the preceding full verb in Standard Mandarin but can hardly do so in Wu dialects. How about deictic directional verbs then, in terms of such a function?

In Cantonese, 嚟 *lai* 'come' and 去 *heoi* 'go' can freely take the following NP as their spatial object (denoting the goal), and the two verbs can also freely introduce spatial NPs for the preceding full verbs, functioning as spatial head-markers. Consider the sentences below.

(33) 我哋行去沙田。

　　 ngotei hang heoi Sathin

　　 we walk go/to Sathin

　　 'We will walk to Shatin.'

(34) 啲文件带咗嚟公司喇。

　　 ti mankin taai tso lai kungsi la

those document bring Asp. come/to company Ptc

'Those documents have been brought to the company (here).'

(35) 你攞去边度？

nei lo heui pintou

you carry go/to where

'Where are you carrying (this) to?'

The Cantonese pattern demonstrated above does not exist in Standard/Beijing Mandarin and Wu dialects. The verbs denoting 'come/go' in those dialects cannot occur between a full verb (either intransitive motion verbs like *hang* 'walk' in (33) or transitive action verbs like taai 'carry' in (34)) and a spatial NP.

The typological diversity here is understandable. As mentioned before, the preposition-like function of directional verbs is a result of grammaticalization from their full verb usage. In Standard Mandarin, the wide use of *lái/qù* 'come/go' taking a spatial (directional) object is a rather recent development (and still a novel usage in Beijing speech), contrary to the situation in Cantonese, whose usage has long been common and basic. Grammaticalization is a diachronic process and will take some time to go through. There is not sufficient time for deictic directional verbs in Standard Mandarin to derive a preposition-like function. In Wu dialects, the use of a deictic directional verb taking a spatial object is inhibited. Without this usage as a precondition, the grammaticalization from full directional verbs into spatial head-markers can hardly take place. That is why there is no preposition-like function of words denoting 'come/go' in Wu dialects.

To an extent, the diversity among dialects in terms of the preposition-like function is related to their typological characteristics in terms of the ordering of the spatial components in the clause. We will discuss this issue in Section 4 below.

4. Typological Diversity among Dialects regarding the Word Order of Spatial Components

From the perspective of word order typology, many features are shared by most or all dialects of Chinese. The most significant are as follows: 1) SVO as the main order in a clause; 2) co-existence of prepositions, postpositions (especially for spatial constituents) and the combination of both, namely circumpositions; and 3) preference for the preverbal position for adverbials, including spatial adverbials. On the other hand, there are still some crucial variations among dialects in the ordering of spatial expressions.

4.1 The Ordering of the Nominal Spatial Expression as Relative to the Verb

For some verbs with intrinsic spatial meaning, the NP itself is enough to serve as their spatial role and no space marking is necessary in Chinese. The typical members of these verbs include pure motion verbs (deictic and locative directional verbs), and static existence verbs. The diversity mainly lies in the deictic directional verbs. The order of the spatial argument relative to locative directional verbs or existence verbs is generally the same across dialects except for certain special ordering regarding existence verbs in a few dialects.

Deictic directional verbs denoting 'come/go' are the purest motion verbs that take a spatial component as their basic argument. In some dialects of Chinese, the spatial component (usually the goal, sometimes the source) which combines with such verbs does not require any space marking. Spatial components without space marking are referred to as 'spatial NPs'. The linear position of spatial NPs, however, varies among dialects.

Spatial NPs always precede the deictic verbs in Shanghainese and other northern Wu dialects (if not all Wu dialects), but follow them in Cantonese. Consider the Shanghainese examples below, with the first two already cited in Section 1.3.

(36) <SH> 老王今朝（到）杭州去。

Lo-uong jingtso (to) Ongtseu qi

Lao Wang today (to) Hangzhou go

'Lao Wang will go to Hangzhou today.'

(37) <SH> 老王今朝（到／从）杭州来。

Lo-uong jingtso (to/zung) Ongtseu le

Lao Wang today (to/from) Hangzhou come

'Lao Wang will come to/from Hangzhou today.'

(38) <SH> *老王今朝来／去杭州。

*Lo-uong jingtso le/qi Ongtseu

Lao Wang today come/go Hangzhou

'Lao Wang come/go to Hangzhou today'.

When the place name *Ongtseu* precedes *le* 'come' or *qi* 'go', the preposition for goal or source is optional and is more often omitted, at least for older Shanghainese speakers and the speakers of other Northern Wu dialects. Then, the place name as a spatial NP plays the spatial role of the verb. Such a spatial NP cannot follow the verb, as shown in (38). In contrast, such a spatial NP always follows the verb in Cantonese. Therefore, the Cantonese counterparts of the above Shanghainese examples would become unacceptable if a spatial NP preceded the verb, as shown below.

(39) <Can> *王生今日杭州去。

　　　*Wong-Sang kanyat Ongtseu heui

　　　Mr. Wang today Hangzhou go

　　　'Mr. Wang will go to Hangzhou today.'

(40) <Can> *王生今日杭州嚟。

　　　* Wong-Sang kanyat Ongtseu lai

　　　Mr. Wang today Hangzhou come

　　　'Mr. Wang will come to/from Hangzhou.'

(41) <Can> 王生今日嚟/去杭州。

　　　Wong-Sang kanyat lai/heui Ongtseu

　　　Mr. Wang today come/go Hangzhou

　　　'Mr. Wang will come/go to Hangzhou.'

The dialectal distinction shown in the above examples is not merely a word order phenomenon. Chinese grammarians usually treat the Wu pattern of 'spatial NP + V' as an adverbial-V construction whereas the Cantonese pattern of 'V + spatial NP' is treated as a VO construction. Such an analysis is supported by syntactic and pragmatic evidence given below.

1) In Wu dialects, a preposition can be added before the spatial NP (see the bracketed elements in (36) and (37)), while in Cantonese, the pattern of 'V + spatial NP' allows no prepositions to be inserted. This means that the spatial NP in the Wu pattern is an indirect role to the verb and is adverbial in nature, while it is a direct argument of the verb and functions as an object in Cantonese.

2) The Shanghainese spatial NP preceding the verb is different from the preverbal spatial topic. Syntactically, a spatial NP must occur immediately before the verb, while the spatial topic can be separated from the verb by other elements. Semantically, spatial NPs can serve as the information focus, answering questions like 'where are you going'

or 'where did you come from', while a spatial topic must carry given or presupposed information, as shown below:

(42) <SH> —— 侬明朝有啥事体？

nung mingtso ieu sa zythi

2Sg tomorrow have what thing

'What will you do tomorrow?'

—— (明朝) 杭州 (*明朝) 去。

(mingtso) Ongtseu (*mingtso) qi

(tomorrow) Hangzhou (*tomorrow) go

'(I will) go to Hangzhou (tomorrow)'.

(43) <SH> —— 侬杭州啥辰光去？

nung Ongtseu sa zengkuong qi

you Hangzhou what time go

'When will you go to Hangzhou?'

—— (杭州) 明朝 (*杭州) 去。

(Ongtseu) mingtso (*Ongtseu) qi

(Hangzhou) tomorrow (*Hangzhou) go

'(I will) go (to Hangzhou) tomorrow.'

In (42), the place name *Ongtseu* bears information focus and must immediately precede the verb. In (43), *Ongtseu* conveys the presupposed information and serves as a subtopic (following the subject). And thus it must precede the temporal adverbial *mingtso* 'tomorrow'. What is exhibited here indicates that spatial NPs, which can serve as information focus, are normal spatial adverbials, and they are sharply different from spatial topics that must bear given or presupposed information. They occupy different syntactic slots in the clause.

Now let us examine the situations in Standard and Beijing Mandarin. The pattern of ' 来 *lái*/ 去 *qù* (come/go) +spatial NP' has become a kind of canonical pattern in Standard Mandarin, as mentioned before. This seems to suggest that Standard Mandarin and Cantonese are alike in this respect. Traditionally, however, this is not the pattern of Beijing Mandarin. In traditional Beijing Mandarin, the spatial argument of *lái/qù* 'come/go' is usually introduced by a preposition or semigramaticalized directional verb such as 到 *dào* 'to', 往/望 *wǎng/wàng* 'to, toward', 上 *shàng* 'go up to'. The spatial expression governed by such a function word generally precedes the verb and in some cases follows the verb. In modern works written by Beijing writers, we can hardly find the pattern now shared by Cantonese and Standard Mandarin (see detailed investigation in Liu 2000). Consider the following Beijing Mandarin examples.

(44) 他明年到 / 上北京来。

tā míngnián dào/shàng Běijīng lái

he next-year to/up Beijing come

'He will come to Beijing next year. '

(45) 汽车到 / 上 / 往西单去了。

qìchē dào/shàng/wǎng Xīdān qù le

automobile to/up/toward Xidan go Asp-Ptc

'The automobile went to Xidan. '

(46) 他来到了北京。

tā lái dào le Běijīng.

he come to Asp Beijing

'He came to/arrived in Beijing. '

In terms of word order, Beijing Mandarin is closer to Wu dialects than to Cantonese with the spatial argument to these verbs mostly preceding the verb. On the other hand, interestingly, since Standard Mandarin has fully accepted the pattern of '*lái/qù* (come/go) + spatial NP', it is closer to Cantonese than to Wu dialects in this parameter. It is certainly easy for Beijing Mandarin to accept the Standard Mandarin pattern, but the original Beijing Mandarin pattern is still preferred by native Beijing Mandarin speakers, according to my preliminary observations.

As for locative directive verbs such as 进 *jìn* 'enter', 出 *chū* 'be out of', 上 *shàng* 'get onto', 下 *xià* 'get down' and 过 *guò* 'be over, be past' in Standard Mandarin, dialects show more commonality than diversity. When they are used as full verbs with a spatial argument, they are almost unanimously followed by a spatial NP.

Finally, let's come to existence verbs. The purest existence verbs are 在 *zài* 'be at' in Mandarin and its dialectal equivalents . In most dialects, including most Wu dialects, we have the order of '*zài* + spatial NP'. However, at least in some Wu dialects, the reverse order is also a natural or even preferred pattern. Notice the Shaoxing (绍兴) examples below (cited from Liu 2003: 267):

(47) <Shaoxing> a. 伊来亨图书馆里。   ~ b. 伊图书馆里来亨。
       [ɦi lehaŋ dusˌkuỹ-li]   [ɦi dusˌkuỹ-li lehaŋ]
       he be-at library-inside   he library-inside be-at
       'He is in the library. '

Strictly speaking, [dusˌkuỹ-li] in the above example is not a spatial NP but a postposition phrase. In fact, if one replaces it with a place name like Nanjing (南京), the situation will be the same. The order of (47b) above is rather rare among Chinese dialects, but in Shaoxing, this order is favored, as compared with the order of (47a). In the Ningbo (宁波) dialect which is close to Shaoxing, when being asked the dialectal counterpart for the Mandarin pattern of '*zài* + spatial NP', the informant may come up with another pattern, a pattern which has the spatial expression preceding the existence verb. Compare (48) with (49) which share the same interpretation.

(48) <SM>   有个陌生人在房间里。
             yǒu gè mòshēngrén zài fángjiān-lǐ

have Cls stranger be-at room-inside

'There is a stranger in the room.'

(49) <Ningbo> 有一个生头人到屋落里头来该。

[iɤ iɪʔ-kɐʔ sãdœʏn̩iŋ tɔ oʔloʔ-lidœʏ leke]

have one-Cls stranger to room-inside be-at

The dialectal diversity regarding the order of spatial NPs described in this section conforms well to the characteristics of the dialects in question with respect to word order typology (see discussions in Liu 2000, 2001). Cantonese, with stronger verb-middle features, instantiates a more typical SVO type than most other Chinese varieties, and its spatial expressions follow the verb in most cases. Wu dialects are not a typical SVO type, with more verb-final patterns and a richer and more active postposition system due to their stronger topic-prominent nature. In the Wu region, the dialects around Shaoxing and Ningbo exhibit more characteristics of verb-final languages. Accordingly, Wu dialects, particularly the Shaoxing and Ningbo dialects, have more spatial expressions preceding the verb. Mandarin stands somewhere in between Cantonese and Wu dialects in terms of word order type. The order of spatial expressions is in line with this overall model.

4.2 The Ordering of Adpositional Phrases

Lamarre (2003) notes an interesting fact about the ordering of adpositional phrases. A spatial prepositional phrase (PP) in a static situation such as 'live somewhere' must precede the verb in the dialect of Jizhou, located in Hebei province near Beijing, and in many other northern dialects, whereas it can follow the verb in Standard Mandarin. Wu dialects are similar to Standard Mandarin in this aspect, according to our investigation. Lamarre's observation is very important. However, if one considers the more general situation regarding the ordering of spatial adpositional phrases, Wu dialects will be found to have more constraints on postverbal PPs than those in Standard Mandarin and other northern dialects.

A number of spatial prepositions that can precede the verb can also follow the verb in Standard/Beijing Mandarin, such as 在 *zài* 'at', 往 *wǎng* 'towards, to' and 向 *xiàng* 'in the direction of'. In the postverbal position, the form *de* (present only in colloquial Beijing Mandarin), considered to be a weakened form of 在 *zài* 'at', 到 *dào* 'to' or both, can also be found and it is no longer a genuine preposition due to its binding to the preceding verb. In formal Standard Chinese, more spatial prepositions are found to follow the verb, such as 于 *yú* 'at, to, from' and 自 *zì* 'from, since'. In Wu dialects, however, only very few spatial prepositions can follow the verb. In Shanghainese, only *laq* 'at' and its compound forms *laqla* / *laqhe* 'at here/there' can follow the verb. In fact, we do have prepositions like 望 *mong* (=Mandarin *wàng*) and 向 *xiàng* in Shanghainese, but they can only precede the verb. Therefore, the chances for spatial prepositions to follow the verb are slimmer in Shanghainese than in Mandarin. In some dialects of Wu, no spatial prepositions that precede the verb can follow the verb as well. There actually exist some postverbal spatial markers, but they are enclitics of the verb instead of prepositions governing the following NP. Etymologically they can hardly be related to the preverbal spatial prepositions, and thus are inherent head-marking means. For example, in the Jinhua (金华) dialect, the corresponding prepositions for Mandarin *zài* 'at' include 来 [lɛ^{313}] and 隑 [gɛ^{535}], which, with their governed spatial NPs, can only precede the verb, but the postverbal marker for spatial expression is [dəʔ], which is in neutral tone. Consider the following examples.

(50) 老师来/隑黑板上写字。

[lausɿ **lɛ/gɛ** həʔ pa-ʑiaŋ sia zɿ]

teacher at blackboard-on write character

'The teacher is writing on the blackboard.'

(51) 首饰都放特阿个里。

[siusəʔ tu faŋ **dəʔ** a kəʔ li]

jewelry all put at I here

'The jewelry is all kept in my possession.'

The phrase [lɛ həʔ pa-ʑiaŋ] or [gɛ həʔ pa-ʑiaŋ] (lit. 'at blackboard-on') in (50) is a free prepositional phrase that can occur in other syntactic positions, while [dəʔ a kəʔ li] in (51) is not a unity, and can never occur in positions other than the postverbal one. Therefore no spatial preposition can follow the verb in the Jinhua dialect. The preference for spatial adposition phrases in Wu dialects to precede the verb is harmonic with its stronger verb-final tendency, as mentioned in Section 3.1.

In Wu dialects, even prepositions which can follow the verbs have fewer chances to follow the verb. For instance, we have *zǒu zài dàlù-shàng* (lit. 'walk at big road-on') and *piāo zài bànkōng-zhōng* (lit. 'waft at the middle-air-in') in Mandarin, whereas their corresponding adpositional phrases in Wu dialects like Shaoxing and Ningbo tend to precede the verb. We mentioned 'adposition' instead of 'preposition' because when a spatial expression precedes the verb in Wu dialects, it often goes without a preposition, and the postposition then becomes the only overt marker for spatial role. This phenomenon conforms to the greater prominence of postpositions in Wu dialects. In addition, as mentioned before, for an adpositional phrase located in the preverbal position, only the postposition stands in the preferred relator position, i.e. between the two relata (c.f. Dik 1997: 407, Rijkhoff 2002: 295). When in the postverbal position, only the preposition is in the preferred position. A preverbal adpositional phrase without preposition observes both the Relator Principle and the Principle of Economy.

It seems that Cantonese, a more typical SVO dialect, does not have more postverbal spatial adpositions than Wu dialects. Recall, however, it is often the case that spatial verbs will take preposition-free spatial NPs as their postverbal objects. This is on a par with its stronger SVO nature.

In sum, Wu dialects are closer to the type PP + VP than Beijing/ Standard Mandarin, where more VP + PP patterns exist in the latter. Cantonese does not have a relatively larger number of postverbal prepositions than Wu dialects and Mandarin, and spatial verbs generally take preposition-free spatial NPs as their objects. Differences among these dialects regarding their orderings of spatial expressions conform to the overall situations of these dialects in word order typology.

5. Concluding Remarks: Conspiring and Competing Factors on the Syntax of Space

Space is a basic category that human languages appeal to morphosyntactic means to encode the relevant information. As an analytic language with no morphological cases for spatial roles, Chinese basically relies on syntactic means, namely word order and function words or semi-grammaticalized words, to mark spatial roles for their verbal heads.

A number of verb-derived prepositions and noun-derived postpositions are used to signal spatial relations. A full-fledged spatial expression in Chinese is in the form of 'preposition + NP + postposition'. Under certain conditions, prepositions, postpositions or both can be absent, resulting in a reduced form of spatial expressions, namely NP + postposition (more often), or preposition + NP. When the verb, the noun, or particularly both the verb and the noun, bears intrinsic spatial meaning, an NP alone can function as a spatial constituent.

Both prepositions and postpositions are crucial means for dependent-marking, and syntactically they are combined with the spatial argument or adjunct of the verb. However, in many modern Chinese dialects, when a preposition occurs postverbally, it will undergo reanalysis and be adjoined to the precedingverbs rather than following the postverbal NP. This process is triggered by prosodic factors, according to Feng (2005), and the preposition thus becomes a head-marking means in this position. A weakened form of the postverbal preposition can lose all its properties as a preposition and become a real head-marking verb suffix, such as *de* 'at, to' in Beijing Mandarin. In addition, a directional verb can be adjoined to the preceding head verb and help to introduce the following NP as the spatial role (goal) to the head verb in many dialects of Chinese. In such a case, directional verbs as semigrammaticalized space markers are a kind of head markers.

In addition to postverbal prepositions and their weakened forms and directional verbs, there are also postverbal aspect markers that can function like prepositions to introduce spatial constituents in many dialects, though they are not discussed in details in this chapter. Compared with postverbal prepositions and directional verbs, they are genuine function words and perform the function of head-marking. Examples of such markers include 阿 [a/ia/ua/ka/ŋa] (at, to; perfective and durative marker) in the Taixing dialect, Jianghuai Mandarin (c.f. Li 1957), 倒 [tɔo] (at, to; durative marker) in the Nanjing dialect (c.f. Liu 1995), 哒 [ta^{21}] (at, to; durative marker) in the Changsha dialect (c.f. Wu 2001) and so on. Xu (1994) has noted the close relationship between spatial prepositions and aspect markers in Mandarin, but she claims that the postverbal prepositions that can be weakened and deleted are just aspect markers and no longer prepositions. If we adopt the notion of head-marking, however, we do not have to deny the space-marking function of aspect particles. A marker attached to the head performing the function of linking a dependent could be a natural phenomenon in the typology of marking direction.

The generalization and discussion above reveal an important fact: there is a variety of head-marking means that are active in encoding spatial role in Chinese. This fact is noteworthy if we recall the claim of some typologists that adjuncts or peripheral/oblique NPs-those denoting location, instrument, etc.-strongly favor dependent-marking in the form of case markers or adpositions (c.f. Nichols 1986).

'Spatial adpositional phrase + V' is the basic pattern shared by all modern Chinese dialects, though the unmarked pattern for Classic Chinese is 'V+adpositional phrase'. In this parameter, the classic pattern rather than the modern one follows the order shared by an overwhelming majority of the VO languages in the world (c.f. Dryer 1992, 2003).

Besides the commonality, there is also typological diversity among Chinese dialects in terms of spatial expressions, a major issue in this chapter.

In Chinese, a preposition usually governs a postpositional phrase instead of an NP, unless the NP is an inherent spatial NP like a place name. In Beijing Mandarin, many nouns have double statuses. As a normal noun, such a noun can be followed by a postposition to co-occur with a preposition whereas as a spatial noun it can be governed directly by a preposition without the postposition. Cantonese is similar to Mandarin in this respect. By contrast, in Wu dialects, only place names belong to spatial nouns. All of the other nouns must be followed by postpositions before being governed by prepositions. In this respect, Wu dialects seem to be the farthest from Classic Chinese and most prepositional languages typologically, because a spatial preposition in Classic

Chinese and languages like English can freely govern an NP.

Beijing Mandarin tends to have the spatial preposition omitted in the postverbal position, due to the prosodie rule that makes the postverbal preposition a weakened and unstable clitic. In contrast, Wu dialects tend to have the preposition omitted in the preverbal position and must maintain its overt occurrence in postverbal position, a preferred position for preposition as a relator, according to the Relator Principle (b) (c.f. Dik 1997: 407). The ellipsis can be motivated by the Principle of Economy in both dialects. In addition, the case of Wu dialects exhibits the force of the Relator Principle, while the Beijing Mandarin case exhibits the force of prosodie syntax (c.f. Feng 1997/2005).

Locative directional verbs (denoting 'enter, be out, be up, be down...') can introduce an NP as a spatial role for the preceding full verb in Cantonese and Standard/Beijing Mandarin, but they can hardly do so in Wu dialects. With regard to this function, directional verbs behave like prepositions (but head-marking) and are semigrammaticalized in nature. Deictic directional verbs (denoting 'come/go') only have this function in Cantonese but not in Standard/Beijing Mandarin and Wu dialects. This distinction reflects the various degrees of grammaticalization of directional verbs, which in turn is due to the different functions of directional verbs as full verbs.

Both locative and deictic directional verbs as predicative full verbs can be followed by spatial expressions as objects in Cantonese. That forms the basis underlying their gramaticalization from full verbs to space markers. In Beijing Mandarin, taking spatial objects has long been a basic function of locative directional verbs, but had not become a regular function of deictic verbs till a few decades ago. That accounts for the fact that only the former group has obtained the function as space markers. In Wu dialects, the pattern of 'locative directional verb +

spatial object' is grammatical but is much less frequently used than that of 'preposition + NP + postposition + verb', and the pattern of 'deictic directional verb + spatial object' is ungrammatical (deictic verbs are intransitive in Wu). That explains why few directional verbs have developed the function of space markers in Wu.

As previously mentioned, spatial prepositional phrases, like other prepositional phrases, usually occur preverbally in all modern Chinese dialects. However, for a few prepositions, the spatial prepositional phrase (typically denoting goal) can follow the verb. The prepositions in the latter order are more numerous in Beijing Mandarin than in Wu dialects. This variation is in line with the general typological fact that Wu dialects are less typical as a SVO-preposition dialect than Beijing Mandarin and show more characteristics of verb-final and postpositional languages. Furthermore, in the Wu region, the closer a dialect is to the verb-final and postpositional type (as in the cases with the Wu dialects of Shaoxing and Ningbo), the more rarely it employs postverbal prepositional phrases (c.f. Liu 2003). Spatial prepositional phrases following the verb in Cantonese are not so common, but there are many more cases in Cantonese than in other dialects that a spatial NP follows the verb without a preposition, functioning as a direct object. This is in line with the general fact of word order typology in Cantonese, which is the closest to a typical SVO language among Chinese dialects. It appears that typological harmony in terms of word order plays a significant role in encoding spatial roles in Chinese dialects.

So far we have seen several factors that dominate the syntactic behavior of spatial roles in Chinese dialects. They are the Relator Principle, the Principle of Economy, prosodie syntax, the degree of grammaticalization and its basis, word order harmony. In some cases, different factors play conspiring roles in shaping a syntactic pattern. For instance, in the Wu pattern of '(omitted preposition+) NP + postposition + V', the Principle of Economy causes the omission of the preposition; the Relator Principle keeps the overt occurrence of the postposition, and the word order harmony with its stronger verb-final tendency leads the spatial expression to precede the verb. In other cases, different factors may compete with one another, and which factor ends up winning in relevant cases varies with dialects. For example, in Beijing Mandarin, the prosodic-syntactic factor makes the postverbal prepositions become enclitics, which in turn can be omitted due to the Principle of Economy. In Wu dialects, the Relator Principle plays a bigger role, causing the maintenance of the preposition between the verb and the spatial NP, despite the fact that prepositions in non-relator positions are more often omitted in Wu dialects than in Beijing Mandarin. A more systematic generalization of how different factors interact with one another in the syntax of space will be subject to further research based on richer dialectal data in the future.

Notes

1. It is observed that several Chinese dialects seem to demonstrate some features similar to morphological cases. In these dialects, some person pronouns can be thought of as having genitive case marking forms, such as *nga* 'my' as opposed to *ngai* 'I/me' in some Hakka dialects. Some pronouns tend to function as subjects instead of objects while others go the reverse way, as in some Gan, Hui and Wu dialects. Their real nature awaits in-depth study.
2. For detailed discussions about preposition and postposition, see Hagège's work as cited by Xu (1990), and Liu (2003). For circumpositions, see Liu (2002b, 2003).
3. As for dialects other than Standard Mandarin and Wu, little attention has been paid to the rules governing the absence/occurrence of postpositions, so it is hard to make a cross-dialectal generalization on this issue. According to my personal impression, many dialects like Jianghuai Mandarin or Xiang dialects maybe stand in between Standard Mandarin and Wu dialects in this respect, and Yue dialects (Cantonese) may be as free as, or even freer than Mandarin in absence of

postpositions.
4. Chao (1968/1979: 178, 333) regards *de* as a mixture of *zài* 'at' and *dào* 'to'.
5. The 'spatial object' without postposition can be better interpreted as a kind of patient or manner than as spatial role, though it really contains some spatial meaning. See a detailed analysis in Ren (2000, Chapter 5).

Abbreviations

<AC>	Archaic Chinese
<SM>	Standard Mandarin
<BM>	(spoken) Beijing Mandarin (identical with Standard Mandarin in most but not all aspects)
<SH>	Shanghainese, a Wu dialect spoken in Shanghai.
<Can>	Cantonese, a Yue dialect spoken in Guangzhou, Shenzhen, Hong Kong and Macau.
2Sg	second person singular
3Sg	third person singular
NP	nominal phrase
V_d	directional verb
Loc	locative adposition (preposition or postposition)
Asp	aspect marker
Ptc	sentence-final particle
Cls	classifier

References

Chao, Y. R. (赵元任) 1968/1979. *A Grammar of Spoken Chinese*. Translated into Chinese by Lyu Shuxiang. Beijing: The Commercial Press.

Chu, Zexiang (储泽祥) 2004. Hanyu 'zai+fangwei duanyu' li fangweici de yinxian jizhi. (The mechanism of the presence or absence of the locative words in '*zai* + locative phrase' in Chinese). *Zhongguo Yuwen* (Chinese Language), No. 2.

Ding, Chunshou (丁椿寿) 1993. *Yiyu Tonglun* (A Comprehensive Introduction to the Yi Language). Guiyang: Guizhou Minzu (Nationality) Press.

Dik, S. C. 1997. *The Theory of Functional Grammar: The Structure of the Clause* (Second, revised version). ed. by K. Hengeveld. Berlin & New York: Mouton de Gruyter.

Dryer, M. S. 1992. The Greenbergian word order correlations. *Language*, 68(1), 43-80.

Dryer, M. S. 2003. Word order in Sino-Tibetan Languages from a typological and geographical perspective. In G. Thurgood & R. LaPolla (eds.), *Sino-Tibetan Languages*. Richmond: Curzon Press.

Fan, Jiyan（范继淹）1963. Dongci he quxiangxing houzhi chengfen de jiegou fenxi (Structural analysis on the verb and the following directional constituent). *Zhongguo Yuwen* (Chinese Language), No. 2.

Fan, Xiao（范晓）(ed.) 1998. *Hanyu de Juzi Leixing* (Sentence Types in Chinese). Taiyuan: Shuhai Press.

Feng, Shengli（冯胜利）1997/2005. *Hanyu de Yunlyu, Cifa yu Jufa* (Interaction between Morphology, Syntax and Prosody in Chinese). Beijing: Peking University Press.

Greenberg, J. H. 1995. The diachronic typological approach to language. In Shibatani & Bynon (eds.), *Approaches to Language Typology*. Oxford: Clarendon Press.

Heine, B., Claudi, U., & Hünnemeyer, F. 1991. *Grammaticalization: A Conceptual Framework*. Chicago: University of Chicago Press.

Lamarre, C. 2003. Cong Hebei Jizhou fangyan dui Xiandai Hanyu 'V zai + chusuo' geshi de zaitantao (The construction of 'V *zai* + location' in Modern Chinese, a revisit from the Hebei Jizhou dialect). In Dai Zhaomin (ed.), *Hanyu Fangyan Yufa Yanjiu he Tansuo* (Grammatical Research and Inquiry of Chinese Dialects). Harbin: Heilongjiang People Press.

Lamarre, C. 2008. The linguistic categorization of deictic direction in Chinese–With reference to Japanese. In *Space in Languages of China: Cross-Linguistic, Synchronic and Diachronic Perspectives*. Berlin: Springer.

Li, Renjian（李人鉴）1957. Taixing fangyan-zhong dongci-de houfu chengfen (Enclitics to verbs in the Taixing dialect). *Zhongguo Yuwen* (Chinese Language), No. 5.

Litip Tohti（力提甫·托乎提）2001. *A Study on Generative Syntax of Uyghur and other Altaic Languages* (in Chinese). Beijing: Minzu (Nationality) Press.

Liu, Danqing（刘丹青）1995. *Nanjing Fangyan Cidian* (A Dictionary of the Nanjing Dialect), as a volume of *Great Dictionary of Modern Chinese Dialects*. Nanjing: Jiangsu Education Press.

Liu, Danqing（刘丹青）2000. Yueyu jufa de leixing tedian (Typological characteristics of Cantonese syntax). *Asian and Pacific Journal of Language in Education*, 3(2).

Liu, Danqing（刘丹青）2001. Hanyu fangyan yuxu leixing de bijiao (A typological comparison of word order among Chinese dialects), *Study of Contemporary Chinese* (Japan), No. 2.

Liu, Danqing（刘丹青）2002a. Fuyuan shici yu yufahua (Role-assigning content words and grammaticalization). In Pan Wuyun (ed.), *Dongfang Yuyan yu Wenhua* (Language and Culture in the East). Shanghai: Oriental Publishing Center.

Liu, Danqing（刘丹青）2002b. Hanyu-li de kuangshi jieci (Circumpositions in Chinese). *Contemporary Linguistics*, No. 4.

Liu, Danqing（刘丹青）2003.*Yuxu Leixingxue yu Jieci Lilun* (Word Order Typology and a Theory of Adposition). Beijing: The Commercial Press.

Nichols, J. 1986. Head-marking and dependent-marking grammar. *Language*, 62(1), 56-119.

Peyraube, A. 1994. On the history of Chinese locative prepositions. *Languages and Linguistics in China* (《中国境内语言及语言学》), Vol. 2.

Ren, Ying (任鹰) 2000. *Xiandai Hanyu Feishoushi Binyu Ju Yanjiu* (Studies in the Non-patient Object in Contemporary Chinese). Beijing: Social Sciences Academic Press.

Rijkhoff, Jan 2002. *The Noun Phrase*. Oxford: Oxford University Press.

Shi, Youwei (史有为) 1999. Chusuo binyu chubu diaocha (A preliminary investigation of locative objects). www.usc.edu/dept/LAS/ealc/chinling/articles/shi2.pdf/.

Song, J. J. 2001. *Linguistic Typology: Morphology and Syntax*. Hong Kong: Longman.

Sun, Chaofen 1996. *Word-Order Change and Grammaticalization in the History of Chinese*. Stanford: Stanford University Press.

Wu, Yunji 2001. The development of locative markers in the Changsha dialect. In H. Chappell (ed.), *Sinic Grammar: Synchronic and Diachronic Perspectives*. Oxford: Oxford Press.

Xiong, Zhenghui (熊正辉) 1994. *Nanchang Fangyan Cidian* (A Dictionary of the Nachang Dialect), as a volume of *Great Dictionary of Modern Chinese Dialects*. Nanjing: Jiangsu Education Press

Xu, Dan (徐丹) 1990. Pingjie *Jieci Wenti ji Hanyu de Jiejue Fangfa* (Review of '*Le Probleme Linguistique de Prepositions et la Solution Chinoise*' by Claude Hagège). *Zhongguo Yuwen* (Chinese Language), No. 6.

Xu, Dan (徐丹) 1994. Guanyu Hanyu-li 'dongci + X + didianci' de juxing (About the pattern of 'verb + X + locative word' in Chinese). *Zhongguo Yuwen* (Chinese Language), No. 3.

Zhang, Caiyao (张才尧) 1994. *Shiyong Deyu Yufa* (A Practical German Grammar). Beijing: Waiyu Jiaoxue yu Yanjiu (Foreign Language Teaching and Research) Press.

Zhang, Cheng (张赪) 2002. *Hanyu Jieci Cizu Cixu de Lishi Yanbian* (Historical Change of the Word Order of Preposition Phrases in Chinese). Beijing: Beijing Language and Culture University Press.

（原载《中国境内语言的空间表达》，世界图书出版公司，2013年）

汉语指示词语音象似性的跨方言考察[*]

一、指示词的语音象似性与本文的工作假设

1.1 象似性、语音象似性和指示词的语音象似性

语言中的象似性即能指与所指的特征相关联，也就是能指以跟所指的某种特征相近、相关的形式来指称所指。这里的"形式"，包括语音形式、语言单位的异同、排列次序、松紧关系、重度（长度和结构复杂度）等。用语音手段表达的象似性是一种非常直接的象似性，本文称为语音象似性。不同的语言范畴象似性的程度不同，例如拟声词作为词类有极高的语音象似性，比名词（尤其是抽象名词）和动词（尤其是非动作动词）整体上要高得多。但具体名词和动作动词也有象似性高的成员，如汉语名词"猫、鸭、鹅、（乌）鸦"等模拟所指的叫声（参照声符所反映的造字之初的上古读音），汉语动词"喷、呼、哈（气）、啐"和"拍、撕"等分别用发音动作模拟所指的口腔动作和用语音模拟手部动作发出的声音，都有很强的语音象似性。

本文所说的语音象似性（phonetic iconicity），在国际通行的文献中，通常称为语音象征性（sound phonetic symbolism）或者音义联觉

---

[*] 本研究得到国家社科基金重点项目"名词短语句法结构的类型学比较"（03AYY002）和中国社会科学院重点课题"汉语方言语法比较与方言语法语料库"的资助，初稿曾分别由陈玉洁在东亚语言比较国际学术研讨会（上海师范大学，2006年12月）和刘丹青在香港科技大学人文和社会科学学院（2007年2月）报告，分别承陆丙甫、罗仁地（R. LaPolla）、李葆嘉、朱晓农、孙景涛、姚玉敏等先生参与讨论提出意见，一并申谢。尚存问题均由作者负责。

（phonaestheme），指某些语言形式与某些意义相关联，如元音 [i:] 往往象征小，如 teeny（极小的），weeny（极小的）等。Bergen（2004）指出了英语中一些特殊语音形式与意义的关联现象，如首辅音 gl- 往往与视觉、光线意义相关联，sn- 与嘴巴、鼻子意义有关。在此都称为语音象似性，这样可以把语言中有关联的形式与意义统一于"象似性"这个名词之下，语音象似性与句法上表现出来的时间象似性、距离象似性等一样，都表示能指（形式）和所指的特征（意义）之间存在非任意的关联。

研究不同语言的学者已经初步发现指示词是词类中较普遍的具有语音象似性的词类，并初步总结了一些形-义对应的象似规则（Sapir 1949；Ultan 1984；Woodworth 1991；Haase 2001 等）。距离远近对立是指示词的核心语义，指示词的语音象似性集中体现在指示词的远近对立与语音形式之间的关联上。本文拟用现代汉语的跨方言材料来验证指示词的语音象似性，重点关注几个问题：(1)汉语指示词是否存在或在多大程度上存在语音象似性？(2)这种象似性主要表现为什么语音要素与什么意义之间的恒常的关联性？(3)汉语指示词的象似性与国际上既有研究的成果有哪些异同？

1.2　文献回顾与指示词语音象似性的三条假设原则

以往的研究，较多注意到元音对指示词的距离象似作用。

Sapir（1949）较早地注意到，相对于中指和远指形式而言，近指指示词的元音倾向于闭和前[1]。Ultan（1984）发现，近远指示语素之间存在着语音、语义的对应。其中元音特性相区别占了最大的比重。这在一定程度上支持了 Sapir 的观察。

Woodworth（1991）经统计发现，语言的指示词确实存在语音象似

---

[1]　对元音的描写目前国际上通行的做法是用开（open）和闭（close）代替传统的低（low）和高（high），本文从之。参看国际音标网站：http://web.uvi.cca/ling/resources/ipa/charts/IPAlab/IPAlab.htm（点击日：2008 年 8 月 28 日）。

性（她称为象征主义 symbolism），指示词的元音特性和指示距离之间存在着非任意性的联系。一般认为，元音的语音特征存在开闭和前后之别，但是 Woodworth 试图将开闭和前后统一为单一参项——兼顾元音舌位前后和高低的 F_2（第二共振峰）的值，认为近指指示词所使用的元音 F_2 的值要高于远指指示词的元音。八个正则元音 F_2 的值排列如下（原文 ɔʊ 之序误为 ʊɔ，现改正）：

i	ɪ	ɛ	æ	a	ɔ	ʊ	u
2250	1920	1770	1660	1100	1030	880	870

·············· F_2 ·········（赫兹）··············

Woodworth 的预测是，近指指示词所使用的元音总是列于远指指示词之左。i 和 u 处于这个序列的两极，如果以 i 作为近指指示词的区别性元音或以 u 作为远指指示词的区别性元音，则肯定是符合语音象似性的（试想广州话近指词"呢"[ni] 和关中方言远指词"兀"[u]，闽语沙县方言中近指 [ia]，远指 [uɒ]，完美反映了这种元音象似性预测。不过需注意，F_2 反映前后是一致的，前元音 F_2 值肯定高于后元音。而反映开闭则是前后相反的，前元音中舌位越高 F_2 值越高，后元音中舌位越高 F_2 值越低。统一为 F_2 值则使元音开闭不成为参项。

Haase（2001）也认为，元音特性与直指距离直接相关。不过，与以上几位仅关注远近区别对立不同，Haase 还强调了远近指示词语音之同所体现的象似性：指示词的象似性原则主要体现在语音上密切联系的形式，即一个语言/方言中的指示词总是在语音上存在密切联系，最理想的状态是能够构成最小对比对。

参考 Haase 的想法，我们可以认为，指示词远近之别的语音对立建立在语音之同的背景之上。例如英语 this 和 that 主要是由 i~a [ɪ~æ] 的元音开闭来模拟远近的，这是在很多语言方言中体现出的模式，而相同的词首辅音 th [ð] 则成为凸显 i~a 对立的背景。语音对立建立在共同的背景之上是一种象似性——同属一个小语义场采用同样的语音要素，我们认为，这是语音体现出的"功能相似则形式相似"的象似性原则。由于相同部分主要充当凸显对立的背景，这一原则可称为"背景原则"。

对于指示符号语音象似性的动因，Suter（1991：225，转引自 Haase 2001：765）提出了一个有趣的解释，他认为指示符号模拟人们的移动感知中的声学成分，当昆虫靠近我们的时候，音高是上升的，当离开时，音高是下降的。这种解释，与朱晓农（2004，及其所引的 Ohala 等的著述）关于亲密与高调的跨物种联系的解释较为接近，尽管 Haase 认为 Suter 的解释不是语言学意义上的解释。

与 Woodworth 主要强调 F_2 值不同，Haase 认为，指示词元音的开闭与前后都与象似性有关，因为开闭和前后两个参项并非互补，因此可以进行并列统计。本文的研究也将证实，开闭确与距离密切相关，较近的指示词总是体现出较小的开口度。Haase 也指出，指示系统的语音象似性不仅体现在元音上，还体现在辅音与有声调语言的声调上，降调指示较近的距离，升调指示更远的距离。这也是一种语音对现实的模拟：距离近的就使用较自然、较低沉、不费力气、更无标记的降调，这样只有距离近的人才能听到；距离远的就使用有区别意义的升调，让远处的人也能听到。我们相信，这一解释同样适用于元音的开闭：闭元音响度小，适合指近，开元音响度大，适合指远。在开口度相同的情况下，前元音的响度要小于后元音（比较 [i] 和 [u]），但其间的差别远不如开闭元音（比较 [i] 和 [a]）那么明显。Haase（2001：763）还强调即使发现了反例，象似性原则仍然不失为一个有效的概括。这种功能上的有效性还有历史证据的支持，也就是说，指示系统在发展过程中常会淘汰掉不具备象似性或不构成最小对比对的成分，而保留构成最小对比对并且具备象似性的成分。上海话远指词用中开元音的"埃"[$ε^{52}$] 取代早期的闭元音"伊"[i^{52}] 就符合这一趋势。

刘丹青、刘海燕（2005）详细描写分析了吴语崇明话的指示词系统，并结合其他若干方言、语言的实例，提出了一些指示词距离象似性的表现形式，例如崇明方言远近对立主要靠前闭元音 i 介音的有无来体现。

参考以上研究，本文对用音段和声调表达的距离象似性提出如下工作假设来进行更广泛的材料验证。我们设定：

近指和远指所采用的语音形式应能排成如下序列（左对右代表近对远）：

辅音：塞音＜塞擦＜擦＜鼻音＜边音

元音：闭＜开

　　　前＜后

调：　降＜平＜升

这就是我们所预测的与距离指示相关的语音象似性序列。

元音开闭的象似性，上面已有分析，主要是以响度为载体，开元音的响度大于闭元音的响度。至于辅音，可以发现上述序列正好代表了响度的序列。前三类是非响音（即阻塞音），后两类是响音。在两类内部都是越靠右响度越大。响度大的音给人"传得远"的印象（克里斯特尔2002：328）。因此，我们假设，决定这类象似性的最重要因素是响度：响度越大，所指距离越远，这个原则可被称为"响度原则"。

赣语安义方言（陈敏燕等 2003）中，远指 [he^{214}]，更远指 [he]（全升调），远和更远的区别是靠全升调来体现的。

刘丹青、刘海燕（2005）还提到崇明方言的更远指是靠远指词之一"埃"的重读来表示的。重读和音长延长等手段是比响度更为直观的语音象似性，但由于这些手段常常突破常规的音系（例如在没有长短音对立的语言方言中用长音表示远或更远），并且缺少可以精确描写的系统性（如长到什么程度算一级、总共有多少个长度等级等），因此属于语法化和词汇化程度较低的象似性手段。重读用力大，而无论是声音还是实体，达到远处总是需要用力更大，这是用力量来模拟。重读通常伴随音长增加，这是用时间之长来模拟空间距离之长。

靠声调、重读和长音等超音段手段表示距离远的象似性是指示词体现出的第三类象似性，这一原则关涉到语音形式的重度，可以称为"重度原则"。

响度与重度原则密切相关，或者说存在功能交叉，都是语音的强度与力度方面的体现，但是载体不同，响度原则主要体现于元音、辅音等音段音素之上，而重度原则是以重读、声调、音节重叠等超音段音素为载体的。

这里将本节提到的指示词的象似性原则综合如下：

象似性原则Ⅰ：背景原则，指示系统倾向于构成音素中同中显异的最小对比对。

象似性原则Ⅱ：响度原则，下分为两个由近指到远指的序列：

1. 辅音象似性序列：塞音＜塞擦＜擦＜鼻音＜边音

2. 元音象似性序列：（1）闭＜开（闭近开远律）（2）前＜后（前近后远律）

象似性原则Ⅲ：重度原则，包括：

1. 声调象似性序列：降＜平＜升

2. 重读、长音、重叠等形式指示的距离比相应的非重读、非长音、非重叠形式指示的距离远。

原则之间的三边关系不是对等的。Ⅰ和Ⅱ是平行的，不竞争，不互补，可以（但非必须）共存，还有一定的共谋关系——最小对比对的音同部分作为背景有助于突显体现象似性的对立部分，两条原则从不同方面体现了指示词系统的语音象似性。原则Ⅲ相对独立，可以独立体现距离象似性，也可以作为补充性的原则与原则Ⅰ和Ⅱ并存于同一系统。

三条原则的重要性是不相等的。学界最关注的向来是原则Ⅱ，这是合理的。原则Ⅰ处在原则Ⅱ的背景（ground）地位，假如没有原则Ⅱ所体现的对立，指示词就只剩下了一个，就无所谓同和异了。反过来，原则Ⅱ是凸体（figure），是体现象似性的主体，而且原则Ⅱ虽然可以借助原则Ⅰ的最小对比对而获得凸显，但其本身也可以在并非最小对比的情况下存在，如"这-那"之别同时由声母和元音体现原则Ⅱ，却远非最小对比对。可见原则Ⅰ和Ⅱ只有单向依附关系（Ⅰ依附Ⅱ）。至于原则Ⅲ，它是更加直观的象似性，但由于其语法化和词汇化程度低，常不是稳定的语言要素，因此在语言系统中的地位远不如原则Ⅱ。本文在综合考虑三条原则的同时重点关注原则Ⅱ的表现。

二、指示词语音象似性的若干例证

　　对于指示词的象似性，陆丙甫（2001），陆丙甫、谢天蔚（2002）曾做过简要介绍，并列举了一些汉语例证。汉语方言和少数民族语言学界也有不少报告，只是没有提升到象似性理论来概括。

　　人们早就发现一个方言内部各指示词之间表现出很大的相似度，往往仅靠一个音位来区别，构成了最小对比对。詹伯慧（1981：56）指出，汉语方言有内部屈折现象，例如闽方言的指示词，一般都通过声母的变化来表示近远指的不同，闽南方言（如厦门、潮州）用 ts（近指）—h（远指）区别，闽东方言（福州）用 ts（近指）—x（远指）来区别。所谓内部屈折，前提就是有相同的词根词干，这就是成对成组指示词中的音同部分。上举闽语例子，都是韵母、声调均同，仅靠声母对立。

　　董育宁（2002）指出，山西晋语的许多方言点也是以声母的不同来区别近远指而保持韵母、声调不变。中区方言点多以 ts（近指）、v（远指）来区别，如太原；西、北区用 ts/tʂ（近）、n（远）来区别，如汾阳；东南区用 tɕ/t（近）、n（远）来区别，如长治、晋城。这些例子中，不但韵调相同符合背景原则，而且声母的近远对立也都符合响度原则中的声母序列，表现为塞音、塞擦音指近，擦音或鼻音指远。

　　石城（龙岗）客家话（曾毅平 2001）近指为 ti^{24}，远指为 ka^{24}，没有出现最小对比对，声母同属塞音，既不相同也没有序列之别，但元音是 i 与 a 的近远对立，符合元音的闭近开远律。

　　赣语中更近、近、远三分的系统中，指示紧挨说话人的对象的更近指，13 个方言点中有 10 个是以 i 作为主要元音的，显示了更近这种有特殊意义的近指往往采用开口度最小和最前的元音（陈敏燕等 2003）。

　　用重读和读音延长来表达距离之远的现象也很多，下面是汉语方言和国内民族语言中已经描写的体现了重度原则的部分现象。

赣语吉安方言（陈昌仪、蔡宝瑞 2000）是一个近、远、更远三分的指示系统，各指示词之间构成了典型的最小对比对，主要是靠声调与强调重音来区别的：

近指 koi^{21}～远指 koi^{53}～更远指 koi^{53}

近指与远指的区别在于调值，更远指是远指的重读和拉长，是更直观的象似性。

据汪化云（2002）所引，下列方言都是用中指或远指的拖长来表示远指或更远指，并且都是拖得越长表示越远的距离：

表 1 使用拖长音节表示更远距离的方言

方言点	近指	中指	远指	更远指
临夏	这	兀	兀（拖长、加重）	
临汾	这	兀	兀（拉长）	
新疆汉语	这		那	那（拖长）

土家语中（田德生等 1986）处所指示词相当复杂：[ũ^{55}]（这里，离说话人最近）；[kɨe^{21}]（这里，比 [ũ^{55}] 稍远）；[ẽ^{55}kɨe^{55}]（那里，离听话人最近）；[a^{21} kɨe^{35}]（那里，比 [ẽ^{55} kɨe^{55}] 远）；[a^{21} kɨe:^{35} a^{21} kɨe^{35}]（最远指，将远指词重叠加语法重音。也就是说，将原词重叠为 ABAB 式，语法重音在原词的末一音节，重读音节的韵母主要元音读相应的长音，声调读成相应的长调）。土家语的更远指同时采用了拉长元音、拉长声调、音节重叠三种方式。

这类手段在诸多语系的民族语言中不乏例证，如戴庆厦、徐悉艰（1992：29）提到景颇语表示远指的 3 个指示代词 wo^{2}ra^1、hto^2 ra^1、le^{2}ra^1 在口语中"第一个音节可用语音的长短表示远近，音拉得越长所指事物就越远"。维吾尔语远指代词也靠第一音节的元音长短区别远近，越长所指越远（赵相如、朱志宁 1985：68）。

当然，仅举例还不足以说明指示词的语音象似性，因为不了解相反情况的比例。所以下文将进行较大规模的材料统计，以统计数据从整体上评估汉语指示系统的语音象似性情况。

三、指示词语音象似性的统计分析

3.1 统计说明

3.1.1 材料来源

我们的统计材料全部来自已经公开发表的论文和专著。主要有陈昌仪（1991），陈敏燕等（2003），伍云姬主编（2000），卢小群（2004），平田昌司主编（1995），孙立新（2002），甄尚灵（1983），陈章太、李如龙（1991），李如龙、张双庆主编（1999），侯精一、温端政主编（1993），还有一些材料来自李荣主编（2002），黄伯荣主编（1996）。

3.1.2 基本指示语素

指方言中加上各类名词性成分构成各种语义的指示词的指示性成分，比如现代汉语普通话中的"这/那"。储泽祥、邓云华（2003）指出不同语义范畴内部指示系统的距离层级不同，我们统计时一般选取个体指示词中的基本指示语素作为统计对象。当然，特定方言中可能并不拥有一个统一的基本指示语素，比如山西汾阳方言中（宋秀令1994），不同句法语义功能的指示词拥有不同的指示性成分，近指词就有 [tsai^{324}]、[tʂəʔ^{212}]、[tʂəɯi^{324}]、[tʂəɯ^{53}] 四个形式。这时，我们选取能直接限定名词的指示词，因为这是指示词的最基本的功能，假如没有这种指示词，则选取带量词限定名词的指示词。因此，在汾阳方言中本文选取的是 [tsai^{324}]。

3.1.3 对比音素的选取

汉语音节中，主元音是韵母中发音最突出的音，因此我们选取主元音进行比较，并且分开闭和前后两个参项来比较。如果主元音相同，元音的对立体现在介音或韵尾上，我们就选用介音或韵尾元音来比较。我们一般以在前的 [i、u、y] 为介音，在后的 [i、u、n、ŋ、m、p、t、k、

ʔ] 等为韵尾来判定主要元音。有些方言元音构成是渐强渐闭式，如温州"飞"[fei]，或渐弱渐开式，如庆元"珠"[tçye]，或在前的闭元音念长音，如祁门"泥巴"[li:ə^{55}pu:ə^{11}]，这些音节类型中通常被看作韵尾和韵头的闭元音 i、u、y 实际上在发音上是最突出的（平田昌司主编 1995：20，173；潘悟云 2006），此时我们将视那个虽闭但强的元音为主元音。假如作者没有对这种现象做出准确描写，我们只能按传统方式选取非闭元音为主元音。这样可能会对统计结果有些小影响。

对辅音的统计主要是统计声母发音方法的对立所体现出的象似性。

元音和辅音都根据《方言》2005 年第 1 期（18-9）国际音标表进行统计分析。

3.1.4 统计方式

（1）采用随机抽样方式，不管方言点是否处于同一个层次，即只要是语音形式不同，方言区的代表方言与这个方言区下有不同指示形式的方言点可以同时选取。

（2）不同层级的指示系统分别进行统计，二分、三分、四分分别进行统计。三分系统在方言描写者的描写中呈现出比较复杂的情况，有近-中-远、近-远-更远、更近-近-远等几类。由于我们预测的指示词的语音象似性就是指示词的语音形式与它所表示的距离之间的关联度，因此内涵不同的三分系统可以放在一起进行统计，包括参与者定位中的近-中-远三分系统，虽然把说话人作为指示的参照点考虑进去，但相对于说话人这个指示中心来说，三个指示词所指示的距离是越来越远的。有些方言区内部各方言点的指示系统有详细的描写，这样我们可以对该方言区进行分区统计，比如对西南官话的统计，对赣语二分情况的统计，等等。因此我们的统计结果将包括：1）二分随机抽样；2）二分分区统计；3）三分分区统计；4）三分综合统计，包括更近-近-远、近-中-远、近-远-更远，采用随机抽样的方式；5）四分统计。

（3）分值说明：1）符合我们预测的响度原则或声调的重度原则的语音对立，分值记为"1"；2）违背这些原则的则记为"-1"；3）语音相同,即符合背景原则的,记为"0";4)有些语音,不在我们所预测的语音序列之内,暂时记作"NA"(not applicable,即无关、不适用),如声调中曲拱调值和短调值的对立,如 53 和 3 的对立,零声母和一般声母的对立,零韵母(即无韵母)和一般韵母的对立。

(4)有些参项,符合重度原则,如靠元音的拉长、音节的重叠、音节重读等来表远,这类现象通常是非音系性的,暂时难以精确计算,因此本文对此情况,在元音、辅音、声调参项上暂时都记作"0",但是会在分析时讨论。

(5)湘语绥宁方言(曾常红 2000)中,靠声调上的高平、低平来区分中指和远指,即低平表示中指,高平表示远指,这也是一种很直观的象似性,越高区别度越大,越用力,表示的距离越远,但是体现这种象似性的例子很少,未列入我们的象似性原则,都按平调计"0"。

(6)关于舌尖元音 [ɿ ʅ]。我们所预测的元音象似性序列,主要关注舌面元音,因此 [ɿ ʅ] 可以计入无关参项,不与其他舌面元音进行比较。但是这两个舌尖元音的语音特征本质上是闭和前的,与舌面前、闭元音 [i] 是很相似的,在普通话语音中,[i] 与 [ɿ ʅ] 常被处理为同一个音位,因此本文对 [ɿ ʅ] 与 [i] 按具有同样特征的舌面元音计算。

3.2 汉语指示词语音象似性统计结果

3.2.1 二分统计

二分随机抽样统计结果见表 2:

表 2 二分随机抽样统计结果①

比较结果	辅音	元 1	元 2	声调
NA	22	12	12	9
-1	5	20	26	6
0	22	38	66	92
1	70	49	15	13

---

① "元 1"指元音开闭,"元 2"指元音前后,方框中数字表示分值最高,下同,不再一一注明。

表 2 统计结果显示：1）随机抽样的二分系统中，声调表现出比较明显的互相沾染，即绝大多数情况下，远近指示词的声调是相同的，强烈体现出背景原则。具体地说，声调在最小对比中强烈倾向于充当音同部分，作为凸显音异部分的背景。2）辅音的表现最符合我们的响度预测，符合响度原则的实例多于其他三种情况的实例总和，而作为反例的情况只有 5 例，与正例之比是 1∶14。可见辅音在最小对比中主要充当凸显对比的部分，是体现区别性的语音特征，并且这种对比是极其符合象似性序列的。3）元音开闭基本符合响度序列，闭近开远的分值远高于相反的分值（49∶20），同时还部分体现出了符合背景原则的倾向性，得 0 分的实例较接近得 1 分的实例（38∶49）。换句话说，元音开闭主要充当体现响度原则的对比要素，其次是充当最小对比的相同背景，而很少成为违背象似性的对比要素。4）元音前后体现出比较明显的相似，较符合背景原则。其对比的部分，不符合响度原则的略高于符合的，但两者实例之和也大大少于其作为相同背景的实例（41∶66），可见元音前后主要充当相同背景，与后面两条原则关系不大。

晋语二分统计结果见表 3：

表 3　晋语二分统计结果

比较结果	辅音	元 1	元 2	声调
NA	7	0	0	0
−1	0	1	2	0
0	0	15	19	21
1	14	5	0	0

表 3 统计结果显示：晋语二分系统声调、元音的开闭和前后都表现出高度的相似，符合背景原则，主要充当框架要素，靠辅音对立来区别远近。但闭近开远律仍有效，正反例之比为 5∶1。辅音的表现高度符合响度序列，正例与反例之比为 14∶0。

赣语二分统计结果见表 4：

表 4　赣语二分统计结果

比较结果	辅音	元 1	元 2	声调
NA	9	5	5	4
−1	0	5	18	7
0	8	15	8	16
1	16	8	2	6

表 4 统计结果显示：赣语二分的指示系统，声调和元音的开闭明显体现出背景原则，充当凸显区别性的背景。近远指的区别靠辅音和元音的前后体现，辅音是高度符合响度原则的（16∶0），闭近开远律略有体现（8∶5），而元音前后主要是用作区别的部分，而且其对立方式强烈倾向于违背响度原则的预测（2∶18），反而是前远后近。

西南官话二分情况统计见表 5：

表 5　西南官话二分统计结果

比较结果	辅音	元 1	元 2	声调
NA	1	3	3	0
−1	0	1	0	1
0	7	6	22	25
1	18	16	1	0

表 5 统计结果显示：元音前后和声调都表现出高度相似，充当凸显区别意义的相似背景，符合背景原则。远近区别靠辅音和元音开闭来显示，都非常符合响度原则（18∶0 和 16∶1）。

闽语二分统计结果[①]见表 6：

表 6　闽语二分统计结果

比较结果	辅音	元 1	元 2	声调
NA	4	0	0	
−1	1	2	0	
0	1	16	16	
1	14	2	4	

---

① 闽语中的声调资料搜集得不够全面，因此我们未做声调统计。

表 6 统计结果显示：近远指元音的开闭和前后都表现出高度一致，符合背景原则。靠高度符合响度原则的辅音（14∶1）来区别远近。

湘语二分统计结果见表 7：

表 7　湘语二分统计结果

比较结果	辅音	元 1	元 2	声调
NA	6	2	2	1
-1	1	0	6	6
0	2	13	14	14
1	16	10	3	4

表 7 统计结果显示：声调和元音前后主要都是体现指示系统内部之"同"的部分，符合背景原则。有少量体现区别的，都不符合预测序列。元音开闭得 0 分的实例最多，说明它主要充当最小对比中的相同背景要素。对比部分符合与违背响度预测之比为 10∶0，说明闭近开远律非常有效。近远指的区别主要靠辅音体现，辅音明显符合响度原则（16∶1）。

通过二分随机抽样和湘语二分中的元音表现可看出，元音的开闭可以作为凸显差异的相同背景存在，但也可以是指示系统中区别性的语音特征，并且符合响度原则的占明显优势。

3.2.2　三分统计

描写者对方言中指示词三分现象的描写并不统一，有近-中-远、更近-近-远、近-远-更远等各种类型，各类描写方式可能在指示绝对距离上存在差异。由于本文所关注的是相对距离之间的语音对立，各类方式可以统一为近-中-远（详见陈玉洁 2007∶§3）。我们在进行统计分析时主要仍遵照描写者的描写方式，但如果同一种方言中的次方言存在不同的描写方式，我们把它们统一为一种主要的类型。

晋语三分统计结果如下：

表 8　晋语三分统计结果

比较结果	近-远				近-中				中-远			
	辅音	元1	元2	调	辅音	元1	元2	调	辅音	元1	元2	调
NA	10	2	2	1	1	2	2	1	11	0	0	0
-1	0	0	3	1	0	0	0	0	5	5	1	4
0	0	9	10	12	0	10	13	13	0	9	13	10
1	6	5	1	2	15	4	1	2	0	2	2	2

统计结果显示：（1）晋语这三组较近和较远的对比中，声调、元音的开闭和前后都表现出高度相似，即都符合背景原则，是构成最小对比对的框架成分。（2）这三组远近区别都主要依靠辅音。但辅音只在近中对比中有符合响度原则的区别性语音特征。近远和中远对立主要靠辅音的有无作为区别性特征，"NA"的例证最多，并不违背预测。近远对立中"1"栏中分值居第二位，符合响度原则，无违背现象存在，然而中远对立中"-1"栏中分值居第二位，明显违背响度原则。张维佳（2005）认为晋语的三分格局是由相邻地区两分格局的层次叠加造成的。看来，可能是因为不同质成分的混合，所以目前出现了局部违背象似性预测的情况，我们推测随着融合程度的加深和历时的演化，象似性力量有可能将系统调整得更加符合象似性。

关中方言统计结果如下：

表 9　关中方言三分统计结果

比较结果	近-远				近-更远				远-更远			
	辅音	元1	元2	调	辅音	元1	元2	调	辅音	元1	元2	调
NA	43	0	0	0	0	0	0	0	43	0	0	0
-1	0	2	0	2	0	0	0	0	0	0	43	1
0	0	44	1	43	0	45	47	43	0	0	4	41
1	4	1	46	2	47	2	0	4	4	47	0	5

统计结果显示：（1）近远对立中，声调和元音开闭是符合背景原则的框架性成分。元音前后是符合响度原则的区别性语音特征，辅音的有无对立也是远近的区别特征。（2）近和更远的对立，声调、元音的开闭和前后是体现最小对比对的音同成分，符合背景原则，辅音是最小对

比对中的对立成分，完全符合响度原则。近和更远的对立，分值非常集中，显示出指示系统内部非常整齐的一致性。（3）远和更远的对立，只有声调基本一致，辅音和元音都表现出较大的区别性。辅音的区别性靠有无对立，元音的区别度靠开闭和前后共同体现，符合闭近开远律，但不符合前近后远律。不过不符合前近后远律的情况从汉语指示词的整体表现来看也并不奇怪（见§3.3）。

赣语更近-近-远三分统计结果如下：

表 10　赣语更近-近-远统计结果

比较结果	更近-近				更近-远				近-远			
	辅音	元1	元2	调	辅音	元1	元2	调	辅音	元1	元2	调
NA	4	1	1	0	4	1	1	3	1	0	0	3
-1	7	0	1	0	7	1	1	0	0	0	12	2
0	0	0	0	10	2	0	8	0	0	6	1	5
1	2	12	11	3	0	11	11	2	12	7	0	3

统计结果显示：（1）更近和近，更近和远呈现出相同的对立模式，声调趋同，辅音、元音开闭和前后都是区别性语音成分，因此不构成最小对比对。元音的开闭和前后都符合响度原则，但是辅音对比"-1"栏中分值占优势，明显违背响度原则。（2）近-远对立，声调以"同"为主，但分值在四栏中都有分布。辅音符合响度原则，元音开闭在呈现出符合响度原则的区别性的同时，也体现出一定的趋同性，元音前后也是区别性语音特征，却明显违背前近后远律。

赣语近-远-更远三分统计结果如下：

表 11　赣语近-远-更远统计结果

比较结果	近-远				近-更远				远-更远			
	辅音	元1	元2	调	辅音	元1	元2	调	辅音	元1	元2	调
NA	4	4	4	1	3	1	1	2	4	5	5	1
-1	1	0	6	1	2	1	6	2	2	1	0	1
0	1	5	2	6	2	8	4	3	6	6	7	9
1	6	3	0	4	6	1	1	5	0	0	0	1

统计结果显示:(1)近远对立中,声调和元音开闭是符合背景原则的框架成分,辅音是符合响度原则的区别性成分,元音前后也体现了区别性,却是违背响度原则的。同时,声调表现出一定的符合象似性序列的倾向,辅音、元音开闭和前后的有无对立也是重要的区别手段。(2)近和更远的对立,只有元音开闭有趋同倾向,声调、辅音是符合象似性序列的区别性语音成分,但元音前后是明显违背响度原则的。近和更远的对立,不构成最小对比对。(3)远和更远的对立,统计结果显示所有语音成分都是符合背景原则的框架背景式成分。它们的区别,除了靠有无对立之外,还依赖重叠、拉长元音和重读表示更远的距离,也就是说符合重度原则。从语音形式上看,赣语近-远-更远三分的系统中,近和远、远和更远表现出密切关系,但近和更远之间的关系比较疏远,这显示更远可能是远近二分之下的次层。

三分随机抽样统计结果如下:

表12　三分随机抽样统计结果

比较结果	近-远				近-中				中-远			
	辅音	元1	元2	调	辅音	元1	元2	调	辅音	元1	元2	调
NA	16	6	6	3	19	10	10	6	27	10	10	4
-1	8	7	12	6	8	7	8	4	6	6	27	10
0	8	15	35	48	5	34	24	50	22	23	31	46
1	38	42	17	13	38	19	18	10	15	31	2	10

我们按照相对距离把各种三分类型统一为近-中-远。统计结果显示:(1)近远对比中,声调和元音前后仍是符合背景原则的音同要素,而区别性靠符合响度原则的辅音和元音开闭共同体现。(2)近中对比,声调和元音开闭、前后共同构成了最小对比对的框架成分,符合背景原则,区别性靠符合响度原则的辅音来体现。但同时,元音的开闭和前后也表现出了一定的符合响度原则的区别性。(3)中远对比,声调和元音前后体现了指示系统之"同",但元音前后也表现出明显违背响度原则的倾向性。元音开闭在体现符合响度原则的区别性的同时也表现出明显的相似。辅音情况较为复杂,分值分布较为均衡,无关参项占据最显要

的地位，同时体现出较为明显的框架作用，也显示出一定的符合响度原则的区别度。(4) 总体上看，三分系统的对立呈现出比较复杂的情况。尤其在近中和中远对比中，不可忽视的一点是辅音对立中"NA"参项占了一定比例，说明一定数量的较远和较近的对立不能构成最小对比对，这提示我们思考一个问题，即三分系统内各指示词的非同质性，可能有来自于共同语或其他方言的成分，也可能是处于基本距离层次之下的次层（secondary level）分类（见§3.2.3），因而语音形式上呈现出独特性。但同时"−1"栏中的分值在大多数项目的比较中都是最低的，占据不重要的地位，说明违背象似性预测的情况仍不常见，从另一角度证明了象似性预测的可信度。

综合随机抽样和各方言点三分系统的表现情况，我们可以做出一个推测，即三分系统内部，普遍存在异质成分或次层成分。

3.2.3 四分统计

汉语方言中的四分系统，我们见到的材料只存于赣语。

赣语四分系统统计结果如下：

表 13　四分系统统计结果

比较结果	近-远				更近-近				远-更远			
	辅音	元1	元2	调	辅音	元1	元2	调	辅音	元1	元2	调
NA	3	0	0	1	0	0	0	0	3	0	0	1
−1	0	1	6	2	0	0	0	2	0	0	0	2
0	3	6	4	6	10	10	9	7	7	10	10	5
1	4	3	0	1	0	0	1	1	0	0	0	2

统计结果显示：(1) 近远的对立中，分值分布较为均衡，无论是区别还是相似，看不出明显的符合象似性的情况。(2) 更近与近的对比，远与更远的对比，全部都是"0"栏中分值最高，证明了近与更近、远与更远具有高度的相似。音段因素往往是构成最小对比对的相同背景，用来区别的主要是非音段要素，或者靠拉长重音来区别，符合重度原则，或者靠声调来区别，而声调主要是调类区别，没有体现出明显的调值象似性：

近与更近：5组单靠元音的拉长来区别，
　　　　　4组单靠声调来区别，
　　　　　1组单靠元音的不同来区别。
远与更远：5组单靠元音拉长来区别，
　　　　　4组单靠声调来区别，
　　　　　1组靠辅音、声调共同区别。

从形式上可以看出近与更近，远与更远之间的密切关系，更近和更远可以说是更有标记的、依附于近、远的形式，是近远的强调形式或者说复杂形式，因此赣语的四分系统可以看作二分层级下更为次层的分类。由此可见，音段层面的象似性的作用域主要在第一层次，对第二层次起作用的主要是非音段要素，而且它们大部分仍符合语音重度原则。

3.3 综合分析

根据以上统计结果，我们将各表远近对立中最显著（同组中分值最高）的参项得分归纳如下：

表14　显著参项得分统计结果

统计方式		辅音	元1	元2	声调
二分随机抽样		1	1	0	0
二分晋语		1	0	0	0
二分赣语		1	0	−1	0
二分西南官话		1	1	0	0
二分湘语		1	0	0	0
二分闽语		1	0	0	*
三分随机抽样	近-远	1	1	0	0
	近-中	1	0	0	0
	中-远	0	1	0	0
赣语三分	更近-近	−1	1	1	0
	近-远	1	1	−1	0
	更近-远	−1	1	1	0

续表

统计方式		辅音	元1	元2	声调
赣语三分	近-远	1	0	-1	0
	近-更远	1	0	-1	1
	远-更远	0	0	0	0
三分晋语	近-远	1	0	0	0
	近-中	1	0	0	0
	中-远	1	0	0	0
三分关中	近-远	NA	0	1	0
	近-更远	1	0	0	0
	远-更远	NA	1	-1	0
四分	近-远	1	0	-1	0
	更近-近	0	0	0	0
	远-更远	0	0	0	0

表14中，共有24组远近对比，各项对立中最显著的参项统计结果综合如下：

表15 显著参项综合统计结果

比较结果	辅音	元1	元2	声调
NA	2	0	0	0
-1	2	0	6	0
0	4	16	15	22
1	16	8	3	1

统计结果显示：(1)指示系统的声调体现出强烈的趋同性，24组对立中有22组（闽语中声调没有统计）声调充当最小对比对中的框架或者说是背景成分，符合背景原则。而在"0"以外的栏目中所占的分值很小，与重度原则关系不大。本文参考前人研究所做的声调象似性预测在汉语方言中没有得到有力的验证。(2)辅音是汉语指示系统中体现区别性的语音成分，只有4组以充当框架成分为主，同时20组区别性对立中有16组对立符合响度原则，只有2组明显违背这一原则。(3)元音开闭，在16组远近对立中主要充当音同的背景成分，符合背景原则，8组对立中主要充当区别性的语音成分，并且符合响度原则。(4)元

音前后，在 15 组对立中充当框架性成分，体现背景原则，在 9 组对立中体现了区别性，其中有 3 组符合响度原则，但有 6 组是违背响度原则的。

总体来看，汉语指示词的语音表现不符合 Haase（2001）所预测的不同要素象似性的权重。Haase 认为指示词的象似性总是伴随着辅音丛相同与元音改变，而汉语中往往是元音和声调相同伴随着符合响度原则的辅音改变。元音（尤其是元音的前后）与声调是汉语指示系统中构成最小对比对的共同框架成分，辅音及一定程度上的元音开闭才体现了距离区别并且强烈符合象似性预测。

四、结语与余论

从本文的统计结果来看，汉语的指示系统基本符合象似性预测，只是在体现象征性的语音成分的分工上与前人预测不符，汉语指示词的象征性表现为：

（一）声调最大程度地体现了背景原则，重合幅度最大。

（二）元音次之，基本符合背景原则。其中舌位高低也充当对立参项体现强烈的象似性——闭近开远。但元音前后不符合响度原则。这说明 Haase 将开闭和前后分作两个参项是合理的。而元音前后的响度差别正好远不如开闭之别，说明响度是距离象似性在元音方面的主要载体。汉语的事实对 Woodworth（1991）的单一参项 F_2 构成了严重挑战：第一，F_2 直接体现元音前后，她预测后比前远，而这一预测在汉语中没有得到验证。第二，F_2 参项否定元音开闭作为一个有效参项，因为前元音越闭 F_2 值越高，而后元音越闭 F_2 值越低。汉语事实却是舌位高低是有效参项，在指示词存在元音开闭之别时，闭近开远律是普遍倾向，不因元音前后而改变。汉语事实说明用 F_2 作为体现远近象似性的基本参项是很不可靠的。元音开闭比前后更能体现象似性，这也更符合直观的感知：舌位的高低差别比前后差别更易于为人们所感知，开口度大小可以一望而知，但舌位前后却不好分辨。Crothers（1978）指出，一个语言系统中元音高低对照数目等于或大于元音前后对照数目，也就是元音高低的区分度不会少于前后的区分度，这对我们的结论是一个有力的证明。所以元音开闭比前后更能直观地表现指示词的远近距离，被优先选作体现象似性的参项更加合理。

（三）辅音具有最大的区别性意义，往往是最小对比对中体现区别的语音成分，并且强烈体现了响度原则。这说明辅音的响度充当了距离象似性的主要载体。

（四）响度原则在基本距离对立层次（如二分法）中表现最明显，基本对立层之外的次层细分（如远指中分出更远指）常用符合重度原则的手段实现，如重读、长音等。这些象似性现象在上述统计中无法充分体现，但它们与响度原则是非常一致的。

此外，还有一些现象显示象似性的作用比上述已经比较理想的结果还要大一些。

湖南涟源荷塘方言（李雄燕、尹钟宏 2001）中，指示词是三分的，[i²¹]（更近）–[n̩²¹]（近）–[n̩⁵³]（远），表示最近距离的更近指，辅音和元音都无法和近远指进行比较，但是它选用了开口度最小和最前的元音，这应符合象似性原则，但由于无法进行辅音与元音的对比，这个象似性没有计入我们的统计结果。

闽语龙岩方言（郭启熹 1999）中，近指 [hi²¹]，远指 [hŋ]，在进行元音比较时，我们只能计入无关参项，但是这里近指词的元音是开口度最小最前的元音。即使在可以进行元音比较的指示词中，某些符合我们预测的象似性也是无法体现在统计结果中的。如中原官话区的蒲县方言（霍小芳 2004）指示代词为 [tʂə⁵¹]（近指）、[uɔ⁵¹]（远指），远指词中带有后元音 [u]。1.2 节我们已经指出，[u] 在 Woodworth（1991）的统计参项中列于最右，以 [u] 作为远指指示词的区别性元音，至少其元音前后是符合语音象似性的，可是由于我们比较的是主要元音，这个符合象似性的结果无法体现在我们的统计数据中。

总体上来说，本项研究有力说明了汉语指示系统确实是非常符合语言学家所预测的象似性的。此外，如何解释本文研究与以往看法有偏差的部分呢——主要是不同要素符合象似性的比重问题。

本文与已有研究相比在方法和材料上有两大特点：（1）本文采用较大规模的统计，而以往研究主要是举例性的，在这点上本文应有更大的说服力。（2）本文只统计汉语方言，而以往研究多为跨语言研究，在这点上本文的材料有特有的局限。根据这两点我们可以更好地来评估本文的发现与以往观察的差异。

汉语的指示系统从古到今发生了极大变化。上古指示系统非常繁复，近指有"兹、此、是、斯"等，远指有"彼、匪、夫、厥、其、之、伊"等（张玉金 2006：230），由此可见现代汉语指示词源头的复杂性。在指示词的发展过程中，还会受到来自系统的语音调整的影响，如声母零化，还可能经历词汇替换，如本节所举晋语子长方言的例子。大规模数据统计的结果，显示现代汉语方言指示系统仍然是非常符合语音象似性的。

就声调来说，汉语及其方言占据了声调语言系统的很大一部分，而且很多非洲声调语言是高低型声调而非曲线型声调，与关于调形的象似性关系不大（当然也不是反例）。因此，汉语调形主要用作相同的背景而非符合象似性的对立项，这点应能对现有的预测构成较大的挑战。再说，汉语的调值是各方言间变异最大、与古代汉语的共同源头相关性最少的要素，而且调类也常不合音变规则，因此汉语方言的同源关系对调形象似性不会有显著影响。

在声母方面，古今汉语声母是最稳固的语音要素，加上汉语指示词同源程度较高，来自"这"（可能源于古代指示代词"之"或"者"）的 [tʂ / ts] 类、可能与"个"有关的整个南方大面积使用的 [k] 类、可能与"尔"有关的 [n / l / ȵ] 类占据了方言指示词声母的很大一部分。但是复杂的变异仍然存在，如零声母指示词（有的来自"这"的声母脱落，语音上有时还被误解为"一"），关中的"兀"类指示词（[v] 或合口零声母），南方 [k] 类指示词有时为近指词（如上海吴语"搿"[gəʔ]），有时为远指词（如广州粤语"嗰"[ko]）。声母成为汉语中体现语音响度原则最突出的要素，一方面说明声母象似性从古到今一直很强很稳固，另一方面即使有变异和复杂性而象似性仍能保持，说明在历时演变中语音象似性始终是制约指示词声母语音形式的重要因素，不是同源偶然造成的。

再看韵母。汉语方言间元音差异远大于辅音声母，指示词的元音表现几乎遍布舌位图上的各个元音，因而同源关系对指示词的元音音值影响不大，而且由于指示词的元音常不合古今音变规则，因此更不能用历史来源来解释指示词的元音跨方言多样性。我们考察的主要是元音，尤其是主元音，结果发现以往研究最强调的元音对立所体现的象似性主要体现在开闭方面，"闭近开远律"基本成立，而以前被强调的"前近后远律"则不成立，整体上元音在象似响度原则方面不如以往研究所轻视的辅音对立的象似性。注重元音象似性而轻视甚至无视辅音象似性，这至少是很不全面的。元音前后及一定程度上的开闭是体现象似背景原则的要素，而且也是象似重度原则的主要作用域——重读、音长等主要表现在元音上。

下面再结合以往的理论探讨来分析本文观察结果的理论含义。

Diessel(1999：151)指出，指示词或者它们赖以形成的直指成分是每种语言中的基本词汇，它是语法化为其他词类的源头，而很少来源于其他词项。

Hopper & Traugott(1993：129)认为，指示词来源于词项只有一种可能，即这个词项的功能是强化已经弱化的指示词，例如在通俗拉丁语中，ecce(看哪！)被用来强化已经弱化的指示词 ille(这，那)：通俗拉丁语 ecce ille > 古法语 cest cel > 现代法语 ce。强化所用的词项会变成指示词的一部分，然后再省略原来的指示词，从而实现强化成分对指示词的词汇替换，如 ecce 的现代简化形式 ce 对 ille 的替换。

词汇替换的形式也可以从汉语方言的共时指示系统中得到体现。晋语子长方言中(李延梅 2005)，处所指示词"这搭儿"在使用中省说成"搭儿"或跟儿童说话时的"搭搭"，如果这种情况得以固定，就会导致处所语素对指示语素的替换。这也从另一个角度说明现代方言的指示词语音形式并不都源于古代指示词，这就为直接的语音选择提供了空间（如由候选音的象似性"优劣"来决定替换是否发生）。

假设指示词不来源于其他词汇形式，在它产生之初语音形式与距离意义密切相关，那么在后来的发展过程中它也会倾向于继续遵循甚至更加强化语音象似性。当然，语音系统的演变从未停歇，这种演变可能会导致原有象似性的损耗。而事实是，汉语从古到今确实发生了大面积的并且因方言而异的语音演变，包括开闭元音和前后元音之间的大变化（如歌戈鱼虞麻诸韵由古代最低的 [a ɑ] 类高化成今天闭或半闭的 [u y o ɤ] 类，再如效摄字在上海是后元音 [ɔ]，而在百里之近的苏州就是前元音 [æ]，在同属吴语的温州则是央元音 [ə]）。在这种大变化中，指示词却能保持象似性的大格局，并且指示词的读音常常不合该方言的演变规则，这充分显示了指示词的语音演变和分化不是单纯由历史和音系决定的，而有象似性原则特别是响度原则的重要作用在内。

综上所述，不管指示系统发生何种改变，语音象似性始终强烈影响着指示词的语音选择。在语音象似性各原则中，响度原则是最重要的一条：响度越大，所指距离越远。响度差异明显的辅音响度序列及元音开闭成为实现距离象似性的主要载体，而响度差异不大的元音前后之别很少体现距离象似性，而用作体现最小对比对的共同背景部分。与响度有密切关联的重度因素——重读和长音也成为体现距离象似性的补充手段，尽管以语法化和词汇化程度较低的形式存在。

参考文献

陈昌仪 1991 《赣方言概要》，南昌：江西教育出版社。
陈昌仪、蔡宝瑞 2000 吉安市方言的指示代词，《吉安师专学报》第2期。
陈敏燕、孙宜志、陈昌仪 2003 江西境内赣方言指示代词的近指和远指，《中国语文》第6期。
陈玉洁 2007 指示词的类型学考察，北京：中国社会科学院博士学位论文。
陈章太、李如龙 1991 《闽语研究》，北京：语文出版社。
储泽祥、邓云华 2003 指示代词的类型和分类，《当代语言学》第4期。
戴庆厦、徐悉艰 1992 《景颇语语法》，北京：中央民族大学出版社。
董育宁 2002 山西晋语指示代词的几个特点，《晋东南师范专科学校学报》第6期。

郭启熹　1999　龙岩方言代词及其特色,《闽西职业大学学报》(综合版)第1期。
侯精一、温端政(主编)　1993　《山西方言调查研究报告》,太原:山西高校联合出版社。
黄伯荣(主编)　1996　《汉语方言语法类编》,青岛:青岛出版社。
霍小芳　2004　蒲县方言的指示代词,《忻州师范学院学报》第3期。
克里斯特尔(Crystal, D.)　2002　《现代语言学词典》,沈家煊译,北京:商务印书馆。
李　荣(主编)　2002　《现代汉语方言大词典》,南京:江苏教育出版社。
李如龙、张双庆(主编)　1999　《代词》,广州:暨南大学出版社。
李雄燕、尹钟宏　2001　涟源荷塘方言中的代词,《娄底师专学报》第3期。
李延梅　2005　晋语子长方言的代词,《西北大学学报》第2期。
刘丹青、刘海燕　2005　崇明方言的指示词——繁复的系统及其背后的语言共性,《方言》第2期。
卢小群　2004　《湘南土话代词研究》,北京:中国社会科学出版社。
陆丙甫　2001　语言临摹性与汉英语法比较,《语言研究论集》,陆丙甫、李胜梅等著,北京:中国社会科学出版社。
陆丙甫、谢天蔚　2002　汉英语法比较的范围的扩大,*Journal of the Chinese Language Teachers Association*, 37(1), 111-130。
潘悟云　2006　汉语的音节描写,《语言科学》第2期。
平田昌司(主编)　1995　《徽州方言研究》,东京:好文出版社。
宋秀令　1994　汾阳方言的指示代词与疑问代词,《山西大学学报》(哲学社会科学版)第1期。
孙立新　2002　关中方言代词概要,《方言》第3期。
田德生　1986　《土家语简志》,北京:民族出版社。
汪化云　2002　汉语方言指示代词三分现象初探,《语言研究》第2期。
伍云姬(主编)　2000　《湖南方言的代词》,长沙:湖南师范大学出版社。
曾常红　2000　绥宁方言的代词,《湖南方言的代词》,伍云姬主编,长沙:湖南师范大学出版社。
曾毅平　2001　石城(龙岗)方言的指代形式,《方言》第3期。
詹伯慧　1981　《现代汉语方言》,武汉:湖北人民出版社。
张维佳　2005　陕西晋语指示代词三分系统的来源,《中国语文》第5期。
张玉金　2006　《西周汉语代词研究》,北京:中华书局。
赵相如、朱志宁　1985　《维吾尔语简志》,北京:民族出版社。
甄尚灵　1983　四川方言代词初探,《方言》第1期。
朱晓农　2004　亲密与高调,《当代语言学》第3期。
Bergen, B. K. 2004. The psychological reality of phonaesthemes. *Language*, 80(2), 290-311.

Crothers, J. 1978. Typology and universals of vowel systems. In J. H. Greenberg, C. A. Ferguson, & E. A. Moravcsik (eds.), *Universals of Human Language* (Vol. 2). Stanford: Stanford University Press.

Diessel, H. 1999. *Demonstratives: From Function and Grammaticalization.* Amsterdam/Philadelphia: John Benjamins.

Haase, M. 2001. Local deixis. In M. Haspelmath, E. König, W. Oesterreicher, & W. Raible (eds.), *Language Typology and Language Universals: An International Handbook.* Berlin: Walter de Gruyter.

Hopper, P. J., & Traugott, E. C. 1993. *Grammaticalization.* Cambridge: Cambridge University Press.

Sapir, E. 1949. A study in phonetic symbolism. In D. G. Mandelbaum (ed.), *Selected Writings of Edward Sapir.* Berkeley: University of California Press.

Ultan, R. 1984. Size-sound symbolism. In J. H. Greenberg (ed.), *Universals of Human Language* (Vol. 4). Stanford: Stanford University Press.

Woodworth, N. L. 1991. Sound symbolism in proximal and distal forms. *Linguistics*, 29(2), 273-299.

（原载《当代语言学》，2008年第4期、2009年第1期，
与陈玉洁合作）

语法化理论与汉语方言语法研究*

汉语方言语法研究原来的理论背景大致有两个方面。在共时平面，主要是兼带传统语法要素的结构主义语法观；在历时平面，大体是兼顾传统小学遗产的历史比较语言学。前者促使研究者集中关注共时平面的语法系统性，致力于确定语法要素在共时系统内的性质和地位。后者引导研究者关注方言语法差异所反映的由同源、分化、接触等造成的方言间亲疏关系。客观上，上述两个背景，无论是理论本身还是研究实践，都缺乏足够的交汇点。这使得人们对方言现象的认识容易产生一些盲点或局限，尤其是共时语法状况和历史演变的隔阂。语法化理论的出现，给我们提供了一把打开隔阂之锁的钥匙。

语法化理论是一种富有解释力和操作性的当代语言学新理论，重要著作有 Heine et al. (1991)、Hopper & Traugott (1993)、Lehmann (1995/2003)、Heine & Kuteva (2002/2007) 等。国内较早的一些相关重要论文被收集在吴福祥主编（2005）中。语法化的重要贡献之一就是搭建了语法的历时和共时之间的桥梁。语法化理论包括其重要观念——重新分析的引进，为汉语方言语法研究提供了广阔视角和新的思路，弥补了原有背景中共时和历时缺少沟通关联的局限。语法化理论对方言语法研究的最大启示是，语法是动态的、可变的。这一看似简单的结论，其实能促使我们对很多以往的认识进行反思，为众多方言语法现象找到更合理的描写框架和解释思路。语法的动态观具体表现在多个方面，下面结合具体方言实例进行讨论。

---

* 本文系中国社会科学院重点项目"汉语方言语法比较与方言语法语料库"成果之一，初稿宣读于"庆祝《方言》杂志创刊30周年国际学术研讨会"（兰州、张掖，2008年9月），获与会者多所指正，一并致谢！

一、语法单位性质的动态性、可变性和异质并存现象

语法的动态性和可变性，首先表现为语法单位的性质在历史流程中是动态的、可变的，而不一定是固定不变的。以往的研究者、甚至远在朴学时代的中国小学家，已经认识到很多虚词（"虚字"）来自实词，而语法化理论通过对世界各地语言中各种由实变虚现象的广泛深入的分析，明确揭示语法单位的由实变虚乃是语法在历时维度上的常态，实词是各种虚词和形态要素的主要来源。即使有些虚要素囿于历史材料的缺乏而一时难以觅得其确切的实词源头，但从可观察到的事实有理由推测几乎所有的虚词或形态成分都来自曾经实在的词汇单位。实词经过重新分析产生虚化的新用法后，原有的实词既可能消失也可能与虚化用法并存（语音上可能有强弱、全缺之别），由实到虚不同阶段的异质身份并存于一个共时系统中毫不罕见，这种例子在汉语方言中就历历可见。

例如，原本表示物体一部分的"底"可以用作表示底部、下部的处所标记，由此再进一步变成定语标记。江蓝生（1999a）认为现代汉语普通话中的定语标记"的"就来自这个处所性的"底"。尽管这一问题学界尚无定论，但安徽岳西赣语的"底"能够提供这几个阶段同时存在的实例，不难从中勾勒其虚化的阶段性过程，如储泽祥（2002）所举：

（1）河底鱼（底部：在河底部的鱼 / 泛指空间：河里的鱼）
（2）a. 商店底布我忘记带回来。（空间：商店里的布）
　　　b. 商店底布多得很。（领属：商店的布）
（3）张三底堂叔（领属：亲属关系）
（4）妈底脾气（领属：抽象名词）

陈玉洁（2007）所描写的河南中原官话基本的定语标记"哩"由方位后置词"里"而来，又为这一演变的常规之路提供了重要的佐证。而跨语言的类型学观察也证实从处所标记泛化为领属定语标记是语法化的常规路径之一，见 Heine & Kuteva（2002/2007：204）。同时，在这几

个汉语变体中，无论是"底"还是"里"，其处所标记用法依然存在，"底"还保留了更实在的部件名词的义项，如"木桶的底漏了"。另一方面，它们的语义和句法分化也有语感的证实。定语标记"底"字被替换为"的"字，并且常弱读为 de，而"里"作为定语标记在河南方言中被替换为"哩"字，都说明它们在语感中已被视为异质单位。

这一例子启示我们，要充分认识语法单位由实到虚的常规性和多阶段异质并存的常见性。语法化链中的几个阶段的用法都应当得到承认。我们不能因为某单位实词的来源而否定其新的虚化的词性，也不能因为语法化的结果而否定其前身的性质。

例如，广州、香港粤语中有几个跟普通话和其他方言中做状语的副词对应的词，不但语义相同，而且有的词形也相同，唯一的区别是这几个词用在动词或整个谓词短语的后面，而不像其他方言中的副词状语那样用在其前面。如：

（5）我走先喇 我先走了。

（6）你食碗添 你再吃一碗。

它们虽然在动词或谓词短语之后，但是其表达功能跟汉语中的补语不同，而与状语相同，参看刘丹青（2000）的分析。而粤语作为汉语中 VO 特征比其他方言更强的方言（参看刘丹青 2001a），其状语后置比前置更加和谐，试比较属于典型 SVO 语言的英语和壮语、傣语（梁敏、张均如 1996），它们都存在大量后置的副词状语，如：

（7）〈英〉I will go now/soon. 我现在就走了。/ 我很快就走了。
　　　　　Please jump again. 请再跳一次。

（8）〈武鸣壮语〉muɯŋ² pai¹ ta⁶un⁵, ja: u² pa: i¹ ta⁶lən² 你先去，我随后去。
　　　　　 你　去　先　我　去　后

（9）〈西双版纳傣语〉
　　　pai¹ doi³hip⁸ 立刻去　　ma² se⁵se⁵ 常常来　　hɔn⁴ ha: i⁴ 太热
　　　去　立刻　　　　　来　常常　　　　热　太

英语语法学不受汉语语法学的影响，不会将后置的副词状语分析为补语。而壮侗语学界受汉语状语、补语之分的影响，很多人将对于 SVO

语言来说很正常（甚至比前置更正常）的后置状语分析为区别于状语的补语，但是这一模仿的做法受到一些壮侗语专家的质疑，如梁敏、张均如（1996：867）认为还是将这些副词性成分分析为状语更适宜（结果补语等确实不同于状语的成分仍被他们看作补语）。这是很合理的。有些粤语学者如施其生（1995）不赞同将上述用法中的"先、添"分析为后置状语，倒不是模仿普通话的补语分析，而是提出这些词与助词都在动词后面，不好区分。实际上，像"先、添"等词真还有地道的语气词用法，例如：

（10）a. 你叫阿良饮多啲酒_{你叫阿良多喝点儿酒}。

　　　b. 阿良饮唔饮酒先_{阿良到底喝不喝酒}？（≈我先要问阿良喝不喝酒！）

（11）影印机冇纸添_{复印机没纸了呀}！

这些用法跟表示"先行"和"再、又"的用法有关，但这并不意味着它们句法地位相等。细致的句法分析可以揭示它们的句法属性已经跟后置状语的用法有了区别，是后置副词语法化的产物，句法位置已经有别。以"先"为例。邓思颖（2006）的分析显示，副词"先"句法上位于语气词之前（之内）的位置，而且可以出现在主句和从句两种位置，而语气助词"先"位于表示时间或焦点的语气助词（邓文称为第一类语气词）之后（之外）的位置，但不能与更后更外的表句子语气的语气词（邓文称为第二类语气词）同现，而且只能用于主句不能用于从句——因为它本身就是第二类语气词，已经占据了相对于命题核心来说更加外围的位置。根据邓文的分析，其间的语法地位呈如下序列（主语部分忽略）：

　　VP—先₁—第一类语气词—先₂

也就是说，两个"先"的句法距离大于副词"先₁"和第一类语气词的距离，也大于第一类语气词和助词"先₂"的距离，在句法功能上已经判然有别了。而且两者实际上可以叠加连用或同现，根据刘丹青（2001b），同一词语以不同的身份叠加连用或同现是语法化程度显著区别的重要表征。例如（引自邓思颖2006）：

（12）边个去先先_{到底谁先去}？

（13）佢食先未先_他到底先吃没有_？

邓文所指出的主句、从句的区别也很能说明问题。语气词是作用于全句的，一般不出现在从句中，而表示次序的副词不受此限，用于主句、从句都很自然。两种"先"对从句测试的不同反应，正好显示了副词和语气词的区别。这个例子说明，看似来源相同、位置相近的词语，通过句法分析，照样能发现由语法化引起的重新分析和词性分化，并且几种词性可以同时并存。我们不能因为其后起的词性而否认其原有的词性。我们赞同邓思颖（2006）的定位，一个"先"是副词/后置状语，一个"先"是句末助词（或称语气词或语气助词）。由副词"添"到助词"添"也经历了类似的过程，我们已另文探讨（刘丹青2008a）。

不但不同的功能（如副词状语和情态助词）可以在同一词上异质并存，而且相近的功能也可能存在细微的差别，从而形成更微妙的异质并存现象。我们不能因为来源相同、功能相近而忽略了它们语法属性上的差异。只有认识其差别，才能精确勾勒出语法化的路径和程度。南方方言中量词的定语标记用法和专用的定语标记之间就存在这样的异质并存现象。

游汝杰（1982）最早指出，量词在一些东南方言中发展出多种用途，包括定指指示和词缀等，也包括定语标记。用语法化的观点来说，量词可以由实到虚语法化为定语标记。这方面例证不少。但是近30年前的游文似未及细辨量词整类可以兼做定语标记和个别量词已发展为专用定语标记两种情况。我们就以游文举过的苏州话为例来做一分析。

苏州话的量词作为一个类都兼有定语标记的用法，在很多（但非全部）情况下，定语后面用了量词就可以不用专用的定语标记"葛"，而如果删除量词，很多情况下必须添加这个"葛"。参看石汝杰、刘丹青（1985），刘丹青（1986，2005）。如：

（14）a. 我个客人_我的这/那个客人_～b. 我葛客人_我的客人_～c.*我客人

（15）a. 我本书_我的这/那本书_～b. 我葛书_我的书_～c.*我书

（16）a. 我斤豆_我的这/那斤豆子_～b. 我葛豆_我的豆子_～c.*我豆

（17）a. 小张买点豆_小张买的这/那些豆子_～b. 小张买葛豆_小张买的豆子_

~ c. *小张买豆①

这儿的微妙之处是，苏州话的专用定语标记"葛"和个体量词"个"是同音的，都念 [kəʔ]，前者有时就写作"个"（如1898年出版的苏白小说《海上花列传》，但也有很多文学作品写作"格"等，即不将其等同于量词"个"）。因此，（14）中 a 和 b 在口语听感中无别，这很容易让人认为这些例句中的"葛"其实都是量词"个"，其作用是一致的，都是作为定语标记。正好许多人都相信定语标记"葛"来源于量词"个"，只要都写成"个"，似乎（14）的 a 例和 b 例实际就是一回事。

然而，仔细一分析却可以证明，苏州话中还真的存在"我个客人"和"我葛客人"的不同，两者中的 [kəʔ] 性质很不相同，只是因为同音才貌似同一。一换用其他量词，就能分清。两者的差别，下面我们先做一表解，然后略做说明：

表 1

		兼用定语标记"个"等	专用定语标记"葛"
语义上		有定	有定/无定
		单数（除"点"外）	单数/复数
关系从句标记		*走个人、*走点人	走葛人
		*红块布	红葛布
量名搭配		*我本纸头、*我张书	我葛牛/纸头/书
词类		半开放	高度封闭

1）语义上，（14）—（17）的 a 例都用量词连接定语，整个短语一律为有定解读（上面用"这/那"释义），而且除"点"表复数外都为单数解读。这些语义解读，与苏州话量词单用及单独限定名词（不跟数词、指示词）时的语义一致（参看石汝杰、刘丹青1985）。而 b 例都用"葛"连接定语，在语义上都是有定无定不明，单数复数不明，因语境而异。做无定解读时，绝不能将"葛"换成量词；做复数解读时也不能换用"点"以外的量词。可见，量词做定语标记时，保留了量词单用时的指称义和数范畴义，固守着量词的属性，尚未重新分析为定语标记。

---

① 此例作为定中不成立，但作为动宾成立。

而"葛"除了做定语标记外，没有任何语义限制，也就没有任何量词的特点。这个"葛"即使写作"个"，也可以适用于一切名词，不管其原有的量名搭配为何。这有力地证明量词兼任的定语标记和专用的定语标记判然有别，即使后者来自前者。"个"和"葛"同音并不能掩盖两者性质的不同，只要换用其他量词，两者的差别立现。

2）量词做定语标记特别是关系从句标记在苏州方言中有一些限制（参看刘丹青 2005），如表 1 所示，光杆动词做定语、简单形容词做定语都不能单用量词来连接。反过来，"葛"做定语标记没有此类限制，和普通话"的"的泛用功能相当。

3）量词做定语标记要完全遵循原来的量名搭配选择，如说"我张纸头""我本书"，而不能说"我本纸头"和"我张书"。"葛"做定语标记则不受任何量名搭配的选择限制。即使是不能用量词"个"的名词，如"一只牛"（*一个牛），也可以用"葛"，如"我葛牛"。

4）兼做定语标记的量词是半开放的类，涉及所有量词，不下数百，不像一个定语标记的集合。而泛用定语标记"葛"是一个高度封闭、成员独一无二的小类，这符合语法化的择一原则。

简而言之，量词整类做定语标记，是苏州话等吴语中由量词自然发展出来的功能，但它们依然保留了量词的性质，尚未重新分析为定语标记。反过来，"葛"假如按游先生等所说来自量词"个"，则其作用已不受量词"个"的影响，早已重新分析为定语标记。在苏州方言中，两个定语标记"个"异质并存并且仍然同音，所以会在某些情况下出现歧义，但遇到其他量词兼做定语标记时就与专用定语标记"葛"判然有别。书面上不妨将已经重新分析为结构助词的专用定语标记另写为"葛"。

二、语法范畴的动态性和可变性

语法范畴是语言系统中可以用语法手段（尤指形态手段）表现出来的语义范畴。语言中有哪些语法范畴是因语种而异的也是因时代而变的。我们在调查分析方言语法时，不仅要关注语法手段的差异，也要注意由于形式的语法化而导致语法范畴的变化和发展。目前方言语法研究在语法范畴方面相对薄弱和零碎，所以这是一个值得加强的领域。

先秦汉语名词代词没有数的范畴。近代汉语中，随着"们"（及其早期形式"伟、弥、懑"等）的广泛使用，在人称代词上已逐渐形成了强制性的复数范畴，表现为指称复数人称时不能用不带"们"的单数形式（"咱、俺"等 an 韵代词含有"们"的合音成分。它们在一些方言中发展出单数用法，则是另一个变化过程，参看陈玉洁 2008）。如"你们参加吧"不能说成"你参加吧"。至于名词，只在指人名词上形成尚不严格的复数义，但数范畴尚未稳定，比如"我的同学们"也完全可以说"我的同学"。下面我们要关注的是，汉语方言代词的数范畴中除了复数以外是否还有以"俩"的形式出现的双数范畴义？这需要通过详细分析相关语料才能得出结论。

至少在北京口语，尤其是东北口语中，我们可以确认双数的意义已靠"俩"的用法在代词上存在。试看"俩"与代词、名词的不同搭配规则：

（18）a. 我　我们俩　我俩（不带"们"的"我俩"等在东北比在北京更常用）

　　　b. 你　你们俩　你俩

　　　c. 他　他们俩　他俩

　　　d. 小明　小明他（们）俩　小明小强俩　*小明俩

以上搭配现象，可以注意这几点：

第一，"我们俩"显然是"我们"和"俩"的同位性结构，两者有复指关系，仍是句法结构，其中的"们"表明该结构仍属复数范畴，双数在此没有独立地位。但"我俩"不能如此分析。现代汉语"我"只表单数，复数人称要强制性使用"们"，单数之"我"和双数之"俩"不能形成复指的同位关系。由于整个结构的双数义完全是由"俩"加到单数代词上所造成的，因此"俩"已经成为表双数的词缀。"你俩""他俩"同此。换言之，由"我们俩"到"我俩"，结构发生了质变，由句法结构演化为形态结构，形成了代词的双数范畴义。"俩"则在这种结构中虚化为表双数的词缀。但北京话代词的双数和复数还不是绝对的对立关系，而是单向交叉关系，即复数形式仍可以包含双数，如用"你们"表"你俩"，而双数形式不能表复数。假如有一天，北京话遇双数时只能说"我俩、你俩、他俩"而不能说"我们、你们、他们"，则双数就和复数完全对立了。

第二，"俩"一般分析为"两个"的合音形式（例如刘祥柏 2004）。不过请注意北京口语中下列形式上的不对称（举第一身赅二、三身）：

（19）a. 我们两个～我们俩
　　　b. *我两个～我俩
　　　c. 我们三个～我们仨
　　　d. *我三个～*我仨

其中的"我俩"，既没有相对应的"我两个"，也没有相对应的"我仨"，而要说成"我们两个"和"我们仨"。"我们两个"和"我们仨"都是自然的同位结构。而"我"是单数，"俩"是双数，所指不同，不能构成同位结构。这说明"俩"已经发展出有别于"两个"和"仨"的更虚的功能，成为加在单数代词上构成双数代词的形态手段，而"两个"并没有和单数同现的功能，仍是数量短语，"仨"也没有这一功能，仍可分析为"三个"的变体。

第三，名词后的"俩"尚未发展出表双数的概念。跟"俩"同现的名词必须是复数（包括并列）形式，如"夫妇俩""兄弟俩""父子俩""娘儿俩"，不能是单数形式，这说明其中的数范畴义是靠名词的复数义和"俩"一起表示的，"俩"仍然是复数名词语的同位语。

由此可见，北京话，尤其是东北话口语中，代词已经靠"俩"的语法化发展出双数范畴，形成单数、双数、复数的数范畴系统。而名词尚未发展出双数范畴，因为与名词同现的"俩"尚没有语法化到独自表双数的程度。

由以上例子可见，语法化可以导致新的语法范畴义的产生；另一方面，语法化说到底是一种语法的演化，每个阶段的确切性质、新范畴义的真正形成，都必然有具体的语法表现，要靠精确的语法分析来判定。关键不在于能否表示某种语义，而在于怎样表示某种语义。

语法化有时还会催生一些非常特殊的语法范畴。例如，在很多南方方言中，都存在着与近代汉语"在里"同构的存在动词兼介词的紧缩短语，即由表存在的动词兼前置词带一个方位处所后置词合成一个复合词，如广州话"嚟度"、福州话"伫呐"（来自"着里"）。苏州话的相应词语是一组"勒X"词，在老苏州话（清末小说《海上花列传》中作"来里、来哚、来浪、来海"）。老苏州话的这组词有三项特点：

1）这组词有距离远近和方位意义，"勒里"表近指，相当于"在这里"，"勒哚"表远指，相当于"在那里"。"勒海"表范围，相当于"在其中、在内"。"勒浪_上"泛指不分远近的位置，有时残留其字面上的"在上面"之义。

2）"勒"作为存在动词不能脱离处所宾语单用，例如不能像普通话"他不在"那样说"俚勿勒"，而必须以上述"勒X"之一的形式出现，如"俚勿勒里"。

3）即使后面有处所宾语，仍可以用"勒X"，如"勒里苏州"（近指）、"勒哚上海"（远指）。在当代苏州话中，这个位置的X是两可的（既可以用"勒"，也可以用分远近的"勒X"），而从清代的一些苏州话文学作品（如1801年的《三笑》）看，无论作为动词还是作为介词，当时都不允许有当代苏州话不分远近的"勒苏州读书"、"勒街浪买物事"（在街上买东西）这样的说法，一律要用"勒X"说成"勒里苏州读书""勒哚街浪买物事"等。

从2）可以看出，苏州话中没有单表存在的动词，表存在时一定要表明处所距离，也就是说，这个基本存在动词有通过虚语素X表达的空间距离范畴，而且这个范畴作为动词是强制性表达的。当然，由于这种手段只适合于一个存在动词，因此对整个语法系统影响不大。而3）表明，苏州话中由存在动词虚化来的处所介词也继承了存在动词的空间距离范畴，表明远近，而且在一定时代，这种范畴是强制性的，即使带上处所题元，仍要在"勒"后出现表空间距离范畴的"里、哚、浪"等。这就意味着，基本的处所介词"勒"也有虚语素 X 表达的强制性空间距离范畴，这是更有特色的。

正如拙作（2003）所指出的，"勒里"等词来自动宾短语或介宾短语"勒……里"的省略紧缩，其本身意义上已经包含了处所题元，在句法结构上其处所题元的位置也已经被占据了，而苏州话在此时仍能后接处所题元。这说明"勒 X"已经不能被分析为一个动宾/介词组合了，X 不再占据处所题元的句法位置，而只能分析为复合词"勒 X"的一部分，成为动词或前置词的表空间距离义的虚语素了，这显然是一种语法化的成果。

三、语法手段的动态性和可变性

语法的动态性，不但可以体现为语法范畴的动态性和可变性，而且可以体现为语法手段的动态性和可变性。类型学结合历时的研究已经显示语言形态类型之间的循环论假说比逐级进化的假说更可信，即语言可以从孤立语发展到黏着语、再经屈折语到孤立语（Whaley 1997/2009：§8），不管是否到完全循环的阶段，至少在复合（孤立语多用）、黏着附加（黏着语多用）、内部交替（或曰内部屈折，屈折语多用）、重叠（带有屈折性质）等语法手段之间确实可以出现性质转化，而这种转化如果大范围出现，则可能引起某语言整体形态类型的演变。与语法化有关的重新分析则是这种转化的重要机制之一。孙宏开（1992）就通过比较发现，藏缅语若干语法形式之间，存在着从黏着经过屈折（不十分典型）到分析形式之间的演变链，不同的藏缅语目前正处在这个演变链的某一链节或链段，把它串起来看，这个演变链的变化脉络非常清楚。这种机制对方言语法研究的启示是：既然语法手段是可以转化的，我们就不能将其重新分析前后的不同手段强行分析为同一种语法手段。

现有的中外语言语法化研究成果已经能显示各种语法手段之间的转化。具体地说，复合手段或句法组合会因为其中局部成分的虚化弱化而成为附加（加缀）法手段，从而成为形态现象。例如，"X子"原来是一种偏正复合式结构（天子＝天之子），后来某些词中的"子"逐步虚化，被重新分析为定位后缀，"X子"被重新分析为后加构词格式，并且变得相当能产。"了""着"等成分也由动词逐步虚化而来，重新分析为体貌后缀（称为"完成貌词尾"等就是承认其为形态性后缀），所在结构由句法组合重新分析为后加式形态。我们不能因为它们原本是复合法或句法组合就不承认它们今天的形态性质。再进一步，附加的词缀可以进一步弱化，融合进词根、词干，只表现为词根、词干的内部音变。同样以体貌范畴为例。很多汉语方言有表示完成体等意义的动词变韵或变调。表现为变韵的有北方多省的晋语和中原官话，如获嘉（贺巍 1965，1982）、浚县（辛永芬 2006）等，表现为变调的有江西的一些客家方言，如石城、于都等（见温昌衍 2006 及所引文献）。温文将这些变韵和变调都归因为"了"一类体成分的融入，这是可信的（赵日新 2008 对中原地区这类变韵的形成过程有更具体的推测）。但温文进一步说"从类型特征看，音变后汉语表达语法意义的手段仍然是词或词缀，它们与印欧语表达语法意义'内部屈折'有本质的不同"。这种认识未必准确，忽视了：1）语法化导致的重新分析完全可能改变语法手段的性质；2）从词缀到音变这种内部屈折手段是语法化的常见现象，印欧语的内部屈折也可以由词缀的融合等手段造成，这点上，不但汉语和印欧语有共同之处，人类语言都有共同的语法化方向。例如，英语 foot[fu:t]（脚，单数）和 feet[fi:t]（复数）的对立，是概论性著作中常举的典型的内部屈折之例。可是，其来源正是英语的规则复数后缀。原始日耳曼语 foot 的单复数形式跟其他名词一样是规则的，加后缀 [iz]，单数为 [fo:t]，复数为 [fo:tiz]。后来经过一系列的音变过程，包括元音变异和辅音脱落，最终形成今天的元音交替对立（此例由张洪明教授提供，深表谢意）。再看一个跨度更大的转化。英语助动词＋否定词 not 是一个句法组合。但 not 会和某些助动词发生合并，成为一个复合词，如 cannot（不能），再进一步，中间某些音素弱化脱落，形成 can't、doesn't、didn't、won't（will not）、wouldn't 等。值得注意的是，上面的有些脱落、合并已造成助动词词根元音的音变（拼写法有的能反映，有的不能反映），如：

（20）a. can[kæn] + not > can't[kɑnt]

b. will[wɪl] + not > won't[wount]

再进一步，有些英语方言会脱落其中的辅音 t 甚至复辅音 nt，使否定的语义全靠助动词本身的元音变化来表示，这跟汉语方言中的动词变韵如出一辙，如 Kortmann（1999/2004）举到英语西南斯塔福德郡（Staffordshire）一种方言中，就形成了这种表否定的系统性元音音变（">"号左右的音标分别是其肯定式和否定式，圆括弧中的是我们注的标准英语的写法）：

（21）[bɪn] (been) > [bɛːɪ]　　　　　[dɪd] (did) >[dɛːɪ]

[bɪn] (been) [ɪz] (is) > [ɛːi]　　[dʊz] (does) [du] (do) > [doʊ]

[wəz] [wɒz] (was) > [wɔː]　　[kʊn] (can) > [kɔː]

[æv] [ɑː] (have) > [æː]　　　　[ʃal] [ʃɑl] (shall) > [ʃaːl]

[æz] [ɑː] (has) > [æː]　　　　[wɪl] (will) > [woʊ]

这一过程与汉语方言中体助词引起的变韵非常相似。到了元音变化这一步，只能认为是用来表达否定范畴的内部屈折手段。Kortmann 就以这一组元音变化为例说明它反映了 Givón 所指出的由语用现象经句法现象到形态现象到形态音韵现象到音韵现象最后到零（消失）的普遍性语法化链。我们可以看出，汉语方言体标记和英语方言的否定词发展为动词、助动词的元音变化的过程很好地体现了从句法到形态及形态音韵现象的成果。至于到音韵现象，则是指形态变化的音义间失去规则性的联系从而凝固为纯粹的音韵现象，上述现象还没到这个阶段，更没有到零（消失）的阶段。江蓝生（1999b）则提供了"着"在方言中的更完整的语法化历程，由虚词到后缀到音变到消失。温昌衍（2006）的上引看法，实际上是用专家的历史溯源代替了母语人的共时语感。对于一个浚县人，他从小习得的完成体表达手段是客观存在的变韵这种内部屈折手段，而不是语言学家分析出来的现在并不存在的"了"字。同样，石城、于都方言习得的完成体手段是客观存在的变调这种内部屈折手段，而不是语言学家分析出来的"哩"。实际上有些合音已经远离当代人的语感。例如客家方言的领格代词 [ŋa]（我的）等由人称代词"偓" [ŋai] 等变韵而来。历史上它们可能来自"偓"和某个有领属语标记作用的成分的合音，但它究竟是哪个成分，同为连城客家人的两位方言学者却有不同结论。项梦冰（2001，2002）认为来自前身为量词的定语标记"个"，而严修鸿（1998）则认为来自有复数标记作用的"家"。且不说哪种说法更合理，连两位对母语方言很有研究的专家都对其来源有不同推测，作为一般的母语人，更难以知道这里藏着什么成分，只知道由代词构成领格要将韵母改为 [a]。语言学上的定性，就是要如实反映母语人的共时语感，溯源只反映历史来源而不是当代的性质。假如用溯源代替共时的分析，否认重新分析的发生，则"了""哩"也不是体标记，它们都有更实的来源，是来自动词等实词。这样的追溯何处是尽头呢？

语法手段的性质因语法化而发生重新分析，最终会在其扩展用法中得到充分的实现（参看 Harris & Campbell 1995 第4、5章）。例如，"俩"原本来自"两个"的合音或脱落形式，但合音发生后，性质就未必等同于其源头形式。"两个"是数词和量词的组合，可搭配的名词受到"个"的选择限制；而"俩"是一个可以直接限定名词的单词，功能上虽相当于数量短语，但却突破了"个"对名词的选择限制，或者说量名选择限制已经被中和了。比较：

（22）a. A：来了几个人？ B：两个/俩。

　　　b. A：您买几个馒头？ B：两个/俩。

（23）a. A：你带了几把伞？ B：两把/俩/*两个

　　　b. A：你买了几件衬衫？ B：两件/俩/*两个

（22）中"俩"可以换用"两个"，但（23）中的"俩"，却只能换用"两把"或"两件"，可见"俩"已是一个独立的形式，可认为是"两"的一种用音变表示的形态，不再是简单的"两个"的合音了。再看：

（24）龙二一个伙伴是三Q带俩J。龙二抢先亮出了黑桃A，沈先生怔了半晌，才把手中的牌一收说："我输了。"

龙二的黑桃A和沈先生的都是从袖管里换出来的，一副牌不能有两张黑桃A，龙二抢了先，沈先生心里明白也只能认输。（余华《活着》）

这里描写打扑克用了"俩J"，而从下文可以看出，对扑克牌加量词当用"两张"而不是"两个"。可见书面语中"俩"也不一定代表"两个"。

方言中因为合音而导致语法手段重新分析的例子还有很多。

绍兴话复数代词 [ˡŋa]（我们）、[ˡna]（你们）、[ˡjia]（他们）的单数形式是"我"[ˡŋo]、"诺"[noʔ₂]、"伊"[ˡji]（参看钱乃荣 1992：972—974），复数当来自单数代词和复数后缀"拉"[la] 的合音，邻近方言有"阿拉""伊拉"等"拉"后缀显形的复数形式（见上引钱著）。但在共时平面，绍兴话复数代词已形成典型整齐的内部屈折，即让介音以外的韵母变成 [a]，这就是本地人习得的复数代词构成规则。只有部分老派在慢说时还可能恢复"X 拉"的复数形式。

山西晋语和周边方言与"这""那"相当的指示词有很多形式，其中有些可以确定是合音的产物，有些还不能确定。如平遥既有"这"[tsʌʔ⁵³]、"兀"[uʌʔ¹³]，又有"啈"[tsæ⁵³]、"咘"[uæ¹³]。后一组来自"这块""兀块"的合音（参看侯精一 1989/1999：387—391）。而乔全生（2000：19—20）所举的多种山西方言的指示词词形更多，如山阴"这"有 [tʂã³¹²]（这样）、[tʂəʔ⁴]（这里）、[tʂɿ³³⁵]（这里）、[tʂəu³¹²]（指人或事物）、[tʂəu⁵²]（同上，语气重），"那"有相应的 [nã³¹²]、[nəʔ⁴]、[nɛɛ³³⁵]、[nəu³¹²]、[nəu⁵²]。这些形式不排除是合音的产物，但在缺乏历史证据的情况下一一确定其来源并非易事，乔全生将它们都作为屈折构词的例子，这在共时平面是合理的分析。

普通话的"儿化"在一些方言中表现为"儿尾"（或称"儿缀"），如杭州方言自成音节的"儿缀"[əl]（详徐越 2007 第 5 章第 3 节）。术语的差别已经反映了两者作为形态手段的差别。"儿尾"是后缀型附加构词或构形，在两者中体现了语法化程度较浅的一面。而"儿化"则因为合音而使词缀和词根融合为一个音节，而且还带来词根音节的韵母变化，带有内部屈折的性质。有些方言更进一步，已没有卷舌动作，只有韵母的音变，如陕北晋语神木话的儿化就是在保留四呼介音的基础上将后面部分的韵母一律变为 [ʌɯ]，如桃儿 [tʰʌɯ⁵³]、鸡儿 [tɕiʌɯ²¹³]、官儿 [kuʌɯ²¹³]、月儿 [yʌɯ⁴⁴]（引自邢向东 2002：154—155）。这种"儿化"确实已经完全"化"（重新分析）为内部屈折了，与获嘉、浚县等的表体音变性质非常接近。有些方言"儿尾"和"儿化"可以并存，如成都话，"刀儿""狗儿"是"儿尾"词，"儿"自成音节，是后缀；而"猫儿""毽儿"是"儿化"词，应属内部屈折构词（材料引自张一舟等 2001：22—27）。

重叠是汉语及很多其他语言尤其是亚太语言中常用的形态手段（参看刘丹青 1988 及所引文献）。有些重叠是"天生"的重叠，即直接拿重叠当作形态手段，而有些重叠现象却是语法化的产物，由其他手段经重新分析而来。例如，今天教汉语语法的书都会讲到汉语动词可以重叠。范方莲（1964）以丰富的历史语料论证很多重叠本来是动词加动量补语的"V一V"形式。有些动词还有成套的"V两V、V三V、V几V"等。这是一种句法组合，而不是重叠形态。但是，范文因其历史来源而不承认它们在现代汉语中是重叠形式，仍然分析为动量结构，这也像上引温昌衍文一样是以历史分析代替共时定位。不但今天很多重叠式已不能回复为"V一V"动量结构，而且即使两者可互换的地方也有意义和表达功能的差异（参看徐连祥 2002），今天的 VV 式已经由历史上的句法性的动量结构重新分析为形态性的动词重叠了。重叠也是绝大部分现代汉语研究者对此形式的共识。

此外，从选择问句到正反问句是句法结构的紧密化和构式化并有一定程度的形态化，而某些方言和藏缅语言由"A 不 A"式正反问脱落否定词变成"AA"式重叠问，也是一种由句法结构重新分析为重叠形态的现象，详见刘丹青（2008b），此处不赘。

四、小结

语法化理论为方言语法中的共时现象和历时现象打开了研究的互联通道。它让我们充分认识两者的相关性，认识到演变是语法的常态，语法化是重要的演变机制；认识到语法的不同的领域和侧面都会演变，都会受语法化的影响，并且演变遵循着人类语言的共同规律，特别是语法化的单向性，同时也受语种类型特点的制约；认识到语言单位在语法化的不同阶段，会不同程度地呈现出很不相同的形态句法属性。以语法化的视野打通共时和历时的互联通道，不是让我们混淆这两个层面，而是帮助我们在了解语法化普遍规律和语种特性的基础上对共时现象的形态句法属性和历时演变的过程、机制和后果做出更加精确的分析和总结。

参考文献

陈玉洁 2007 联系项原则与"里"的定语标记作用，《语言研究》第 3 期。
陈玉洁 2008 人称代词复数形式单数化的类型意义，《语言教学与研究》第 5 期。
储泽祥 2002 "底"由方位词向结构助词的转化，《语言教学与研究》第 1 期。
邓思颖 2006 粤语疑问句末"先"字的句法特点，《中国语文》第 3 期。
范方莲 1964 试论所谓"动词重叠"，《中国语文》第 4 期。
贺　巍 1965 获嘉方言韵母变化的功用举例，《中国语文》第 4 期
贺　巍 1982 获嘉方言韵母的分类，《方言》第 1 期。
侯精一 1989/1999 《现代晋语的研究》，北京：商务印书馆。
江蓝生 1999a 处所词的领格用法与结构助词"底"的由来，《中国语文》第 2 期。
江蓝生 1999b 语法化的语音表现，《中国语言学的新拓展》，石锋、潘悟云主编，香港：香港城市大学出版社。
梁　敏、张均如 1996 《侗台语概论》，北京：中国社会科学出版社。
刘丹青 1986 苏州方言定中关系的表示方式，《苏州大学学报》第 2 期。
刘丹青 1988 汉藏语系重叠形式的分析模式，《语言研究》第 1 期。
刘丹青 2000 粤语句法的类型学特点，香港《亚太语言教育学报》第 2 期。
刘丹青 2001a 汉语方言的语序类型比较，日本《现代中国语研究》第 2 期。
刘丹青 2001b 语法化中的更新、强化与叠加，《语言研究》第 2 期。
刘丹青 2003 苏州话"勒 X"复合词，《吴语研究——第二届国际吴方言学术研

讨会论文集》，上海：上海教育出版社。

刘丹青　2005　汉语关系从句标记类型初探，《中国语文》第 1 期。

刘丹青　2008a　粤语"先""添"虚实两用的跨域投射视角，第十三届国际粤方言研讨会论文，香港。

刘丹青　2008b　谓词重叠疑问句的语言共性及其解释，《语言学论丛》第三十八辑，北京：商务印书馆。

刘祥柏　2004　北京话"一＋名"结构分析，《中国语文》第 1 期。

钱乃荣　1992　《当代吴语的研究》，上海：上海教育出版社。

乔全生　2000　《晋方言语法研究》，北京：商务印书馆。

施其生　1995　论广州方言虚成分的分类，《语言研究》第 1 期。

石汝杰、刘丹青　1985　苏州方言量词的定指用法及其变调，《语言研究》第 1 期。

孙宏开　1992　论藏缅语语法结构类型的历史演变，《民族语文》第 5、6 期。

温昌衍　2006　江西石城（高田）方言的完成变调，《中国语文》第 1 期。

吴福祥（主编）　2005　《汉语语法化研究》，北京：商务印书馆。

项梦冰　2001　客家话人称代词单数领格的语源，《语言学论丛》第二十四辑，北京：商务印书馆。

项梦冰　2002　《客家话人称代词单数"领格"的语源》读后，《语文研究》第 2 期。

辛永芬　2006　河南浚县方言的动词变韵，《中国语文》第 1 期。

邢向东　2002　《神木方言研究》，北京：中华书局。

徐连祥　2002　动词重叠式 VV 与 V 一 V 的语用差别，《中国语文》第 2 期。

徐　越　2007　《浙北杭嘉湖方言语音研究》，北京：中国社会科学出版社。

严修鸿　1998　客家话人称代词单数"领格"的语源，《语文研究》第 1 期。

游汝杰　1982　论台语量词在汉语南方方言中的底层遗存，《民族语文》第 2 期。

张一舟、张清源、邓英树　2001　《成都方言语法研究》，成都：巴蜀书社。

赵日新　2008　中原地区官话方言弱化变韵现象探析，《语言学论丛》第三十六辑，北京：商务印书馆。

Harris, A. C., & Campbell, L. 1995. *Historical Syntax in Cross-Linguistic Perspective*. Cambridge: Cambridge University Press.

Heine, B., Claudi, U., & Hünnemeyer, F. 1991. *Grammaticalization: A Conceptual Framework*. Chicago: The University of Chicago Press.

Heine, B., & Kuteva, T. 2002/2007. *World Lexicon of Grammaticalization*. Cambridge: Cambridge University Press.

Hopper, P. J., & Traugott, E. C. 1993. *Grammaticalization*. Cambridge: Cambridge University Press.

Kortmann, B. 1999/2004. Typology and Dialectology. In B. Caron (ed.), *Proceedings of the 16th International Congress of Linguists*, Paris 1997. CD-ROM. Amsterdam: Elsevier Science.（《类型学与方言学》，刘海燕译，《方言》，2004 年第 2 期）

Lehmann, C. 1995/2003. *Thoughts on Grammaticalization* (2nd revised version). *Arbeitspapiere des Seminars für Sprachwissenschaft der Universitiät Erfurt*. First Edition, München & New Castle: Lincom Europa.

Whaley, L. J. 1997/2009. *Introduction to Typology: The Unity and Diversity of Language*. Beijing: World Book Publishing. (First published by Sage 1997）

（原载《方言》，2009年第2期）

汉语史语法类型特点在现代方言中的存废[*]

零、引言

本文所谓汉语史语法类型特点，主要指上古、中古及近代汉语在形态–句法类型方面的特点，包括语法库藏类型（inventory type）的特点。

以往谈及汉语史上语法特点的存废，有以整个汉语史为视角的，如王力（1989/2000），也有聚焦于两个相邻时期的，如全面列举探讨上古到中古语法演变的魏培泉（2003）。这些成果都给我们很大启发。但以往的研究，主要基于共同语的视角。随着方言语法研究的展开和深化，我们知道仅仅从共同语出发总结历史语法现象的存废是不够全面的。

研究古代汉语语法现象的跨方言存废，既有历史语言学意义，也有语言类型学意义。两方面的研究对象可以各有侧重。

在历史语言学方面，有关存废的分析有助于确定方言分化的年代和历史层次的时间深度。在这方面，具体语法要素，包括特定的虚词词项和形态要素应当成为关注的重点。

在类型学方面，有关存废的分析有利于观察不同类型特点的稳定性和可变性，发现类型特征之间的相关性或偶合性。在这方面，具有类型学意义的语法模式或库藏特点最值得关注。

---

[*] 本文得到中国社会科学院重点项目"语言库藏类型学"资助。初稿曾先后在"汉语方言国际学术研讨会暨全国汉语方言学会第十五届学术年会"（澳门，2009）、浙江师范大学、浙江大学、天津市语言学会学术年会（天津师范大学，2009）、山东大学等处报告，得到众多与会者的指教。在此一并致谢。文中尚存问题均由作者负责。

此外，借助于语法现象存废的考察，我们可以进一步探讨语言演变和语言类型的互动，可以探求特定类型演变的动因主要基于内部语法演化还是外部语言接触。

方言语法描写和分析中常常触及与汉语史的关系。例如，晋语中有"走将来""提将去"等动趋式中间插"将"的结构，侯精一（1999：403）、乔全生（2000：157）都提到了它们和近代汉语同类结构的联系。梅祖麟及其合作者的系列论文探讨了现代闽方言众多语法现象与不同时代语法现象的继承关系（梅祖麟 1994，2002；梅祖麟、杨秀芳 1995）。本文的研究与这类研究有三点不同：

1. 以往主要关注汉语史现象在方言中之存；而本文将同时关注存和废两个方面，以两者的结合探讨汉语语法类型的历史演变。

2. 以往主要由当今方言上溯汉语史之源；而本文则主要从汉语史类型特点下探现代方言表现。由今溯古，易见存，难见废。由古探今，存废两见。

3. 以往主要从历史语言学出发关注特定语法要素如虚词等，本文则主要从语言类型学出发关注语法类型特点。

历代语法类型特点在现代方言中的存废是个大课题。存和废的求证方法是不对称的，因为说有易，说无难，亦即论存易，论废难，而从普通话扩大到跨方言考察，其难度更增百倍。但是在有一定代表性的范围内[①]确

[①] 本文查考的部分方言文献（限列多方言材料，大量单点材料书目从略）：
《汉语方言语法类编》，黄伯荣主编，1996，青岛出版社。
《河北省志·方言志》，吴继章、唐健雄、陈淑静主编，2005，方志出版社。所收方言约百种。
《山东方言研究》，钱曾怡主编，2001，齐鲁书社。所收方言 109 种。
《南通地区方言概况》，鲍明炜、王均主编，2002，江苏教育出版社。收录吴语和江淮官话共 8 点。
《当代吴语的研究》，钱乃荣，1992，上海教育出版社。有 33 种方言对照材料。
《吴语处衢方言研究》，曹志耘、秋谷裕幸、太田斋、赵日新，2000，日本东京好文出版。收点 7 个。
《严州方言研究》曹志耘，1996，日本东京好文出版。收录严州方言（属徽语）4 个代表点。
《徽州方言研究》，平田昌司主编，1998，日本东京好文出版。收录徽州方言 8 个代表点。
《粤北十县市粤方言调查报告》，詹伯慧主编，1994，暨南大学出版社。收 10 个点。
《广东粤方言概要》，詹伯慧主编，2002，暨南大学出版社。收数十个点。
《客赣方言调查报告》，李如龙、张双庆主编，1992，厦门大学出版社。收点 34 个。
《江西客家方言概况》，刘纶鑫，江西人民出版社，2001。收录 40 个点。

定其无，仍比完全无视这个问题有益。对于留存现象，我们只讨论在普通话中已消失而在某些方言中仍然存在的特点；至于消失的现象，则应当是普通话和所有方言中都消失的现象。两个方面都是举例性的初步探讨。

一、留存现象例析

1.1 代词没有单复数之分

王力先生（1989/2000：50—51）对上古汉语的人称代词数范畴有精辟的说明：

> 上古人称代词的单复数没有明确的界限。当然，有些人称代词是专用于单数的，如"朕"、"予"（余）、"台"、"卬"；但是，"我"、"吾"、"尔"、"汝"则可兼用于复数。……战国以后，人称代词有加"侪"、"等"、"曹"、"属"等字表示复数的。……但是，严格地说，这并不算是人称代词的复数。"吾侪"、"吾等"、"我曹"、"我属"等于说"我们这些人"，"侪、等、曹、属"并非表示复数的词尾。真正人称代词复数是"我们"、"你们"、"他们"。那是宋代以后的事了。

现代汉语诸方言中，人称代词的单复数词缀形态基本都已形成，有的甚至已进一步发生代词词根与复数词缀的熔合，出现内部交替式的复数形式，如厦门话（周长楫1993）：我 gua^{53}~ 阮（我们）gun^{53}/guan^{53}、你（或"汝"）li^{53}~ 恁 lin^{53}（你们）、伊 i^{55}~ 個 in^{55}（他们）。但是，仍有个别方言尚未形成语法性的代词数范畴，情形与古汉语相似。如徽语祁门方言。

根据平田昌司主编（1998：229）及笔者为此书所做的田野调查，祁门话人称代词没有固定的复数形式。其代词的基本形式是"我（主格）/ 晓（宾格）、尔、渠"。表示复数意义时，当所指为两人，则加上

"两个"说成"我两个、尔两个、渠两个"。当所指为三人或以上，一般加上"大家"说成"我大家、尔大家、渠大家"，但如果用具体数字说出"我三个/四个、尔三个/四个，渠三个/四个"，也能接受。这里有几点值得注意：

1）"两个""大家"之类，在祁门话中都是可以自由运用的短语或词，其独立性和自由度超过古汉语"我侪、尔曹、渠等"等形式中的"侪、曹、等"，其所表意义与它们在复数形式中所表的意义是相同的，都是指两个人或更多的人，也不像"我们、你人、他家"这些方言复数形式中的"们、人、家"等词缀，这些词缀或本身没有独立意义，或单用时与复数义有差别。因此，"我两个""我大家"等形式是词和词的同位性组合，结构和语义都是可以分解的，不是单数代词的形态形式。

2）祁门话没有固定的表复数的成分。"大家"可以用于三个人以上，但是不能用于两个人，尽管两个人也是复数。而且，即使是三个人以上，也仍可以用确数词组合"三个、四个"来表示，如"我三个、尔四个"，并非必须用"大家"。

3）在"我两个、尔大家、渠大家"这类同位组合中，同位的一方是"我、尔、渠"，与普通话"我们两个、你们大家"等组合中的"我们"等复数形式相对应。换言之，祁门方言没有专用的复数代词成分，代词"我、尔、渠"实际上兼表单数和复数。

可见，祁门话的情形与上古汉语相距不大，单复数之别尚未成为语法库藏的成分，"大家"和"两个"都只适用于某些场合，是专用度很低的词库成分。与上古汉语稍微不同的是，祁门话没有"吾""尔""汝"这种可以独立兼表复数的代词。

从汉语发展大势看，很难设想单复数的形态对立在已经进入祁门话的语法库藏后还会得而复失。因此，更大的可能是祁门话单复数词形无别的情况保留了上古汉语的类型特点，而不仅是类型上的偶合。Greenberg（1963/1966）曾认为人称范畴的数范畴区分是语言共性。Siewierska（2008：79）指出随后的研究证明确实有些语言的人称代词不区分数，如巴西亚马孙地区的 Mura Pirahã 语。古汉语和祁门话基本属于这一类型，即单复数尚未"入库"的类型。

1.2 "VOR"动结式

结果补语与宾语同现于动词之后时，普通话及多数现代方言都只有 VRO（打破头）的语序。但在中古汉语中，结果补语 R 有 VRO（如"打破头"）和 VOR（如"打头破"）两种语序。据蒋绍愚、曹广顺主编（2005：§10），到宋元时期，"VOR"式在语言中逐渐少用乃至消亡，这种今已不多见的 VOR 语序，在少数现代方言中尚有残存。蒋绍愚就在上述著作的章节中举了若干用例说明这类结构在一些方言中仍然存在，如：

（1）〈山东潍坊〉干活开了。（干开活了。）
（2）〈上海〉烧伊酥，拆尿出。（烧酥它，撒出尿。）
（3）〈宁波〉打其煞。（打死他。）
（4）〈广西白话〉洗脸完了。（洗完脸了。）

不过，仅凭这些例子做"VOR"的实例，还不够典型。（1）、（4）的"干活""洗脸"都是词汇化程度较高的单位，加进来的"开""完"都是陈述整个谓语"干活""洗脸"的，跟一般结果补语陈述宾语或主语不同。这两例的"开""完"难以视为典型的结果补语。（2）、（3）的宾语"伊""其"都是单音节代词，是代词前置的倾向将其送至动词之前，这里不能替换为长于单音节的其他名词代词。（2）中的"尿"是个单音节，而且"拆尿"已词汇化。这些动结式前的宾语位置都不能自由类推，整个"VOR"在句法层面都已很不自由，是一种功能萎缩的中古汉语残留结构。李如龙（1996）在描述泉州话此类情况时也指出，泉州话的动结式"一般都按'动词+补语+宾语'的格式成句"，"某些句例可以把宾语置于动补之间……这种'动+宾+补'的结构都不能独立成句，而且动词和结果补语都是简短的。应该和语义也有关系，所以不能任意推广"。他举到的 VOR 动结式句例有"入三矸滇"（字面：装三瓶满)、"食日昼饱"(字面:吃午饭饱)、"说一句话未了"。李先生所指出的泉州话这类结构的不自由状况,与蒋先生所举的其他方言残留的VOR例句的情况接近。

不过,属于桂南平话的广西宾阳方言(覃东生手稿,2010,基于三材村、委栗村本地话),存在着能产的VOR结构,而且以此为优势语序。如:

(5) a. 张三昨日吃酒<u>醉</u>啦。～*张三昨日吃<u>醉</u>酒啦。
　　 b. 我吃饭<u>饱</u>啦。～*我吃<u>饱</u>饭啦。
(6) a. 阿三敲水缸<u>坏</u>啊。>? 阿三敲<u>坏</u>水缸啊。(很不自然)
　　 b. 你再偷东西,我就拗你手<u>断</u>去。～*你再偷东西,我就拗<u>断</u>你手去。

例(5)、(6)是更典型的动宾补式,结果补语的语义分别指向主语和宾语。(5)的"饱""醉"都指向主语,只能用VOR语序,VRO不成立。(6)的"坏""断"都指向宾语,(6a)是已然陈述句,VOR是当地的自然说法,换成VRO不自然,当代老年人更不说,是普通话影响下勉强能说的后起形式。(6b)是意愿句,只能取VOR语序,不能取VRO。由此可见,汉语史上曾经存在的VOR语序,在宾阳平话中强劲地保留着。而且,中古是VOR与VRO并存,而宾阳平话基本上只剩下VOR的一枝独秀。

1.3　宾语之后的完整体、持续体和经历体助词

普通话表示完整体[perfective aspect,也叫实现体,习称"完成体"(perfect aspect),不够精确]的语法手段是使用体助词"了$_1$",当动词带宾语时,"了$_1$"要用在动宾之间,构成"V了$_1$O"式,如"吃了饭",区别于宾语后表示新情况的事态助词(或语气词)"了$_2$",后者构成"VO了$_2$"式。据蒋绍愚、曹广顺主编(2005:§6),学界对"V了$_1$O"式的具体形成过程尚有不同看法,但公认的事实是,"了$_1$"先是用于"VO了$_1$"式,如"目连剃除须发<u>了</u>,将身便即入深山"(敦煌

变文),这是近代汉语早期的一个重要类型特点。到九、十世纪"了₁"才用于"V了₁O"式,如"林花谢了春红,太匆匆"(李煜词)[①]。此后,动词后虽然仍有"了"字出现,但它已经是意义和功能均有别于"了₁"的事态助词"了₂"。

再来看另两个体范畴标记——持续/进行体标记"着"和完成/经历体标记"过"。这两者在汉语史上都表现为"V着/过O",似乎古今一致。其实,至少作为体助词前身的补语"着"和"过",曾经有过"VO着/过"语序。蒋绍愚、曹广顺主编(2005:215—220)指出,"'着'从介词到词尾的发展过程里,也有和'了'相似的变化:从'动+宾+着'到'动+着+宾'……动态助词'过'的历史发展中,似乎也可以看到一个'过'从动宾之后移至动宾之间的过程。"

普通话宾语之后早已不能再用完整体助词"了₁"。我们看到的大部分方言也都没有宾语后的"了₁"及方言中的功能对应词。如广州话"食咗饭喇","咗"相当于"了₁","喇"对应于"了₂"。不能说"食饭咗喇"。持续体"着"和完成/经历体"过"用于"VO+体助词"语序类型的情况也在现代汉语方言中基本消失。

不过,有少数方言保留了"VO+完整体助词"的语序特点。

桂南平话宾阳方言(覃东生手稿,2010,基于三材村、委栗村本地话),不但完整体助词"了₁"遇到宾语时要在VO之后,而且经历体助词"过"、进行体和持续体标记"着",也都要放在VO之后,如:

(7)a. 我想看电影齐了再库。(我想看完了电影再回去。)

　　b. 我到车站买票了就上车。(我到车站买了票就上车。)

(8)a. 我看片电影过。(我看过这部电影。)

　　b. 我去南宁做生意过。(我去南宁做过生意。)

(9)a. 我做工着,冇得空理你。(我干着活呢,没空理你。)

[①] 梅祖麟注意到南北朝和唐代动词的结果补语有宾语前与宾语后两个位置,由于结果补语与"了"都有表示完成的意思,这两种语序促使"了₁"挪到动宾之间。曹广顺则指出在"V了₁O"之前有一个"V+完成动词+O"的阶段,其中的完成动词主要有"却、将、得、取"这几个,后来变成动态助词。这种完成助词的位置为"了₁"创造了一个位置,促成"了₁"移到动宾之间(均见上引文献)。

b. 我带雨衣着，冇怕落雨。（我带着雨衣，不怕下雨。）

宾阳方言是少见的这三个助词全在宾语后的方言，其中完整体助词"了"的后置显然是存古现象。至于"着"和"过"，虽然它们作为体助词在汉语史上主要取"V 着/过 O"语序，但它们在从动词到体助词的语法化过程中，都经历过充当动词的结果补语的中间阶段，在这一阶段，"着"和"了"都有过"VOR"语序。而宾阳平话的结果补语至今仍以"VOR"为基本语序，其体助词的后置语序，正如覃东生所推测，就来自其结果补语的后置语序。而结果补语的后置位置，仍然是中古汉语 VOR 语序的留存。

也有些方言虽然不使用"了"，但其同样功能的体助词也表现出后置于宾语的语序。根据李如龙（1996）的描写，闽南方言的泉州话用"去"表示普通话"了₁"的意义。"动词之后带宾语时，'去'可在宾语之前或之后，还可以两处都用，以强调语气。"如：

（10）a. 我拍破去〈一块〉①碗。（我打破了一个碗。）

　　　b. 我拍破〈一块〉碗去。

　　　c. 我拍破去〈一块〉碗去。

（11）a. 三粒梨仔我食去两粒。（三个梨我吃了两个。）

　　　b. 三粒梨仔我食两粒去。

　　　c. 三粒梨仔我食去两粒去。

面对与普通话"V 了₁O 了₂"句式很一致的（10c），人们很容易猜测宾语后的"去"是否相当于"了₂"。其实李先生将 O 后的"去"也分析为"了₁"是对的，因为其意义仍是表完成的，而意义上真正相当于"了₂"的泉州话助词是"唠"。"唠"还可以用在"去"之后，语义分工清楚，句末的"去唠"正相当于普通话某些句子末尾的"了₁₊₂"，如：

（12）〈那块〉破厝倒去唠。（那座破房子倒了。）

（13）鞋拖颂歹去唠。（拖鞋穿坏了。）

由此可见，"去"和"了₁"虽然不同源，但是其所占的位置之一，

---

① 〈　〉内是训读字。

与中古"了₁"所占的位置一致，如（10b）和（11b）。撇开具体的体标记，中古汉语"VO 了₁"式作为一种完整体的动宾结构，在泉州话等闽南方言中至今还保存着。

1.4　完整体和持续体共用体助词

完整体和持续体在普通话及很多方言中是体范畴中的对立成分，普通话分别用"了"和"着"表示。"着"由表示附着义的动词虚化而来，在现代汉语普通话及方言中主要表示持续体、进行体这一类非完整体，但从汉语史看，"着"首先在中古虚化为动词后表空间位置的虚词（被称为介词，其实不是真正的介词），到近代汉语中再虚化为完整体和持续体助词。如（引自蒋绍愚、曹广顺主编 2005：212—214）：

（14）a. 长文尚小，载<u>着</u>车中。(《世说新语·德行》)

　　　b. 以绵缠女身，缚<u>着</u>马上，夜自送女出。(《三国志·吕布传注》)

（15）a. 多时炼得药，留<u>着</u>待内芝。(高元褰《侯真人降生台记》，全唐文)

　　　b. 皇帝忽然赐匹马，交臣骑<u>着</u>漫京夸。(《敦煌变文集·长兴四年讲经文》)

（16）a. 只见老大，忽然死<u>着</u>，思量来这是甚则剧……(《朱子语类辑略》)

　　　b. 若不实说，便杀<u>着</u>你。(《三国志平话》卷中)

（14a）和（14b）两例表示空间位置或方向，可以用"在"或"到"翻译。但"着"是加在动词上的，不是与后面处所词组合的，"着+NP"不成一个单位，整个中古、近代也不见"着NP"用于动词前等其他位置，所以"着"不是真正的介词。(15) 两例"着"用作持续体助词。(16) 两例"着"用作完整体助词。其中 (15) 是唐例而 (16) 是宋例，但持续体用法自唐代以来一直存在，也见于宋代文献，包括 (17) 所引的文献，形成持续体与完整体的"着"并存的局面。比如，据吴福祥

(2004：212),《朱子语类辑略》的"著"(同"着")"表示某种状态的存在、持续"有31例。另有3例"表示某种动作的持续",而"表示完成"的则有8例。下面是吴著所举的状态持续之例：

(17) a. 人心便平铺著便好,若做弄,便有鬼怪出来。(11页)
　　　 b. 公常常缩著一只手,是如何？(215页)

以上所述的一个虚词("着")兼表两个体的现象,实质是两种通常对立的体使用同一体标记造成范畴局部中和的类型现象。完整体和持续体的中和,在今天的普通话和很多方言中都不存在,如普通话用"了"和"着"分别表示完整体和持续体/进行体,广州话用"咗"(可能来自"着")和"住"分别表示完整体和持续体。但是,确实有些方言使用同样的助词兼表完整体和持续体,其中有的方言用的就是"着",如安庆方言的"着"[tʂo⁷]①(邢公畹 1979)：

(18) 他吃着饭了。(他吃了饭了。)

(19) 坐着吃。

由于这个兼表两体的助词就是"着",因此安庆方言的情况显然是近代汉语"着"兼表两体的存续。有些句末的"着"看似"了₂",实际上仍相当于"了₁",它可以跟真正的"了₂"同现,如(引自佚名 2009,吴福祥先生帮助确认为安庆用法)②：

(20) 风来着,(完整体)
　　　雨来着,(完整体)
　　　和尚背着鼓来着,(持续体……完整体)
　　　媳妇点着火来着。(持续体……完整体)

(21) 吃着了。| 老着了。| 天冷起来着了。| 人多起来着了。(完整体 + 了₂)

(22) 书看着三遍了。| 我跑着两趟了。(完整体)

---

① "7"是调类号,代表阴入。
② 梅祖麟(1980)认为苏州话"仔"也有完成和持续两个用法。但是研究苏州方言的学者多认为"仔"主要是完成体标记,不能表示真正的持续体,而只能表示完成之后状态的持续,刘丹青(1996)、李小凡(1998：159)均称为"完成持续体"。所以我们此处不以苏州方言的"仔"为例。

1.5 小结

以上我们举例分析了汉语史的类型特点留存在现代方言中的情况，这些现象分别来自上古（代词不分单数复数）、中古（完整体标记及结果补语在宾语之后）和近代汉语（完整体和持续体共用一个体助词）。

二、跨方言消失现象例析

2.1 代词宾语的有条件前置

在先秦汉语中，有两条涉及代词宾语前置的规则：1）在特指疑问句中，做宾语的疑问代词必须前置于动词。如"吾谁欺，欺天乎？"。2）在否定句中，做宾语的代词强烈倾向于前置于动词，特别是当否定词是"莫""未"和"不"时，如"子不我思，岂无他人"（《诗经·大雅·褰裳》、"三岁贯汝，莫我肯顾"（《诗经·魏风·硕鼠》）等。有些否定词所构成的否定句则代词宾语后置多前置少，见杨伯峻、何乐士（2001：789）。在同样的条件下，相应的宾语位置由名词充当则没有前置倾向。总体上，代词比名词更倾向于前置，这是人类语言的大势（Greenberg 1963/1966；Siewierska 1988 所引 Dik），在很多语言中都有体现，如法语的代词宾语前置规则。但是，这两条规则在中古以后不再起作用，仅存于仿古表达中（参看王力 1989/2000：209）。

现代汉语方言中，受事前置的现象仍然存在，在某些方言中还比较强势。其中，大部分方言的受事前置可以分析为话题（徐烈炯、刘丹青 1998/2007），其中吴语、闽语受事话题特别发达（刘丹青 2001）。但某些方言的受事前置更接近真正的 OV 结构，有语言接触的因素，如青海、甘肃等西北地区的汉语方言（刘丹青 2001 及所引文献）。无论哪一种情况，至今没有看到报道有哪种方言存在先秦汉语那种疑问代词和否定句人称代词的宾语前置规则。否定句比肯定句更常见受事前置，这是现代方言中常见的（如刘丹青 2001 所分析的吴语），但不管是在肯定句中还是在否定句中，受事的人称代词都比名词更难前置，与古代汉语的情况完全相反，现在是生命度和可别度越高越不能前置。试比较（> 表示语法上优于）：

（23）我货物没有接到。> 我客人没有接到。>? 我老王没有接到。> *我他（们）没有接到。

就我们所接触过的数百种方言材料（遍及当今十大汉语方言区）来说，体现古汉语重要类型特征的两条代词宾语前置规则已经在现代方言中彻底消失。

2.2 否定代词和否定介词

在否定词词库中，除了否定副词这一常见小词类以外，英语和古代汉语还都有否定代词和否定介词。英语中的 nobody、none、nothing 等都是全量否定代词，英语的 without 是否定介词。古代汉语相当于 nobody、nothing、none 等的否定代词是"莫""靡"等（传统上称为无指代词），相当于 without 的否定介词是"微"。如：

（24）遂乘轻舟以浮于五湖，莫知其所终极。（《国语·越语下》）

（25）靡不有初，鲜克有终。（《诗经·大雅·荡》）

（26）微管仲，吾其被发左衽矣！（《论语·宪问》）

否定代词和否定介词在词库中的存在，是重要的库藏类型特征，它们使得命题的否定不一定要在谓语层面实现，而可以在名词性论元或介词中实现。当然，古代汉语的无指代词也有用途限制，只出现在主语位置，无法像英语那样在宾语位置实现命题的否定，如：

（27）a. I saw nothing/nobody. ~ b. *吾见莫。

而在现代汉语中，否定词仅限于动词["没（有）"]和副词["不""没（有）"等]。在我们所接触的数百种汉语方言材料中，没有一种方言的词库存在否定代词和否定介词，不管表现为什么词形。相应意义只能在谓语平面用兼语这类复杂动词谓语的方式表达。如：

（28）没有人知道他最终去了哪儿落脚。
（29）没有一件事没有开头，却很少能坚持做到结束。

类似地，在没有否定介词的情况下，相应的单句意义要在复句的层面实现。如：

（30）要是没有管仲，咱们都已经披散着头发、穿左衽的衣服了。

总体上，否定代词和否定介词的彻底消失，符合汉语动词的作用更加重要的总体类型特征（刘丹青2010），使动词显赫这一库藏特征在类型上更加一致，这可能正是它在汉语方言中彻底消失的强大动因。现代方言中仍有使用"莫"的，如某些湘语和西南官话中的"莫去""莫讲话"。这个"莫"是副词性的祈使否定词，并没有代词性否定词的用法。

2.3 无核关系化的关系代词

古代汉语代词词库中有一个用于无核关系化的较典型的关系代词"所"。如：

（31）七十而从心所$_i$欲 [t$_i$]……（《论语·为政》）
（32）夫礼，所$_i$以 [t$_i$] 整民也。（《左传·庄公二十三年》）
（33）骄、奢、淫、泆，所$_i$自 [t$_i$] 邪也。（《左传·隐公三年》）

关系代词"所"，有下面这几个特点：

1）"所"代替由从句中提取的一个隐性成分，受原从句修饰，构成无核关系从句（headless relative clause），将该从句连接到主句并充当主句内的一个成分。（31）"所"将从句连接到主句并充当其动词"从"的宾语。（32）、（33）将从句连接到主句并充当主句的判断谓语，对主语"夫礼""骄、奢、淫、泆"进行判断性陈述。

2）"所"代替的隐性成分在从句中担当一定的句法成分和语义角色。一般在从句中充当动词或介词的宾语（但不限于此，本文不展开），如在（31）中充当从句动词"欲"宾语，在（32）、（33）中充当从句内介词"以""自"的宾语。

3)"所"的语序可以不同于其所替代成分在从句中的原位，从而使其原位出现句法空位（语迹），与"所"同指（"所"下的"ᵢ"和语迹符号 tᵢ 表示同指关系），造成动词或介词的悬空。如在（31）中从句动词"从"后是空位，在（32）、（33）中从句介词"以""自"后是空位。

这三点与其他语言中的关系代词如英语的 what、where 非常一致。"所"作为能产的关系代词在现代汉语中已消失，也不见任何方言有这样的"所"或功能相当的其他词语。现在书面风格中的"所"遗留的代词性用法仅限于化石化组合，如"所见、所闻"之类。在书面语体中能产的用法是非指代性的"所"，如：

（34）a. 我买了她所喜欢的摆设。~ b. 我买了她所喜欢的。~ c. *我买了她所喜欢。

（34a）中核心词"摆设"已出现，"所"不再具有指代性。即使核心不出现，也是由"的"来代替核心名词的，见（34b），其中"所"能省而"的"不能省，见（34c）。因此，关系代词"所"的消失，不仅意味着一个重要虚词的消失，而且是典型的关系代词作为一个词类小类的消失，降低了无核关系化在语法库藏中的显赫度，改变了汉语关系化实现手段的类型[①]。

2.4 数词 + 名词（三车、四马、五犬、十羌）

这是先秦汉语表达带数量成分的可数个体名词的基本类型。现代汉语所有方言都以"数词 + 量词 + 名词"为基本形式，"数词 + 名词"只出现为习语化单位中的化石形式（一草一木、一针一线、三朋四友、七大姑八大姨）。另有一些方言出现了泛用量词"个"融合进数词的词形，

[①] 魏培泉（2003）讨论上古到中古的语法演变，对本文颇有启发。该文将关系代词"所"和"者"在中古的消退合为一点。"者"确实有无核关系代词的功能，同时兼有名词化标记作用。在某些成分后，"者"只是名词后缀，难以分析为关系代词，如"前者、后者、一者、二者"。"者"的关系化功能在书面语中仍然存在，在口语中则部分由"的"承担，没有完全消失。此外，"X 者"可以单独成句，例如用在呼语中，如"长者！长者！"，而"所 X"从不单独成句。

即所谓合音形式，转化为数词的屈折形式，其中北京话等部分东北华北方言有"一（永远念阳平，参看刘祥柏 2004）、俩、仨"三个，有些方言数词"一"到"十"都有与"个"的融合形式，如陕西商州方言（张成材 2007）。这些形式已经不同于数词本身，不能代表"数词 + 名词"组合。"数名"结构的消失代表了量词范畴显赫度的提升，确立了汉语的量词型语言的类型身份。

2.5 名词谓语判断句（夫子，圣人也）作为判断句的基本类型

这是"是"由指示代词演变为系词前的基本状况。在现代诸方言中，这种句式还在一些受限的条件下存在，如"鲁迅绍兴人""今天星期三"等，有些方言对此类结构的容忍度比普通话更高些。如苏州话可以比较自由地说"我病人，俚医生"（我是病人，他是医生）。但是，以无系词句作为判断句基本类型的方言已完全不存在，系词（以"是"为主，粤语等用"系"）成为所有方言显赫的动词小类，判断句都以"NP + 系词 + NP"为基本形式。

2.6 比拟性名词状语（人立而啼、蚕食、鱼贯而入）

这种状语在先秦汉语中是一种自由的句法组合，但在现代汉语中只存在于化石化的词语中。至今尚未发现有此结构的方言。

§2.5 和 §2.6 都体现了现代汉语中名词功能的显赫度比古汉语有所降低的类型演变，也强化了汉语动词显赫的类型特征。

2.7 小结

以上讨论的都是上古汉语的类型特点，但在现代方言中找不到例证。至于中古、近代汉语的类型特点，很多都可以在汉语方言中发现遗留，我们还没有足够把握声称哪种特征完全没有例证。

三、结语

历代汉语类型特点在现代方言中的存废是个尚需展开和深化的课题，而本文只是一个尝试性的举例分析，我们只能从中获得一些初步的看法。

讨论汉语史上的类型特点在方言中的存废，其前提就是这些特点不同于现代汉语共同语。古今一贯的特点不在讨论范围。在这一前提下，存和废的学术价值有颇为不同的性质。

存，意味着某些方言中保留着普通话中已消隐的古代类型特点，亦即这些方言语法类型上走了与普通话有所不同的演化道路。

废，意味着古代特点在能考察的范围内已经全面消失，代表了汉语更加强烈的类型演变。

存的考察，主要获益方可能是历史语法学。通过比较该现象在主流汉语中的消隐时间，可以知道至今存留此现象的方言的分化下限。例如，宋元以来，VOR在主流汉语中已不存在，据此可知，至今仍存在VOR的方言，如广西宾阳平话，至迟在宋代已经从主流汉语中分化出来了。不过，单凭这一点，我们还是只能知道分化的下限，不足以精确了解分化的上限。

废的考察，主要获益方可能是类型学。某些方言虽然分化很早，但同样不保留某些古代现象，说明这些类型特点的演变是整个汉语的大势，即使方言已经分化，各方言仍顺着大势——或萨丕尔（1922/1964：§7）所讲的"沿流"（drift）——朝同一方言演化，并且可以形成成组的共同类型特征。例如，相比英语等印欧语言，汉语总体上有动词优先的类型特点，表现在句法的某些方面（刘丹青2010）。在汉语演化过程中，汉语动词显赫的倾向越来越强，名词的句法作用或活跃度越来越受限制。汉语由名词谓语句作为判断句基本句式的特点在所有方言都不再存在，汉语各方言否定代词普遍消失，以"所"为代表的具有代替名词作用的关系代词的消失，汉语名词直接充当动词方式状语功能的消失。这些普遍性的类型演化，都指向一个方向——名词在语法系统中的作用和地位进一步弱化。假如不从类型学而是从词项的角度来考虑，"莫、所"这类封闭性词项，很有可能在分化较早、在某个受共同语影响较小的方言中幸存至今，或有某些新词来代替其功能，可事实上却是在所有方言中都不存在相关的词语，也不存在功能相同的代替物。这说明汉语的类型发展不再需要或不再容纳这种功能的词语。

我们期待着有更多的关于汉语史语法现象及类型特征存废的成果问世，这将大大深化我们对汉语总体的认识。而这类研究的关键是要采用合理的方法来研判和检验存废。另一个跟存废有关的因素是语言接触，这是本文暂时无暇顾及、但今后应当引入讨论的重要课题。

参考文献

侯精一　1999　《现代晋语的研究》，北京：商务印书馆。
蒋绍愚、曹广顺（主编）　2005　《近代汉语语法史研究综述》，北京：商务印书馆。
李如龙　1996　泉州方言的体，《动词的体》，张双庆主编，香港：香港中文大学吴多泰中国语文研究中心。
李小凡　1998　《苏州方言语法研究》，北京：北京大学出版社。
刘丹青　1996　苏州方言的体范畴系统与半虚化体标记，《汉语方言体貌论文集》，胡明扬主编，南京：江苏教育出版社。
刘丹青　2001　汉语方言语序类型的比较，日本《现代中国语研究》第 2 期。
刘丹青　2010　汉语是一种动词型语言——试论动词型语言和名词型语言的类型差异，《世界汉语教学》第 1 期。
刘祥柏　2004　北京话"一＋名"结构分析，《中国语文》第 1 期。
梅祖麟　1980　吴语情貌词"仔"的语源，陆俭明译，《国外语言学》第 3 期。
梅祖麟　1994　宋代共同语的语法和现代方言的语法，《中国境内语言暨语言学》第 2 期。
梅祖麟　2002　几个闽语虚词在文献和方言中出现的年代，《南北是非：汉语方言的差异与变化》，何大安主编，台北："中研院"语言学研究所筹备处。
梅祖麟、杨秀芳　1995　几个闽语语法成分的时间层次，台湾《历史语言研究所集刊》第六十六本第一分。
平田昌司（主编）　1998　《徽州方言研究》，东京：好文出版社。
乔全生　2000　《晋方言语法研究》，北京：商务印书馆。

覃东生　2010　广西宾阳平话语料，手稿。
萨丕尔（Sapir, E.）1922/1964　《语言论——言语研究导论》，北京：商务印书馆。
王　力　1989/2000　《汉语语法史》，北京：商务印书馆。
魏培泉　2003　上古汉语到中古汉语语法的重要发展，《古今通塞：汉语的历史与发展》，何大安主编，台北："中研院"语言学研究所筹备处。
吴福祥　2004　《〈朱子语类辑略〉语法研究》，郑州：河南大学出版社。
邢公畹　1979　现代汉语和台语里的助词"了"和"着"，《民族语文》第2、3期。
徐烈炯、刘丹青　1998/2007　《话题的结构与功能》（增订版），上海：上海教育出版社。
杨伯峻、何乐士　2001　《古汉语语法及其发展》（修订本），北京：语文出版社。
佚　名　2009　《安庆方言》，"禅宗祖庭司空山在线"网站（http://www.sikong-shan.cn）。
张成材　2007　商州方言口语中的数量连音变化，《中国语文》第2期。
周长楫　1993　《厦门方言词典》，南京：江苏教育出版社。
Greenberg, J. H. 1963/1966. Some universals of grammar with particular reference to the order of meaningful elements. In J. H. Greenberg (ed.), *Universals of Language*. Cambridge: M.I.T. Press.
Siewierska, A. 1988. *Word Order Rules*. New York: Croom Helm.
Siewierska, A. 2008. *Person*. Cambridge: Cambridge University Press.

（原载《语言教学与研究》，2011年第4期）

河南光山方言来自"里"的多功能虚词"的"[*]

——共时描写与语义演变分析

光山县位于河南省东南部，其方言属于中原官话的信蚌片。由于其鄂豫皖三省交界地带的地理位置，光山方言较之河南北部的官话颇有一些特点。本文主要考察光山方言中一个极其常用的多功能词"[te]"，暂记作"的"，尝试探求其不同功能的来源，最后说明"的"不同功能之间的语义关系。

一、光山方言中"的"的多功能用法

光山方言中"的 [te]"是一个出现频率极高的词语，在共时平面承担的语法功能较多，兼有方位后置词、方位介词、定语标记、标句词、进行义标记、持续义标记、语气词的功能。"的"在各种用法中都表现出后置性，语音上总是附着在前面成分之后，具有后附缀属性（enclitic）（刘丹青 2008a：547），即使有时其作用域在后，如作为方位介词和标句词时。

1.1 定语标记"的"。作为光山方言中的定语标记，与普通话中定

---

[*] 本文的调查写作得到了中国社会科学院重点项目"语言库藏类型学"的资助。郭熙教授通读全文并提出有益建议，本文曾在第五届汉语方言语法国际学术研讨会（上海，2010 年 11 月）宣读，得到与会学者的诸多建议，一并致谢。尚存问题概由笔者负责。

语标记"的"的用法大致相同。如：

（1）那是我的本子，莫拿错了。

（2）你今日穿的这件衣裳还怪好瞧的。

作为名词化标记在体词性或谓词性成分之后构成"的"字结构，指称某一对象。如：

（3）我用我个自的_{自己的}，你也管不了。

（4）我买的比渠（[k'e²¹²]）买的还便宜些。

1.2 方位后置词。光山方言中的"的"可以出现在名词之后，相当于普通话中的"里"。如：

（5）外头硬冻死了，快上屋的来！

（6）渠嘴的有个糖疙瘩，招呼_{小心}哽倒渠了。

"的"和空间名词组合后可以直接修饰其他名词，表示核心名词的空间处所。如：

（7）水池子的鱼是你几嗻_{什么时候}买的嘑？

（8）这几天好冷，你跟_把院子的花搬进来，省得冻死了。

（9）学校的篮球场弄的还怪好的。

"水池子的鱼"在普通话中要说成"水池里的鱼"，普通话中是方位后置词"里"与空间名词构成后置词短语后再加"的"充当定语，在光山方言中则由"N 的"直接充当定语。"的"最初也就是在这样的句法环境中实现由指示方位到表示领属的语法化（陈玉洁 2007），例（9）即是一个双重分析的例子。

方所成分的构成条件有两个：一是能做"在、往、到"的宾语；一是能用"哪儿"提问，"这儿""那儿"替代（储泽祥 2003：2）。光山方言中的这类"N+的"符合此条件。其次，光山话只能说"衣裳在柜子的、笔在书包的"，而不能说"衣裳在柜、笔在书包"，即空间名词必须加"的"才可出现在"在"等之后。汉语的普通名词在与基本的存在动词/处所前置词结合时都要加方位名词或更虚化的方位后置词（刘丹青 2008b），据此可以判断"的"是方位后置词，具有强制性。光山话中"的"的虚化程度已经很高，主要表现在其大量出现于名词性单位之后，位置相对固定，所搭配的名词短语范围很广，甚至可以是抽象名词，如"心的该几不舒坦"（心里特别不舒服），而且，其单用能力已经消失。此外，这种强制性超过普通话中的情况。如普通话"他每天都在教室学习"，在光山话中更倾向于说成"渠天天在教室的学习"。

绍兴话中的方位后置词"里"跟在人称代词后表示该人所在的处所（这儿、那儿），是后置词虚化程度高的表现（刘丹青 2001a）。光山话中的方位后置词"的"也可以直接加在人称代词上，还可以加在指人名词短语上，用来指某人家里。如：

（10）——你昨日上哪霍去了嘚？——上我女的去了。（去我女儿家了。）

（11）等气儿_{会儿}上我的来吃晌饭哈。（等会儿来我家吃午饭啊。）

（12）——你这是从哪霍回来嘚？——上亲戚的回来。（从亲戚家回来。）

1.3 方位介词。光山话中"的"可用于动词之后，介引处所和时间，相当于普通话的"在、到"。与真正的介词不同的是，语音上它是其前动词的附缀，不能和后面的 NP 组成一个单位提取出来，因此属于核心标注成分。用类似音节表示这一功能的现象在长沙（张大旗 1985）、北京、阳曲、汾阳、中阳、定襄、敦煌、兰州、青海等许多西北方言中也普遍存在（江蓝生 1994；徐丹 1995）。

"的"相当于"到"，表示空间位移后的位置或时间持续后的终点：

（13）我跟_把渠送的火车站就转来_{回来}了。

（14）渠今日睡的九点才起来。

"的"相当于"在"或"到"

（15）书哈_都放的桌子高头的，你个自去找。

（16）渠把东西哈_都撂的院子的，弄得乱七八糟的。

（17）跟_把水倒的盆的。

（18）趴的桌子高头就睡着了。

这类结构中的动词可以是静态持续动词，如"趴"，也可是短时动作动词，动作完成后会造成某一事物状态的持续，如"放、倒"等。"V 的 N"中的 N 可以理解为处所或终点，具体语境通常会排斥一种理解，如例（15）中受事"书"充当主语，句末有确认事态的"的"，N 只能理解为处所；例（16）"撂"（扔）本身是一个瞬间动词，后面有结果补语对受事状态进行描写，N 也只能理解为处所。例（17）N 倾向于理解为终点，例（18）N 则是两种理解皆可。除例（14）表示的时间上延续以外，以上所举例子中的介词"的"也可以不出现，句子意思不受影响。

1.4 标句词。光山方言中"的"可以做标句词，多带一个补足语小句作为谓词的内容宾语。"的"加在其前谓语之上，属于核心标注。如：

（19）渠爸说的渠今年过年不回来了。（他爸说他今年过年不回来了。）

（20）渠本子高头写的渠不爱上学。（他本子上写着他不喜欢上学。）

（21）渠从先闰$_{想}$的明年再报名考试试。（他以前想的是明年再报名去试着考一下。）

与普通话书面语中的"道"（刘丹青 2004）类似，光山方言中的"的"也只限于出现在言说、书写、思维义的动词之后，并且这个"的"并非强制性的，不出现时句子意思也不受影响。

"的"也可以充当直接引语标记，"的"的强制度要高于间接引语句，如：

（22）渠说的："我不用你管，我想么样就么样！"

（23）渠爸说的："又没得人怨你，你还生么气噻。"

上述两句也可以直接由动词"说"引出话语，但用了"的"更加自然。

以上是在自然重音情况下的分析。如果重音落在动词前的某个成分上，如例（19）的"渠爸"上，那么句子就理解为表示对比焦点的分裂句，表示"是他爸说的他今年过年不回来了"。两种不同解读其实也正是"的"一身兼数职所带来的。

例（19）—（21）的普通话对译显示，普通话中没有与其完全对应的功能词。仅从形式上看，普通话也存在这类说法，但只能按对比焦点句来理解，"的"没有标句词的作用。如"她说的她不去"只能相当于"是她说的她不去"。

光山话中如果"的"后面出现的只是名词性短语，那么这个"的"就不再是标句词，而表达相当于"是……的"结构的对比焦点义。比较：

（24）书高头说的这个方法。（这个方法是书上说的。）

（25）书高头说的这个方法可照。（书上说这个方法特管用。）

例（24）"的"后是名词性短语，这个句子用来强调这个方法来自书上而不是其他地方，重音落在"书高头"上；例（25）"的"后介引一个宾语小句，"的"是一个标句词，语音上这类"的"后面通常有简短的停顿。

1.5 进行持续标记

1.5.1 表示动态进行

光山方言中"的"表示进行意义，常与"在[tai^{31}]"配合使用。因后面的讨论会涉及"在"的使用情况，这里先简要描写光山话中带"的"表示进行的几种常用结构。

① V+(O)+的

（26）——你搞么事的嘟？——扫地下的。

（27）渠做作业的，你莫惹他。

这类结构中"的"表示某动作或事件的进行，仅用"的"来表进行的这类句子多出现于有后续句或问答句的环境中，较少单用。

② 在+V+(O)+的

（28）莫着急，渠在修的，一气儿就好了。

（29）谁个在瞧电视的嘟？

这类是光山方言中表示动作进行最常用的格式。由处所前置词"在"语法化而来的副词"在"强化了动作的进行义，使用也更为自由。

③ 在+处所宾语+V+(O)+的

（30）我姐在屋的瞧书的。

（31）我在外头吃饭的。

这类结构也较常用，除了表示动作或事件的进行外，方位前置词"在"介引一个处所结构，指出动作或事件进行的场所。

④ 在+（处所宾语）+V+（O）

（32）渠两个一个在（堂屋的）瞧电视，一个在（房的）打游戏。

（33）——你在搞么事噻？——（在）洗衣裳的。

（34）渠在上课，不能接电话。

这类结构的出现环境也有一定限制，多出现在对举格式中，如例（32），或是有后续句，如例（33）、（34）。例（33）问句用"在+V+O"格式，因为预期有答句，所以进行体标记"的"可以不出现，而答句只能用"（在）V+O+的"格式，"的"强制出现。由此可见光山方言中的"的"具有完句功能。我们通过调查发现，光山方言中所有表进行的句子，除以上指出的特殊语境外，句末都强制性地出现"的"。"的"表示的是动作进行的体意义，故可以是已然的，如"我昨日去找渠那嗒，渠（在）上课的，就没跟渠多说"；也可以是未然的，如"明日这嗒我正在考场的里考试的"。

1.5.2　表示持续

① N+（在+O）+V+的

这类结构可以分为两小类：第一小类，动词具有[+完成][+持续]（马庆株1981）的语义特征，"的"陈述动作完成后造成的受事状态的持续，主语多由受事充当，在答句中也可以由施事或处所充当。光山话中用于这类格式的常用动词除下例所示外，还有"搭、搁、贴、关、盛、包、捆、扎、缠、写、戴、锁、盖、叠、堆、插、闩、系、装、围"等：

（35）门开的，你进来就是的。

（36）昨日买的新衣裳就在身上穿的。

第二小类，动词具有[－完成][＋持续]（马庆株1981）的语义特征，"的"表示这类动作本身的动态持续。常用的这类动词除下例所示外，还有"睡、坐、趴、跪、踩、躲、蹲、晒、住、撑、煮、蒸、焖、炖"等：

（37）老师还在办公室的等的，你快去。

（38）——人呢？——门外头站的。

② N + A + 的

（39）灯亮的，肯定在屋的。

（40）这间屋空的，你先住哒。

"的"指形容词所表状态的持续，能出现于该格式的形容词较少，常见的还有"忙、满、饿"等。上举例句中的"的"都位于句尾（或分句末尾），这时，"的"前还可以加进"哒"（当来自"着"），同样表示持续，但"的"仍不能省去①。这进一步说明"的"在光山话中具有完句功能。"的"兼表进行和持续，用于"穿"类动词后就会产生歧义，如：

（41）我穿的。

这句话既可以理解为动态进行的"我正在穿"，也可以理解为静态持续的"我穿着呢"。具体的语境或句子的语序可以消除这种歧义，如：

（41'）a. ——新衣裳你今日穿没？——我穿的。（持续）

　　　b. ——快穿哒好走，马上就迟到了！——我穿的，莫催。（进行）

　　　c. 衣裳我穿的。（受事"衣裳"充当话题，后面成分是对其状态的说明，持续义）

　　　d. 我穿衣裳的。（施事"我"是主语，谓语是对其动作行为的陈述，进行义）

1.6 语气词。光山方言中的"的"也是一个表示陈述、确定的语气词。如：

（42）渠就像这样，硬能把人气死了的。

（43）我瞧渠走过去的。

（44）你明日到了直接我打电话就是的。（你明天到了直接给我打电话就行。）

1.7 叠加现象。叠加现象是语法化进程中常见的伴随现象，即同一词汇成分以不同的词性在一个句法结构体中同现（刘丹青 2001b）。光山

---

① 两个谓词性成分之间、祈使句以及处置性的句子中只能用"哒"，不能用"的"，这点后文还会提及。此外，光山话中的存现句动词不带"哒"或"的"，而带"有"。如"车子肚的坐有两个外国人（车子里面坐着两个外国人）"。

方言中的"的"在共时平面的功能负担较重，连用现象极其常见。如：

（45）我记得我放柜子的的。（方位后置词＋语气词）

（46）学校大门锁的的，进不去。（持续标记＋语气词）

不直接相连的同现就更多了：

（47）渠在河的①洗衣裳的。（方位后置词……进行标记）

（48）我昨日才从我女的_{女儿家}回来的。（方位后置词……语气词）

（49）衣裳在盆的泡的。（方位后置词……持续标记）

下一节我们将证明这些同现现象是由"的"虚化链上多环节并存带来的。

二、不同功能"的"的探源

上文描述的光山话中"的"的多功能用法是不同成分因语音变化而导致的偶合，还是同一成分不同演化阶段的共时并存，这是本节尝试回答的问题。

2.1 方位后置词"的"来自"里"

光山话中方位后置词"的"的前身可能是"里"，这可以从三个角度得到论证。

第一，从句法分布和语义方面看，"的"与"里"几乎是"无缝对接"的。前面的分析已经显示作为方位后置词的"的"与普通话及大部分官话方言中"里"的句法功能是一致的，光山话中的"的"可以出现在空间名词（如山、河、盆等）以及被看作处所的普通名词（如学校、教室等）之后，但不能出现在专有名词之后，这与普通话的"里"一致。意义上，也与"里"相同。

---

① "河的"在光山话中并不只指"河里面"，也可以表示"河边"。有时侵占其他方位后置词的领地，这是"的"语义泛化的结果。这类现象在其他方言中也存在，一些吴语中"里"就表现出更高的语义抽象度，经常侵入"上"的语义领地，如温州话"路上、黑板上"说成"路里、黑板里"等。

第二，来自其他方言材料的支持。光山话中的"肚 [tou³¹] 的"一词也表示"里面"，既有方位后置词的用法，也可以单独充当处所题元。光山方言中"肚子（腹部/胃）①"一词音为[tou²¹²tsʅ]。Heine *et al.*（1991：126）指出，"腹部/胃（belly/stomach）"是空间概念"里（in）"的常见来源，在他调查的125种非洲语言中，由"腹部/胃（belly/stomach）"语法化而来的"in"有58种之多，由此可以判定光山话中表示"里面"义的"肚 [tou³¹] 的"也是来自"腹部/胃"的"肚 [tou²¹²]"②。再比较汉语方言中的相关情况，我们发现用"肚里"来表示"里面"义的方言分布很广，西南官话、江淮官话、湘语、赣语、客家话都有这样的说法。如湖北武汉 [tou³⁵ni⁰]，江苏南京 [tu³³li⁰]、东台 [tʻu³¹liɿ³¹]，湖南娄底 [dɤu¹¹li⁰]、长沙 [təu²¹li⁰] 和双峰 [dəu³³li³¹]，江西南昌 [tʻu¹¹li⁰]，福建武平、武东 [tu³¹li³¹]（许宝华、宫田一郎主编 1999），梅县等。光山县位于鄂豫皖三省毗邻之处，其方言带有西南官话和江淮官话的部分特征。武汉话"肚里 [tou³⁵ni⁰]"（武汉话中来母字一般读鼻音 [n]）一词的使用环境和光山方言中的使用情况非常对应，如"花生是土肚里长的"与光山话"花生是土肚的长的"。武汉与光山的地理位置很近，两地的语音呈现出很多共同特征。据此我们大概可以推断光山话中的"的"对应于武汉话中的"里"。南京话中"山肚里 [ʂaŋ³¹tu³li³³¹]③"一类词语与光山话"山肚的 [san⁵⁵tou³¹te]"等也完全对应。南京话比一般的江淮官话更接近中原官话，光山话又比一般的中原官话更接近江淮官话。从这些词语的整齐对应来看，光山话的"的"应该来自于"里"。

第三，音变实现的可能性。声母方面，[l] > [t] 是常见的流音塞化现象，二音发音部位一样，只是发音方法有边音和塞音的不同，在很

---

① "腹部"和"胃"这两个概念在不少语言和方言中都有所区分，如普通话中"[tu²¹⁴]"指的其实是"胃"，"[tu⁵¹]"指的是"腹部"。因为一般情况下人很难见到自己的胃，所以对"胃"的直观认识更多的是源于动物，"[tu²¹⁴]"和"[tu⁵¹]"便有了用于动物和人的区分。光山方言没有区分二者，都说成"[tou²¹²]子"。

② 不同的声调可能是用来区别虚实或语法化程度的手段，如部分方言中的由"到（去声）"虚化而来的"倒（上声）"也发生了声调的变化，林英津（1993）和吴福祥（2002）对此均有论述。

③ 此处的声调调值记录与上引材料略有出入，但不影响本文结论，引用时遵从原书。

多语言和方言中都存在变化关系。边音到塞音的变化,如无锡郊区"立勒酿(站在那儿)"中的"立"也可以念作[diʔ](田野调查),是边音[l]变同部位塞音[d];湖北天门、安陆、罗田、宜都把"这里/那里"的"里"念[ti];湖北汉阳、枝江、利川、勋西、公安、安陆、麻城、罗田、广济等地"城里"的"里"念[ti](赵元任等1948);上古汉语"以"母字念[l]母,所以Alexandra译为"乌弋山离","以"母字的藏文同源词多念[l]声母。到了中古汉语,以母字发生了塞化,除三等字变半元音声母外,一、四等字由[l]变成了定母[d],这是喻四归定说的真正原因(潘悟云2000:267—277)。莆仙闽语的第二人称代词是[ty],闽南厦门话是[li],闽东福州话是[ny],都写作"汝/女"(陈章太、李如龙1991:93)。历史上莆仙曾属泉州,是早期闽南区的,后来才随着行政区划的独立而分离出来。莆仙闽语位于闽东话和闽南话之间,它们的第二人称代词显然是同源的,只是莆仙闽语的声母由原来的[l](或[n])变成了[t]。由塞音到边音的,如湖南江永方言的端母字今读[l](罗自群2006:155—156);吴江的"铜钿"后字可以由[diɪ]读成[liɪ](田野调查);福建崇安话的部分古端母字和定母字今天读作边音(李如龙2001:496)。此外,在有些方言的词语中二者还呈现出自由变体的关系,如温州话表示存在的"是搭"(在这儿)也可以读作"是拉"(田野调查);河南社旗县的"岗里"在社旗口语中说成[kartia](阴平+上声),社旗话中"拎水"的"拎"可以说[lin],也可以说[tin](阴平)[①];由此看来舌尖塞音和边音的互变在语言、方言中是很常见的。光山话中也存在这类音变。如"这霍(这儿)"可读作"[nexə]([lexə])",也可读作"[texə]",这是更加直接的证据。再看韵母的情况。[e]在光山话中是极其常见的一个音,中古曾、梗、咸、山摄中的字今天都有读此音的,因此可以看作该方言中的无标记音段,高频使用使得语音发生弱化,变成无标记音段也是合理的。

有趣的是,我们在湖北的部分方言中看到了更为直接的证据。湖北

---

① 社旗话的这两个例子蒙郭熙先生告知。

崇阳（赵元任等 1948：1267）：

（50）A：前年屋里 [tʻi] 人还好不是？

B：屋里 [tʻi] 的人——人还好。

A：嚜屋里 [ɲi] 太不太平呢？

B：屋里 [tʻi] 从前嚜好多土匪闹得最久，现在嚜也少为太平点子就是。……

湖北通城（赵元任等 1948：1321—1322）：

（51）A：嗯，县里 [dʻi] 有土匪，就是上个月吧。……

B：县里 [nə][dʻi] 保安队嚜。

同一说话人可以把"里"念成边音，也可以念成塞音。湖北孝感、襄阳"城里"中的"里"也是念作 [ti][ni] 皆可。共时平面的这一交替现象尤其能说明"里"到"的"音变的合理性。

光山方言中也有"里 [li²¹²]"一词，但都不是出现在方位后置词的位置。常见的是"里外"并举的场合，如"一年到头忙里忙外的""里外不是人"等；或者是单独位于方位前置词之后，如"往里走"；或是构成双音节方位词，如"里沿"。这类用法的"里"意义实在，没有发生虚化，因此也保留了规则读音。"里"因后置而音变的现象在其他方言如常州话中也存在，弱化的后置词"里"读音为 [ləʔ]，区别于规则读音 [li]（刘丹青 2003：195）。

综合以上几点，我们倾向于认为光山话中方位后置词"的"来自"里"的音变。

2.2 进行持续标记"的"来自"里"

光山话中持续义标记有"哒（着）"和"的"，进行义标记有"的"。"哒"出现于动词之后，其后多有其他谓词性成分，或出现于祈使句及表示处置的结构中等，"的"出现的环境恰好与此互补。二者并非同一成分的不同虚化阶段，而是具有不同的来源，"哒"来自于"着"，"的"另有来源。① 我们倾向认为光山方言中的持续进行标记

---

① 限于篇幅，此处只提及这一结论，二者的共时关系和历时源流将另文详述。

"的"来自"里",这主要是在周边方言比较的基础上得出的,而处所词语发展成进行或持续的体标记也是人类语言常见的语法化模式(Heine et al. 1991:113—118)。

罗自群(1999)罗列了部分汉语方言中表示持续进行义的"VP + O + 在里/在/哩"格式,指出"'在里'型主要分布在北起山东、向南,包括江苏、浙江、江西、广东直至海南的许多地方,以及相邻的湖北、湖南的一些地方。'在'型主要分布在湖北、湖南、四川等地,分别属于西南官话区、湘方言区,在赣方言区、闽方言区也有所反映。'里/哩/呢'型主要分布在北方、西北官话区,吴方言区、闽方言区也有"。"在里"型是双音节,与光山话中的情况相距较远,需要判断的是光山话的这类结构是属于"在"型还是"里"型。

从方言内部看,光山话中"在"单做谓语或成句时必须带"的"或处所语素"霍","的"和"霍"不能省略,如:

(52) a. ——东西还在摆([pai],同音字)/*在摆? ——在的/*在。(——东西还在吗? ——在。)

b. ——东西还在霍摆/*在摆? ——在霍/*在。("霍"是处所性成分,只出现于"这/那霍""哪霍"等词语中,与吴语中表"在那儿"义的"落霍"中的"霍"一样可能来自"许")

对比例a、b,可以发现,光山方言中的"在"一般须与一个处所性成分结合后才单独表示存在,这是句法上的要求①,因此例a中的"的"最初应该是方位后置词。在今天的交际中,例a已经发生了虚化,并非具体指示某一处所,而是用来强调物体处于某空间位置这种状态的持续,和表示状态延续的"还"的共现也能说明这一点。因此,将二者联系起来考虑,可以认为光山方言中持续标记"的"是由方位后置词"里"虚化而来的。

用句末的"存在动词+处所词语"(多为"在这/那里")表示持续在汉语方言中相当常见。山东泰安、山东莱芜的"在这(那)里"

---

① 这类现象在方位后置词发达的吴方言中也广为存在,如苏州话存在动词"勒"单用时要求带方位后置词"里、浪"等(刘丹青2003:194)。

（俞光中 1986）；湖北武汉、宜都、蒲圻、襄樊等地的"在"（李崇兴 1996），英山话的"在""在里"（也说'在底'），天门话的"在的"[①]、武穴、罗田话的"在地"（邱磊 2010），蕲春话的"在、在地"（杨凯 2008），大冶的"在里"（汪国胜 1999）；湖南安乡话、石门话和常德话的句尾"的"[ti]（罗自群 1999），泸溪话"在""在的""在这里"三种形式都有（瞿建慧 2007），辰溪话的"在"；安徽巢县、合肥、霍邱和四川大部地区等都用句末"在"表示持续（俞光中 1986），徽语休宁方言用动词后"个里 [ka$^{55\text{-}53}$li^0]／么里 [mo$^{55\text{-}53}$li^0]"或"□个里 [te^{0}ka$^{55\text{-}53}$li^0]／□个里 [te^{0}mo$^{55\text{-}53}$li^0]"（"个里／么里"指"这里／那里"）表示持续（平田昌司、伍巍 1996）；河南北部的句末"哩"，湖北宜昌的句末"哩"也可以表示持续（罗自群 1999）；吕叔湘（1941/1984）就已指出北京话的"呢"是"哩"的变体，早期写作"里"，"里"就是"在里"之省。吴闽方言中用作体标记的这类结构就更为普遍，刘丹青（1996）曾指出苏州话的"勒里／浪／海"、杭州话的"来东"、温州话的"着搭"、泉州话的"伫咧"基本相当于近代汉语的"在里"。此外还有绍兴话句末的"埭 [da]（近指）""动 [doŋ]（混指）""亨 [haŋ]（远指）"（陶寰 1996）（吴语研究者大多认为这是"方位前置词＋处所成分"中前置词脱落的结果），福州方言句末"吼"表示持续（陈泽平 1998：233），吴语庆元方言用动词后的"里"表示持续（曹志耘等 2000：426）。

以上材料显示这些方言中的持续标记多是句末"在这／那里"保留不同成分和紧缩程度不同的结果，部分方言中（如蕲春话、泸溪话等）两种或三种形式并存的现象、包括"在这里"与"在的"之类交替，尤其能说明其间的紧缩关系及"的"和"里"的同源关系。根据前文搜集到的音变材料，不少方言中的"里"与"的／地／底"音同或音似，这些方言中写作"在地、在底"的形式中的"地、底"，很有可能也是来自"里"。综合起来看，光山方言中的进行持续体标记"的"应当就是

[①] 李崇兴（1996）指出天门话句末"在的"可能是"在这（那）里"舍弃"这（那）"的结果，这对我们有所启发。

这一结构中"里"成分的保留①。

在共时平面的部分方言中也可以窥见这一演变模式，如海盐方言"落霍"用于句末可以表示持续态，句末的"落霍"可以脱落介引成分"落"而只保留指代成分"霍"（胡明扬 1996）：

（53）台子浪摆起茶杯（落）霍。（桌子上放着茶杯。）
　　　门开起（落）霍。（门开着。）
　　　灯亮起（落）霍。（灯亮着。）

温州话的句末"着搭"（"着"[zɿ] 表"在"，"搭"为处所语素）表示持续（潘悟云 1996）：

（54）开门着搭，屋底〈没有〉〈人〉。

"着搭"的"着"常常省略：

（55）车底有两个外国〈人〉坐搭。

再如老上海话中动词后可以用"拉"表持续，如②：

（56）爹爹，我勿吃了，相公在屋里等我拉。（沪剧《朱小天》）

（57）侬门关拉呀！（沪剧《朱小天》）

（58）有几个女人远远里看拉。（《上海土白新约全书》）

这个"拉"应该是"拉拉"（后入化为"辣辣"）的缩减形式，从其他吴语看，更可能是后字，即方位处所词，因为单用"V + 存在动词'拉'"表持续在吴语中是很少见的。

从汉语史上看，句末"在（这/那）里"③就有表示状态持续的用法（俞光中 1986）：

（59）只见墙边砂锅里煮着一只狗在那里。（《水浒传》，第四回）

（60）却才前面灵官殿上，有个大汉睡着在那里。（《水浒传》，十四回）④

---

① 18 世纪河南作家李绿园所著的《歧路灯》一书中也有以"的"来表示持续的用例，如"老樊拿起哈哈笑的去了"等，但无出现于句末之例，反而与今天光山话中的"哒"分布一致。

② 前两例转引自于根元（1981），后一例转引自钱乃荣（1997）。

③ 在"在这/那里"出现之前，"在、在里"也都曾有表示状态持续的虚化用法。

④ 光山方言中的表述与这句话的结构平行，如"睡哒的"，其中"哒"就是"着"，"的"可以推想是"在这/那里"紧缩的结果。

（61）当时清一见山门开，松树根雪地上，一块破席，放一个小孩在那里，……（《清平山堂话本》，卷三）

（62）那两扇门，一扇关着，一扇半掩在那里。（《初刻拍案惊奇》，卷十二）

我们在更早的文献中也看到这类用法：

（63）既有这物事，方始具是形以生，便有皮包裹在里。若有这个，无这皮壳，亦无所包裹。（《朱子语类》）

（64）若常醒在这里，更须看恻隐、羞恶、是非、恭敬之心所发处，始得。（《朱子语类》）

（65）人若要洗刷旧习都净了，却去理会此道理者，无是理。只是收放心，把持在这里，便须有个真心发见，从此便去穷理。（《朱子语类》）

（66）老夫妻见女儿捉去，就当下寻死觅活，至今不知下落，只怨地关着门在这里。（《碾玉观音》）

以上我们推测光山方言中多数功能的"的"可能都源于"里"，跨方言地比较功能一致的成分是这一推测的出发点。潘悟云（2002）提出的虚词考证中的两条重要原则——"从合不从分"原则和"语义对语音优先"原则也有助于证明"的""里"同源。他指出，在充分小的地理范围内，虚词的来源一般是相同的。一个字的语音很容易变化，特别是虚词，在虚化的过程中伴随着语音的弱化，有时会变得面目全非，但是基本语义（包括语法意义）的变化就不那么容易（潘悟云 2002）。我们认为假如在这一范围内某两个形式的多种功能都呈现出对应关系，则同一来源的概率更高，毕竟多功能都偶合的机率更小。光山方言中的"的"与河南北部大部分方言中"里"（陈玉洁 2007；郭熙 2005）的多种功能具有全面对应关系，尽管二者的语音形式不同，但有可解释的合理音变关系，这种齐整的语义功能对应则有力地显示了它们本来就同出一源，整个河南方言可能都是"里"比较扩张的区域。

三、不同功能之间的演变关系

陈玉洁（2007）论证了由方位词到定语标记的语法化过程，这是方位词语法化的一条路径。处所结构发展出进行或持续意义[①]，这是另一条常见的语法化路径。这两条路径在光山方言"的"身上得到了清晰的展示。类型学的语义地图理论认为，如果语言中的某一形式身兼多种功能，而这些用法在不同的语言或方言中也存在以同一个形式负载的现象，那么这种同一形式的多功能用法就不是偶然的现象，而是具有概念上的普遍联系。光山方言中"的"的多功能用法并非个例，用类似成分表示这些（部分）功能在其他语言或方言中也大量存在。江蓝生（1999）论证了普通话中的"的"来自"底"，普通话共时平面上"的"也有定语标记、语气词等用法；苏州话"浪、里"等方位后置词发展出定语标记的用法（刘丹青 2003：222—223），方位后置词"拉"也可以表示持续；河南北部的"里"身兼方位名词、定语标记、状语标记、语气词等多种功能（陈玉洁 2007）；白语中的 [no⁴⁴] 可以兼表方所、领属标记和名物化标记（赵燕珍 2009：146—149）；元江苦聪话的中 [ɕi³³] 具有定语标记（领属标记）、关系从句标记、名物化标记、补足语标记以及焦点结构的强调用法（常俊之 2009：143—146）。

Yap 等（2004）根据日语中的 no，汉语中的"的"，以及马来西亚语的"(em)punya"的多功能现象得出了一个语义蕴涵等级。我们加入光山方言"里"的分析，并参考陈玉洁（2007）对河南中原官话多功能"里"的分析，加以扩充修正，得出光山方言中"的"的功能分布[②]：

[①] 北京话中的"里"已由方位后置词虚化为表示动态关系的动词后附性成分，"动词—里"整体表现动作或状态的完成（方梅 2003）。这也为方位范畴和时体范畴之间的联系提供了证据，只是在具体的构式中，方位成分可以虚化为表示不同时体意义的成分。

[②] 江蓝生（1994）从句法分布和语音变化的角度论证了"动词+的+地点词"中"的"源自"著"，我们赞同她的观点，那么方位介词用法的"的"和其他功能之间是由语音演变造成的音同，因此不纳入"的"的功能分布图。

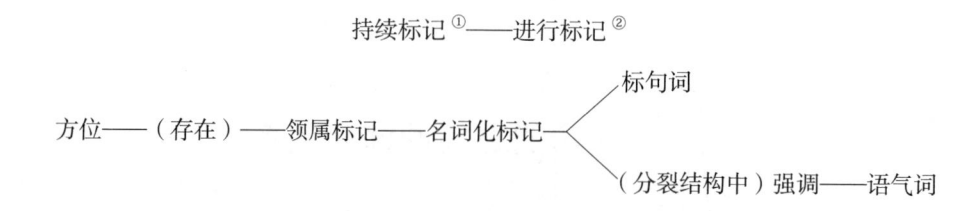

```
                  持续标记①——进行标记②
                                        ┌标句词
方位——（存在）——领属标记——名词化标记─┤
                                        └（分裂结构中）强调——语气词
```

光山话中的多功能的"的"源于"里"是我们在共时方言比较基础上所做的一种推测。这一推测在语音变化上和语法功能扩展上都有普遍性的机制为基础，不需要用任何特设（ad hoc）规则来解释，而且据此可以将动词后介词用法以外的"的"在一张语义地图上贯穿起来。这是正面的论证。反过来，假如不认为"的"来自"里"，那么有一些重要功能将变成无源之水，无法解释，"的"的不同功能成为一盘散沙，光山方言与其所在的中原官话其他方言和其他相邻方言相关虚词的联系也难以建立。例如，"的"的方位后置词用法从何而来？"的"的持续、进行体标记的用法从何而来？为什么"的"和其他河南中原官话的"里"高度对应？这正反两方面的思考使我们相信光山方言"的"来自"里"是合理的推断。当然，由于历时材料的缺乏，"的"的某些具体的演变过程的刻画仍待进一步细化和深化。

参考文献

曹志耘、秋谷裕幸、太田斋、赵日新　2000　《吴语处衢方言研究》，东京：好文出版社。

常俊之　2009　元江苦聪话参考语法，中央民族大学博士学位论文。

陈玉洁　2007　联系项原则与"里"的定语标记作用，《语言研究》第3期。

---

① "进行"和"持续"的体意义是由"在这/那里"紧缩虚化的结果，而其他节点的功能多是由"的"单独表示的，二者有所区别，但考虑到脱落也是语法化的常态，如英语口语的gonna是going to脱落的结果，通常也被纳入go的虚化路径之中，所以此处我们仍然将其放入整个大图之中。

② 观察搜集到的材料发现，句末的"在""里"或"在里"类结构中，能表示动作进行的一般都可以表示状态持续，相反能表示状态持续却不一定能表示动作进行。历史上句末"在这（那）里"也是表示状态持续的用法在先。除此之外，历史上"著""到"也是表示持续的用法在先，表示动作进行的用法在后（李蓝1998；吴福祥2002，2004），所以此处我们在二者的排列上做了这样的处理。

陈泽平　1998　《福州方言研究》，福州：福建人民出版社。
陈章太、李如龙　1991　《闽语研究》，北京：语文出版社。
储泽祥　2003　《现代汉语方所系统研究》，武汉：华中师范大学出版社。
方　梅　2003　从空间范畴到时间范畴——说北京话中的"动词—里"，《语法化与语法研究》（一），吴福祥、洪波主编，北京：商务印书馆。
郭　熙　2005　河南境内中原官话中的"哩"，《语言研究》第 3 期。
胡明扬　1996　海盐方言的动态范畴，《汉语方言体貌论文集》，胡明扬主编，南京：江苏教育出版社。
江蓝生　1994　"动词＋X＋地点词"句型中介词"的"探源，《古汉语研究》第 4 期。
江蓝生　1999　处所词的领格用法与结构助词"底"的由来，《中国语文》第 2 期。
李崇兴　1996　湖北宜都方言助词"在"的用法和来源，《方言》第 1 期。
李　蓝　1998　贵州大方话中的"到"和"起"，《中国语文》第 2 期。
李如龙　2001　《福建县市方言志 12 种》，福州：福建教育出版社。
林英津　1993　客语上声"到"语法功能探源，历史语言研究所集刊之六十三。
刘丹青　1996　东南方言的体貌标记，《动词的体》，张双庆主编，香港：香港中文大学吴多泰中国语文研究中心。
刘丹青　2001a　吴语的句法类型特点，《方言》第 4 期。
刘丹青　2001b　语法化中的更新、强化与叠加，《语言研究》第 2 期。
刘丹青　2003　《语序类型学与介词理论》，北京：商务印书馆。
刘丹青　2004　汉语里的一个内容宾语标句词——从"说道"的"道"说起，《庆祝〈中国语文〉创刊 50 周年学术论文集》，《中国语文》编辑部编，北京：商务印书馆。
刘丹青　2008a　《语法调查研究手册》，上海：上海教育出版社。
刘丹青　2008b　汉语名词性短语的句法类型特征，《中国语文》第 1 期。
罗自群　1999　现代汉语方言"VP＋O＋在里／在／哩"格式的比较研究，《语言研究》第 2 期。
罗自群　2006　《现代汉语方言持续标记的比较研究》，北京：中央民族大学出版社。
吕叔湘　1941/1984　释景德传灯录中的在、著二助词，《汉语语法论文集》（增订本），吕叔湘著，北京：商务印书馆。
马庆株　1981　时量宾语和动词的类，《中国语文》第 2 期。
潘悟云　1996　温州方言的体和貌，《动词的体》，张双庆主编，香港：香港中文大学吴多泰中国语文研究中心。
潘悟云　2000　《汉语历史音韵学》，上海：上海教育出版社。
潘悟云　2002　汉语否定词考源——兼论虚词考本字的基本方法，《中国语文》第 4 期。
平田昌司、伍　巍　1996　休宁方言的体，《动词的体》，张双庆主编，香港：香港中文大学吴多泰中国语文研究中心。

钱乃荣　1997　吴语中的"来"和"来"字结构,《上海大学学报》第 3 期。
邱　磊　2010　鄂东北江淮官话研究,南开大学博士学位论文。
瞿建慧　2007　湖南泸溪(浦市)方言的助词"在",《语文研究》第 2 期。
陶　寰　1996　绍兴方言的体,《动词的体》,张双庆主编,香港:香港中文大学吴多泰中国语文研究中心。
汪国胜　1999　湖北方言的"在"和"在里",《方言》第 2 期。
吴福祥　2002　南方方言里虚词"到(倒)"的用法及其来源,《中国语文》第 2 期。
吴福祥　2004　也谈持续体标记"着"的来源,《汉语史学报》(第五辑),上海:上海教育出版社。
徐　丹　1995　从北京话"V 着"与西北方言"V 的"的平行现象看"的"的来源,《方言》第 4 期。
许宝华、宫田一郎(主编)　1999　《汉语方言大词典》,北京:中华书局。
杨　凯　2008　湖北蕲春方言的进行体,《方言》第 4 期。
于根元　1981　上海话"勒勒"和普通话的"在、着",《语文研究》第 1 期。
俞光中　1986　《水浒全传》句末的"在这(那)里"考,《中国语文》第 1 期。
张大旗　1985　长沙话"得"字研究,《方言》第 1 期。
赵燕珍　2009　赵庄白语参考语法,中央民族大学博士学位论文。
赵元任等　1948　《湖北方言调查报告》,北京:商务印书馆。
Heine, B., Ulrike, C., & Friederike, H. 1991. *Grammaticalization: A Conceptual Framework*. Chicago: The University of Chicago Press.
Yap, F. H., Matthews, S., & Horie, K. 2004. From pronominalizer to pragmatic marker-implications for unidirectionality from a crosslinguistic perspective. In O. Fischer *et al.* (eds.), *Up and Down the Cline: The Nature of Grammaticalization*. Philadelphia: John Benjamins Publishing Company.

(原载《语言研究》,2011 年第 2 期,与王芳合作)

粤语句法的类型学特点[*]

一、引言

粤方言是汉语中与普通话及其他方言相差较大、内部则较为一致的一种强势方言。本文所谈的粤语，就是指穗、港、深、澳等处乃至海外共同使用的通行粤语。粤语研究因为其强势方言的地位而较为繁荣，粤语语法相对于普通话而言特点也比较多，因此有关粤语语法的研究成果也较丰硕，如高华年（1980）、李新魁（1994）、李新魁等（1995）诸粤语专著都有章节做较系统的语法描写，还出现了数种粤语语法专著，如张洪年（1972）、Matthews & Yip（1994），此外还有大量粤语语法论文。现有的粤语语法论著，大多侧重于描写，尤其注意粤语与普通话的语法差异。本文也想集中关注粤语区别于普通话及其他方言的语法特点，但想换一个角度，即从语言类型学的角度来比较粤语和普通话，依托更广阔的汉语类型背景来揭示粤话语法的类型特征，以便深化对粤语语法特点的认识。所谓语言类型学，就是以人类语言的共性及类型差异为目标的一整套理论和方法。它以大范围的跨语言对比为基本视角，不局限于单一语种的研究或少数几种语言方言的对比。本文借助类型学研究的现有成果来观照粤语语法的特点，主要是句法特点，因为粤语的类型特点更多地表现在句法上而不是形态上。本文先概述粤语的几项主要句法特点，然后暂离粤语本身，讨论汉语整体的类型背景，为聚焦于粤语的类型特点准备好"幕布"背景，

---

[*] 本文初稿源自1999—2000年在香港教育学院所做的两次讲座，张洪明教授和梁莉莉博士的先后邀请直接催生了此文。修改时中山大学麦耘教授、香港城市大学博士候选人李宝伦女士和数位匿名审稿者又多所指正，在此一并致谢。尚存的不当之处均由笔者负责。

最后以此为背景进一步讨论粤语句法的类型特点。对粤语语法类型特点的认识，不但在理论上有助于加深对汉语方言语法差异的认识，而且也有利于香港等粤语地区的普通话和中文教学，能使教学双方更自觉地认识到哪些是粤语根深蒂固的类型特点及各特点的关系。

二、粤语句法的主要特征

本节参考前贤粤语语法论著的描写，加上笔者对粤语的一些观察，简要概述一下粤语句法区别于普通话的几个主要特点。各语法点不平均使力，人详我略，人略我详。

2.1 量词作用突出，指示词和数词作用受限

粤语的量词（classifiers）可以离开指示词或数词单独充当句子成分，指示词和数词则不能脱离量词而使用。可见量词是句法上更为重要的词类。普通话则相反，量词总须与指示词或数词同现，不能单用，而指示词和数词有时可以离开量词单独充当句法成分。以往的描写较强调粤语量词的功能"扩张"，而不太注意粤语指示词、数词的功能"萎缩"。比较：

（1）〈粤〉个人客走咗喇。~〈普〉*（这/那）位客人走了。

（2）〈粤〉呢*（个）地方几方便。~〈普〉这地方挺方便。

（3）〈粤〉嗰*（支）笔坏咗喇。~〈普〉那笔坏了。

（4）〈粤〉我支笔~〈普〉我的这支/那支笔（我的笔~*我支笔）

（5）〈粤〉我啲人客~〈普〉我的那些客人（我的客人们~*我些客人）

（6）〈粤〉*我呢笔坏咗喇。~〈普〉我这笔坏了。

（7）〈粤〉啲手表好靓，买只喇。~〈普〉这些手表很好，买*（一）块吧。

（8）〈粤〉等阵先。~〈普〉先等*（一）阵。

（9）〈粤〉我买咗只茶杯/买咗两只茶杯/买咗三只茶杯。~〈京〉我买了一茶杯/买了俩茶杯/买了仨茶杯。

（10）〈粤〉王太买啲呢*（个），买啲嗰*（个）。~〈普〉王太太买点儿这，买点儿那。

例（1）粤语单用量词"个"限定名词，而普通话必须加上指示词。反之，例（2）、（3）普通话单用指示词"这/那"限定名词，而粤语必须在指示词和名词之间加进量词"个""支"。例（4）、（5）量词出现在领属定语和中心名词之间，实际上兼具结构助词的作用，当然仍有定指作用，但不分远近。完整的翻译应是"我的这支笔"或"我的那支笔"，普通话不常说得如此啰唆，而"我支笔"是粤语的常用表述法，所以更简洁的翻译就是"我的笔"。例（6）显示，在普通话中，有时可用指示词兼起结构助词的作用，而粤语指示词如"呢"没有这样的功能。这一微妙的差别常为粤普语法对比的论著所忽视。当然这也与普通话指示词能直接限定名词有关，但能限定名词不一定兼有定语标记作用。正规的英语可以说 this pen "这钢笔"，但不能说 I this pen 或 my this pen "我这钢笔"。所以结构作用应该是普通话指示词的一项附带功能。例（7）、（8）中，名量词"只"、动量词"阵"分别在动词后单独充当宾语或动量补语，而普通话一定要加进数词"一"后才能做宾语或补语。普通话只有在量词后还有名词时才能省略"一"，如"买块手表吧"，但这时就不是由"块"做宾语了。反之，例（9）显示，北京口语名词遇到"一、二、三"三个数字时，量词可以隐去，由"一（念阳平）、俩、仨"直接修饰名词，它们分别是"一、两、三"和"个"的合音（刘祥伯2004）。粤语此时绝不容许句法上如此重要的量词隐去。例（10）显示普通话指示词有时可以单独做宾语，而粤语指示词即使在同样条件下也必须带上量词才能做宾语。

2.2 双宾语语序

粤语表示给予义的双宾语常规语序为"直接宾语+间接宾语"，普通话则反之。如：

（11）〈粤〉畀本书我。~〈普〉给我一本书。

（12）〈粤〉哥哥送咗支笔佢。~〈普〉哥哥送了他一支笔。

2.3 比较结构

粤语基本的差比句形式是"NP$_1$+A+ 过 +NP$_2$"（主体 + 形容词 + 标记 + 基准）。普通话用"NP$_1$+ 比 +NP$_2$+A"式，不但所用的标记"比"不同于"过"，更重要的是语序安排不同，如：

（13）〈粤〉你肥过我。~〈普〉你比我胖。

（14）〈粤〉阿林高过你好多。~〈普〉阿林比你高好多。

2.4 某些副词状语后置

主要是"先""添""多""少"。为什么它们是状语而非补语，下文中将有说明。普通话谓词后没有真正的副词状语，所以这几个词的用法属于粤语的句法特点而不仅是词汇性特点。后置副词在粤语中数量不多，但都是高频词语，其句法功能不尽相同，句法个性很强。

"先"可以紧接在动词后，也可以用在宾语或数量补语后，但都是在整个 VP 之后，不能在动词和宾语或补语之间。如：

（15）你走先 | 人客食先，主人再食 | 等阵先_{先等一下} | 你帮下我先_{你先帮我一下} | 交钱先，至攞表_{先交钱，再拿表} | *人客食先饭，主人再食 | *你帮我先下_{你先帮我一下}

"添"作为副词表示"再"义时，动词后必须带数量词语做宾语或动量时量补语，"添"则必然跟在数量词语后，这与"先"相同。但"添"不能像"先"一样直接跟在动词后，如：

（16）你食碗添 | 写一张添就够晒 | 我重要坐一阵添 | *你食添

"多、少"作为后置状语与"先、添"句法差异更明显，它们必然插在动词和带数量词语的宾语补语之间，只能紧接在动词后，不能用在整个 VP 后。如：

（17）买<u>多</u>啲青菜_{多买些青菜}｜你要识<u>多</u>_{多认识}几个朋友｜用<u>少</u>啲钱得唔得_{少用些钱行不行}｜又要我行<u>多</u>次？_{又要我多走一趟？}

"先"和"添"还发展出更虚化的语气词用法，这种"添"已不限于用在数量词语后。如：

（18）先：咁都唔得，到底你想做乜<u>先</u>？_{这样都不行，你到底想做什么呢？}｜你识唔识做<u>先</u>？_{你到底懂不懂怎么做？}｜要我做都得，有冇着数<u>先</u>_{要我干也行，(得瞧)有没有好处}

（19）添：你重可以游水<u>添</u>？_{你还可以游泳呢？}（未与数量词语同现）｜佢好似好中意我，重送埋花<u>添</u>，係未？_{他好像很喜欢我，还给我送花，是不是？}

另外一些有特色，难直译的动词后置成分，如"晒、埋、返_{也作'翻、番',因变读阴平}"，更像是黏合式补语（动结式或动趋式）而不是后置状语。如：

（20）晒：佢哋食<u>晒</u>啲生果_{他们把水果都吃完了}｜佢哋去过<u>晒</u>欧洲_{他们跑遍了欧洲}

（21）埋：连阿荣都来<u>埋</u>_{连阿荣都参加进来了}｜我拧<u>埋</u>份报纸去睇_{我拿好一份报纸上去看}

（22）返：我要搬<u>返</u>过去_{搬回去}｜佢教<u>返</u>书_{重新教书}之后就成个瘦晒_{整个地瘦掉了}

虽然有时可用普通话状语来翻译这些补语，如"啲学生走晒"可译成"学生们都走了"，但也可以用动结式译成"学生们走光了"。这些补语的虚化用法更是接近助词。结果补语和助词都是普通话具有的成分，它们的特色只是词汇性的（实义者）或范畴性的（虚义者），跟句法类型无关。

2.5 "形+名"或"形+量"结构充当形容词谓语

充当形容词谓语的"形+量"式和"形+名"式基本上是同一类结构。量词的源头是名词，更重要的是两类词的表达功能。例如：

（23）a. 好嘢！（字面上是"好东西、好事"。常用作赞叹语）｜今日好<u>彩</u>！_{运气好！}｜阿王时时都咁顺<u>景</u>_{境遇都这么顺利}｜佢做嘢好快<u>手</u>_{手脚快}｜今日啲餸好好<u>味</u>_{今天的这些菜味道很好}

b. 呢间房好大间_{这间房子很大}｜哇，咁细只_{这么小}｜佢妹妹好细粒嘅_{他妹妹很瘦的}｜我哥哥好大只嘅_{我哥哥可魁梧了}｜呢件事好稳阵_{这件事很稳妥的}

上述加线词语从结构上看应是名词性的，但在句法上却是形容词性的，似乎难以按句法结构再去做内部分析，因此像麦耘（1995）那样把它们看作复合词是相当合理的。不过，它们在粤语中不仅常用，而且非常能产，从麦文所举之例中就可看出。一种内部结构与外部功能相背离的格式（所谓"离心结构"）较为能产，这本身就是很值得注意的。普通话也有这样的表述，如"（很）大胆、（很）细心"等，但数量要少得多，而且也常倒过来说，如"胆大、心细"。上引麦文归入此类的普通话例子中，有些只有区别词功能，并没有谓词性，如"大声、大量、长条"等。

三、汉语句法的类型背景

3.1 与汉语有关的句法类型学理论

3.1.1 类型学、语序共性与汉语的语序类型

当代语言类型学相信人类语言表面的千差万别背后有着深刻的共性，这种共性不但体现为有限的共同特点，如都有辅音元音、名词动词等，更体现为在不同语言现象之间大量的相关性。这种相关性可以用蕴涵性共性来表达（如下面表1中的共性）。正是这种相关性，使得众多语言被归为有限的类型。当代类型学以语序为重点。在上文的粤语句法特点中，§2.2及以下都跟语序有关。在人类语言中，现代汉语似乎少有地违背了多条语序共性或倾向。试比较 Greenberg（1963/1966）的开创性论文在30种语言基础上所得到的部分语法共性和汉语特点（按通行看法）：

表 1　与汉语有关的若干 Greenberg 语序共性

Greenberg 共性	对汉语的通行看法
2. 在具有**前置词**的语言中，领属定语几乎总是**后置于中心名词**。在具有**后置词**的语言中，领属定语几乎总是**前置于中心名词**。	具有**前置词**的语言，领属定语**前置于中心名词**。
4. 以绝对大于偶然性的频率，以 SOV（主宾动）为正常语序的语言是**后置词**语言。	SVO 语序，**前置词**。
9. 当疑问句助词或词缀相对于整个句子有专用的位置时，以远超出偶然的频率显示，位于句首时，该语言是**前置词**语言，位于句末时，该语言是**后置词**语言。	疑问句助词"吗"等位于句末，属**前置词**语言。
22. 当差比句的唯一语序或语序之一是"基准—比较标记—形容词"时，该语言为**后置词**语言；如果唯一语序是"形容词—比较标记—基准"时，大于偶然性的绝对优势可能是该语言为**前置词**语言。	差比句语序是"比较标记—基准—形容词"（如"比他高"），属**前置词**语言。
24. 如果关系从句前置于名词是该结构的唯一表达法或可选表达法之一，或者这种语言是**后置词**语言，或者形容词定语前置于名词，或者两者都是。	关系从句前置于名词是唯一语序（如"他买的书"，"买书的人"），属**前置词**语言，形容词定语前置。

由表 1 可见，汉语在多个方面不符合语序共性。而且，有些汉语对共性的偏离在人类语言中是比较突出的。Dryer（1992，1999）先后用 625 种和 940 种语言验证语序的和谐性，结果发现，VO 语言采用关系从句前置于中心名词的只有汉语一个语组，VO 语言差比句采用基准前置于形容词的语序的也只有汉语语组。汉语成为这两点上唯一的例外。

3.1.2　为什么存在语序共性

这里试结合现有研究成果提出几种比较具体的解释。

第一，和谐原则。类似的结构应该有类似的语序（Greenberg 1963/1966），或者核心在前，或者核心在后。日语、韩国语、阿尔泰系语言、绝大多数藏缅语都是较典型的核心在后语言。英语、俄语、马来语、壮侗语言都是较典型的核心在前语言。当然，几种主要语序都和谐的语言约占世界语言的 48%，不到一半（Hawkins 1983），但将近一半也非小数目。假如没有和谐关系，几种不同结构的语序可以通过排列组合构成数十种类型，而事实是竟有近半数语言表现为两种基本类型之一，可见语序和谐性有相当的力量。汉语跟两种类型的亲戚邻居都有共同点，结果成为很不符合语序和谐的例子之一：名词短语是清一色的核心在后，跟藏语、蒙古语、日语等一致，而动宾结构是核心在前，跟壮语等一致，状动结构则两种类型都有。

第二，联系项（relators）居中原则（Dik 1997）。关系到一批语序共性。介词、连词、关系代词、比较标记等都属于联系项，其理想位置是介于所联系的两个单位之间。联系项原则也是语言象似性的一种体现。例如（24）中加粗的英语联系项：

(24) a. sit *in* the chair（坐在椅子上），talk *to* you（跟你谈），taller *than* you（比你高）

b. Uncle Tom's Cabin（汤姆叔叔的小屋），the books *of* the library（图书馆的书籍），the man *who* talked to you（跟你谈话的人）

古代汉语是比较符合联系项居中原则的，注意例（25）中画线的联系项的位置：

(25) a. 曹人或梦众君子立<u>于</u>社宫，而谋亡曹。(《左传》)

b. 博我<u>以</u>文，约我<u>以</u>礼。(《论语》)

c. 夜<u>以</u>继日（《孟子》）～继日<u>以</u>夜

d. 野<u>于</u>饮食（《墨子》）～饮食<u>于</u>野

e. 青取之<u>于</u>蓝而青<u>于</u>蓝。(《荀子》)

也有一些不符合联系项居中原则的现象。比如，《孟子》中表达用羊换牛，既可说"易之以羊"，联系项"以"居中，也可说"以羊易之"，联系项不居中。到了现代，普通话不符合联系项居中原则的现象较多，粤语则接近古汉语，符合联系项居中原则的现象比普通话多，比较：

(26)〈普〉<u>到</u>上海去 | <u>在</u>野地吃喝 | <u>用</u>晚上延续白天 | 你<u>比</u>我胖 | <u>用</u>羊换牛 | <u>给</u>他送花（以上不符合）| 住<u>在</u>宿舍 | 送花<u>给</u>他（以上符合）

(27)〈粤〉去<u>到</u>上海 | 畀一条颈链<u>过</u>佢 | 你肥<u>过</u>我

不过普通话也有一些应付联系项不居中这一局面的策略，详见§3.2.2。

第三，避免歧义原则。如果同一内容有两种表达方法，那么语序和谐的表达有利于避免歧义，而语序不和谐的表达可能造成歧义。详见刘丹青（1999）的分析。

第四，来源的一致。在 VO 语言中，动源的介词当然是前置词，例如汉语中的"在、像"等。在 OV 语言中，动源的介词则是后置词，如德语由 OV 语序造成的后置词。介词的另一类来源是领属结构的核心名词。如"山上"原来是以"山"为核心的领属结构，所以可以说"山之上"。现在"上"之类方位词已虚化为介词，相当于英语的 on、in 等，所以不能说"山的上"。汉语是领属语前置于名词的语言，名源的介词是后置词。在领属语在后的语言中，则来自名词的介词是前置词，如泰语中的一些前置词（有关介词来源的类型学，参阅 Mallinson & Blake 1981）。汉语既属 VO 型，有动源前置词，又属所有格前置型，也有名源后置词，所以两者并存。

3.2 作为粤语背景的汉语句法类型

3.2.1 汉语历来不是典型的 SVO 语言

汉语自有文献以来大体上一直是 SVO 型的，但也从来不是典型的 SVO 型。可能因为原始汉藏语是 SOV 型的，所以古代汉语还保留了一些有规律的 SOV 句式，如：

(28) a. 吾谁欺，欺天乎？（《论语·子罕》）

　　　b. 三岁贯汝，莫我肯顾。（《诗经·硕鼠》）

　　　c. 不患人之不己知，患不知人也。（《论语·学而》）

中古以后汉语通过连动式中次要动词的虚化逐渐形成"把/将"字句，如（29a）。"把"字句不是真正的 SOV 句，因为后面还可以出现宾语，如（29b）、（29c）。但有了"把"字句后，汉语的受事成分的确经常位于动词前，甚至难以回到动词后，如（29d），所以中古以后的汉语也不是典型的 SVO。

（29）a. 醉把茱萸仔细看。（杜甫诗）（义₁：拿着茱萸仔细看；义₂：仔细看茱萸）

　　　b. 他把橘子剥了皮。

　　　c. 小张把酒喝了一大半。

　　　d. 小张把信撕成了碎片。~*小张撕信成了碎片。

3.2.2　汉语历来不是纯前置词语言

例（25c）、（25d）的"夜以继日""野于饮食"等句显示，古代汉语介词短语前置于动词时，前置词可以用作后置词以保持居中位置。其实，汉语从古到今还有其他成分具有后置词的作用，它们在介词短语前置于动词时可以保持居中位置，由虚词起联系项作用。

一种常见的手法是在介词短语和后面的动词之间加进连接成分，起着介词的中介作用。常用的连接词有"以、而"，其中"而"一直沿用到现代，如"为现代化而奋斗"。现代汉语更常用的是"来"。下面分别是用"以、而、来"的例子：

（30）宋人以兵车百乘、文马百驷以赎华元于郑。（《左传·宣公二年》）

（31）a. 晋师三日馆谷，及癸酉而还。（《左传·僖公二十八年》）

　　　b. 齐因孤国之乱而袭破燕。（《战国策·燕策一》）

　　　c. 太卜之起，由汉兴而有。（《史记·日者列传》）

（32）a. 怎么可以用这条来处罚我？（语料库）

　　　b. 他们的自我价值是通过所获得的成就来定义的。（语料库）

此外，从中古开始，方位词等一些关系性名词开始虚化为后置词，上古汉语不必用方位词的地方中古以后汉语往往需要用。比较：

（33）a. 颁白者不负戴于道路矣。（《孟子·梁惠王上》）

　　　b. 白发老人不必在路上负重了。

现代汉语中还有其他一些虚化中的词语兼有后置词的作用，如"他像小偷似的溜了"中的"似的"，"蓝包比黑包来得/要小"中的"来得"或"要","这篇文章我可以跟他一起写"中的"一起","为了安全起见"中的"起见","商场从明天起开业"中的"起","他退休以来还一直挺忙"中的"以来"等。

由以上情况可知,汉语实际上是一种前置词和后置词并存的语言。后置词的存在可以让动词前的介词短语作为一个居中位置的介引成分,符合联系项居中原则。

3.2.3　双及物结构的类型及其若干类型学因素

表示给予等交接类行为的动词有两个对象,由此构成的结构称双及物结构,假如两个对象都充当动词的宾语,就构成双宾结构。普通话双及物结构主要有三种结构形式:

（34）单纯双宾型：a. 我送他一本书。b. 警察罚了我五百块。

（35）带"给"双宾型：a. 我送给他五百块。b. 小英打给他一件毛衣。

（36）非双宾型：a. 我送了一本书给他。b. 小英打了一件毛衣给他。

有几条互相存在一定矛盾的原理影响着这几种句式的方言分布。第一,与动词的关系紧密度。间接宾语用"给"引出而非紧跟动词,这体现了与动词关系的亲疏度,而且上述非双宾型更理想,因为语序也符合亲疏关系:间接宾语离动词较远。在双宾型中,则粤语"畀书佢"式更符合这一原理,因为直接宾语更靠近动词。第二,生命度与话题性。间接宾语通常是指人名词,生命度高,话题性强。有人研究认为间接宾语和直接宾语有类似主语和谓语的关系（徐烈炯、刘丹青 1998：77—79）。这条原理又倾向于让间接宾语更靠近动词,这可以解释"我给他书"的语序。第三,"重"成分后置,即相互组合的成分倾向于让更长、更复杂的成分后置（Arnold & Wasow 2000 及所引大量文献）。这条语言共性对双宾语也适合。在双宾结构中,不论哪种语序,只要在前的宾语过长过复杂,都会设法改用其他语序以避免长的成分前置。比较起来,第一条原则涉及句法关系的核心,所以更为重要。在双宾型和非双宾型都存在的方言中,双宾型使用有限制,如靠近动词的一方不能太长,而非双宾型使用更自由,可见非双宾型是更基本的。

3.2.4 汉语由非量词语言到量词语言，并且越到南方越发达

量词型语言的确定标准是具有分类量词（classifiers，即个体量词），而度量衡单位则是人类语言共有的。商代汉语中刚出现"羌百羌""人十有六人""玉十玉"等结构，名词临时用作另一个同形名词的量词，还不是真正的分类量词，当时汉语还不是真正的量词语言。先秦时才出现"匹、个"等少量分类量词，从此汉语量词由少而多，由可选使用到强制使用，成为真正的量词语言。句法强制性是一个特别重要的指标。一种语言即使量词很多，如果是可选使用的，仍然是不典型的量词语言，量词也主要是一种词汇现象。如果量词不多，又是强制使用的，则已经是典型的量词语言。可惜不少历史和方言的量词研究都过分注意量词的词汇发展和词汇性差异，而对句法问题注意不够。

汉语量词句法化最重要的时代是南北朝时期（刘世儒 1965），这时汉语的主流在南方。用句法标准看，现代量词最发达的可能是粤语，其次是闽语和吴语等，北方话量词都不发达。再从汉语的亲邻语言看，量词句法功能最发达的是壮侗语，其次是靠近壮侗语的汉语方言和藏缅语（如彝语支），再次是远离壮侗语的汉语方言和藏缅语（如藏语支），最不发达的是离壮侗语最远的喜马拉雅藏缅语。它们围绕壮侗语呈发达到不发达的同心圆分布。因此不妨设想，量词未必是汉语和其他语言独立发展出来的，很可能是在百越（今壮侗）语言的影响下产生的，只是各语言受影响的深浅早晚不同。粤语量词为普通话所无的一些句法功能，也见于其他南方方言，如吴语（石汝杰、刘丹青 1985）。

四、粤语句法类型特点的再认识

4.1 粤语是 SVO 特点比普通话更强的方言

现在回到粤语，根据上述理论和材料背景来进一步认识粤语句法的类型特点。作为汉语的一种方言，粤语也是不太典型的 SVO 语言。不

过比较起来，粤语比普通话离典型的 SVO 更近一些，它大概也是汉语各方言中离典型的 SVO 类型最近的方言。下面从三个方面来分析粤语更强的 VO 语言属性。

4.1.1 "将"字句与 VO 句

最能体现粤语强 VO 倾向的是有关"把/将"字句的比较。比起普通话和其他方言来，粤语更多倾向 VO 句式，而受事前置的"将"字句远不如普通话相应的"把"字句常见。郑定欧（1998）对此有一段概括："a. 把字句（指普通话的——引者）为强势的独立句式；几乎所有动宾句可以改写成把字句，相反，只有少数把字句能改写成动宾句。b. 将字句（指粤语的——引者）为弱势的变体句式；几乎所有将字句可以改写成动宾句，相反，只有少数动宾句能改写成将字句。"

"把"字句的动因之一是让有定、已知的受事成分前置于动词，让句子的重要信息特别是结果性成分占据句末的自然焦点位置（关于焦点的位置，参阅徐烈炯、刘丹青 1998）。"把"字句又称处置句。所谓处置，就是对受事施加某种影响并造成某种后果。"把"字句的受事则通常是有定的已知信息，由动词及其补语表示的处置行为和结果才是要强调的新信息。总体上，汉语不喜欢让有定的已知信息居于句末，这正是汉语 VO 句型不像在典型 SVO 语言中那样常用的重要原因之一。但是，粤语在这一点上构成汉语中的某种例外，而离典型的 SVO 语言更近一些。它受句子信息结构的影响较小，所以"将"字句成为可用可不用的弱势句，而 VO 句型才是优势句式。哪怕 VO 句型导致有定已知信息居句末，粤语也很能接受。比较（粤例见张双庆 1997）：

(37) a.〈普〉把这些饭吃完。（吃完这些饭。）~〈粤〉食晒啲饭佢。

b.〈普〉把那些旧东西全扫掉了。（全扫掉了那些旧东西。）~〈粤〉扫走晒啲旧嘢佢。

c.〈普〉快把那把钥匙还给我。（快还我那把钥匙。）~〈粤〉快啲还返条锁匙我。

d.〈普〉他们把那些水果都吃完了。(他们全部吃完了那些水果。)~〈粤〉佢哋食晒啲生果。

　　例(37)各句的受事都是有定成分,它们在普通话中很难用于VO句式。特别是当突出受事的全量属性时,普通话很排斥VO句式,如b、d两句,而此时粤语照样很自然地采用VO句式。(37d)即使按括号中那样加上"全部",事实上也只能理解为施事"他们"的全量而非受事"那些水果"的全量,所以作为突出受事全量的句子其合法性仍是可疑的。另外,假如不加"全部",就说成"他们吃完了那些水果",则句子又不自足,只是个时间背景分句,后面还必须有接续句,如"他们吃完了那些水果,现在开始干活了"。而相应的VO式的粤语句,既突出了全量义,又很自足,不必补上正句。可见其VO句的使用远比普通话自由。例(37a)、(37b)在句末用了个复指的代词,据张双庆(1997),这是粤语用来突出"处置性"的手段,但带处置性的句子并不都用这个代词,如例(37c)、(37d)。

　　此外,普通话"把"字句的结构形式和内部语义关系相当多样,而粤语"将"字句却受诸多限制,经常只能用VO句来翻译普通话的"把"字句,如(张双庆1997、郑定欧1998文例):

　　(38) a.〈普〉他穷得把房子都卖了。~〈粤〉佢穷到要卖屋。(*佢穷到将间屋卖咗。)

　　　　b.〈普〉把这些话再想一想。~〈粤〉再念下呢番说话。(*再将呢番说话念下。)

　　　　c.〈普〉把意思理解错了。~〈粤〉误会咗个意思啦。(*将个意思误会咗啦。)

　　　　d.〈普〉雨把衣服淋湿了。~〈粤〉啲雨淋咗件衫。(*啲雨将件衫淋湿咗啦。)

　　试分析例(38)中各句无法用"将"字句的原因。a句的行为虽有处置性,但这是施事为情势所迫而为,并非主观意愿。b、c都是心理动词句,行为性不强,宾语不是真正的受事(patient),而是客体(theme),本身不受心理行为的影响。d则是非自主句,"雨"不是真正的施事（agent），而是外力（force）。换言之，粤语只有在自主的施事有意处置典型的受事的情况下才允许用"将"字句。而例（38）各句的情况在普通话及很多汉语方言中都很适合用"把/将"字句。

此外，§2.5所分析的"形+名/量"结构做形容词谓语的用法，虽然跟VO类型没有直接关系，但也反映了粤语语序较少受汉语焦点定位规则的影响。在大部分地区的汉语中，已知、有定的成分倾向于前置，需要强调的新信息则强烈倾向于后置，以便占据焦点位置。对于形容词谓语句来说，形容词是强调的对象，所以会尽量后置，如"这个菜味道真好""他哥哥个头很高大""他妹妹身材很瘦小""他做事手脚很快"等。粤语的"形+名/量"结构做谓语时，也是强调形容词，但占据句末位置的却不是形容词，而是名词或量词，所以这种结构与其他地方汉语使用者的语感大相径庭。如"佢做嘢好<u>快手</u>"，强调的不是"手"而是"快"，"佢妹妹好<u>细粒</u>嘅"强调的不是"粒"而是"细"，"呢间房好<u>大间</u>"强调的也不是"间"而是"大"（"间"已在主语中出现一次）。这种结构在粤语中的大量存在或广泛使用，说明粤语句法较少受话题-焦点语序规则的制约，在这点上与VO句发达而"将"字句微弱是一致的。

4.1.2 "来/去"句的处所题元位置

粤语比普通话和其他方言更强的VO特征还明显表现在"来、去"等位移动词所关涉的处所成分上。典型的SVO语言具有核心居前的倾向，各种处所成分也像宾语一样倾向后置于动词，包括表示来、去的动词。粤语的"嚟、去"所带的处所成分几乎总是在动词后，而且通常不带介词直接用作处所宾语，如"几时嚟香港""星期日去广州"等。这种句式现在也已被普通话接受，并且成为汉语教材中的标准句式，如"约翰昨天来了北京，明天要去西安"，在用普通话写作的当代文学作品中也随处可见。然而，这类句式并不是地道的北方话，老北京话是基本不说的，不排除它在普通话中的存在是受粤语的影响。我们说"粤语影响"，而不是泛泛的"南方影响"，因为南方方言不但未必像粤语那样喜欢让动词后接处所成分，甚至可能比普通话更排斥"来中国""去北京"之类说法，比如上海话等吴方言。请看表2：

表2　广州话、北京话、上海话"来/去"句的比较

结构	广州	北京	上海
A式：来南京	嚟南京	??来南京（老）；来南京（新）	*来南京
A式：去南京	去南京	??去南京（老）；去南京（新）	*去南京
B式：到南京来	??到南京嚟	到南京来	到南京来
B式：到南京去	到南京去	到南京去	到南京去
C式：南京来	*南京嚟	??南京来	南京来（最常说）
C式：南京去	*南京去	??南京去	南京去（最常说）

A式是广州话表达此类意义的常规结构，基本上是口语中的唯一结构。而在地道的老北京话中，它基本不出现。普通话现在接受A式，上海话完全没有A式，另外，粤语基本不用的B式，则是老北京话的常规说法，也是上海话常用的说法。上海话最常用的则是C式。上海美术电影制片厂的《大闹天宫》有一句台词"孩儿们，白骨洞去也"，显然是受了上海话的影响，要是由珠江电影制片厂来拍，很可能会说"孩儿们，去白骨洞也"。C式可以看作"到南京来/去"的省略形式，不过这种省略式在北京话中很少说，在广州话中完全不说。B、C两式的共同点是处所成分在动词之前，这不符合典型VO语言的特征，只有广州话的常规格式是处所成分在后，符合VO语言核心居前的特点。

鉴于A式在当代普通话中颇为常用，我们检查了更早时期北京话作品的情况（见表3）：

表3　几部北京话作品中A式的使用情况

句式	《京语会话》（9.5万字）	《骆驼祥子》（13.5万字）	《过把瘾就死》（5.9万字）
来/去+NP	3（7.7%）	0（0%）	21（77.8%）
介词+NP+来/去	29（74.4%）	37（75.5%）	3（11.1%）
来/去+介词+NP	3（7.7%）	9（18.4%）	3（11.1%）
NP+来/去	4（10.2%）	3（6.1%）	0（0%）
总数	39（100%）	49（100%）	27（100%）

表3清楚地显示，在代表当代京味普通话的《过把瘾就死》中，"来/去"带终点/方向题元句已经以"来/去+NP"为绝对优势（带框数字），而在代表老北京话的20世纪初《京语会话》和20世纪中叶京味普通话的《骆驼祥子》中，都是"介词+NP+来/去"占绝对优势（带框数字）。充当其中介词的有"上、到、往、下、奔"等。尤其值得注意的是，当代占绝对优势的"来/去+NP"句式，在《骆驼祥子》中的出现频率为零。在《京语会话》中虽然出现了3例，但其实并不是典型的单动"来/去"带终点题元句。请看实例：

（39）这趟来京，一个人儿住在店里，很觉着寂寞无味。（订交）
（40）我这趟来京，本打算谋一件事。（乞贷）
（41）我是一个外乡人，来这个地方儿，找一个朋友，扑空啦。（投宿）

其中例（39）与例（40）是复合词"来京"（"京"不是一个独立的词），实际上可以不计，况且"来/去"也不在典型谓语位置，而用在数量短语"这趟"之后，其指称性强于述谓性。只有例（41）是真正的句法性组合，但是也不是典型的单句，实际上是一个被拆开了的连动句。例（41）更自然的说法是"来这个地方儿找一个朋友"，因为"来这个地方"在现场并不提供有用的前景信息，前景信息是"找一个朋友"及两个分句间的目的关系，这是更适合由连动式表达的。再结合《骆驼祥子》的情况看，我们可以相信"来/去+NP"充当单动句在20世纪中叶之前的北京话中完全是边缘性的甚至不被接受的句式。当时表达这一语义关系的基本句式无疑是"介词+NP+来/去"。而在其可替换句式中，另外两种句式，包括不带处所成分和不带介词前置于"来/去"的句式都比处所成分直接做宾语的句式可接受性强得多。而在当代汉语中，"来/去+NP"全面取代"介词+NP+来/去"成为基本句式，而且"介词+NP+来/去"这种原来的基本句式一下子降至10%左右的低点。这是短短几十年间发生的显著语法变化，我们相信单纯北京话内部很难自然发生如此迅速的演变，受到以"来/去+NP"为基本句式甚至唯一句式的粤闽语及港台中文书面语的影响，至少是这一句式在普通话中走强乃至波及北京话的重要因素之一。连动句式"来/去+NP"在老北京话中的可接受性比单动句稍强，在《京语会话》中有若干用例，如例（42）与例（43），但在《骆驼祥子》中也只有例（44）一例，这是《骆驼祥子》中唯一一处"来/去"有机会带宾语的情况，而且是紧接着上文刚刚用过的"来+介词+NP"：

（42）昨天他来，是因为我找他要钱，他没钱，来这儿跟我说，还得容些日子。（解说）

（43）你这一肚子臭文，趁早儿不用来圣人门口儿卖字。（劝妻舅勿纳妾）

（44）来到这里做小买卖的，几乎都是卖那顶贱的东西，什么刮骨肉，冻白菜，生豆汁，驴马肉，都来这里找照顾主。（第十六章）

由以上对比足以看出，"来南京""去南京"这类 A 式句，虽然现在普通话也用开了，其实本是体现粤语特色的句子，是粤语 SVO 特色更浓郁的表现。普通话的基础北京话原先是基本不用的，而离粤语区更近的吴语更是至今都不用。北京话、吴语等最常采纳的句式都是处所题元在前的，这是与典型的 SVO 语言不同的。教授普通话时，不能只让学生了解可能由粤语进入普通话的"去南京"式，也要让学生熟悉更接近北方话特点的"到/上南京去"式。

4.1.3 后置副词状语

粤语有更多的后置副词状语。VO 语言总体上倾向于核心在前，因此这一特点也部分反映了粤语更接近典型的 VO 语言。在普通话中，副词状语都在动词之前，动词后只有补语，没有副词性状语。在粤语中，虽然大多数副词状语也在动词前，但确实有一批副词状语后置于动词，而且这批后置副词状语都是极其常用的，这就值得重视了。

当然，要看清这个问题，首先得面对状语补语之别这个汉语语法学界尚未很好解答的棘手问题。人们可以问：为什么粤语动词后的"先、添、多、少"不能看作补语？为什么普通话的补语不能看作后置的状语？人们不把这些副词当补语，是因为语感上觉得跟真正的补语性质不同。但光有语感还不够,本文试提出一个标准来解释人们的语感。汉语的状语是修饰限制动词的语义的,在语用上没有特殊的功能。带状语的动词通常单独或跟状语一起构成句子的主要信息。而动结式等动补结构在语用上却以补语为主要信息,动词通常是旧信息,甚至常是预设的信息。例如,叫人"慢慢说",可以是说话人还没说,听话人要求他"说","慢"则修饰"说"的方式。而"说慢点儿"则是双方都知道是听话人在说,"说"是预设的已知信息,不需要再要求其"说",而只是要求其"慢"。对已发生情况的陈述也是如此。"他饱吃了一顿"是叙述他吃东西的事情,而"他吃饱了"是预设对方知道他吃东西的事,只是强调吃的结果是饱。其实,普通话也有"多吃一碗"和"吃多了一碗"。前者通常不是在开始吃饭时劝人吃得多一些,而是在食客停下不吃时用来劝人"吃"的,重点还在"吃"(这正是粤语"食多一碗"或"食一碗添"的意思)。而后者只能用在事后,并且已经知道吃过了,只是强调"多"。

根据以上这个标准,粤语的"走先""问下佢会晤会唱先""食一碗添""重送花添""唱多一只喇""买少啲喇"等中的副词"先、添、多、少"都难以算作补语,而适于看作后置状语。"我走先喇"是告诉人们自己要"走"了,"走"是新信息,"先"则说明与"走"相关的附属时间信息。它在普通话中要说成"先走了"。其实普通话可以用补语表示动作的时间状况,如"他走早了"。说这话时,双方其实都已知道"他走"的事实,"走"已非新信息,句子的强调重点已是补语"早",即走的时间太早了。可见补语和状语在信息结构中的作用显然不同。在普通话中,语序的前后决定了状语和补语的分野,而粤语中与普通话状语对当的成分,即使位于动词后,仍是状语的性质。因此,以普通话为参照,也不失为一个判断粤语动词后的副词是状语还是补语的标准。据此,粤语中动词后的"先、添、多、少"都是状语而非补语。当然,这只是一个方便的标准。如果对它们做细致的句法和语义分析,也能得出这一结论。

后置状语的存在,在一定程度上反映了粤语是更强的 SVO 型语言。

前后置副词状语还导致了框式副词状语的现象，如"食碗添"也可以说成"再食碗添"，"添"和"再……添"都表示普通话"再"之义。这种现象正好也与前后置介词构成的框式介词相呼应，如"床上坐"和"在床上坐"都表示坐的位置。它们都反映了汉语不属于典型 VO 语言和单纯前置词语言的事实。粤语式的后置副词状语在长江以南各大方言中不同程度地存在（曹志耘 2002），但就使用的广泛性来看似乎以粤语为盛。

此外还有一点值得注意，粤语让不属焦点成分的状语占据动词后或 VP 后的位置，也与已知、有定受事占据宾语位置一样，都反映了不太符合汉语信息特征强烈影响语序安排的特点，而更遵循 VO 语言的常见句法规则。

4.2 粤语有更多的前置词语言的特点

类型学告诉我们，VO 语言与前置词之间有和谐关系，而且 VO 语言也倾向于让介词短语后置于动词，这样就能让前置词位于动词和介词短语之间的居中位置，符合联系项居中原则。比较起来，粤语在汉语方言中是更符合前置词语言特点的。

4.2.1 "来/去"的前置词作用

汉语中存在"动词 + 趋向词 + 处所词语"的结构，如"走进教室"。这里的趋向词虽然是加在前面动词上的补语，但实际上具有介引后面处所题元的类似介词的作用，因为其中的"进教室"成立，而"走教室"不成立。范继淹（1963）早就指出动词后的趋向成分"可以分为两种变体：出现在一般宾语和存现宾语之前的是副词性变体；出现在处所宾语之前的是介词性变体"，其中"介词性变体有'上、下、进、出、回、过'"。吕叔湘主编（1980：34）也提到"跟某些外语比较，当动趋式动词后边是代表处所的名词时，动趋式里的'趋$_1$'的作用像一个介词，如'话说出口'，'走出门来'"。

哪些趋向词有类介词作用，各方言并不相同。普通话中限于客观定位的趋向词，如上面范文所举；而主观定位（按说话人位置而定）的趋向词"来、去"便无此作用，如不能说"走来教室""带去日本"等。这也提醒我们，动词"来、去"带处所词语的用法在普通话中确实是新的说法，尚未发展出类介词用法，因为趋向词的类介词用法是由动词语法化而来的（刘丹青 2001）。粤语中不但客观趋向词有类介词作用，如"爬上山""跳落河""行入大门"等，且主观趋向词"来、去"也有类介词作用，如"飞嚟香港""行嚟学校""开去深圳""带去日本"等。这种粤语式结构很少在粤语论著中提及，因此常"混"入粤语区的人所说的普通话和所写的中文里而不为所察。在吴语中，连客观趋向词也很少有类介词作用。表达"爬上山""跳下河"这类意思，上海话要说成"爬到山上音·浪""跳到河里"。这与趋向词本身在吴语中的不活跃有关。比如上海话虽也能说"上山"，但更平常的说法还是"（到）山上去"（"到"可省，用法参阅表2）。"下河"或"落河"则更难接受，而只能说"（到）河里去"。主观趋向词则更没有类介词作用。列表比较如下（见表4）：

表4 "来/去"类介词作用比较

结构	广州	北京	上海
爬上山	爬上山	爬上山	*爬上山（爬到山上）
跳下河	跳落河	跳下河	*跳下/落河（跳到河里）
飞来南京	飞嚟南京	*飞来南京（飞到南京来）	*飞来南京（飞到南京来）
带去日本	带去日本	*带去日本（带到日本去）	*带去日本（带到日本去）

这些差异的类型学含义表现在两个方面。第一，"来/去"是高频常用词，它们的类介词用法使粤语有更多的机会使用"动词+前置词短语"来表示处所关系，而这种形式是前置词语言典型的处所表达法。而相对地"飞到南京来"是一个连动结构，虽然"到"也有前置词作用，但"到+处所词"短语介于"飞"和"来"之间，很难说是在动前还是动后位置。第二，趋向词可以直接带各种名词表示处所题元，而"到"介引处所题元时，假如名词不是"南京"这种专有地名，就必须在名

词后加具有后置词性质的方位词,因此类型上已不是纯粹的前置词结构。如粤语的"爬上山",上海话要说"爬到山上",而不能光说"爬到山"。因此,趋向词的类介词功能发达也降低了后置词的必要性,增加了前置词语言的特色。

李新魁等(1995:580)注意到,如果遇到复合趋向词与处所词语同现,普通话要把趋向动词拆开,处所词语必须插在客观趋向词和主观趋向词之间,如"搬进屋里来""扔下茅坑去",不能说"搬进来屋里""扔下去茅坑"。粤语则是把处所词语放在整个复合趋向词之后,如"搬入嚟屋里边""掉咗落去屎坑喇 扔下茅坑去了"。根据上文的分析可知,李著所注意到的差异不是孤立的,其关键还在于普通话只有客观趋向词有类介词作用,而主观趋向词"来/去"没有类介词作用,所以不能直接带处所题元。粤语两类趋向词都有类介词作用,所以都能介引处所题元。上海话两类趋向词都没有类介词作用,上述意思只能说"搬到房间里来""掼到茅坑里去"。

4.2.2 差比句式与介词类型

前文表1所引的Greenberg语言共性第22条告诉我们,"当差比句唯一语序是'形容词—比较标记—基准'时,大于偶然性的绝对优势可能是该语言为前置词语言"。粤语的差比句式正是此式,如"高过你"。古汉语的差比句也是此式,如《论语》"季氏富于国"、《礼记》"苛政猛于虎"。这是前置词语言的常规句式,标记位于形容词和基准之间。普通话的差比句式则是"比较标记+基准+形容词",如"比他高"。虽然用的标记是前置词,但基准在形容词之前。据Dryer(1992)对625种语言的统计,普通话差比句是相当不合VO语言和前置词语言的语序常规的。这种结构的弱点是标记"比"不在基准和形容词之间。正因为如此,所以普通话也常通过在基准和形容词之间插入一些副词性成分的方法来弥补这一弱点,如"比你来得高""比我要胖"等。而粤语式的差比句结构上不需要这种成分。所以差比句式也反映了粤语更接近典型的前置词语言。

不过，古汉语比较标记"于"是真正的前置词，而粤语比较标记"过"虽有介引基准的作用，即类介词作用，但句法性质稍有不同。它是加在动词上的补语，所以可以有可能式，如：

（45）我肥得过你？我当然肥唔过你喇。（我有你胖？我当然没你胖啦。）

这说明粤语与古汉语的差比句式只是类型相似，并无继承关系。

4.3 双及物结构问题

粤语中给予义的双宾语结构是直接宾语前置于间接宾语。参照§3.2.3 的分析可知，该句式主要受结构紧密度原理制约，而生命度、话题性作用不大。普通话双宾句则相反，间接宾语前置于直接宾语，这是高生命度高话题性成分先行的原理在起作用。联系粤语的其他特点，如已知有定宾语后置、谓语性"形+名/量"结构焦点前置、非焦点的状语后置等，可以看出这里的一个统一倾向：粤语相对于普通话来说，较受句法结构规律的制约而较少受信息结构的影响。

另外，粤语和普通话的双及物结构在表层差异下也存在共同点。双宾结构在两种话里都是有条件的。真正基本的给予类双及物结构在两种话里都是"动词+受事+与事介词+与事"，这已不是真正的双宾结构。如粤语"老师送咗三本书畀个学生"（广州话也用更虚化的"过"做与事标记）、普通话"老师送了三本书给那个学生"。对双宾语结构的限制突出表现在宾语"重度"（heaviness，即长度和复杂度）上。当两个宾语（特别是靠近动词的那一个宾语）长而复杂时，两种话都会采用这种最自由的结构，如：

（46）〈粤〉我送咗一本上个月啱啱出版嘅畅销书畀／过一个我读中学时候嘅同学。

（47）〈普〉a. 我送了一本上个月刚刚出版的畅销书给一个我读中学时候的同学。

b.⁇我送了一个我读中学时候的同学一本上个月刚刚出版的畅销书。

例（46）显示当两个论元特别是前面的受事较复杂时，必须在与事前插入介词"畀"或"过"。例（47）则说明当两个论元特别是与事复杂时，普通话也得放弃双宾式，而要把与事放到后面去，并用介词"给"引进，从而与粤语的例（46）的类型趋同。张双庆（1997）指出，当受事复杂而与事简短时，粤语也可以将与事放在前面，结果也与普通话语序相同，如：

（48）我畀你几千文同埋一张机票。

普通话和粤语的双宾式除了受重度的制约之外，还受定性的制约。双宾语最适合的情况是受事无定而与事有定。假如情况相反，很难用双宾语。由于直接宾语不欢迎有定的名词，所以一个好办法是用"把"字句，让有定的直接受事位于动词前：

（49）〈普〉校长给了那位同学一个足球。~⁇校长给了一位同学这个足球。~校长把这个足球给了一位同学。

（50）〈粤〉校长畀咗一个足球呢位同学。~⁇校长畀咗呢个足球一个同学。~校长将呢个足球畀咗个同学。

此外，给予义以外的双宾语，普通话和粤语的语序也是共同的，如：

（51）〈普〉他偷了我钱包。~〈粤〉佢偷咗我银包。

（52）〈普〉王先生教我们数学。~〈粤〉王先生教我哋数学。

4.4 粤语和普通话的量词句法差异

比起普通话来，粤语的量词是句法化程度更高的词类，其很多功能都已成为强制性的句法规则，而在普通话中量词使用的强制性要小得多。

第一，定指功能。在主语位置和定中之间的"量+名"结构有定指作用，但没有远近指作用，其地位近于英语中的定冠词，如前面例（1）、（3）、（4）中的情况。重要的是，定指用法的量词基本上是强制性的，比指示词更有强制性，因此已经是句法功能而不仅是语义功能。例如，普通话句首或主语位置可用光杆名词表示有定，如著名例句"客人来了"。而此时粤语口语却强烈倾向于加上量词，要说成"个人客／啲_些人客嚟咗喇"。粤语带量词的句子翻译成普通话时不必处处译出指示成分，因为只要意义明了，普通话是不必使用有定指示词的，正像普通话也不必处处译出英语的定冠词一样。

第二，有指（specific）功能，又称为个体化（individualization）功能，这是量词短语在宾语位置的功能，也是接近强制性的功能。在普通话中，只要不是有定，不管宾语是否有指都可以省略数量词语而用光杆名词。而在粤语中，只要宾语是有指的，就当使用量词。比较：

（53）〈粤〉我去买（本／啲）电脑书。~〈普〉我去买（本／点儿）电脑书。

（54）〈粤〉我琴日买咗*（本／啲）电脑书。~〈普〉我昨天买了（本／些）电脑书。

（55）〈粤〉佢卖咗*（间）屋还钱。~〈普〉他卖了（间）房子还钱。

例（53）的"电脑书"可以是无指的，所以粤语和普通话都可以省去量词。后两例中的"电脑书""屋／房子"都是有指的，在粤语中必须用量词，但在普通话中仍可省去量词。

第三，定语标记作用。粤语量词除了兼做领属定语标记外［见上文例（4）、（5）］，还可以介引多种定语，包括关系从句，而这些功能普通话量词都不具备，翻译时需加进结构助词"的"：

（56）〈粤〉佢打烂晒客厅<u>啲</u>嘢。~〈普〉他把客厅<u>里的</u>东西都砸坏了。

（57）〈粤〉咁大<u>只</u>猫重唔会捉老鼠。~〈普〉这么大<u>的</u>一只猫还不会抓老鼠。

（58）〈粤〉我哋喺法国食<u>啲</u>嘢几好食咖。~〈普〉我们在法国吃<u>的</u>那些东西挺好吃的。

粤语量词的以上功能，在量词发达的壮侗语中很常见。可以认为，它们是发达的量词型语言的重要特征。另外有些功能，像"呢间房好大间"这类"形+量"做谓语的例子，也只会在量词发达的语言中形成。

与此构成对比的是指示词-数词型语言，如英语。这类语言用指示词表示有定功能，用数词表示有指功能。表示指称义的冠词也由指示词或数词而来，如英语定冠词 the 与指示代词 that/this 同源，不定冠词 a/an 与数词 one 同源。普通话大体上属于量词型语言，因为在名词受数词限制时量词基本上是强制性的，但普通话还算不上量词发达型。尤其是北京话，有些方面还接近指示词-数词型语言，故粤语量词的很多功能在北京话中常靠指示词或数词来完成（参阅 §2.1）。

五、结语

粤语是比普通话更典型的 SVO 语言，表现在 VO 结构中更常见，"把/将"字句使用偏少，位移动词"来、去"可以直接带处所宾语、有更多后置状语，受事的位置受 VO 等句法规则影响大而受话题-焦点一类话语因素影响较小。粤语也属于前置词语言特色更强的类型。表现在趋向词包括客观趋向词和主观趋向词都能在动词后介引处所题元，有类介词的作用，比较句采用"形容词+标记+基准"的语序等。粤语和普通话在给予类双宾语结构上语序不同，分别遵循结构关系接近度原则和生命度及话题性原则，但两者都遵循更基本的双及物结构的语言共性，即让与事在直接受事后充当介词宾语为最不受限制的结构。粤语是量词句法功能更为突出的方言，量词除了给名词分类外，还有定指功能、有指功能（个体化功能）、定语标记功能等，从而使其量词在句法上的重要性远远超过普通话量词。相应的功能在普通话中要通过数量短语、指示词短语、结构助词等来实现。

上面对粤语语法类型的这些认识，亦可为粤语区的普通话教学带来一些启示。一方面，粤语许多句法特点是有内在联系的，如动宾句的常用、"将"字句的少用、"来/去"动词带处所成分、副词状语后置等，乃至语序受信息结构的影响比其他方言小，皆属更典型的 SVO 语言的特点。故在普通话教学中，应把这些相关的方面联系起来，帮助学生从整体上体会普通话不是典型的 SVO 型语言，应特别注意普通话中哪些受事、处所、修饰成分在什么条件下以什么方法前置于核心。另一方面，粤、普的有些语法差异是异中有同，即在更深的层次遵循着相同的句法原则，只是各条原则的优先性因方言而异。例如双及物结构的句式选择，在粤、普中都受结构紧密度、话题性/生命度、重度、有定性这些因素的制约，只是粤语以结构紧密度为重，普通话以话题性/生命度为重，两者受重度和有定性因素的制约则非常相似。

参考文献

曹志耘　2002　东南方言里动词的后置成分，《东方语言与文化》，上海：东方出版中心。
范继淹　1963　动词和趋向性后置成分的结构分析，《中国语文》第 2 期。
高华年　1980　《广州方言研究》，香港：香港商务印书馆。
李新魁　1994　《广东的方言》，广州：广东人民出版社。
李新魁、黄家教、施其生、麦耘、陈定方　1995　《广州方言研究》，广州：广东人民出版社。
刘丹青　1999　语序共性与歧义结构，《中国语言学的新拓展：庆祝王士元教授六十五岁华诞》，香港：香港城市大学出版社。
刘丹青　2001　赋元实词与语法化，《东方语言与文化》（第一辑），上海：东方出版社。
刘丹青、徐烈炯　1998　焦点与背景、话题及汉语"连"字句，《中国语文》第 4 期。
刘世儒　1965　《魏晋南北朝量词研究》，北京：中华书局。
刘祥伯　2004　北京话"一＋名"结构分析，《中国语文》第 1 期。
吕叔湘（主编）　1980　《现代汉语八百词》，北京：商务印书馆。
麦耘　1995　广州话的后补式形容词，《广州话研究与教学》（第二辑），广州：中山大学学报编辑部。
石汝杰、刘丹青　1985　苏州方言量词的定指用法及其变调，《语言研究》第 1 期。
徐烈炯、刘丹青　1998　《话题的结构与功能》，上海：上海教育出版社。
张洪年　1972　《香港粤语语法研究》，香港：香港中文大学出版社。
张双庆　1997　香港粤语的动词谓语句，《动词谓语句》，李如龙、张双庆主编，广州：暨南大学出版社。
郑定欧　1998　现代汉语比较方言学（提纲），《方言》创刊 20 周年学术研讨会，成都。
Arnold, J., & Wasow, T. 2000. Heaviness vs. newness: The effects of structural complexity and discourse status on constituent ordering. *Language*, 76(1), 28-55.
Dik, S. C. 1997. *The Theory of Functional Grammar: The Structure of the Clause*

(Second, revised version). Berlin & New York: Mouton de Gruyter.

Dryer, M. 1992. The Greenbergian word order correlations. *Language*, 68(1), 43-80.

Dryer, M. 1999. Word order in Sino-Tibetan Languages from a typological and geographical perspective. Manuscript.

Greenberg, J. H. 1963/1966. Some universals of grammar with particular reference to the order of meaningful elements. In J. H. Greenberg (ed.), *Universals of Language*. Cambridge: M. I. T. Press.

Hawkins, J. 1983. *Word Order Universals*. New York: Academic Press.

Mallinson, G., & Blake, B. 1981. *Language Typology: Cross-Linguistic Studies in Syntax*. Amsterdam: North-Holland.

Matthews, S., & Yip, V. 1994. *Cantonese: A Comprehensive Grammar*. London: Routledge.

(原载《南方语言学——庆祝詹伯慧教授八十华诞暨从教58周年专辑》，暨南大学出版社，2010年)

粤语"先""添"虚实两用的跨域投射解释[*]

一、引言

粤语广州话（包括香港粤语）中用在动词短语VP之后的"先"和"添"是很常用的两个动词后置成分，已有诸多学者做过研究。这两个词都有偏实（后置副词）和偏虚（语气词）两大类用法。现有研究成果有一个有趣现象。对它们的副词用法，诸家释义比较接近，都能跟普通话中相应的前置副词状语直接对应，因而通常被认定为后置的副词状语（参看詹伯慧1958），即使不采用这一定性，如施其生（1995），但释义仍很一致。后状语"先"表示普通话"先"的意思，如"我走先"等于"我先走"。副词"添"表示"再、又、还"一类意思，如"饮杯酒添"（再喝一杯酒）。而对于它们的句末语气词用法，虽然各家定性比较一致，但释义差别颇大，也难以在普通话中找到恰当的对应词语。如"先"，邓思颖（2006b）分出三个义项，并说不区分后置副词和语气助词，但后文又明确说"先$_2$、先$_3$"是语气助词。"先$_1$"（我走先）是比较公认的后置状语，"先$_2$"用"暂且先做""先……，（然后）"来释义，如"准备好先"，"先$_3$"用语气词"到底"来释义。而詹伯慧主

---

[*] 本文写作和修改中得到同事麦耘教授在语料和分析方面的重要帮助，深致谢意。初稿曾在中国社会科学院语言研究所高研报告会（2008年10月）和第十三届国际粤方言研讨会（香港城市大学，2008年12月）报告，与会者多有指正。一并致谢，尤其感谢粤语专家詹伯慧教授及李宝伦、单韵鸣等年轻粤语研究者在会上会后的鼓励和指正。文中尚存偏误尽归笔者。谨以此文向尊敬的贝罗贝教授贺寿。

编（2002：95）将相当于邓思颖"先₂""先₃"的用例都放在"状语后置"的"副词"中，如"佢要点先？"（他到底要什么？），语气词中有"嘑"无"先"。"添"的释义分歧更大。有的文献释为"甚至"，这意味着它是表量级极点的算子，有的释为表示强调或夸张（詹伯慧 1958；李新魁等 1995：504），与"甚至"略微接近，也有的释为"而且"，这意味着它起表递进的关联作用，有的认为其表示遗憾［写作"嘑"，见詹伯慧主编（2002：88）和方小燕（2003：40）］，有学者认为是表示意外，"在预设之外"，用"竟然"来对译（见邓思颖 2006b 及所引文献）。李宝伦和潘海华（Lee & Pan 2010）是探讨"添"字最详尽的文献，该文提出用一个解读来覆盖"添"的所有虚实用法，释其为表示量级增量（scale increment）的句末助词，即"添"表示本句所述内容在该量级中居于比预设中的对比命题更高的位置，因而"添"字句排斥程度或数量降低的句子。

　　以上对语气词"先"，特别是对"添"的诸家释义，虽然不无交汇之处，但彼此距离也很明显，所对应的普通话词语出入很大，如"竟然"和"而且"，"程度增加"和"表意外"，"夸张"和"遗憾"，都难以说是相同相近的意义。这些看法分歧至少说明，"先""添"的语气词语义不像其后状语语义那么显豁、直接和单纯，既难找到直接对应的普通话词语，也缺乏现成的语法范畴可供参照。要用单一的现成概念来概括其用法殊为不易，而且现有释义也没能清楚解释副词用法和语气词用法的联系。本文拟另辟蹊径，从跨域投射这一主观化机制的角度，着重考察后状语用法和语气词用法的相互关系，以此获得对"先""添"的语义解释的新看法，并据此审视两种用法的句法属性。

二、跨域投射与语义分化及词性分化

　　2.1 "先""添"从后状语用法引申出语气词用法，是一种由跨域投射引起的主观化。所跨之域，即与人类的言语行为有关的三种概念域：

① 行域——以直接表达的方式完成言语行为，包括陈述、祈使、疑问等。

② 知域——表达说话人的主观认定。

③ 言域——表达说话人的语言本身。

本文借鉴的三域概念是沈家煊（2003）分析一些复句连词时所采用的框架，但该文本身只就具体复句类型举例分析，没有对三域下适用面更广的定义，以上定义是我们根据沈文内容所做的概括。下面以沈文所举的"如果……就"为例来显示三域的含义：

（1） 如果明天下雨，比赛就取消。[行域]

（2） 如果比赛取消了，昨天就下雨来着。[知域]

（3） 如果比赛真的取消，太阳就从西边出来了。[言域]

"如果"一词引出的充分条件在三个域中的性质可以这样来表述：

（1'）行域：p 的发生是 q 发生的充分条件。（如果 p，那么 q）

（2'）知域：知道 p 是我得出结论 q 的充分条件。（如果知道 p，那么我推断 q）

（3'）言域：状态 p 是我声称 q 的充分条件。（如果 p，那么我声称 q）

对比（1）—（3）和（1'）—（3'），可以看出，行域（1）是最直接、最客观的表达方式。而知域和行域都不是字面上的直接表达，而是以隐性形式存在一个以说话人为主语的母句（高层命题）"我知道/我认为/我推断……"和"我声称"，表层出现的句子其实是这个母句的宾语从句。这儿的关键是"隐性形式"。假如"我知道""我推断""我声称"之类形式出现在表层，句子就是直接表达，属于行域。而在句子中以隐性形式表达的内容是以第一人称为主语即"言者主语"的命题，这是典型的主观性（subjectivity）。此时"如果……就"的关联对象不再指向这两个分句的命题本身，而指向言者主语的母句。至于这种跨域使用所凭借的机制，沈家煊（2003）指出，"知域"和"言域"的语义关系是从"行域"的语义关系通过隐喻"投射"形成的。跨域投射使句子有了主观性，是一种典型的主观化（subjectivization）操作。

回到粤语，我们发现，"先"和"添"的语气助词用法，正是其副词用法投射到言域或知域的产物。具体地说，副词"先"表示所修饰的VP先行发生，而语气词"先"则表示"我要说/问"这一隐性母句先行发生；副词"添"表示添加一次VP的行为，语气词"添"则表示添加一次"我知道"的隐性母句。"先"和"添"的修饰对象从主句所表达的事件转向隐藏的言者主语的知情状态。以"先"为例：

（4）阿良饮啲酒先。（阿良先喝点儿酒。）

（5）A：你叫阿良饮多啲酒。（你叫阿良多喝点儿酒。）
　　　B：阿良饮唔饮酒先？［阿良到底喝不喝酒？≈（我先要问）阿良喝不喝酒！］

（4）的"先"修饰"饮啲酒"（喝些酒），是标准的时间状语的用法。而从（5）大致的翻译看，语气词"先"语义上不修饰句子谓语所表示的喝酒这一事件，而是修饰括号中隐性的"我要问"，而"问"是一种言语行为，所以应当属于言域的表达。再看"添"：

（6）阿良饮咗三杯酒添。（阿良又喝了三杯酒。）

（7）阿强饮咗两杯酒，阿良饮咗三杯酒添。［（我知道）阿强喝了两杯酒，我还知道，阿良喝了三杯呢。］

（6）的"添"修饰"饮咗三碗酒"，表示"又"（用于未然事件时则相当于"再"），意味着"阿良"之前已经喝过酒了，总共肯定不止三杯。而从（7）的翻译可知，语气词"添"不再指向谓语动词，即不表示阿良之前已经喝酒，而指向隐性的言者主语的知情状态，表示说话人除了知道上句信息之外，还知道下一句的信息——"阿良喝了三杯酒"（总共三杯），因而是知域的表达。

"先"的另一种用法，根据邓思颖（2006b），是表示"暂且……，（然后）"。我们注意到，这个"先"总是用在祈使句、意愿句中，表达说话人的提议（往往是不同于预设行为次序的提议）。假如它仅仅表示时间性的"暂且"，不应局限于祈使意愿句［如陈述句：他现在暂且（先）寄住在亲戚家］。因此，这种用法的祈使义意愿义，实际上来源于

"先"的另一种言域投射，涉及的隐性言语动词是"提议"一类词，如：

（8）搞掂呢件事先。（暂且先解决这件事！／我先提议解决这件事。）

2.2 功能词的跨域使用可能造成词义的分化，"先""添"因此形成有别于副词义的语气词义项。

例（1）—（3）另有一点需要注意，同一对关联词"如果……就"，由于用于不同的概念域，实际表达的逻辑关系颇为不同。（1）句表达的是真正的假设条件关系，（2）句表达的不是字面上两个分句间的假设条件关系，而是推断关系，因为事件"比赛取消了"不是事件"昨天下雨来着"的条件，而是"我推断昨天就下雨来着"的理由。同样，（3）句表达的也不是字面上两个分句间的假设条件关系，因为事件"比赛取消了"更不是事件"太阳就从西边出来了"的假设条件，而是"我宣称太阳就从西边出来了"的条件，它表达的是归谬推理关系（该句的确切推导解读过程需要进一步的会话分析，本文不赘）。换言之，功能词语的跨域使用，会导致词语的实际功能和语义出现偏差和分化，但它的基本语义仍会得到保留，如上例中"如果……就"的假设条件作用。其他的语义分化可以视为这个基本语义的概念域变体，这些变体会受具体语境的影响而表现出更多的差异，如上面（3'）中就有归谬的意味。

"先""添"一类副词，在语气词用法中仍保留其基本语义，同时因跨域投射而出现了一些概念域变体，并且因为掺杂了语境因素而形成更多的语义变异，这些变异既没有现成的普通话词语可以对译，也难以概括为一个现成范畴。以往对它们的解释，尚未充分认识其表面之异和背后之同，导致随文释义、解读蜂起。当然，假如某项概念域变体因为高频使用而规约化，则凝固下来成为新的义项，并可以导致有关虚词以主观化为主要表现的语法化。

在上引沈文所举的连词例子中，跨域投射主要是通过语用推理实现的，其语义变异只是其临时变体，不能视为新的义项，也没见词典为这类变体新设义项。下面我们来看一些跟本文论题有关的由跨域投射引起义项分化的例子。普通话的"又"表示已然行为重复以往发生过的行为（未然行为则用"再"），属于累加性修饰，与粤语"添"部分相同。这

一基本义项是"又"的行域用法。此外,"又"还有知域用法。比较:

(9) a. 行域:他又喝了一杯酒。(他之前已喝了至少一杯酒。总数超过一杯。)

b. 知域:医生让他戒烟戒酒,他出院当天就抽起了烟,第二天,他又喝了一杯酒。

(除了知道他抽烟之事,我又知道,第二天,他喝了酒。总数为一杯。)

(9a)句副词"又"是客观叙述一件事情的累加性发生,是直接表达,意义实在,重读,属于行域用法。(9b)的"又"不表示同一事件(喝酒)本身的累加性发生,而是强调"他"背离医嘱一类行为的累加。"又"之所以有主观强调作用,是因为存在一个隐性的言者主语,"又"由累加副词投射到知域,表示说话人对此类事知情状态的累加,这个说话人就是主观性的来源。此时,"又"不再重读。这种投射用法因常用而规约化,凝固为连贯性类同行为的关联副词,已收为辞书义项。如《现代汉语八百词》(吕叔湘主编 1980)将(9a)类用法归为义项1:"1. 表示一个动作(状态)重复发生",而将(9b)类用法归入义项2:"2. 表示几个动作、状态情况累积在一起"。当然,将(9b)分析为累加性副词的知域用法是本文的看法,我们认为正因为它比行域用法有所虚化和主观化,所以不再重读。

实际上,普通话中"也、就、才、再"等副词都可用跨域投射分析其义项分化和词义主观化,跨域投射是形成常用副词多义现象的重要机制之一。

与"又"相似,粤语"先""添"的语气词用法也经历了跨域投射的规约化。就"先"来说,它的疑问语气词用法主要用来引出一个问题或提出一个提议,这就是一种规约化。因为,投射到言域,理论上既可以表示疑问、祈使,也可以表示陈述,只要求其指向语言活动,不要求其专门指向疑问句和祈使句。现在,"先"的语气词用法只见于疑问句和祈使句,表明这里起作用的不但有普遍存在的跨域投射机制,还有粤语特定的选择——只投射到言域中的疑问句域和祈使句域,排除了陈述句域。如：

(10) A：今日我哋去睇电影得唔得？（今天我们去看部电影行不行？）

B₁：放紧边部电影先？（我先问一下在放什么电影？）

B₂：我哋去饮杯咖啡先。[我先要提议大家去喝杯咖啡（，然后再……）]

B₃：*今日冇好睇嘅电影先。（我先要告诉你们今天没好看的电影。）

B₁是"先"投射到言域中的疑问句，句子成立。B₂是"先"投射到言域中的祈使句，句子也成立。B₃是"先"投射到言域中的陈述句，理论上与B₁、B₂相对应，有可能成立，事实上在粤语中该句不成立。可见，这一个"先"已规约化为一个增强疑问语气或表示祈使提议的句末语气词。邓思颖将其释义为"到底""暂且"，是试图用普通话词语来对译，事实上很难做到词对词的翻译，虽然这两个意思有点接近，但无法体现"我先要问""我先提议"这样的隐含义。"添"的意义更加多样化，其中有些也可以认为有新的义项，详见第三节的讨论。

2.3 跨域投射引起的主观化用法，有时基本不改变词类属性，有时会引起句法行为的调整，导致词性改变和虚化。"先""添"都发生了副词向句末语气词的转类。

沈家煊（2003）所分析的"如果……就"的三域用法，虽然所在句子的语义关系不同，但相关功能词的句法行为并没有明显改变，"如果"没有失去其复句连词的词性，"就"也没有失去其关联副词的词性。上文分析的普通话副词"又"，虽然引起了义项的分化，但句法上，它们仍是典型的副词，整体词性尚未改变，但在副词的小类之间有所波动。"又"的行域用法是意义偏实的累加性副词[或张谊生（2000：21）所说的"重复副词"]，知域用法则进入了意义偏虚的小类（关联副词），是一种语法化现象。不过，跨域投射也可能再进一步，引起词性的改变。粤语"先""添"就属于这种情况。下面我们参考邓思颖（2006a，2006b）的句法分析来讨论它们的词性改变。

邓思颖的上引论文，通过句法测试确定这些词在线性序列中的位置。其中邓思颖（2006a）文着重分析副词"先"和疑问语气词"先"的不同句法位置，邓思颖（2006b）文则全面分析动词后多个功能词的相互位置和句法地位。对于"先"，邓文的结论是，副词"先$_1$"在表示时间和焦点类语义的语气词之前（＝之内），而疑问语气词"先$_3$"（在邓思颖2006a文中记作先$_2$，但2006b文则用先$_2$记祈使语气词，疑问语气词记作"先$_3$"，本文从2006b文）在表示时间和焦点的语气词之后（＝之外）。我们参照邓思颖（2006b）的表示法公式化如下：

VP后：先$_1$＞时间、焦点类语气词＞先$_3$

邓思颖（2006b）全面探讨了多个动词后功能词的相互位置和句法地位。得出以下序列：

添$_1$＞先$_1$＞咁滞／住／嚟＞添$_2$／番／话／先$_2$／先$_3$

仅从以上序列，还不足以看出"先""添"的转类，因为无论是副词状语（例如在动词前的状语或英语中动词后的状语），还是句末语气词，都并不排斥同类依次叠用。邓思颖为了提炼上述序列，进行了细致的句法测试。对于本文关注的"先""添"，引起我们注意的是他所指出的下述现象。

1."先$_1$"和"先$_2$"，"先$_1$"和"先$_3$"，都能以不同的功能叠加连用。例如：

（11）食一碗添先$_1$先$_2$。（邓释义：暂且先多吃一碗。／刘分析：我先要提议先再吃一碗。）

（12）咪讲先$_1$住先$_2$。（邓释义：暂且先别讲。／刘分析：我先提议先别讲。）

（13）边个去先$_1$先$_3$？（邓释义：到底谁先去？／刘分析：我先要问谁先去呀？）

（14）佢食先$_1$未先$_3$？（邓释义：他到底先吃没有？／刘分析：我先问一下他先吃了没有？）

（11）（12）两句都是"先$_1$"和"先$_2$"连用，（13）（14）两句则是"先$_1$"和"先$_3$"叠加连用。刘丹青（2001）曾指出，同一个词以不同句法身份叠加的现象可以用作判断语法化程度的一杆标尺：它意味着双方的语法化等级已显著不同，这就为语法化的渐进连续统插入了一个难得的显性离散点。"先₁"的意义和功能与普通话副词"先"相同，区别只在后置还是前置于 VP，而状语在动词之后是 VO-前置词类核心居前优势的语言中更加和谐的现象。因此"先₁"是典型的副词状语。而且，"先₁"之前要么直接紧跟动词或 VP，要么只能插入"添₁"之类意义较实的副词状语，无法插入语气词一类成分，这也说明"先₁"没有只能分析为语气词的情况。而"先₂""先₃"以不同的语义和功能与"先₁"连用，证明其句法身份已经与副词相当不同，其位置在句末，分析为语气词是很恰当的，也符合其比较虚化的语义。

2."添₁"与"先₁"连用时位于比"先₁"更加靠左贴近 VP 的位置，副词状语的身份更加无疑，其意义上也与普通话副词状语"再、又"和英语 VP 后的副词状语 again 等对应；而"添₂"与"先₂""先₃"占据同样的句法位置，同属句末语气词。邓文未举出"添₁"与"添₂"叠加连用的例句，但麦耘先生为本文提供了显示两者可以连用的广州话例句，更清楚地显示了"添₂"的语气词属性：

(15) A：唔系今晚值班，我而家重饮得半斤添啊！（不是今晚值班，我现在可以再喝半斤！）

B：嗽话喎，若果听日唔上班，我而家饮得三斤添添！（照这么说，要是明天不上班，我现在还能再喝三斤呢！）

3. 在"添₁""先₁"和"添₂""先₂""先₃"之间，可以出现一批与时间、强调等有关的语气词，例如表示近过去及确认判断语气的"嚟"（"来"的不规则读音），与这个"嚟"功能相近的还有普通话的"来着"，官话方言及近代汉语中表近过去或已然的"来"（参看麦耘 2006 及所引相关文献），都是典型的语气词。这进一步说明"添""先"由语法化导致了显著的句法分化，原有的副词身份和重新分析后的身份差距大于它们各自与"嚟"等语气词的差距。"添₁""先₁"是比"嚟"更靠近动词的副词状语，而"添₂""先₂""先₃"是比"嚟"更边缘的语气词。粤语学者多在词类上将它们分开处理，这是有句法和语义依据的。

也有些学者用不同的方式对待"先"和"添"。如方小燕（2003）在其广州话句末语气词专著将"添₂"收作句末语气词助词，并为之专造了"嗒"字，而未提与副词"添"的关系，反映了在广州话母语人语感中"添"的语气词用法已经很虚了；另一方面，方著没有收录"先"作为句末语气助词。

4."添₁""先₁"和"添₂""先₂""先₃"之间的词性分化，还有语音上的表征。承麦耘教授提示，同样出现在句末，"添₁""先₁"念它们的本调（阴平为高平55），而"添₂""先₂""先₃"念语气词专用的语调（阴平语气词一律变高降51。参看麦耘1998）。如"点样先₁"（先怎么样）之"先"念55，而"点样先₂"（先说说怎么样）之"先"念51。

三、跨域投射语义的规约化与"先""添"既有解读的评述

上文说明，"先"和"添"原来分别是表先行和表累加的后置副词，它们从行域到言域或知域的跨域投射在语法系统中规约化为新的义项和新的词性，而原来的语义在新用法中仍然有所保存，只是从限制VP变成限制言者主语的母句。至于规约化的表现也有多种。对"先"来说，它的言域用法所修饰的隐性母句不限于单纯的言语动词，而有特定的选择，即表示的不是简单的"我说"，而是"我要问""我提议"等，于是形成"我先要问""我先提议"这样的规约性含义。"添"的规约性语义则主要由它的语用含义凝固而成，表现得更加复杂多样。"先"和"添"的句末语气词用法的词性分化和语义变异均可以从跨域用法得到比较统一的解释，而以往文献中对这些用法的解读分歧也可以得到更合理的解释。

关于"先₂"，邓思颖（2006b）认为是表示"暂且先做……（然后）"。梁仲森（2005，引自邓思颖2006b）认为这个"先""强调说话

那一刻"。这里有两点值得注意。第一,所谓"强调说话那一刻",体现其有直指(deictic,或称现场指)作用。而"先₁"只表示相对次序在前,用于过去现在将来各种情况。第二,"先₂"只用于表示祈使或意愿的句子,而祈使和意愿都是第一人称即说话人发出的以言行事行为;"先₁"则不限于祈使句,可以用于陈述或疑问。"先₂"比"先₁"多出来的直指义就源于第一人称的言语行为,因为第一人称的以言行事行为必然是现场性的,"先₂"的限定对象不再是 VP 这一行为,而是现场的言语行为,即隐性母句"我提议",于是得到"我先提议"这一解读。而"先₂"比"先₁"多出的祈使义也来自"我提议"这个母句。行域向言域(此处实现为言域中的祈使言语行为)投射的机制使这些含义得到统一而合理的解释。

关于"先₃",邓思颖将其解释为表示疑问语气的"到底"。"到底"是语气副词,表示说话人迫切追问的语气。这一解释虽然比较贴近,但仍不足以反映该词对说话人"优先回答问题"的要求,也无法充分反映"先₃"和"先₁"的联系:"先₁"表时间次序,"先₃"表疑问语气,两义联系何在?只有联系跨域投射,找出其中隐性的言者主语及所带的言语行为动词"我要问",才能解释疑问语气的由来。而疑问语气的迫切性,来自"先"对隐性母句的修饰所产生的"优先"回答的要求。本文由此对其疑问语气与"先₁"的关系给予了统一的解释。

"添₂"的用法更加复杂,文献中的解释分歧也更大,其实也都与知域用法有关。

副词用法"添₁"表示类同行为的累加性重复。一些学者将其解释为表示宾语数量的增加(如詹伯慧 1958),因为他们认为这种用法的句子中宾语前总带数量限制,如"食一碗饭添"(再吃一碗饭)。不过,"添₁"其实也可以用于无数量限制的宾语,如:

(16)等埋小陈添喇,急乜嘢啊?[(除了等了某人之外)再等等小陈吧,急什么呢?](李新魁等 1995:504)

总体上,它是表示说话人的祈使或愿望。黎美凤(2003)注意到这一用法的"添"只以第一第二人称为主语(例外情况见黎文注 5。这实际上已是语气词"添₂"了)。这表明它与祈使愿望这类言语行为的高度相关性。根据语用学的言语行为理论,不带言语行为动词的祈使句都可以看作一个隐性的言语行为动词所支配的补足语从句(参看 Levinson 1983/2001:244),即"你快走"相当于"我要你快走"。但是,与"添₂"限制言语类动词不同,"添₁"的句子即使补出言语行为动词也在"添₁"管不着的上层母句中,"添₁"修饰的是祈使言语动词所支配的从句内的动词短语,局部的简化图解如下:

(17)(我要你)[[食一碗]添](圆括号里是母句成分)

"添"字祈使功能的隐性言者主语,为它发展出真正指向知域母句的功能创造了便捷的条件,"添"的知域用法,只需要将"添"的修饰层次往外扩展一下。如"出便落紧雨添"(外面下着雨)可以图解为:

(18)[[(我知道)[出便落紧雨]]添]

上述分析为我们深入剖析"添"的知域用法和相关语义变体及其规约化奠定了基础,也使我们能为诸家的不同释义提供一个统一的解释。

知域用法的本质就是在字面句子之上有"我知道(或发现)"这种表明说话人认知状态的隐性母句,相关的功能词不再指向原来的命题,而是指向这个母句。"添"作为副词表示类同行为的累加性,近似于"再""又""还"。限制母句"我知道"后成为"我又知道、我还知道"(粤语表达为"我重知道")的隐性母句。这是各种"添₂"句的基础意义。

以"出便落紧雨"为例,加上"添"后,便产生下列效应:

(19)出便落紧雨 + 添 → 出便落紧雨添 = 我重发现:出便落紧雨添(我又发现:外面下着雨呢)

"添₂"作为语气词的各种语义变体,都来自这一基本语义与语境的互动,其中有的变体已经规约化。"添"的主观语气义,与知域本身所含的言者主语有关。

在正常情况下,说外面下着雨这样的命题,没有必要在前面加上"我又知道""我又发现"这样的母句,因为任何陈述性的命题都是言者所知道的内容,多数情况下不必添加。一旦这么说,便是一种违背适量原则的超量表达，必然要产生会话含义。本句通过"添"的宣示，首先可以催生预设的理解，例如正要出门郊游，忽然有人来电话告知要来拜访，此时说话人说"出边落紧雨添"，是要指明另一件同样干扰郊游的事情——"下雨"，朝同一方向累加了"今天郊游困难真多"的信息。这可以视为一种尚未规约化的会话含义。

关于这类句子的预设，李宝伦、潘海华（Lee & Pan 2010）有一个部分合理的分析。他们认为"添"字句都有一个存在预设，即存在一个与本句构成对比的相关命题（本文改为"类同"而不是"构成对比"，详下）。他们认为这是由"添"的基本义——量级增量所决定的，预设的命题是作为本句（断言）表增量的衬托。我们认为，预设确实存在，但"添"的基本义不是量级增量，而是类同行为的累加（"饮杯酒添"预设的是已饮过酒，都是饮酒行为），投射到知域之后是认知行为的累加（我又知道、我还发现）。"添"所修饰的层次不同，两者的构成条件也不同。"添$_1$"指向本句 VP 的行为，因而预设要求前后的行为性质上类同。"添$_2$"指向上层的隐性母句，表示"知道、发现"的累加，并不要求其子句所述的行为与预设行为完全类同，不过仍要求有共同的意义倾向，而不是李、潘文所说的对比关系。此外。如李、潘文所言，这个预设可以真实存在于话语的上文中，也可以存在于言谈双方的共识中。不过，根据我们对语料的分析，在某些已经规约化的语义变体中，这种预设并不必然存在（详下）。

下面我们据此来进一步分析"添$_2$"的语义变体及其规约化。

"添$_2$"被多位作者提到的一种解释是表示预期（或预设）之外。邓思颖用"竟然"来翻译"添$_2$"，就属于这种解读。黎美凤（2003）也常用"惊讶"来解释"添$_2$"之义。这种语义可以从"添$_2$"句知域用法的隐性母句"我还知道"得到解释。"我还知道/发现"这一命题（不管表现为显性还是隐性）含有两面性。一方面，说明类同的信息已在上文或预设中存在，而类同的命题理论上信息量不高，说的必要性不强。另一方面，说话人明确声明"我又知道/我还发现"，实际上是在明确宣示说此句的必要性，不是废话，这就同时带上了预示高信息量的话语功能。因此,这个相当于"我又知道/我还发现"一类母句的"添"带上了标记高信息量的重要功能。信息理论上,信息量与出现频率成反比。越是预期之外的内容,出现率越低,则信息量越高;越是可预期,则信息量越低。因此,标记高信息量的"添$_2$"本性上就与反预期信息更加亲和,更容易匹配。试比较下列语境下的句子:

(20)(语境:大家知道很多人可能不来,炳叔也很可能不来。)
〈普〉a.(很多人没来,)[??]我又知道,炳叔也没来。
〈粤〉b.(好多人冇来,)[*]炳叔有嚟添。

(21)(语境:大家知道很多人可能不来,炳叔则不可能不来。)
〈普〉a.(很多人没来,)我又知道,炳叔也没来!
〈粤〉b.(好多人冇来,)炳叔有嚟添。

从(20)(21)可见,"添"和反预期信息匹配、对可预期信息排斥,这跟"我又知道"这样的显性母句的表现是一致的。

当然,"添"和反预期信息的匹配,不意味着它本身就表示反预期义,但经常与反预期信息共同出现,就会受其浸润而逐渐吸收反预期含义,使之最终成为"添$_2$"的固有语义,这就是语用含义的规约化。再进一步,"添"字句可以脱离上下文或预设而在单句中独立表达这种规约化的含义,从而使反预期进一步凝固为"添$_2$"的主要语义之一。例如:

(22)a. 炳叔冇嚟添!(炳叔竟然没来啊!)
b. 我重估你唔番嚟添!(我还以为你不回来了呢!)(李新魁等 1995:504)
c. 落雨添。(下雨了么!)[c、d 引自黎美凤(2003),普通话译文为引者所加]
d. 部影印机冇纸添。(这台复印机没纸了么。)

(22)各句都表示与预期不符的情况,它们都可以作为单句出现,不需要有类同的行为事件作为预设。到这个阶段,"添$_2$"的语义与"添$_1$"相比,已有显著的变异,不再有累加性的修饰义,不管是行为事件的累加还是命题的累加。黎美凤认为这类句子有与字面义相反的预设,如

(22c)的预设是"没有下雨"(也许是"不会下雨"——引者),(22d)的预设是"复印机是有纸的"(也许是"复印机应当有纸"——引者)。按此说法,"添"促发的预设也发生了变化,从预设类同的事件,到预设相反的情况。这更证明其主要词义可以转向反预期。

其实与"添"对应的普通话"又"也有类似的语义引申,只是前置性的副词不容易发展到语法上的语气词这种阶段。"又"的基本义是表示同类甚至同一行为的累加性重复(已然行为,未然的累加则用"再"),是一种客观的陈述。如前文(9a)"(他喝过一些酒了,)他又喝了一杯酒",这个"又"一般重读。而"又"的一个引申义是表示相关联的一些行为的累加,如前文(9b)"(医生让他戒烟戒酒,)他出院当天就抽起了烟,第二天,他又喝了一杯酒"。我们前面已指出,这种用法实际上是第一种"又"的知域用法,即表示"我又知道",是"我知道"这一母句的累加性重复,而不是行为本身的重复,所以不要求事件本身相同,但要求信息的倾向相同(都是医生劝止的行为),这种"又"有所虚化和主观化,不再重读。此外,"又"还有更加主观化的语气用法,如"我又不喝酒,你管我什么?",这类"又"已经不需要上文和预设命题,也不重读。显然,这种用法离"又"的本义更远,是从知域用法进一步发展来的。由此可以推知,作为单句表反预期的"添",也是从知域用法发展而来的。有时同一个句子可以有不同主观化阶段的解读。如"出便落雨添",正如前文所分析的,此句可以是在已经存在不利于出门的因素时的知域用法,表示说话人所知道的类同性命题的累加,也可以脱离预设独立使用,表示言者的主观意外语气。从上面与"又"的比较看,单句用法显然是从关联用法进一步发展而来。

有些文献将"添$_2$"的语义概括为表"遗憾"。这一解读能得到部分语料的支持,如(22c)可以用来表示对下雨的后果(如取消郊游之类)的遗憾,但"遗憾"不是对这类用法的合理解释。首先,遗憾只适合于无法挽回的不如意事件,而有些不如意事情是可以挽回的,不存在遗憾,如复印机无纸固然不如意,但纸张可以添加,谈不上遗憾。用"不如意"可以更好地覆盖这部分"添$_2$"句的语气。其次,即使是"不如意",也不是"添₂"的固定语义,而是反预期义的语境变体。我们注意到,所有表不如意的"添₂"句都同时有反预期的语义和语气,但不是所有表反预期的"添₂"句都表不如意,如上面(22b)就只表反预期,不表不如意或遗憾。可见不如意还不是"添₂"的一个固定义项。当然,不如意的语气在表反预期的"添₂"句中占优势,这是由语用原则造成的。人类的思维、认知和语句都存在"求好准则",即主观上朝好的方向预期和表达。反过来,表达为反预期的情况,自然就倾向于不如意,"居然、不料"等反预期副词都有不如意的倾向。假如有一天,表不如意的句子可以不带反预期的含义,则可以认定"添"独立获得了固定的表不如意的意义。目前"不如意"还是可以看作反预期的一种具体表现或一种可选性的倾向。

詹伯慧(1958)最早将"添₂"解释为表强调夸张,并认为很难看出它与后状语"添₁"的渊源关系。方小燕(2003)、李新魁等(1995)也持强调夸张说,不过李新魁等仍然承认它与"添₁"的联系,只是认为这种联系比较"隐晦,变成一种强调、夸张的语气"。而从他们所举的例句看,这些句子实际上主要体现了"添₂"的反预期义。例如上面被用作强调夸张之例的(22b),以及詹伯慧(1958)所举的"我以为你唔返来添"。"强调、夸张"总体上就指增强语句的信息强度。不过,关于强调夸张的描写,只有落实到怎样强调、强调哪个成分、属于什么焦点等,才是有效的语言学描写。否则,它只是一个理论前(pretheoretic)的笼统感觉。相比而言,"反预期"是一个可以测试的定性。值得注意的是,反预期信息本身的信息量很高,而专门用来凸显反预期信息的标记天然带有强调夸张的作用(如:竟然、居然、连、甚至、比……还)。我们看到上述文献中所谓强调夸张的"添"字句,基本都有反预期属性,有的同时带有反预期所伴随的不如意语气,而黎美凤(2003)也常将与强调夸张有关的例句释义为"惊讶、强调""惊讶、夸张",可见"添"所表示的强调、夸张主要是反预期语义的附带特征,不是一种独立义项。此外,黎文提到,表示强调夸张的"添"都与前面的"重"(俗作"仲",相当于普通话副词"还")同现——当然事实上这只是一个倾向，黎文本身就有不用"重"而表强调的例句。但至少说明，表强调夸张经常是由"还"和"添"共同完成的。这个问题涉及"重"的作用和"重""添"两字关系的问题，本文不拟展开，只想提一点简单的看法。普通话"还"作为副词与粤语"添"有语义上重叠的部分（但不是等同，副词"添"也对应于"再"或"又"），"还"有反预期兼强调夸张用法（这个木木的小伙子还是个研究生！），而且"还"的强调夸张用法正是"还"的言域用法，就是沈家煊（2001）所分析的"还"的"元语"用法，即指向说话人所说的语言本身的用法，这符合沈家煊（2003）后来所说的言域用法。可见"还"（粤语"重"）和"添"有重叠的副词语义和类似的跨域投射（知域和言域都是主观化的投射，都会滋生表语气功能），显示了相似的引申机制，其强调夸张用法也都与反预期用法合为一体。"重"和"添"在句中的作用是一种表达上的近义强化，"重……添"也可以像邓思颖（2006b）那样分析为一个框式虚词，不过由于句法位置不同，功能侧重点略有不同，"添"作为句末语气词处在更加外层，更多偏向说话人主观语气。

根据上面的分析，我们认为"添"的所谓强调夸张用法，基本上是反预期用法的自然的表达效应，总是伴随着它的反预期用法，不必分析为"添"的一个独立的语义变体。

很多人注意到"添"字句常常有进层（递进）、程度强化、数量（比上句或预设）增加这类现象。李宝伦、潘海华（Lee & Pan 2010）集中探讨这类语义。他们的结论是，"添"字句表示量级增量（scalar increment），即比上文或预设中一个对比性的命题在程度或数量的量级上占据更高位置。他们的分析比起以往笼统谈论递进、增加，有可取之处：1. 注重预设的存在。"添$_1$"的用法，包括某些"添$_2$"的用法，确实存在这种预设。2."量级增量"是个更具有操作性的可测试标准，他们的测试也证明很多"添"字句符合这一概括。但是，他们的结论还无法覆盖所有的语言事实。问题如下：

1. 他们没有区分本文所提出的三个概念域，使他们的结论虽能很好概括"添"的行域用法，却未必能概括投射到知域之后的用法。如他们所举的下例：

（23）喺北京嗰阵，我食过蝎子，阿美食过 gaatzaa 添。（原文 14 例）

他们认为后一分句用"添"意味着"阿美"吃过的东西必须多于上一分句的"我"所吃的，所以"阿美"除了吃了句中明言的 gaatzaa（蟑螂）外，肯定还吃了"我"所吃过的蝎子。此句确实可以表达这一意义，这是它的行域用法的解读（添$_1$）。但是，在知域（添$_2$），只要满足"我又知道"所适合的内容要求，即信息的累加及反预期强度的增加，命题内容上允许不增量。根据我们与麦耘教授的讨论，如果"阿美"只吃过蟑螂，也符合此句的真值条件，因为吃蟑螂的反预期性更强。而且，即使脱离上一分句及相关的预设，"阿美食过 gaatzaa 添"作为单句也成立，并且只涉及她吃蟑螂的事，句子内容很符合"添$_2$"的反预期要求，可见"比预设的内容增量"似乎不是完美的概括。他们观察到这里涉及量级并要求量级增量是有合理性的，但在知域层面，它是信息量的大小或反预期的强度的量级增量。命题内容的增量（比预设递进）可以导致信息增量，但这不是使用"添"的要求。此外，量级增量不适合"添"用于无预设单句表反预期的情况。

2. 他们忽略本文所强调的"添"要求的类同行为或类同命题的限制，即本句表达内容的倾向要与上文或预设中存在的同类命题一致。我们注意到，凡是单纯因后分句量级不超过前分句而不合增量要求的句子，在李、潘文中都只打问号不打星号，这说明这一概括不是句法限制，至多是一种语用倾向。他们打星号的句子，其实有其他的不合格原因。如：

（24）*阿美好伪，佢就唔咁伪添。（原 36a 例。阿美很聪明，他则没这么聪明"添"）

此句不成立，不是因为后分句没有增量反而减量，而是因为两句表达的倾向相反，一句说人聪明，一句说人不聪明，不是类同性命题，并有"就"（相当于普通话"则"）凸显其对比性。对比性的命题其实恰恰是阻碍"添$_2$"合格的因素。我们发现，虽然程度没有增加，但只要信息有反预期且不如意的属性，就符合"添$_2$"的要求。例如，假设阿

强向来是喝酒的,而阿良一向是不喝酒的,那么下句完全成立:

(25)今晚阿强饮咗三杯酒,阿良都饮咗添!(今晚阿强喝了三杯酒,连阿良都喝了酒!)

两句都表示饮酒的事实,内容倾向一致,都表示喝酒气氛浓烈。两句在程度或数量的量级上不可比,此句并不要求阿良喝得比阿强多,但不喝酒的阿强喝了酒使后分句有更强的反预期性,虽然不是增量而是减量,根据李、潘文的预测该句应当是不合格的,但句子很自然。

四、结语

粤语中的"先""添"词都有后状语和语气词的用法。参照行、知、言三域的框架(沈家煊 2003),语气词的用法是由这些副词从行域用法(直接指向该句常规的言语行为)投射到言域(指向支配该句的隐性言语行为母句)或知域(指向支配该句的隐性认知行为的母句)的产物,即原来的副词义不再修饰原句谓语 VP,而修饰隐性的以言者为主语的"我说、我问、我提议、我知道、我发现"等母句,构成"我先要问、我先提议"(先$_2$、先$_3$)、"我又知道、我还发现"(添$_2$)等基本语义。这种跨域投射使相关功能词暗藏言者主语,带来表达的主观性,因而又属于主观化操作。这些语义同特定语境的结合,便产生各种主观性的语义变体,其中有些凝固下来,便成为新的句末语气词的义项。而在考察它们的句法表现[例如邓思颖(2006a,2006b)的连用测试和语序描写]后,可以确定这些跨域投射的用法确实引起了词性的转变,使"先、添"在副词之外还兼有了句末语气词的词性。

"先"作为副词表示行为的先时,在投射至言域时只指向疑问和祈使两种言语行为,分别形成"我先要问"(先$_3$)和"我先提议"(先$_2$)两个规约化的语气词义项,不能指向陈述言语行为,没有形成"我先说"的义项。

"添$_1$"作为副词表示类同行为的累加,预设类同行为的存在,并以表示祈使愿望为基本功能。在投射至知域时，指向认知行为，形成"我又知道/我还发现"（添$_2$）的基本语气词义项，预设有类同命题的存在，同时负载多种伴随语义，有的规约化为新的义项。"添"的"我又知道/我还发现"之义宣示了所在句子的强信息量，使"添$_2$"与反预期信息更加匹配，并吸收此义，使反预期成为"添$_2$"的规约化语义要素之一，多附带不如意的语气，但"不如意"或"遗憾"不是"添$_2$"的独立义项。反预期义进一步规约化为独立的义项，使"添$_2$"可以脱离预设的类同命题而作为单句的语气词存在，主要表达反预期语气。"添$_2$"的反预期义意味着"添$_2$"句信息量很大，文献中所说的强调夸张语气其实都是"添$_2$"句天然存在的大信息量的反映，不是独立的义项。文献中常提到"添$_2$"有递进、增量一类语义。实际上这是因为"添$_2$"句常配大信息量的命题，但递进、增量一类语义并不是"添$_2$"的独立义项和使用条件，只要符合类同命题的要求而且有其他增大信息量的条件，如反预期内容，内容上并不递进或增量的"添$_2$"句同样成立。

跨域投射在后状语中不是只对"先、添"有效，粤语中还有些后状语的语义分化和词性分化由跨域投射机制所造成，所以本文的视角可能对其他后状语的语气词用法的研究有一定帮助。

参考文献

邓思颖　2006a　粤语疑问句末"先"字的句法特点，《中国语文》第3期。
邓思颖　2006b　后置成分和汉语方言语法的比较，第三届汉语方言语法国际研讨会，广州，暨南大学。
方小燕　2003　《广州方言句末语气助词》，广州：暨南大学出版社。
黎美凤　2003　《粤语"添"的一些语言特点》，香港理工大学中文及双语系硕士学位论文。
李新魁、黄家教、施其生、麦　耘、陈定方　1995　《广州方言研究》，广州：广东人民出版社。
梁仲森　2005　《当代香港粤语语助词的研究》，香港：香港城市大学语言资讯科学研究中心。
刘丹青　2001　语法化中的更新、强化与叠加，《语言研究》第2期。
吕叔湘（主编）　1980　《现代汉语八百词》，北京：商务印书馆。
麦　耘　1998　广州话语调说略，《广州话研究与教学》（第三辑），郑定欧、蔡建华主编，广州：中山大学出版社。
麦耘 2006 广州话的句末语气词"来"，第三届汉语方言语法国际研讨会，广州，暨南大学。
沈家煊 2001 跟副词"还"有关的两个句式，《中国语文》第 5 期。
沈家煊 2003 复句三域"行、知、言"，《中国语文》第 3 期。
施其生 1995 论广州方言虚成分的分类，《语言研究》第 1 期。
詹伯慧 1958 粤方言中的虚词"亲、住、翻、埋、添"，《中国语文》第 3 期。
詹伯慧（主编） 2002 《广东粤方言概要》，广州：暨南大学出版社。
张谊生 2000 《现代汉语副词研究》，上海：学林出版社。
Lee, P. P., & Pan, H. H. 2010. The landscape of additive particles—With special reference to the Cantonese sentence-final particle *tim*. *Lingua*, 120, 1777-1804.
Levinson, S. 1983/2001. *Pragmatics*. Beijing: Foreign Language Teaching and Research Press. (First published by Cambridge University Press 1983)

（原载《综古述今 钩深取极》，台湾"中研院"，2013 年）

《当代吴语研究》述评

最近，我们读到了钱乃荣的新著《当代吴语研究》(上海教育出版社，1992)，感到很兴奋。这部170万字的著作，应是当代吴语研究的一项重要成果。

赵元任的《现代吴语的研究》(1928)是用现代语言学的方法研究汉语方言的开山之作，也是系统研究现代吴语的经典著作，至今仍具有不容忽视的学术价值和影响。在50多年后，钱乃荣重踏赵先生的足迹，辛勤调查，深入研究，最终写成这部著作。可说是对语言学的一代宗师赵元任先生的最好纪念。

钱著全面沿袭了赵著的调查范围（从调查项目乃至发音人的年龄范围来说），从而使两书成为有机的连续体。赵著出版以来的60年，是许多汉语方言发展并发生巨大变化的一段时期。赵著是第一部系统地记录一个区域的汉语方言的著作；在这以后出版的方言著作，特别是大面积的调查记录，还没有足够的时间跨度来反映历时演变。因此，在这方面，钱著是第一个这么做的。在汉语研究史上，我们第一次有可能清楚地观察到60年中分布于一个大方言区内的30多个方言点发生了哪些系统性的变化。这对汉语方言学、社会语言学、历史语言学等都有重要的价值。同时，它也为以后的类似工作提供了一个可供借鉴的研究模式。

与赵著相比较，本书在内容上有了成倍的扩展，在研究深度上也有新的发展。

量的增加主要有：1）列出全部33个点的音系，为其中7个乡镇点附上了所在县市的中心城市的音系，共计40个点的音系；2）连读变调设专章讨论；3）词汇对照由75词扩展为1002词；4）语法由赵著的语助词对照扩展为词法、句法、虚词等多方面的对照；5) 新增方言地图一项，共 50 幅，反映了 50 项方言特征的分布情况。

体现研究深度的内容更多。从大的方面说，钱著较为全面深入地分析了吴方言在音系、词汇、语法范畴、句法等方面的特点，从而使读者对吴语这一内部相当复杂的方言集合体有了更加明晰的整体印象。对有些重点问题，如古全浊声母的发音、词缀"儿"的发音特点及分布、是非问句和反复问句的构成形式及分布，做了相当详尽而富有价值的讨论。

一

全书 8 章，其中描写阐述语音问题的有 4 章（第 2 到第 5 章），约占全书篇幅 60% 强。作者从中古音出发，深入探讨了吴语声韵调的特点，并对这 33 个点的音系做了内部比较。与此同时，还粗线条地勾勒了吴语语音历史演变的轮廓。在这方面有不少新的发明，下面举例说明。

在对共时的语音事实进行记录描写的同时，作者还很注意历史的探索。如关于吴语阳声韵、入声韵与中古音的关系问题，在较全面地分析中古咸山深臻江宕曾梗通等摄字在各地的发音情况后，归纳成一张中古韵母和"吴韵"的对照表，实际上是通过这些现代吴音的对比，构拟出了"较早一些年代"的吴语韵母系统。给读者的印象很深（18）[①]。同样，在分析各地声调的同时，也构拟了"比较古老"的吴语声调（24）。

第 4 章通过对各地老中青语音的变迁情况的归纳，说明了各地声韵调的变化趋势，指出了吴语语音变迁的 3 个特点及其基本形式：音位合并、移变、新生（441）。

第 5 章中，作者对吴语的连读变调的一些基本概念做出了新的解释。作为《关于"连读变调"的再认识》（《语言研究》1986 年第 1 期）一文的作者之一，钱乃荣以"语音词"的理论为依据，提出"双音调、三

[①] 圆括号中的数字表示所引用的文字或资料在原著中的页码。下同。

音调"的概念，指出声调类型是有限的等观点。该书又是对这一理论的一次大规模的实践，也是对《关于"连续变调"的再认识》一文所提出的观点的一大发展。

这一章对33个地点的连读调进行全面的记录整理，在此基础上，以双音节调为基点开展了比较分析（这是正确的，也是最方便的），把双音调的类型归纳为靖江型（初连型）、松江型（复杂型）、无锡型（简单型）、上海型（延伸型）四类。作者运用地域变异和历时变异相对应的理论，总结出吴语连读调"结合——异化——简化——单音调化"的变迁历程，进一步深化了对吴语连读调的研究。书中所列各地双音节（33点）、三音节（20点）的连调表，也是迄今能看到的最全面的记录。

该书列举的33个地点的1002条词语，记录时不标本调，只标连调，这在吴语论著中是首创，也是作者对上述理论的实际运用。作者还申明，尽管有已归纳的音系和连调调型表，但仍按实际发音记录词语的读音，以保存声调的实际面貌，以待进一步探讨，以利发现新的规则（721）。这样做既尊重客观性，又为研究者提供了较为丰富、真实、可探究的语言资料。这是明智的，也是科学的，因为就吴语来说，在连读语音词中标"本调"的做法并不合理，带有相当大的臆测性，而且对具体操作和排印来说，也是既费时又费力的。

作者对音质的辨别相当细致，如对缩气塞音性质的分析（5）和旧松江府地区还存在两个不同的入声韵尾，即 [-ʔ] 和 [-k]（17）的记录是值得注意的。后者则是近人尚未注意到的重要语音现象。

语音部分篇幅最大的是第3章，收字1975个。按照赵著的框架排列，即按韵母排列，先舒声韵（78—359），后入声韵（359—433），内部按开齐合撮分列。基本上照顾到中古韵的各个音韵地位，也反映了现代吴语常见字音的全貌。跟《江苏省上海市方言概况》比较，这份表所收字数略少，但所收吴语点则是迄今最多的（如《江苏省上海市方言概况》中苏沪两地的吴语点只有8个，该书却有19个）。这两方面合起来，就显示出本书的长处来了。据了解，潘悟云先生已经把它全部输入计算机，更便于利用了，这也说明这份字表是很宝贵的资料。

二

第 6 章记录并分析吴语词汇系统，前 3 节是对一些词汇特点的论述，最后列出 980 个方言词的对照表。

一般论者在讨论方言分区时，常着眼于语音的差别，不怎么注意词汇上的异同，该书作者则很重视这方面的问题。如提出"抽屉"这一词的不同形式反映了南北吴语的差异。并指出"豆腐生"这样的修饰成分在后的构词方式是南部吴语的特征，并和壮侗语的特征有关联。这有利于探索吴语跟南方少数民族语言的渊源关系。

现在许多考方言本字的论著，大多只是通过《广韵》做追溯语源的工作，作者虽然在这一章里也采用了这一方法，考证了 300 多个上海方言的本字，但目的是以点概面，以显示吴语的词汇特点，并跟古代汉语的词汇体系联系起来。这样有利于深入考察历史发展和平面分布，还弥补了词汇表中特殊词语（如动词、形容词）不足的缺憾。

通过阅读词汇对照表，我们也能发现吴语里一些有趣的现象，如："稻子、麦子"，几乎所有的点都不用"子"尾（755）；"鞋"这个词，北部多数点说"鞋子（/则）"（808），而南边则只说"鞋"；"手帕"，北部大多说"绢头"，南部则说"手巾"（810）；"桌子"，北部以"台"为词根，南部则以"桌"为主要语素（819）；"筷子"，大多数点用"筷"这一语素，少数点（3 点）用"箸"，但在"筷筒"这一词中，"箸"的出现频率却高得多（12 点），说明有些古老的形式虽然已被新形式取代，但还可能保存在其他词语中（823）；"衣服的口袋"，北部多数点说"袋袋"，是重叠式构词，而南部则以单个"袋"为主（833）；"蛋黄"（795）在许多吴语中"黄"都读清声母 [h]。这些都是很值得重视的材料。

在明清时代的白话作品里，有一些难解的词语，有时能在本书找到合适的答案。如"事情"，温州、金华等地不说"事体"，说"事干"

(849),这在冯梦龙的作品中也能见到:

你无些事干,耍了在个条街上跳灶王个能介奔来奔去?(《山歌》8卷)

婆儿……道:"篾子一条也不动,缘何又回来得早?有甚事干?"(《古今小说》26卷)

又如"唾沫"吴语多数地点说"馋吐"(854),对应明清作品"馋唾":

我为褚家这主债上,馋唾多分说干了。(《初刻拍案惊奇》13卷)

众人……也有买了就在那里吃的。猪一戒看得馋唾直流。(《后西游记》20回)

"团鱼"(鳖,783)南北都用,也许是较古老的形式,后来为"脚鱼(甲鱼)"所取代。如:

某少时苦肠风,用医师言,食团鱼,不觉遂多。(《梅花草堂笔谈》8卷)

争奈做了个藤缠螃蟹,草缚团鱼,一时出头不得。(《豆棚闲话》1则)

《光绪丹阳县志》29卷就有"鳝曰长鱼、鳖曰团鱼、鼍曰癞头鼋"的记载。

联系语法谈词汇特点也是该书的一大特点。见下节。

三

我们欣喜地看到,钱书大大增加了语法考察的分量。

赵元任是汉语方言语法研究的先行者,他的《北京,苏州,常州语助词的研究》(1926)是我国第一篇重要的方言语法研究论文,赵书的语助词对照部分即以该文的成果为基本框架。但由于时代的局限,赵元任先生对方言语法的认识也有不尽全面之处,当时,他认为"中国方言的文法,在句子的结构上差不多是全国一样……所以讲中国方言的文法差不多就是讲语助词"(赵书第六章)。赵书的语法部分仅有一份22

处 56 用（指用法）的词项对照表，其中主要是语气助词及个别结构助词。几十年来，尤其是近十多年来，汉语方言语法的研究取得了长足的发展。正是在这样的背景下，钱著把语法置于相当重要的位置。第一章分析吴语和百越（壮侗）语言的密切关系时，作者举了 4 项证据：缩气音、元音分长短、量词的指代用法、正偏式构词法。其中语法占了两项，可见作者充分认识到语法在确定方言类型特点时的重要作用。

在内容上，钱书把赵书的第六章"语助词"扩展成第七章"吴语的语法特征"。

首先，语法的对照不限于语助词项的对照，把部分语助词的对照移到词汇对照部分，语法例句涉及的范围扩大到动词时体及相关句式、体和方位指示词的关系、补语句式、各种疑问句式、肯定否定、处置句与被动句、双宾句、比较句、状语前置、受事前置等。这些项目和例句，每一项每一例都体现了吴语语法的某些特点，并且覆盖了吴语中有特点的主要语法项目。从这些项目的选定能看出作者对吴语语法特点及现有的研究成果有相当全面深入的了解。

其次，钱书增设了"吴语的语法特点及其分布"一节，讨论了吴语语法在 10 个方面的特点及其分布情况，包括富有吴语特色的存在体（作者后来改称"存续体"，见《杭州方言志》，东京好文出版，1992）、结果体、话题句、动词修饰语的后置、量词的定指作用、量词"个"兼做结构助词等。这些讨论，既有语法功能的分析和地域分布的说明，又有某些虚词来源的探讨，还有吴语与普通话和近代汉语的比较，多角度立体地展示了吴语语法特点，也有助于读者更好地理解语法例句所蕴含的语法学意义和类型学价值。如对照例句中有"王先生在吗？他在这儿"（1027）和"几行字留在这儿，明天再写"（1028）。也许在别的方言中，这样的表达没有什么特殊之处。但作者说明，其中的"在"和"在这儿"，在吴语中都是用"存在体"来表示的，表达手段和持续体有相同之处。其特点是使用一个由动词兼介词的"勒"（在）和黏着的方位后缀构成的特殊词语，既不同于单个动词"勒"，也不同于普通话的短语"在哪儿"或助词"着"。如上两句话在江阴话中分别是"王先生一勒盖啦？他勒盖"和"几行字挺勒盖，门朝再写"。而"门开着"说"门开勒盖"。此外，作者还引用多种文学名著显示存在体在近代汉语中留下的痕迹，如"我这里另选个有道的高僧在此"（《西游记》57回）和"兀那松树背后一个人立在那里"（《水浒传》42回），其中的"在此"和"在那里"与句中的"我这里"和"兀那松树背后"完全重复，毫无必要，但用吴语的存在体来解释就好理解了（1008—1009）。

再次，钱书在有关词汇的专章中也体现了较强的语法意识，附带提供了许多方言语法信息。按词类讨论方言词汇概貌是该书的显著特色，有两节分别讨论"动、形、名、数"和"量、代"两组词类。不但展示了几个主要词类的概况及部分来源，而且有些内容本身就兼属语法学范围，如形容词生动形式的构成、量名搭配、人称代词的数及屈折形态、指示代词的指向范畴等。

在研究的深度上，语法部分的许多内容也是值得称道的。这突出表现在关于是非问和反复问的专题讨论上（1012）。这两种问句的类型特点是近年来语法学界讨论的一个热点。作者首先根据吴语的实际情况把两者归并为是非问句一大类，然后再分出8种结构类型（这是至今最详细的分类）并举例说明了各种类型在吴语中的分布状况。最后，将各种类型的平面分布和甲骨文以来的类型变迁结合起来分析，较为合理地解释了各种类型之间的演变或推移关系。

此外，关于后缀"子、头、儿"的专节讨论（718），尤其是所列"儿"的各种语音表现形式及对其地域分布和历史发展的脉络的讨论，对于汉语构词法和形态学也很有参考价值。

四

由于该书内容多，篇幅大，符号极繁，缺点、错误确实难免，以下举数例说明。

在词汇对照中，同一词项下一个地点常出现多个形式，用斜线隔开。据我们了解，斜线两边的词，有时是同义词，有时却可能有所区别，有的区别还很重要。可惜作者对这些词的语义关系都未做说明，淹没了某些很有价值的材料。比如，南方方言中有很多地点的称谓系统不但父亲的兄弟分长幼，父亲的姐妹和母亲的姐妹也分长幼。据我们初步研究，这种语义类型与百越（壮侗）语言的底层有关。但是，汉语方言词汇调查表通常是根据北方类型设计的，父亲的兄弟分设"伯父、叔父"两项，而父亲的姐妹合为"姑母"一项，母亲的姐妹也合为"姨母"一项。该书"姑母"一项下，列一词的只有14点，列2到3词的倒有19点（878）；"姨母"一项下，列一词的有15点，列2到3词的有18点（880）。列2到3词的许多点（据我们所知，有苏州、黎里、丹阳）是分长幼的。由于该书把这些词都当作同义条目收录，读者无法看到吴语中这个很有类型学价值的词汇特点。这一缺憾主要是传统的方言词汇调查惯例造成的，但有些著作已注意改进。如李如龙、张双庆主编的《客赣方言调查报告》（厦门大学出版社，1992）虽也以"姑母、姨母"为调查项，但遇到分长幼的方言，都在有关词项下用小字注上"大、小"，使读者一望而知。这种做法值得借鉴。又如"帆船"一条下，列出了"帆船/扯篷船"等形式，但还收了"机帆船"，这显然和"帆船"的意义不全相合（843）。

钱书对名词小称"儿"尾的形式、分布与流变的研究令人称道，但对另一种富有吴语特点的小称形式——重叠式名词却注意不够，只在说"头"尾时举了数例（718）。其实，像"洞洞、袋袋、包包、眼眼、缝缝、土墩墩、糖人人、边边（头）、角角（上）"这类非儿语的小称形式广泛分布于北部吴语区，而这正是"儿"尾衰微的地区，可见这两种小称形式有着密切的相互消长关系。在明清时代的北部吴语口语文献（如《山歌》）中，"儿"尾仍很发达，而小称重叠名词基本上见不到。这更证明，重叠式名词是在较晚时期因"儿"尾的衰落，作为一种补偿手段迅速发展起来的。

方言字音和词的关系，有时处理得不好，如有的似乎应放在词表里，如"砥"（199）、"挤"（239）、"缲"（248）等放在字表中并不合适；有的词吴地人不会说，也不会念，读音就可疑了，如"跛"（304）等。

有些方言的口语词失收，如"走"说"波"的，910页只举常州一点，实际上金坛、丹阳等地都有（据各地新县志），这是大规模调查中容易出现的通病。部分事实有出入，如苏州不用助词"了（勒）"（1009），动词"系"也不说"缚"[boʔ]（907，应是[voʔ]）。作者在记音时也有前后不一致之处，如黎里连调2+1为22+24（643）而《北风》故事中"辰光"标为"21+24"（1073），宁波表中阴去开头的有55+33的形式（653），在故事中有时记作"44+44"，这也许是作者在对声调斟酌修改时顾此失彼了。所以，在使用此书资料时，必要的核对还是需要的。

除了音标印错较多之外，还有把"上古音"误作"中古音"（12），把"平声寒韵"误作"平声塞韵"（711），基数词错作序数词（714）等错误。全书规模庞大，音标又繁杂，加上作者交稿后即赴日本任教，没能亲自校对，这也许是印刷错误较多的一个原因。作者曾给一些朋友寄发过勘误表。希望出版"补编"时能附上更详细的勘误表，以便读者利用，也能避免以讹传讹。

引用书目不全是一个缺点，如5页引沈钟传（1988）论文，但参考文献（1119）没收。

钱著篇幅是赵元任原著的数倍。作者对大量的语言资料做了很多的比较分析工作，既要做语料的整理，又要做理论分析，其中甘苦，我们能充分理解。以个人之力，在数年内完成如此的巨著，是很了不起的。作者的刻苦精神、学术功力和治学效率的确令人钦佩。

在学术著作出版极难之当今，能推出如此的著作，我们也很钦佩上海教育出版社的魄力，感谢他们做出的贡献。

（原载《语言研究》，1995年第1期，与石汝杰合作）

苏州方言里的语缀*

本文试图对苏州方言里一些常见语缀的意义和用法逐个地做一番考察。

语缀是一些小于词的虚语素，它们只能黏附在实语素及其组合上面，作为一种接头、接尾或嵌中成分，起到构词和构形的作用。

汉语各方言里都有语缀，但情况不尽相同，方言的个性在这里往往也能得到充分的体现。就苏州方言而言，它的语缀至少有以下五点值得注意：

第一，数量非常丰富，其中既有词汇意义已经完全消失的所谓典型语缀，也有词汇意义正在虚化但还没有完全消失的所谓准语缀，相比之下，后者的数量要略多一些。

第二，方言色彩相当浓厚，多数都不见于除吴语以外的其他方言，有一部分虽然在词形上跟别的方言一样，但在用法上仍有很大的差别。

第三，不少语缀既可以用来构词，也可以用来构形（表示除构词以外的某种其他语法意义），或者在构词的同时也构了某种程度的形（如变换感情色彩、限定语法功能等），很难把它们的作用一刀切得非常清楚。下面的考察着重指出它们的各种实际用法，不明确区分究竟是构词还是构形。

第四，除了少数例外，绝大多数语缀的能产性都受到一定的限制，而且彼此之间的差异很大。有些语缀的能产性极低，它们可以黏附的实语素只有很少几个。

---

* 本文是作者们正在编写的《苏州方言语法》里的一章，曾在1988年12月香港吴语研究国际学术会议上宣读。现在略加修改，先以单篇论文的形式发表，向读者请教。

第五，在语音上，语缀及其所附的实语素（包括一些实语素的组合）总是处在一个连调组里。作为前缀，它们有可能保持本调，作为中缀和后缀，它们永远只读变调。因此对于一些至今没有考释出语源的舒声中缀和后缀，我们不能得知它的本调。

下面主要按照语缀出现的位置分成（一）前缀，（二）中缀，（三）后缀，（四）准后缀，（五）叠缀五节来逐一考察。

有两点需要预先申明：一、有几个虚语素究竟是把它们归入语缀还是其他的词类，目前各家的看法还不一致，本文在处理上也可能跟这家或那家不同。比如本文把一些从不单用的表方位义的单音节语素"搭、面、里、浪"等归入语缀，而在别家很可能划在方位词里；又比如被某些家称作结构助词和时态助词的虚语素（在苏州话里有"葛、得、仔、过、辣海"等），其中有的被另一些学者称作后缀，本文仍把它们列入助词而不在这里讨论。二、形容词生动形式构成中的语缀（如"黄亨亨、索索破、毛梯他通、笔力司直"等），情况比较特殊，不仅数量极大，而且构造方式也跟一般语缀有别，对它们的描写需要变换另一种行文方式，本文有关各节只酌收了少数几个这样的语缀，其他的留待另文集中考察。

本文考察的每个语缀在出条时都标上读音。鉴于苏州方言里后续音节的变调要取决于前随音节的声调，因此对语源不明的舒声中缀后缀，只标它们的声韵母，不标声调；语源清楚的中缀后缀在标上声韵母的同时也只标明本调；语源不明的促声中缀后缀，一般可以从声母的清浊上判断它的原调类，所以也标出本调。

本文在行文中使用了若干个符号。"◇"表示提请注意；"□"表示跟北京话或其他方言的比较；字下的"＿"表示本字不明，用同音字替代；字下的"＿"表示必须用白读音，"＿"表示必须用文读音；某些不同的语素，汉字的写法相同，但实际读调不同，在字的一角标上传统的四声记号，如"ᶜ阿"表示应读阴平调，"阿ᵓ"表示应读阴入调；引例中的"~"表示本条正在考察的语缀字；引例前的"*"表示本例实际不存在。"＿ ＿ ＿"三个符号一般只在条目和说明中出现，引例中不是特别必要不用。

为节省篇幅，引例都不标音。引例中难懂的方言词随文用小字加注（多次出现的，只在首次出现时加注），个别例句全句加注。下面这些方言词（多数用同音字或方言字书写）有可能会经常出现，这里先简释一下，后文不再一一加注：

哀 / 该 [ᴇ˧/kᴇ˧]：指别词，表示近指。

弯 / 归 [uᴇ˧/kuᴇ˧]：指别词，表示远指。

辧 [gəʔ˦]：指别词，表示定指。

哪 [lo˧˩]：疑问代词，做宾语或前加疑问语素。

倷 [nᴇ˧˩]：代词，单数第二人称。

唔²笃 [n̩˧˩ toʔ˥]：代词，复数第二人称。

俚 / 俚倷 /₍唔倷 [li˧/li˧ nᴇ˦/n̩˧ nᴇ˦]：代词，单数第三人称。

伲 [n̩i˧˩]：代词，复数第一人称。

实梗 / 丈 [zəʔ˦ kã˦/zã˦]：指代词，指代方式或状态。

捺亨 [naʔ˦ hã˦]：指代词，询问方式或状态。

葛 [kəʔ˥]：结构助词，相当于"的"。

仔 [tsɿ˦]：时态助词，相当于"了"。

末 [məʔ˦]：提顿助词。

搭 [taʔ˥]：介词，连词，相当于"和、跟、同"。

拨 [pəʔ˥]：介词，相当于"被"；又动词，相当于"给"。

辣 / 辣浪 / 辣海 [laʔ˦/laʔ˦ lã˦/laʔ˦ hᴇ˦]：介词，副词，相当于"在"。辣浪 / 辣海又时态助词，在谓词后面，表示状态持续。

侪 [zᴇ˦]：副词，相当于"都"。

₍蛮 [mᴇ˧]：副词，相当于"很"。

忒 [tʻəʔ˥]：副词，相当于"太"。

杀 [saʔ˥]：副词，在谓词后面，表程度极高。

脱 [tʻəʔ˥]：副词，在谓词后面，表结果。

覅 [fiæ˧˩]："勿要"的合音，即"不要"。

朆 [fən˧]："勿曾"的合音，即"未曾（没有）"。

㬟 [ã˦]："阿曾"的合音，即"可曾（是否已经）"。

啊 [ɑ]、啦 [lɑ]、呀 [iɑ]、啧 [tsə]、驾 [tɕiɑ]、啘 [uə]、罢 [bɑ]、哩 [n̠iã]、唻 [lɛ]、噢 [æ]、嘎 [ka]：以上都是语气词。

一、前缀

苏州方言里前缀不多，只有"阿ˎ、ᒼ阿、初、第、老、小、恁 / 伦"等几个，其中"阿ˎ、ᒼ阿"是典型前缀，其他的都是准前缀。

1.1 阿ˎ [aʔ˥] ① 加在一部分表亲属关系的语素前，构成亲属称谓：~爹_{祖父}｜~叔｜~哥｜~姐｜~公_{夫之父}｜~婆_{夫之母}｜~舅_{妻兄弟}｜~侄｜~囡 [nø˦]_{对子女的昵称}。② 加在"大"及"二、三、四……"等序数词前，构成排行名词，有时也用作小名或正式名字：~大｜~三｜~六｜陈~大｜王~二。用作小名，有时还可在"二、三、四……"后加后缀"头"：~二头，倷过来哩，姆妈我有闲话要搭倷讲唻｜伲葛~六头年纪末小，事体倒蛮拎 [lin˦] 得清爽辣海_{很能明白事理}。加在"末"前，"阿ˎ"通常变读 [aʔ˥]，只指顺序的最后。"末"后也可再加"头"：坐辣~末一排｜唔²驾先吃，我~末头吃。③ 加在名字前，构成小名或正式名字：~英｜~玲｜~珍｜顾~秀｜陆~元。□在苏州话里，"阿ˎ英、阿ˎ玲、阿ˎ珍"等作为小名，称呼是固定的。这一点跟有的方言（如广州）无论什么人的名字都可取其中一字前加"阿"以示亲热还有所不同。④ 加在另外一些语素前，构成其他名词，其中多数用来指人并含有贬义：~曲死_{称见识不广而易受愚弄的人}｜~木林_{指头脑不灵活容易上当受骗的人}｜~鹏卵_{指行为荒唐、不明事理的人}｜~乡_{称土里土气的乡下人}｜~猫~狗_{泛指素质低下的人}｜（大）~福_{谑称胖而和善的人}｜~胡子_{指络腮胡或长有络腮胡的人}。◇"阿ˎ"另是发问词。

1.2 ᒼ阿 [ɑ˦] 只加在"姨"和"婆"前构成"ᒼ阿姨_{母之妹}，ᒼ阿婆_{小儿称祖母或外祖母}"两个亲属称谓。◇"ᒼ阿姨"跟"阿ˎ姨_{妻姐妹}"，"ᒼ阿婆"跟"阿ˎ婆_{夫之母}"在意义上有对立，因此"ᒼ阿"跟"阿ˎ"是两个不同的前缀，但字都写作"阿"。

1.3 初 [tsʻəu˦] 加在"一"到"十"的前面,表示农历每个月前十天的次序:三月~三丨~一~二两日天侪落雨丨年~四到伲屋里来吃饭丨~一一橼,十五一橼_{喻做事慢}。

1.4 第 [di˩] 加在数词前面,表示次序。除非单纯排序,数词后面通常要有量词或量名词组:~一丨~五丨倷数到~十八,捺亨勿数下去唪驾?丨~一名丨~二个门堂子_{宅门}丨~五十六日天。◇表示时间、编号及某些简称不要加"第":俚是五七年三月里向生葛丨姑歇_{现在}四点三刻丨到道前街去坐二路车,到葑门去要辣接驾桥换四路车丨老底子_{从前,旧时}葛萃英中学现在变仔市五中唪。

1.5 老 [læ˩] ①加在"大"及"二、三、四"等系数词前,构成排行名词:我葛~大旧年结仔婚就住出去唪丨宋家‚里笃~二从新疆转来唪丨俚笃~大~二侪考取大学,~三末也考取仔苏州中学。◇"老大"有时不指排行,泛称某一个人;"老二"后加"官"也是谑称某人;"老大"还指船上舵工:哀个老大倒蛮有点噱头辣海_{这家伙倒还挺有点儿能耐呢}丨陈宗宝辔老二官捺亨实梗糊里搭涂葛啦丨俚一脚_{始终}辣归只船浪当老大晼。②加在姓氏前,构成称呼:~张丨~陈丨~薛丨~李丨辔末就准定到~季搭碰头。③加在另外一些语素前,构成其他名词:~虫_{耗子}丨~鹰丨~鸦丨~虎丨~公_{丈夫}丨~板_{掌柜,店东}丨~爷丨~酒丨~师丨~兄丨~弟。◇"老"作为前缀,有几种不同的变调行为。在构成排行名词或称呼时,一般来说,系数词和姓氏是平声、入声的多读 [læ˩˩],是上声、去声的多读 [læ˩˩]。用于泛指人的"老大"读 [læ˩˩] 或 [læ˩˩],在"老二官"里只读 [læ˩˩];作舵工讲的"老大"读 [læ˩] 或 [læ˩˩]。构成其他名词时,一般读 [læ˩˩],但在"老师、老兄、老弟"中只读 [læ˩˩]。◇下面这些例词中的"老"是形容词性的实语素:老蟹_{对某些奸诈的老年妇女的贬称}丨老茄_{形容年龄小而言语行为接近成年人}丨老卵_{同老茄}丨老鬼_{形容对某事精通,内行}丨老枪_{指烟瘾严重或干瘪瘦削的人}丨老三老四_{形容说话傲慢不虚心}。

1.6 小 [siæ˩] ①加在姓氏前,用来称呼年轻人:~李丨~赵丨倷去叫~吴来。②加在名字前,多用作小孩或青少年的小名,也有始终用作正式名字的:~伟丨~刚丨~龙丨李~莲丨丁~朋。◇下面这些例词中的

"小"是形容词性的实语素：小囡_{小孩儿，子女}｜小干_{男孩儿}｜小娘儿_{女孩儿}｜小鬼头_{对小孩儿的昵称}｜小菜｜小气。

1.7 恁/伦 [nən↗/lən↑] 老派多读"恁"，新派多读"伦"。加在量名词组或由"百、千、万"等位数词组成的数量名词组前，表示约数。一般指接近某个整数，有时也指在这个整数的上下。有强调多的语气：～只猪｜～斤米｜～条香烟｜～桶水｜～百个人｜～千雙鸡蛋｜～万块洋钿_钱｜归隻礼堂笃定可以坐～千个人｜辫篇文章作怕_{恐怕，大概}有～万个字。所指事物已在上文出现，"恁/伦"只需加在量词或数量词组前：一顿酒水_{宴席}，猪吃脱仔～隻｜实梗点钞票，汽车也好买～部得来｜网里向葛鱼阿有～百条？◇位数词"十"前不能加"恁/伦"，要用动词"靠"：俚辣北京蹲[tən↑]仔_{住了}靠十年得来。

二、中缀

苏州方言里的中缀只有"里"和"勒"两个。

2.1 里 [li↘] ①用来构成双音节形容词的"A里AB"式。这类形容词多是消极方面的，能产程度有限：糊～糊涂｜啰～啰唆｜疙～疙瘩｜着葛衣裳齷～齷龊｜讲闲话瘪小～小气｜凳子脚有点活～活络｜实梗是也忒促～促掐^{刁钻}喷｜讲也勿是，勿讲也勿是，倒有点尴～尴尬喷｜辫副流～流气葛腔调阿要触气_{讨厌}？个别"A里AB"式可以有"A里勿AB"或"A里XB"及"X里AB"的变式：尴～勿尴尬｜糊～搭涂｜糊～百涂｜稀～糊涂。②用来构成单音节形容词的"A里A"式。"A里A"表示程度极高，含有"在A里也算A"，即"A而又A"的意思。"里"还残存着实义。能产程度较高：俚身西装新～新｜雅都饭店廿七层，辣苏州真葛是高～高喷｜门口头葛人多～多，随便捺亨轧_挤勿进｜人民路算得阔～阔喷，礼拜日也轧得臭要死｜吃得隻面孔红～红｜辫种坏～坏葛人，倷勿好搭俚轧淘_{处在一起}葛噢。一些表示心理活动的单音节动词也能构成"A里A"式：怕～怕｜倷昨日辫副排曹腔_{不得体的样子}真叫人恨～恨。

◇ "里"另是准后缀，见§4.12。

2.2 勒 [ləʔɿ] ① 用来构成单音节动词的"A 勒 A"式。"A 勒 A"表示动作的反复进行状态，常用作同一个动词或另一个动词的修饰语，有时可连续出现两次。单独充当谓语，肯定式要在其后加语气助词"葛"。能产程度较高：隻脚跷~跷葛｜倷坐得规矩点，孬动~动｜隑 [gEɥ]_{靠，躺}辣床浪看书，叫啥看~看会困着葛｜辩篇文章我写~写，写~写，写仔万把字｜倷实梗哭~哭，哭~哭末，眼泪要哭干脱葛啘。"A 勒 A"着重描写状态，后面一般不能带宾语：实梗多葛衣裳，我汏 [dɑɥ]_洗~汏，汏~汏，总算汏干净嘖｜*我汏~汏实梗多葛衣裳，总算汏干净嘖。◇苏州话里还有一个由叠后缀"……法……法"构成的单音节动词"A 法 A 法"式，用法和功能跟"A 勒 A"大同小异，参见§5.1。② 用来构成双音节形容词的"AB 勒 AB"式。"AB 勒 AB"表示程度极高，跟单音节形容词的"A 里 A"式一样，含有"AB 而又 AB"的意思。能产程度也较高：个读书人也真是枉空_{不像话}~枉空｜松鹤楼里葛糖醋鳜鱼真叫好吃~好吃｜我对俚是伏贴~伏贴｜弄得我火透~火透。◇"勒"另是助词，介词，连词，副词，存现动词。

三、后缀

苏州话的后缀比较多，本节先讨论那些词汇意义已经完全消失的典型后缀。它们是："子，头，头子，头势，笃，搭，搭点/搭摊，得，生，之，叫，希希，吉夹/滴搭，凡寿"等。

3.1 子 [tsɿɥ] 加在某些名词性、动词性或形容词性语素后面，构成名词。

① 加在名词性语素后面。被加的语素有几种情况：a）原来不成词：镬 [ɦoʔɥ]_锅~｜簿~_{本子}｜叶~｜粽~｜妹~｜袖~｜裤~｜鞋~｜桃~｜枣~｜栗~｜狮~｜蚊~｜痧~_{麻疹}｜小伙~｜门堂~｜汤婆~_{冬天用来暖被的器皿，由金属或陶瓷制成，里面盛有热水}｜老头~｜谜谜 [mEɬ mEɬ]~_{谜语}。b）原来成词：凳~｜盘~｜

学生~|树叶~|蝙蝠~。c）原来的语素义（成词或不成词）跟加"子"后的不一样：芯~馅儿|角~钢锄儿|窑~下等妓院|堂~妓院。d）单用时只能作为量词：盒~|箱~|条~|样~|片~|点~。e）原来就是时间名词，加"子"或不加"子"意义和用法都没有出入：今朝~今天|明朝~|开年~|昨日~|前日~|辫日~|旧年~|前年~|先起头~开初|后首来~后来|老底~本例是例外，"老底"不单用。②加在动词性语素后面。被加的除少数例外都是单音节动词，加"子"后构成表工具的名词或指人名词（多是不好的）：凿~|锯~|钳~|钩~|拐~|痴~|骗~|告化~乞丐。③加在形容词性语素后面。被加的都是单音节形容词，加"子"后多数构成指人名词（含不尊重义）：长~高个儿|矮~|哑~|驼~|圆~丸子。□苏州话里有一些加"子"的词，如上举"镬子、鞋子、枣子、学生子、树叶子、蝙蝠子、昨日子"等不见于北京话。但从总量上看，苏州话"子"的能产性还是要比北京话小。下面这些例词，左项北京的都带"子"，右项苏州的都不带"子"：瓶子—瓶|刀子—刀|袜子—袜|稻子—稻|窗子—窗|被子—被头|斧子—斧头|盖子—盖头|鼻子—鼻头|嫂子—嫂嫂／阿嫂|舅子—阿舅|剪子—剪刀|辣子—辣火|梳子—木梳|麻子—麻皮|日子—日脚|聋子—聋聋|肚子—肚皮|链子—链条|肠子—肚肠|蝇子—苍蝇。◇下面这些例词中的"子"是名词性实语素：孔子|君子|才子|弟子|孝子|长子|虾子|西瓜子。

3.2 头 [dɤ˦]

㊀加在某些名词性、动词性或形容词性语素后面，主要用来构成名词，个别构成副词；名词中的一部分能兼属形容词。

①加在名词性语素后。被加的语素有几种情况：a）原来不成词，加"头"后构成具体名词：木~|石~|馒~|绢~手帕|纸~|被~被子|竹~竹子|户~泛指人。b）原来成词或不成词，加"头"后构成抽象名词：肉~指动物肉或植物果实的厚实程度|花~|水~水分|牌~靠山；批评|岔~有差错的地方|派~|因~原因|风~。c）原来是表时间、处所及方位义的（成词或不成词），加"头"后构成同类意义名词：早晨~|早浪~|黄昏~|夜快~|中浪~|隔壁~|角落~|外~|上~|前~|下~|后~|旁边~|上风~|下风~。

苏州方言里的语缀　593

②加在动词性语素后。被加的原来多数都是单音节动词，但有少数不单说。加"头"后构成三类名词：a）表示工具或指人（多是不好的）：盖～|扳～|刨～|枕～|姘～|对～。b）表示整体中的某一部分：搭～ _{附加的部分}|缩～_{缩去的部分}|浇～_{浇在主食上的菜}|和～_{同一个菜里除主菜以外的配菜}|找～|饶～|赚～|蚀～|拆～_{拆成部分}。c）抽象名词：念～|吓～|（吃）搁₂～挫折。

③加在形容词性语素后。被加的原来都是单音节形容词，但也有个别不单说。加"头"后构成三类名词：a）指人（多含贬义）：滑～|老～_{老练精到的人}|寿～_{不通世故傻里傻气的人}|很[gən˩]～_{脾气很偏不知变通的人}|（小）毛～_{婴儿}。b）表示整体中的某一部分：精～|毛～_{毛量与净量之差}|虚～|零～|嫩～。c）抽象名词：苦～|甜～|咸～_{咸的程度}|（触）霉～|清～_{（头脑）清楚的程度}|噱～|新～。其中指人名词及部分抽象名词，有时兼具形容词的功能，可以充当谓语、补语、定语并带状语：掰个人蛮滑～葛|小张是穷老～辣海|倷个人捺亨实梗。寿～滴搭葛啦|俚要是很～起来勿得了|掰个人只面孔长得噱～得来|毛～小伙子。

④加在重叠的单音节语素后。重叠的语素多数为名词性，少数也可以是其他词性。加"头"后构成含有部分、零碎、小称、方位等意义的名词：奶奶～_{乳头}|梗梗～_{小的茎}|根根～_{根须}|脚脚～_{下脚，沉渣}|渣渣～|屑屑～|人人～_{图像中的人形，也指成人形的物体}|尖尖～_{尖的一端}|边边～|角角～。

⑤加在个别形容词性或副词性语素后，构成副词：齐～_{恰好}|实～_{实在}|刚刚～。

㈡加在动词、形容词、量词后面，在构成名词的同时，还表示某种另外的语法意义。能产性较强但在句法方面要受到一定的限制。

①加在动词后，限做"有"或"呒／呒不"的宾语。a）用于肯定句，表示"禁得起，耐得起，将延续很久"：杨振雄葛《西厢记》真有听～勒|掰种料作_{衣料}蛮有着～葛|哀丈多点衣裳我是有汏～勒，唔²笃先走罢。b）用于否定句或反问句，"有"或"呒／呒不"后往往还有疑问代词"啥"，表示"不值得，无意义"：武打片看葛一两部末还好，多看是也呒看～葛|枣泥麻饼名气蛮响，其实呒啥吃～|掰种酒肉朋友呒不啥搭～_{不值得交往}|俚勿肯听，我还有啥多讲～|搭掰支家_{这样}人有啥葛

商量~。

②加在形容词后面，限做"有"或"呒/呒不"的宾语，只用于否定句或反问句，"有"或"呒/呒不"后一定跟疑问代词"啥"，表示"不具备某种性质"，多用来否定已有的看法：伲儿子我看末也呒啥聪明~ | 一斤要三块洋钿得来，有啥便宜~？ | 灰薄录托_{灰不溜丢}葛颜色，有啥葛好看~？

③加在量词后面。有几种情况：a）用作主语，一般表示重量、长度、面积及个体数量等这一类抽象意义：哀点虾葛斤~肯定勿足 | 伲搭摊剪布，尺~浪总归勿会让顾客吃亏葛 | 房间间数末少，间~倒侪蛮大辣海 | 㑚批西瓜葛只~捺享缺仔实梗点？ b）用作介词"照、根据"或动词"称、算、买、卖"等的宾语，一般表示事物计算时依据的单位：哀搭鸡蛋只卖只~勿称斤~ | 煤末总归根据斤~算，捺享会得算两~ | 啤酒照瓶~买 | 根据去葛埭~_{次数}发补贴。c）用作定语，一般表示事物以该量词单位为存在形式：块~钞票 | 听~啤酒 | 套~房间 | 瓶~酒呒不末只好零拷 | 本店专做套~西装。d）加在数量词组后（前三类量词前都不能加数词），或被加的量词前还有"原、整、全"等修饰语，用作定语，一般也表示事物以该数量或"原、整、全"等状况为存在形式：八分~邮票 | 十块~钞票 | 一两~粮票 | 一块五尺~葛开片布料 | 买一枝一角~葛铅笔 | 二两~肉丝面六角，三两~肉丝面七角 | 原桌~葛酒水 | 整箱~肥皂 | 全本~《西厢记》| 全套~红木家生_{家具}。这类加"头"的名词，如果原来被修饰的中心成分前面已经说到，或不说出并不会导致歧义，也可不用作定语而直接代替中心成分，有的还能接受其他数量词的修饰：买三张邮票，一张八分~，两张四分~ | 香烟吃一包买一包阿要烦杀，索性买仔整条~末好噴啘 | 一张五块~，两张一块~，一共七块洋钿。

㈢加在"一"跟单音动词的组合后面，构成"一A头"的谓词格式，表示动作行为很快完成并产生某种结果。"一A头"常做谓语或状语，后面不能跟宾语，受事成分要用在其他位置上：伲拿只皮球一踢~，我听听听勿下去，就拔脚一走~ | 拨侬实梗一吓一~，阿要吓出毛病来葛啦 | 㑚把锁小张开杀开勿开，老王过来一开~ | 实梗点菜，一吃~就呒不噴。

少数单音节形容词也能构成这种"一 A 头"的格式，表示某种性质状态突然出现又迅速消失：挬种花末只有一红~，亦开勿长葛｜灯泡葛质量一塌糊涂，还是新葛哝，一亮~就坏脱喷。

□苏州话中"头"的许多用法，如上述㊀的④和⑤，㊁的②和③以及㊂都不见于北京话。有的用法即使北京同样有，苏州的能产程度也要比北京高。此外，在语法意义和语法功能方面两地也不尽一致。如㊀①a）中的"绢头"北京说"手帕"，"纸头、被头、竹头"北京分别说"纸、被子、竹子"；㊀①b）的用法北京全然没有；㊀①c）中的"早晨头、黄昏头、隔壁头、角落头、旁边头、上风头、下风头"等北京都无须加"头"。㊀②a）中的"盖头、扳头、刨头"北京都用"子"；㊀②b）的用法北京基本没有；㊀②c）中的"吓头、搁̣头"北京不说。㊀③除了"滑头、苦头、甜头、噱头"等少数几个以外，北京都不说，特别是北京除了"滑头"以外没有形容词的用法。㊁①的用法北京虽然比较普遍，但无论是肯定句还是否定句都只表示"（是否）值得"的意义，并没有"耐得起、将延续很久"的意义，因此苏州话中表示"可以穿很长时间"的"有着头"，"要洗很久"的"有汏头"北京都不说。此外北京这类用法的"头"在口语中一般都还须说成儿化。◇下面这些例词中的"头"是名词性实语素：鱼头｜城头｜船头｜针头｜大蒜头。

3.3 头子 [dɤ˩ tsɿ˧]　在"头"的㊁①和㊁②用法中，"头"也可以换说成"头子"：上海葛城隍庙蛮有字相~葛｜四圈麻将是有叉~勒｜挬种地方呒啥去~｜俚葛本事末也呒不啥灵光~_{好。这里含有"可夸赞之处"的意思}辣海｜老式葛红木床比起席梦思末有啥适意~？

3.4 头势 [lɤ˩ sɿ˧]　加在形容词或某些动词后面，构成抽象名词，表示某种情况或样子并强调其程度高。能产性较强，但多出现在感叹句的主宾语位置上，前面也常有领属或指示性定语：胖~｜短~｜快~｜便宜~｜高兴~｜吞_{模样}怕~｜恨~｜挬种飞机葛大~阿要结棍_{厉害}，好坐五百个人得哝｜房间里葛龌龊~也少有出见葛｜阿炳葛吃~吓得杀人葛｜从来嬾看见俚挬种凶~｜真葛有丈挬种捺拉 [oʔ laʔ]_{蛮不讲理}~葛啊。带"头势"的名词有时还能出现在名词性的非主谓句中，感叹语气更强：小李葛聪明~啊！｜辫种恨~啊！｜俚葛勿开心~啊！

3.5 笃 [toʔ˥] 加在人称代词或指人名词的后面，构成复数代词或集合名词，表示复数、集体、集合及处所这些互有联系的类集意义。

① 加在第二人称代词"㑚"和第三人称代词"俚"后面，分别构成"唔²[n̩˩]笃"和"俚笃"两个复数形式。"唔²笃"中的"唔²"是"㑚[nɛ˩]"的音变。近年来新派中又出现了一个跟"俚笃"平行的"｡唔[n̩˧]笃"，来自"俚"原有的平行形式"｡唔哚"[n̩˧ nɛʰ]。当"唔²笃、俚笃"等充当亲属、家庭、单位团体这一类名词的领属性定语时，其后跟不跟结构助词"葛"两可，但无论跟与不跟，实际含义都只是单数，而不是复数：唔²~[葛]娘_{你母亲}身体蛮好辣海㖫｜俚搭俚~[葛]家小_{他妻子}是啥辰光_{什么时候}结婚嘎？｜唔²~[葛]屋里住辣啥场化_{你家住在什么地方}？｜俚~[葛]厂里_{他厂里}分拨俚一套三间头葛新公房。◇第一人称代词"我"的复数形式是"伲"，不能说"*我笃"。"伲"充当亲属、家庭、单位团体等的领属性定语时，用法同上。

② 加在指人的专有名词后面，表示此人所在的一群人或所在的家庭：小王~刚刚走，㑚追上去还来得及哎｜徐厂长~辣开会｜张师傅~从前蛮清苦，现在两个大人加工资，两个小人俫毕业工作，日脚_{日子}好过得多㖫｜前头转弯就是叶新~_{叶新的家}，伲进去歇歇脚罢。加"笃"后的指人专有名词做亲属、家庭、单位团体等的领属性定语时，用法同加"笃"的人称代词：小王~[葛]娘｜张师傅~[葛]儿子｜沈小妹~[葛]男人｜张英~[葛]车间。

③ 加在指人的普通名词后面，类集（某种类别人的集合）的意义表现得最清楚：工人~对第三条规定有点意见｜厂长蛮欢喜搭青年~轧淘葛｜俚有仔事体末，总归先告诉朋友~｜让老师~先去，学生子~等一等。加"笃"后的指人普通名词做亲属、家庭、单位团体等的领属性定语时，其后跟不跟"葛"也是两可，不过不管跟与不跟，类别集合的意义不变，这一点跟人称代词和指人专有名词不同：学生子~[葛]家长｜职工~[葛]家属｜棋迷~[葛]俱乐部｜朋友~[葛]厂里。

④ 加在疑问代词"啥人_谁"后面，表示的意义跟加在指人的专有名

词后面基本相同：刚刚啥人~来过？｜搿部脚踏车_{自行车}是啥人~葛？｜物事囥[kʻã˩]_藏辣啥人~？｜啥人~[葛]儿子考取大学啧？□严格地说，苏州话里并不存在像北京话"们"那样的专表复数的后缀。"笃"只在第二、第三人称代词后面有时起到表复数的作用，在其他情况下都只表类集。即使是在指人的普通名词后面，如"工人笃、青年笃、朋友笃、老师笃"等，表面看似乎跟"们"相当，仔细考察它们的功能，还是不完全相同：1）前面不能再加领属性定语（"*纱厂葛工人笃、*小王葛朋友笃"）。2）不能充当呼语；而北京的"们"就没有这样一些限制。把"小王笃刚刚走"对译成北京话，自然要说成"小王他们刚走"才合适；而把"工人笃（对第三条规定有点儿意见）"对译成北京话，传神的说法也依然应该强调"工人他们"而不是简单的"工人们"。"笃"有时还用来表示"所在的家庭"，这可以看作由表一般类集引申出来的表家庭类集，即把某人看作家庭里的一员，"唔²笃娘、沈小妹笃男人"的真正含义就是"你[家]的母亲、沈小妹[家]的丈夫"。

3.6 搭 [taʔ]

㈠加在指别词及人称代词和指人名词后面，构成表处所的指示代词和名词。处所名词后面有时也可以加"搭"。①加在指别词后，构成表处所的指示代词：哀~｜弯~｜搿~｜哪~｜哀~是三车间，弯~是四车间｜弯~地方忒小，还是到搿~来罢｜网球拍摆辣哪~？②加在人称代词和指人名词后，构成表处所的名词：我~｜倷~｜俚笃~｜老沈~｜周老师~｜昨日我到伲囡儿_{女儿}~去啧｜从厂长~出来，我就到倷~来啧｜勿晓得俚姑歇辣啥人~？③加在处所名词后，意义基本不变，但暗含"附近、一带"等意思：我住辣宫巷~｜铁瓶巷就辣乐桥~｜苏北除脱连云港到徐州~，别葛场化还呒不铁路唻。以上用法的"搭"都可以换说成"搭点"或"搭滩"，见§3.7。②③两种用法的"搭"还可以换说成定指代词"搿搭"：明朝倷要到我搿搭来末，我就勿去周老师搿搭啧｜太监弄末就辣北局_{地名}搿搭。

㈡加在某些时间名词后面，意义和用法跟原来不加的没有出入。①加在表示年、日的时间名词后。这些时间名词如果有"子"后缀，"搭"

可以加在"子"前，也可以加在"子"后：昨日~｜前日~子｜今朝子~｜俚像煞_{好像}是前年~转来过一埭｜辩桩事体等到开年~子再讲罢｜要是明朝子~俚还是勿肯来末，捺亨弄法驾？②加在由动量词"趟、转"构成的有"子"后缀的时间名词后：上趟子~｜前转子~_{前次}｜一转子~_{(有)一次}｜倷下转子~来葛辰光，一定要拿归本书带来｜一转子~我上歇_过俚葛当。◇由"趟、转"构成的时间名词，可以不加"子"后缀，这时不能再加"搭"：*上趟搭｜*前转搭。

㈢加在存在动词兼介词、副词"辣"后，构成"辣搭"一词，是"辣"的一个可以独立运用的变体。◇"搭"另是介词，连词。

3.7 搭点/搭滩 [taʔ˧ tiɪ˩/taʔ˧ tʼɛ˩] 在§3.6㈠的用法中，"搭"也可以换说成"搭点"或"搭滩"：哀~｜弯~｜辩~｜我~｜倷~｜我到老王~去过喷｜辣木读~我倒有蛮多熟人辣海。

3.8 得 [təʔ˩] 加在某些动词或形容词性的语素后面，构成动词、副词和连词。能产性不高。①构成动词和助动词。被加的语素有的本来能单用，加"得"只是使之双音节化：晓~｜乐~｜会'~｜曼[tsiæ˩]~｜矮~｜辩种便宜末乐~塌_占葛｜别葛事体勿会，吃末总归会~葛喷｜曼~三块洋钿好咪｜三块洋钿也矮~葛。②构成副词，有的常跟助词"葛"连用：生~_{本来}｜难~｜来~[葛]_{极其,相当}｜算~[葛]_{可算是}｜生~难弄｜难~来一趟｜来~[葛]容易｜我末也算~[葛]尽心喷，叫啥俚还是勿满意。③构成连词：亏~｜好~｜曼~｜亏~俚帮忙，勿然实梗点物事叫我一个人捺亨拿法？｜好~边浪还有别人，要勿然是死无对证喷｜曼~倷去，俚自然也会去。

3.9 生 [sã˧] 加在少数几个语素后面，构成副词：偏~｜本~_{本来,原来}｜天[tʼiɪ˧/tʼɛ˧]~｜俚勿叫我去，我偏~要去｜我本~矮带钞票，乐得让俚请客｜俚天~勿欢喜看电影，矮硬经_{硬是,不顾情况地坚持}拖俚去喷。

3.10 之 [tsʅ˧] 在口语里，"非常、明明"两个副词的后面往往要再加"之"，说成"非常之、明明之"：倷葛普通话讲得非常~好｜俚哀丈做是明明~要搭倷作对啭。

3.11 叫 [tɕiæ˩] 加在重叠的单音节形容词性语素（也有少数其

他词性的语素）后面，构成"AA叫"式词。原先的单音节语素多数能单说，重叠后则必须有"叫"才成词。有一定的能产性，但不能任意类推，如"慢慢叫、好好叫"常说，而相对地"快快叫、坏坏叫"则绝少出现。"AA叫"常用作状语，是副词，有的也用作定语、谓语、宾语或补语，兼属形容词。

①用作状语。有几种情况：a）表示方式，多出现在祈使句或意愿句里。"AA叫"后还可再带助词"葛"或不定量词"点"，前者使语气加重，后者使语气委婉：小晶轻轻~走到俚旁边，辣俚肩胛浪重重~一拍｜大家先慢慢~吃起来罢｜让我细细~想一想｜倷搭我静静~坐辣浪，嫑动法动法_{不要老是动弹}｜我要狠狠~训脱俚两声｜倷搭我重重~葛捆俚两记耳光｜俚困着哴，唔²笃轻轻~点讲哩。b）表示状态。"AA叫"后可以带"葛"，但不能有"点"。个别的可以连用两个：窗外头远远~传过来一个女人葛哭声｜昨日搭子车子险险~轧杀一个人｜张老太听见仔辫个消息，垒垒_{形容心情特别激动}一气｜我白白~葛吃仔俚两声牌头，心里向葛火阿要夹夹_{形容激烈}葛冒起来葛咾？｜脚馒头_{膝盖}里勿晓得捺亨一脚辣隐隐~葛痛｜辫个烟辣浪慢慢~慢慢~葛飘过来。c）表示程度。限"大大叫、好好叫"两个固定词项。其后有的可以再带"葛"：拨倷实梗一说，俚大大~［葛］勿开心｜只隔一条长江，苏北好好~要比苏南冷得唻。d）表示时间。"慢慢叫"有时不表示方式或状态，而只表示"等会儿"或"过后"等时间。其后不能带"葛"，但可以带"点"：唔笃先吃，我慢慢~［点］再吃｜辫种事体瞒勿牢葛，慢慢~［点］总归会拨人家晓得葛。

②用作定语。多用来修饰数量名或数量词组，带不带"葛"两可；有的带"葛"后也能直接修饰名词：浅浅~一碗饭｜俚分着小小~［葛］两只房间｜刚刚还好好~一个人，叫啥一歇歇死脱哴_{想不到一下子就死了}｜满满~两瓶｜买仔一只小小~葛花瓶。

③用作谓语。有两种情况：a）在祈使句里，动作行为前后有交代，用"AA叫"再强调方式：倷有气喘毛病末，走起路来嫑急，慢慢~末哴｜倷手脚轻轻~点哩，嫑弄得琴林共龙_{拟声词}佮是声音。b）在叙述句里，

被描写的事物前面已经出现，句末一般还要有相应的语气助词煞尾：俚笃儿子葛聪明头势也少少～葛｜今朝大年夜，剃头店搭混堂_{澡堂}侪满满～辣海。

④ 用作宾语。限在系词"是"之后，谓语性很强：辰光过脱哴，侬现在去勿是白白～嚜？｜实梗坏葛人到底也是少少～葛。

⑤ 用作补语。限在助词"得"之后：要走末，索性走得远远～，让俚笃人也寻勿着。

3.12　**希希** [ɕi ɕi]　加在形容词、名词、动词及一些词组后面，构成"……希希"式谓词，表示略带某种性质或接近某种状态。有一定的能产性。

① 加在形容词后。有两种情况：a）加在少数单音节形容词及个别双音节不成词形容词性语素后面，构成几个固定搭配的词项：红～｜黄～｜甜～｜潮～｜戆～｜贼忒_{嬉皮笑脸}｜挜块布有点红～｜甜～葛物事我勿大欢喜吃｜侬看俚阿有点戆～啊？｜挜副贼忒～葛面孔阿要难看！b）比较自由地加在其他一些形容词，包括四字格和本身已经是生动形式的形容词后，通常只在具体的句子里出现：只面孔_ε长～葛｜再新葛衣裳着到侬身浪总归觉着有点旧～｜热～葛啤酒吃起来勿适意葛｜样子末聪明～，做起事体来揞亨糊涂得啦｜挜只颜色有点灰薄录托～｜挜副妖形怪状～葛打扮，看辣浪实头难过葛。

② 加在名词后面：走过来一个学生子～葛人｜俚神经病～葛，嫑去睬俚｜讲闲话葛人有点干部～，勿知是哪个大好佬_{大人物}唲｜嫑像猪猡～葛勿识相｜胖得弥陀佛～。所加的名词不见有单音节的，一些本来是单音节的，此时需要复音化：*走起路来鸭～｜走起路来鸭连连～。

③ 加在动词后面：我今朝有点生病～｜街浪闹猛_{热闹}得像过年～｜天有点落雨～唲｜两家头像辣商量～｜侬弄仔实梗点菜末，根本勿是家常便饭，倒有点请客～喷唲。所加的动词，除状态性很明显的"哭、笑"等以外，也很少有单音节的：面孔浪向笑～｜哭～葛样子阿要难看？

④ 加在一些名词性或谓词性的词组后面：只面孔红得像刚刚采下来葛苹果～｜挜个人交关有铜钿～，买只照相机就用脱三千块元。

3.13　吉夹/滴搭 [tɕiəʔ˥ kaʔ˥/tiəʔ˥ taʔ˥]　这是两个可以自由替换的平行变体，使用频率因人而异。在语音上它们的不同只是变换了声母，韵母和声调没有什么不同。"吉夹"有人有时还说成"吉夹辣"[tɕiəʔ˥ kaʔ˥ laʔ˩]。加在双音节以上的实词（多数是名词或名词兼形容词）后面，构成"……吉夹/滴搭"式形容词，表示像或显得有某种样子，语气贬损而轻蔑。有两种情况：a）加在少数实词后面构成几个常见的固定搭配词项：外行～｜老卵～｜。寿头～｜十三点形容人不懂事理～｜猪头三骂人不明事理～｜惹俚他居然还是工程师咪，讲出来葛闲话侪是外行～葛｜㞗个人老卵～葛｜惠民做起事体来有点。寿头～葛｜辣学生子面前，倷媷十三点～哩｜俚㞗种猪头三～葛脾气是改勿脱噱。b）比较自由地加在其他一些实词包括词组后，通常只在具体的句子里出现：年纪实梗一把，讲起闲话来还是小人～，一滴滴清头也呒不｜着仔㞗件衣裳，阿像乡下人～｜倷只脚一经_直_辣动法动法，阿是有点毛病～｜只面孔黑得来像非洲人～快喷｜看样子俚是要搭我寻相骂～辣海。

◇"吉夹/滴搭"和"希希"可以互换。条件是：1）前面的实语素都是双音节以上的，2）表达的语气都是贬损而轻蔑的：讲出来葛闲话侪是外行吉夹葛（或：希希葛）｜俚㞗个人十三点吉夹葛（或：希希葛）。不过即使这样，"吉夹/滴搭"所表示的程度也要比"希希"高。下面这些例句里的"希希"不符合上述两个条件，不能换成"吉夹/滴搭"：红希希｜*红吉夹｜聪明希希葛面孔｜*聪明吉夹葛面孔｜天有点落雨希希｜*天有点落雨吉夹。此外，一些四字格和本身已经是生动形式的形容词后面的"希希"以及固定词项"贼忒希希"中的"希希"也都不能换成"吉夹/滴搭"。参见 §3.12。

3.14　凡寿 [vE zʏ]　加在双音节名词或名词性词组后面，表示原因，相当于"因为……的关系"或"由……所决定"。加有"凡寿"的名词或名词性词组，可以用在"是、因为"等之后，也可以自成分句：俚是性格～，熬勿牢要讲出来葛｜我两只眼睛侪近视喷，因为房间里葛光线～｜我是只好买只推板点葛电视机，钞票～｜俚只好实梗讲，地位～｜倷媷动气，俚对随便啥人侪实梗葛，脾气～。

四、准后缀

准后缀指的是那些词汇意义正在虚化但还没完全消失的后缀。这类后缀在苏州话里常见的有"儿、客、坯、货、鬼、家子、淘里、戏、道、处、法/法子、里、头里、浪、向、首、面、汛里、气、腔、相、式气、把"等。其中有的在有些情况下仍然还是实语素。区分它们是虚语素还是实语素，既要看它们在词汇意义上是不是有转化，有的也要考虑到它们在语法功能或语音形式上是不是有差别。

4.1 儿 [n̠i˦] "儿"作为实语素读 [n̠i˦] 或 [əl˦]，如"儿子"[n̠i˦ tsʅ˦]，"儿童"[əl˦ doŋ˦]。作为后缀只读 [n̠i˦]，有可能是古音的残留。这个语缀只加在"囡、小干、小娘"及"筷"的后面构成"囡儿_{女儿}、小干儿_{男孩儿}、小娘儿_{女孩儿}"和"筷儿_{筷子}"四个名词。其中前三个都用来指称孩子，实义虚化的痕迹很清楚。除"囡"不单说以外，"小干、小娘"及"筷"不加"儿"意义基本不变。

4.2 客 [kʻaʔ˦] 加在某些单音节的实语素后面，构成并非是"客人"义的指人名词。多数含有贬义：吃~_{爱吃或能吃的人}| 着 [tsaʔ]~_{讲究穿戴的人}| 掮~ | 说~ | 买~_{爱买东西的人} | 刺~ | 狠~_{狠心肠的人} | 红~_{红人} | 侠~ | 政~ | 老叶笃两个儿子侪是吃~ | 俚一日要换三套行头，实头是个着~ | 辣倷面前，我是勿会做狠~葛 | 俚是厂长门前葛红~哉。

□苏州话里"客"的虚化程度要比北京话高，像"吃客、着客、买客、狠客、红客"一类的说法都不见于北京话。◇下列例词中的"客"，"客人"义还很清楚，仍应看作名词性实语素：房客 | 旅客 | 稀客 | 常客。◇"客"另是量词。

4.3 坯 [pʻɛ˦] 加在某些单音节或双音节的实语素后面，构成含有贬义的指人名词。常用于骂人，前面如有量词多为"只"：笨~ | 粗~ | 杀~_{该死的人} | 死~ | 做~_{只配干活的人} | 贼~ | 懒聊~_{懒而无聊的人} | 馋痨~_{贪吃的人} | 讨饭~ | 倷只笨~，捺亨实梗点事体也勿会做 | 王连荣犟只杀~，今朝又出去闯

子穷祸啧啘｜倷只馋痨~_吃，一日到夜独想触祭_吃｜养仔半年葛病，事体末勿能做，只好困困吃吃，我也变仔懒聊~啧。

4.4 货 [həu˩] 加在某些单音节或双音节的形容词性语素后面，构成由指物引申出来的指人名词，都含有贬义。前面如有量词，有时也能用"只"：宝~_{无能或行为荒诞的人}｜怵~_{思想或行为不好的人}｜贱~｜宿~_{过时或不被喜欢的人}｜落,~_{行为猥琐让人讨厌的人}｜落,丑 [to?˩] ~_{同落,}｜小张瓣个宝~也真少有出见葛｜倷敬酒勿吃吃罚酒，阿是个贱~？｜白玉林瓣只落,丑~，我看见仔就惹气。◇"宝货、落,丑货"等有时并不引申指人，"货"还有"货色"的实义，应看作名词性实语素：祖浪向传下来葛宝货独剩仔一副玉镯头啧｜瓣支家_{这种}买勿出去葛落,丑货，送拨我也勿要。

4.5 鬼 [tɕy˩] 加在某些单音节或双音节的实语素（主要是形容词）后面，构成指人名词，多数含有贬义：酒~｜小~｜老~｜恶~｜馋~｜促掐~｜阴司~_{阴里阴气的人}｜小气~｜俚是打桥牌葛老~｜阿英瓣个促掐~专门欢喜弄松_{捉弄}人家｜我顶讨厌阴司~。"老鬼"有时可以带状语或补语，"促掐鬼、阴司鬼、小气鬼"等有时也能带程度副词"杀"做补语，都兼属形容词：叉麻将俚穷老~｜俚踏三轮车老~得来｜招娣小气~杀葛。

4.6 家子 [kɑ˦ tsʮ˩] 加在少数指人名词后面，表示作为名词所指的一类人。多出现在劝阻或说明不宜采取某种行为的句子里：小人~，讲闲话孃老三老四｜倷捺亨好当仔众人葛面哭呢，还是男人~唻｜小娘儿~着瓣种衣裳阿要难看杀｜女人末总归会有点女人~葛事体，捺亨可以搭男人~一样呢？

4.7 淘里 [dæ˦ li˩] 加在指人的集合名词或由个体名词组成的并列词组后面，表示相互之间：伯姆_{妯娌}~｜小姐妹~蛮要好葛｜同学~本生就应该倷帮我，我帮倷｜娘舅搭外甥~为仔哀桩事体弄得扳面孔｜倷做爷葛末也要劝劝俚笃弟兄~，孃常庄_{经常}为仔一滴滴小事体寻相骂。有时只强调前面的集合名词是全体：倷搬场_{搬家}葛日，伲弟兄~一定倷来帮忙｜回到仔苏州，倷搭我去望望老同学~。

4.8 戏 [ɕi˩] ㊀加在少数双音节语素后，构成名词，用来指称一些不重要或不愿意见到的事物：落脚~_{最后剩下的部分}｜饶头~_{多饶的部分}｜带脚~

顺带做成的东西|下巴~弄巧成拙后的尴尬处境|肉摊头浪只剩点落脚~喷|价钿末哩还喷，份量浪末我再拨侬点饶头~好哎|辩趄我到上海去是要办几桩事体，买物事只能是带脚~|一个勿当心就要弄出下巴~来葛哩。㊁加在少数双音节语素后，构成谓词性质的词，含有对已出现的状态无可奈何的意味：末班车刚刚开脱，难是弄僵~喷这下可是不好办了|菜末烧仔交关，人末一个也勿来，热天热势，阿要尴尬~。

4.9 道 [dæ˩] ①加在某些单音节名词性语素后，构成抽象名词：力~|劲~|路~|运~|世~。②加在某些单音节形容词性语素后，构成形容词：大~忠厚|厚~|霸~|公~。③加在数词"一"及副词"稍些"后，构成副词：一~|稍些~稍微。◇下列这些例词中的"道"是名词性实语素：街道|管道|地道。

4.10 处 [tsʻɳ˩] ㊀加在动词后面，构成名词，表示可供行为实现的地方。一般都出现在"呒不/呒"或"有"的前后，能产性较高：开勿着栈房旅店，今朝夜里向要呒不困~喷|热水瓶侪满辣海，水滚仔也呒冲~啘|实梗多家生，房间里阿有摆~驾？——房间大辣海，摆~末笃定有|实梗大葛城市掭亨连个字相~也呒不？——字相~倒还有点，就不过离市里向忒远喷。动宾式离合词或动宾词组后加"处"，一般要把原来的宾语前移，让"处"直接接在动词后面，个别双音节离合词也可以把"处"插入中间：吃仔冤枉，状也呒告~|旅馆末小，浴倒有漩~葛蹲辣哀搭，叫啥电视也呒看~葛，厌气无聊杀喷|五楼浪向自来水抽勿上去，呒不漩~浴。"处"前的动词有时可以重叠或在"呒不/呒"前用副词"也"提顿复现：漩得来，办法也呒想想~|落仔雨，衣裳呒晾[lã˩]晾晾~喷|物事多得来摆也呒不摆~|黄桥街浪向一塌括子总共实梗点地方，走也呒走~。

㊁加"处"的动词前面有表示"地方"一类的名词或代词，其前还有"呒不"或"有"，这时加"处"的动词仍然只有动词功能，整个句子为连动式。"处"在这里实际上是冗余成分：贼骨头呒不地方逃~|哀点物事阿有场化地方摆~？|上海滩浪除脱荡马路逛马路呒不哪搭字相~。

㊂加在某些形容词后面，构成抽象名词。能产性不高：好~|难~|

长~｜短~｜坏~。

4.11 法/法子 [faʔ˩/faʔ˩ tsɿ˩] "法"和"法子"是两个基本上可以相互替换的平行变体，使用频率因人而异。

㊀加在动词后面，构成名词，表示某种行为的方法。能产性较强。在一般情况下，这类名词不能自足，前面往往要带定语：(蟹葛)吃~｜(文章葛)写~｜(白斩鸡葛)做~｜(会议葛)开~｜(辯种)讲~｜(奖金葛)开销~｜碧螺春葛冲~是先倒开水再放茶叶｜从来嬲看见夫妻淘里有辯种相骂~。

㊁加"法/法子"的动词前，有表方式的疑问代词或指示代词，这时加"法/法子"的动词仍然只有动词功能，方式代词和加"法/法子"动词合在一起共同表示用哪种或这种方式实现某一行为，"法/法子"在这里实际上是冗余成分：羽绒衫掭亨汰~？｜倷看辯副春联掭亨写~？｜毛笔要哀丈捏~｜倷搭俚要实梗商量~。加"法/法子"动词不能带宾语，受事一般要放在方式代词前面；有时也可放在"法/法子"前跟原来的动词直接相接，这种情况以人称代词或人名居多：我本书掭亨送拨倷~？｜辯末掭亨通知老王~呢？

㊂加在形容词后面，形容词前有表方式兼程度的疑问代词或指示代词，这时加"法/法子"的形容词仍然只有形容词功能，方式程度代词和加"法/法子"形容词合在一起共同用来询问或指示状态的程度。"法/法子"在这里实际上也是冗余成分：小李掭亨聪明~驾？｜去看看房间掭亨大~｜辯个小干实梗馋~｜嬲想着俚实梗拎勿清爽~。

◇苏州话里也有"书法、手法、章法"这样一些说法，它们的书面色彩较浓，而且"法"不能用"法子"替代，不是地道的方言成分。

4.12 里 [li˩] ㊀加在名词性语素或指别词后面，构成表处所的名词或指示代词。"里"后通常还能再跟"向"。① 加在名词性语素后。被加的语素多数原来成词：篮~｜厂~｜书~｜戏~｜心~｜学堂~｜房间~｜袋袋~｜厂~今朝加班｜钞票锁辣抽屉~。少数原来不成词：屋~｜暗底~。② 加在指别词后。在非疑问指别词后，只表示"里面"的意思，跟表示一般方位的"搭"有所不同：我总归觉着哀~有啥花头经跷跷辣海｜倷去

开开抽屉看,阿作兴_{可能}辣弯~|下班唻,辩~勿会有人唻。在疑问指别词"哪"后,跟"搭"相同,表示一般方位,不强调"里面","里"后不能跟"向":哪~去?|辣哪~买葛?|我哪~讲过辩种闲话驾?

㈡加在存在动词兼介词、副词"辣"后,构成"辣里"一词,是"辣"的一个可以独立运用的变体。

◇"里"另是中缀,见§2.1。

4.13 头里 [dɤ˦ liɤ˩] 加在某些名词或形容词后面,构成处所名词,表示某种自然环境:太阳~|风~|雨~|黑~|暗~|亮~|辣雨~泍[toʔ]_淋仔两个钟头,捺亨孬出毛病?|大热天立辣太阳~是吃勿消葛。下面两例是双音节的名词性或形容词性结构,原来不单说,加"头里"后表示时间:困梦~_{睡觉做梦的时候}|夹忙~_{正在忙的时候}|困梦~还辣海想发财|夹忙~生起毛病来唻。

4.14 浪 [lã˩] ㈠加在名词、指别词以及指量或代量词组后,构成处所名词,表示"上,方面"以及由"上"和"方面"引申出来的某些更虚的意义。"浪"后通常还能再跟"向"。①加在名词后:心~|书~|台子~|屋顶~|墙头~|历史~|政治~|组织~|领导~|门卫~|书~讲葛搭倷讲葛勿一样|辩小人拿皮球踢到仔屋顶~|倷外语~还推板_差点|组织~已经同意唻|门卫~勿拨我进来。②加在指别词和疑问代词"啥"后:哀~|归~|辩~|啥~|哀~肯定勿会有毛病|我究竟辣哈~叫倷勿高兴驾?③加在指量或代量词组后,这里的量词实际上代替着某一个名词:哀张(纸头)~|归本(书)~|我件(衣裳)~|两个外宾就安排辣辩部(车子)~罢。

㈡加在存在动词兼介词、副词"辣"后,构成"辣浪"一词,是"辣"的一个可以独立运用的变体。

□苏州的"浪"大体跟北京的"上"相当,但苏州的"浪"只限用于后缀,北京的"上"除用于后缀外,还是一个实语素,如"上有父母、上个月、上等、上车"等中的"上"。作为实语素,苏州也同样用"上",不用"浪"。此外,苏州的"浪"可以放在指别词和疑问代词"啥"后构成"哀浪、归浪、辩浪、啥浪",北京的"上"不能这样用,要说也必须换成"上面"或"方面"。苏州的"辣浪"是"辣"的一个可以独立运用的变体，而北京的"在上"则是一个词组，并不是"在"的变体。

4.15　向 [ɕiã↙]　加在表方位的后缀"里、头里、浪"后，共同构成"里向、头里向、浪向"等复合后缀。用法跟"里、头里、浪"一样，实际上都是平行的变体：钞票辣抽屉里～｜生病人㾺到风头里～去｜啥人畔 [bø↙]躲辣黑头里～｜书摆辣台子浪～｜㾺辣墙头浪～钉洋钉。◇"里向"有时本身就是一个方位名词，这时"里"不能跟它平行：妹子困里向一间，我困外头一间｜*妹子困里一间，我困外头一间。

4.16　首 [sʏ↙]　㊀加在指别词或某些方位名词后面，构成表处所的指示代词或名词，表示某一边。"首"后通常还能再跟"里"。①加在指别词后：哀～｜归～｜辦～｜我就坐辣哀～［里］罢｜观前街望哪～走？②加在"左、右、上、下"等方位名词后：左～｜右～｜上～｜下～｜左～［里］转弯就是观前街｜客人末当然要坐辣上～［里］葛啘。

㊁加在"跟"后构成"跟首"这一方位名词，表示"跟前"；跟"来"一起加在"后"后，构成"后首来"这一时间名词，表示"后来"：倷辣俚跟～提起我一声，俚就会晓得葛｜昨日我当中横里中间走喷，后～来葛事体捺亨样子末就勿晓得喷。

4.17　面 [mi↙]　加在指别词或某些方位名词后面，构成表处所的指示代词或名词。①加在指别词后：哀～｜归～｜辦～｜哀～朝南，归～朝北。②加在"东、南、西、北"及"左、右、正、背、反"等方位词后：东～｜南～｜西～｜北～｜左～｜右～｜正～｜背～｜反～｜木渎辣苏州城葛西～，用直辣苏州城葛东～。

4.18　汛里 [sin↙ li↙]　加在某些名词后面构成时间名词，表示以所加名词指称的事物为标志的一段时间或季节。常见的固定搭配词项不很多，但必要时可以在句子里临时造：中昼中午｜黄梅～｜菜花～｜桃子～｜黄鱼～｜西瓜～｜茭白～｜热天热势，中昼～出去作啥？｜辦两日正好辣黄梅～，天气加二殟 [uəʔ↙] 塞更加难受｜现在是黄鱼～也买勿大着黄鱼喷｜到东山字相末顶好辣枇杷～｜姑歇是一年到头有番茄，也勿分啥番茄～勿番茄～喷。

4.19　气 [tɕ'i˩]　加在某些实语素后面，构成形容词。所加的语素一般都是单音节的，原来成词不成词的都有：神~｜客~｜乡~｜土~｜洋~｜俗~｜阴~ ~不晴朗并带有寒意~｜老~｜小~｜大~ ~大方~｜腥~｜厌~｜惹~ ~讨厌~｜触~｜今朝葛天蛮阴~，要多着点衣裳｜一个人蹲辣屋里向真正厌~杀｜俚辫副吞头~模样儿~阿要触~？◇"气"加在另外一些实语素后，能够构成名词，但虚化程度不高，应看作名词性的实语素：天气｜火气｜手气｜名气｜煤气｜运气｜才气｜冷气｜香气｜潮气。

4.20　腔 [tɕ'iã˦]　加在名词、形容词和动词后面，构成既能充当名词、又能充当形容词的兼类词，表示某种样子或看上去像某种样子。多数含有贬义。所加的词单音节或多音节的都有，有一定的能产性。①充当名词。前面一般要带量词"副"，常做宾语或主语，有时也做谓语：看俚副贼~，阿要难看！｜刚刚当仔两日芝麻绿豆大葛官，就学着一副干部~｜装出一副癫皮~｜辫副土~是勿上台面葛｜男人家子讲起闲话来一副娘娘~ ~女人味儿~，也真是拿肉麻当有趣喷｜俚葛儿子一副流氓~。②充当形容词。常做谓语或定语，可带表程度的状语和补语：辫张照片忒贼~喷｜俚只帽子穷土~｜圆领茄克衫倒蛮洋~葛｜只面孔触~ ~讨厌~杀喷｜欠仔铜钿勿想还，癫皮~得来｜勿壳张~没料到~做出实梗喇叭~ ~丢脸；令人啼笑皆非~葛事体来｜着衣裳末花里百辣~花里胡哨~，讲闲话末嗲声嗲气，阿要娘娘~啊。

4.21　相 [siã˩]　㈠加在双音节及少数单音节形容词后面，构成既能充当形容词，又能充当名词的兼类词，表示某种样子或显得有某种样子。有较强的能产性。①充当形容词，常做谓语或定语，可带程度状语，补语限"得来"或"点"：辫个人难看~得来｜坐辣转椅浪，倒蛮写意~ ~舒服~辣海啘｜七岁葛小人呒不仔葛娘末，实头作孽~ ~可怜~葛｜勿晓得为啥道理，我辫两日吃力~得来｜俚长得蛮嫩~，看勿出是三十出头葛人｜里向总归要比外头暖热~点｜实梗勿爽气~葛户头，孋搭俚多拌~纠缠~我顶讨厌辫种小气~葛人。②充当名词。比形容词用法少见。前面一般要带量词"副"或"种"，常做主语或宾语：辫副凶~吓得杀人葛｜阿有像傺辫种排曹~嘎｜看俚辫副落,丑~｜我穷怕俚葛老茄~。

㈡加在少数单音节动词后面构成名词：辫只物事葛买~ ~外观~实头推扳｜

俚辩副吃~_{吃东西时的姿势}阿要难看？｜辩个小人葛困~_{睡觉时的姿势}勿大好｜立要有立~，坐要有坐~。

4.22 **式气** [səʔ˩ tɕ·iʋ˩] 加在名词、动词或形容词后面，构成形容词，表示"像……似的"，多含轻蔑、鄙视一类的贬义。所加的词至少为双音节，有的也可以是含有更多音节的词组。有一定的能产性。① 加在名词或名词性词组后：戆徒_{傻瓜}~｜好人~｜老好人~｜神经病~｜十三点~｜俫个人忒老好人~嗐，要吃亏葛｜俫安逸点罢，䁖神经病~嗐｜俚辩个人敬酒勿吃吃罚酒，阿有点˳寿头~？② 加在动词或动词性词组后：做事体末要巴结点，勿能字相~｜俫搭俚商量~葛讲，我想辩点面子俚总归会拨葛｜俫嘴里向清爽点，䁖骂人~阿好？｜答应勿答应末爽快点，䁖像装死腔~勿开口。③ 加在形容词或形容词性词组后。形容词中包括一些带"腔、相"等后缀及其他生动形式的：讲过葛闲话勿算数，实梗癫皮~是勿应该葛啘｜只凳子葛脚有点活络~｜俚一碰着陌生人就难为情~｜辣马路浪吃物事，阿难看相~｜自家勿像腔_{像样}，训起人来倒一本老正经_{一本正经}~｜辩个人有点糊里糊涂~葛。

◇ "式气"在多数情况下可以换说成"吉夹/滴搭"或者"希希"：䁖神经病式气（或：吉夹，希希）｜阿有点˳寿头式气（或：吉夹，希希）｜忒老好人式气（或：希希）嗐｜实梗癫皮式气（或：吉夹，希希）是勿应该葛｜只凳子脚有点活络式气（或：希希）。不过当带"式气"的词只用来表示方式的时候，"式气"不能换说成"吉夹/滴搭"或"希希"：（做事体末要巴结点，）勿能字相式气｜俫搭俚商量式气葛讲（，我想辩点面子俚总归会拨葛）｜（答应勿答应末爽快点，）䁖像装死腔式气勿开口。参见 §3.12，§3.13。

4.23 **把** [poʋ˩] 加在单音节量词后面，表示约数。带"把"的量词前面，不能再用数词。① 加在单位量词后，表示数量接近"一"或"一"左右：斤~海蜇｜吨~钢铁｜丈~布｜里~路｜有度~寒热勿搭界葛_{体温高出一度左右没什么关系}。② 加在个体量词或动量词后，有时泛指少量：空下来葛辰光末看本~书_{没事的时候看点儿书}｜吃只~鸡补补身体｜来个~人｜我一年里向上海总归要趃_次~葛。◇ "把"另是量词。

五、叠缀

苏州话里还有"……法……法""……完……完""……透……透""……天……地""有……呒……""千……万……"等少数几个重叠语缀。根据它们出现的位置以及形式是否有变化,可以把"……法……法""……完……完""……透……透"叫作叠后缀,"……天……地"叫作变叠后缀,"有……呒……""千……万……"叫作变叠前缀。其中只有"……法……法"是典型叠缀,其他的都是准叠缀。

5.1 ……法……法 [...faʔ˥...faʔ˥] 用来构成单音节动词的"A 法 A 法"式,表示动作连续反复进行的状态,常用作同一个动词或另一个动词的修饰语,也能单独充当谓语。能产程度较高:走到门口张~张~_{看呀看的}|俫葛脚㨄动~动~|轧~轧~轧到仔第一排|我葛书拨人家借~借~侪借光噃|小虫爬~爬~逃脱噃|录音机拨我摸~摸~修好噃。"A 法 A 法"式的后面一般不能带宾语。受事成分大都处于主语位置,或用介词"拿"提到前面做状语;有时也可以放在"A 法 A 法"之后的那一个动词后面,做那一个动词的宾语:水抽~抽~抽干噃|车床浪勿可以碰~碰~葛|㨄拿台子刮~刮~|剪~剪~剪断脱~根钢丝。

◇苏州话里还有一个由中缀"勒"构成的单音节动词"A 勒 A"式,用法和功能跟"A 法 A 法"基本相同。稍有差别的地方是:1)"A 勒 A"可以只说"A 勒 A",也可以复说成"A 勒 A,A 勒 A";"A 法 A 法"不能只说"A 法",而说成"A 法 A 法,A 法 A 法"的也比较少。2)比起"A 勒 A"来,"A 法 A 法"对动作连续反复进行状态的描写色彩更浓,所以形象感也更强。参见§2.2。

5.2 ……完……完 [...ɦuø...ɦuø] 用来构成单音节形容词的"A 完 A 完"式,表示程度极高,含有"到顶点,尽头"的意思,多做谓语或补语,能产性较强:我最近忙~忙~|三清殿里烧香葛人多~多~|尼龙布是牢~牢~|俚只面孔吃得红~红~|鞭条弄堂长~长~。一些表示

心理活动的单音节动词也能构成"A完A完"式：车间里葛人见仔俚侪怕～怕～｜伲娘对伲妹子是恨～恨～。◇出现在一般动词后面充当补语不重叠的"完"是形容词性的实语素：吃完｜做完｜写完｜看完。

5.3 ……透……透 […tʻɤ↘…tʻɤ↘] 用来构成单音节形容词的"A透A透"式，用法和功能跟"A完A完"完全一样。能产性也很强：今朝葛天气好～好～｜房间里灯光亮～亮～｜阿荣葛思想现在变得怴～怴～｜面孔晒得黑～黑～｜辩两年大闸蟹葛价钿贵～贵～。一些表示心理活动的单音节动词也能构成"A透A透"式：我见仔俚就火～火～｜爷对儿子是怕～怕～。◇出现在形容词或动词后面充当补语不重叠的"透"是形容词性的实语素：西瓜熟透哉｜先要摸透俚葛心思。

5.4 ……天……地 […tʻiɪ↑…di↘] 用来构成某些单音节形容词或动词的"A天A地"式。"A天A地"表示程度强、范围大。能产程度有限：怨～怨～｜恨～恨～｜百货公司里葛物事多～多～，倷有铜钿末尽管买｜随便倷掭亨狠～狠～我也勿怕｜外头葛声音实头响～响～｜倷搭我安逸点罢，嫑再作～作～哉_{不要再胡闹了}。

5.5 有……冇…… [jɤ↘…m̩↘] 用来构成某些动词的"有A[B]冇A[B]"式，表示动作行为的随意，不讲究或无目的。通常用来修饰同一个动词，有时被修饰的动词前还有"随便""瞎"等副词。能产程度不高：今朝壖准备啥小菜，～吃～吃吃点罢｜倷就陪俚～讲～讲随便讲讲罢｜我辩个叫～走～走瞎走走｜做生意～赚～赚末总归好进账两钿葛｜我搭俚～商量～商量，勿壳张倒想出仔一个办法。

5.6 千……万…… [tsʻiɪ↑…mɛ↘...] 用来构成某些动词或形容词的"千A[B]万A[B]"式，表示次数多或程度高，同时含有让步语气，后面一般还会出现表转折的分句：～做～做，蚀本生意勿做｜～拣～拣，拣着个猪头瞎眼_{喻极其丑陋}｜我搭俚～商量～商量，俚就是勿答应｜小徐～错～错，辣哀桩事体浪壖错｜物事～好～好，自家勿该拥有_{拥有}原归白好。两个同义的动词或形容词，有的也能构成"千A万B"式：～叮～嘱｜～孅[tsɛ↘]_好～灵。

（原载《方言》，1989年第2、3期，与谢自立、石汝杰、汪平、张家茂合作）

关于编写《苏州方言语法》的几个问题[*]

一

近年来，汉语方言学出现了新的繁荣。从过去的只重语音，变成语音、词汇、语法并重；同时，现代汉语语法学也更加重视对方言材料的研究。不过，现有的方言语法研究大多是个别现象的描写，这是很不够的。汉语各大方言之间差异很大。其中语法差异虽然比语音、词汇差异小，但毕竟明显存在，并且体现在构词法、构形法、语法范畴、词类、虚词、句法结构、复句、语气表达等所有这些层级上，从而使差异带有某种体系性。体系性的差异需要体系性的描写。目前已有的大量方言音系记录和不少方言词汇集及方言词典都属于体系性的描写，相比之下，方言语法的研究要薄弱得多。因此，体系性的方言语法描写已经是摆在我们面前的一项紧迫任务。

在目前情况下，要编写一部详尽描写方言语法的系统性的著作确有

---

[*]（1）原文为提交全国汉语方言学会第四届学术研讨会（1987年9月，北京）的论文，这一次由石汝杰修改润色后发表。论文写作的时间已经过去近30年，这一时期中，汉语方言语法的研究有了突飞猛进的进步，也出现了大量研究成果，与本文提到的当时"现状"有相当的不同了。但是，迄今还没有出现本文提倡的那种形式的著作。这也是本文值得发表的意义所在。为了保持原作的面貌，也作为对谢自立老师（1934—2010）的纪念，这里不做大的改动。（2）这里提到的《苏州方言语法》，是1985年前后，由刘丹青倡议并提出详细计划，谢自立老师牵头进行的一项共同研究，参加者除了这里的三人（谢自立、刘丹青、石汝杰）以外，还有汪平、张家茂两位。这些活动及互相交流，主要是以通信的方式进行的，也曾利用谢老师回苏州探亲的机会在苏州碰头。在多次通信、面谈以后，形成了体例和写作规范，也做了具体分工。本文是在这一过程中写成的。该书已经基本完成，因为种种原因拖延至今，尚未正式出版。目前，已经发表的成果有：五人联合署名的《苏州方言里的语级》，分两段发表在《方言》1989年第2、3期；谢、刘两人署名的《苏州方言变形形容词研究》(《中国语言学报》第5期，1995年)。

诸多困难。由于语法比语音、词汇抽象,因此,难以通过几次调查把语法规律概括得很全面。现在一般的做法是,根据一些常见的语法手段和建立在普通话基础上的若干条语法例句来找方言的对应现象,这样做常常会局限于语法例句,甚至找不到适当的对应现象,而把真正有特色的现象遗漏了,因为差异不只是语法形式的或语法意义的,还有两者结合的差异。可以设想,以找对应为基础写成的方言语法书,跟普通话语法书的"同"大大盖过"异",价值也就不高了。如果有了深入的调查,掌握了大量材料,在编写时也较难处理与普通话同的部分,收之则差异淹没在一致中,不收则不成体系。

我们设想,作为解决这种困难的一个可取办法是:在重点描述一个方言和普通话的相异之处的同时,罗列该方言的各种虚词,一个个地详细描写,把对语法面貌的重点勾勒和对虚词的词典式的描写结合起来。汉语基本上是一种分析语,虚词在语法中的作用很重要,又比较好把握,便于成为调查和研究的下手处,从深入剖析一个个虚词着手比较容易达到对整个语法系统的全面了解和认识。赵元任先生曾认为,汉语方言间的语法差别差不多就是虚词的差别(赵元任 1928/1956:118;1968/1979:12),这虽然是极而言之,但是,在虚词运用上,各方言的特点表现得更明显一些,这却是事实。如果适当放宽收词范围,描写得全面细致一些,再加上一个语法体系简述,就能大致勾勒出方言语法特点的全貌,又不会有同则淹没特点、异则不成系统的弊病。

按照这种设想,我们正在编写一部新型的《苏州方言语法》。从苏州话开始,这项工作是很有意义的。吴语是北方话以外的第一大方言,在地理和语言类型上又介于北方话和闽、粤等南方方言之间,苏州话则是吴语(至少是北部吴语)的代表。跟其他非官话方言相比,除了编者自己的口语和实地搜集外,苏州方言在材料上也有较多的有利条件。首先,有一些较忠实地反映口语实际的书面材料,便于进行"书斋工作",先据现成材料整理出条目及规律条例,然后仔细核对和补充,这样做效率显然比凭空构想或凭空调查要高。其次,有大量评弹(弹词和评话)录音材料,其中很多都体现了现代苏州方言的实际,其内容涉及日常生活和社会环境等多方面，并且有大量对话（"白"）及叙述性语言（"表"）的运用。一般情况下，"田野工作"和"内省"式研究都不易得到这么丰富的成段话语素材。

其他外语的方言研究，似乎不见（大概也不必）以系统描写虚词的方式来表现一个方言语法面貌的情况，因为它们跟汉语不一样；国内目前也同样没有看到过这方面的详细讨论。这里，我们把自己的想法和做法摆出来。在具体介绍这本书的编写工作以前，先一般地探讨一下汉语方言虚词研究的作用，因为我们的编写工作就是围绕着怎样充分发挥这些作用而展开的。

二

全面地逐个描写方言虚词能既系统又集中地反映方言语法特点，因此，能对语言研究和其他一些方面起到多种作用。如果汉语的主要大方言都能这么做，都有这么一本书，相信将大大推动我们的汉语研究向前发展。

2.1 有利于全面认识方言语法实际

通过从方言出发进行的详细深入的描写，能够看出方言语法的真实情况，并消除从普通话出发找对应造成的某些误解。比如：苏州话的"笃"[toʔ⁵]，常被人认为相当于普通话的"们"。其实，详细的描写可以表明，苏州方言并没有复数后缀，除了在"唔笃"（你们）、"俚笃"（他们）这两个词中兼表复数外，"笃"在其他地方只表示集合、集体等意义。接在一部分普通指人名词后，表示某一类人的集合，如"朋友笃"，前面一般不能加领属定语；接在专有名词后表示某人所在的一个集体，如"王强笃"（王强他们、王强一家）。普通话的"王强的朋友们""同志们，你们好"，这些"们"都不能简单地用"笃"来对应。

相反,"笃"的许多用法也不能直接"翻译"成"们",如"到王强笃去"(到王强家去)、"王强笃家小"(王强的老婆)。更重要的是,通过对一个个具体虚词的比较,能够比单个词的解释更清楚、更系统地反映语法实际。比如,有人根据"王强笃家小"、"王强笃爷"(王强的父亲)、"王强笃厂里"(王强的厂里),认为"笃"有时是结构助词,相当于"的"。我们比较"笃"和"葛"(的)就可以发现,"笃"能连接的领属定语和中心语的适用面很窄。而且用了"笃"还都能再加"葛",如"王强笃葛家小"。实际上,当中心语是表示隶属关系和其他社会关系、单位团体时,苏州话就要求做领属定语的名词代词后加"笃",这时"葛"(的)可用可不用。"笃"虽然起了一点结构助词的作用,但实际上仍属表集体的后缀,即使有了"葛"也往往不能删去。

2.2 有利于普通话语法的研究

方言是同一语言(汉语)的地域变体,跟普通话当有许多共同之处。而普通话的有些语法现象,在方言中表现得更加清楚,因此,详细研究方言的虚词对普通话语法的研究也会有不少启发。

日本学者木村英树(1983)指出,普通话中的语尾"着"[tʂə]应是两个,一个是进行体语尾,一个是表示持续的补语性语尾。试证之以方言。在北京话以外的好多方言中,表示持续的"着"也可以改用"了"而意义不变。如"墙上挂着(/了)一幅画""骑着(/了)马找马",表示进行的"着"就不能换成"了",如"他正写着字"。在苏州话中,区别更加明显。因为没有专用来表进行体的助词,是用其他手段表示的,如使用相当于"着"的"勒海";而持续体则有一部分可以用表示完成体的"仔"来兼表,如"墙头浪挂仔一幅画""骑仔马寻马"。这个"仔"正相当于不少北方方言中的"了"。上述情况表明,在汉语中,持续体跟完成体比较接近,因为持续状态可以看作由一个动作(如"挂")完成以后所留下的状态(挂着画),而离进行体反而较远;即使它们在北方话中用了同一个[tʂə],但还是呈现出木村氏所指出的那许多对立。

赵元任先生在《中国话的文法》中大大扩展了主语的范围，包括传统上的：（1）主语，（2）句首时地状语，（3）偏正复句中的偏句。假如把他的主语理解为动态的语用结构的话题，而不一定是静态的语法结构的主语，那么这样划定主语的范围也不无理由。在苏州方言中，提顿助词的出现频率极高，提顿助词的语法位置主要有三，即传统上的：（1）主语后，如"我是，吃勿落哉"（我可吃不下啦）；（2）某些状语，尤其是句首时地状语后，如"明朝是，我勿去哉"（明天，我不去了）；（3）偏正复句的偏句后，如"倷去是，我勿去哉"（你去的话，我不去了）。这大致就是赵元任先生的"主语"后的位置。而且，一个提顿助词用于这三种位置，表达的语法意义明显一致。可见，这三种成分确有某种共同性，因而在苏州话中都能用提顿助词来标明其话题地位。

2.3 有利于汉语史的研究

对汉语方言虚词的详细研究肯定能为汉语语法史的研究提供极丰富的活材料、活证据，就跟方言音系和方言词汇分别对汉语语音史和词汇史所起的作用一样。后两者已经做出了很大的贡献，而前者则还望尘莫及，亟待加强。

最明显的是方言虚词保存了历代汉语的成分，如苏州话的"为兹"（因此）、沙洲县（今改名张家港）境内常熟话的"是故"（所以）、太仓话的"饶"（再、任）、常州话的[tia]（哪、何，源于"底"）、吴江话的"者"（……的话），从中还可以看到古代某些语法现象在现代的发展和分化。元曲中常用"得来/的来"做连接结果、程度补语的助词，如"学得来一天星斗焕文章"（元王实甫《西厢记》第二本第一折）、"醉的来似踹不杀的老鼠一般"（元康进之《李逵负荆》第二折）。这个"得来"在吴语许多方言中还保存着，如苏州话的"响得来人也吓得杀""恨得来要命"（"得来"也可以弱读为"得勒"）。有些方言中还只用一个"来",如川沙话"好来邪"(好得很)、吴江话"跑来快"。由于"得来""来"常用于连接表程度的补语,因而发展出语气词的用法,直接表程度,如苏州话"好得来""响得啦"(啦＝来＋啊),上海话"好来",川沙话"便宜来",等等。

　　有些方言虚词未必与古汉语有什么联系,而其用法却能为汉语史研究提供不少启发,这或许是更加宝贵的材料。比如,管燮初曾认为甲骨文中有一个连词"叀",侯镜昶(1982)指出,"叀"虽然用在两个并列成分之间,其实是一个起停顿作用的语气词。两种说法其实不一定矛盾。在苏州话中,最常用的连接并列成分的助词是"勒",如"老张勒老王""跳勒跑",这个"勒"跟提顿助词"勒"有明显联系,后者在苏州话中有多种作用,其中之一是用在几个并列的成分后,如"老张勒,老王勒""跳勒,跑勒"。作为起连接作用的助词,"勒"靠前读,跟前一成分组成一个连读组,不能靠后读,这跟普通话的"和"、苏州话的"搭"(和)完全不同,显示了提顿助词的本色。可见,提顿助词有连接作用是极其自然的。甲骨文的"叀"正是这种情况。再比如,吴江话内部的语音和词汇都比较一致,但人称代词的形式却异常纷纭,县内七个大镇,几乎镇镇不同,同一个镇的同一个代词又可能有几个变体,使词形达数十个之多。由此看来,上古汉语人称代词的繁复也就不足为怪了。而北方话的"我、你、他"可以从哈尔滨管到昆明,难怪有人对这种繁复的真实性产生怀疑。

2.4　有利于其他方言的研究

　　方言之间的语法差异往往多而细微,研究者每有难以下手之感。现在,已经有《现代汉语八百词》这样的以虚词为主、描写详尽的语法词典,为调查研究方言语法提供了许多方便,要是再增添几部类型相仿的书,相信能起到更大的参考作用。

　　在同一大方言区内,这种作用就更加明显。有了对苏州方言虚词的详细描写,至少在吴语区北部各地不难看出:哪些是相同的,如结构助词"葛"（的）在各地普遍存在；哪些是对应的，如上海的"拉"、无锡的"里"、常州的"家"，都大致对应于苏州的后缀"笃"；哪些是出入较大的，比如苏州话用"仔"的，无锡话要分别"则"[tsəʔ⁵]和"着"[zɑʔ²³]，"吃仔再走"要说"吃则再走"，"街浪（上）走仔一趟"要说"街酿走着一趟"。在这样一本苏州方言语法的基础上，再编一本各地方言虚词的比较词典，就可以在不很长的篇幅中把许多吴语方言点的语法实际反映出来。

2.5　有利于发现汉语特点，丰富语言学理论

由于这本书以系统反映方言语法为宗旨，因此能通过它看出汉语语法的某些特点，并以此丰富语言学理论。比如：我们在苏州话中收集到了比一般设想要多一些的形态成分，这些形态成分在形式上和语法作用方面都很不同于西方语言的形态。有的构形成分必须跟重叠手段配合，如："法、勒"可以构成动词的重叠形式，以表示动作的重复和轻量，"A 法 A 法"（飘法飘法）、"A 勒 A"（飘勒飘），但不能光说"A 法""A 勒"。形态的运用往往跟形象性、生动性、表情性有关，而缺少抽象的语法范畴。因而这些形式并不改变分析语的基本性质，但又确实只能看作形态现象而不是句法现象。主要基于西方语言的传统形态学和主要基于北方话特别是书面语的汉语语法学对此都重视不够。另外，可以看到，在中国南方和东南亚的许多语言中都有类似现象，而中国的北方话里则少得多。因此，深入挖掘这些现象，对汉藏语系的比较、对语言类型学和语言地理学都有重要意义。

除了语言学方面的价值外，详细描写方言虚词还有其他一些作用：可以为注释古代文献，特别是中近古和近代的地方性或民间文献提供一些材料；可以为外地人学习方言、听懂方言服务；可以帮助文艺工作者准确搜集、记录和整理民间文艺；由于虚词数量少而使用频率高，可以在必要时帮助测定一个人的籍贯，也可以为鉴定佚名著作的作者及其方言提供一些参考。

三

本节介绍《苏州方言语法》的编写原则和具体做法。

3.1 全书框架

分别为音系介绍、语法概述、用法研究三部分。

音系介绍，为读者提供苏州方言音系（声韵调）、连读变调和文白异读的基本情况。

语法概述，以相当的篇幅从形态、词类、句法结构、句子等方面描述了苏州方言语法的概貌，其中又着重提出与普通话不同的侧面并加以详细讨论。这样，读者对苏州话的语法特点能有深入的了解，同时又能看到其语法结构的全貌。

用法研究，即本书的重点所在。这一部分，对一个个虚词的意义、用法进行详尽的描写，这种做法与《现代汉语八百词》有相同之处。这些虚词按词类分章编排，每章内按需要适当分节。最后两章为名量配合表和形容词的生动形式表，这一部分的具体编写原则和方法详见下文。

为读者阅读方便，书末还附有该书所用方言实词索引和该书所收虚词条目索引等。

3.2 用法研究部分的详细介绍

1）虚词的范围：对"虚词"采取传统的宽泛理解，包括狭义虚词、虚化中的实词、封闭性强（其成员可列举）的实词，有构词、构形作用的虚语素或虚化语素。分类从细，使标注的词性有较大的信息量。把它们分为28个类别（同音词、同形词均分立条目）：

（1）表示相对时点的时间名词，如：今朝（今天）、开年（明年）。

（2）可以后附的表方位的名词，如：里向（里面），当中。此外有不独立使用、只能后附的，如：浪（上）。

（3）系词，如：是、赛过（像、等于）。

（4）存现动词，如：有、勒（在）。

（5）助动词，如：有得（能够、得以）、高兴（愿意）。

（6）只能或可以做补语的趋向动词，如：出来（想出来）、得来（拿得来）。

（7）指别词，如：哀／该（这）、弯／归（那）。

（8）代词，如：俚（他）、啥（什么）。

（9）特殊量词，如：星（些。前面可以用指别词、不能用"一"以外的数词）。

（10）副词，如：总归（反正、终究）、侪（全、都）。

（11）发问词，如：阿（阿去：去不去，去吗）。

（12）介词，如：拨（给、被）、望（朝、向）。

（13）连词，包括关联词语，如：搭（和）、但不过。

（14）结构助词，如：葛（的）、得来（得）。

（15）连接助词，如：勒（刀勒枪：刀和枪）。

（16）时态助词，如：仔（了$_1$）、歇／歇过（过）。

（17）语气助词，如：哉／嘖（了$_2$）。

（18）提顿助词，如：末、是。

（19）上述16—18三类以外的其他助词，如：勒套（钢笔勒套：钢笔什么的）。

（20）叹词，如：噢、划亦（用于表示突然想起）。

（21）前缀，如：阿（阿 [aʔ] 哥、阿 [ɑ] 姨，两个不同的"阿"）。

（22）中缀，如"糊里糊涂"中的"里"。

（23）后缀，如：头、子、笃。

（24）准后缀，如：坯（笨坯：笨蛋）、腔（贼腔：丑态、怪相）。

（25）叠词尾，如：……法……法（飘法飘法）。

（26）准叠词头，如"一飘一飘"中的"一"。

（27）准叠词尾，如：透（好透好透：极好）。

（28）准词嵌，如：勒（飘勒飘）。

2）方言性。尽量收录跟普通话不同的词，包括词形不同，或词形相同而意义、用法有别的词语。词形、意义和用法跟普通话完全相同，但确实活跃在方言口语里的虚词也收，只在读书、讲课、报告等场合中使用的不收。还要收录：（1）目前在新一代中出现的一些虚词，但是只收其中跟普通话不同并且已经定形、已经成为主流形式的那些，如"帮"的连词、介词用法；（2）今天只在评弹等曲艺中使用的、跟普通话不同的词，有的还见于晚清的苏白小说，可以认为是早期的方言，也适当收录。

3）词目用字。本字明显的，照写本字；本字难以确定的，写同音字或本地流行的方言字（包括合音字）。同音字有几种习惯写法的，根据从俗、从简和便于区分的原则选定其中一个为正体，如 [ləʔ^{23} hɛ^{52}]（在）有"勒海、嘞嗨、嘞海、勒嗨"等写法，取第一种为正体。[kəʔ^5]（的）有"个、葛、格、介"等写法，"个"易与量词混淆，"格"读 [kɑʔ^5]、"介"读 [kɑ^{412}]，与实际读音不合，所以取"葛"为正体。有文白异读的字，根据其在本词里的读音在词目字下分别标上单横线（白）和双横线（文），如"外加"[ŋɑ^{22} kɑ^4]（而且）、"愈加"[jy^{22}tɕiɑ^4]。

3.3 注释

每一条目的注释由标音、意义说明、用法说明、引例等几部分构成。

标音采用国际音标。双音节以上的词同时标出变调。某些语素在词中发生不规则音变的，标实际读音，加括号说明其本读，如"不过"[piəʔ^5 kəu^{34}]（"不"，本音 [pəʔ^5]）。各词所标读音均以中年以上城区人的最常见的读音为准。只出现在评弹等曲艺和少数老年人中的旧读和主要出现在青年人中的新起读音（如尖团不分的形式）都不收。

写法相同、读音和意义都不同的，属同形词，一律分立条目，归入相应的词类，如：

阿 ^{1}[ɑʔ^5]（前缀）、阿 ^{2}[ɑ^{44}]（前缀）、阿 ^{3}[ɑʔ^5]（发问词）

后面依次是意义、用法和引例。某些词离开具体用法很难说清意义的，也可结合用法释义。释义一般都采用描述式，避免对释式，即使某一词的意义和用法跟普通话中另一词相当，也应在描述后再补充说明。少数语义单一的时间词之类不受此限。同一词的意义或用法不止一个时，应分项描述，力求全面细致。注释中视情况另列"注意""比较"两个项目，前者用于辨别与本方言有关现象的异同，后者用于比较方言跟普通话或其他邻近吴语方言的异同。这两种项目，涉及整个条目的，列条目末尾；只与条目里某个项目有关的，列在该项末尾。如果同一节内几个相关的词放在一起，"比较""注意"可列在最后一个词的末尾。注释语言力求明确凝练，不作论文式的发挥，一般不溯源。

　　同义条目采取分收合说的办法，词目多出，注释合一，选择其中最常见的一条详说，其余条如果意义、用法全同，则写"见某条"；稍有差异的则只写其差异处（包括用法、年龄、雅俗、场合等），相同处写"参见某条"即可。同义条目如属语音交替形式或词形有明显联系的，非详说条目一律只写"见某条"，详说的条目上用括号写上附条，并在主条注释后用"【　】"引出附条，说明异同，如"【哀 [E^{44}]】（该）"，"哀"注释完毕后，写"【该】同'哀'，可以自由替换，青年用'哀'较多"。再如："【勒辣 [ləʔ laʔ]】；勒浪（勒海、勒里、辣里、勒笃）"。

　　每项用法说明之后，都必须有一定数量的引例（词组或句子），一般不注明出处，不加注释，只有在需要通过注释反映虚词意义或句子的结构意义时，在全句的右下角转译，但须从严掌握。

参考文献

侯镜昶　1982　论甲骨刻辞语法研究的方向，《中华文史论丛》增刊《语言文字研
　　究专辑》（上），上海：上海古籍出版社。
木村英树　1983　关于补语性词尾"着 /zhe/"和"了 /le/"，《语文研究》第 2 期。
赵元任　1928/1956　《现代吴语的研究》，北京：科学出版社。
赵元任　1968/1979　《汉语口语语法》，吕叔湘译，北京：商务印书馆。

　　　　　　（原载《南方语言学》第十辑，世界图书出版公司，
　　　　　　　　2016 年，与谢自立、石汝杰合作）